Una storia per il futuro
Dal Seicento all'Ottocento

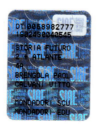

© 2016 by Mondadori Education S.p.A., Milano
Tutti i diritti riservati

www.mondadorieducation.it

Prima edizione: marzo 2016

Edizioni
11   10   9   8   7   6   5   4
2020   2019   2018

Questo volume è stampato da:
Legatoria Editoriale Giovanni Olivotto L.E.G.O. S.p.A - Vicenza
Stampato in Italia - Printed in Italy

Il Sistema Qualità di Mondadori Education S.p.A. è certificato da Bureau Veritas Italia S.p.A. secondo la Norma UNI EN ISO 9001:2008 per le attività di: progettazione, realizzazione di testi scolastici e universitari, strumenti didattici multimediali e dizionari.

Le fotocopie per uso personale del lettore possono essere effettuate nei limiti del 15% di ciascun volume/fascicolo di periodico dietro pagamento alla SIAE del compenso previsto dall'art. 68, commi 4 e 5, della legge 22 aprile 1941 n. 633.
Le fotocopie effettuate per finalità di carattere professionale, economico o commerciale o comunque per uso diverso da quello personale possono essere effettuate a seguito di specifica autorizzazione rilasciata da CLEARedi, Centro Licenze e Autorizzazioni per le Riproduzioni Editoriali, Corso di Porta Romana 108, 20122 Milano, e-mail autorizzazioni@clearedi.org e sito web www.clearedi.org.

Redazione	Laura Peducci, Andrea Bencini
Progetto grafico	Alfredo La Posta
Impaginazione	Carla Cigognini
Art direction del progetto grafico della copertina	46xy studio
Realizzazione della copertina	Alfredo La Posta
Disegni	Donato Spedaliere
Cartografia	Studio Aguilar, Milano
Ricerca iconografica	Diana Samà

Guida allo studio	Paola Brengola
Orizzonti di cittadinanza	Laura Grazi
Laboratori Verso l'Esame di Stato	Valeria Novembri

Contenuti digitali

Progettazione	Fabio Ferri, Lilia Cavaleri
Scrittura	duDAT s.r.l., Chiara Panzeri, Tiwi s.r.l., Simone Vezzoli
Realizzazione	duDAT s.r.l., IMMAGINA s.r.l., Nowhere s.r.l., Studio Moro, Tiwi s.r.l.

In copertina: Adelaide Labille-Guiard, *Ritratto di Luisa Elisabetta di Borbone-Francia e di sua figlia* (particolare), 1788. Versailles, Castello di Versailles © Photo by DeA/Getty Images

L'editore fornisce - per il tramite dei testi scolastici da esso pubblicati e attraverso i relativi supporti - link a siti di terze parti esclusivamente per fini didattici o perché indicati e consigliati da altri siti istituzionali. Pertanto l'editore non è responsabile, neppure indirettamente, del contenuto e delle immagini riprodotte su tali siti in data successiva a quella della pubblicazione, distribuzione e/o ristampa del presente testo scolastico.

Per eventuali e comunque non volute omissioni e per gli aventi diritto tutelati dalla legge, l'editore dichiara la piena disponibilità.

La realizzazione di un libro scolastico è un'attività complessa che comporta controlli di varia natura. Essi riguardano sia la correttezza dei contenuti che la coerenza tra testo, immagini, strumenti di esercitazione e applicazioni digitali. È pertanto possibile che, dopo la pubblicazione, siano riscontrabili errori e imprecisioni. Mondadori Education ringrazia fin da ora chi vorrà segnalarli a:

Servizio Clienti Mondadori Education
e-mail *servizioclienti.edu@mondadorieducation.it*
numero verde **800 123 931**

VITTORIA CALVANI

UNA STORIA PER IL FUTURO

2. Dal Seicento all'Ottocento

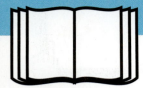

IL PROGETTO DIDATTICO

IL RACCONTO DELLA STORIA

GLI APPROFONDIMENTI

GUIDA ALLO STUDIO

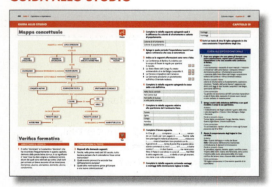

LABORATORI VERSO L'ESAME DI STATO

Il racconto della storia
Un profilo che alla chiarezza unisce uno **stile narrativo** e un **taglio interpretativo**, con molteplici **strumenti di assistenza allo studio** (lessico settoriale, schemi, mappe), **analisi delle fonti** dirette e storiografiche (*Testimoni e interpreti* e *Interpreti e testimoni*), un'escursione nei mondi extraeuropei (**Civiltà parallele**).

Approfondimenti
Le schede mettono a fuoco temi settoriali (**Economia**, **Scienza e tecnica**); biografie di personaggi (**Protagonisti**); la **Storia locale** di città e regioni italiane; fenomeni artistici (**Arte e territorio**); geostoria (**Storia e territorio**); la Costituzione e la convivenza civile (**Orizzonti di cittadinanza**).

Guida allo studio
Alla fine di ogni capitolo una sezione didattica con una particolare attenzione all'**esposizione orale**.

Laboratori Verso l'Esame di Stato
Articolati in **Guida all'esposizione orale** e **Guida alla produzione scritta**, offrono strumenti per esercitarsi nelle diverse **tipologie delle prove d'Esame**.

UN DIGITALE SOSTENIBILE

I Contenuti Digitali Integrativi

Il corso è arricchito da risorse multimediali, indicate dalle icone in pagina, che diventano cliccabili nella versione digitale.
- Lezioni multimediali sulle epoche storiche
- Video sui principali personaggi
- Filmati d'epoca sulla storia del Novecento
- Laboratorio e dizionario di Cittadinanza e Costituzione
- Cartografia interattiva e linee del tempo interdisciplinari
- Audio delle sintesi e mappe concettuali personalizzabili
- Test interattivi e autocorrettivi

E in più, per il docente, **Lezioni LIM** personalizzabili, **Laboratori** di cinema, **Verifiche** modificabili in Word e per la Classe virtuale.

MEbook + DVD-Rom

Il MEbook Young è il nuovo libro digitale ricco di risorse (come il Devoto-Oli integrato) e di strumenti per la personalizzazione. È anche in versione accessibile grazie alla sintesi vocale e al carattere ad alta leggibilità biancoenero®.
Disponibile per il docente il **DVD-Rom con la versione offline completa di tutti i Contenuti Digitali Integrativi**.

Campus + DVD-Rom

Il **Campus di Storia e Geografia** è il portale disciplinare dedicato ai docenti.
Qui le **risorse** sono organizzate per argomento in modo da essere sempre facilmente accessibili. Numerosi sono poi i materiali e le indicazioni per un approccio concreto alla **didattica inclusiva**. Inoltre, **contributi aggiornati** e sempre nuovi consentono di costruire lezioni stimolanti che sanno confrontarsi con il mondo esterno.
Disponibile per il docente il DVD-Rom con una versione offline del Campus.

Per i docenti

Se sei un docente richiedi al tuo agente di zona di attivare il Campus della tua disciplina.

LIBRO+WEB

È la piattaforma digitale Mondadori Education
adatta a tutte le esigenze didattiche,
che raccoglie e organizza i libri di testo in formato digitale,
i **MEbook**; i **Contenuti Digitali Integrativi**;
gli **Strumenti per la creazione di risorse**;
la formazione **LinkYou**.

Il **centro dell'ecosistema digitale Mondadori Education** è il **MEbook**: la versione digitale del libro di testo. **È fruibile online** e **offline** attraverso l'apposita app di lettura.

Con gli **Strumenti digitali** presenti sulla piattaforma di apprendimento è possibile condividere, personalizzare e approfondire i contenuti: **Google Drive** e **Classe Virtuale**.

Per lezioni più coinvolgenti e efficaci il docente ha a disposizione **LinkYou**, il programma che prevede **seminari** per la didattica digitale, **corsi**, **eventi** e **webinar**.

ulteriori informazioni sul sito
www.mondadorieducation.it

MEBOOK

IL LIBRO DI TESTO
IN VERSIONE DIGITALE,
RICCO DI CONTENUTI,
VIDEO, AUDIO,
ANIMAZIONI, ESERCIZI
E TANTISSIMI
ALTRI STRUMENTI.

Come attivare il MEbook

Collegati al sito **mondadorieducation.it**
registrati oppure effettua il login

↓

Accedi alla sezione **LIBRO+WEB**
e fai clic su **Attiva MEbook**

↓

Compila il modulo **Attiva MEbook**
inserendo negli appositi campi
tutte le cifre tranne l'ultima dell'ISBN,
stampato sul retro del tuo libro,
il codice contrassegno e quello seriale,
che trovi sul bollino argentato SIAE
nella prima pagina dei nostri libri.

ISBN

↓

Fai clic sul pulsante **Attiva MEbook**

Come scaricare il MEbook

Puoi consultare il tuo MEbook anche
in versione **offline** scaricandolo per intero
o in singoli capitoli sul tuo dispositivo,
seguendo questa semplice procedura:

Scarica la app gratuita* che trovi sul sito
mondadorieducation.it o sui principali store.

↓

Effettua il login con
Username e **Password** scelte all'atto
della registrazione sul nostro sito.

↓

Nella libreria è possibile ritrovare i libri attivati.

* Per sapere quale delle nostre app
scaricare guarda quale dei loghi
del MEbook è presente in alto a sinistra
sulla copertina del tuo libro!

Per i docenti

*Se sei un docente richiedi al tuo agente
di zona la copia saggio del libro
che ti interessa e l'accesso ai relativi
contenuti digitali docente.*

Indice

Unità 1 — L'EUROPA NELL'ECONOMIA-MONDO

1 Il Seicento, il secolo "moderno" — 4
1 Un'epoca piena di contraddizioni — 4
2 Situazioni disperate — 4
3 Dalla crisi a un mondo nuovo, anzi "moderno" — 5
L'influenza del clima sulla storia — 6
Lettura d'immagine Il Tamigi gelato — 6
4 Bevande esotiche e riti sociali — 8
Testimoni e interpreti Elogio del "cioccolatte" — 9
5 La "rivoluzione dei consumi" — 9
6 Lusso e potere — 10
Lettura d'immagine Ostentazione e austerità — 10
7 L'igiene privata e pubblica — 11
8 Un secolo pieno di malati — 12
Malati mentali ed emarginati — 12
9 La nascita dell'anatomia — 13
10 Cartesio e la rivoluzione del pensiero — 13
Testimoni e interpreti La Ragione — 14
11 La Rivoluzione scientifica e il trionfo della matematica — 15
12 L'elaborazione dello Stato moderno — 15
Interpreti e testimoni V. Castronovo, L'evoluzione dei costumi — 16
GUIDA ALLO STUDIO — 18
SCIENZA E TECNICA La Rivoluzione scientifica — 21
STORIA LOCALE Bologna, città d'acqua — 24

2 Lo Stato assoluto — 28
1 Il primo Stato moderno — 28
2 Gli anni della Fronda — 29
3 Il re governa da solo — 29
Testimoni e interpreti Il mestiere del re — 30
4 I provvedimenti relativi ai nobili — 30
5 La nobiltà trasferita a corte: una gabbia dorata — 30
6 Un unico re, un'unica fede — 32
Lettura d'immagine La persecuzione degli ugonotti — 32
7 L'aumento delle entrate dello Stato — 33
Testimoni e interpreti L'importanza dell'imposizione fiscale — 34
8 Lo Stato assoluto e il ruolo del re — 34
9 Le guerre del Re Sole: trionfo e rovina della Francia — 34
CARTA La cintura di ferro — 35
Lettura d'immagine Il Re Sole e l'Accademia delle Scienze — 35
10 L'Europa francesizzata — 36

- Linea del tempo
- Lezione — Il Seicento
- Biblioteca
- Biblioteca
- Biblioteca
- Audio — Mappa — Test
- Video Galileo
- Biblioteca
- Biblioteca

11	La Russia di Pietro il Grande	36
	CARTA Porti e cantieri navali di Pietro il Grande	38
	GUIDA ALLO STUDIO	39
	PROTAGONISTI Il Re Sole	42
	ECONOMIA Il mercantilismo di Colbert	44
	ARTE E TERRITORIO La reggia di Versailles	46

3 Lo Stato parlamentare 48

1	La forte borghesia inglese	48
2	Il trono agli Stuart	49
	Lo Union Jack	50
3	I tentativi assolutistici di Carlo I e la reazione del Parlamento	50
	I Padri pellegrini	51
4	La guerra civile	52
	CARTA La guerra civile inglese	52
5	Dalla Repubblica alla dittatura di Cromwell	53
6	La "Gloriosa Rivoluzione"	54
	Testimoni e interpreti Gli articoli del *Bill of rights*	56
	GUIDA ALLO STUDIO	57

4 Il primato dell'Europa 60

1	L'Europa verso il primato	60
2	La Spagna dal "Secolo d'oro" alla decadenza	60
	Lettura d'immagine Potere e magnificenza della Spagna	61
3	Il Portogallo non è mai riuscito a decollare	61
4	In Olanda tolleranza, alfabetizzazione e democrazia favoriscono lo sviluppo tecnologico	62
	Le origini della Borsa a Bruges	63
5	L'Inghilterra verso il primato mondiale	63
6	L'Europa intraprende la "tratta degli schiavi"	64
7	Il commercio triangolare frutta guadagni altissimi	65
	CARTA Il commercio triangolare creato dalla tratta degli schiavi	65
	La schiavitù nell'economia-mondo	66
8	Un sistema chiamato "economia-mondo"	68
	CARTA La globalizzazione	68
	CARTA L'economia-mondo nel *Siglo de oro*: la Spagna e le sue periferie	68
	CARTA L'Inghilterra al centro dell'economia-mondo	68
	GUIDA ALLO STUDIO	69
	ECONOMIA Dallo sviluppo al sottosviluppo: il caso Spagna	72
	ECONOMIA Crolli di Borsa: dai tulipani di Amsterdam alla "bolla" del 2006	74
	CIVILTÀ PARALLELE L'India islamica	76

5 L'Italia spagnola 82

1	La Spagna padrona dell'Italia	82
	CARTA L'Italia nel Seicento	83
2	La Repubblica di Venezia	84
3	Lo Stato della Chiesa	85
4	Il Regno di Napoli sotto gli Spagnoli	86
	Lettura d'immagine La Piazza del Mercato a Napoli	87

Indice

Testimoni e interpreti Estorsioni fiscali nel Regno di Napoli — 88
5 La Savoia, ducato tra le montagne e poi Regno — 88
6 Le cause del declino italiano — 89
Piccoli centri attivi, ma all'interno di una "crisi economica generale" — 90
GUIDA ALLO STUDIO — 91
■ **STORIA LOCALE** Livorno, patria di tutti — 94
■ **STORIA LOCALE** La Torino sabauda — 96
■ **LABORATORIO** • VERSO L'ESAME DI STATO — 100

Unità 2 L'ETÀ DELLE RIVOLUZIONI

6 La Prima rivoluzione industriale — 106
1 Perché in Inghilterra — 106
2 Dai "campi aperti" ai "campi chiusi" — 107
3 La rivoluzione dei "campi chiusi" — 108
La rivoluzione agricola inglese — 109
4 L'accumulazione del capitale — 110
5 L'innovazione tecnologica nel tessile — 111
Testimoni e interpreti Come si poteva formare un capitale — 112
6 La macchina rotativa a vapore di Watt e il decollo della Rivoluzione industriale — 113
7 La fabbrica e l'urbanesimo — 114
Lettura d'immagine Una delle prime fabbriche: il cotonificio — 114
8 Un'esplosione demografica senza precedenti — 115
9 La rivoluzione dei trasporti — 116
Lettura d'immagine Le origini del treno — 117
10 La divisione del lavoro — 118
Testimoni e interpreti La divisione del lavoro in una fabbrica di spilli — 118
11 I cambiamenti legislativi — 119
12 Il liberismo — 120
13 L'importanza della cultura: giornali e opinione pubblica — 121
Interpreti e testimoni T.S. Ashton, Una rivoluzione di idee — 122
14 Il luddismo e le Leghe operaie — 122
15 Gli operai guadagnarono o persero? — 123
Testimoni e interpreti Il "modello inglese" visto dai borghesi — 124
Il "modello inglese" visto dai proletari — 124
GUIDA ALLO STUDIO — 125
■ **SCIENZA E TECNICA** Gli eredi di Galileo: il trionfo della misura e della matematica — 128

7 L'età dei Lumi — 130
1 L'Illuminismo erede dell'Umanesimo e di Galileo — 130
Le radici dell'Illuminismo — 131
Testimoni e interpreti La tolleranza rifiuta le persecuzioni — 132
2 Una rivoluzione dei valori: il diritto alla felicità — 132
3 Il compito degli intellettuali — 133
Lettura d'immagine Il salotto — 133
4 I "diritti naturali" dei sudditi contro il "diritto divino" del re — 134

5	Contro l'*Ancien Régime*	134
	Lettura d'immagine La piccola borghesia cittadina	135
	Testimoni e interpreti L'Inghilterra, Paese senza caste	136
6	Un altro principio base: il cosmopolitismo	136
7	L'*Enciclopedia*: la necessità della divulgazione	137
	Testimoni e interpreti Voci dell'*Enciclopedia*	138
8	Voltaire: sì al potere assoluto, ma di un sovrano "illuminato"	139
	Testimoni e interpreti Contro la censura	139
9	Montesquieu: la separazione dei poteri contro l'assolutismo	140
	Testimoni e interpreti La separazione dei poteri dello Stato	140
10	Rousseau: il contratto sociale tra governanti e governati	141
11	Beccaria contro la tortura e la pena di morte	142
	Testimoni e interpreti La pena di morte non è un freno ai delitti	142
12	L'adozione del "dispotismo illuminato" in Europa	143
13	I conflitti del Settecento: le Guerre di successione	144
	CARTA L'Europa dopo il 1748 (Pace di Aquisgrana)	145
14	I conflitti del Settecento: la Guerra dei Sette anni	146
15	Le contraddizioni dell'Illuminismo	146
	La massoneria	147
	Interpreti e testimoni S. Morini, Illuminismo e diffusione della cultura in Inghilterra	148
	GUIDA ALLO STUDIO	149
	SCIENZA E TECNICA Le tavole dell'*Enciclopedia*	152
	STORIA LOCALE La Toscana di Pietro Leopoldo	153
	CIVILTÀ PARALLELE La colonizzazione dell'Australia	156

8 La Rivoluzione americana — 158

1	Le tredici colonie inglesi d'America	158
2	I caratteri delle tredici colonie	159
	CARTA Le tredici colonie all'inizio del XVIII secolo	159
	STORIA E TERRITORIO Ambienti naturali e spartizioni del territorio all'origine degli Stati Uniti	160
3	La lotta contro le tasse	162
	Testimoni e interpreti La protesta dei coloni	163
4	La Guerra d'indipendenza	164
5	La *Dichiarazione d'indipendenza*	165
	Testimoni e interpreti La *Dichiarazione d'indipendenza*	166
6	La Costituzione degli Stati Uniti	167
7	Le classi di una società aperta	168
	GUIDA ALLO STUDIO	169

9 La Rivoluzione francese — 172

1	La bancarotta della monarchia assoluta	172
2	La pubblicazione del bilancio dello Stato e l'ira dei Francesi	173
3	La convocazione degli Stati generali e i *cahiers de doléances*	173
	Testimoni e interpreti I *cahiers de doléances*	174
4	Gli Stati generali: il Terzo stato chiede la riforma del sistema di voto	175
	Lettura d'immagine La processione d'apertura degli Stati generali	175
	I ceti sociali nell'*Ancien Régime*	176
5	Il "Giuramento della pallacorda" e l'autoproclamazione dell'"Assemblea nazionale costituente"	177

6	La rivolta del popolo e la presa della Bastiglia	178
	Testimoni e interpreti Che cos'è il Terzo stato?	179
7	L'abolizione del sistema feudale e la *Dichiarazione dei diritti dell'uomo e del cittadino*	179
	Testimoni e interpreti L'abolizione dei vincoli feudali	180
8	Le popolane di Parigi obbligano il re ad abbandonare Versailles	180
9	La Costituzione civile del clero	181
10	La fine dell'assolutismo, ma l'uguaglianza non è ancora realizzata	182
11	Perché il varo della Costituzione non segnò la fine della Rivoluzione?	184
12	La fuga del re a Varennes fa precipitare gli eventi	184
13	Le prime elezioni e la formazione dei partiti	185
14	Una "strana alleanza" dichiara guerra all'Austria	186
15	La caduta della monarchia e la nascita della Repubblica francese	186
16	La condanna a morte del re: il "sorpasso" della Rivoluzione	186
17	Fame, invasione e rivolta della Vandea	187
	CARTA La Rivoluzione assediata	188
18	Robespierre crea il Comitato di salute pubblica	189
19	Robespierre instaura il Terrore	189
20	Il risanamento della Francia provoca la caduta di Robespierre	190
21	Il ritorno al carattere borghese della Rivoluzione: il Direttorio	191
	Interpreti e testimoni L. Villari, *L'enigma Robespierre*	192
	GUIDA ALLO STUDIO	193
	PROTAGONISTI Luigi XVI e Maria Antonietta	197

10 Napoleone 198

1	Il malgoverno del Direttorio	198
	La nascita del concetto di "comunismo"	199
2	La necessità della guerra	199
3	Napoleone Bonaparte	200
4	La Campagna d'Italia	201
5	Le Repubbliche giacobine	202
	CARTA Le "Repubbliche sorelle"	203
6	La Campagna d'Egitto	204
7	Il colpo di Stato e la fine della Rivoluzione	205
8	Perché i Francesi accettarono Napoleone: la patria e la gloria	206
9	La Pace di Lunéville e il *Codice napoleonico*	207
10	La fondazione dell'Impero: i Francesi tornano sudditi	208
11	Il duello con l'Inghilterra e la spartizione dell'Europa	209
	CARTA L'Europa napoleonica	211
	CARTA L'Italia nel 1810	211
	Testimoni e interpreti Un'Europa con capitale Parigi	212
12	Le prime incrinature nel dominio napoleonico	212
13	La Campagna di Russia e la fine di Napoleone	212
	Interpreti e testimoni S. Romano, *Perché Napoleone invase la Russia?*	214
	GUIDA ALLO STUDIO	215
	PROTAGONISTI Napoleone	218
	SCIENZA E TECNICA La rivoluzione napoleonica della tattica militare	220
	ARTE E TERRITORIO Il Neoclassicismo	222
	CIVILTÀ PARALLELE L'Egitto dall'indipendenza al controllo inglese	224
	LABORATORIO • VERSO L'ESAME DI STATO	226

Unità 3 — IL RISORGIMENTO

11 Il Congresso di Vienna — 232
1. Il trionfo della diplomazia — 232
   - **Lettura d'immagine** Una riunione al vertice — 233
2. Talleyrand e il ruolo della Francia — 233
   - **Testimoni e interpreti** Gli strumenti della diplomazia — 234
3. Il principio del legittimismo — 235
4. Il principio dell'equilibrio — 236
   - CARTA 1815: la nuova carta politica dell'Europa — 237
   - CARTA 1815: la nuova carta politica dell'Italia — 237
5. Il principio dell'intervento e il concerto europeo — 237
   - **Testimoni e interpreti** Pareri fulminanti sul Congresso — 238
6. Tra Inghilterra e Russia nasce la "Questione d'Oriente" — 239
   - **STORIA E TERRITORIO** La "Questione d'Oriente" — 240
- GUIDA ALLO STUDIO — 241

12 Moti e riforme nell'età della Restaurazione — 244
1. I conservatori al potere — 244
2. Gli oppositori della Restaurazione — 245
   - **I socialisti utopisti** — 246
3. Le società segrete e la Carboneria — 247
4. I moti del 1820-1821 — 248
5. L'indipendenza della Grecia — 250
   - CARTA Le forze in campo intorno alla Grecia — 251
6. L'indipendenza dell'America Latina — 251
7. La "dottrina Monroe" — 253
   - CARTA Gli Stati dell'America Latina dopo le Guerre d'Indipendenza — 253
   - **Testimoni e interpreti** L'America agli Americani — 254
8. 1830: le Giornate di luglio a Parigi — 255
9. I moti del 1830 dopo Parigi — 256
10. Riflessioni sulla sconfitta — 257
11. L'entrata in campo di Giuseppe Mazzini — 258
    - **Testimoni e interpreti** L'Italia è una — 259
12. I fallimenti di Mazzini — 259
13. Il federalismo: il cattolico Gioberti e il repubblicano Cattaneo — 260
    - CARTA I due programmi dei federalisti — 261
    - **Testimoni e interpreti** Il federalismo europeo di Cattaneo — 262
14. I liberali sostenitori dello Stato unitario: Cavour — 262
15. Le riforme del 1846-1847 — 263
    - **Il Romanticismo** — 264
- GUIDA ALLO STUDIO — 266

13 Il 1848 e la Prima guerra d'Indipendenza — 270
1. "L'Anno dei miracoli" — 270
2. La scintilla: Palermo — 271
3. Parigi e la nascita della Seconda Repubblica francese — 272
4. L'Europa in fiamme — 273
   - CARTA L'Europa in rivoluzione nel 1848 — 274
5. Il marzo in Italia — 275

Testimoni e interpreti Lo Statuto albertino	276	Biblioteca
6 Le "Cinque giornate" di Milano	277	
Lettura d'immagine Barricate a Milano	277	Biblioteca
Testimoni e interpreti L'eroismo dei milanesi	278	Biblioteca
Testimoni e interpreti La disfatta di Radetzky	279	
7 La Prima guerra d'Indipendenza	279	Atlante
CARTA La Prima guerra d'Indipendenza: prima fase	280	
8 La Repubblica romana	280	
L'inno nazionale, nato nel Risorgimento	282	
9 I giorni della sconfitta	282	
10 L'età della borghesia e delle lotte operaie	283	
GUIDA ALLO STUDIO	285	Audio Mappa Test
ARTE E TERRITORIO Verdi e la Scala: due simboli del Risorgimento	288	

14 La Seconda guerra d'Indipendenza — 290

		Lezione Il Risorgimento
1 La repressione in Italia dopo il Quarantotto	290	
Testimoni e interpreti Miseria nel Regno delle Due Sicilie	292	Biblioteca
2 Il Partito d'Azione e la fine del sogno mazziniano	292	
3 La modernizzazione del Piemonte	294	
4 Il governo Cavour	295	Video Cavour
5 La Guerra di Crimea	297	
CARTA La Guerra di Crimea	298	Atlante
Testimoni e interpreti La vittoria di Cavour al Congresso di Parigi	299	Biblioteca
Florence Nightingale, la statistica e il corpo delle infermiere	300	
6 Provocazioni e diplomazia	301	
7 La Seconda guerra d'Indipendenza	302	
8 L'Armistizio di Villafranca e i plebisciti	303	
9 La spedizione dei Mille	304	
10 La repressione dei garibaldini in Sicilia	305	
Testimoni e interpreti Nord e Sud: una lotta comune ma esigenze diverse	306	Biblioteca
CARTA La Seconda guerra d'Indipendenza	307	Atlante
CARTA L'Italia nel 1861	307	Atlante
11 L'Italia unita	308	
Interpreti e testimoni A. Scirocco, Come l'Italia raggiunse l'unità politica	309	
GUIDA ALLO STUDIO	310	Audio Mappa Test
PROTAGONISTI Vittorio Emanuele II	313	
PROTAGONISTI Giuseppe Garibaldi	314	

15 L'Unità di Italia e Germania — 316

		Lezione Il Risorgimento
1 I primi provvedimenti del Parlamento italiano	316	
L'Italia unita da una moneta: la nascita della lira	317	
2 La situazione dell'Italia nel 1861	317	
CARTA Le zone più colpite da malaria, tubercolosi e colera	318	Atlante
3 Il risanamento del debito pubblico	318	
4 L'agricoltura e le condizioni dei contadini	319	
Testimoni e interpreti Cavour e la "Questione meridionale"	321	Biblioteca
5 Nascita e diffusione del brigantaggio	321	
Testimoni e interpreti Perché il brigantaggio?	322	Biblioteca
Lettura d'immagine I briganti e la briganta	323	
6 La grande repressione	323	

7	Fatta l'Italia, bisogna fare gli Italiani (e completare l'Unità)	325
8	La "Questione romana"	325
9	La Prussia alla guida del processo di unificazione degli Stati tedeschi	326
10	La Guerra austro-prussiana o Terza guerra d'Indipendenza	327
	CARTA Italia e Germania dopo la Guerra austro-prussiana	328
11	La Guerra franco-prussiana e la nascita del Secondo Reich tedesco	328
12	La Comune di Parigi	330
13	La Germania di Bismarck, una grande potenza europea	331
14	Roma capitale	332
	GUIDA ALLO STUDIO	333
	■ STORIA LOCALE Roma, da città del papa a capitale d'Italia	337
	■ CIVILTÀ PARALLELE Imperi neri e insediamenti europei nell'Africa del primo Ottocento	342
	■ LABORATORIO • VERSO L'ESAME DI STATO	344

▶ Video Bismarck

▶ Atlante

▶ Audio Mappa Test

Unità 4 — CAPITALISMO E IMPERIALISMO

16 La Guerra di secessione e lo sviluppo degli Stati Uniti — 350

1	La Terra della libertà e della spietatezza	350
2	L'acquisto della Louisiana e l'esplorazione del West	351
	CARTA L'America settentrionale e centrale nel 1803	352
3	La conquista della California e la "febbre dell'oro"	353
4	La colonizzazione del West e la ferrovia da costa a costa	354
5	Organizzazioni economiche e problemi sociali	355
	Testimoni e interpreti Le cinque regole	358
6	La Guerra di secessione	358
	CARTA I due schieramenti della Guerra di secessione	359
	Il Ku Klux Klan	360
7	Le "Guerre indiane"	360
	Lettura d'immagine Little Big Horn	361
	Vita e morte degli Indiani d'America	362
	Testimoni e interpreti Riflessioni di un capo indiano	363
8	Il "miracolo americano"	364
	CARTA Un confronto tra l'area dell'Alaska e gli interi Stati Uniti	364
	Testimoni e interpreti La responsabilità dei ricchi	365
9	I baroni della rapina	365
10	Il mito del successo e il mito dell'onestà	366
	GUIDA ALLO STUDIO	367
	■ ARTE E TERRITORIO Da dove nasce la "tua" musica	370

▶ Linea del tempo

▶ Atlante

▶ Biblioteca

▶ Atlante

▶ Biblioteca

▶ Biblioteca

▶ Audio Mappa Test

▶ Lezione L'imperialismo e la Seconda rivoluzione industriale

17 La Seconda rivoluzione industriale — 372

1	Un'epoca di trasformazioni	372
2	Crescita demografica e urbanesimo	372
3	La grande crisi di fine secolo	374
4	L'uscita dalla crisi	374
5	La grande svolta del capitalismo	375
6	La Seconda rivoluzione industriale	376

7	Il perno della rivoluzione è l'elettricità	376
	Un'invenzione contesa: il telefono	377
8	Dalle ricerche sull'elettricità al telegrafo senza fili e ai raggi X	378
	Lettura d'immagine Invenzioni a catena	378
9	Una nuova fonte di energia: il petrolio	379
	Lettura d'immagine Benzina, motori a scoppio e trasporti: la morte del vapore	379
10	L'acciaio, il "metallo perfetto"	380
11	La chimica, base delle nuove industrie	381
12	Ancora la chimica: dalla fotografia al cinematografo	382
	Lettura d'immagine Chimica e comunicazione	383
13	La nascita della medicina moderna grazie alla chimica	382
	Lettura d'immagine Chimica e medicina	384
14	La chimica al servizio dell'industria alimentare	385
15	L'alimentazione volta pagina	385
16	La diminuzione delle morti *post-partum*	386
17	La scoperta dell'importanza dell'igiene	386
	GUIDA ALLO STUDIO	387
	ECONOMIA La nascita dello shopping	390
	PROTAGONISTI Thomas Alva Edison	392
	SCIENZA E TECNICA Il Codice Morse	393
	STORIA E TERRITORIO Londra, capitale del mondo	394

18 Il Movimento operaio — 398

1	Borghesi contro operai	398
2	Il *Manifesto del Partito comunista*	399
	La bandiera rossa e il Primo maggio	401
3	La Prima Internazionale	401
	Il movimento anarchico	402
	I concetti base de *Il Capitale*	403
4	L'influenza di Lassalle sul Partito socialdemocratico tedesco	403
5	I socialdemocratici e la duplice strategia di Bismarck	404
6	Il Movimento operaio inglese e le *Trade Unions*	405
	La nascita del *Bobby*	407
7	La Seconda Internazionale	407
	La cultura operaia	408
	Interpreti e testimoni E. J. Hobsbawm, Il *Manifesto* che cambiò il mondo	410
	GUIDA ALLO STUDIO	411
	DOSSIER CITTADINANZA Donne e politica: il difficile cammino verso la parità	414

19 Colonie e Imperi — 422

1	La seconda fase dell'espansione europea	422
2	La "missione civilizzatrice" dell'uomo bianco	423
	La differenza fra colonizzazione e colonialismo	423
3	Il colonialismo ha ambizioni imperiali	424
4	La Conferenza di Berlino e l'inizio della spartizione dell'Africa	425
5	La situazione dell'Africa	426
6	La grande spartizione del Continente Nero	427
	CARTA L'Africa nel 1885	428
	CARTA L'Africa nel 1914	428
7	Droga inglese per la popolazione cinese	428

8	L'India, "perla" dell'Impero britannico	430
	CARTA I domini inglesi in India	430
	STORIA E TERRITORIO La "Valigia delle Indie"	432
	CARTA Le colonie europee nel mondo nel 1914	434
9	L'imperialismo "informale" degli Stati Uniti	434
	José Rizal, eroe nazionale filippino	435
	CARTA L'imperialismo degli Stati Uniti e del Giappone	435
	Testimoni e *interpreti* "Il commercio nel mondo deve essere e sarà degli Stati Uniti"	436
	Lettura d'immagine Una profezia degli Stati Uniti: l'Europa verso la guerra	436
	GUIDA ALLO STUDIO	437
	CIVILTÀ PARALLELE L'imperialismo giapponese	440

20 L'Italia umbertina — 442

1	Un periodo di cambiamenti	442
2	L'eredità della Destra storica	442
3	Le riforme di Depretis	444
4	Le grandi inchieste sociali e la protesta dei lavoratori	445
	Testimoni e *interpreti* Mafia e clientele in Sicilia	446
5	La Sinistra di Crispi: riforme e sistemi autoritari	447
6	Il fallimento coloniale di Crispi	447
	Interpreti e *testimoni* I. Montanelli, Lo scandalo della Banca Romana	448
	CARTA Le colonie italiane a fine Ottocento e il disastro di Adua	449
7	A Milano i cannoni contro gli operai	449
8	L'Ottocento si conclude con un grande flusso migratorio	450
	GUIDA ALLO STUDIO	451
	DOSSIER CITTADINANZA L'emigrazione italiana	454
	LABORATORIO • VERSO L'ESAME DI STATO	463

ORIZZONTI DI CITTADINANZA

Il ritorno della schiavitù	466
La tortura e la pena di morte	469
Il cammino dei diritti umani	473
La legislazione sociale e il *Welfare State*	479

Indice tematico

ECONOMIA		
Argomento	Capitolo	Pagg.
La rivoluzione dei consumi	1	9
Lusso e potere	1	10
Le entrate dello Stato sotto Luigi XIV	2	33
Il mercantilismo di Colbert	2	44
Trasformazioni economiche nei Paesi europei	4	60-63
La "tratta degli schiavi"	4	64-65
L'economia-mondo	4	68
Dallo sviluppo al sottosviluppo: il caso Spagna	4	72
Crolli di Borsa: dai tulipani di Amsterdam alla "bolla" del 2006	4	74
L'economia dell'Impero Moghul	4	76
Le cause del declino italiano nel Seicento	5	89
La rivoluzione dei "campi chiusi"	6	107-108
L'accumulazione del capitale	6	110
La rivoluzione dei trasporti	6	116
La divisione del lavoro	6	118
Il liberismo	6	120
La lotta delle tredici colonie contro le tasse	8	162
La bancarotta della monarchia assoluta	9	172
La modernizzazione del Piemonte	14	294
Il governo Cavour	14	295
La nascita della lira	15	317
Il risanamento del debito pubblico italiano	15	318
Gli Stati Uniti acquistano la Lousiana ed esplorano il West	16	351
La conquista della California e la "febbre dell'oro"	16	353
La colonizzazione del West e la ferrovia da costa a costa	16	354
Organizzazioni economiche e problemi sociali negli Stati Uniti	16	355
Il "miracolo americano"	16	364
La crisi economica di fine secolo e la risposta del capitalismo	17	372-376
La Seconda rivoluzione industriale	17	376-386
La nascita dello shopping	17	390
Colonie e Imperi	19	422-435

L'eredità della Destra storica	20	442
Le riforme di Depretis	20	444
Lo scandalo della Banca Romana	20	448
L'emigrazione italiana	Dossier cittadinanza	454-462

LEGGI E ISTITUZIONI		
Argomento	Capitolo	Pagg.
L'elaborazione dello Stato moderno	1	15-16
Lo Stato assoluto	2	34
La Gloriosa rivoluzione e il *Bill of rights*	3	54-56
I cambiamenti legislativi nella Prima rivoluzione industriale	6	119
L'Illuminismo fonte del diritto contemporaneo	7	134
Una rivoluzione nel diritto: Voltaire, Montesquieu, Rousseau, Beccaria	7	139-142
La *Dichiarazione d'indipendenza* degli Stati Uniti	8	165
La Costituzione degli Stati Uniti	8	167
L'abolizione del sistema feudale e la *Dichiarazione dei diritti dell'uomo e del cittadino*	9	179
La Costituzione civile del clero	9	181
La Costituzione del 1791	9	182
La caduta della monarchia e la nascita della Repubblica francese	9	186
Il Terrore come sistema di governo	9	189
Un'istituzione borghese: il Direttorio	9	191
Il colpo di Stato di Napoleone	10	205
Il *Codice napoleonico*, base del diritto civile moderno	10	207
La fondazione dell'Impero napoleonico	10	208
Il diritto internazionale visto dal Congresso di Vienna	11	235-237
La "dottrina Monroe"	12	253
Federalisti e unitari in Italia	12	258-262
Le riforme del 1846-1847	12	263
L'esperimento della Repubblica romana	13	280

Indice tematico

Argomento	Capitolo	Pagg.
La modernizzazione del Piemonte e le Leggi Siccardi	14	294-295
Il governo Cavour	14	295-297
I Patti di Plombières	14	301
I primi provvedimenti del Parlamento italiano	15	316
I caratteri della Comune di Parigi	15	330
Le riforme di Depretis e di Crispi	20	444-447
Il ritorno della schiavitù	Orizzonti di cittadinanza	466
La tortura e la pena di morte	Orizzonti di cittadinanza	469
Il cammino dei diritti umani	Orizzonti di cittadinanza	473
La legislazione sociale e il Welfare State	Orizzonti di cittadinanza	479

SCIENZA E TECNICA

Argomento	Capitolo	Pagg.
La medicina e la nascita dell'anatomia	1	11-13
Cartesio e la rivoluzione del pensiero	1	13
La Rivoluzione scientifica e il trionfo della matematica	1	15
La rivoluzione di Galileo	1	21
L'innovazione tecnologica del tessile nella Prima rivoluzione industriale	6	111
La macchina rotativa a vapore di James Watt	6	113
Gli eredi di Galileo	6	128
Le tavole dell'Enciclopedia	7	152
La rivoluzione napoleonica della tattica militare	10	220
Florence Nightingale, la statistica e il corpo delle infermiere	14	300
La Seconda rivoluzione industriale	17	376-386
Il Codice Morse	17	393

STORIA E TERRITORIO e STORIA LOCALE

Argomento	Capitolo	Pagg.
Bologna, città d'acqua	1	24
Livorno, patria di tutti	5	94
La Torino sabauda	5	96
La Toscana di Pietro Leopoldo	7	153
Ambienti naturali e spartizioni del territorio all'origine degli Stati Uniti	8	160
La "Questione d'Oriente"	11	240
Roma, da città del papa a capitale d'Italia	15	337
Londra, capitale del mondo	17	394
La "Valigia delle Indie"	19	432

ARTE E TERRITORIO e CIVILTÀ PARALLELE

Argomento	Capitolo	Pagg.
La reggia di Versailles	2	46
L'India islamica	4	76
La colonizzazione dell'Australia	7	156
Il Neoclassicismo	10	222
L'Egitto dall'indipendenza al controllo inglese	10	224
Il Romanticismo	12	264
Verdi e la Scala: due simboli del Risorgimento	13	288
Imperi neri e insediamenti europei nell'Africa del primo Ottocento	15	342
Da dove nasce la "tua" musica	16	370
L'imperialismo giapponese	19	440

Unità 1
L'EUROPA NELL'ECONOMIA-MONDO

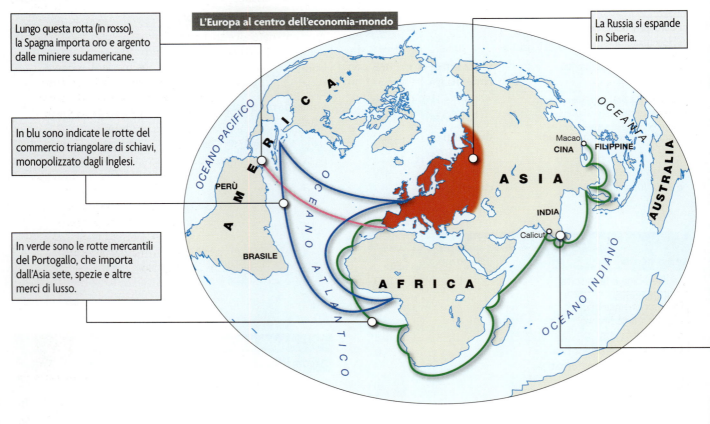

L'Europa al centro dell'economia-mondo

- Lungo questa rotta (in rosso), la Spagna importa oro e argento dalle miniere sudamericane.
- In blu sono indicate le rotte del commercio triangolare di schiavi, monopolizzato dagli Inglesi.
- In verde sono le rotte mercantili del Portogallo, che importa dall'Asia sete, spezie e altre merci di lusso.
- La Russia si espande in Siberia.

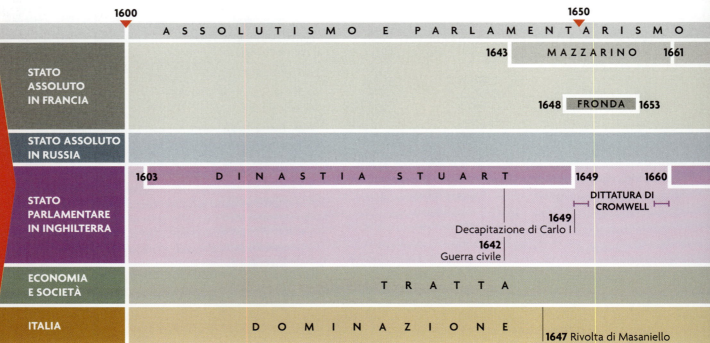

	1600		1650	
	ASSOLUTISMO E PARLAMENTARISMO			
STATO ASSOLUTO IN FRANCIA		1643 MAZZARINO 1661		
		1648 FRONDA 1653		
STATO ASSOLUTO IN RUSSIA				
STATO PARLAMENTARE IN INGHILTERRA	1603 DINASTIA STUART	1649 1660 DITTATURA DI CROMWELL		
		1649 Decapitazione di Carlo I		
		1642 Guerra civile		
ECONOMIA E SOCIETÀ	TRATTA			
ITALIA	DOMINAZIONE	1647 Rivolta di Masaniello		

LA PERIODIZZAZIONE

L'Unità abbraccia un periodo, il **Seicento**, che, per la quantità di guerre che lo sconvolsero, fu chiamato anche "il secolo di ferro". Altrettanto adatto, tuttavia, sarebbe l'appellativo di "secolo moderno" perché nel suo ambito, più ancora che nel Cinquecento, si posero le basi di quel periodo rivoluzionario, il Settecento, in cui nascerà l'epoca contemporanea. Basti pensare che è nel Seicento che si svolge l'attività di **Galileo Galilei**, padre del metodo scientifico, e che viene rivoluzionata la tattica militare, con la diffusione delle artiglierie, l'invenzione della baionetta e la messa in campo di eserciti immensi, forti di centinaia di migliaia di uomini.

IL CONTESTO STORICO

Il periodo di storia abbracciato da questa Unità ruota intorno a tre concetti strettamente connessi tra loro:

- le **Guerre di religione** iniziate nel XVI secolo e proseguite sotto varie forme nel XVII. Nei conflitti si giocano due princìpi: la tolleranza, ovvero la convivenza pacifica di gruppi religiosi diversi all'interno della stessa nazione, e il principio opposto del *cuius regio, eius religio*, cioè della religione di Stato e della persecuzione nei confronti di coloro che la rifiutano;
- la formazione di due moderni modelli di Stato che rompono definitivamente con l'organizzazione feudale del potere: lo **Stato assoluto in Francia** e lo **Stato parlamentare in Inghilterra**;
- lo sviluppo di una nuova forma di economia, destinata a far arricchire le nazioni vincenti come mai si era visto dopo il crollo dell'Impero romano: l'**economia-mondo**. In questo nuovo assetto l'**Italia** risulterà una periferia, ovvero un territorio da sfruttare, essendo quasi completamente passata sotto il dominio spagnolo.

Questo tipo di carta è la più adatta a spiegare il significato dell'espressione "economia-mondo". Essa infatti ci mostra che l'Europa diventa il Centro del mondo trasformando gli altri continenti in periferie che le forniscono tutto ciò di cui ha bisogno per il suo sviluppo.

Provvisoriamente l'India e la Cina si arricchiscono rifiutando il baratto e pretendendo argento in cambio delle merci di lusso ambite dagli Europei.

Linea del tempo

```
                          1700                                      1750
        E  C  O  N  O  M  I  A  -  M  O  N  D  O
    L U I G I   X I V ,   R E   S O L E      1715
                    1698  GUERRA DI SUCCESSIONE  1713
                              SPAGNOLA
A N N I E N T A M E N T O   D E G L I   U G O N O T T I
          1685 Revoca dell'Editto di Nantes
  1682   R E G N O   D I   P I E T R O   I L   G R A N D E   1725
DINASTIA STUART   REGNO DI GUGLIELMO D'ORANGE  1702
              1688
              Gloriosa Rivoluzione
                 1689
                 Bill of rights
                 e Habeas Corpus
            D E G L I   S C H I A V I
            S P A G N O L A
```

1

Il Seicento, il secolo "moderno"

Ripassa il Seicento e **verifica** le tue conoscenze; quindi **approfondisci** le fonti, i collegamenti interdisciplinari e la cittadinanza

Lezione

1618
Inizio della Guerra dei Trent'anni

1700
Compimento degli "Stati moderni"

1 Un'epoca piena di contraddizioni

Il Seicento è stato definito il "**secolo di ferro**", per le Guerre di religione e di supremazia, le crisi economiche, le epidemie che afflissero soprattutto i suoi primi cinquant'anni; ma anche il "**secolo moderno**", perché in alcuni Paesi europei segnò la morte dello Stato feudale e la nascita di nuove e più stabili forme di potere; infine il "**secolo della Rivoluzione scientifica**", perché il genio di Galilei ◀ decretò la fine di tutte le credenze e le superstizioni incancrenitesi nel tempo e spalancò le porte all'osservazione oggettiva dei fenomeni naturali. Il Seicento fu dunque un secolo di grandi contraddizioni e laceranti sofferenze, ma certo anche un'**epoca di radicali trasformazioni ed esaltanti progressi** che accelerarono il superamento della mentalità medievale e diedero agli Europei, con le rivoluzioni del XVIII secolo, il passaporto per entrare nell'Età contemporanea.

SCIENZA E TECNICA
La Rivoluzione scientifica, pag. 21

2 Situazioni disperate

Lo sfondo su cui si verificarono queste trasformazioni, però, fu tra i più cupi che si possano immaginare. Innanzitutto, dopo cinquant'anni di pace, la **Guerra dei Trent'anni**, svoltasi **tra il 1618 e il 1648**, riportò sui campi di battaglia tutte le maggiori nazioni europee in una confusione di fedi e di obiettivi economici e militari che la rese la più devastante e sanguinosa che il continente avesse mai vissuto. Quando essa terminò, la Germania era ridotta a un deserto, ma gli altri Paesi non versavano in condizioni molto migliori.
L'elemento più drammatico, tuttavia, fu probabilmente il **clima**, che nel Cinquecento era tornato a essere mite dopo il grande peggioramento del XIV secolo, e che invece, all'inizio del Seicento, si irrigidì nuovamente. La conseguenza fu una micidiale serie di gelate che dimezzò la produzione di cereali. Contemporaneamente – e in parte a causa di questi eventi – una **crisi demografica** rallentò e in alcuni luoghi fece crollare la crescita che aveva ripopolato l'Europa dopo la peste del 1348.
Inoltre si ripresentarono proprio le **epidemie di peste**. Quella del 1629-1630 colpì la Spagna, l'Italia del Nord e poi l'Europa centrale; quella del 1665-1666 infuriò

La peste a Napoli
Questo dipinto del 1656 rappresenta la scena apocalittica degli appestati lasciati a morire in piazza Mercatello nella capitale del Regno.

in modo particolarmente virulento in Inghilterra. Il morbo causò un'ulteriore diminuzione della popolazione, frenò ulteriormente l'economia, in particolare quella manifatturiera urbana, e creò fenomeni di panico collettivo che sfociarono spesso in **rivolte** sia nelle città sia nelle campagne.

3 Dalla crisi a un mondo nuovo, anzi "moderno"

Nel Seicento la parola "**crisi**" fu applicabile a tutti i settori della politica, dell'economia e della società, ma non significò "declino" bensì **spinta verso nuove scelte**.
La stessa devastante crisi agricola non causò un ritorno a primitive forme di autoconsumo, ma portò a una **redistribuzione della proprietà fondiaria** che rovesciò rapporti consolidati da millenni. Le economie mediterranee, in particolare quelle della Spagna e dell'Italia, che erano state invidiate da tutta Europa, declinarono e crebbero invece in modo prodigioso quelle dell'Olanda e dell'Inghilterra. Ciò fu dovuto anche a una **rivoluzione alimentare** prima impensabile: se il clima distruggeva i cereali, nelle regioni del freddo, potenti surrogati del pane arrivarono dal Nuovo Mondo, l'America, in salvataggio delle popolazioni affamate del Nord. Nuove scelte ispirarono anche l'**organizzazione degli Stati**: al termine di cruente lotte religiose e di vere e proprie guerre civili, le monarchie uscirono non solo rafforzate ma addirittura portatrici di due modelli di potere alternativi, mai sperimentati prima: l'assolutismo e lo Stato parlamentare ▶. ▶ Capitoli 2 e 3
E infine, la **mentalità**: mentre i cristiani vacillavano dopo aver visto che la fede esasperata portava a stragi senza fine, che la Terra non era piatta ed era abitata da popoli "senza Dio" che non si sapeva come classificare, dalle scienze fisiche scaturì la scintilla di un nuovo sapere che, dopo avere seminato il dubbio, fornì risposte grandiose e dimostrabili matematicamente.
È per tutti questi motivi che, sebbene la periodizzazione storica abbia definito come spartiacque tra Medioevo ed Età moderna il 1492, anno della scoperta dell'America, si può sostenere che il vero **inizio della modernità** sia idealmente la **seconda metà del Seicento** in cui, finite le Guerre di religione, l'Europa si dedicò alla ricostruzione di un mondo apparentemente andato in rovina.

L'influenza del clima sulla storia

Se la Guerra dei Trent'anni si concluse con la totale rovina della Germania, ciò non fu dovuto soltanto alle pur devastanti violenze della guerra, ma anche alla durezza di un clima che fu tra i peggiori che la storia ricordi.

Il clima è formato da un **insieme di temperatura, pioggia e siccità** che condizionano profondamente lo stato del Pianeta e, di conseguenza, la vita degli uomini.

Oggi siamo preoccupati a causa di un abnorme **riscaldamento globale** che determina inondazioni, tempeste, tifoni tropicali, ondate di calore, siccità ed episodi di afa, una moltiplicazione di fenomeni estremi che sconcerta il mondo intero. Nel **XVII secolo**, invece, un'**ondata di freddo** altrettanto estremo fece strage degli abitanti di tutti i continenti conosciuti e si portò dietro una scia di ribellioni spesso dovute alla disperazione.

Mentre in Germania infuriava la Guerra dei Trent'anni, in Francia la temperatura invernale passò in una notte da +9 gradi centigradi a -9, a Venezia si pattinava sulla laguna ghiacciata e a Londra il Tamigi gelava a sua volta, uccidendo i pesci e gli uccelli che da millenni vi avevano trovato il loro habitat.

Fenomeni ancora più macroscopici accadevano altrove. A Costantinopoli gelò il Bosforo e si poté passare

Il Tamigi gelato

1 Un inverno rigidissimo
Tra il 1683 e il 1684 Londra fu colpita da un'ondata di freddo polare che gelò le acque del Tamigi nei mesi invernali, la peggiore che l'Inghilterra visse in Età moderna. Il fiume rimase ghiacciato dal 23 dicembre al 5 febbraio, e lo spessore del ghiaccio raggiunse i 28 centimetri.

2 Un ponte che diventa una inaspettata diga
Al congelamento delle acque fluviali contribuì anche il London Bridge, il ponte nel pieno centro della città: i pilastri che reggevano le sue arcate, molto strette, trattennero i blocchi di ghiaccio sul fiume, favorendone la saldatura.

3 Le fiere del ghiaccio
Quando il Tamigi ghiacciava, lungo il suo corso si organizzavano vere e proprie fiere del ghiaccio durante le quali si pattinava sul fiume, si creavano negozi e punti di ristoro, si rappresentavano spettacoli teatrali e di burattini, si organizzavano corse di cavalli o di barche a vela con ruote.

4 Una cappa di fumo
Un cronista dell'epoca raccontò che, durante l'inverno del 1683-1684, l'aria era così gelida da impedire al fumo dei camini di disperdersi nell'atmosfera: sopra Londra si creò così una cappa di fumo di carbone che rendeva difficile la respirazione.

a piedi dall'Asia all'Europa; nel Nord Europa gelò il Mar Baltico e gli Svedesi che intervennero nella Guerra dei Trent'anni poterono passare con tutto l'esercito e decine di cannoni sul "**ponte continentale**" formatosi **tra la Svezia e la Danimarca**.

I motivi di queste gelate risiedono in movimenti astronomici che fecero precipitare la Terra in un periodo di "**piccola glaciazione**", rinnovando in parte le condizioni in cui erano vissuti gli uomini preistorici di Cro-Magnon. Le **conseguenze** furono **tragiche**: la Cina perse metà dei suoi abitanti, mentre la popolazione europea si ridusse di un terzo (ancor peggio finì la Germania, dove al freddo si sommò la guerra).

Gli storici si occupano del clima da poco tempo, attingendo notizie dalle cronache dell'epoca, dai registri parrocchiali, dalle memorie private, ma anche dallo studio di alberi molto antichi e, per il Seicento, dalle prime registrazioni delle temperature effettuate grazie al termometro inventato nel corso del Rinascimento e perfezionato da Galileo Galilei.

In seguito a questi studi stanno cominciando a verificare se alcuni grandi fenomeni umani, come le rivoluzioni, le rivolte urbane e contadine, le stesse guerre di religione non siano da attribuirsi in parte all'esasperazione di un'umanità posta dal clima continuamente di fronte alla morte.

4 ▶ Bevande esotiche e riti sociali

Nel Seicento cambiamenti enormi si produssero a partire da fatti all'apparenza molto semplici, eppure è proprio così che spesso procede la Storia.
È il caso del **tè** e del **caffè**. Nulla di più banale e irrilevante, si potrebbe pensare. Invece queste due bevande, diffuse in Europa proprio nel XVII secolo, diedero origine a riti sociali destinati a modificare il modo con cui le persone stavano insieme: nacquero infatti i caffè, **luoghi pubblici d'incontro e discussione** destinati a diventare i motori di cambiamenti sociali di enorme portata a cominciare dal fatto che, per la prima volta, lo scambio culturale fra le persone non avvenne più all'interno della corte, in casa o in chiesa ma in un luogo pubblico e laico, non sottoposto al controllo della Chiesa e dei potenti.

Il caffè e il tè provenivano **dall'Oriente**. Il tè, scoperto a Giava in Indonesia dagli Olandesi, fu importato in Europa nel 1646; il caffè, originario dell'Etiopia, nel Quattrocento era stato trapiantato in Arabia, nella regione di Moka. Due secoli dopo fu acclimatato anche in America e fece la sua comparsa sui mercati di Venezia e di Amsterdam.

Nello stesso periodo, un dolcificante arabo già conosciuto ma utilizzato solo in medicina entrò nell'alimentazione quotidiana e sostituì il miele in uso dal tempo degli antichi Greci: lo **zucchero**. Quando la canna dalla quale lo si produceva fu trapiantata con successo in America, il prezzo dello zucchero scese e la sua diffusione divenne inarrestabile.

Intanto nelle corti più raffinate gli speziali e i medici di fiducia dei signori si trasmettevano segretissime ricette di un'altra prelibatezza diventata di gran moda: il **cioccolato**. Mescolando il cacao, che i *conquistadores* avevano portato dall'America, con zucchero, latte e vaniglia si produceva una bevanda squisita per cui l'Europa intera impazzì.

I primi caffè
Questo locale inglese del Seicento serve caffè bollente (nota le quattro caffettiere sul camino), mentre intorno fervono le conversazioni culturali e politiche.

Testimoni e interpreti

Elogio del "cioccolatte"

AUTORE	Francesco Redi, medico e biologo italiano
OPERA	*Annotazioni al Bacco in Toscana*
DATA	1685

Leggi altre fonti dirette nella Biblioteca digitale

Francesco Redi, una delle personalità più note e influenti del periodo, così riassumeva, intorno alla metà del Seicento, la fortunata parabola del cioccolato e gli ingredienti più strani con cui veniva mescolato.

L'uso in Europa è diventato comunissimo e particolarmente nelle corti dei principi e nelle case dei nobili poiché si crede che esso possa fortificare lo stomaco e che abbia mille altre virtù. La corte di Spagna fu la prima a ricever tale uso. E veramente in Spagna si manipola il cioccolatte alla perfezione, ma a questa perfezione spagnola è stato ai nostri tempi aggiunto un non so che di più squisita gentilezza alla corte di Toscana, per la novità degli ingredienti europei: si è infatti trovato il modo d'introdurvi le scorze fresche dei cedri e dei limoncelli, l'odore gentilissimo del gelsomino che, mescolato con la cannella, con le vaniglie, con l'ambra e con il muschio fa un sentire stupendo per coloro che di cioccolatte si dilettano.

La bella cioccolataia
In un dipinto di J. E. Liotard la cameriera di una casa signorile con grembiule e cuffietta serve la preziosa bevanda, segno di ricchezza e nobiltà.

5 La "rivoluzione dei consumi"

Tra le piante venute dall'America non ci fu solo il cacao. Esse furono numerosissime ed ebbero il potere di stravolgere letteralmente le **abitudini alimentari** del Vecchio continente, tanto che storici come Fernand Braudel sostengono che nel XVII secolo sia avvenuta una vera e propria "**rivoluzione dei consumi**".
Le piante più rivoluzionarie furono il **mais** e la **patata**, che svolsero un ruolo decisivo nel **sostentamento dei poveri** perché erano resistentissime e sopravvivevano alle gelate e alla siccità, quando tutto intorno i cereali morivano.
La patata tardò a diffondersi, perché nessuno sapeva come cucinarla. All'inizio, infatti, i cuochi del re di Spagna tentarono di macinarla con la buccia e di mescolarla a crudo con acqua, ma ottennero soltanto una poltiglia nauseabonda. Poi i contadini impararono a bollirla e sbucciarla o ad arrostirla sotto le ceneri del focolare ed essa divenne la salvezza dei popoli del Nord Europa durante le carestie causate dal peggioramento del clima.
Il **pomodoro** arrivò prima in Spagna, poi in Italia. Piacque moltissimo e divenne un alimento base e il condimento di molte pietanze.
Grande successo ebbe anche la principale droga degli Indios, il **tabacco**, che conquistò l'Europa intera sin dai primi anni del Seicento. All'inizio non lo si fumava, ma lo si annusava o masticava. I medici, che ne impiegavano piccole porzioni a uso farmaceutico, si accorsero immediatamente dei suoi effetti nocivi, ma nessuno riuscì a frenarne il consumo. La tabacchiera divenne per i signori

> **LESSICO — ECONOMIA**
>
> **Consumo**
> L'acquisto e l'utilizzo di beni primari (quelli che servono alla sopravvivenza) e di quelli superflui.

e le signore dell'alta società un oggetto raffinato e prezioso da portare con sé in ogni occasione.

Un'altra pianta che rivoluzionò i consumi fu il **cotone**. Non si trattava di una pianta americana e nemmeno di una pianta prima sconosciuta perché la rivincita del cotone sulla lana era iniziata fin dal Quattrocento, ma il suo successo si consolidò proprio nel corso del XVII secolo, quando le transazioni europee di questa merce decuplicarono. Impiegato per lenzuola, camicie, biancheria e fazzoletti, il cotone fu tra i protagonisti del XVII secolo.

6 Lusso e potere

Con l'arrivo in Europa di merci esotiche i gusti delle classi elevate si modificarono per sempre, creando una **nuova mentalità del lusso** che s'impadronì dell'aristocrazia europea.

Lo scopo principale dei nobili fu quello di distinguersi da tutti gli altri ceti, quello borghese in particolare. L'obiettivo (esprimere fasto, magnificenza e splendore) aveva una funzione sociale precisa: era cioè un mezzo per **tradurre la ricchezza in potere**.

Agli occhi dei nobili non era sbagliato spendere ma risparmiare, perché risparmiando la famiglia perdeva il suo posto nella società mentre possedere e ostentare beni di lusso era un elemento di distinzione (naturalmente questo non

---

LESSICO — STORIA

Ceto
È questo il termine esatto per definire i componenti in cui era suddivisa la società del Sei e Settecento. Il termine è un sinonimo di "ordini" e di "stati" (come in Stati generali). Differisce dal termine "classe" perché quest'ultima è tipica di una società economicamente più avanzata e maggiormente democratica in cui si può passare da una classe all'altra, mentre non si poteva passare da un ceto all'altro.

Lettura d'immagine

Ostentazione e austerità

Le due immagini mettono a confronto un nobiluomo francese (a sinistra) e un ricco borghese olandese (a destra). Il primo ostenta già nell'abbigliamento tutti i segni della raffinatezza e del lusso, il secondo veste sobriamente di nero, esprimendo così il suo attaccamento al lavoro e ai precetti della religione calvinista.

fu vero nei Paesi calvinisti, dove una morale rigidissima poneva il risparmio e l'investimento al vertice del buon comportamento sociale).
Gli abiti dei nobili divennero così sempre più ricchi e ornati, le pettinature delle dame si fecero enormi, le parrucche dei signori scendevano in boccoli fino a metà schiena, le carrozze erano rivestite di lamine d'oro, in ogni tasca si nascondevano un portagioie, un ventaglio, una pipa, un cammeo, uno più raffinato dell'altro. Per non parlare dei palazzi con i loro arredi, i parchi e i giardini (anch'essi sterminati e pieni di statue, fontane, labirinti).
Oltre che nei cibi e negli oggetti, l'aristocrazia del Seicento espresse la sua distinzione adottando le **buone maniere**: fu in questo secolo, infatti, che presero piede regole e divieti sulla condotta da tenere in società, molti dei quali sopravvissuti fino a noi. I numerosi *Galatei*, cioè i libri di consigli sul comportamento, dettavano norme via via più strane e complicate allo scopo di marcare la differenza fra chi le conosceva e chi no.
In un testo francese del 1671 si legge: "Un tempo si poteva sbadigliare, l'importante era che non si sbadigliasse mentre si parlava. Oggi una persona di rango si scandalizzerebbe". Fino ad arrivare a esasperazioni assurde: soffiarsi il naso in pubblico, dopo vari espedienti per rendere l'operazione il più silenziosa possibile, venne semplicemente giudicato inaccettabile.
Anche nelle **corrispondenze** le differenze sociali vennero sottolineate in modo sempre più accentuato: se prima ci si rivolgeva a un potente con un "Vostra Signoria" e si concludeva con un "affezionatissimo servitore", ora si cominciava con "Illustrissimo" e si concludeva con "servitore obbligatissimo" oppure "devotissimo" o ancora "umilissimo".

7 L'igiene privata e pubblica

La grande livellatrice di tutte le classi sociali era l'**igiene** generale del corpo. I viaggiatori raccontavano che **in Oriente** tutti facevano **un bagno al giorno**, denudandosi e strofinandosi con il sapone. Ma il pudore nonché il pregiudizio che tutto ciò che era "umido" fosse portatore di malattie impedirono agli Europei di adottare queste norme basilari per la salute. "Lavarsi – sosteneva la medicina dell'epoca – significherebbe aprire le porte ai veleni che allignano nell'umidità dell'aria e berli a garganella."
Aristocratici e popolani continuarono a non lavarsi mai i denti e a pulirsi raramente il resto del corpo, nonostante il sudiciume causato dalla polvere e dal fango delle strade sterrate e a dispetto del sudore estivo: una vera e propria tortura, aggravata dall'uso quasi esclusivo della **lana** per le divise militari e per gli abiti femminili e maschili di tutti i giorni.
Se a ciò si aggiunge che le città e i palazzi erano **privi di fognature**, che ognuno faceva i propri bisogni in vasi che venivano abitualmente vuotati per le strade e infine che, durante i viaggi, persino i re e i ministri si liberavano la vescica aprendo uno sportello della carrozza per non fermare i cavalli al galoppo, si può capire perché in quell'epoca, che pure aveva compiuto significativi progressi in vari settori, continuassero ad allignare tante **malattie**.
Tutti continuarono a coltivare un'antica credenza secondo la quale pulizia e igiene erano rappresentate dal **colore bianco**. Si moltiplicarono quindi le camicie, i colletti e i pizzi candidi che assunsero forme e dimensioni inusitate quando una lavanderia olandese inventò l'**amido**, un collante zuccherino ricavato dalle patate che si passava sulla biancheria prima di stirarla, il quale rivoluzionò letteralmente la moda europea.

L'uso del bianco
Il fazzoletto candido è talmente apprezzato da meritare un posto di primo piano nel ritratto di donna di cui qui si vede un particolare.

8 ▶ Un secolo pieno di malati

A causa della scarsa igiene e di un'alimentazione errata o insufficiente, le malattie colpivano poveri e ricchi indifferentemente. Tra quelle maggiormente diffuse, le più gravi erano il vaiolo, la tubercolosi, il colera, la malaria, l'idropisia, il cancro, la gotta, la perdita dei denti e, ovviamente, la **peste**.

Le **cure della medicina ufficiale** erano inefficaci quanto terrificanti. A Luigi XIV, re di Francia, che ebbe una fistola alla mascella per la quale gli furono estratti tutti i denti della parte destra, le ferite in bocca furono cicatrizzate con un ferro rovente.

Per quasi tutte le malattie si praticavano **salassi**, cioè incisioni per far defluire il sangue, nella convinzione che il corpo si ammalasse per eccesso di umidità.

Malati mentali ed emarginati

Un problema terribile era costituito da quella serie infinita di **disturbi mentali** che gli storici della medicina, studiandone i sintomi attraverso i resoconti di medici e sacerdoti dell'epoca, hanno classificato come isteria, depressione, attacchi di panico, anoressia, alcolismo, lesioni cerebrali ecc.

Nel Seicento questi disturbi, che oggi vengono curati e spesso guariti, continuarono a essere definiti come "**possessione diabolica**" e affrontati con gli **esorcismi**, cioè con riti di purificazione eseguiti dal clero mediante preghiere e scongiuri, oppure come "**pazzia**", nel qual caso determinavano l'internamento perpetuo negli ospizi.

Questi luoghi da incubo erano prigioni a vita con catene, strumenti di tortura, celle di isolamento, cibo ridotto al minimo e totale mancanza di igiene. La pazzia, infatti, era ritenuta un ritorno dell'uomo alla condizione animale causata da vizi e colpe morali e quindi doveva essere punita.

In questi stessi luoghi finì anche una massa incalcolabile di **emarginati**. Veniva internato chi era sorpreso a chiedere l'elemosina, un figlio fuggito di casa, un giocatore che non aveva pagato i suoi debiti, un dissipatore di sostanze familiari o, spesso, un fratello minore da cui il maggiore, che aveva ereditato tutto il patrimonio paterno, si sentiva minacciato.

Ancora una volta, tuttavia, le vittime più numerose furono le **donne**: anziane colpite dalla "demenza senile" o dal morbo di Alzheimer, ma anche sorelle che un fratello voleva derubare dell'eredità, ragazze madri oppure donne nubili che non andavano d'accordo con cognate prepotenti.

Per l'internamento a vita bastava una semplice richiesta della famiglia con la generica motivazione di "salvare l'onorabilità del nome". In Francia il re firmava personalmente gli ordini di arresto che venivano chiamati *lettres de cachet*, cioè lettere munite del "sigillo" reale. Le spese di mantenimento erano a carico degli stessi internati.

Questo tipo di trattamento sarebbe stato impensabile nel Medioevo, dove "il pazzo" era stato tollerato e protetto dalla comunità. I nuovi Stati nazionali, invece, volevano **ordine e disciplina**: ognuno doveva essere perfettamente inserito in una famiglia, avere un lavoro, rispettare le leggi, frequentare la Chiesa stabilita dal suo re. Tutti gli altri semplicemente "non esistevano".

L'estrazione della pietra della follia
Questo è il titolo del dipinto di Hieronymus Bosch che rappresenta un ciarlatano che esegue su uno stolto la trapanazione del cranio.

Fratture e infezioni si eliminavano drasticamente amputando braccia e gambe, ma qualsiasi ferita, anche quelle che oggi sono insignificanti, aveva spesso conseguenze mortali: il tetano e la cancrena. La più alta mortalità, tuttavia, si verificava tra le **partorienti**, perché la scarsa igiene causava quell'infezione mortale che si chiama "setticemia".

9 La nascita dell'anatomia

Quando la peste, che non si era mai completamente esaurita, si ripresentò nelle forme virulente delle due epidemie del 1629 e del 1665, le autorità reagirono con i mezzi di sempre. Sebbene fossero passati trecento anni dalla Peste nera del 1348, esse ricorsero ai riti della Chiesa, con i rosari, le processioni e le penitenze collettive, alla quarantena e all'isolamento degli ammalati nei lazzaretti.
Eppure proprio allora la **medicina** cominciò a rialzare la testa, imponendo l'abrogazione delle leggi che vietavano la dissezione anatomica dei cadaveri e riprendendo con slancio lo studio del corpo umano.
Nacquero vere e proprie scuole e l'osservazione del cuore, della circolazione del sangue, degli altri organi interni e dei muscoli cominciò a demolire le teorie dei medici greci e romani che, prese come dogmi inconfutabili, bloccavano dal Medioevo la medicina occidentale.

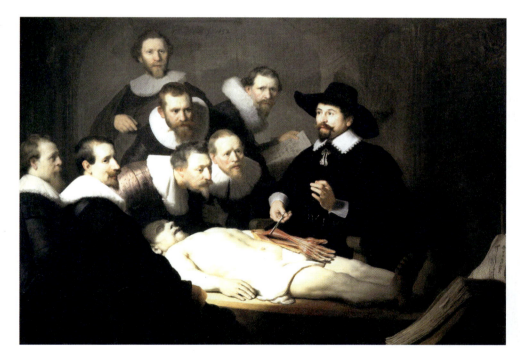

Lezione di anatomia ad Amsterdam
Un medico disseziona un cadavere mostrando come funzionano i muscoli e i tendini che fanno muovere le dita della mano. Da notare l'espressione di estrema attenzione dei personaggi centrali. (Rembrandt, *Lezione di anatomia*, 1632).

10 Cartesio e la rivoluzione del pensiero

L'evento più importante del mondo seicentesco fu la nascita di un **nuovo modo di pensare**.
Uno dei principali autori di questa rivoluzione fu il filosofo e matematico francese René Descartes, in italiano **Cartesio**. Dopo un'indigestione di studi letterari e teologici nel collegio dei gesuiti di Parigi, Cartesio scoprì in Olanda la matematica e ne fece la base del suo sistema di pensiero. In estrema sintesi, nel suo libro *Discorso sul Metodo* del **1637**, egli propose il **dubbio sistematico**, cioè un metodo secondo il quale ogni conoscenza, anche la più ovvia ed evidente, va

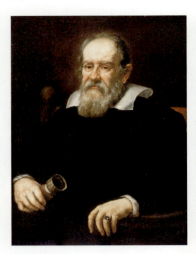

Galileo Galilei

Quando il potere era interessato alla cultura
Nella parte a destra questo dipinto mostra Cartesio (il secondo da destra), vestito di nero con un ampio colletto bianco, che illustra il suo metodo alla regina Cristina di Svezia. Il dipinto si allarga a sinistra ritraendo una grande sala in cui vari gruppi di cortigiani attendono di conoscere anch'essi i princìpi del pensiero cartesiano.

messa in dubbio, perché solo non dando nulla per scontato si può stabilire la veridicità delle cose. Sulle conoscenze sopravvissute al setaccio del dubbio è possibile costruire una sapienza nuova e molto più solida. Il procedimento fondato da Cartesio si serve della **Ragione**, cioè della facoltà dell'uomo di utilizzare la propria intelligenza per comprendere il mondo.

Il "**metodo cartesiano**" ebbe una vastissima influenza sulla mentalità europea, grazie anche alla contemporanea diffusione, fra i dotti e i liberi pensatori dell'intero continente, di un altro grande sistema di pensiero: il "**metodo sperimentale**" del fondatore della scienza moderna, **Galileo Galilei**.

Testimoni e interpreti

La Ragione

AUTORE	Cartesio, filosofo e matematico francese
OPERA	*Discorso sul metodo*
DATA	1637

Leggi altre fonti dirette nella Biblioteca digitale

L'opera principale di Cartesio è intitolata Discorso sul metodo. *Da essa è tratto questo brano, in cui si esalta il ruolo della Ragione.*

Volendo seriamente ricercare la verità delle cose, non si deve scegliere una scienza particolare, infatti esse sono tutte connesse tra loro e dipendenti l'una dall'altra.
Si deve piuttosto pensare soltanto ad aumentare il lume naturale della Ragione, non per risolvere questa o quella difficoltà di scuola, ma perché in ogni circostanza della vita l'intelletto indichi alla volontà ciò che si debba scegliere; e ben presto ci si meraviglierà di aver fatto progressi di gran lunga maggiori di coloro che si interessano alle cose particolari e di aver ottenuto non soltanto le stesse cose da altri desiderate ma anche più profonde di quanto essi stessi possano attendersi.

11 La Rivoluzione scientifica e il trionfo della matematica

Galileo non è solo l'autore della gigantesca scoperta del sistema solare. Ne fece molte altre, tutte fondamentali. Soprattutto però fu il padre della **Rivoluzione scientifica** ▶, una vera esplosione del pensiero umano, grazie alla quale siamo riusciti a costruire aeroplani e stazioni spaziali, comunichiamo via mail, applichiamo le nanotecnologie e indaghiamo i misteri del Dna.

La rivoluzione di Galileo consiste nell'aver dimostrato che l'intero mondo della natura, senza più differenza fra Cielo e Terra, obbedisce a **leggi matematiche** e che, per scoprire queste leggi, occorre un preciso metodo, il **metodo sperimentale**. Esso è basato su:
- l'**osservazione diretta** dei fenomeni naturali, molti dei quali possono essere simulati in laboratorio;
- la loro conoscenza attraverso un numero elevatissimo di **misure di precisione**;
- l'**individuazione delle relazioni matematiche** che regolano i rapporti fra questi fenomeni;
- la **formulazione di leggi** che permettono di prevederli e controllarli.

Il metodo di Galileo si diffuse con una rapidità impressionante: tra i filosofi, che erano stati prigionieri della teologia; tra i chimici-alchimisti che, con la magia, avevano cercato la "pietra filosofale"; tra gli astrologi esperti nell'osservazione del cielo, che cessarono di fare oroscopi e si misero a esplorare il sistema solare; tra i botanici, che classificavano piante locali ed esotiche; tra i medici, e, infine, tra gli artigiani più abili, pronti a fornire strumenti di misurazione e di osservazione per qualunque branca della scienza. Galileo fu come la diga che si apre e libera un fiume in piena. L'intero sistema di pensiero può essere valutato alla luce del "prima" e del "dopo" di lui.

▶ **SCIENZA E TECNICA**
La Rivoluzione scientifica, pag. 21

12 L'elaborazione dello Stato moderno

Tra gli uomini del Seicento che dubitavano di tutto, formulavano leggi fisiche rivoluzionarie e si riunivano nei caffè a discutere di politica, vi fu anche una categoria di borghesi che, dal Medioevo in poi, non aveva fatto altro che crescere d'importanza, sia nella società civile sia nelle corti regie: i **giuristi**, ovvero gli **studiosi di diritto** che esercitavano la professione di avvocato o magistrato.
La cosa che essi iniziarono a mettere in dubbio e a sottoporre alla critica della Ragione fu la **forma dello Stato**. Sebbene dai giorni in cui il feudalesimo si

I giuristi
Questa categoria, che assunse un'enorme importanza nel Seicento, fu tra le più attive nel proporre soluzioni che consentissero un rafforzamento delle monarchie.

> **RICORDA**
>
> **Il Capitolare di Quierzy**
>
> È un documento dell'877 con cui uno dei nipoti di Carlo Magno, Carlo il Calvo, concesse l'ereditarietà dei feudi, cioè la possibilità che un feudatario trasmettesse al figlio maggiore la proprietà dei suoi territori e tutti i privilegi ad essa connessi.

era radicato in Occidente con il **Capitolare di Quierzy** fossero passati più di settecento anni e le monarchie avessero più volte tentato di abbattere il potere delle grandi famiglie e di affermare la propria autorità, i loro regni europei erano rimasti sostanzialmente degli Stati feudali.

Uno **Stato feudale** è un'istituzione in cui permane la frammentazione del potere, vaste categorie di persone hanno il diritto di non pagare le tasse, se non in circostanze del tutto eccezionali, e non esiste un codice nazionale di leggi ma ogni proprietario di un feudo esercita la giustizia sul proprio territorio in piena autonomia.

Detto sinteticamente, lo Stato feudale è il **regno dei privilegi**: dei signori, del clero, dei singoli municipi e persino di particolari famiglie non nobili che, in un lontano passato, hanno ottenuto per qualche motivo un favore dal re o da un feudatario.

Questa serie di privilegi faceva parte dei "**diritti fondamentali**" e non poteva assolutamente essere toccata dal sovrano senza suscitare congiure aristocratiche, anatemi papali e rivolte municipali. Per i giuristi seicenteschi, però, non vi era nulla di così fondamentale da non poter essere discusso e modificato. Furono loro a suggerire ai re quali strade percorrere per trasformare lo Stato feudale in Stato moderno agendo su due linee guida:

- la trasformazione dei privilegi fiscali in **tassazione regolare e obbligatoria**;
- l'abolizione del diritto signorile di legiferare e la conseguente **imposizione della legge del re**.

Vi aggiunsero una terza linea, quella dell'**atteggiamento da tenere nei confronti delle religioni** presenti nel Paese per evitare che minoranze di altre fedi diventassero un gruppo di potere pericoloso, come gli ugonotti (protestanti) francesi, oppure, al contrario, potessero essere espulse o perseguitate a seconda degli umori delle classi dominanti, come era accaduto in passato agli ebrei.

Interpreti e testimoni

L'evoluzione dei costumi

AUTORE	Valerio Castronovo, storico italiano
OPERA	Articolo comparso sul "Corriere della Sera" (*Gli antenati scostumati*)
DATA	1982

Leggi altre fonti storiografiche nella Biblioteca digitale

Un'acuta e divertente descrizione del galateo dei nostri antenati: gente di rango che oggi non inviteremmo alla nostra tavola.

Ci vollero cinque secoli prima che i modelli di comportamento degli uomini nella società mutassero a tal punto da far sentire l'uso della forchetta come un'esigenza generale. Sebbene la si conoscesse già sin dall'undicesimo secolo, la gente continuò a portarsi il cibo alla bocca con le mani: infine, nel corso del Cinquecento, prima in Italia e in Francia, poi in altri paesi, la forchetta cominciò a comparire in tavola, non più soltanto per prendere le vivande dal vassoio comune, ma per lungo tempo furono unicamente i ceti superiori ad adoperarla.

Allo stesso modo, con molta fatica e lentamente, vennero accolte dalla società altre innovazioni, nei costumi e nelle forme di comportamento, che a noi oggi sembrano delle usanze del tutto ovvie e naturali.

Le persone che si sceglievano i bocconi migliori frugando nel piatto di portata, che bevevano il vino dallo stesso bicchiere, che sorbivano la minestra dalla stessa scodella, avevano tra di loro un rapporto differente dal nostro e diversa era anche la loro disposizione spirituale e affettiva. Certi gesti e atteggiamenti che ci paiono sgradevoli, o perlomeno assai poco attraenti, erano perfettamente in armonia con la realtà sociale del tempo. Tutti quanti, dal re ai contadini, mangiavano con le mani, si leccavano le dita, si soffiavano il naso nella tovaglia, si grattavano il collo e le orecchie, si pulivano i denti col coltello. Altrettanto naturale, e niente affatto disgustoso, veniva considerato l'esercizio, in presenza d'altri, di certe funzioni corporali, come ruttare o sputare. Né suscitava scandalo parlare dei propri bisogni naturali o delle corrispondenti parti del corpo con una ricchezza di dettagli per noi sorprendente.

Semmai fra i signori feudali e nella cerchia dei loro intimi, c'era chi praticava modi conviviali più raffinati e cercava per il resto di comportarsi con maggior discrezione nei rapporti interpersonali. Non perché si ritenesse sconveniente e imbarazzante, per sé e per gli altri, divorare cibi come dei lupi o fare i propri bisogni dove capitava, talora anche in pubblico, ma perché un certo tipo di comportamento formalmente più decoroso, come quello indicato dai codici cavallereschi per quanti vivevano a corte, serviva ad alcuni gruppi di vertice della società feudale per esprimere la propria autocoscienza, per legittimare e per far valere meglio il loro modo di vivere le cose e la loro superiorità gerarchica. A questo modello di vita e di costume, fondato sull'educazione al "buon gusto" e, insieme, su una marcata distinzione di rango sociale, si riferiva il concetto medievale di "courtoisie". Il "modo nobile" di comportarsi veniva costantemente contrapposto ai modi, più elementari, propri dei contadini e della gente comune, la gentilezza d'animo e l'affabilità venivano indicati come dei tratti distintivi in una società nella quale i sentimenti erano espressi in maniera impetuosa e diretta, senza molte sfumature, e le occasioni di piacere e divertimento contenevano spesso una forte carica di aggressività e di violenza.

Con la progressiva decadenza della nobiltà feudale il termine di "courtoisie" entrò anche nei circoli borghesi. Ma soltanto nel corso del XVI e del XVII secolo il concetto di "civilité" cominciò a prendere il sopravvento su quello di "courtoisie", come espressione di un comportamento adeguato alla società. La nuova aristocrazia assolutistica di corte e la nobiltà di toga trasformano gradualmente certe regole in altrettante prescrizioni sempre più rigorose di carattere universale. La soglia della sensibilità e il limite del pudore acquistarono nuove e più ampie dimensioni, la coercizione esercitata dagli uomini gli uni sugli altri, divenne più forte, mentre crebbero i moniti a tenere e a fare rispettare una "buona condotta". Il concetto di "civilité", che si diffuse a partire dal Rinascimento e si affermò col progredire dello Stato assoluto, non riflette soltanto una certa evoluzione delle abitudini e delle forme di convivenza, ma un nuovo clima politico e culturale. Tramontata l'egemonia della classe feudale e divenuto più rapido il ritmo di mobilità sociale sia verso l'alto che verso il basso, in seguito a un rimescolamento di fortune tra persone di diversa estrazione, l'individuo singolo si trovò esposto in modo più diretto al giudizio e alla pressione degli altri membri della società, mentre si delineò l'esigenza di una più salda gerarchia sociale. Insomma il "buon comportamento" diventò un problema sempre più importante. Costretti ad adottare forme nuove nei loro rapporti reciproci, gli uomini divennero più sensibili alle reazioni altrui, cominciarono ad esigere reciprocamente maggiori riguardi. Crebbe in tale modo l'obbligo di esercitare un certo tipo di autocontrollo e, di conseguenza, cominciò a modificarsi in settori sempre più ampi della società anche lo standard del comportamento. [...]

Almeno nella buona società il banchetto in comune cominciò a obbedire a un'etichetta, un rituale più rigoroso: ci si lavava le mani prima del pasto, in mancanza di forchette, non si usavano più entrambe le mani per attingere al piatto, ma soltanto tre dita, ci si puliva la bocca prima di bere da un boccale comune e se non si riusciva a mandar giù qualcosa non si deponeva il boccone già masticato sul tavolo. Tuttavia la gente continuava ad avventarsi sui vassoi appena sistemati sulla sedia, a schioccare troppo rumorosamente le labbra mangiando, a intingere le dita nel sugo, a vomitare senza allontanarsi dal proprio posto, e a fare altre cose che oggi desterebbero un moto di repugnanza.

I nuovi modelli di comportamento non si affermarono tutto d'un tratto neppure negli aspetti più intimi della vita privata. Nel Cinquecento, sebbene si fosse cominciato a prescrivere certe regole di decenza nel soddisfacimento dei propri bisogni, appartandosi in modo da sottrarsi alla vista altrui, accadeva sovente di imbattersi in persone adulte, e di entrambi i sessi, che continuavano a comportarsi in questa circostanza con la stessa libertà e disinvoltura che esibivano in passato.

Non diversamente ci si comportava riguardo alla nudità; fino al XVI secolo la vista del corpo nudo era del tutto naturale: nel fare il bagno gli uomini venivano accuditi da donne, e dame e cavalieri non avevano alcun ritegno a spogliarsi di fronte ai servi. [...]

Le cose cominciarono a cambiare successivamente, quando una serie di norme istituzionali conferì nuovi attributi al comune senso del pudore. Ma con una certa gradualità e a seconda del rango sociale: nelle classi più elevate ricevere i propri sottoposti quando ci si alzava dal letto o si faceva il bagno era, ancora nel Settecento, una consuetudine del tutto normale, espressione dell'assoluta libertà da qualsiasi vincolo di cui godeva la propria casta.

GUIDA ALLO STUDIO
Sintesi

1-2 · Un secolo pieno di contraddizioni

Il Seicento è stato definito il "secolo di ferro" per le Guerre di religione e le varie crisi economiche, ma anche il "secolo moderno" perché in alcuni Paesi segna la morte dello Stato feudale, e il "secolo della Rivoluzione scientifica" perché Galilei spalanca le porte all'osservazione oggettiva dei fenomeni naturali. Pur tra grandi contraddizioni e sofferenze, esso è quindi un'epoca di radicali trasformazioni ed esaltanti progressi, anche se lo sfondo di queste trasformazioni è composto da elementi drammatici come la Guerra dei Trent'anni, il peggioramento del clima, la crisi demografica e nuove epidemie di peste, che colpiscono la Spagna, l'Italia del Nord, l'Europa centrale e l'Inghilterra.

3 · L'inizio della modernità

Nel Seicento la parola "crisi", tuttavia, non significa mai "declino" ma spinta verso nuove scelte. La crisi agricola, per esempio, non causa un ritorno a forme primitive di autoconsumo, ma porta a una redistribuzione della proprietà fondiaria, mentre al tramonto economico di Spagna e Italia fa riscontro la crescita prodigiosa di Olanda e Inghilterra, dovuta anche alla rivoluzione alimentare determinata dai prodotti che arrivano dal Nuovo Mondo.
Cambiano anche l'organizzazione degli Stati, che si orientano verso l'assolutismo e lo Stato parlamentare, e la mentalità, per cui si può sostenere che il vero inizio della modernità è idealmente la seconda metà del Seicento.

4-5 · La "rivoluzione dei consumi"

Nel XVII secolo il tè e il caffè, provenienti dall'Oriente, determinano la nascita di luoghi pubblici d'incontro e discussione destinati ad assumere un ruolo culturale importantissimo. Nello stesso periodo fa la sua comparsa lo zucchero e i signori europei impazziscono per il cioccolato, ottenuto dal cacao che i *conquistadores* hanno portato dall'America. Da lì provengono altre piante, che danno luogo a una vera e propria "rivoluzione dei consumi": il mais e la patata, fondamentali per il sostentamento dei poveri, il pomodoro, il tabacco e il cotone.

6-9 · Lusso, mancanza d'igiene e malattie

L'arrivo in Europa di merci esotiche crea una nuova mentalità del lusso che mira a tradurre la ricchezza in potere. Gli abiti, le suppellettili e le dimore degli aristocratici diventano sempre più elaborati e si diffondono le buone maniere, esemplificate dai *Galatei*, ma l'igiene è carente sia fra i ricchi sia fra i poveri e ciò crea terreno fertile per le malattie, nei confronti delle quali la medicina ufficiale è impotente: si praticano inutili salassi, si amputano arti e moltissime partorienti muoiono per setticemia. Tuttavia è proprio nel Seicento che vengono abrogate le leggi che vietano la dissezione anatomica dei cadaveri e riprende con slancio lo studio del corpo umano.

10-11 · La Rivoluzione scientifica

L'evento più importante del Seicento è però la nascita di un nuovo modo di pensare. Uno dei suoi principali autori è Cartesio che, nel suo *Discorso sul metodo* del 1637, propone il dubbio sistematico fondato sulla Ragione. Il "metodo cartesiano" si diffonde contemporaneamente agli studi di Galileo Galilei, fondatore della scienza moderna e padre della Rivoluzione scientifica. Essa consiste nell'aver dimostrato che l'intero mondo della natura obbedisce a leggi matematiche e che, per scoprire queste leggi, occorre il metodo sperimentale, il quale si basa sull'osservazione diretta dei fenomeni naturali, la loro conoscenza attraverso misure di precisione, l'individuazione delle relazioni matematiche che li regolano e la formulazione di leggi che permettono di prevederli e controllarli.

12 · L'elaborazione giuridica dello Stato moderno

Intanto i giuristi cominciano a mettere in dubbio la forma dello Stato feudale, regno di privilegi che da più di settecento anni fanno parte dei "diritti fondamentali" dei signori, e suggeriscono ai sovrani quali strade percorrere per trasformarlo in Stato moderno agendo su tre linee guida: la trasformazione dei privilegi fiscali in tassazione regolare e obbligatoria; l'abolizione del diritto signorile di legiferare e la conseguente imposizione della legge del re; l'atteggiamento da tenere nei confronti delle religioni presenti nei Paesi.

Mappa concettuale

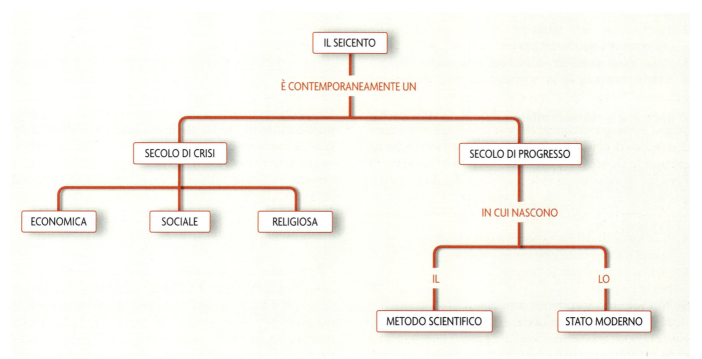

Verifica formativa

ARRICCHIRE IL LESSICO

1 Qui sotto trovi elencati dieci aggettivi tratti da questo capitolo. Cercane l'esatto significato sul dizionario e con cinque di essi scrivi altrettante frasi di senso compiuto.
Incancrenito, lacerante, micidiale, cruento, banale, esotico, inusitato, virulento, sistematico, sintetico.

COMPRENDERE IL TESTO

2 Completa la tabella seguente spiegando il significato delle varie definizioni date al Seicento.

"Secolo di ferro"	
"Secolo moderno"	
"Secolo della Rivoluzione scientifica"	

3 Completa la tabella seguente spiegando perché i fattori indicati composero uno sfondo drammatico a un'epoca che fu invece caratterizzata da radicali trasformazioni ed esaltanti progressi.

Guerra	
Clima	
Crisi agricola	
Crisi demografica	
Peste	

4 Completa il brano seguente.

Nel Seicento la parola "crisi" non significò "................" bensì spinta verso nuove .... La stessa devastante crisi .... portò a una .... della proprietà ...., mentre al tramonto delle economie di .... e .... fece riscontro la crescita prodigiosa di .... e ...., grazie anche alla rivoluzione .... provocata dai nuovi alimenti provenienti dal .... Nuove scelte ispirarono anche l'organizzazione degli .... e si affermò una nuova .... Per tutti questi motivi si può sostenere che il vero inizio della .... sia idealmente la .... metà del Seicento.

5 Spiega perché il consumo di tè e di caffè fu così importante dal punto di vista sociale.

GUIDA ALLO STUDIO

CAPITOLO 1

6 Rispondi alle domande seguenti.
1. Perché alcuni storici sostengono che nel XVII secolo si verificò una vera e propria "rivoluzione dei consumi"?
2. Perché il mais e la patata svolsero un ruolo decisivo nel sostentamento dei poveri?
3. Quali altre piante arrivarono dall'America?
4. Perché il cotone fu tra i protagonisti del XVII secolo?

7 Indica se le seguenti affermazioni sono vere o false.
1. L'arrivo in Europa di merci esotiche creò una nuova mentalità del lusso. V F
2. L'obiettivo dei nobili era di risparmiare il più possibile. V F
3. I *Galatei* erano libri di consigli sul comportamento. V F
4. Il diffondersi del lusso portò a una maggiore igiene e a una riduzione delle malattie. V F
5. Di fronte alle malattie la medicina ufficiale era impotente. V F
6. Nel Seicento si continuò a vietare la dissezione anatomica dei cadaveri. V F

8 Completa il brano seguente.
L'evento più importante del Seicento fu la nascita di un nuovo modo di .... Uno dei principali autori di questa rivoluzione fu ...., in italiano ...., che nel suo libro .... del .... propose il ...., un metodo basato sulla .... Il "metodo ...." ebbe una vastissima influenza sulla .... europea, grazie anche alla contemporanea diffusione del "metodo ...." del fondatore della scienza moderna, ... Egli fu soprattutto il padre della ...., che consisteva nell'aver dimostrato che l'intero mondo della .... obbedisce a leggi ....

9 Completa la tabella seguente spiegando su che cosa è basato il metodo sperimentale di Galileo.

1	
2	
3	
4	

10 Rispondi alle domande seguenti.
1. Che cosa cominciarono a mettere in discussione i giuristi del Seicento?
2. Che cos'era lo Stato feudale?
3. Che cosa suggerirono i giuristi ai sovrani per trasformare lo Stato feudale in Stato moderno?

GUIDA ALL'ESPOSIZIONE ORALE

1 Illustra i mutamenti sociali, alimentari e comportamentali avvenuti nel XVII secolo.

Scaletta:
- nascita dei caffè
- "rivoluzione dei consumi"
- utilizzazione di piante esotiche
- mentalità del lusso
- buone maniere

Parole e concetti chiave:
tè e caffè, luoghi pubblici d'incontro e discussione, zucchero, cioccolato, mais e patata come sostentamento dei poveri, pomodoro, tabacco, cotone, tradurre la ricchezza in potere, cambiamenti nell'abbigliamento e negli arredi, *Galatei*.

Come cominciare:
"Nel Seicento cambiamenti enormi si produssero a partire da fatti all'apparenza molto semplici."

2 Spiega in che modo e grazie a quali personaggi nel XVII secolo nacque un nuovo modo di pensare.

Scaletta:
- Cartesio
- dubbio sistematico
- Ragione
- Galileo Galilei
- Rivoluzione scientifica
- leggi matematiche
- metodo sperimentale

Parole e concetti chiave:
Discorso sul metodo, "metodo cartesiano", osservazione diretta dei fenomeni, misure di precisione, relazioni matematiche, formulazione di leggi.

Come cominciare:
"L'evento più importante del mondo seicentesco fu la nascita di un nuovo modo di pensare."

3 Descrivi le caratteristiche di uno Stato feudale e spiega quali linee guida i giuristi diedero ai sovrani per trasformarlo in Stato moderno.

Scaletta:
- frammentazione del potere
- regno dei privilegi
- tassazione regolare e obbligatoria
- imposizione della legge del re
- atteggiamento da tenere nei confronti delle religioni

Parole e concetti chiave:
diritto di non pagare le tasse, mancanza di un codice nazionale di leggi, autonomia dei feudatari, "diritti fondamentali".

Come cominciare:
"Nel Seicento i giuristi iniziarono a mettere in dubbio e a sottoporre alla critica della Ragione la forma dello Stato."

SCIENZA E TECNICA

Il Seicento, il secolo "moderno" **Capitolo 1**

Guarda il video sulla biografia di Galileo e **approfondisci** il dibattito critico sulla sua figura

La Rivoluzione scientifica

Cartesio rifonda il pensiero sulla base del dubbio metodico, Galileo fonda il metodo sperimentale, Newton formula la teoria della gravitazione universale: sono questi i giganti che nel Seicento posero fine al modo di pensare per dogmi e aprirono le porte al mondo moderno.

Galileo: la scoperta del sistema solare

Tutto nacque da un telescopio, uno strumento per "vedere" (dal greco *skopèin*) "lontano" (*tele*) inventato dagli ottici olandesi, che il fisico pisano **Galileo Galilei** copiò e potenziò con l'intenzione di usarlo per osservare il cielo. Da qualche decennio, infatti, gli studiosi di astronomia di tutta Europa erano in fermento: il polacco **Niccolò Copernico** aveva proposto una nuova teoria in base alla quale non era il Sole a girare intorno alla Terra bensì il contrario. Questa **teoria eliocentrica** (cioè con il Sole al centro: in greco *elios* significa "sole") era guardata con sospetto dalla stragrande maggioranza delle persone e dalla Chiesa, in particolare perché contrastava con un passo della Bibbia in cui il condottiero ebreo Giosuè ordina al Sole di fermarsi; dal che, per secoli, si era dedotto che fosse la Terra a star ferma al centro dell'universo e il Sole a ruotarle intorno.

Il telescopio di Galileo
Il grande scienziato lo costruì nel 1609. Le sue lenti ingrandivano fino a 30 volte. Con questo ingrandimento che oggi ci appare veramente minimo Galileo vide i satelliti di Giove e rivoluzionò le conoscenze sul sistema solare, da sempre basate sulla Bibbia.

Una lezione di Galileo
Davanti a un piccolo gruppo di persone, Galileo illustra le sue scoperte di astronomia.

SCIENZA E TECNICA

Con il **cannocchiale** di sua invenzione Galileo dimostrò sperimentalmente che l'idea di Copernico era giusta: era il **1609** e per la prima volta l'uomo scopriva che il Sole è posto al centro del sistema solare, mentre la Terra e gli altri pianeti gli girano intorno. Poi Galileo dimostrò che la Terra e i pianeti compivano anche un giro su se stessi (**rotazione**).

Il divorzio fra la Chiesa e la scienza

La dimostrazione della teoria copernicana fatta da Galileo cambiò radicalmente la direzione della ricerca, ma non fu accettata dal Tribunale dell'Inquisizione che, dopo un accanito dibattito interno, nel **1633** costrinse Galileo ad **abiurare la sua teoria**, cioè a rinnegarla autoaccusandosi di essere un "empio" e un "delinquente convinto". Condannato al **carcere a vita**, gli furono concessi gli arresti domiciliari nella sua casa di Arcetri, vicino a Firenze.

Questa condanna fu solo la più celebre e la più clamorosa; molti altri pensatori, in quel secolo difficile, andarono incontro a sorti ancora peggiori, subendo la tortura e la condanna al rogo. Si consumò così la grande **frattura tra la Chiesa e la "nuova scienza"**. Erano finiti i tempi dell'Umanesimo, quando poeti, artisti e filosofi agivano in pieno accordo con il Papato e un umanista come Piccolomini saliva perfino al soglio pontificio con il nome di Pio II. Anche nel Seicento, specialmente tra i gesuiti, c'erano intelligenze brillanti che capivano e condividevano il nuovo che avanzava, ma con il Concilio di Trento il cattolicesimo aveva scelto di arroccarsi in difesa dei dogmi e temeva che, discutendoli, si minacciasse la sua stessa esistenza. Solo nel 1992 papa Giovanni Paolo II ha chiesto scusa a nome della Chiesa e ha riabilitato, anche agli occhi dei cattolici, il grande scienziato italiano.

Newton e le leggi fisiche fondamentali

La rivoluzionaria visione di Galileo non fu certo condivisa da tutti i suoi contemporanei. Uno di loro scrisse che "nessuno nel pieno possesso delle sue facoltà mentali potrà mai credere che la Terra, grave e lenta per il proprio peso, si agiti su e giù attorno al suo centro e a

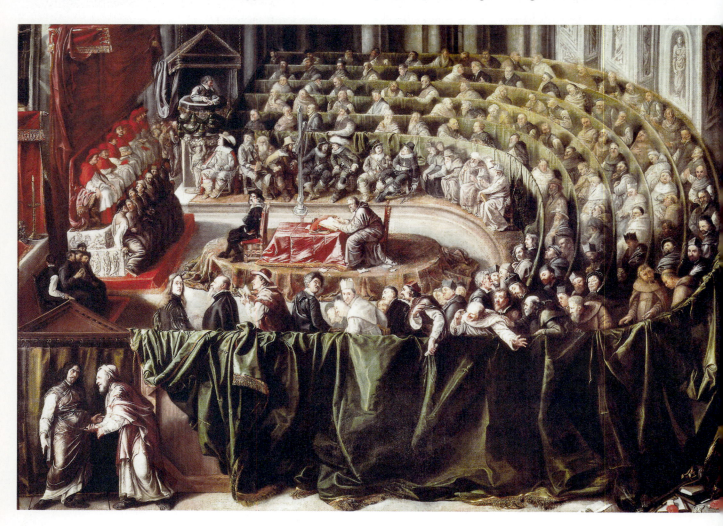

Testimoni e interpreti

La pluralità dei mondi

AUTORE	Bernard de Fontenelle, filosofo francese
OPERA	Conversazioni sulla pluralità dei mondi
DATA	1686

Nel 1686 il filosofo francese Bernard de Fontenelle pubblicò un breve dialogo in cui immaginava di trascorrere una sera nel giardino di una dama discorrendo e spiegando le nuove scoperte fisiche e astronomiche: esse, rivoluzionando ogni precedente conoscenza, lasciavano prevedere l'esistenza di altri mondi abitati da esseri pensanti. Il dialogo è un tentativo di spiegare al lettore comune la straordinaria portata delle nuove scoperte e le loro conseguenze religiose e filosofiche.

Noi vediamo che tutti i pianeti sono della medesima natura: tutti corpi opachi che non ricevono la luce se non dal Sole e hanno tutti i medesimi moti. Sin qui, tutto è uguale e allora resta da comprendere perché essi siano tutti uguali ma solo la Terra sia quella abitata.

Testimoni e interpreti

Il libro della natura

AUTORE	Galileo Galilei, scienziato italiano
OPERA	Il Saggiatore
DATA	1623

Nessuno meglio di Galileo ha spiegato il suo metodo: lo fece in questa celeberrima pagina del suo trattato scientifico del 1623 intitolato Il Saggiatore, *termine che si riferisce alla bilancia di precisione degli orafi.*

La filosofia è scritta in questo grandissimo libro che continuamente ci sta aperto innanzi agli occhi (io dico l'universo), ma non si può intendere se prima non s'impara a intender la lingua, e conoscer i caratteri, ne' quali è scritto. Egli è scritto in lingua matematica, e i caratteri son triangoli, cerchi, ed altre figure geometriche, senza i quali mezzi è impossibile a intenderne umanamente parola; senza questi è un aggirarsi vanamente per un oscuro labirinto.

quello del Sole, perché alla minima scossa della Terra noi vedremmo crollare fortezze, città e montagne". Altri ironizzarono sul fatto che, se fossero stati liberi di fluttuare nello spazio, i pianeti sarebbero caduti come mele dall'albero.
E fu proprio una mela caduta da un albero – secondo le storie che si raccontano – a ispirare la **Legge di gravitazione universale**, per la quale un frutto staccatosi dal ramo cade al suolo e la Terra non galleggia nello spazio perché è attratta dal Sole come da una calamita. Le equazioni matematiche che regolano questa legge furono formulate nel **1687**, grazie al metodo sperimentale di Galileo, dal fisico e chimico inglese **Isaac Newton**.

Newton e la mela
Il disegno immagina le meditazioni di Newton sulla caduta delle mele, da cui formulerà le leggi fondamentali della fisica.

Il processo e la condanna di Galileo
Galileo firma l'abiura delle sue tesi; davanti a lui i giudici del Tribunale dell'Inquisizione. Nei banchi del pubblico si riconoscono altri membri del clero, nobiluomini e alcuni popolani.

Storia locale

Bologna, città d'acqua

La scelta di Bologna per un'incoronazione

Tra l'ottobre del 1529 e il marzo del 1530 Bologna visse gli ultimi giorni di uno splendore che la circondava da quasi cinque secoli: quelli furono i mesi dell'**incoronazione imperiale di Carlo V**, solennemente celebrata da papa Clemente VII. Era stato l'imperatore, allora trentenne, a scegliere come sede dell'evento la seconda città dello Stato della Chiesa in ordine di importanza, scartando Roma, che non si era ancora ripresa dal trauma del Sacco dei lanzichenecchi di due anni prima.

Per l'occasione soggiornarono in città 40 000 persone, che si aggiunsero ai 70 000 residenti, tra cui si notavano tutti i "Vip" dell'epoca, dagli ambasciatori ai principi ereditari, ai più famosi letterati, poeti, artisti.

Tra questi ultimi giunse anche **Tiziano**, il grandissimo pittore veneziano. Carlo V, che era molto sensibile all'arte (poesia e musica comprese), volle recarsi personalmente nello studio che questi aveva allestito per l'occasione e, quando Tiziano, emozionato, fece cadere un pennello, si chinò a raccoglierlo personalmente.

Questo omaggio inaudito prestato al talento (gli imperatori non si chinavano neppure per salutare i papi) fu presto sulla bocca di tutti e venne riportato con grande enfasi da Giorgio Vasari in un libro che segnò la nascita della storia dell'arte: *Le vite dei più eccellenti pittori, scultori e architetti italiani*. Dopo di allora, Carlo V volle Tiziano come suo ritrattista personale.

Per l'incoronazione Bologna si era vestita a festa. **Clemente VII** arrivò per primo, percorrendo la **via Emilia da sud**, e attraversò la città fino a Piazza Maggiore, passando sotto una serie di archi di legno

Il corteo dell'incoronazione
Carlo V (in primo piano) e Clemente VII, entrambi a cavallo, sfilano in Piazza Maggiore.

istoriati con episodi della Bibbia e collegati da drappi bianchi e turchini.
Qualche giorno dopo entrò in città **Carlo V**, che era sceso da nord anch'egli lungo la via Emilia e aveva pernottato alla Certosa. Gli archi, nel frattempo, erano stati febbrilmente sostituiti da altri che raffiguravano i consoli e gli imperatori romani; i drappi erano rosso porpora, il colore imperiale.
Preceduto da trecento cavalieri magnificamente abbigliati e accolto da cento giovani bolognesi, il sovrano attraversò Porta San Felice, percorse l'omonima via fino al Carrobbio poi, svoltando per via Clavature, giunse anch'egli a Piazza Maggiore.
Qualche settimana dopo, Carlo fu prima incoronato re d'Italia, poi imperatore del Sacro romano Impero. I festeggiamenti durarono cinque mesi e furono magnifici, ma un autorevole notaio bolognese annotò poi con amarezza:

> Ricordo come l'imperatore dell'anno 1530 è stato a Bologna e non ha mutato niente, ma ha ben manzato e squaquarnato [= ha ben mangiato e si è abbandonato a ogni genere di mollezze].

Il declino della città

Ciò in cui tutti speravano era che l'imperatore restituisse alla città le libertà di cui essa aveva goduto nel Medioevo come Comune e nel Quattrocento durante la saggia Signoria dei **Bentivoglio**. Tale libertà era svanita alla fine di quel secolo, quando il **Papato** aveva rivendicato il **pieno possesso** di quella città ricca e colta che, pur essendo stata guelfa sia contro Federico I Barbarossa sia contro Federico II di Svevia, non voleva saperne di rientrare nello Stato della Chiesa.
Tuttavia l'epoca delle "città libere" era finita. Bologna dovette rassegnarsi, **perse gran parte del suo prestigio** e, alla fine del Cinquecento, entrò nella categoria delle grandi città in declino della Penisola.
I suoi cittadini, una volta attivissimi, si interessarono sempre meno all'imprenditoria e, come dice uno storico, "si lasciarono trascinare dalla pigrizia risvegliandosi soltanto quando suonarono le trombe del Risorgimento", il grande movimento nazionale che, nel XIX secolo, unificò l'Italia.

Un grande passato determinato dall'università

La fine del Cinquecento segnò dunque l'arresto della grande espansione economica e culturale di Bologna, che nel Medioevo era stata la **capitale universitaria dell'Europa cristiana** e già allora si era guadagnata la qualifica di "dotta".
Proprio l'università, specializzata nello studio del **diritto e** della **medicina**, era stata alla **radice delle sue fortune economiche**. La moltitudine di **studenti** che arrivavano in città da tutte le parti d'Europa, infatti, aveva creato un bisogno di alloggi che aveva incrementato l'edilizia e determinato ben due successivi **allargamenti delle mura** (l'antica città romana, che nel 1000 si era ridotta a 21 ettari e che usava come mercato il pratone davanti

La Torre degli Asinelli
Le torri gentilizie medievali sono caratteristiche di Bologna. Costruite in gran numero (circa 100) nel Medioevo, ne sono state salvate 17. La Torre degli Asinelli, edificata dai ghibellini nel XII secolo, è la più alta: 97 metri. Durante i bombardamenti della Seconda guerra mondiale fu usata per indirizzare i soccorsi nelle zone più colpite.

Storia locale

a Porta Ravegnana, nel Duecento era passata a 418 ettari).
Altri vani erano stati ricavati sfruttando lo spazio in altezza. Le tante **torri** che la caratterizzavano non erano usate solo come fortezze da famiglie rivali, ma in molti casi affittate agli studenti. Inoltre – fatto molto importante – erano state scavate ampie **cantine**.
Gli affitti erano naturalmente balzati alle stelle, tanto che da Roma intervenne ad abbassarli lo stesso papa, che cercava ogni pretesto per sottoporre al proprio controllo l'università, nata libera e gelosissima della propria autonomia.
Nonostante ciò le risse tra affittuari e studenti erano quasi quotidiane. Altro problema: gli **approvvigionamenti alimentari**. Per fortuna Bologna era circondata da un fertile terreno agricolo, ma in alcune annate dovette comprare grano in Romagna o addirittura in Puglia.
Gli studenti dovevano anche vestirsi e calzarsi. In questo settore erano disposti a spendere molto di più che per mangiare e dormire, ma erano anche molto esigenti. All'inizio gli **artigiani dell'abbigliamento** furono presi in contropiede: per i bolognesi tessevano soltanto la rozza lana "romagna" di un grigiastro colore naturale.
Il Comune provvide rapidamente chiamando 150 famiglie di artigiani lombardi e toscani specializzati in panni di lusso e semilusso (lana fine e seta) che si unirono nella "Società della lana gentile". Da loro i bolognesi impararono rapidamente i nuovi mestieri, cui aggiunsero quelli di cappellai, sarti e fabbricanti di scarpe, sandali e scarpini "alla moda di Cordova".
Infine occorrevano i **libri**: senza libri non si può studiare. Si ricordi che siamo nell'epoca in cui erano **manoscritti**, e quindi costosissimi. Un codice di diritto poteva costare quanto uno studente spendeva in un anno di residenza a Bologna per affitto, stipendio ai professori (che, per mantenere la libertà di insegnamento, erano pagati dai loro allievi), cibo, vestiario e tutti i vizi del mondo (serate nelle osterie, gioco d'azzardo ecc.).
Anche i libri, dunque, fecero arricchire Bologna, che si riempì di cartai, legatori, copisti, correttori, miniatori, editori e agenzie che prestavano agli studenti pagine che, in mancanza di denaro, essi stessi ricopiavano.

Il venditore ambulante di libri
Nel Cinquecento l'invenzione della stampa aveva reso i libri molto più accessibili. Questo ambulante bolognese li vende per le strade.

Drappieri del Trecento
Due pellicciai bolognesi (vestiti di lana "romagna") mostrano ad acquirenti stranieri una preziosa "pelle di vaio", ovvero una pelliccia fatta di piccoli pezzi bicolori, che veniva usata come drappo da appendere alle pareti.

Il canale di Reno
Costruito nel 1183, nel 1208 fu fatto proseguire col canale Navile per collegare Bologna al Po e al mare.

Un prodigioso sistema di sfruttamento delle acque

Nessuna di queste attività sarebbe stata possibile se non si fosse provveduto all'**approvvigionamento d'acqua** ponendo rimedio al fatto che Bologna non ha fiumi che la attraversino, se non un modestissimo torrente, l'Aposa. Proprio da questa svantaggiosa situazione iniziale nacque il più strepitoso **sistema idraulico** del Medioevo, che immediatamente passò da complesso che forniva acqua potabile a potentissimo **"motore" per tutte le attività artigianali** che stavano nascendo. L'acqua in movimento, infatti, costituisce una **fonte di energia** o, in altri termini, una forza motrice che può essere utilizzata per alzare e abbassare i pesanti ingranaggi che servono a battere, torcere, pressare, macinare ecc.
Il sistema si basava su tre elementi:

- i **canali artificiali** che, sfruttando le pendenze naturali della città, utilizzavano le acque dei fiumi Sàvena e Reno (il cui nome celtico significa "che scorre"; gli fu dato dai Galli Boi, gli stessi che chiamarono Bononia l'etrusca Fèlsina; altri Celti chiamavano con lo stesso nome il fiume che divide la Francia dalla Germania);
- le **fogne di "acque chiare"** che distribuivano l'acqua all'altezza delle cantine delle case;
- le **cantine** stesse, dove furono sistemate **ruote idrauliche** che fornivano la forza motrice.

In tal modo, all'interno di molte abitazioni, erano nati già nel XIII secolo grandi **laboratori artigiani** in grado di produrre a ritmo sostenuto merci di qualità.

Ma non bastava. Un terzo canale, il Navile, lungo circa 30 chilometri, era adibito alla navigazione delle **chiatte**, le barcone mercantili "piatte" e quasi prive di chiglia, adatte ai fondali bassi dei fiumi.
Attraverso le valli che separano i monti dell'Appennino, le chiatte, cariche di merci, raggiungevano il Po a Ferrara e vi si immettevano navigando fino all'Adriatico, dove la merce veniva caricata sulle navi veneziane e inserita nei circuiti del commercio internazionale.
Questi traffici divennero con il tempo talmente imponenti, che appena fuori Bologna, in località Bova, sorse un vero e proprio **porto fluviale** con moli, magazzini e servizi commerciali.
All'inizio del Cinquecento Bologna era ancora una **città florida**. La sua ricchezza dipendeva in gran parte da un fiorentissimo **artigianato tessile** che in un centro urbano di oltre 72 000 persone (era la quarta città europea per numero di abitanti) dava lavoro a **52 000** tra operaie, operai e piccoli imprenditori così ripartiti:

- 25 000 nella lavorazione della seta;
- 15 000 nella lavorazione della lana;
- 12 000 nella lavorazione della canapa.

Subito fuori dalla città altri erano occupati nelle **concerie** per la lavorazione del cuoio, nelle tintorie e nelle cartiere.

2 Lo Stato assoluto

1643 Inizio del Regno di Luigi XIV

1682 Inizio del Regno di Pietro il Grande

1715 Morte di Luigi XIV

1723 Morte di Pietro il Grande

PROTAGONISTI
Il Re Sole, pag. 42

Luigi XIV, un re bambino
Il dipinto ritrae il giovanissimo sovrano con la madre, Anna d'Asburgo, all'epoca in cui ereditò il trono. La sua tenera età è dimostrata anche dalla veste che, fino a sei anni, era anche per i maschi lo stesso camicione portato dalle bambine.

Il Sole, simbolo del sovrano
Luigi XIV si identificava con il Sole, intorno al quale ruotavano tutta la corte e l'universo intero.

1 Il primo Stato moderno

Il **1643** era stato un anno fondamentale per la storia di Francia: in quell'anno i Francesi avevano ottenuto la **vittoria di Rocroi** rovesciando le sorti della Guerra dei Trent'anni, ma avevano perso le due figure nelle cui mani si concentrava tutto il potere: il cardinale **Richelieu** e il re **Luigi XIII**.

A Luigi, che era salito al trono a nove anni, succedette suo figlio che di anni ne aveva quattro e che regnò per i successivi settantadue. Nel suo lunghissimo regno, il più lungo della storia europea, questo sovrano creò un modello di Stato, lo **Stato assoluto**, che fu il primo a poter essere definito "**moderno**" poiché, assumendo in prima persona il governo del Paese, il giovane re si pose l'obiettivo di porre fine alla frammentazione feudale dei poteri che aveva caratterizzato il Medioevo. Il giovanissimo monarca prese il nome di **Luigi XIV** ma è passato alla storia con il titolo di "**Re Sole**" ◄.

2 Gli anni della Fronda

Probabilmente alla nobiltà non parve vero che, nel giro di qualche mese, fossero scomparsi sia Luigi XIII sia il suo ministro, quel **Richelieu** che aveva fatto della **lotta all'aristocrazia** uno dei cardini della sua politica. Ora che sul trono sedeva un bambino e la reggenza era affidata alla sua inesperta madre, Anna d'Austria, i Grandi di Francia credettero di poter ottenere facilmente la vendetta che cercavano. Anna, però, sorprese tutti consegnando il potere al ministro succeduto a Richelieu, il cardinale italiano **Mazzarino**, che seppe sia traghettare la Francia fuori dalla Guerra dei Trent'anni, sia proteggere il giovanissimo re dalle ribellioni dei nobili.

La rivolta più violenta, detta Fronda, si scatenò nel **1648**, proprio nell'anno della fine della guerra. Gli **aristocratici**, ansiosi di restaurare i loro antichi diritti feudali, chiesero la convocazione degli **Stati generali**, l'assemblea che riuniva i rappresentanti dei tre stati (o ordini) della società francese (nobiltà, clero e borghesia) e che non si riuniva più dal 1614.

Non ottenendola, passarono alle **congiure**: il principe di Condé, trionfatore di Rocroi, ordì un complotto contro il re, la regina-madre e il loro ministro. Mazzarino sventò il complotto, ma non poté impedire che la Francia precipitasse nella **guerra civile**. Perfino alcuni membri della famiglia reale aderirono alla rivolta e Luigi e Anna dovettero fuggire nottetempo da Parigi. Il popolo, intanto, scendeva in strada a sostegno dei nobili e veniva massacrato dall'esercito del re.

La Fronda fu definitivamente sconfitta solo nel **1653**, ma, in quei cinque anni di continue fughe, esìli e detenzioni forzate all'interno del palazzo reale, Luigi apprese una lezione che non dimenticò mai: la nobiltà rappresentava il pericolo più insidioso per un sovrano che voleva affermare la propria autorità.

Le grandi famiglie aristocratiche, infatti, erano dotate di **privilegi inattaccabili**, ereditati dall'Età feudale. In particolare erano rischiosissimi due di questi privilegi: il diritto di mantenere eserciti personali del tutto indipendenti da quello del re e il diritto di non pagare tasse regolari allo Stato. Tutti gli atti di governo di Luigi XIV sarebbero stati orientati a svuotare la nobiltà di potere.

> **RICORDA**
>
> **Guerra dei Trent'anni**
> Coinvolse quasi tutti gli Stati europei, devastò la Germania e si concluse nel 1648 con la Pace di Westfalia.

> **LESSICO** — **STORIA**
>
> **Fronda**
> *Fronde* significa "fionda" in francese, poiché con quest'arma vennero bersagliate le finestre della residenza di Mazzarino. Il termine si usa oggi per indicare un movimento di opposizione politica (per esempio: "fare la fronda a qualcuno"; "tira aria di fronda").

Luigi, "Re Sole"
Luigi è cresciuto e ha assunto i pieni poteri. Qui è ritratto in tutta la sua magnificenza di giovane e potentissimo re, nel busto che egli commissionò al grande scultore e architetto italiano Gian Lorenzo Bernini.

3 Il re governa da solo

Mazzarino morì nel **1661** e i Grandi di Francia, se si aspettavano che il re, orfano del suo ministro, si mostrasse indebolito, rimasero delusi e sbalorditi. Infatti, la prima mossa di Luigi fu quella di dichiarare che nessun primo ministro avrebbe sostituito l'onnipotente cardinale perché, da quel momento, egli avrebbe **governato da solo**.

Nel governo sarebbe stato assistito dal **Consiglio di Stato** composto di **tre ministri** i quali avrebbero risposto a lui soltanto. Ai ministri, privi di potere decisionale, affiancò pochi collaboratori, nessuno dei quali era un ecclesiastico o un Grande di Francia. Scelse egli stesso gli amministratori e inviò nelle province una trentina di suoi uomini, gli **intendenti**, incaricati di far applicare le leggi, dirigere la polizia, riscuotere le tasse e rendere conto al sovrano di tutto ciò che avveniva in ogni angolo del Paese.

Testimoni e interpreti

Il mestiere del re

AUTORE	Luigi XIV
OPERA	*Memorie per l'istruzione del Delfino*
DATA	1666-1671

Leggi altre fonti dirette nella Biblioteca digitale

Negli anni fra il 1666 e il 1671 Luigi XIV dettò a due segretari le Memorie per l'istruzione del Delfino, *titolo che spettava all'erede al trono. Non destinate al pubblico ma all'educazione di un fanciullo, queste* Memorie *sono un vero e proprio manuale dove Luigi descrive quello che egli chiama il "mestiere del re".*

Vorrò essere informato su tutto, pronto ad ascoltare anche l'ultimo dei miei sudditi, consapevole in ogni momento del numero e del livello delle mie truppe e dello stato delle mie fortezze, disposto a dare ordini incessantemente per qualunque evenienza, a ricevere e leggere dispacci, a rispondere ad alcuni di essi di persona e a suggerire ai miei segretari come rispondere, a stabilire il livello delle entrate e delle uscite del mio Stato.

> **RICORDA**
>
> **Nobiltà di spada/nobiltà di toga**
>
> In Francia la "**nobiltà di spada**" era l'antica nobiltà di origine feudale. La "**nobiltà di toga**" invece era quella creata dal cardinal Richelieu e formata da notai e giuristi, che acquistavano una carica ufficiale versando forti somme allo Stato e, insieme a essa, ottenevano una "patente" di nobiltà.

4 I provvedimenti relativi ai nobili

Sotto la direzione di Luigi XIV, i ministri cominciarono da subito la **riorganizzazione dello Stato**. Il primo obiettivo fu ovviamente quello di impedire che il vento della Fronda tornasse a sconvolgere la Francia. Per riuscirvi, bisognava togliere potere effettivo alla **nobiltà di spada** e consegnarlo a **uomini di fiducia**, le cui fortune dipendessero in tutto e per tutto dal re.

Perfetti a questo scopo erano gli esponenti della **nobiltà di toga**. La prima mossa fu quella di ridurre il numero degli aristocratici di sangue e di ampliare quello dei nobili **di origine borghese**.

Luigi la realizzò ordinando la più lunga "**inchiesta sulla nobiltà**" della storia di Francia: durò fino al 1727, quando lo stesso Re Sole era già morto da molti anni. La "**ricerca di nobiltà**" era un'antica pratica che i re ordinavano prima delle guerre per censire le famiglie nobili: in questo modo i sovrani capivano l'esatta quantità delle forze militari a loro disposizione, mentre i nobili che non potevano dimostrare l'autenticità del loro titolo lo perdevano, insieme a tutti i privilegi che ne derivavano.

La "grande inchiesta" fu il principale strumento con cui Luigi XIV mise sotto controllo la nobiltà di spada ottenendo tre risultati:
- eliminare le famiglie scomode od ostili al sovrano;
- rimpinguare le entrate fiscali dello Stato: chi rimaneva senza titolo doveva infatti iniziare a pagare le tasse;
- ingrossare le fila della nobiltà di toga dal momento che i titoli rimasti vacanti furono acquistati da ricchi borghesi.

5 La nobiltà trasferita a corte: una gabbia dorata

Il re sapeva bene che con queste mosse rischiava di alienarsi per sempre le simpatie della nobiltà di sangue. I Grandi di Francia vivevano un periodo particolarmente difficile: sconfitti nella Fronda, costretti a dimostrare il loro rango in tribunale, si stavano impoverendo perché la terra, che era la loro principale fonte di reddito, rendeva sempre meno anche a causa delle pessime condizioni climatiche, proprio nel momento in cui le spese crescevano sempre più. I nobili, infatti, erano alla continua ricerca di un **lusso esasperato** che li distinguesse dai borghesi arricchiti.

Ecco allora che Luigi, mentre li metteva sotto inchiesta, decise di lusingarli concedendo loro **incarichi onorifici**, prestigiosi e del tutto inutili, dotati però di laute "**pensioni**". Questi incarichi riguardavano quasi tutti la persona del re: un nobile veniva nominato sovrintendente dei menu regali, un altro responsabile dell'addobbo delle scuderie, un altro ancora organizzatore delle battute di caccia per conto del re. Di conseguenza, tutti dovevano **vivere a corte** vicino al sovrano, cosa che però a Parigi non era possibile, perché la residenza reale, cioè il palazzo del Louvre, era in rifacimento.

Luigi XIV decise allora di **trasferire i nobili in una magnifica "prigione dorata"**, vicina al re ma lontana dai castelli privati (dove i nobili si sentivano padroni) e anche da Parigi (dove il popolo già una volta aveva spalleggiato le loro rivolte). La "gabbia" sarebbe stata una reggia fastosa come mai se n'erano viste, in grado di ospitare una corte di diverse migliaia di persone.

Il re non ebbe dubbi su dove collocarla: a una ventina di chilometri da Parigi, nel sobborgo di **Versailles** ▶, dove sorgeva un castello della famiglia reale. Il castello non era piccolo, ma il Re Sole lo rese smisurato: affidandolo ai suoi architetti, lo fece trasformare in una **reggia sontuosa** che contava più di duemila stanze e intorno a cui si stendevano, a quell'epoca, cento ettari solo di giardini oltre a un parco sterminato.

▶ **ARTE E TERRITORIO**
La reggia di Versailles, pag. 46

La gloria del Re Sole
Luigi XIV riceve a Versailles l'omaggio del "Grand Condé", il generale che ha vinto un'importante battaglia. Il fatto stesso che il generale, membro di una delle più antiche famiglie di Francia, sia costretto a salire tutti i gradini della scalinata per essere ricevuto dimostra la distanza che il Re Sole voleva mettere tra sé e i suoi sudditi. La scena è stata ricostruita da un pittore dell'Ottocento, Jean-Léon Gérôme.

> **RICORDA**
>
> *Cuius regio, eius religio*
> Il principio alla base della Pace di Augusta che nel 1555 pose fine alla guerra tra Carlo V e i principi protestanti: "la regione segua la religione di chi la governa", cioè la religione dei cittadini di uno Stato deve essere quella del loro sovrano.

6 Un unico re, un'unica fede

Luigi XIV era consapevole che rafforzare il potere del re era impossibile se, all'interno del Regno, continuavano a esistere dei gruppi che sfuggivano al controllo centrale. Era necessario che anche a livello religioso fosse imposta un'unica fede, quella cattolica.

Un caso lampante era quello degli **ugonotti** che, nonostante la repressione attuata da Richelieu, avevano ancora **libertà di culto** grazie all'Editto di Nantes e cominciavano a riorganizzarsi.

Fin dal 1660 Luigi XIV decise di piegare la resistenza ugonotta con le cosiddette "**dragonate**": stabilì infatti che ogni famiglia calvinista ospitasse un dragone, cioè un soldato di un corpo militare molto aggressivo, la cui presenza rendeva la vita domestica impossibile.

Poi, nel 1685, **revocò l'Editto di Nantes** e da quel momento valse il principio del *cuius regio, eius religio*: chi non si piegò alla conversione, dovette fuggire in Olanda o in Inghilterra.

Lettura d'immagine

La persecuzione degli ugonotti

La stampa popolare mostra un dragone alloggiato in casa di un ugonotto; minacciandolo con l'archibugio (sul quale è scritto in francese "Ragione invincibile"), lo obbliga a firmare la propria conversione al cattolicesimo. Il cartello è intitolato "Nuovi missionari".

Ugonotti convertiti
La maggior parte dei protestanti era molto riluttante a tradire la propria fede, ma dovette accettare il fatto che "la forza vince sulla ragione".

Soldato del re
Il dragone di Luigi XIV, qualificato in questa caricatura come "missionario", punta un fucile che termina con una croce contro un ugonotto.

Atto di abiura
Gli ugonotti dovevano firmare un atto che sanciva la loro abiura dal calvinismo e poi fare pubblica professione di fede cattolica.

7 L'aumento delle entrate dello Stato

Mentre attuava il suo piano politico, il re provvide anche a creare le **fonti di denaro** che gli permettessero di governare senza essere ricattato dagli Stati generali, ovvero dal Parlamento di Francia.
Luigi sapeva di non potere intaccare i **privilegi** dell'aristocrazia e del clero, in quanto tali privilegi rientravano nelle cosiddette **leggi fondamentali**, ossia nelle leggi non scritte che erano le più sacre tradizioni del Paese. Quindi non fece alcun tentativo per imporre tasse alle due categorie più ricche, ma agì in questo modo:

- sottopose allo stretto controllo dei suoi funzionari gli **esattori**, cioè i privati incaricati di riscuotere le tasse. Scoprì così che essi intascavano somme enormi per antichi diritti o per ruberie: di 36 milioni di tasse, ne sparivano 26. Una volta che costoro furono messi sotto controllo e le loro percentuali ridotte, le entrate fiscali passarono da 10 a 24 milioni;
- creò numerosi **monopòli** di Stato grazie ai quali la produzione e il commercio di molti beni furono vietati ai privati per diventare un'**esclusiva delle aziende reali**. Ovviamente vennero scelti **beni di largo consumo**, come sale, carte da gioco e tabacco, e **beni di lusso**, come gli arazzi;
- incrementò la fondazione di **colonie in America** – iniziata da suo padre con l'esplorazione del **Canada** e, più a sud, della Louisiana e del bacino del Mississipi, negli odierni Stati Uniti – da cui importare pellicce, tabacco, canna da zucchero e altre merci preziose;
- non potendo tassare la **Chiesa**, adottò lo stratagemma di domandarle **forti prestiti** che però non restituì mai;
- vendette alla borghesia una nuova serie di **uffici**, cioè di **cariche pubbliche** (per esempio quelle di giudice o di notaio), che garantivano ricchi introiti a chi li acquistava legandolo al re;
- per impedire che gli aristocratici si facessero giustizia da soli ignorando i tribunali di Stato, proibì severamente i duelli.

Il principale artefice di questa politica di riorganizzazione economica e fiscale fu il più stretto consigliere del re, il ministro delle Finanze **Jean-Baptiste Colbert** ▶.
I responsabili degli uffici, infatti, ora non erano più autonomi ma **funzionari stipendiati** che riferivano al re e la cui esistenza dipendeva da lui.
Ormai si diceva: i tribunali del re, i reggimenti del re, le tasse del re. Grazie a queste riforme, Luigi XIV ebbe l'opportunità di compiere l'ultima mossa: **governò senza convocare gli Stati generali**, azzerando il ruolo del Parlamento.

> **LESSICO — ECONOMIA**
>
> **Monopolio**
> Questo termine deriva dall'unione di due parole greche: *monos* ("solo") e *polion* ("vendita"). Indica quindi un prodotto che può essere smerciato da un unico venditore. Spesso (e in particolare nell'epoca di cui stiamo parlando) questo venditore è lo Stato, ma può trattarsi anche di un privato o perché ha ottenuto un brevetto o per altri motivi accuratamente elencati dalle diverse legislazioni nazionali.

▶ **ECONOMIA**
Il mercantilismo di Colbert, pag. 44

Il Re Sole in visita alla manifattura dei Gobelins
Questo storico laboratorio in cui si producevano arazzi fu realizzato sotto la direzione di Colbert.

Testimoni e interpreti

L'importanza dell'imposizione fiscale

AUTORE	Jean-Baptiste Colbert
OPERA	Lettera
DATA	1670

In una sua lettera agli intendenti, il ministro Colbert esprime bene il ruolo primario della fiscalità nella Francia del Re Sole.

1° settembre 1670

Signori, vi invio le disposizioni del re per l'imposizione fiscale del prossimo anno, 1671, che dovrete esercitare con giustizia e imparzialità.
Considerate questo incarico come il più importante fra tutti quelli che vi sono affidati, poiché si tratta della ricetta migliore per sostenere le spese dello Stato e per essere giusti nei confronti del popolo proprio mentre lo si va a toccare in ciò che ha di più caro, e cioè il proprio bene.
Siate dunque attenti, e fate in modo che sia chiaro a tutti il vostro sforzo di sorvegliare per impedire qualsiasi frode, così comune in questi casi.

LABORATORIO

Produrre un elaborato scritto

1 Ricostruisci in un testo di 15 righe il ragionamento per il quale gli intendenti devono considerare la riscossione delle tasse come l'incarico più importante fra quelli che sono loro affidati.

LESSICO — POLITICA

Assolutismo
Forma di governo nella quale il potere è concentrato interamente nelle mani del sovrano, il quale è libero da qualunque limitazione giuridica ed esercita il suo potere senza controlli da parte di organi dello Stato o autorità politiche o ecclesiastiche.

8 Lo Stato assoluto e il ruolo del re

In pochi anni Luigi XIV portò alla perfezione una forma di Stato che si chiama **Stato assoluto**. Esso, infatti, è uno Stato in cui il re non solo afferma che la sua autorità gli deriva **direttamente da Dio**, ma si ritiene anche *legibus solutus*, "sciolto dalle leggi", e quindi da ogni dovere nei confronti dei sudditi.
In uno Stato assoluto **è la parola del re che diventa legge** e nulla può opporsi alla sua volontà. Si dice che un giorno Luigi abbia esclamato: "Lo Stato sono io". Non si sa se l'aneddoto sia vero ma, anche se questa frase fosse stata inventata dai suoi primi biografi, essa riassume in modo molto espressivo la realizzazione dell' assolutismo .
Luigi XIV consacrava così la sua trasformazione in un Sole attorno a cui ruotava ogni singolo aspetto della vita della nazione. Ogni suo gesto e ogni sua impresa vennero celebrati da cerimonie, ritratti, opere imponendo ai Francesi un vero **culto della personalità**. Luigi XIV escogitò raffinati meccanismi di **propaganda** sia presso i nobili sia presso la popolazione, mentre una **censura** attenta fece il resto, perseguitando ogni possibile forma di dissenso. Inoltre diede di sé un'immagine di **protettore delle arti** e di fondatore delle istituzioni nazionali, creando per esempio l'**Accademia Reale delle Scienze**.

9 Le guerre del Re Sole: trionfo e rovina della Francia

Alla magnificenza del Re Sole non poteva mancare la **gloria militare**. Grazie alla riorganizzazione delle finanze, il suo esercito di 380 000 uomini, ammirato da tutti gli altri sovrani europei, era dieci volte superiore a un esercito del Cinquecento e la **marina** poteva competere con le flotte inglese e olandese, le migliori dell'epoca. Inoltre il sovrano si prefisse di rendere la Francia una **fortezza inespugnabile**. Perciò la munì di un'impressionante rete di fortificazioni (la "**cintura di ferro**") posizionate lungo l'intero confine di nord-est, ma anche a sud, verso la Spagna, e a ovest, sull'Oceano.

La cintura di ferro

Lettura della carta

La carta mostra la collocazione delle dodici principali fortezze con cui Luigi XIV circondò i confini della Francia. Ognuna di esse era collegata a un sistema di decine di fortificazioni più piccole.

Lettura d'immagine

Il Re Sole e l'Accademia delle Scienze

Un re assoluto perfetto doveva anche proteggere e soprattutto controllare l'attività scientifica che in quell'epoca stava esplodendo e avviandosi a grandi traguardi. Il quadro rappresenta Luigi XIV a una riunione dell'Accademia delle Scienze di Parigi da lui fondata nel 1666 a imitazione della prima in ordine di tempo, l'Accademia dei Lincei di Roma, e della successiva Royal Society di Londra.

❶ Il **Re Sole** magnificamente abbigliato è l'unico che ha il diritto di stare seduto. Ha in mano il bastone che in quell'epoca sostituiva lo scettro regale.

❷ Il **Delfino**, ovvero l'erede al trono; anche lui ha in mano il bastone simbolo della regalità.

❸ Un giovane assistente porta nuovi rotoli contenenti carte geografiche. Il tavolo ne è già coperto.

❹ Un'altra mappa più grande delle altre chiude insieme al mappamondo la parte del quadro dedicata alla grande attenzione del re per le esplorazioni.

❺ Il mappamondo troneggia in primo piano: esso simboleggia il nuovo miracolo della tecnica e della scienza perché per la prima volta rappresenta la rotondità della Terra. È foderato di pelle sulla quale sono stati dipinti i continenti che, grazie al calcolo infinitesimale e integrale e al metodo della triangolazione, hanno ora proporzioni e collocazioni sempre più simili al vero.

❻ Il ministro Jean-Baptiste Colbert, l'unico vero consigliere del re.

❼ Un gesuita e astronomo della corte di Francia presenta a Luigi un suo progetto.

❽ I matematici, geografi, astronomi e medici chiamati a far parte dell'Accademia.

Luigi XIV
Il re in veste di comandante dell'esercito.

Per molti anni Luigi XIV, grazie a questi strumenti, condusse una **politica estera di espansione**, volta alla conquista di nuovi territori, e mostrò di essere il più forte sovrano d'Europa, battendo Inglesi, Olandesi, Austriaci e Spagnoli. La potenza raggiunta dalla Francia, però, suscitò la reazione delle principali potenze europee che **si coalizzarono contro il Re Sole**. I suoi nemici si fecero sempre più numerosi: Austria, Spagna, Svezia, Province Unite (Olanda), Inghilterra e Ducato di Savoia. Le loro vittorie riuscirono ad arrestare momentaneamente la politica espansiva di Luigi XIV, ma all'inizio del XVIII secolo il sovrano francese si impegnò in una nuova guerra.

Morto senza eredi diretti l'ultimo Asburgo di Spagna, il Re Sole pretese che il trono passasse a un suo nipote, provocando la **Guerra di successione spagnola** contro gli Asburgo d'Austria, i pretendenti legittimi, appoggiati da mezza Europa (1701-1713).

Nel 1713 la guerra finalmente finì dopo una serie impressionante di sconfitte subite dai Francesi in battaglia. Il nipote del re ottenne ugualmente il trono spagnolo, diventando il capostipite dei **Borbone di Spagna**, ma le casse dello Stato erano vuote, centinaia di migliaia di contadini francesi erano morti in battaglia, i campi erano rimasti privi di braccia e la carestia attanagliava il Paese.

Luigi XIV **morì nel 1715** dopo avere regnato per più di settantadue anni. Il sovrano che aveva sognato in grande lasciò però un **Paese impoverito e in miseria** a causa del peso intollerabile costituito dai lunghi anni di guerra e dalla forte tassazione, tanto che la notizia della sua morte venne accolta con gioia dai suoi sudditi.

10 L'Europa francesizzata

La Francia del Re Sole, con le sue ricchezze, i suoi tesori artistici, le sue mode, divenne l'argomento principe di ogni conversazione e da Roma a Stoccolma ogni cosa era ammirata se veniva da Parigi. Fu allora che il **francese** divenne la lingua delle élite e della diplomazia e rimase tale per oltre due secoli.

I re e i principi di mezza Europa vollero tutti la "loro" Versailles e le architetture francesi (con i relativi giardini) furono copiate ovunque. Dalla Spagna alla Russia, le dame e i gentiluomini imitarono i complessi stili di vita dei cortigiani del Re Sole: abiti sofisticati, parrucche candide, nèi finti, portagioie e tabacchiere, cani da grembo, arazzi alle pareti: era nata la **moda** e chi non la seguiva era già fuori dalla vita di società.

Tuttavia, fu la riuscita politica di Luigi XIV a suscitare l'ammirazione maggiore. Sulle sue orme si mosse **Federico I di Prussia**, sovrano di un piccolo regno dell'area tedesca affacciato sul Baltico, il quale consolidò il proprio potere piegando la nobiltà al servizio dello Stato, accentrando l'amministrazione e rafforzando l'esercito: quando quest'ultimo fece la sua comparsa sui campi di battaglia della Guerra di successione spagnola, gli altri Stati compresero che sulla scena degli equilibri europei si affacciava un nuovo temibile concorrente. In effetti da quel momento la Prussia iniziò una **politica espansionistica**.

La Prussia

11 La Russia di Pietro il Grande

In **Russia** da circa un secolo regnavano gli **zar**, termine che deriva dal latino *caesar*, fino ad allora appellativo degli **imperatori di Bisanzio**: i monarchi russi lo avevano adottato per significare che, caduta Bisanzio, erano loro gli eredi dell'Impero romano.

Anch'essi, fin dalla seconda metà del Cinquecento, miravano a costituire uno Stato assoluto: lo zar **Ivan IV**, detto **il Terribile**, aveva iniziato una sistematica distruzione della struttura feudale della società russa riducendo il potere dell'aristocrazia locale, i **boiàri**, ai quali aveva requisito gran parte dei possedimenti terrieri. Per stroncare le proteste e le congiure, ne aveva mandati a morte 4000 (e da quella strage gli venne l'appellativo di "Terribile").

Nel secolo successivo l'opera di assolutizzazione della Russia fu continuata dallo zar **Pietro il Grande** che regnò **dal 1682 al 1725** e che riuscì a trasformare un Paese isolato dal resto del mondo in una potenza europea. Come Luigi XIV, anche Pietro assistette da bambino alle violenze degli aristocratici e addirittura al linciaggio di uno zio, ucciso dai nobili in rivolta.

Innamorato della cultura occidentale, che aveva conosciuto frequentando il quartiere degli stranieri di Mosca, lo zar voleva a tutti i costi **modernizzare** il suo Paese liberandolo dalle opprimenti tradizioni e dallo strapotere della Chiesa ortodossa.

Quando, nel 1694, riuscì a stroncare una nuova ribellione e poté disporre pienamente del potere, sull'esempio del re di Francia Pietro si circondò di nove ministri soltanto e indebolì il consiglio dei boiàri (la *Duma*). Poi creò una nutrita schiera di **funzionari pubblici**: per fare carriera tutti, anche i nobili, dovevano partire dal gradino più basso.

Giustamente convinto che la Russia si sarebbe modernizzata davvero solo quando si fosse inserita nelle grandi correnti del commercio marittimo internazionale, lo zar stabilì che la Russia doveva avere due cose che le mancavano: una **flotta** e due **porti**, uno sul Mar Baltico e uno sul Mar Nero.

Per arrivare a ottenere una flotta, però, non aveva alcun esperto locale; così decise di compiere un viaggio in incognito e, travestitosi da carpentiere, lavorò per un anno con i falegnami di Amsterdam, in Olanda, e riportò le conoscenze acquisite in Russia.

Pietro il Grande
A sinistra, lo zar di tutte le Russie con corazza e fascia blu. Si noti la somiglianza con il ritratto del Re Sole nella pagina a fronte: non è casuale, visto che Pietro lo imitava in tutto.
A destra, una caricatura satirica dell'epoca mostra un boiardo a cui viene tagliata la barba secondo gli ordini dello zar.

Lettura della carta

1. Dalla carta si può rilevare l'importanza del porto di San Pietroburgo: quello di Arcangelo, nell'estremo Nord, infatti, era quasi sempre ghiacciato e quello di Riga, più a sud, all'epoca di Pietro il Grande apparteneva alla Svezia.
2. Il secondo porto russo era Azov, nella Penisola di Crimea, indispensabile sia come difesa dai Tartari, sia per i traffici tra Mar Nero e Mar Mediterraneo.

Porti e cantieri navali di Pietro il Grande

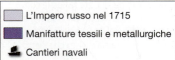

- L'Impero russo nel 1715
- Manifatture tessili e metallurgiche
- Cantieri navali

Pietro il Grande
modernizzazione della Russia
• fondazione di San Pietroburgo
• creazione della flotta commerciale e militare
fondazione di uno Stato assoluto
• ridimensionamento della Chiesa ortodossa
• lotta contro i boiari

Quanto ai porti, invece, sgombrò dai Turchi ottomani la città di **Azov** e vi collocò, dopo averla creata, la **flotta del Mar Nero**. Intanto, abbandonato il porto di Arcangelo sul Mar Bianco, gelato quasi tutto l'anno, edificò **San Pietroburgo**, chiamando architetti italiani a costruirne i palazzi, e ne fece il grande **porto del Mar Baltico**, riservato alla flotta che doveva commerciare con l'Europa. La città divenne ben presto splendida e Pietro vi trasferì da Mosca la **capitale**.

Intanto, forte delle sue conoscenze tecniche, fece addestrare squadre di esperti falegnami e disseminò di cantieri navali i fiumi che collegavano i porti con le città principali. Tutto ciò richiese moltissimo denaro che lo zar trovò trasferendo allo Stato parte delle immense ricchezze della Chiesa ortodossa: arrivò a ordinare di fondere le campane delle chiese per farne cannoni.

I conservatori, sobillati dal clero, non glielo perdonarono mai e lo additarono al popolo come l'incarnazione del Demonio. Nonostante questa feroce opposizione e la guerra che la Svezia gli mosse per impedirgli di conquistare lo sbocco sul Baltico, Pietro il Grande riuscì nel suo intento, la **modernizzazione** del Paese. Grazie a lui la borghesia russa abbandonò gli abiti tradizionali e tagliò le lunghe barbe, iniziò a parlare un po' di francese e a vestirsi all'occidentale. A San Pietroburgo le giovani generazioni di ufficiali e tecnici studiavano nelle Accademie fondate dallo zar e non più nelle scuole ortodosse. L'esercito era ben addestrato e l'Europa intera doveva ormai tenere conto di un nuovo e scomodo vicino a est. Sotto questa facciata, però, la Russia mostrava ancora elementi di **arretratezza**. L'agricoltura restò infatti in mano all'aristocrazia, proprietaria di enormi estensioni di terra coltivata con tecniche medievali, arcaiche e improduttive e di un'enorme massa di **servi della gleba**, che vivevano in condizioni di grande miseria.

GUIDA ALLO STUDIO
Sintesi

1-2 Luigi XIV e la Fronda

Nel 1643 muoiono sia Luigi XIII sia Richelieu e sul trono di Francia sale Luigi XIV, il futuro "Re Sole", che però è troppo giovane per governare, tanto è vero che la reggenza viene affidata alla madre, Anna d'Austria, la quale consegna il potere nelle mani del cardinale Mazzarino.
È lui a dover affrontare, nel 1648, la cosiddetta Fronda, ovvero una violenta rivolta degli aristocratici che, ansiosi di restaurare i loro antichi diritti feudali, chiedono la convocazione degli Stati generali e, non ottenendola, passano alle congiure contro il re. Mazzarino sventa il complotto, ma la Francia precipita lo stesso nella guerra civile e la Fronda viene sconfitta solo nel 1653. In quei cinque anni il giovane sovrano capisce che il pericolo più insidioso per una monarchia è la nobiltà, dotata com'è di privilegi inattaccabili, fra cui il diritto di mantenere eserciti personali e quello di non pagare le tasse.

3-6 Lo svuotamento del potere aristocratico e la revoca dell'Editto di Nantes

Mazzarino muore nel 1661 e da quel momento Luigi decide di governare da solo, assistito dai tre ministri del Consiglio di Stato che rispondono solo a lui. Nelle province, invece, manda gli intendenti, incaricati di far applicare le leggi e riscuotere le tasse.
Sotto la direzione del sovrano, i ministri cominciano a riorganizzare lo Stato e per farlo tolgono potere alla nobiltà di spada consegnandolo alla nobiltà di toga. A questo scopo, Luigi ordina una "inchiesta sulla nobiltà" che gli permette di eliminare le famiglie ostili alla monarchia, di rimpinguare le entrate fiscali e di dare ai ricchi borghesi i titoli rimasti vacanti. Tuttavia, per evitare che gli aristocratici si ribellino, conferisce loro incarichi onorifici ben remunerati che però li costringono a vivere a corte e, poiché a Parigi la residenza reale non è adeguata, fa costruire la reggia di Versailles, che si trasforma per la nobiltà in una magnifica prigione dorata.
Sul piano religioso, invece, nel 1685 revoca l'Editto di Nantes e da quel momento vale il principio del *cuius regio, eius religio*.

7 L'aumento delle entrate dello Stato

Per creare le fonti di denaro necessarie a governare, Luigi XIV e il suo ministro delle Finanze, Colbert, mettono in opera varie strategie: sottopongono a stretto controllo gli esattori incaricati di riscuotere le tasse; creano numerosi monopòli di Stato; incrementano la fondazione di colonie in America; chiedono forti prestiti alla Chiesa; vendono alla borghesia nuove cariche pubbliche. Grazie a queste riforme, il re ha l'opportunità di compiere l'ultima mossa: governare senza convocare gli Stati generali, azzerando il ruolo del Parlamento.

8 Lo Stato assoluto

Luigi XIV porta così alla perfezione lo Stato assoluto, uno Stato in cui il re non solo afferma che la sua autorità gli deriva direttamente da Dio, ma si ritiene anche "sciolto dalle leggi" e quindi da ogni dovere nei confronti dei sudditi. Nell'assolutismo, infatti, è la parola del re che diventa legge.

9 Le guerre del re e la rovina della Francia

Grazie a un esercito e a una marina fortissimi, il Re Sole avvia una politica estera di espansione, ma questo provoca la reazione delle principali potenze europee che si coalizzano contro di lui e riescono a bloccarlo. Quando però muore senza eredi l'ultimo Asburgo di Spagna, Luigi pretende che il trono passi a un suo nipote e provoca la Guerra di successione spagnola contro gli Asburgo d'Austria appoggiati da mezza Europa. Malgrado le numerose sconfitte subite dai Francesi, il nipote del re ottiene il trono diventando il capostipite dei Borbone di Spagna, ma il conflitto ha impoverito il Paese al punto che, quando nel 1715 il Re Sole muore, la notizia viene accolta con gioia dai suoi sudditi.

10-11 Federico I di Prussia e Pietro il Grande di Russia

Il modello di Stato assoluto viene imitato da Federico I di Prussia e dallo zar di Russia Pietro il Grande, che modernizza il suo Paese e lo trasforma in una potenza europea: costruisce una flotta, crea due porti ed edifica San Pietroburgo, ma l'agricoltura resta arcaica e improduttiva e permane un'enorme massa di servi della gleba.

Unità 1 L'Europa nell'economia-mondo

GUIDA ALLO STUDIO

Mappa concettuale

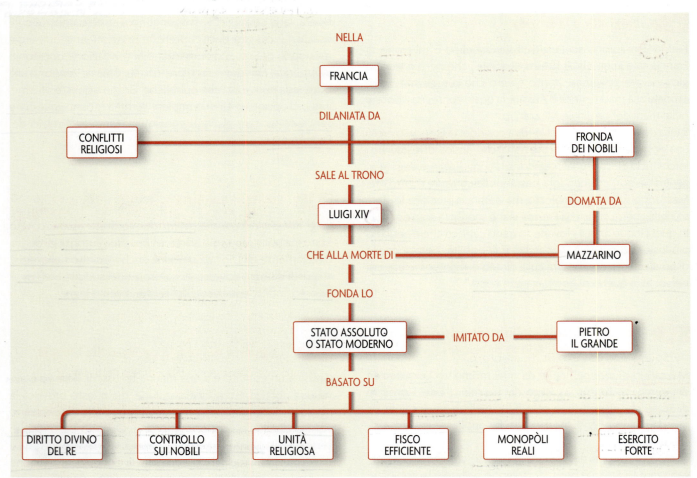

Verifica formativa

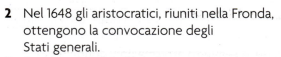

ARRICCHIRE IL LESSICO

1 L'aggettivo "assoluto" ha altre sfumature di significato, oltre a quella che hai già incontrato. Infatti può voler dire anche "totale, completo" (per esempio, "Ho in te una fiducia assoluta") e "urgente" (per esempio, "Ho un assoluto bisogno di vederti"). Usa le diverse sfumature per scrivere tre frasi appropriate.

COMPRENDERE IL TESTO

2 Indica se le seguenti affermazioni sono vere o false.

1 Quando Luigi XIV sale al trono, la madre reggente affida il potere al cardinale Richelieu.

2 Nel 1648 gli aristocratici, riuniti nella Fronda, ottengono la convocazione degli Stati generali.

3 Il principe di Condé ordisce un complotto contro il re che viene sventato da Mazzarino.

4 In Francia scoppia la guerra civile.

5 Il popolo scende in strada per sostenere il re.

6 Luigi capisce che i veri nemici della monarchia sono i nobili.

7 Alla morte del cardinale, Luigi decide di governare da solo.

3 Completa il brano seguente.

Sotto la direzione del re, i ministri cominciano a riorganizzare lo .... e per farlo tolgono potere alla nobiltà di .... consegnandolo alla nobiltà di

Lo Stato assoluto **Capitolo 2** 41

CAPITOLO 2

.... A questo scopo, Luigi ordina una "inchiesta sulla ...." che gli permette di eliminare le famiglie ostili alla ...., di rimpinguare le .... e di dare ai ricchi .... i titoli rimasti vacanti. Tuttavia, per evitare che gli .... si ribellino, conferisce loro .... onorifici ben remunerati che però li costringono a vivere a .... e, poiché a Parigi la residenza reale non è adeguata, fa costruire la reggia di .... Sul piano religioso, invece, nel .... revoca l'................ e da quel momento vale il principio del ....

4 Completa la tabella seguente scrivendo quali provvedimenti furono presi dal ministro delle Finanze Colbert per rimpinguare le casse dello Stato.

1	
2	
3	
4	
5	
6	

5 Spiega che cos'è lo Stato assoluto.

6 Rispondi alle domande seguenti.
1 Che cosa fece Luigi XIV grazie al suo esercito e alla sua marina?
2 Quale fu la conseguenza?
3 Perché scoppiò la Guerra di successione spagnola?
4 Quali furono le conseguenze per la Francia?

7 In un testo di circa 8 righe spiega la "francesizzazione" dell'Europa e indica quali sovrani imitarono lo Stato assoluto realizzato dal Re Sole.

8 Indica se le seguenti affermazioni sono vere o false.
1 Pietro il Grande voleva modernizzare la Russia. V F
2 Nel 1694 il consiglio dei boiari fu rafforzato. V F
3 Per costruire una flotta, lo zar lavorò per un anno con i falegnami di Amsterdam. V F
4 Pietro sgomberò dai Turchi la città di Azov e vi collocò la flotta del Mar Nero. V F
5 La capitale della Russia fu trasferita da San Pietroburgo a Mosca. V F
6 Pietro il Grande modernizzò l'agricoltura ed eliminò la servitù della gleba. V F

LE DATE DELLA STORIA

9 Scrivi, accanto agli eventi, le date corrispondenti.
- Salita al trono di Luigi XIV ....
- Morte di Mazzarino ....
- Guerra di successione spagnola ....
- Morte di Luigi XIV ....

GUIDA ALL'ESPOSIZIONE ORALE

1 Illustra le tappe del percorso compiuto da Luigi XIV per costruire lo Stato assoluto.

Scaletta:
- decisione di governare da solo
- "inchiesta sulla nobiltà"
- svuotamento del potere aristocratico
- costruzione di Versailles
- revoca dell'Editto di Nantes
- creazione di nuove fonti di denaro
- governo senza convocazione degli Stati generali

Parole e concetti chiave:
Fronda, guerra civile, morte di Mazzarino, Consiglio di Stato, nobiltà di spada, nobiltà di toga, incarichi onorifici, "pensioni", necessità di vivere a corte, "prigione dorata", ugonotti, "dragonate", *cuius regio, eius religio*, controllo sugli esattori, creazione di monopòli di Stato, fondazione di colonie, prestiti dalla Chiesa, vendita di cariche pubbliche, Colbert.

Come cominciare:
"Quando salì al trono, Luigi XIV era un bambino e la reggenza fu affidata alla madre."

2 Spiega perché la morte del Re Sole fu accolta con gioia dai suoi sudditi e in che cosa consistette la "francesizzazione" dell'Europa.

Scaletta:
- Guerra di successione spagnola
- rovina economica della Francia
- il francese come lingua dell'élite e della diplomazia
- imitazione dell'architettura e dello stile di vita cortigiano

Parole e concetti chiave:
Asburgo di Spagna, Asburgo d'Austria, Borbone di Spagna, moda.

Come cominciare:
"Quando l'ultimo Asburgo di Spagna morì senza eredi, il Re Sole pretese che il trono passasse a un suo nipote."

PROTAGONISTI

Il Re Sole

Il figlio del miracolo

Luigi XIV nacque nel **1638** da Luigi XIII e Anna d'Austria, al ventitreesimo anno di matrimonio dei suoi genitori, quando ormai si credeva che il re sarebbe morto senza eredi. Gli fu quindi imposto il nome di *Louis Dieudonné*, Luigi Diodato, ovvero concesso dal cielo grazie a un miracolo.

La regina rimase vedova cinque anni dopo e affidò la cura del regno al cardinale abruzzese Mazzarino, che dovette affrontare la Fronda dei principi, riorganizzatasi nonostante le repressioni di Richelieu.

Un'infanzia minacciata dalla Fronda e allietata da giochi di guerra

L'infanzia del re fu tumultuosa e traumatica. Per ben due volte gli aristocratici più bellicosi entrarono nel Palazzo del Louvre con l'intenzione di ucciderlo e la madre dovette nasconderlo tremante in uno sgabuzzino. Seguirono le fughe in piena notte e persino i giorni passati soffrendo la fame. Luigi non dimenticò mai quegli anni da incubo e nutrì quella **diffidenza nei confronti della nobiltà** che fu uno dei motivi della costruzione dello Stato assoluto.

Nonostante ciò, il cardinale gli fornì l'**educazione** che si conveniva a un sovrano e che era innanzitutto **militare**. Luigi XIV ebbe a disposizione un'armata in miniatura con tanto di cavalieri, fanti, cannoni e macchine da guerra. A tredici anni si divertiva ad attaccare o difendere un fortino costruito per suo ordine nel giardino del Louvre, che era allora il palazzo reale, utilizzando veri archibugi e vera polvere da sparo.

La preparazione al mestiere di re era completata dalla lettura delle gesta di Alessandro Magno e di Giulio Cesare, dallo studio della grammatica, della retorica e della logica, nonché di numerose materie tecniche. Fra tutte, però, primeggiava la **geografia**, giacché solo la perfetta conoscenza dei confini e della natura del suolo permetteva di pianificare guerre, spostare eserciti e vincere battaglie. Oltre al francese, gli furono insegnati l'italiano, che parlava perfettamente, e lo spagnolo, con cui se la cavava in modo un po' meno brillante.

Amanti e regine

Luigi aveva una salute vigorosa, amava smodatamente mangiare e bere (andava pazzo per i sorbetti) e ancora più smodatamente amava le donne. Ne ebbe moltissime, ma fu anche capace di innamorarsi sul serio.

La sua prima passione fu per la nipote di Mazzarino, e a vent'anni implorò la madre di fargliela sposare. Fu costretto invece dalla ragion di Stato a maritarsi con **Maria Teresa**, figlia del re di Spagna, un Paese cattolico con cui la cattolica Francia aveva un bisogno estremo di allearsi contro l'Inghilterra anglicana e l'Olanda protestante.

Il giorno del matrimonio – i due giovani erano entrambi ventenni –, Luigi sfilò a piedi per le strade di Parigi, levandosi il cappello davanti a tutte le signore assiepate lungo il percorso e suscitando l'**entusiasmo della folla**. Era bello come un dio, esibiva i suoi lunghi capelli castani inanellati e alzava la sua bassissima statura con tacchi grossi e alti.

Ben presto la regina si rivelò cupa e noiosa e il re si dedicò, senza curarsi di nasconderlo, a grandi amicizie femminili, amanti e "favorite" che ricoprivano a corte un ruolo ufficiale. La famiglia del re risultava così composta da una regina, una prima favorita e, a volte, una seconda favorita. Le altre erano semplicemente avventure, spesso però compensate con doni di palazzi e gioielli.

Le donne e l'arte della conversazione

Il ruolo delle donne nella Francia del Re Sole fu decisivo. Negli anni del regno di Luigi XIII la corte era un luogo poco brillante e poco interessante: gli uomini erano rozzi e volgari, la conversazione non era affatto curata, le dame tacevano e i gentiluomini, se non parlavano di teologia, si dilettavano con racconti di guerra e di avventure amorose intessute di frasi oscene. Sputavano per terra e non esitavano a orinare sulle scale del Louvre mentre si recavano a conferire col re.

Il Re Sole godette invece di una generazione di donne eccezionali, tra cui brillò in particolare la **marchesa di Montespan**, che impose l'**arte del conversare**: un'arte che consisteva nel toccare tutti gli argomenti in voga, tra cui la scienza, la moda, l'arte, la letteratura, purché trattati con leggerezza e senza quella passionalità che può degenerare in discussioni litigiose e aggressive.

Le conversazioni di corte si spostarono anche in famosi **salotti**, tenuti da dame dell'aristocrazia o della borghesia.

Gli ultimi anni del Re Sole

Luigi XIV ebbe una buona vita fino a che, morta la regina, sposò segretamente la **marchesa di Maintenon**, una donna molto pia che lo convinse a praticare più intensamente la religione e ad abbandonare le avventure galanti. A questa 'conversione' contribuì anche una serie di disgrazie che colpirono il re anche nei suoi affetti privati: prima morì il suo erede, il "Delfino" come veniva chiamato in Francia, poi tre femmine e l'altro maschio, infine il figlio e il nipote del Delfino, costringendo il Re a nominare erede suo nipote, il futuro Luigi XV.

Nell'agosto del 1715 il Re Sole si ammalò gravemente per i suoi eccessi alimentari. La gotta, che gli aveva attaccato un piede e poi la gamba, degenerò in cancrena. Morì il 1° settembre con quella maestosa dignità che aveva sempre mostrato. Aveva regnato 72 anni e segnato un'epoca, l'**epoca del Re Sole**.

Momenti della vita di Luigi XIV
Nella pagina a fronte il Re in tutta la sua magnificenza di sovrano assoluto.
Qui, in alto, Madame de Maintenon, l'unica donna che esercitò su di lui una vera influenza.
In basso, Re Luigi ormai vecchio e malato.

ECONOMIA

Il mercantilismo di Colbert

La teorie economiche elaborate nell'epoca in cui il mercato si allargò dall'Europa all'Asia e all'America sono utili ancora oggi per affrontare la crisi globale.

Il colbertismo

Revisione del fisco, monopòli e manifatture di Stato, controllo dei commerci: lo scopo principale della politica economica del Re Sole fu quello di riempire il più possibile le casse dello Stato francese.
Incaricato di realizzare al meglio questo obiettivo fu il ministro generale delle Finanze di Luigi XIV, **Jean-Baptiste Colbert**. Egli era stato l'amministratore del patrimonio personale del cardinale Mazzarino il quale aveva in lui tale fiducia che, in punto di morte, lo raccomandò al re.
Colbert proveniva da una famiglia di commercianti di tessuti; in gioventù, suo padre gli aveva **comprato la carica** di "commissario ordinario", dalla quale iniziò la scalata che lo porterà a dominare la politica economica francese per oltre vent'anni e a lasciare un segno indelebile nella storia del pensiero economico: da lui, infatti, prende nome il "**colbertismo**", una politica economica che, secondo alcuni studiosi, rappresenta la più completa realizzazione del **mercantilismo**.
Con quest'ultimo termine si indica una serie di misure pratiche adottate da molti Stati nell'Età moderna: tali pratiche si basavano sull'idea che **la prosperità e la potenza di un Paese** e dei suoi abitanti fossero **legate alla quantità di metalli preziosi** presenti all'interno dei confini, metalli con cui si potevano pagare gli eserciti e dunque garantire la difesa e l'espansione territoriale dello Stato.
Per incrementare le riserve d'oro e d'argento, bisognava **sviluppare le esportazioni e limitare le importazioni gravandole con dazi**. Siccome poi solo lo Stato poteva imporre il rispetto di queste misure, la politica mercantilistica prevedeva un massiccio intervento del re nelle iniziative dei privati.

Jean-Baptiste Colbert

Testimoni e interpreti

La teoria del colbertismo

AUTORE	Jean-Baptiste Colbert, politico ed economista francese
OPERA	Memoria sulle finanze
DATA	1670

Colbert, uomo di poche parole, spiega a Luigi XIV i princìpi della sua azione.

La buona conduzione delle finanze e l'incremento delle entrate di vostra Maestà consistono nell'aumentare in tutti i modi la quantità di denaro liquido che costantemente circola nel Regno e nel mantenerlo nella giusta proporzione in tutte le province.
Un altro rimedio consiste in tre punti, nei quali risiedono la grandezza e la potenza degli Stati e la magnificenza del re: aumentare il denaro nel commercio pubblico attirandolo dai Paesi di provenienza, conservandolo all'interno del Regno impedendone la fuoriuscita, dando agli individui la possibilità di trarne profitti.

I monopòli di Stato del Re Sole
La stampa raffigura una delle fabbriche francesi di carte da gioco che Luigi XIV tolse ai privati rendendole monopolio statale e ricavandone ingenti entrate annue.

Stato e iniziativa privata

Con Colbert la logica mercantilistica dell'**accumulo di metalli preziosi** si trasformò in un'organizzazione meticolosa che intervenne in tutti quelli che erano ritenuti i centri vitali dell'attività economica. Di conseguenza:

- per sviluppare la produzione di manufatti, nacquero le **grandi "manifatture" statali** come la fabbrica di mobili, arazzi e tappeti dei Gobelins o le grandi vetrerie di Saint-Gobain, celebri ancora oggi, che appartenevano a privati ma erano sovvenzionate dallo Stato. Per lo stesso motivo vennero attirati in Francia dall'estero **operai specializzati** (in particolare, fabbri tedeschi e mastri vetrai veneziani);
- affinché i prodotti delle manifatture non rimanessero invenduti, lo **Stato** stesso si trasformò in **acquirente** comprando tessuti, armi, navi ecc.;
- affinché i prezzi dei beni non aumentassero eccessivamente e fossero concorrenziali sui mercati esteri, lo Stato impose **salari molto bassi** agli operai, i quali erano obbligati a orari estenuanti e puniti con pene fisiche in caso di disobbedienza;
- per assicurarsi materie prime a un prezzo vantaggioso, lo Stato promosse la ricerca e l'acquisto di **nuove colonie** (in Canada, nelle Antille e in Louisiana). Parallelamente vennero potenziate le **compagnie commerciali** e fondate nuove basi, soprattutto in India.

Il colbertismo determinò lo **sviluppo economico francese** non solo del Seicento ma anche del secolo successivo e, in effetti, gli esperti di storia economica lo considerano una tappa importante nella creazione delle moderne strutture economiche. Senza le teorie mercantilistiche, infatti, non si sarebbe realizzato il passaggio da un'organizzazione economica di stampo medievale a un sistema basato sull'iniziativa privata e sull'azione dello Stato in economia e sul mercato, gli elementi cioè della fase capitalistica avviata nel Settecento e che ancora oggi caratterizza la nostra società.

Colbert torna attuale

Proprio in questi nostri tempi segnati da una crisi economica mondiale forse senza precedenti, il colbertismo è tornato a far parlare di sé a causa delle tensioni indotte dalla crescente pressione competitiva dovuta alla globalizzazione.
Una corrente di pensiero chiamata "**neo-colbertismo**" afferma che gli Stati si devono difendere con provvedimenti specifici nel caso in cui il procedere della globalizzazione sia troppo rapido, impedendo, con il loro intervento, che i problemi causati dalla perdita delle produzioni locali e/o dalle delocalizzazioni produttive verso Paesi dove il costo del lavoro è più basso possano mettere in pericolo la stabilità economica e sociale dei Paesi di antica industrializzazione.

LABORATORIO

Sviluppare le competenze

1. Dopo aver visionato l'articolo presente al link **http://www.tomshw.it/cont/news/in-europa-strapaghiamo-l-hi-tech-per-colpa-dei-dazi/32643/1.html** discuti in classe l'argomento "neo-colbertismo" in un dibattito moderato dall'insegnante.

ARTE E TERRITORIO

La reggia di Versailles

Un palazzo per la corte del Re Sole

Visitare Versailles è ancora un'emozione: si può vedere con i propri occhi che cosa era una monarchia assoluta. Nel 1979 la reggia è stata proclamata "**Patrimonio dell'umanità**" (la Francia ne conta complessivamente 31) ed è visitata da dieci milioni di persone all'anno. Le parti più interessanti sono i "Grandi appartamenti" del re e della regina, la Galleria degli specchi, la Cappella reale, l'Opera e i giardini.

Tutte queste meraviglie facevano parte di un vero e proprio piano lucidamente architettato dal Re Sole per **ingabbiare gli aristocratici** in un luogo in cui li potesse tenere continuamente sotto controllo e che gli consentisse di porsi talmente al di sopra di tutti loro da ridurli all'adorazione.

Il palazzo doveva essere talmente grande da poter contenere quasi tutta la nobiltà di spada e tanto splendido da superare qualsiasi altra residenza francese. Per edificarlo il re scelse la **tenuta di Versailles**, a circa 20 chilometri da Parigi, e nel 1661, dopo averne esaminato personalmente il progetto, diede il via ai lavori.

Il cantiere, la residenza e i parchi

Versailles divenne celebre come il più grande cantiere d'Europa. La definizione non è esagerata se si esaminano alcuni dati: i lavori durarono **54 anni** (dal 1661 al 1715, l'anno della morte del re; ma già dagli anni Ottanta la corte si trasferì stabilmente nelle reggia); per la costruzione furono mobilitati 36 000 uomini e 6000 cavalli; i metri cubi di terra scavati furono milioni; i materiali utilizzati ammontarono a decine di milioni di tonnellate di pietra, marmi, tubature, carbone, per un costo di 100 milioni di franchi-oro.

Il risultato fu un'immensa residenza racchiusa da un **muro di cinta lungo 40 chilometri** in cui si aprivano 24 porte monumentali (a Roma, le Mura Aureliane, che contengono uno dei più grandi centri storici d'Europa, sono lunghe 12 chilometri e mezzo). All'interno vi erano un "piccolo parco" dedicato alle passeggiate e un "grande parco" destinato alla caccia.

Davanti alle porte principali delle mura, un **palazzo di dimensioni inaudite** conteneva ben 364 appartamenti nelle ali sud e nord, mentre nel corpo centrale si trovavano le sale da ballo e di rappresentanza, gli uffici del governo e gli appartamenti reali. Il complesso accoglieva normalmente una corte di 5000 persone che, in particolari occasioni, si accalcavano fino a diventare 10 000.

Tre immagini di Versailles
Qui a lato, la reggia con il grande parco che continua con il bosco per le cavalcate e la caccia. Nella pagina a fronte la Galleria degli specchi e la caricatura di una dama di corte con un'acconciatura a forma di veliero.

Una delle sue meraviglie era la famosa **Galleria degli specchi**, in cui a ciascuna grande finestra sul giardino corrispondeva, nella parete opposta, un'arcata ricoperta di specchi che rinviavano la luce creando un effetto stupefacente.

La vita a corte
La vita a corte divenne un meccanismo spietato, dominato dall'**etichetta** (cioè dalle rigide prescrizioni del cerimoniale), capace di stritolare individui e patrimoni: tutto si svolgeva come su un immenso palcoscenico dove il protagonista assoluto era, ovviamente, il Re Sole. Solo pochi fortunati venivano ammessi a presenziare ai diversi momenti che scandivano la giornata del re: i momenti più ambiti erano il risveglio e la **vestizione**, a cui i nobili assistevano.

La vita della corte trascorreva nel tentativo disperato di mettersi in luce e, magari, entrare nelle grazie di sua maestà. Per distinguersi, nella massa sterminata di nobili che popolavano Versailles, ogni espediente era valido: gli uomini studiavano per giorni il modo di camminare e inchinarsi di fronte al re, e le dame, pur di farsi notare, accettavano che sulle loro teste fossero poggiate parrucche a forma di veliero del peso di alcuni chili. Esse erano soggette anche a un altro incubo: la "traversata" della Galleria degli specchi. Questa consisteva nel percorrere tutta la sua immensa lunghezza con passettini piccoli e velocissimi che dovevano dare l'impressione non di camminare ma di scivolare su un invisibile tapis roulant dal fondo fino al trono della regina di fronte al quale dovevano inchinarsi. Non tutte riuscivano nell'impresa

e il fallimento significava l'immediata espulsione dalla corte.

Una giocata sbagliata al tavolo del sovrano poteva indebitare un gentiluomo per tutta la vita; un vestito non all'ultima moda precipitava in disgrazia anche la dama più bella.

Se non volevano incappare in simili disastri, i nobili avevano una sola scelta: mettere di continuo mano al portafogli e acquistare gemme, sete, mobili per le proprie stanze nel palazzo, carrozze con cui esplorare il parco, cani delle razze più strane e ogni possibile oggetto di lusso in grado di farli risaltare agli occhi del re.

Molto lusso, poche comodità e niente igiene
Versailles era sfarzosa, ma non confortevole. D'inverno i corridoi e le stanze erano attraversati da correnti d'aria gelida e non esistevano strutture igieniche. L'unico ad avere una stanza da bagno dotata di una fossa biologica era il re; gli altri si servivano dei vasi da notte perché i gabinetti, posti all'esterno, erano solo 5 per 5000 abitanti fissi. I cronisti dell'epoca raccontano che i valletti, non sapendo dove gettare gli escrementi propri e dei loro padroni, vuotavano i vasi nei cortili o in un fiumiciattolo che attraversava la cittadina di Versailles, vicina al palazzo. Uscire per una passeggiata nel parco significava immergersi nel puzzo (e pare infatti che i cortigiani, a differenza del re, evitassero accuratamente i giardini). Quanto ai circa 1000-2000 abitanti della cittadina di Versailles, negli anni centinaia di loro si ammalarono e morirono di tifo.

3 Lo Stato parlamentare

Ripassa il Seicento e **verifica** le tue conoscenze; quindi **approfondisci** le fonti, i collegamenti interdisciplinari e la cittadinanza

Lezione

1603 Dinastia Stuart

1689 Bill of rights

1 La forte borghesia inglese

Prima di Luigi XIV in Francia, un'altra dinastia europea aveva tentato di fondare uno Stato assoluto ma non vi era riuscita: era la dinastia **Stuart**, cioè quella dei cugini di Elisabetta I di Inghilterra ai quali la regina era stata costretta a lasciare il trono per mancanza di eredi. Nel **1603** essi avevano ricevuto un Paese ormai lanciato alla conquista degli oceani e consacrato a nuova potenza europea.

Il fervore economico, sociale e culturale dei quarantacinque anni di regno della Regina Vergine aveva trasformato un Paese dilaniato da tensioni religiose in uno **Stato dinamico e moderno** nel quale stava crescendo, più che altrove, una **classe borghese intraprendente** che aveva bisogno della massima libertà politica ed economica.

Le grandi ricchezze ricavate dalla **pirateria** e dalle **colonie** erano state reinvestite in innovazioni e nuove imprese le quali erano favorite dal fatto che Elisabetta, lanciando il suo Paese sui mari, lo aveva dotato di porti e canali utili anche per i commerci interni.

Tutto questo aveva rafforzato una **borghesia "alta"** che s'identificava, nelle **città**, con banchieri, finanzieri, armatori e, nelle **campagne**, con gli "intendenti", cioè gli amministratori delle tenute nobiliari che andarono a far parte di una nuova classe sociale, la *gentry*.

Gli intendenti avevano avviato lo **sviluppo del settore agricolo e pastorizio** con l'introduzione di nuove tecniche innovative: fu grazie a loro se, nel Seicento, l'Inghilterra evitò le tremende carestie che sconvolsero il resto d'Europa. Anzi, in Inghilterra s'innescò una **forte crescita demografica** e la popolazione di Londra, in poco più di un secolo, aumentò di quasi otto volte, sfiorando il mezzo milione di abitanti.

Alla **bassa borghesia** apparteneva invece la miriade di avvocati, notai e altri professionisti nonché di artigiani qualificati e operai che dipendevano strettamente dal giro d'affari della borghesia imprenditoriale. L'**alta** e la **bassa borghesia** erano unite da una mentalità comune basata su:

- **puritanesimo** in campo religioso, cioè si battevano affinché la Chiesa anglicana fosse "purificata" da ogni elemento cattolico. Inoltre seguivano alla

---

LESSICO | **RELIGIONE**

Puritanesimo
Movimento religioso inglese diffusosi tra la fine del XVI e l'inizio del XVII secolo, caratterizzato da una severa moralità e fautore di un rigoroso indirizzo calvinista.

L'elemosina di sir Henry
Il quadro rappresenta un "intendente", sir Henry, raffigurato con l'abito nero dei puritani al centro del quadro con i suoi tre figli minori, mentre fa distribuire ai contadini il pane dell'elemosina, imposto dai doveri di carità cristiana.

lettera l'insegnamento calvinista in base al quale la missione affidata da Dio all'uomo è dedicarsi anima e corpo al lavoro trascurando ogni piacere;
- **profonda cultura** religiosa, tecnica e giuridica favorita dalla consuetudine calvinista alla lettura della Bibbia che aveva ampliato il numero degli alfabetizzati;
- **appoggio incondizionato al Parlamento**, e in particolare alla **Camera dei Comuni** che rappresentava i loro interessi.

Giacomo I
Fu il primo Stuart sul trono d'Inghilterra.

2 Il trono agli Stuart

Il primo Stuart a salire sul trono fu **Giacomo I**, figlio di Maria Stuarda, la regina cattolica che Elisabetta aveva fatto decapitare scatenando la reazione della Spagna di Filippo II. Giacomo non aveva nulla in comune con Elisabetta a parte la **fede anglicana**, ma a differenza della regina cercò di intromettersi in ogni questione teologica inimicandosi sia i puritani sia i cattolici che ancora restavano nel Regno. Elisabetta aveva basato la sua politica sul rispetto del **Parlamento**, invece Giacomo smise di convocarlo. Inoltre, per finanziare lo Stato, riprese la **vendita di titoli nobiliari** che Elisabetta aveva quasi azzerato. Tuttavia, nonostante questa politica di stampo assolutista, il Paese era così sano e in crescita che i ventidue anni del suo regno non ne turbarono lo sviluppo.

La novità principale per cui è ricordato è che, essendo prima di tutto re di Scozia, egli unì i due regni che si erano combattuti fin dal Medioevo; Inghilterra e Scozia si trovarono così uniti per la prima volta, dando origine alla **Gran Bretagna**. Nel XIX secolo, accogliendo anche l'Irlanda, che nel Seicento era considerata quasi una colonia, diventerà **Regno Unito**.

IL SENSO DELLE PAROLE

Gran Bretagna
È l'espressione corretta per indicare la principale delle Isole britanniche formata da Inghilterra, Galles, Scozia e le isole minori.

Inghilterra
Il termine si usa comunemente per indicare l'intera Gran Bretagna, sebbene sul piano geopolitico indichi solo la regione meridionale con capitale Londra.

Regno Unito
Dal XIX secolo in poi l'espressione fu usata per comprendere Gran Bretagna e Irlanda (oggi soltanto l'Irlanda del Nord ovvero la regione dell'Ulster).

Lo Union Jack

Union Jack è, nel lessico marinaro inglese, il sinonimo di *Union flag*, "bandiera dell'Unione", ed è il modo in cui la Gran Bretagna odierna chiama la sua bandiera.
Il primo passo fu fatto nel 1606 quando Giacomo I, il figlio di Maria Stuart, unificò le bandiere dei regni di Scozia e d'Inghilterra. La sua forma definitiva comprende anche l'emblema dell'Irlanda ed è la somma delle tre croci che portano il nome dei santi patroni delle tre nazioni.

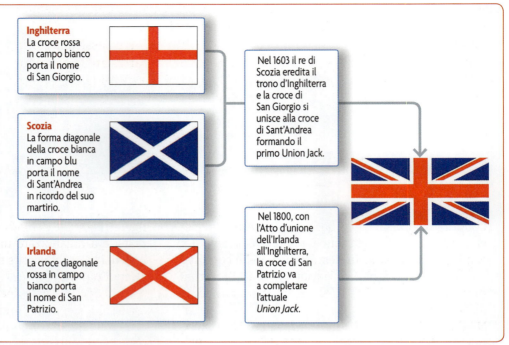

Inghilterra
La croce rossa in campo bianco porta il nome di San Giorgio.

Scozia
La forma diagonale della croce bianca in campo blu porta il nome di Sant'Andrea in ricordo del suo martirio.

Irlanda
La croce diagonale rossa in campo bianco porta il nome di San Patrizio.

Nel 1603 il re di Scozia eredita il trono d'Inghilterra e la croce di San Giorgio si unisce alla croce di Sant'Andrea formando il primo Union Jack.

Nel 1800, con l'Atto d'unione dell'Irlanda all'Inghilterra, la croce di San Patrizio va a completare l'attuale *Union Jack*.

Carlo I
Tentò di trasformare la Gran Bretagna in una monarchia assoluta.

RICORDA

Magna Charta
La *Magna Charta* era il documento con forza di legge che i baroni inglesi strapparono al re Giovanni Senzaterra nel 1215. Esso contiene anche l'articolo dello *Habeas Corpus*.

3. I tentativi assolutistici di Carlo I e la reazione del Parlamento

Il figlio di Giacomo **Carlo I**, salito al trono nel **1625**, era ancora più intenzionato del padre a seguire la strada dell'assolutismo. In particolare, egli voleva imporre il principio del *cuius regio, eius religio* e annullare i poteri del Parlamento, seguendo le orme che la Francia di Luigi XIII e Richelieu andava tracciando. Però, così facendo, egli non tenne affatto conto delle grandi differenze che dividevano una nazione prevalentemente contadina come la Francia dalla dinamica **società inglese**.

In effetti, tutta la sua politica sembrava fatta apposta per entrare in collisione con le forze sociali più vivaci del Paese:
- pur non essendo cattolico, cercò di rendere sempre più vicina a Roma la religione anglicana, sposando una principessa cattolica e appoggiando i vescovi anglicani fedeli al papa, mentre ordinava la **confisca dei patrimoni dei puritani** più ferventi;
- concesse ad alcuni suoi favoriti di appropriarsi dei **beni confiscati ai dissidenti religiosi**. Ai medesimi consentì il permesso di esportazione di lana grezza, che di norma era vietata per tutelare il lavoro dei tessitori;
- per raggranellare fondi, rese ordinarie tasse tradizionalmente imposte solo in caso di guerra.

La questione delle tasse disgustò il Parlamento inglese che, grazie alla *Magna Charta*, aveva il diritto di approvare o contestare qualsiasi tassa extra chiesta dal re, mentre la persecuzione anti-puritana fece sollevare la Scozia che seguiva a grande maggioranza la fede calvinista.

Questo complesso di eventi portò a una prima conseguenza quando il re volle concludere le consultazioni parlamentari. Come si è visto, i Parlamenti d'Età moderna non erano organi indipendenti ma si riunivano solo se il sovrano decideva di convocarli e concludevano i loro lavori quando il re li decretava chiusi. In

questo caso, invece, all'ordine di scioglimento che proveniva da Carlo I i membri del Parlamento inglese si rifiutarono di abbandonare l'aula.
L'occupazione durò addirittura quattro anni, dal 1640 al 1644, e passò alla storia col nome di "**Lungo Parlamento**". Quando il re cercò di far arrestare i parlamentari più ostili, appartenenti alla Camera dei Comuni, il popolo di Londra prese le armi per difenderli e scoppiò la **guerra civile**.

I Padri pellegrini

I puritani scozzesi non erano i primi a subire le persecuzioni degli Stuart: già sotto il regno di Giacomo, un centinaio di **puritani inglesi**, stanchi delle continue violenze, aveva deciso di lasciare la Gran Bretagna. Avevano perciò acquistato una concessione territoriale dalla Compagnia della Virginia, la colonia inglese in Nord America, e un galeone a tre alberi, il *Mayflower*. Imbarcatisi nel settembre del 1620 dal porto di Plymouth, attraversarono l'Oceano fra le tempeste e sbarcarono sulle coste americane quando l'inverno era ormai iniziato. Le terre in cui erano approdati si rivelarono selvagge e inospitali. Tuttavia già l'anno successivo i "**Padri pellegrini**" (nome che essi stessi si diedero e con cui sono indicati con venerazione e rispetto dagli Statunitensi che li considerano tra le figure fondative del loro Paese) erano riusciti a insediarsi e a organizzare una colonia sulle coste della baia del Massachussetts battezzata Nuova Inghilterra (**New England**).

Ancora oggi, la **Festa del Ringraziamento**, celebrata da ogni famiglia statunitense come simbolo della patria americana, ricorda le celebrazioni seguite al primo abbondante raccolto agricolo ottenuto nella nuova terra.

Il viaggio dei Padri pellegrini
I Padri pellegrini sul ponte della *Mayflower*. Durante la traversata dovettero affrontare terribili tempeste che superarono riunendosi in preghiera.

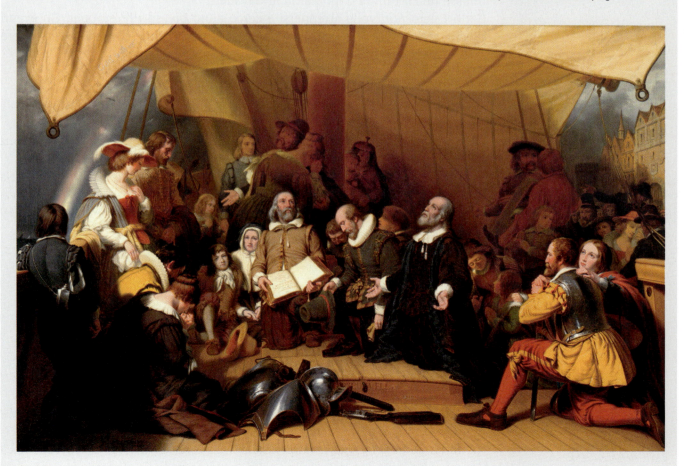

4 La guerra civile

Dal 1642 al 1649 il Regno fu messo a ferro e fuoco dalle due opposte fazioni: i **Cavalieri**, **partigiani del re**, anglicani o cattolici, contro le cosiddette "**Teste tonde**", i puritani intransigenti, per lo più borghesi e **sostenitori del Parlamento**; erano detti così perché avevano i capelli rasati proprio per differenziarsi dai Cavalieri che portavano lunghe parrucche ricciute.

All'inizio, la vittoria arrise ai Cavalieri, addestrati alle armi fin da bambini e dotati di piccoli eserciti ai loro ordini: infatti, già negli ultimi anni di Elisabetta, i nobili più potenti si erano attrezzati all'eventualità di una guerra civile ammassando uomini e munizioni nelle loro terre (il duca di Leicester, per esempio, aveva più di cento cannoni nel suo castello). Le "Teste tonde" invece erano "un insieme di vecchi domestici, osti e gente del genere" come disse uno di loro, abituati a maneggiare scope e caraffe piuttosto che spade e archibugi.

La svolta fu merito del colonnello puritano **Oliver Cromwell**; egli proveniva dalla *gentry* ed era membro della Camera dei Comuni; era animato da una fede profonda e credeva in una vita austera e dedita al lavoro. Ebbe l'intuizione fondamentale di arruolare fra le teste tonde gli abitanti delle campagne, rivolgendosi in particolare agli "intendenti", che erano abituati a organizzare e comandare centinaia di lavoranti.

Cromwell li addestrò all'arte militare e li organizzò nell'**Esercito di nuovo modello** nel quale si faceva carriera in base ai meriti effettivi e non al titolo nobiliare e dove le decisioni erano prese da un consiglio aperto anche ai rappresentanti dei soldati semplici. Con questo esercito – all'interno del quale vigeva una disciplina ferrea e che era continuamente motivato dalla predicazione puritana – Cromwell inflisse una sconfitta dopo l'altra ai Cavalieri.

Carlo I però non volle arrendersi e cercò aiuto presso i re europei. Gli eventi precipitarono: il re, inseguito, si rifugiò in Scozia ma gli Scozzesi lo vendettero

Lettura della carta

1 L'area verde indica le zone controllate dal Parlamento. Sono regioni dove l'agricoltura è più evoluta e dove gli interessi economici sono più pressanti.

2 L'area rosa individua le regioni fedeli a Carlo I, prive di città importanti e con un'agricoltura e una pastorizia più arretrate.

3 L'area viola è il Regno di Scozia, indipendente ormai solo sul piano formale.

4 L'Irlanda si è già sollevata contro la tassazione imposta da Londra, ma non parteggia né per il re né per il Parlamento. Cromwell stroncherà la rivolta nel sangue.

agli Inglesi che lo arrestarono. Mentre il Parlamento si divideva sull'opportunità di metterlo sotto processo, Carlo I riuscì a evadere e a scatenare una rivolta ma Cromwell e il suo esercito lo sbaragliarono di nuovo.
Processato per tradimento, in tribunale il re si rifiutò di rispondere dichiarando di non riconoscere l'autorità della corte e di dover dar conto del proprio operato solo a Dio e non ai sudditi. Il tribunale **lo condannò a morte** e fu decapitato il 30 gennaio **1649**: per la prima volta un sovrano europeo regnante veniva giustiziato per ordine di un tribunale composto dai suoi sudditi. Il fatto suscitò un orrore senza precedenti in tutte le famiglie reali europee.

5 Dalla Repubblica alla dittatura di Cromwell

La guerra civile aveva avvelenato l'atmosfera: si era diffuso un **clima di terrore**, i gruppi religiosi più radicali predicavano l'imminente fine del mondo e le guerre avevano stremato la popolazione; ovunque serpeggiava la rivolta.
In questo contesto il Parlamento dichiarò la **fine della monarchia** e la **nascita della Repubblica**, con il nome di **Commonwealth** (termine che in inglese significa "comunità"). Fu assicurata la libertà religiosa a tutte le fedi tranne che ai cattolici. Di fatto, però, il comando era dei puritani e Cromwell, forte del suo enorme prestigio e della sua fama di puritano integerrimo, si proclamò "Lord Protettore" della repubblica e represse con durezza le varie emergenze, fra cui le ribellioni dell'Irlanda e della Scozia.
Paradossalmente, in brevissimo tempo Cromwell compì le medesime mosse per cui aveva mandato al patibolo Carlo I: anch'egli infatti sciolse il Parlamento, ne nominò uno nuovo e poi sciolse anche quello perché non obbediva ai suoi ordini. Dal 1655 assunse il governo personalmente **trasformandosi in un dittatore**: la Gran Bretagna era di fatto nelle mani di un uomo solo che regnava grazie al sostegno del suo esercito.

Gli *Ironsides* o "fianchi di ferro"
Erano il corpo scelto dell'esercito di Cromwell.

> **LESSICO** — **POLITICA**
>
> **Dittatura**
> Un regime politico opposto alla democrazia e spesso imposto con la forza, in cui tutti i poteri sono concentrati nelle mani di un solo organismo o addirittura di un'unica persona ed esercitati senza alcun controllo, cioè non limitati da una Costituzione o da altre leggi.

Cromwell e Carlo I
Il dipinto rappresenta il dittatore mentre contempla la salma di Carlo I nella bara. Quadri e stampe di contenuto macabro si diffusero in tutta Europa, dove la condanna a morte del re suscitò reazioni molto negative.

L'incendio di Londra
Durante il regno di Giacomo II Londra fu devastata da una serie di sciagure. Gli inverni furono così freddi che il Tamigi gelò per mesi impedendo i traffici, come si vede alle pagine 6-7, scoppiò la peste e infine la città fu distrutta da un furioso incendio.

Quando alla sua morte Cromwell lasciò il potere nelle mani del figlio Richard, gli Inglesi si accorsero del rischio che una nuova dinastia decidesse le sorti del Paese, senza nemmeno più il pretesto dell'unzione divina. A questo punto prevalsero i monarchici e **nel 1660 il trono fu riconsegnato agli Stuart**: il nuovo sovrano, Carlo II, si impegnò a governare in accordo con il Parlamento.

6 La "Gloriosa Rivoluzione"

Con gli Stuart di nuovo sul trono tornarono i vecchi problemi: tentativi di accentramento, simpatia per i " papisti ", corruzione della corte, cui si aggiunsero le vendette e i rancori contro chi aveva osato giustiziare un re. **Giacomo II**, re dal 1685, si proclamò addirittura cattolico creando l'assurda situazione di un capo della Chiesa anglicana che obbediva al papa. Come se questo non fosse già abbastanza per preoccupare i sudditi, egli abolì lo *Habeas Corpus*.
Quando riusciva a riunirsi, però, il Parlamento vedeva al suo interno formarsi una novità che avrebbe guidato la vita politica inglese, e non solo, fino a oggi; si erano formati infatti i **primi schieramenti politici moderni**. L'assemblea si era divisa in *tories* e *whigs*.

- I *tories* erano **aristocratici anglicani sostenitori della monarchia**; con la loro azione politica volevano favorire gli interessi della proprietà terriera e rafforzare il potere della Chiesa anglicana; il nomignolo in origine indicava i ribelli cattolici d'Irlanda.
- I loro avversari, gli *whigs*, erano esponenti dell'**alta e bassa borghesia**, protestanti e soprattutto **sostenitori del Parlamento**, della libertà religiosa e di quella commerciale. Il loro nome in origine indicava i protestanti scozzesi, accaniti nemici della Chiesa anglicana.

Nel **1688**, subito dopo la nascita di un erede maschio che garantiva il proseguimento della disastrosa dinastia, un gruppo di parlamentari decise di liberarsi

---

LESSICO — STORIA

Papista
Il nome spregiativo che i protestanti inglesi davano ai cattolici fedeli al papa.

definitivamente di Giacomo II e in segreto offrì la Corona al principe olandese e protestante **Guglielmo III d'Orange**, marito di una principessa inglese.
Guglielmo l'accettò e sbarcò in Inghilterra con il suo esercito. Giacomo II fuggì in Francia e l'episodio fu chiamato "**Gloriosa Rivoluzione**": "gloriosa" perché si era svolta senza versare una sola goccia di sangue; "rivoluzione" perché per la prima volta un monarca veniva dichiarato decaduto per non aver rispettato il "contratto" fra re e popolo.
Inoltre, i *whigs* posero come condizione che Guglielmo firmasse nel **1689** l'**Atto di tolleranza** che garantiva libertà religiosa ai protestanti chiudendo la lunga e sanguinosa stagione dei conflitti religiosi e, soprattutto, il *Bill of rights*, una "**dichiarazione dei diritti**" che aveva il valore di una **Costituzione**, cioè di una legge generale alla quale dovevano ispirarsi tutte le altre leggi: essa poneva **limiti precisi ai re**, ribadiva i **diritti del Parlamento** e ristabiliva lo *Habeas Corpus*.
La sua importanza è enorme: con il *Bill of rights*, infatti, nacque un tipo di monarchia del tutto originale, la **monarchia costituzionale**, in cui il potere del sovrano è limitato dalla Costituzione e dà luogo a uno **Stato parlamentare**. Esso costituirà il modello di tutti gli Stati democratici contemporanei.

> **LESSICO — DIRITTO**
>
> **Stato parlamentare**
> Uno Stato in cui il potere del governo è fortemente limitato dai diritti del Parlamento, in cui siedono i rappresentanti dei cittadini.

Una seduta del Parlamento
L'immagine inquadra gli scranni degli *whigs* (dalla parte opposta ci sono i *tories*). Sopra, grande novità, il pubblico.

Testimoni e interpreti

Gli articoli del *Bill of rights*

Il Bill of rights, l'atto culminante della Gloriosa Rivoluzione, rappresenta il documento fondamentale del sistema parlamentare inglese. Sancisce il principio dell'equilibrio dei poteri, e condanna l'abuso e la coercizione nell'esercizio del potere politico. Riportiamo qui gli articoli fondamentali. Come si vedrà, il documento enuncia molti diritti che noi oggi diamo per acquisiti. È quindi particolarmente interessante leggerlo "in negativo", cioè deducendone le molte prepotenze che caratterizzarono le monarchie assolute.

E quindi i *Lords* e i Comuni, ora riuniti in una piena e libera rappresentanza di questa nazione, dichiarano:

1. che il preteso potere di sospendere le leggi o l'esecuzione delle leggi, per autorità regia, senza il consenso del Parlamento, è illegale;
2. che il preteso potere di dispensare dall'osservanza delle leggi, per autorità regia, come è stato fatto di recente, è illegale;

> Nell'assolutismo il re si identificava con la Legge, poteva quindi sospenderla o violarla a suo piacimento.

3. che la raccolta di tributi ad uso della Corona, senza la concessione del Parlamento, è illegale;

> Qui si allude all'eterno dissidio tra re e sudditi sul problema delle tasse.

4. che è diritto dei sudditi rivolgere petizioni al re, e che tutti gli arresti o le procedure d'accusa per tali petizioni sono illegali;
5. che radunare o mantenere un esercito permanente nel Regno in tempo di pace, senza il consenso del Parlamento, è illegale;

> L'esercito è costoso e inoltre può servire al re con funzioni di repressione.

6. che i sudditi protestanti possono tenere armi per la propria difesa secondo le loro condizioni e come è consentito dalla legge;

> Un problema tipicamente inglese; si ricordino le numerose persecuzioni degli Stuart contro i protestanti.

7. che le elezioni dei membri del Parlamento devono essere libere;
8. che la libertà di parola e i dibattiti e i procedimenti in Parlamento non devono essere posti sotto accusa o contestati in nessun tribunale o luogo al di fuori del Parlamento;

> Come si vede, la libertà di voto e di parola era stata fino ad allora solo un miraggio.

9. che non devono essere richieste cauzioni eccessive, né imposte ammende eccessive, né inflitte punizioni crudeli o insolite;
10. che i giurati devono essere nominati regolarmente e che i giurati che processano persone per alto tradimento devono essere liberi da qualsiasi influenza;

> La libertà del giudice e dei giurati viene affermata come uno dei fondamenti della Costituzione.

11. che ogni minaccia di ammende e confische a persone singole prima della condanna è illegale e nulla;
12. e che per riparare a tutte le ingiustizie, e per correggere, rafforzare e preservare la legge, il Parlamento dovrà riunirsi frequentemente.

> Sebbene i Parlamenti (si ricordino in Francia gli Stati generali e in Spagna le Cortes) fossero già stati istituiti nel Medioevo, fino al *Bill of rights* essi potevano riunirsi solo se convocati dal re e il re cercava di non convocarli mai. Qui si afferma invece il principio della loro regolarità di riunione garantita dalla legge.

GUIDA ALLO STUDIO
Sintesi

Audio

1 La nuova borghesia inglese

Il lunghissimo regno di Elisabetta I ha trasformato l'Inghilterra in uno Stato dinamico e moderno in cui è cresciuta una classe borghese intraprendente: la borghesia "alta" si identifica, in città, con banchieri, finanzieri e armatori e, nelle campagne, con la *gentry*, ovvero gli intendenti che hanno avviato lo sviluppo del settore agricolo e pastorizio; alla borghesia "bassa" appartengono invece professionisti, artigiani e operai. Le due borghesie hanno in comune una mentalità basata sul puritanesimo, una profonda cultura e l'appoggio incondizionato al Parlamento, in particolare alla Camera dei Comuni.

2 Il regno di Giacomo I Stuart

È questo il Paese su cui, morta Elisabetta, comincia a governare Giacomo I Stuart che smette di convocare il Parlamento e, per finanziare lo Stato, riprende le vendite di titoli nobiliari. Nonostante la politica di stampo assolutistico, tuttavia, non riesce a turbare lo sviluppo del suo popolo e anzi, durante il suo regno, unisce Inghilterra e Scozia dando origine alla Gran Bretagna.

3 Gli errori di Carlo I

Il figlio di Giacomo, Carlo I, salito al trono nel 1625, prosegue sulla strada dell'assolutismo che Luigi XIII e Richelieu stanno tracciando, senza però capire quanto l'Inghilterra è diversa dalla Francia. Oltre a sposare una cattolica e ad appoggiare i vescovi anglicani fedeli al papa, ordina la confisca dei patrimoni dei puritani e concede ai suoi favoriti di appropriarsene e anche di esportare lana grezza; infine rende ordinarie tasse di solito imposte solo in caso di guerra. Quest'ultimo gesto disgusta il Parlamento, mentre la persecuzione antipuritana provoca la sollevazione della Scozia. Il re tenta di sciogliere il Parlamento, ma i suoi membri occupano l'aula per ben quattro anni dando vita al cosiddetto "Lungo Parlamento" e, quando Carlo cerca di farli arrestare, il popolo di Londra prende le armi per difenderli e scoppia la guerra civile.

4-5 La guerra civile e la dittatura di Cromwell

Dal 1642 al 1649 il Regno viene messo a ferro e fuoco dallo scontro fra i Cavalieri, partigiani del re, anglicani o cattolici, e le "Teste tonde", i puritani intransigenti sostenitori del Parlamento. La svolta avviene quando il colonnello puritano Oliver Cromwell arruola fra le "Teste tonde" gli intendenti delle campagne e li organizza in un esercito di nuovo modello con il quale sconfigge più volte i Cavalieri, riuscendo alla fine a catturare il re che, processato per tradimento, viene giustiziato nel 1649. La guerra civile ha diffuso un clima di tale terrore che il Parlamento dichiara la fine della monarchia e la nascita della Repubblica con il nome di *Commonwealth*, ma Cromwell, che si proclama "Lord protettore", si trasforma ben presto in un dittatore cosicché, nel 1660, i monarchici decidono di riconsegnare il trono agli Stuart. Il nuovo sovrano, Carlo II, si impegna a governare in accordo col Parlamento.

6 La nascita dello Stato parlamentare

Il ritorno degli Stuart, tuttavia, riapre i vecchi problemi e Giacomo II, re dal 1685, si proclama addirittura cattolico e arriva ad abolire lo *Habeas Corpus*. Intanto, però, in Parlamento si sono formati i primi schieramenti politici moderni: i *tories*, aristocratici anglicani sostenitori della monarchia, e i *whigs*, esponenti dell'alta e bassa borghesia, protestanti e sostenitori del Parlamento stesso. Nel 1688 un gruppo di parlamentari decide di liberarsi definitivamente degli Stuart e offre in segreto la Corona al principe olandese e protestante Guglielmo III d'Orange, che accetta e sbarca in Inghilterra con il suo esercito. Giacomo II fugge e l'episodio prende il nome di "Gloriosa Rivoluzione".
Nel 1689 Guglielmo firma l'Atto di tolleranza che garantisce libertà religiosa ai protestanti e il *Bill of rights*, una "dichiarazione dei diritti" che ha il valore di una Costituzione: essa pone limiti precisi ai re, ribadisce i diritti del Parlamento e ristabilisce lo *Habeas Corpus*. Il *Bill of rights* sancisce la nascita della monarchia costituzionale che dà luogo a uno Stato parlamentare.

GUIDA ALLO STUDIO

Mappa concettuale

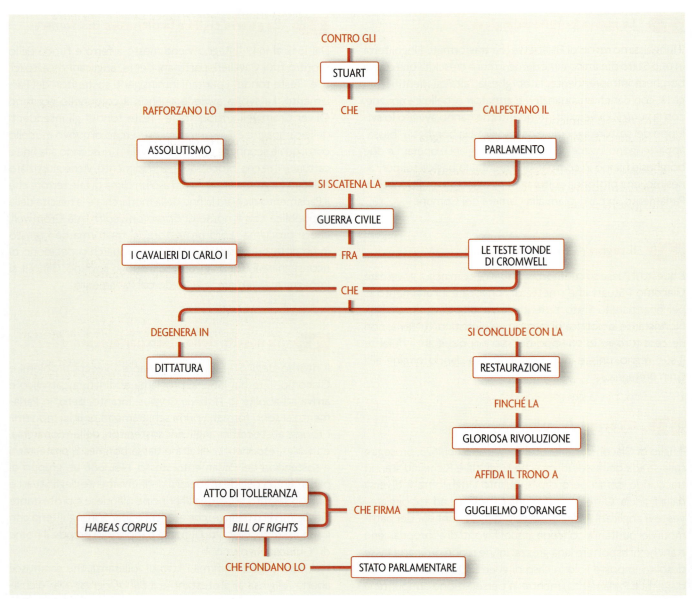

Verifica formativa

ARRICCHIRE IL LESSICO

1 Il sostantivo "Camera" che hai incontrato in questo capitolo indica l'assemblea parlamentare, ma, come sai, "camera" significa prima di tutto "stanza" ed è da questa accezione che derivano alcuni termini di uso comune, come per esempio *camerata*, *cameratismo*, *cameriere*, *camerino*. Usali per scrivere delle frasi appropriate.

COMPRENDERE IL TESTO

2 Rispondi alle domande seguenti.
1 Da chi erano composte, rispettivamente, la borghesia "alta" e la borghesia "bassa"?
2 Perché gli intendenti furono tanto importanti per l'Inghilterra del Seicento?
3 Su che cosa si basava la mentalità che univa le due borghesie?

Lo Stato parlamentare **Capitolo 3** 59

CAPITOLO 3

3 Scegli il completamento corretto delle frasi seguenti.

1 Giacomo I era di fede
☐ cattolica.
☐ anglicana.

2 Nei confronti del Parlamento, Giacomo I
☐ smise di convocarlo.
☐ mostrò lo stesso rispetto di Elisabetta I.

3 Durante il suo regno, Inghilterra e Scozia
☐ rimasero nemiche.
☐ si unirono dando vita alla Gran Bretagna.

4 Completa la tabella seguente, scrivendo quali mosse compiute da Carlo I Stuart portarono alla guerra civile.

Religione	
Confische e assegnazioni	
Tasse	
Parlamento	

5 Metti in ordine cronologico gli eventi seguenti, inserendo nei quadratini i numeri da 1 a 8.

a ☐ Carlo I scatena una rivolta, ma viene battuto.
b ☐ Cromwell si trasforma in dittatore.
c ☐ Scoppia la guerra civile fra Cavalieri e Teste tonde.
d ☐ Il trono viene riconsegnato agli Stuart.
e ☐ Carlo I viene condannato a morte.
f ☐ Cromwell organizza un esercito affiancando alle Teste tonde gli intendenti delle campagne.
g ☐ Il Parlamento dichiara la fine della monarchia e la nascita della Repubblica.
h ☐ Cromwell infligge ai Cavalieri una serie di sconfitte.

6 Completa il brano seguente.

Giacomo II si proclamò .... e abolì lo .... Intanto, però, in Parlamento si erano formati i primi .... politici .... L'assemblea era composta dai ...., aristocratici .... sostenitori della ...., e dai ...., esponenti dell'............ e .... borghesia, protestanti e sostenitori del .... Nel .... un gruppo di parlamentari decise di liberarsi di .... e in segreto offrì la Corona al principe .... e protestante ...., che accettò e sbarcò in .... con il suo esercito. Lo Stuart fuggì in .... e l'episodio fu chiamato "............".

7 Completa la tabella seguente, relativa ai due fondamentali documenti firmati da Guglielmo nel 1689.

Atto di tolleranza	
Bill of rights	

8 Spiega perché l'importanza del *Bill of rights* fu enorme.

LE DATE DELLA STORIA

9 Scrivi, accanto agli eventi, le date corrispondenti.
- Salita al trono di Carlo I ....
- Condanna a morte di Carlo I ....
- "Gloriosa Rivoluzione" ....
- Atto di tolleranza e *Bill of rights* ....

GUIDA ALL'ESPOSIZIONE ORALE

1 **Dopo aver delineato le condizioni dell'Inghilterra alla morte di Elisabetta I, illustra i tentativi assolutistici di Giacomo I e di Carlo I Stuart.**

Scaletta:
• Stato dinamico e moderno • borghesia "alta" e borghesia "bassa" • crescita demografica • intromissioni in campo religioso • fine delle convocazioni del Parlamento • vendita di titoli nobiliari • matrimonio • confisca dei beni dei puritani e loro cessione ai favoriti • tasse • rivolta della Scozia • "Lungo Parlamento"

Parole e concetti chiave:
gentry, puritanesimo, cultura, appoggio al Parlamento, *cuius regio, eius religio*, moglie cattolica, esportazione di lana grezza, rifiuto dei parlamentari di abbandonare l'aula.

Come cominciare:
"Nel 1603 gli Stuart avevano ricevuto un Paese ormai consacrato a nuova potenza europea."

2 **Esponi gli eventi che, a partire dalla guerra civile, condussero l'Inghilterra a diventare uno Stato parlamentare.**

Scaletta:
• Cavalieri e Teste tonde • Oliver Cromwell • esercito di nuovo modello • condanna a morte di Carlo I • nascita della Repubblica • dittatura di Cromwell • ritorno degli Stuart • Giacomo II • *tories* e *whigs* • "Gloriosa Rivoluzione" • Atto di tolleranza • *Bill of rights*

Parole e concetti chiave:
intendenti, decapitazione del re, clima di terrore, *Commonwealth*, primi schieramenti politici moderni, Guglielmo d'Orange, "dichiarazione dei diritti", Costituzione, limiti precisi ai re, diritti del Parlamento, *Habeas Corpus*, monarchia costituzionale.

Come cominciare:
"Dal 1642 al 1649 il regno fu messo a ferro e fuoco da due opposte fazioni: i Cavalieri, partigiani del re, e le Teste tonde, che sostenevano il Parlamento."

4 Il primato dell'Europa

XVII secolo Nascita dell'economia-mondo

XIX secolo Leggi contro la tratta degli schiavi

1 L'Europa verso il primato

L'Età moderna fu per l'Europa un periodo terribile dal punto di vista delle guerre, dell'intolleranza e delle persecuzioni. Nonostante ciò, quest'epoca si concluse con un fenomeno che non si era mai più verificato dalla caduta dell'Impero romano d'Occidente: il **primato tecnologico, economico e militare** di alcune nazioni europee sul resto del mondo.

2 La Spagna dal "Secolo d'oro" alla decadenza

Tra Cinquecento e Seicento il primato appartenne alla Spagna, che chiamò questi duecento anni *el Siglo de oro*, "il Secolo d'oro", non solo per le immense ricchezze di cui i suoi galeoni la rifornivano dall'America, ma anche per lo **splendore della sua cultura**, espressa da alcuni dei più grandi scrittori, pittori e architetti dell'epoca.

Ancora una volta, però, la storia dimostrò di non essere così semplice e lineare come può apparire ai suoi protagonisti. "La storia – scrive l'economista Carlo Cipolla – è un gioco dialettico di elementi probabilistici. I disastri non sono solo preceduti da disgrazie, e il successo non fiorisce soltanto da situazioni paradisiache".

Gli Spagnoli, inebriati dal grande afflusso di metallo prezioso, si comportarono un po' come una squadra che, avendo sbaragliato tutti gli avversari durante le selezioni, perde la finale perché troppo sicura di sé.

Mentre l'aristocrazia, invece di investire il denaro in migliorie per l'agricoltura, lo sperperava in beni di lusso, il sovrano Filippo II ne impiegava somme enormi per combattere inutilmente la ribellione protestante dell'Olanda. Si scontrò con l'Inghilterra di Elisabetta I e perse l'Invincibile Armata.

Infine, poco dopo la sua morte, arrivò in Spagna la terribile notizia dell'esaurimento delle miniere d'argento della Bolivia e, nel giro di pochi anni, la nazione piombò **dallo splendore al sottosviluppo** ◀.

ECONOMIA
Dallo sviluppo al sottosviluppo, il caso Spagna, pag. 72

Lettura d'immagine

Potere e magnificenza della Spagna

Questo dipinto, eseguito da un pittore della corte di Filippo II, celebra sia la forza militare della Spagna sia il lusso della sua classe aristocratica nel *Siglo de oro*. Esso infatti mostra il marchese di Santa Cruz, ammiraglio della flotta spagnola, accolto dal doge della Repubblica di Genova dopo averlo salvato da un attacco della marina islamica. Il marchese è abbigliato secondo la moda dell'epoca e indossa una corazza decorata con lamine d'oro. I suoi ufficiali sono altrettanto eleganti ed esibiscono grandi colletti di pizzo di Madera. Uno di loro ha in mano un cappello con le piume di feltro fiorentino.

❶ Due lanzichenecchi al servizio della Spagna
❷ Il doge di Genova
❸ Il marchese Alvaro di Santa Cruz
❹ Quattro ufficiali
❺ Un paggio che porta il magnifico elmo piumato del marchese
❻ I galeoni spagnoli accalcati nel porto di Genova

3 Il Portogallo non è mai riuscito a decollare

Nonostante i grandi meriti conquistati ai tempi delle esplorazioni in Estremo Oriente, il Portogallo non riuscì ad approfittare pienamente delle sue scoperte. I suoi mercanti tentarono di acquistare prodotti orientali dando in cambio merci occidentali; ben presto però si accorsero che esse non interessavano né ai Cinesi né agli Indiani o ai Giapponesi. I mercanti perciò dovettero accontentarsi di fare da **mediatori** portando argento giapponese in Cina, rame giapponese in India, spezie dall'Indonesia all'India e alla Cina, tessuti di cotone indiano nel Sudest asiatico e tappeti persiani in India. I guadagni furono buoni, ma non tali da far decollare la loro economia.

Il primato mondiale dell'Europa non fu dunque realizzato dalle più grandi potenze navali del Cinquecento, ma dai due nemici storici della Spagna, l'**Inghilterra** e l'**Olanda**. Ai tempi delle Guerre di religione e delle lotte tra monarchie e aristocrazie queste nazioni avevano fatto scelte originali e davvero "moderne" e nel Seicento ne raccolsero il frutto.

LE CAUSE DEL SUCCESSO OLANDESE

- **Repubblica parlamentare puritana e tollerante**
  - alfabetizzazione
  - progresso tecnologico
  - vasta rete commerciale
    - Compagnia olandese delle Indie orientali

ECONOMIA

Crolli di Borsa: dai tulipani di Amsterdam alla "bolla" del 2006, pag. 74

L'Inghilterra verso il primato (pagina a fronte)
Il dipinto rappresenta una delle battaglie navali delle guerre scatenate dall'Inghilterra contro l'Olanda verso la fine del XVII secolo.

Dighe e tulipani
Come mostra il disegno, le dighe olandesi erano terrapieni non molto alti, costituiti di diversi strati di materiali differenti: più leggeri quelli degli strati interni, più pesanti quelli degli strati esterni. Sul terreno strappato al mare furono coltivati intensivamente, e per la prima volta in Europa, i tulipani.

4 In Olanda tolleranza, alfabetizzazione e democrazia favoriscono lo sviluppo tecnologico

L'**Olanda** aveva lottato con successo in nome della libertà. Era riuscita a liberarsi degli Spagnoli, aveva basato la vita politica sulla centralità del Parlamento e assunto la forma di una **repubblica**. Tra i due tipi di atteggiamento nei confronti delle diverse fedi non aveva scelto la "religione di Stato", ma la **tolleranza** e, grazie a questo, aveva accolto ebrei e calvinisti in fuga dai Paesi cattolici che avevano portato un prezioso **bagaglio di saperi** tecnici e professionali, consolidando la base borghese della società.

Come in tutti i Paesi protestanti, il livello di **alfabetizzazione** era altissimo (tutti dovevano poter leggere direttamente la Bibbia) e, con esso, la diffusione di manuali tecnici e scientifici. I finanzieri investivano volentieri in nuove imprese e **lo Stato non poneva limiti all'iniziativa individuale**.

Nel Medioevo gli Olandesi avevano basato il loro sviluppo sulla pesca e sulla salatura dell'aringa del Mar Baltico, cui era seguita la pesca del merluzzo in Islanda e delle balene nel Mar Glaciale Artico. Nel Cinquecento essi costruirono le **dighe** e dissalarono i terreni strappati al mare (i cosiddetti *polder*) consentendo al Paese di porre le fondamenta di un'**eccezionale attività agricola**.

Alle soglie del Seicento gli Olandesi moltiplicarono le iniziative. Fiorirono le **industrie tessili** e la **produzione di macchinari** (dalle gru agli orologi, passando attraverso le lenti, che permisero loro di inventare il cannocchiale, ricercatissimo dalle marine di tutta Europa).

Altrettanto famosi divennero i **cantieri navali**. Basti ricordare che proprio qui lo zar Pietro il Grande si recò per imparare a costruire velieri. Gli armatori si riunirono nella **Compagnia olandese delle Indie orientali** e costruirono una **vasta rete commerciale** appoggiata da navi da guerra per proteggere i convogli, mentre gli agricoltori dei *polder* si specializzavano nella coltivazione intensiva dei **tulipani**, di cui avevano scoperto i bulbi in Turchia e che fruttavano milioni in monete d'oro. **Amsterdam**, il cui nome significa "diga (*dam*) sull'Amstel", divenne il "magazzino del mondo" e la sua **Borsa** la più importante d'Europa ◄.

Per le sue potenzialità l'Olanda avrebbe potuto condividere il primato mondiale con l'Inghilterra, ma alla fine pagò lo scotto di essere una nazione molto piccola e non particolarmente orientata alla guerra.

Dopo essere stata sua alleata contro la Spagna, **l'Inghilterra la schiacciò** quando cominciò a vederla come una pericolosa rivale sui mari del mondo.

Le origini della Borsa a Bruges

Sapere come e perché è nata la Borsa è molto importante. Oggi infatti essa rappresenta l'**essenza dell'economia finanziaria mondiale** e funziona in modo enormemente complesso. Coglierla al momento della sua nascita è utile per capirne la chiave, che resta la stessa: una **compravendita**.
La sua nascita risale al XV secolo per iniziativa di un mercante di origine veneta di nome Della Borsa, poi chiamato Van Der Burse, a Bruges, dove si era trasferito. In casa sua, ormai nota come "la Borsa", si davano appuntamento alcune volte all'anno i mercanti di tutta Europa per comprare e vendere grossi carichi di merci varie: stoffe, pellicce, gioielli, vino, armi, derrate alimentari. Il venditore esponeva una **lettera** in cui aveva scritto quanto si aspettava di ricavare. I compratori offrivano **denaro**. La merce veniva venduta al miglior offerente, come in un'**asta**. Un'asta è, ridotta all'osso, anche la contrattazione che si tiene nella Borsa odierna e i due termini "denaro" e "lettera" sono diffusi ancora oggi. La differenza è che non si compra più direttamente la merce – per esempio, occhiali da sole –, ma le "**azioni**" emesse dall'impresa che la produce. Il valore di queste azioni sale o scende a seconda di quanti occhiali il mercato mondiale è disposto momento per momento a comprare, esattamente come accadeva a Bruges.
Tra il XVI e il XVII secolo le Borse si moltiplicarono in varie città europee.

5 L'Inghilterra verso il primato mondiale

L'**Inghilterra** medievale non aveva conosciuto uno sviluppo paragonabile a quello dei Paesi Bassi, ma l'affermazione del Parlamento, in cui i **borghesi** poterono battersi per leggi propizie ai loro affari, e l'unione con la Scozia le impressero un'accelerazione che non ebbe rivali.
Ormai la **Gran Bretagna** poteva avvalersi di risorse economiche e umane più ricche e numerose di prima, che le consentirono di proporsi come **potenza commerciale** a livello globale e di intraprendere una decisa **espansione coloniale**. Anche l'Inghilterra aveva una **Compagnia delle Indie orientali** e commerciava con l'India (dove occupava una serie di avamposti e stava sostituendosi al Portogallo), il Sudest asiatico e la Cina, dove si approvvigionava di tè, seta, cotone.
Intanto la monarchia ordinava l'esplorazione dell'**America settentrionale**, dove fondava le **tredici colonie** da cui un giorno sarebbero nati gli Stati Uniti. Verso la fine del Seicento la Gran Bretagna era ormai la più grande **potenza navale** del mondo.

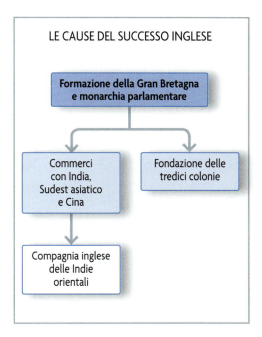

LE CAUSE DEL SUCCESSO INGLESE

Formazione della Gran Bretagna e monarchia parlamentare
→ Commerci con India, Sudest asiatico e Cina
→ Fondazione delle tredici colonie
→ Compagnia inglese delle Indie orientali

6 · L'Europa intraprende la "tratta degli schiavi"

Il primato dell'Inghilterra fu largamente favorito dal **commercio ad altissimo rendimento** di una merce molto particolare: gli esseri umani. Questo commercio, che va sotto il nome di "**tratta degli schiavi**" ◄, ebbe come bacino di rifornimento l'**Africa subsahariana** (lo stesso al quale aveva attinto per secoli l'islàm) e come mèta l'**America**.

Era cominciato intorno all'anno 1500, quando i Portoghesi, che avevano appena scoperto il Brasile, vollero impiantarvi la canna da zucchero. Poiché, al contrario dei territori spagnoli in America, il Brasile era poco popolato, a un capitano intraprendente che conosceva bene le coste africane venne in mente di comprare schiavi neri dai mercanti islamici del Golfo di Guinea.

I Neri si rivelarono dei lavoratori instancabili, ben diversi dagli *Indios*; la notizia si diffuse e ben presto anche gli Spagnoli cominciarono a importarne nelle loro colonie, specialmente quelle del Mar dei Caraibi.

Nel corso del Cinquecento furono deportati dall'Africa 650 000 schiavi; nel Seicento salirono a 1 milione e mezzo; nel XVIII secolo furono 5 800 000. Nel **1815** la tratta venne **ufficialmente proibita**, ma numerosi contrabbandieri continuarono a praticarla raggiungendo la cifra di 2 700 000 Africani deportati.

In tre secoli e mezzo il totale delle persone strappate dalla propria terra raggiunse una cifra **tra i 10 e gli 11 milioni**, di cui quasi 2 milioni **morti durante la traversata** dell'Atlantico. A essi vanno sommati gli 11 milioni di schiavi di cui si rifornirono gli Imperi islamici, prima quello arabo poi quello turco-ottomano, in un tempo però molto più lungo: dieci secoli.

ORIZZONTI DI CITTADINANZA ◄
Il ritorno della schiavitù, pag. 466

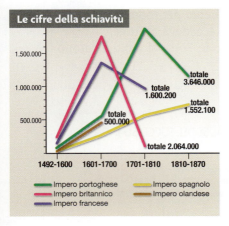

Mercanti di schiavi
A sinistra, sono raffigurati tre mercanti berberi di schiavi. Dall'Alto Medioevo in poi la tratta degli schiavi neri era monopolizzata dai musulmani del Maghreb che li compravano nei Regni sudanesi e, attraversando il Sahara, li rivendevano sia nel mondo islamico sia, in piccole quantità, in quello cristiano.
A destra, il giovane schiavo di un signore cristiano. La sua bellezza indusse il pittore fiammingo Hieronymus Bosch a prenderlo come modello per il suo quadro *L'adorazione dei magi*.

7 Il commercio triangolare frutta guadagni altissimi

Verso la fine del Seicento, il 90% del commercio degli schiavi era ormai passato nelle mani dei **mercanti inglesi e olandesi**. Essi avevano praticamente eliminato la concorrenza delle altre nazioni occidentali nonché la mediazione degli Arabi, che rendeva il prezzo degli schiavi troppo elevato, e trattavano direttamente con i sovrani dei Regni africani.
Le loro rotte costituirono il **commercio triangolare** rappresentato nella carta:
- **Londra** o **Amsterdam** ⟶ **Golfo di Guinea**, con navi cariche di merci europee da scambiare con i venditori di schiavi: tessuti di lana e di cotone prodotti appositamente per il mercato africano, rum, acquavite, barre di ferro, polvere da sparo, fucili, perline;
- **Golfo di Guinea** ⟶ **Antille**, con il carico umano da rivendere sui mercati di schiavi locali;
- **Antille** ⟶ **Londra** o **Amsterdam**, con navi stracolme di zucchero, cacao, tabacco, cotone in balle, riso, coloranti naturali per tingere le stoffe, come l'indaco (che forniva uno splendido punto di azzurro tendente al violetto) o il brazil (il rosso derivato dal tronco degli alberi che avevano dato il nome al Brasile).

I prodotti che arrivavano sulle "**navi negriere**" (come erano chiamate le imbarcazioni destinate al trasporto degli schiavi) erano nuovissimi per l'Europa e ricercatissimi dalle classi abbienti. Una tazza di cioccolata ben zuccherata o la biancheria di cotone, che d'estate sostituiva finalmente quella di lana, valevano fortune per gli importatori. Non parliamo dell'indaco: l'Inghilterra sembrava volesse diventare tutta di quel colore.
I **guadagni dei negrieri** non avevano paragoni. Alcuni studiosi sostengono addirittura che uno schiavo pagato in Africa 30 fiorini olandesi venisse rivenduto nei Caraibi a 500 fiorini con un guadagno di poco inferiore al **1600%**; altri propendono per cifre minori, ma comunque altissime rispetto ai guadagni su altre merci.

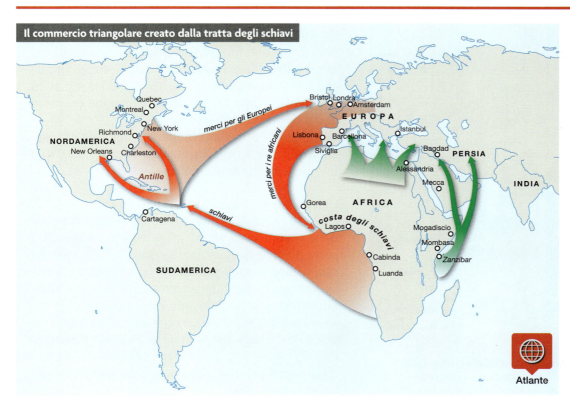

Il commercio triangolare creato dalla tratta degli schiavi

Lettura della carta

1 Osserva i due tipi di frecce distinguendo fra traffico islamico e traffico europeo sia per quanto riguarda le merci esportate o importate sia per quanto riguarda i punti di partenza e le destinazioni.

La schiavitù nell'economia-mondo

Un grande nemico dei diritti umani

Nel lungo cammino verso l'affermazione dei diritti umani e civili, vi sono stati (ed esistono ancora) molti ostacoli. Uno di essi – il più grave insieme al razzismo – è la schiavitù, quella forma di dominio dell'uomo sull'uomo che a uno garantisce tutto e all'altro niente. La schiavitù è sempre esistita, persino ai tempi dei civilissimi Greci e Romani; lo stesso cristianesimo l'aveva accettata. Molti Europei possedevano due o tre schiavi, prevalentemente africani, fin dai tempi delle Crociate. La stessa famiglia Medici ne teneva costantemente alcuni al proprio servizio, facendoli arrivare direttamente dai mercati di Algeri.
Avere sottratto il traffico ai mercanti arabi, secondo i timorati borghesi europei, portava semmai un vantaggio ai "negri": ora essi erano in mano a gente che li avrebbe convertiti al cristianesimo, li avrebbe messi in contatto con una "civiltà superiore" e, se si fossero comportati bene, un giorno avrebbe magari restituito la libertà ai più docili.

Il mercante di schiavi nell'età dell'economia-mondo

I negrieri che si arricchirono smisuratamente trattando merce umana non erano fuorilegge o gentaglia ai margini della società, bensì rispettabilissimi **borghesi o membri di antiche famiglie nobili**, accomunati dal fatto di essere molto ricchi. Una spedizione, infatti, poteva durare anche due anni e la cifra investita, irrisoria rispetto al profitto ma piuttosto alta in assoluto, fruttava in tempi molto lunghi e comportava dei rischi: il 15-20 per cento delle imprese non andava a buon fine.
I negrieri erano persone dabbene, sposi leali, buoni padri di famiglia e rigorosamente puritani.
Avevano l'approvazione dei re e delle Chiese e, se qualcuno li avesse accusati di compiere un crimine orrendo, avrebbero risposto sdegnati che si trattava solo di un "onesto commercio" come tanti altri.

Un mercante di schiavi del XVII secolo

Dalla cattura nella savana ai mercati della Costa

Quando le navi europee attraccavano nei porti del Golfo di Guinea, chiamato con il triste appellativo di "Costa degli schiavi", cominciavano le contrattazioni tra i capitani e i mercanti locali.
I bianchi mostravano la loro merce e gli Africani mostravano gli schiavi.
Questi ultimi arrivavano in fila, incatenati gli uni agli altri. Erano uomini e donne prelevati dai loro villaggi attraverso la razzìa oppure gente ridotta alla fame che si era consegnata a un re accettando la schiavitù pur di essere nutrita. Più raramente erano criminali di cui ci si voleva disfare.
Le trattative duravano molto a lungo: gli Africani erano abilissimi nello sfruttare la concorrenza tra gli Europei e nel tirare sul prezzo.

L'incubo della traversata sulle navi negriere

Alla fine gli schiavi venivano stipati sul ponte inferiore delle navi in spazi alti tra gli 80 e i 120 centimetri. I sorveglianti li spogliavano, li rasavano a zero perché non si coprissero di parassiti, li marchiavano a fuoco su una spalla, poi li incatenavano, li facevano sdraiare a terra e li incastravano l'uno accanto all'altro. In questo modo uno spazio che a malapena avrebbe potuto contenere 400 persone ne ospitava 600 e più. Quando vedevano allontanarsi la costa dell'Africa, molti deportati tentavano di suicidarsi, altri cercavano

La cattura degli schiavi
Schiavi africani avviati alle navi sotto la sorveglianza dei mercanti portoghesi.

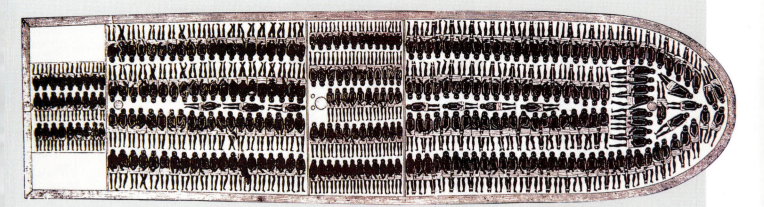

di rivoltarsi e venivano uccisi. Prendere il mare, infatti, era considerato uno strappo molto più drammatico della semplice perdita della libertà.
Due volte a settimana i prigionieri venivano trascinati in coperta e lavati con secchiate d'acqua. Poi erano costretti a danzare perché i loro muscoli non si indebolissero. Chi si opponeva doveva saltellare a forza per evitare le frustate sui piedi. Le donne, invece, potevano circolare liberamente durante il giorno ed erano rinchiuse in un luogo a loro riservato durante la notte. Il pasto consisteva in una zuppa di riso e fave, accompagnata ogni tanto da rum allungato con l'acqua.
Spesso gli schiavi si rivoltavano. Durante la notte qualcuno riusciva a liberarsi dalle catene, scioglieva qualcun altro e la mattina piombava addosso ai marinai.
Questi ultimi, in genere, uccidevano i rivoltosi; se,

Un sistema di stivaggio "razionale"
Se la merce trattata non fosse stata costituita da esseri viventi, il modo di "imballare" gli schiavi mostrato in questo disegno dell'epoca sarebbe stato un capolavoro di ingegno: lo spazio veniva utilizzato fino all'ultimo millimetro e inoltre gli schiavi non potevano muoversi per cercare di liberarsi dalle catene.

come accadeva raramente, gli schiavi avevano la meglio, perdevano ugualmente la vita perché non sapevano manovrare la nave. Nei periodi peggiori, tra malattie come lo scòrbuto e la dissenteria e spietate repressioni dopo le rivolte, morì il 20% dei deportati. Arrivati in America, li aspettavano i **mercati di schiavi**, in cui venivano venduti per la seconda volta come bestie, e poi il **lavoro nelle piantagioni**. In quelle di zucchero, la vita media era di dieci anni, ma questo non riusciva a rendere amara la cioccolata che le dame europee gustavano per essere alla moda.

Testimoni e interpreti

Leggi altre **fonti dirette** nella Biblioteca digitale

Al mercato come bestie

Le condizioni di vita degli schiavi afroamericani sono state oggetto di autobiografie, saggi e film. La fonte seguente è di Frederick Bailey, che nacque schiavo nel 1817 in una piantagione del Maryland, dove imparò di nascosto a scrivere. Nel 1838 fuggì e trovò rifugio a New York. Portuale e falegname, dal 1841 divenne un fervente attivista per la causa abolizionista. Nel 1845 pubblicò la sua autobiografia e con il ricavato delle vendite pagò al padrone il prezzo della sua libertà. Durante la guerra civile guidò la mobilitazione politica e militare degli afroamericani e in seguito diventò uno dei primi afroamericani a ricoprire incarichi pubblici federali.

Osservate come si svolge il traffico di schiavi americano. Vedrete uomini e donne allevati come porci per il mercato. Vedrete uno di questi trafficanti di carne umana, armato di pistola, frusta e lungo coltello da caccia, guidare un gruppo di centinaia di uomini, donne e bambini dal Potomac al mercato degli schiavi di New Orleans. Presenziate all'asta; guardate uomini esaminati come cavalli; guardate le forme delle donne rudemente e brutalmente esposte allo sguardo volgare dei compratori di schiavi americani. Ditemi, cittadini, dove, sotto il sole, potete essere testimoni di uno spettacolo altrettanto diabolico e sconvolgente.

8 Un sistema chiamato "economia-mondo"

I commerci con l'Oriente e il "commercio triangolare" atlantico inaugurarono l'era dell'**economia mondiale**. Ancora oggi, anche se con modalità molto più complesse e dimensioni gigantesche, siamo figli di quel modo di far circolare merci, uomini e idee di cui furono gettate le basi allora.

Sul piano geografico il concetto è chiaramente comprensibile: le rotte navali, che nel Medioevo erano state limitate al Mediterraneo e al Mare del Nord, a partire dalla scoperta dell'America e dal viaggio di Vasco da Gama intorno all'Africa si estesero agli oceani, arrivando a unire l'Oceano Atlantico all'Oceano Pacifico.

Sul piano economico e politico essa è stata definita **economia-mondo** dallo storico Fernand Braudel che, con questa espressione, ha voluto sottolineare la differenza tra l'economia mondiale dell'Età moderna e la **globalizzazione** dell'Età contemporanea. Oggi, infatti, i protagonisti della globalizzazione sono più numerosi e diffusi nel mondo, come si vede nella carta qui sotto.

Tra il Cinquecento e il Seicento, invece, il **centro** fu occupato di volta in volta da una singola nazione, e sempre europea. Tutte le altre ebbero il ruolo di **periferie**. A queste ultime fu imposto il compito di fornire al centro prodotti alimentari, materie prime e manodopera, senza possibilità di sviluppare autonomamente le proprie potenzialità. Nel Seicento altre nazioni europee come la Francia, la Russia e la Svezia cominciarono a distinguersi, collocandosi a metà strada tra il centro e le periferie, ma le loro fortune dipesero più dalla forza dei loro eserciti che dall'estensione dei loro commerci.

LESSICO — ECONOMIA

Globalizzazione
Ha luogo quando nessun fenomeno economico, sociale e culturale è più controllabile localmente, ma dipende da tutto ciò che accade nel resto del mondo.

Lettura delle carte

1. Nell'Età attuale la globalizzazione interessa tutto il pianeta, ma all'interno di essa, si sono ugualmente create delle aree dominanti che nel 2015 erano quelle colorate in giallo nella carta 1.

2. Nell'economia-mondo dell'Età moderna, invece, si crearono un centro che fu prima della Penisola iberica (carta 2a), poi dell'Inghilterra (carta 2b), che sfruttò alcuni Paesi relegati nelle periferie condannandoli a essere semplicemente dei fornitori di materie prime.

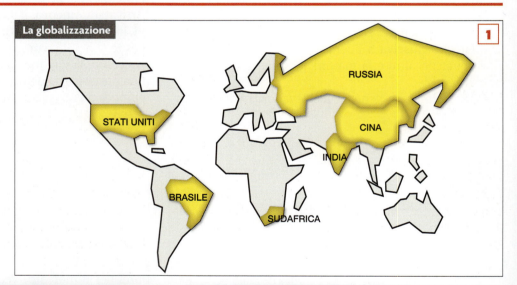

La globalizzazione

L'economia-mondo nel *Siglo de oro*: la Spagna e le sue periferie

L'Inghilterra al centro dell'economia-mondo

GUIDA ALLO STUDIO
Sintesi

Audio

1-3 ▸ Il declino della Spagna e del Portogallo

Malgrado le guerre e le persecuzioni, l'Età moderna si conclude con il primato tecnologico, economico e militare di alcune nazioni europee.
Tra Cinquecento e Seicento tale primato appartiene alla Spagna grazie all'oro e all'argento che i suoi galeoni portano dall'America. La cecità della sua classe dirigente, con un'aristocrazia dedita unicamente alle spese di lusso, e la monarchia di Filippo II, che sperpera denaro nell'inutile guerra contro l'Olanda, le impediscono però un vero e proprio sviluppo. Tanto è vero che, quando in Spagna arriva la terribile notizia che le miniere d'argento della Bolivia si sono esaurite, nel giro di pochi anni la nazione passa dallo splendore al sottosviluppo.
Quanto al Portogallo, la natura dei suoi scambi non permette di accumulare tanto denaro da poter competere con le altre nazioni.
Nel XVII secolo emergono invece due nuove potenze economiche: l'Olanda e l'Inghilterra.

4 ▸ La crescita olandese

Liberatasi dagli Spagnoli e diventata repubblica, l'Olanda si segnala come il regno della tolleranza, dove vengono accolti tutti i perseguitati per motivi religiosi, che portano i loro saperi e le loro competenze tecnico-scientifiche. Il Paese è completamente alfabetizzato, nuove terre da coltivare vengono strappate al mare nei *polder*, i cantieri navali sono i migliori del mondo, la Compagnia delle Indie orientali fa lucrosi affari in Estremo Oriente e importa prodotti preziosi, come i bulbi dei tulipani della Turchia. Amsterdam diventa il "magazzino del mondo" e la sua Borsa la più importante d'Europa.

5 ▸ L'affermazione della potenza inglese

Nello stesso periodo l'Inghilterra inizia a sua volta un velocissimo sviluppo. Ora fa parte della Gran Bretagna insieme alla Scozia, al Galles e all'Irlanda, anch'essa ha una Compagnia delle Indie orientali e inoltre possiede tredici colonie nell'America settentrionale. Grazie alla sua flotta, sta diventando la più grande potenza del mondo.

6-7 ▸ La tratta degli schiavi e il commercio triangolare

Il primato britannico è favorito dalla tratta degli schiavi. Essa è iniziata nel 1500 con il trasferimento di manodopera africana in Brasile e, verso la metà del XVII secolo, viene monopolizzata dagli Inglesi e dagli Olandesi.
L'acquisto degli schiavi avviene all'inizio con la mediazione dei mercanti berberi, poi trattando direttamente con i sovrani dei Regni africani. Le cifre di questo commercio sono enormi: tra i 10 e gli 11 milioni di persone a causa degli Europei e 11 milioni a causa degli Imperi islamici.
La tratta dà luogo al cosiddetto "commercio triangolare", che parte da Londra o Amsterdam, arriva al Golfo di Guinea, passa nelle isole dei Caraibi e torna a Londra o Amsterdam. Nel corso degli scambi effettuati in questi viaggi i guadagni dei negrieri sono vertiginosi.

8 ▸ L'"economia-mondo"

I commerci con l'Oriente e il "commercio triangolare" aprono l'era dell'"economia-mondo", dove il centro viene occupato di volta in volta da una singola nazione, sempre europea, mentre le altre svolgono il ruolo di periferie.

Unità 1 L'Europa nell'economia-mondo

GUIDA ALLO STUDIO

Mappa concettuale

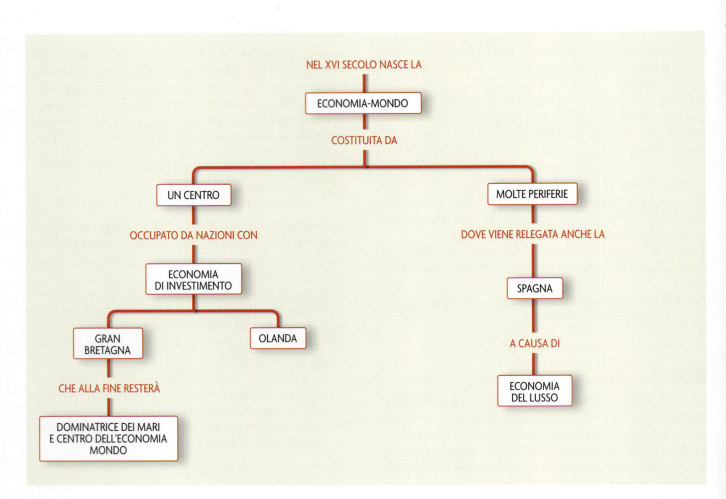

Verifica formativa

ARRICCHIRE IL LESSICO

1 Rileggi attentamente la frase di Carlo Cipolla riportata nel paragrafo 2: "La storia è un gioco dialettico di elementi probabilistici. I disastri non sono solo preceduti da disgrazie, e il successo non fiorisce soltanto da situazioni paradisiache". Per verificare se ne hai capito davvero il senso, riscrivila usando parole tue.

COMPRENDERE IL TESTO

2 Indica se le seguenti affermazioni sono vere o false.

1 In Europa l'Età moderna si concluse con il primato tecnologico, economico e militare di alcune nazioni.

2 Il "secolo d'oro" della Spagna fu chiamato così per via delle ricchezze provenienti dall'America e per lo splendore della sua cultura.

3 L'aristocrazia spagnola investiva il proprio denaro in migliorie per l'agricoltura. [V] [F]
4 Filippo II sperperava somme enormi in beni di lusso. [V] [F]
5 Quando le miniere della Bolivia si esaurirono, la Spagna piombò nel sottosviluppo. [V] [F]

3 Completa il brano seguente.

I mercanti portoghesi tentarono di acquistare prodotti .... dando in cambio merci ....; ben presto però si accorsero che esse non interessavano né ai .... né agli .... né ai .... I mercanti perciò dovettero accontentarsi di fare da .... I guadagni furono ...., ma non tali da far decollare la loro ....

4 Le frasi seguenti contengono alcuni errori. Individuali e correggili.

1 La Repubblica olandese aveva scelto la tolleranza religiosa, ma aveva respinto gli ebrei e i calvinisti in fuga dai Paesi cattolici.
2 Benché l'Olanda fosse protestante, il livello di alfabetizzazione era scarso.
3 All'inizio del Seicento in Olanda fiorirono le industrie tessili e la produzione di macchinari, ma decaddero i cantieri navali.
4 Gli armatori si riunirono nella Compagnia olandese delle Indie orientali e gli agricoltori si specializzarono nella coltivazione delle patate.

5 Completa il brano seguente.

Anche l'Inghilterra aveva una Compagnia delle Indie orientali e commerciava con l'............, il .... e la .... Intanto la monarchia ordinava l'esplorazione dell'............ dove fondava le ....
Il primato dell'Inghilterra fu largamente favorito da un commercio ad altissimo .... che va sotto il nome di "............", ebbe come bacino di rifornimento l'............ e come méta l'............ Esso era cominciato intorno al .... e fu proibito solo nel .... In quel periodo il totale delle persone strappate dalla loro terra raggiunse una cifra fra i .... e gli .... milioni, ai quali vanno sommati gli .... di schiavi di cui si rifornirono gli Imperi .... in un arco di tempo di .... secoli.

6 Completa la tabella seguente, relativa al "commercio triangolare".

Londra o Amsterdam → Golfo di Guinea con ....
Golfo di Guinea → Antille con ....
Antille → Londra o Amsterdam con ....

7 Spiega qual è la differenza fra "economia-mondo" e globalizzazione.

GUIDA ALL'ESPOSIZIONE ORALE

1 Indica quali nazioni, fra Cinquecento e Seicento, decaddero e quali si svilupparono e spiegane i motivi.

Scaletta:
Spagna • decadenza • economia del lusso • esaurimento delle miniere boliviane • sottosviluppo
Portogallo • decadenza • mediazione • mancato decollo economico
Olanda • sviluppo • repubblica • tolleranza • alfabetizzazione • iniziativa individuale • attività agricola e industriale • rete commerciale • Borsa
Inghilterra • sviluppo • Gran Bretagna • potenza commerciale • espansione coloniale • tredici colonie

Parole e concetti chiave:
sperperi dell'aristocrazia, inutile lotta contro l'Olanda, accoglienza di ebrei e calvinisti, consolidamento della borghesia, dighe, polder, industrie tessili, macchinari, cantieri navali, Compagnia olandese delle Indie orientali, tulipani, Amsterdam "magazzino del mondo", affermazione del Parlamento, unione con la Scozia, Compagnia delle Indie orientali, esplorazione dell'America settentrionale, potenza navale.

Come cominciare:
"L'Età moderna si concluse con il primato tecnologico, economico e militare di alcune nazioni europee sul resto del mondo."

2 Illustra origini e caratteristiche della "tratta degli schiavi" e spiega che cos'è l'"economia-mondo".

Scaletta:
• Brasile
• schiavi neri
• mercanti islamici
• contrabbando
• milioni di vittime
• mercanti inglesi e olandesi
• commercio triangolare
• navi negriere
• guadagni altissimi
• differenza con la globalizzazione
• centro
• periferie

Parole e concetti chiave:
"tratta degli schiavi", Africa subsahariana, America, Portoghesi, canna da zucchero, Mar dei Caraibi, Regni africani, Londra, Amsterdam, Golfo di Guinea, Antille, economia mondiale, piano geografico, piano economico e politico, economia-mondo.

Come cominciare:
"Il primato dell'Inghilterra fu largamente favorito dal commercio ad altissimo reddito di esseri umani."

ECONOMIA

Dallo sviluppo al sottosviluppo: il caso Spagna

*Incapaci di investire, la monarchia
e la nobiltà spagnole dissiparono in guerre
e spese di lusso l'argento americano
e rovinarono l'agricoltura convertendo
a pascolo tutti i terreni coltivabili.*

Importazioni, esportazioni e bilancia dei pagamenti

Il **sottosviluppo** è una situazione economica che si verifica quando un Paese esporta solo materie prime e importa tutti i prodotti lavorati di cui ha bisogno.
Tale situazione è **negativa** su diversi piani:
- **sul piano economico**, perché le materie prime non lavorate vengono esportate a basso prezzo, mentre l'importazione di prodotti lavorati è molto costosa; di conseguenza la cosiddetta "**bilancia dei pagamenti**" pende drammaticamente dalla parte dei costi, **indebitando** sempre di più il Paese;
- **sul piano produttivo**, perché l'importazione di prodotti lavorati impedisce la nascita di un artigianato (o di un'industria) locale;
- **sul piano sociale**, per due motivi: **A.** il crollo della produzione, al quale segue il crollo del commercio, impedisce la formazione di una classe borghese imprenditoriale; **B.** dovendo pagare debiti che gli interessi bancari rendono sempre più alti, lo Stato aumenta le tasse impoverendo in modo insostenibile la popolazione.

Una volta innescata la spirale del sottosviluppo, è ben difficile per un Paese tirarsene fuori.

L'orgoglio spagnolo

All'inizio del XVI secolo la Spagna si illuse di essere diventata il Paese più potente e più ricco d'Europa.
L'**orgoglio nazionale** era alle stelle per la fama dei suoi guerrieri, che avevano da poco terminato la *Reconquista* scacciando da Granada l'ultimo emiro arabo.
La **tensione spirituale** era altissima perché i suoi sovrani, Ferdinando e Isabella, avendo liberato la Spagna dall'islàm, erano ritenuti i massimi difensori del cattolicesimo.
Le **speranze di ricchezza** erano sfrenate poiché le casse dello Stato cominciavano a riempirsi dell'oro e dell'argento provenienti dalle miniere trovate in America dai *conquistadores*.
Questi sentimenti condussero gli Spagnoli a compiere una serie di eccessi e di azioni avventate che li portarono in pochi decenni alla situazione di sottosviluppo definita sopra.

L'espulsione degli ebrei dalla Spagna e la scomparsa della classe borghese

Il primo errore fu compiuto nel **1492**, lo stesso anno della scoperta dell'America e della conquista di Granada, quando il re Ferdinando firmò il **decreto di espulsione degli ebrei** dalla Spagna.
Con questo atto di **intolleranza religiosa** finì la lunga era della *convivencia* ("coesistenza") delle tre grandi religioni (cristianesimo, islamismo, ebraismo) che per secoli aveva reso la storia culturale e commerciale della Penisola iberica un modello unico in Europa per i successi conseguiti nella medicina, nella matematica, nella tecnologia e nelle esplorazioni.
In base al decreto del re, circa 300 000 ebrei furono costretti a emigrare, chi nei Paesi mediterranei, chi in quelli dell'Europa centro-orientale. La loro partenza **privò dell'intera classe borghese la società spagnola**, che era composta prevalentemente da un numero ristretto di famiglie nobili e da una massa di sudditi in parte impiegati

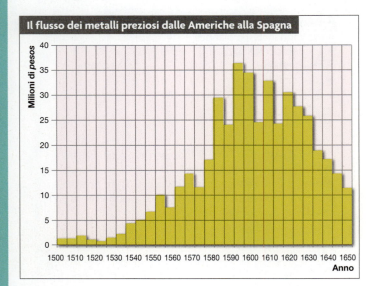

Il flusso dei metalli preziosi dalle Americhe alla Spagna

nella pastorizia, in parte privi di reddito, poverissimi e spesso dediti al banditismo.
La nazione perse così una categoria preziosissima di professionisti, mercanti, artigiani e banchieri, ponendo le **basi del declino economico** che avrebbe afflitto tutta la sua storia successiva fino alla seconda metà del Novecento.

Un'agricoltura povera

Il secondo errore degli Spagnoli fu quello di non rendersi conto dello **squilibrio creatosi tra agricoltura e allevamento**.
Verso la fine del Medioevo, infatti, i grandi feudatari di Spagna avevano destinato all'**allevamento di pecore da lana** l'intero territorio della Penisola iberica, trasformando i campi in pascoli.
Esportare lana grezza era stato al momento più redditizio che coltivare la terra, ma ciò fece precipitare in una crisi irreversibile la classe contadina; inoltre, i terreni furono resi aridi e incoltivabili dai milioni di pecore che ogni anno li calpestavano durante le transumanze dai pascoli estivi a quelli invernali.
Nel mondo preindustriale l'**agricoltura era la base imprescindibile della ricchezza** di un Paese e distruggerla era una scelta che prometteva solo rovina.

L'arroganza della nobiltà

Per tutto il Cinquecento la nobiltà spagnola chiuse gli occhi di fronte a questa realtà, accecata dall'oro che la ricopriva.
Continuò a **esportare** lana grezza (**a basso prezzo**) nelle nazioni che la trasformavano in tessuti e a **importare** dall'estero (**ad alto prezzo**) sia il grano necessario a nutrire la popolazione sia i tessuti (di lana, lino, seta, broccato) e gli altri prodotti di lusso richiesti da una aristocrazia del tutto parassitaria.
Il metallo prezioso venne poi dissipato dal re Filippo II per finanziare la **Guerra dei Paesi Bassi**, tanto costosa e sanguinosa quanto inutile.
La bilancia dei pagamenti del Regno di Spagna cominciò presto a pendere dalla parte delle spese. Finché ad aggravare la situazione, nei primi anni del Seicento, arrivò la terribile notizia che le miniere americane cominciavano a esaurirsi.
La monarchia tentò di rimediare **aumentando le tasse** sia nella Spagna stessa sia nei territori dominati, tra i quali c'era l'Italia. Con queste misure, però, non fece che impoverire ulteriormente le popolazioni e soffocarne l'economia senza risolvere il problema. Alla fine del Seicento il **sottosviluppo** spagnolo era ormai **irreversibile**.

Greggi e inaridimento dei suoli
Vedendo questa immagine si può capire quale danno provochi ai terreni agricoli il passaggio degli ovini.

La nobiltà spagnola
L'idea della *limpieza de sangre* ("purezza di sangue") – che negli anni della *Reconquista* aveva costituito un fattore unificante per il popolo spagnolo – non permetteva ai Grandi di Spagna di occuparsi di affari. L'unica nobile attività era la guerra, qui rappresentata da Diego Velázquez nel quadro *La resa di Breda*, chiamato anche *Le lance*.

ECONOMIA

Crolli di Borsa: dai tulipani di Amsterdam alla "bolla" del 2006

Il 5 febbraio 1637 ebbe inizio la più grave crisi economica della storia olandese, che fu al tempo stesso il primo crollo di Borsa della storia mondiale. Questo evento risulta bizzarro quando si scopre che l'oggetto del crack era un fiore. Nel 2006 lo stesso evento si è ripetuto per colpa delle case d'abitazione.

IERI

La passione per i tulipani

Il tulipano è un fiore di origine turca, comparso nei Paesi Bassi verso la metà del Cinquecento grazie a un ambasciatore degli Asburgo, che in quel periodo dominavano ancora l'Olanda. Il suo nome deriva dal turco *tülibent*, "turbante", per la forma dei suoi petali. Il bulbo fu coltivato da un olandese che ne ottenne una produzione massiccia a buon mercato. A un certo punto, però, le piante furono attaccate da un virus che, invece di distruggerle, diede ai petali una serie di striature di vari colori, simili a fiamme. I nuovi esemplari conquistarono in un batter d'occhio il mercato europeo diventando addirittura un **simbolo di prestigio** che non poteva mancare nei giardini di lusso.

Se si pensa che ogni bulbo produce un solo fiore e che esso vive una sola settimana, si può immaginare quanto fosse costoso piantarne centinaia nelle aiuole delle residenze nobiliari e altoborghesi.

Olanda e tulipani
Il *Semper Augustus*, il fiore che arrivò a costare quanto una casa di lusso.

Il tulipano però ha un vantaggio: dopo la fioritura il bulbo può essere conservato con opportuni accorgimenti anche per anni e poi ripiantato, dando origine a un nuovo fiore.

La febbre sale

Man mano che la domanda cresceva, il prezzo dei tulipani saliva. Nei primi anni del Seicento un bulbo costava già 1000 fiorini (lo stipendio mensile di un cittadino era in media di 150 fiorini e con 120 si poteva acquistare un bue). Poi **i bulbi divennero** addirittura **denaro**: come oggi si comprano azioni o titoli di Stato sperando che il loro valore aumenti nel tempo, in Olanda si cominciò a comprare bulbi.
Il Paese intero investì tutto quello che aveva in tulipani, illudendosi che da questo commercio si potesse trarre un guadagno senza limiti. Nel 1635 vi fu chi pagò una vera fortuna, 100 000 fiorini, per quaranta bulbi. L'anno successivo un acquirente offrì cinque ettari di terreno per una delle uniche due radici esistenti in Olanda di *Semper Augustus*, la varietà più preziosa.

La "bolla" scoppia

Poi si arrivò al **febbraio 1637**. In quel mese terribile si scoprì che i bulbi ormai circolavano a prescindere dal loro uso effettivo nei giardini: la moda stava passando, altri fiori cominciavano a sostituire i tulipani, diventati troppo cari, e i bulbi acquistati a fini speculativi restavano invenduti. I loro **prezzi** cominciarono a **cadere in picchiata**, chi li possedeva tentò di cederli a qualunque costo, ma ormai essi non interessavano più.
Si diffuse il **panico**. Alcuni ricchi commercianti si ridussero a chiedere l'elemosina e molti nobili videro le proprie fortune andare in frantumi. La fiorente economia dei Paesi Bassi subì un colpo così duro che **impiegò anni a riprendersi**.

OGGI

La storia si ripete

Ciò che accadde con i bulbi di tulipani nel Seicento viene studiato ancora oggi come esempio di **bolla speculativa**, cioè una particolare fase di mercato caratterizzata da un aumento ingiustificato dei prezzi di un bene in seguito a una crescita della domanda

Un campo di tulipani in Olanda sorvegliato dai soldati

improvvisa e **creata artificialmente**. La bolla si gonfia sempre di più man mano che l'inganno si diffonde e infine scoppia quando esso viene scoperto.
Nel 2006 vaste categorie di abitanti degli **Stati Uniti**, ingenuamente attratte dal miraggio di guadagni milionari, furono vittime della cosiddetta *"Grande bolla"* che ebbe come oggetto la **compravendita delle case**. Qualche anno prima importanti spostamenti di popolazione avevano creato in alcune zone (come per esempio Las Vegas) una forte domanda di nuove abitazioni che, di conseguenza, avevano subito un consistente rialzo del prezzo. Alcune agenzie immobiliari ne approfittarono per indurre i loro clienti ad acquistare case non per risiedervi ma per **specularvi** sopra.
Il trucco consisteva in questo: tu dai un anticipo, accendi un mutuo e compri una piccola casa a 100. Nel giro di sei mesi la tua casa varrà 120. Allora la rivendi insieme al mutuo, accendi un altro mutuo e ne compri un'altra più grande da 140 che presto varrà 180 e così via all'infinito.
Anche se avrebbe dovuto essere chiaro da subito che prima o poi la richiesta di case sarebbe cessata, una quantità incredibile di gente cascò nella trappola. Ci fu chi dissipò tutti i risparmi accumulati per far studiare i figli e ci furono intere famiglie di disoccupati che **si indebitarono** per versare gli anticipi.

Nel **2006** la "bolla" cominciò a sgonfiarsi: all'enorme quantità di case vendute non corrispondeva alcuna famiglia che volesse comprarle per risiedervi; gli acquirenti non ebbero più denaro per pagare le rate dei mutui; le banche, impaurite, ne chiesero l'immediata riscossione, e alla fine **tutti persero tutto**.
Anche negli Stati Uniti, come nell'Olanda dei tulipani, la crisi fu devastante.

LABORATORIO

Sviluppare le competenze

1 Per approfondire la tua conoscenza della Borsa, della sua importanza finanziaria e dei suoi meccanismi principali, consulta il sito **https://it.wikipedia.org/wiki/Borsa_valori**.
Lì puoi scegliere tra diverse voci come Storia, Attività tipica, In Italia, Borse valori maggiori. Su una o più di esse stendi una breve relazione.

CIVILTÀ PARALLELE

L'India islamica

Mentre...

in Europa si affermavano lo Stato assoluto e lo Stato parlamentare

... Contemporaneamente

in India si consolidava il grande impero della dinastia Moghul.

EUROPA
- 1550 ca. Inizio dei commerci atlantici
- 1600 ← Costruzione del primato europeo → 1703

INDIA
- 1525 Conquiste di Babur, fondatore della dinastia Moghul
- 1556 ← Regno di Akbar → 1605
- 1580 ↔ 1582 Rivolta dei nobili
- 1703 Declino dei Moghul

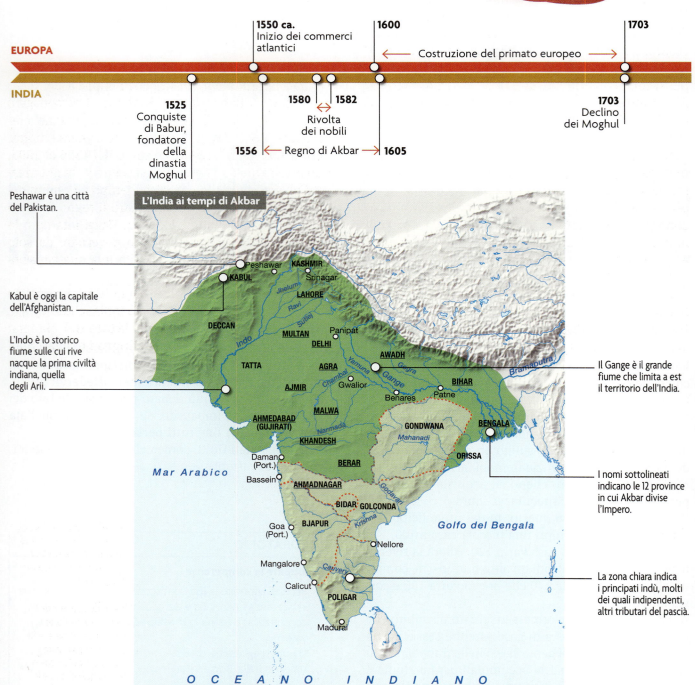

L'India ai tempi di Akbar

Peshawar è una città del Pakistan.

Kabul è oggi la capitale dell'Afghanistan.

L'Indo è lo storico fiume sulle cui rive nacque la prima civiltà indiana, quella degli Arii.

Il Gange è il grande fiume che limita a est il territorio dell'India.

I nomi sottolineati indicano le 12 province in cui Akbar divise l'Impero.

La zona chiara indica i principati indù, molti dei quali indipendenti, altri tributari del pascià.

Il contesto: le grandi esplorazioni

In Età moderna abbiamo visto l'Europa, guidata dall'Inghilterra, avviarsi a conquistare, nei confronti del resto del mondo, una serie di primati:
- prima di tutto l'organizzazione di **Stati accentrati** – sia assolutistici sia costituzionali e parlamentari –, che abbatterono la frammentazione feudale del potere ereditata dal Medioevo annientando o riducendo i poteri dell'aristocrazia;
- in secondo luogo la **navigazione** nell'Oceano Atlantico e nell'Oceano Pacifico, **abbattendo frontiere** che fino ad allora erano sembrate invalicabili.

Una frontiera era quella che sbarrava la conoscenza dell'Africa a sud di Capo Bojador, un'altra era quella costituita dall'immensità dell'Oceano Atlantico, un'altra ancora era l'Oceano Indiano che aveva precluso per secoli i contatti via mare con l'Estremo Oriente.
Abbattute queste frontiere, le acque del pianeta si riempirono di galeoni, armati di cannoni, che facevano la spola tra l'Europa e le Americhe, l'Europa e l'Africa, l'Europa e l'Oriente.
In quelle terre gli Europei navigatori – Spagnoli, Portoghesi, Francesi, Olandesi e Inglesi – trovarono genti diverse e l'incontro con questi popoli ebbe spesso conseguenze negative. La **sorte peggiore** toccò ai **nativi americani**, che rischiarono l'annientamento, e agli **Africani**, molti dei quali continuarono a essere vittime dello schiavismo che già subivano da secoli per mano degli Imperi arabo e turco.
Ben diverso fu l'impatto con l'Europa dei **Cinesi** e degli **Indiani**, dotati di grandi e antiche istituzioni statali, di armi da fuoco e di eserciti perfettamente addestrati.

I Moghul

I Moghul erano un gruppo di **tribù turco-mongole musulmane** che discendevano da Gengìs Khan e più recentemente da un altro guerriero della stessa stirpe, Tamerlano, che aveva conquistato vaste zone dell'Asia. Essi iniziarono la loro occupazione dell'India nel XVI secolo sotto **Babur il Conquistatore** che invase con un esercito piccolo ma ben addestrato i **sultanati dell'India settentrionale** e li assoggettò. Nel **1525**, dunque, fondò un regno che si estendeva dall'Afghanistan al Bengala, la regione in cui si trova la foce del fiume Gange.

L'epoca di Akbar

Da queste prime conquiste partì l'impresa del terzo successore di Babur, il **pascià Akbar**, il personaggio più straordinario di una dinastia che di persone straordinarie, nel corso di due secoli, ne espresse molte. I primi anni del suo regno, che durò **dal 1556 al 1605**, non furono tali da far presagire la sua futura grandezza. Egli visse infatti per qualche tempo all'ombra del suo tutore, uno zio che amministrò il regno fondato da Babur con abilità e prudenza. Raggiunta però la maggiore età, Akbar cominciò a governare da solo dimostrando tutta la sua maturità e la sua capacità di analisi.
L'ostacolo all'espansione delle conquiste era costituito da una caratteristica della società indiana dell'epoca, divenuta una delle più **militarizzate** del pianeta: non solo i membri delle classi dirigenti dei vari Stati

Babur il fondatore (a sinistra)
Di lui dicono che era bello ed estremamente colto. Qui è raffigurato in veste ufficiale seduto sul trono.

Akbar il conquistatore
Qui è ritratto da giovane, in vesti ufficiali ornate delle famose perle procurate dai pescatori indiani che si tuffavano nell'oceano e le trovavano in alti fondali dove arrivavano in apnea.

CIVILTÀ PARALLELE

Una battuta di caccia
Un imperatore Moghul va a caccia di leoni usando il tradizionale mezzo di trasporto indiano: l'elefante. Gli elefanti erano impiegati anche in guerra e costituivano il corpo di cavalleria pesante degli eserciti.

Corteggiamento
Un principe e una principessa si amano, circondati dai loro rispettivi servitori.

musulmani o indù, ma la sua stessa classe contadina erano armati fino ai denti.

Difficilmente vi era un villaggio sprovvisto di protezioni quali terrapieni o fossati, mentre la densità di uomini armati era tale che chiunque avesse a disposizione denaro a sufficienza era in grado di reclutare un esercito di migliaia di uomini in pochi giorni.

Come se ciò non bastasse, l'esercito Moghul, nonostante la superiorità dimostrata sui campi di battaglia, era numericamente scarso e strutturalmente fragile. I suoi comandanti – tutti membri dell'**aristocrazia islamica** –, infatti, consideravano l'imperatore semplicemente come un "primo tra pari" e di conseguenza la loro obbedienza doveva essere guadagnata di volta in volta.

In queste circostanze l'azione di Akbar ebbe due obiettivi:
- l'imposizione del proprio **controllo sulla nobiltà**;
- la creazione di uno **Stato** che si estendesse **lungo tutti i suoi confini naturali** (quindi tra l'Afghanistan a est e il Deccan, oggi Pakistan, a ovest), sbarazzandosi di ogni potenziale avversario. In tal modo non solo non avrebbe dovuto impegnare i propri mezzi per controllare il territorio con la costante preoccupazione di salvare il nucleo originario del regno, ma anzi sarebbe stato in grado di mobilitare tutte le risorse che in quel momento si trovavano fuori dei suoi confini.

Con una serie pressoché ininterrotta di **brillanti campagne militari** il territorio conquistato venne esteso a **tutta l'India del Nord**.

Tutte queste conquiste non avrebbero avuto un valore permanente se contemporaneamente Akbar non avesse tolto ai principi dei diversi Stati ogni loro potere politico e non li avesse invitati a risiedere nel suo palazzo, eretto nella capitale **Delhi**, colmandoli di onori e ricchezze (fece insomma un'operazione simile a quella compiuta dal Re Sole Luigi XIV quando concentrò la nobiltà di Francia a Versailles).

La **corte di Akbar** diventò così una delle più splendide del mondo, dove i grandi nobili da una parte erano sottoposti a una rigida disciplina di corte, dall'altra disponevano di introiti principeschi. Contemporaneamente Akbar reclutò nelle file della nobiltà numerosi militari e capi tribù indù che spezzarono il predominio degli aristocratici musulmani rendendo ancora più fragili i loro eventuali tentativi di ribellione.

A completare il disegno di una nuova disciplina, i nobili vennero catalogati con una numerazione da 20 a 5000 che definiva l'esatto numero di cavalieri in armi da tenere pronti per il servizio imperiale. Quindi a ciascuno di essi fu versato uno stipendio che era pagato con l'assegnazione di un terreno.

Una casta di guerrieri, che rispondeva direttamente ad Akbar, costituiva la sua **guardia del corpo** e deteneva il monopolio degli elefanti da guerra e delle artiglierie. Nel frattempo, il gran numero di signorotti indipendenti, che fino ad Akbar avevano fatto il bello e il cattivo tempo nel territorio, divennero **funzionari dell'imperatore**, incaricati di riscuotere le tasse dai contadini e versarle alla nobiltà trattenendone una cospicua percentuale che costituì il loro stipendio e li indusse a obbedire ciecamente al sovrano.

Infine, il grande eunuco di corte fu incaricato di condurre una serie di indagini sul potenziale produttivo delle terre dell'Impero, un'incombenza che fece crescere in modo esponenziale la **casta degli scrivani** che lo aiutarono a svolgere questo compito.

La grande riforma amministrativa e la rivolta dei nobili

Terminata l'inchiesta, che produsse qualcosa di simile a un odierno **catasto**, Akbar si sentì pronto a varare una colossale **riforma amministrativa** che avrebbe definitivamente trasportato il suo impero dal feudalesimo medievale allo Stato moderno e che venne attuata gradualmente tra il 1560 e il 1580.

Divise cioè l'Impero in **province** in cui il governatore aveva il comando delle truppe, ma dove la riscossione delle imposte destinate al fisco imperiale era affidata a un altro funzionario, il ***diwan*** (poiché il funzionario agiva stando seduto su enormi cuscini; da *diwan* è nata la parola divano).

La gradualità dell'applicazione della riforma non evitò la tragedia. Quando essa giunse alle province orientali, dove erano concentrate le terre della maggioranza della nobiltà sia Moghul sia indù, il risultato fu **la più grande rivolta nobiliare dell'epoca** che si svolse tra il **1580** e il **1582**. I ribelli giunsero a chiamare in aiuto il fratellastro di Akbar, che dominava l'Afghanistan in veste di principe quasi indipendente, al quale offrirono il trono imperiale.

L'imperatore **domò con le armi la rivolta**, ma il tradimento di persone a lui vicinissime lo turbò profondamente. Nonostante ciò, si comportò con straordinario equilibrio: non punì i responsabili della cospirazione

Il Taj Mahal
Quasi tutti gli imperatori e molti dei loro nobili furono grandi costruttori. Il vertice assoluto dell'arte Moghul, però, è il Taj Mahal, la cui costruzione durò dal 1631 al 1643. Si tratta di una tomba monumentale fatta costruire dall'imperatore Shah Jahan per la sua sposa preferita, Mahal, morta prematuramente di parto.

CIVILTÀ PARALLELE

Mercenari del Bengala
Quando, nel XVIII secolo, la compagnia inglese delle Indie cominciò a impadronirsi di alcuni porti e di alcune città mercantili reclutò giovani indiani nel suo esercito privato. La loro tenuta di guerra ci appare oggi ridicola: gambe nude e una giacca di panno rosso uguale a quella delle truppe britanniche.

L'India agli Inglesi
Verso la metà del Settecento l'Inghilterra cominciò a trasformare l'India in una vera e propria colonia. L'immagine rappresenta un chirurgo britannico che fuma un narghilè su una terrazza assistito dal suo attendente.

e anzi rese più flessibile il pagamento delle tasse, riscuotendo in cambio dai nobili una fedeltà per la vita. Nonostante qualche lieve variazione, il **sistema delle province** di Akbar rimase in vigore **fino al 1703**, cioè per l'intera durata dell'Impero Moghul.

Commerci e circolazione monetaria

Un altro dei grandi risultati di Akbar fu la sostituzione dell'economia di baratto con l'**economia monetaria**. Questo passaggio era stato impossibile fino ad allora perché **l'India non ha miniere d'argento**, ma poté realizzarsi grazie a un evento che apparentemente non aveva niente a che fare con l'Estremo Oriente: la scoperta dell'America e le grandi esplorazioni europee. Nel Cinquecento, come è noto, prima i Portoghesi, poi gli Olandesi, i Francesi e gli Inglesi cominciarono a circumnavigare l'Africa e ad arrivare alle coste dell'India e della Cina.
Il contatto dei mercanti occidentali con i popoli orientali però fu anomalo rispetto a quello che essi intrattenevano con Africani e Americani. Se a questi ultimi potevano offrire merce europea in cambio di schiavi (in Africa o di pellicce in Nord America), in Oriente i prodotti che essi portavano con sé non interessavano a nessuno, mentre al contrario i prodotti asiatici erano ricercatissimi in Europa; il tè, la porcellana, la seta cinese e le preziose stoffe di cotone o di cotone misto a seta prodotte in India facevano luccicare gli occhi dei mercanti occidentali, pronti ad acquistarli a qualunque prezzo.
Ma Indiani e Cinesi, per nulla interessati a barattarli con fucili, liquori o stoffe occidentali, accettavano **solo pagamenti in argento**. Cosicché succedeva che l'argento delle miniere americane arrivava in Spagna, veniva versato agli Inglesi, Portoghesi e Olandesi in cambio di prodotti di lusso e ripartiva per le Indie, dove veniva speso per acquistare le merci di pregio che ripartivano a loro volta per l'Europa.
Questo argento venne usato da Akbar **per coniare monete**, le **rupìe**. Entrando in tutti i settori delle attività dell'Impero, dal pagamento delle tasse ai grandi commerci, determinò la formazione di una forte categoria di **borghesi** impegnati nelle **attività commerciali e finanziarie** e fu uno degli elementi che resero magnifico l'Impero indiano dei Moghul e contemporaneamente uno di quelli che un giorno avrebbero spinto gli Inglesi a distruggerlo.

La fine dell'Impero Moghul

I successori di Akbar allargarono ulteriormente l'impero conquistando vaste porzioni dell'**India centrale** e continuarono a commerciare con gli Europei, diventando addirittura i loro massimi fornitori di navi, costruite egregiamente nei cantieri che sorgevano nei loro porti.
La fortuna dei Moghul si appannò improvvisamente nel 1703, quando la dinastia fu **attaccata dai Maratti**, la casta guerriera del Deccan. I Maratti dilagarono nell'India del Nord ma, quando a loro volta furono attaccati prima dai Francesi, poi dagli Inglesi della Compagnia delle Indie Orientali, non resistettero e tra il XVII e il XVIII secolo consentirono una **penetrazione degli occidentali** che pose fine all'indipendenza del Paese.

L'induismo: la religione delle caste

Gli Arii e le caste
Secondo alcuni storici, il successo riscosso dall'islàm nel corso della sua conquista dell'India fu dovuto in buona parte al fatto che esso è una religione fondata sull'uguaglianza di tutti credenti. Per questo motivo – dicono – esso favorì la conversione di numerosi indù, insofferenti della rigida divisione della loro società in **caste**, cioè in **gruppi chiusi, fissi e immutabili** di cui si è **membri per nascita** e dai quali non si può in alcun modo passare a un altro gruppo.
Questo sistema, che prevede caste **superiori** e caste **inferiori**, ha antichissime **origini religiose** e risale alla popolazione indoeuropea degli Arii che, intorno al 2000 a.C., si stabilì in India dove elaborò l'**induismo**. L'induismo è una religione politeistica basata sul *Dharma*, la legge, che fornisce una spiegazione mistica alla divisione degli uomini in caste e alla superiorità di alcune rispetto alle altre.

La reincarnazione
Il *Dharma* destina ciascuno a mantenere la propria posizione sociale per tutta la durata della sua vita, ma concede una speranza grazie alla **teoria della reincarnazione**. Ogni indù è convinto infatti che, se segue la "via del dovere", dopo morto potrà reincarnarsi in un membro della casta superiore e condurre un'esistenza felice.
Se invece non la seguirà, potrà addirittura essere punito così crudelmente da diventare un animale, dalla scimmia al verme.

Il mito delle caste
Secondo i Libri sacri dell'induismo, la divisione in caste deriva dal fatto che gli uomini hanno avuto origine dalle quattro parti in cui fu smembrato il dio che creò il mondo: la sua bocca si trasformò nei **Bramani** (sacerdoti), le sue braccia nei **Kshatriya** (guerrieri), le sue gambe nei **Vaishya** (mercanti e artigiani), i suoi piedi nei **Shudra** (contadini e servi).
Ognuna di queste caste si divise poi in un altissimo numero di sottocaste, fino ai fuori-casta, quella dei **pària** o "intoccabili", destinati a svolgere le attività che gli indù ritengono impure: quelle di macellai (perché squartano le carni di animali morti), di conciatori (perché ne lavorano le pelli), di chi alleva maiali e ne consuma la carne, di spazzini (perché toccano i rifiuti degli uomini) ecc. Nelle città i pària vivono in quartieri separati, nei villaggi abitano in capanne isolate; non possono toccare l'acqua dei pozzi comuni e neanche rivolgere la parola ai membri di una casta.

Gli intoccabili
Il quartiere dei pària in una città indiana.

Contro le caste
La **rigidità** delle caste cominciò a essere intaccata durante il **colonialismo**, sia per intervento diretto dei funzionari britannici sia perché la frequentazione di università inglesi indusse alcuni esponenti delle caste superiori a riflettere sulla profonda ingiustizia di questo sistema.
Quando l'India ottenne l'indipendenza e intraprese la strada dell'industrializzazione, diventò impossibile rispettare alcune norme imposte dalla religione: così, per esempio, persone appartenenti a caste diverse incominciarono a pranzare insieme nella mensa aziendale; inoltre, l'abitudine di vestire all'occidentale eliminò dagli abiti i segni che distinguevano una casta dall'altra.
Di conseguenza oggi, nelle **città**, tutte le caste superiori comunicano tra loro e cominciano i primi matrimoni misti. Nei **villaggi**, invece, le caste sono ancora forti: i pària sono rimasti ovunque "intoccabili".

5 L'Italia spagnola

1556
Divisione dell'Impero di Carlo V

1706
Milano austriaca e fine del predominio spagnolo in Italia

1 La Spagna padrona dell'Italia

Come si è studiato nel capitolo precedente, nel XVII secolo due Stati avevano il primato economico, l'Inghilterra e l'Olanda; altri, come la Francia e la Russia, avevano uno sviluppo lento, ma pur sempre uno sviluppo; tre stavano precipitando in una crisi senza speranze: il Portogallo, la Spagna e l'Italia.

Per quanto riguarda l'**Italia**, il primo dato da ricordare – a parte quello della sua frammentazione – è il fatto che, con la divisione dell'Impero decisa da Carlo V nel 1556, essa era diventata **quasi interamente spagnola**.

Infatti, a parte il dominio diretto della Spagna sul **Ducato di Milano**, sullo **Stato dei Presidi** e sul **Regno di Napoli**, comprendente la Sicilia e la Sardegna, erano soggetti alla Spagna la **Repubblica di Genova**, col suo possedimento di Corsica, legata a doppio filo alla corte di Madrid in quanto sua "banchiera", la **Toscana** dei Medici, che doveva la sua stabilità alla "protezione" degli Asburgo, e il **Ducato**

di Savoia che sopravviveva grazie alla sua alleanza con la Spagna.

Vincoli analoghi legavano alla Spagna tutti gli Stati minori della Penisola. Lo **Stato della Chiesa** era a sua volta costretto a una ferrea alleanza con la corte di Madrid a causa della comune lotta contro l'Europa protestante.

Restava davvero **indipendente** solo la **Repubblica di Venezia**.

Un gentiluomo spagnolo

L'Italia spagnola Capitolo 5

Ducato di Savoia: di fatto dipendente dalla Spagna alla quale la dinastia si legò attraverso numerosi matrimoni

Ducato di Milano: spagnolo

Ducati di Mantova, Modena e Parma: asserviti alla Spagna

Repubblica di Venezia: unico Stato italiano indipendente

Marchesato del Monferrato: sottomesso alla Spagna

Repubblica di Genova: dipendente finanziariamente e militarmente dalla Spagna, che le ha concesso anche la Corsica

Stato della Chiesa: legato alla Spagna per la comune lotta in difesa del cattolicesimo

Regno di Napoli con Sicilia e Sardegna: spagnolo

Lettura della carta

1 Leggi il brano seguente estratto dalla voce di Wikipedia "Dominazione spagnola in Italia" e scegli, tra i vari nomi che presentano un link, quelli che ti interessano più di altri. Quindi approfondiscili con una ricerca online.

Il declino culturale dell'Italia non marciò di pari passo con quello politico, economico e sociale. È questo un fenomeno riscontrabile in molti Paesi, Spagna compresa. Se nel Cinquecento il Rinascimento italiano produsse i suoi frutti più maturi e si impose all'Europa del tempo, l'arte ed il pensiero barocchi, elaborati a Roma a cavallo fra Cinquecento e Seicento avranno una forza di attrazione ed una proiezione internazionale non certo inferiori. È comunque un dato di fatto che ancora per tutta la prima metà del Seicento ed oltre, l'Italia continuò ad essere un Paese vivo, capace di elaborare un pensiero filosofico (Giordano Bruno, Tommaso Campanella, Paolo Sarpi) e scientifico (Galileo Galilei, Evangelista Torricelli) di altissimo profilo, una pittura sublime (Caravaggio), un'architettura unica in Europa (Gian Lorenzo Bernini, Borromini) ed una musica, sia strumentale (Arcangelo Corelli) che operistica (Claudio Monteverdi), che fece scuola.

Ascesa e declino di Venezia	
XI-XIV secolo	Potenza marinara con decine di basi nel Mediterraneo
XIV secolo	Potenza anche terrestre dopo la guerra contro Milano
XV secolo	Difficoltà economiche per i traffici portoghesi con l'Oriente
XVI secolo	Ripresa e poi declino a causa della guerra per Cipro

2 La Repubblica di Venezia

Nella seconda metà del Cinquecento, la Repubblica di Venezia si era pienamente riavuta dopo lo shock che le aveva provocato la scoperta delle rotte per l'India da parte dei Portoghesi e continuava a commerciare prodotti di lusso. I problemi vennero però dalla sua classe dirigente, la quale non comprese che il **Mar Mediterraneo** era sempre meno importante a causa della scoperta dell'America e che perdervi alcune basi rappresentava ormai un sacrificio sopportabile.

Di conseguenza, quando i Turchi, nella seconda metà del Cinquecento, cercarono di strapparle l'**isola di Cipro**, la Repubblica si impegnò in una guerra estenuante che le costò la somma di 50 milioni di ducati; per confronto, si consideri che una banca privata, a Venezia, aveva mediamente un capitale di 70 000 ducati e che le campagne di tutto il retroterra veneziano (che si estendeva da Pola a Bergamo occupando il Veneto e quasi tutta la Lombardia) rendevano ogni anno 13 milioni di ducati.

Questa e altre azioni discutibili determinarono il **declino della Repubblica**, che nel corso del Seicento si trovò anche a subire la concorrenza dei mercanti olandesi e inglesi. Fu però un declino splendido, scandito da un'intensa vita culturale, più libera che nel resto della Penisola, dalla costruzione di più di cinquecento ville aristocratiche lungo il fiume Brenta e dalle meraviglie pittoriche della Scuola veneziana, resa illustre, dopo Tiziano, da Tiepolo e Tintoretto.

Il traffico a Venezia
Un'animata scena di vita quotidiana sulla riva degli Schiavoni, di fronte al Canal Grande. I garzoni scaricano viveri da una gondola, due magistrati discutono in primo piano, una fila di membri del Consiglio con le toghe rosse entra in un palazzo e anche il ponte è pieno di gente. Venezia comincia il suo declino, ma è pur sempre un declino splendido.

3 Lo Stato della Chiesa

Lo Stato della Chiesa aveva perso la sua autorità sulla metà dell'Europa convertita al protestantesimo e non riusciva più a svolgere quella funzione diplomatica internazionale che faceva parte della sua tradizione. Se il re di Spagna aveva dei problemi con i sovrani d'Inghilterra, il papa e i suoi nunzi, ovvero i suoi ambasciatori, potevano far sentire il peso della loro autorità da una parte sola, fatto che rendeva molto parziale il loro intervento. Se poi la questione riguardava l'Olanda e la Svezia, erano del tutto fuori dai giochi.

Tuttavia, se il **ruolo internazionale del Papato** si era fortemente **ridotto**, la sua **influenza sulle coscienze** e sulla mentalità dell'epoca e il suo **ruolo centrale nella società italiana** erano rimaste inalterate. Ciò ebbe conseguenze negative sulla vita culturale e sulla libertà di pensiero nella Penisola, come dimostrano le vicende che portarono alla **condanna al rogo** come eretico del filosofo **Giordano Bruno** (1600) e il **processo contro Galileo Galilei**, conclusosi nel 1633 con la sua abiura ▶.

Sul piano interno, i pontefici scelsero un **modello assolutistico** di governo, moderato dal forte stimolo alla beneficenza raccomandato dal Concilio di Trento. Grazie a esso, in tutte le città dello Stato della Chiesa si moltiplicarono i **Monti di Pietà** (che concedevano prestiti in cambio di un bene lasciato in pegno) e fu varata una **politica paternalistica** che assicurava a tutti un impiego, anche se miserabile. D'altra parte, per assecondare le richieste dell'"**aristocrazia nera**", pigra e per nulla motivata a investire in migliorie sui suoi latifondi, i papi del Seicento vararono norme che riducevano a pascolo vastissime estensioni di terreno fertile. Con queste scelte politiche essi si garantirono il consenso delle grandi e potenti famiglie nobili e, per un certo periodo, anche quello delle plebi urbane. Le conseguenze, però, furono, da una parte, l'**arresto** di ogni possibile **sviluppo economico e sociale** dello Stato della Chiesa, dall'altra, una progressiva **esasperazione delle masse contadine** che, a partire dalla fine del XVI secolo, sfociò nel brigantaggio, il quale assunse via via dimensioni insostenibili: basti pensare che in alcuni periodi si contarono 25 000 briganti.

> **SCIENZA E TECNICA**
> La Rivoluzione scientifica, pag. 21

> **LESSICO** — **STORIA**
>
> **Banditismo/Brigantaggio**
> Il "bandito" era, già nel Medioevo, una persona "messa al bando", cioè esiliata, con il divieto di riavvicinarsi a una città o a un castello, pena la morte. La differenza tra il bandito e il brigante, nel linguaggio della storia, è che il bandito agisce esclusivamente per sé, mentre il brigante sostiene di compiere crimini in nome di una fede o di uno Stato. I due diversi significati richiamano la differenza fra "pirata" e "corsaro".

La Roma papale
Anche da questa veduta traspaiono le contraddizioni della Roma secentesca: lo splendore dei suoi monumenti e la trascuratezza degli argini del Tevere che lascia intuire disastrose inondazioni.

4 Il Regno di Napoli sotto gli Spagnoli

L'amministrazione spagnola del Regno di Napoli aggravò le condizioni di territori che erano già sfavoriti dalla scarsità di un elemento essenziale sia per l'agricoltura sia per ogni attività di tipo industriale: l'**acqua**. Nel Mezzogiorno, come nelle Isole, la pioggia, scarsa e comunque concentrata nel periodo autunnale e invernale, lasciava che per molti mesi l'aridità diventasse la sovrana assoluta. Fiumiciattoli e torrenti si asciugavano, i prati inaridivano.

Arabi e Normanni (e prima di loro i Romani) avevano corretto queste carenze con **acquedotti**, grandi opere di canalizzazione e bacini di raccolta dell'acqua piovana, ma gli **Spagnoli** non si erano affatto preoccupati di curarne la manutenzione e li avevano **mandati in rovina**. Come in patria, avevano privilegiato l'**allevamento ovino** rispetto all'agricoltura, aggravando di anno in anno l'**inaridimento dei terreni**, perché gli escrementi ovini non sono utilizzabili come concime.

Inoltre, la proprietà della terra era costituita dai feudi ovvero dai vasti **latifondi dei baroni** e del re di Spagna. Essi non vi apportarono alcuna miglioria, ben soddisfatti di quanto ricavavano dall'esportazione di grano, olio, vino, lana e zucchero (esportazioni che non si arrestavano neanche in tempo di carestia, lasciando i contadini senza mangiare).

Secondo uno storico dell'economia, nel Mezzogiorno si poteva distinguere "l'osso dalla polpa": "la polpa", cioè le zone in cui si poteva praticare l'agricoltura anche nella stagione secca grazie all'irrigazione, rappresentava solo il 12% del territorio del Regno; l'"osso" era il restante 88%. A ciò si aggiungeva una **tassazione feroce** che colpiva tutti i sudditi del Regno salvo il clero e i baroni.

La Vicaria
Il palazzo del tribunale, chiamato Vicaria, era il luogo più temuto dalla plebe napoletana. Finire sotto processo in una causa intentata da un barone o da uno spagnolo significava spesso finire in prigione e perdere tutti i propri averi. Anche queste ingiustizie scatenavano la rabbia popolare che esplose durante la rivolta di Masaniello.

Lettura d'immagine

La Piazza del Mercato a Napoli

Questo quadro del paesaggista napoletano Domenico Gargiulo fu dipinto verso la metà del XVII secolo, qualche anno prima della rivolta di Masaniello.

1. La pavimentazione del perimetro ricoperta di pietre del Vesuvio (il resto era tutto un pantano di terriccio e fango).
2. Le botteghe intorno al perimetro, che spesso erano anche l'abitazione dei bottegai.
3. La Chiesa del Carmine.
4. La forca dell'impiccato, dove si eseguivano le sentenze e le torture che le precedevano. A volte lì vicino veniva montato un palco dove si esibivano saltimbanchi e commedianti.
5. Le bancarelle coperte dai teloni dove si vendeva di tutto. Lì attorno circolavano maiali e altri animali.
6. Le baracche in cui venivano pagate le "gabelle" (tasse) riscosse dagli odiati "gabellieri" al servizio dei viceré per riempire le casse di Madrid e quelle dei nobili. Proprio dalla ressa davanti a uno di questi esercizi nacque la rivolta di Masaniello.
7. Il Vesuvio.

Una monarchia come quella spagnola, che tutelava unicamente i **privilegi feudali**, impedì inoltre che nelle numerosissime e prestigiose città di Campania, Puglia e Sicilia si sviluppassero libere iniziative imprenditoriali e, quindi, una dinamica classe borghese.

Nel Regno di Napoli le **rivolte urbane** furono frequenti, sebbene destinate alla repressione. La più pericolosa e la meglio organizzata fu quella guidata dal pescivendolo **Masaniello** che, nel **1647**, si pose a capo della **plebe napoletana** esasperata dalle tasse e riuscì a contagiare non solo la città ma gran parte del Regno. Erano sbagliate però le premesse, racchiuse nello slogan "Viva il re di Spagna, muoia il malgoverno": secondo l'ingenua visione dei sudditi delle monarchie assolute, infatti, il re risultava sempre innocente e degno d'amore, mentre i colpevoli erano i suoi funzionari.

Naturalmente questo errore portava a grandi tragedie. Fragile era anche la figura di Masaniello, che ben presto cedette alle lusinghe del viceré (il governatore per conto del re di Spagna), tradì la causa e fu ucciso dai suoi stessi sostenitori.

Testimoni e interpreti

Estorsioni fiscali nel Regno di Napoli

Maiolino Bisaccioni, un cronista del Seicento nato a Ferrara ma vissuto a lungo a Napoli, racconta con efficacia la disperazione delle popolazioni calabresi e l'indifferenza degli Spagnoli alle sorti dell'Italia.

Ricorsero più volte le popolazioni ai viceré per essere ascoltate e per dimostrare loro che, con i metodi usati nella riscossione delle tasse, si otteneva l'effetto contrario.
Infatti, a causa della pesantezza dei tributi, borghi e campagne erano abbandonati, le città restavano deserte, le strade erano piene di ladri, così che tasse e contributi diventavano sempre più scarsi: ma era tutto tempo perduto.
Furono anche mandati alcuni religiosi alla corte di Madrid con la speranza che potessero essere ascoltati. Ma, appena essi arrivarono alla corte e fu conosciuto lo scopo della missione, venne impedito loro di avvicinarsi alla pedana del re.
Così, vedendo fallire ogni tentativo di soluzione dei propri problemi, molti abitanti della Calabria si videro costretti ad abbandonare la patria con le mogli e con le famiglie per andare a cercare altrove terre meno aggravate.

LABORATORIO

Sviluppare le competenze

1. In un saggio breve collega questo documento alle notizie sull'economia spagnola contenute nel capitolo precedente e alla funzione che la corte di Madrid assegnava al Regno di Napoli spiegata nel paragrafo 4, seguendo questa scaletta:
   - condizioni di una regione oppressa da tasse eccessive;
   - motivi dell'inutilità delle missioni dei religiosi meridionali a Madrid;
   - conclusioni sulle lontane origini dell'arretratezza del Meridione italiano.

Leggi altre fonti dirette nella Biblioteca digitale

STORIA LOCALE
La Torino sabauda, pag. 96

5 ▶ La Savoia, ducato tra le montagne e poi Regno

Il **Ducato di Savoia** era nato nel Medioevo da una serie di castelli e conventi situati lungo i sentieri alpini che **collegavano il Piemonte con la Savoia** francese. Li avevano costruiti e finanziati i fondatori della dinastia, arricchendosi con il traffico di pellegrini e mercanti che vi transitavano.
Nel corso dei secoli i duchi spostarono il baricentro dei loro domini dalla Francia (dove non potevano competere con i sovrani di quel Regno) **verso l'Italia**, estendendo il loro territorio fino a **Torino** ◀ (che divenne capitale del ducato al posto di Chambery) e oltre. Il rafforzamento della dinastia sabauda avvenne agendo in tre direzioni:
- combinare **matrimoni** tra i membri di importanti case regnanti e le principesse di Savoia;
- utilizzare la **vocazione guerriera** dei duchi per comandare eserciti stranieri, acquisendo meriti presso gli Stati nazionali;
- accentuare il carattere di protettori e **difensori del cattolicesimo**, conservando così il favore del Papato.

Come difensori del cattolicesimo, nel 1655 i Savoia si dimostrarono più realisti del re, marciando **contro i valdesi** di Torre Pellice e seminandovi morte, torture e stupri. Morirono, dicono le fonti valdesi, 1712 persone. Le persecuzioni, note come "Pasque piemontesi" perché cominciarono nel giorno di Pasqua, finirono circa un anno dopo grazie allo sdegno suscitato in tutti i Paesi protestanti e persino nella cattolica Francia.

Nella seconda metà del Cinquecento (con Emanuele Filiberto) e nel Seicento i duchi sabaudi impostarono una **politica assolutistica**, creando un forte esercito e un sistema fiscale efficiente e partecipando alle guerre combattute in quegli anni in Europa.

Nei primi anni del Settecento, alla fine della Guerra di successione spagnola, i duchi ottennero, con **Vittorio Amedeo II**, dignità regia dapprima sulla Sicilia, scambiata dopo pochi anni con la Sardegna. Nel 1720 quindi, il Ducato di Savoia si trasformò in **Regno di Sardegna**, guidato dal Piemonte e formato anche dalla Savoia, da Nizza e dall'omonima isola.

6 Le cause del declino italiano

Un politico, filosofo e storico dei primi del Novecento, Antonio Gramsci, disse che in Italia le classi al potere "non volevano dirigere, ma dominare". La differenza è enorme: "dirigere" significa far muovere le persone, motivarle, dar loro degli incentivi, farle agire su obiettivi chiari, definiti e condivisi; "dominare" significa invece deprimerle, sfruttarle, educarle all'ipocrisia e alla menzogna, perché dire la verità ai dominatori significa perdere tutto, anche la vita.

La più grave delle colpe dei "dominatori" era stata quella di impedire l'**unificazione dell'Italia** nel Quattrocento, quando era ancora possibile. Nel Seicento la forza di una famiglia o di una città non bastava più. Ora scendevano in campo i grandi Stati nazionali, con i loro eserciti di centinaia di migliaia di uomini. Gli esempi sono moltissimi. Basti per tutti quello della piccola Olanda che, quando,

> **RICORDA**
>
> **La mancata unificazione dell'Italia**
>
> Secondo gli storici, ciò che impedì che uno degli Stati regionali si espandesse al punto di unificare l'Italia fu la politica dell'equilibrio, alla quale l'Italia si ispirò nella seconda metà del Quattrocento.

La fine dell'egemonia spagnola sull'Italia
Agli inizi del Settecento una serie di guerre pose fine al dominio spagnolo sull'Italia: il Ducato di Milano passò all'Austria e a Napoli terminò l'egemonia della casa d'Aragona che cedette il passo a una dinastia francese, i Borbone, la quale si impadronì sia del trono di Madrid sia del Regno delle Due Sicilie.

all'inizio del Settecento, cominciò ad apparire pericolosa per i prezzi bassissimi ai quali riusciva a vendere i suoi prodotti, fu attaccata dall'Inghilterra che le dichiarò ben tre guerre navali, lanciandole contro la marina britannica armata di 12000 cannoni.

Inoltre, la legge del commercio stabilisce che si acquisti a buon mercato e si rivenda ad alto prezzo. Gli artigiani italiani non soddisfacevano questa condizione in alcun modo perché, nonostante il crollo della produzione, le corporazioni mantenevano alti i salari e le tasse gravavano sul costo delle merci. Nessuno quindi aveva più interesse ad acquistare in Italia.

Per spiegare il declino della Penisola, lo storico francese Fernand Braudel usò una metafora suggestiva: gli Italiani erano lepri e gli altri Europei tartarughe; le lepri corsero per tutto il Medioevo, poi si fermarono senza fiato e furono raggiunte e superate dalle tartarughe, che si erano prese il tempo necessario a **costruire le basi delle nazioni e degli Stati**.

A questa analisi politica vanno aggiunte alcune particolari disgrazie che colpirono l'Italia:
- le devastazioni della Guerra dei Trent'anni (che oltre alla Germania avevano colpito anche l'Italia);
- le epidemie di peste che esplosero a più riprese (per esempio a Milano e nelle regioni centro-settentrionali tra il 1630 e il 1631; a Napoli e nel Mezzogiorno nel 1656-57);
- il conseguente calo demografico (ma alla fine del Seicento la popolazione tornò sui valori precedenti);
- il più grave di questi eventi negativi fu, come si è visto nel caso di Venezia, la **perdita di importanza del Mediterraneo** dopo la scoperta dell'America che causò una consistente diminuzione dei traffici commerciali.

Piccoli centri attivi, ma all'interno di una "crisi economica generale"

Se dall'analisi degli Stati principali passiamo a quella dell'intera situazione italiana, dobbiamo rilevare due fenomeni contrastanti:
- da una parte, la produzione delle città maggiori, quelle che avevano reso grandi Medioevo e Rinascimento, nel Seicento era crollata, come mostra il grafico;
- dall'altra, si stavano sviluppando i piccoli centri della Pianura padana, dal Piemonte alla Lombardia, al Veneto, come pure quelli intorno a Bologna, in Toscana, in Puglia, intorno a Napoli e in alcune zone della Sicilia e della Sardegna.

Queste **piccole produzioni locali**, tuttavia, erano troppo scollegate tra loro per costituire nuovi poli di sviluppo in grado di competere sui mercati internazionali.

In complesso, quindi, il terreno perduto dall'Italia non era recuperabile in breve tempo: la storia dimostra che il nostro Paese rientrò nel circuito delle grandi nazioni solo nel corso del XX secolo.

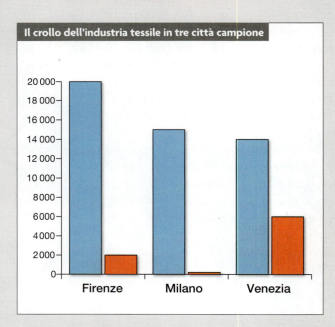

L'asse delle ordinate (verticale) indica il numero di "pezze" di lana prodotte in un anno; l'asse delle ascisse (orizzontale) le città nel 1600 (azzurro) e nel 1650 (arancione).

GUIDA ALLO STUDIO
Sintesi

Audio

1 L'egemonia spagnola in Italia

Con la divisione dell'Impero decisa da Carlo V nel 1556, non solo Milano, lo Stato dei Presidi e il Regno di Napoli con Sicilia e Sardegna, ma anche Genova, la Toscana e il Ducato di Savoia sono passati sotto l'egemonia spagnola. Resta indipendente solo la Repubblica di Venezia, mentre lo Stato della Chiesa è costretto a un'alleanza con la Spagna a causa della comune lotta contro il protestantesimo.

2 La Repubblica di Venezia

Nella seconda metà del Cinquecento, Venezia ha superato lo shock provocato dalla scoperta delle rotte per l'India e ha continuato a commerciare prodotti di lusso. La sua classe dirigente, tuttavia, non ha capito che, dopo la scoperta dell'America, il Mediterraneo è sempre meno importante e si impegna in una costosissima guerra contro i Turchi in difesa dell'isola di Cipro. Ciò determina il declino della Repubblica, contrassegnato però da un'intensa vita culturale, dalla costruzione di ville aristocratiche e da meraviglie pittoriche.

3 Lo Stato della Chiesa

Lo Stato della Chiesa ha perso la sua autorità sulla metà dell'Europa convertita al protestantesimo e non riesce più a svolgere la sua funzione diplomatica internazionale. Tuttavia la sua influenza sulle coscienze e il suo ruolo centrale nella società italiana sono rimasti inalterati e influiscono negativamente sulla vita culturale e sulla libertà di pensiero nella Penisola, come dimostrano la condanna al rogo di Giordano Bruno e il processo contro Galileo Galilei.
Sul piano interno, i pontefici scelgono un modello assolutistico di governo, moderato però da una politica paternalistica, e assecondano le richieste dell'"aristocrazia nera" varando norme che riducono a pascoli vaste estensioni di terreno fertile. Ciò arresta lo sviluppo economico e sociale e provoca il brigantaggio.

4 Il Regno di Napoli

L'amministrazione spagnola del Regno di Napoli aggrava le condizioni di territori che, sfavoriti dalla scarsità di acqua, vivono solo di allevamento ovino mettendo in pericolo l'agricoltura. Inoltre, la proprietà della terra è costituita dai latifondi dei baroni e del re di Spagna, i quali non vi apportano alcuna miglioria. A ciò si aggiunge una tassazione feroce dalla quale sono esclusi i baroni e il clero. La monarchia spagnola, infine, impedisce lo sviluppo di una libera imprenditoria nelle città e quindi di una dinamica classe borghese. Le rivolte urbane sono frequenti: la più pericolosa è quella di Masaniello che, nel 1647, solleva la plebe napoletana con esiti però fallimentari.

5 Il Ducato di Savoia

Nato nel Medioevo, nel corso dei secoli il Ducato di Savoia si estende fino a Torino. Nel 1655, come difensori del cattolicesimo, i Savoia attaccano i valdesi di Torre Pellice e compiono una strage, nota come "Pasque piemontesi", che suscita lo sdegno di tutti i Paesi protestanti e persino della cattolica Francia. Nei primi anni del Settecento, con Vittorio Amedeo II, i duchi ottengono dignità regia sulla Sardegna e il Ducato si trasforma così in Regno di Sardegna, guidato dal Piemonte e formato anche dalla Savoia e da Nizza.

6 Il declino italiano

Il politico, filosofo e storico Antonio Gramsci ha detto che in Italia le classi al potere "non volevano dirigere, ma dominare", ovvero volevano deprimere e sfruttare le persone educandole all'ipocrisia e alla menzogna. La più grave colpa dei "dominatori" è stata quella di impedire l'unificazione dell'Italia nel Quattrocento, ma altre disgrazie hanno contribuito al declino del Paese: le devastazioni della Guerra dei Trent'anni, le epidemie di peste, il conseguente calo demografico e la perdita di importanza del Mediterraneo dopo la scoperta dell'America.

Unità 1 L'Europa nell'economia-mondo

GUIDA ALLO STUDIO

Mappa concettuale

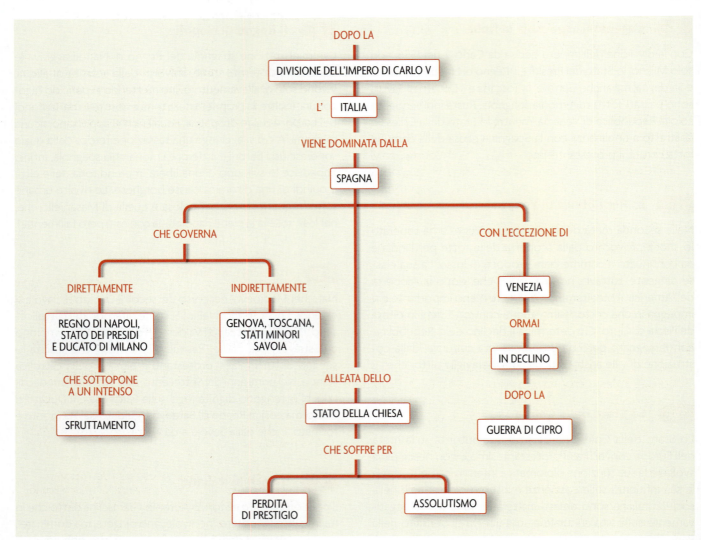

Verifica formativa

ARRICCHIRE IL LESSICO

1 Scrivi il corretto contrario (per esempio: *pericoloso/sicuro*) dei seguenti aggettivi: *recente, illustre, miserabile, vasto, oculato, efficiente, rigoroso, arido, dinamico*. Poi scegline tre e usali per comporre un'unica frase di senso compiuto.

COMPRENDERE IL TESTO

2 Completa la tabella seguente, relativa alla situazione dell'Italia dopo la divisione dell'Impero asburgico.

Stati sottoposti al dominio diretto della Spagna	
Stati legati alla Spagna	
Stati indipendenti	

3 Indica se le seguenti affermazioni sono vere o false.
 1 Nella seconda metà del Cinquecento Venezia ormai non commerciava più prodotti di lusso. V F
 2 La classe dirigente veneziana si rese conto che, dopo la scoperta dell'America, il Mediterraneo era diventato ancora più importante. V F

3 La Repubblica di Venezia si impegnò in una guerra estenuante contro i Turchi per conservare l'isola di Cipro. V F

4 Completa le frasi seguenti prestando attenzione ai nessi di causa ed effetto.

1 Lo Stato della Chiesa aveva perso la sua .... sulla metà dell'Europa convertita al .... Di conseguenza non riusciva più a svolgere una funzione .... internazionale.

2 Il Papato mantenne la sua influenza sulle .... e il suo ruolo centrale nella società .... Di conseguenza nel Paese si verificarono episodi come la condanna al .... del filosofo .... e il processo contro ....

3 I pontefici scelsero un modello .... di governo moderato dallo stimolo alla .... Di conseguenza vararono una politica ....

4 L'"aristocrazia nera" non era motivata a investire in .... sui suoi .... Di conseguenza i papi vararono norme che riducevano a .... vaste estensioni di terreno.

5 Con queste scelte i pontefici ottennero il .... sia delle .... sia, per un certo tempo, delle .... Le conseguenze, però, furono da una parte l'................... di ogni possibile .... dello Stato della Chiesa, dall'altra l'esasperazione delle .... che sfociò nel ....

5 Scegli il completamento corretto delle frasi seguenti.

1 L'amministrazione spagnola del Regno di Napoli
☐ curò la manutenzione degli acquedotti e dei bacini di raccolta delle acque piovane.
☐ non si preoccupò affatto della manutenzione degli acquedotti e dei bacini di raccolta delle acque piovane.

2 Gli Spagnoli privilegiarono
☐ l'allevamento ovino.
☐ l'agricoltura.

3 Per quanto riguarda la proprietà della terra, i baroni spagnoli
☐ apportarono numerose migliorie ai loro feudi.
☐ non apportarono migliorie ai loro feudi.

4 Le tasse colpivano
☐ tutti i sudditi del Regno.
☐ tutti i sudditi del Regno tranne il clero e i baroni.

5 La rivolta di Masaniello finì
☐ con un insuccesso.
☐ con la riduzione delle tasse per la plebe napoletana.

6 Rispondi alle domande seguenti.

1 In che modo i Savoia riuscirono a estendere il loro territorio fino a Torino?
2 Di quale grave delitto si macchiarono nel 1655?
3 Che cosa accadde nel 1720?

7 Riferendoti alla frase di Antonio Gramsci riportata nel paragrafo 6, spiega qual è la differenza fra "dirigere" e "dominare" e quale fu la gravissima colpa dei "dominatori" nel Quattrocento.

GUIDA ALL'ESPOSIZIONE ORALE

1 Illustra la situazione della Repubblica di Venezia e dello Stato della Chiesa fra Cinquecento e Seicento.

Scaletta:
Venezia • perdita d'importanza del Mediterraneo • guerra per Cipro • declino
Stato della Chiesa • perdita di autorità internazionale ma non all'interno dell'Italia • assolutismo • politica paternalistica • "aristocrazia nera" • arresto dello sviluppo • brigantaggio

Parole e concetti chiave:
Turchi, 50 milioni di ducati, concorrenza dei mercanti olandesi e inglesi, funzione diplomatica, Giordano Bruno, Galileo Galilei, latifondi, esasperazione delle masse contadine.

Come cominciare:
"Nella seconda metà del Cinquecento Venezia continuava a commerciare prodotti di lusso."

2 Illustra la situazione del Regno di Napoli sotto l'amministrazione spagnola e spiega come si formò il Regno di Sardegna.

Scaletta:
Regno di Napoli • acqua • allevamento ovino • latifondi dei baroni • tassazione • rivolte urbane • Masaniello
Ducato di Savoia • Torino • "Pasque piemontesi" • assolutismo • dignità regia

Parole e concetti chiave:
inaridimento dei terreni, mancanza di migliorie, privilegi feudali, valdesi di Torre Pellice, Vittorio Amedeo II.

Come cominciare:
"L'amministrazione spagnola del Regno di Napoli fu rovinosa".

Storia locale

Livorno, patria di tutti

I Medici vogliono un porto per la Toscana

Mentre Bologna e tante altre città italiane decadevano, decollava Livorno.
All'inizio del Cinquecento i Medici, ora insigniti del titolo di granduchi di Toscana, l'avevano comprata dai Genovesi per farne il loro **sbocco sul mare**. Sceglievano così di affossare definitivamente il porto di Pisa, già parzialmente interrato, punendo la città che aveva più e più volte resistito alle loro mire espansionistiche, rendendosi protagonista di grandi battaglie e di eroiche rivolte.

La costruzione della "città ideale"

Livorno era ancora un piccolo borgo, ma già nel Duecento era stata dotata da Pisa di potenti fortificazioni e di un faro, il cosiddetto "Fanale dei Pisani", proprio per rafforzare le sue vicinissime installazioni portuali.
Nel Cinquecento, i Medici costruirono il porto attrezzandolo con un doppio molo e con un canale navigabile (il "Canale dei navicelli") tra Pisa e Livorno. Quindi affidarono l'ampliamento della città all'architetto **Bernardo Buontalenti** che progettò la **nuova pianta urbana** secondo i criteri della "città ideale" del Rinascimento. Un luogo, cioè, da disegnare con squadra e compasso e da definire nei minimi particolari come si vede nella piantina riportata in questa pagina.
Il risultato fu una splendida città, con quartieri, piazze e strade progettati con grande sapienza urbanistica, ma anche una **città-fortezza**, di pianta pentagonale, circondata da mura imponenti, baluardi e fortificazioni che dovevano servire a proteggerla dall'assalto dei pirati, i Mori e i Saraceni, in quei tempi

protagonisti di frequenti scorrerie lungo le coste del Tirreno e del Mediterraneo in generale.

Il sistema dei fossi

L'architetto Buontalenti creò anche il sistema di fossi che, sebbene trasformati nel tempo e in parte coperti, sono ancora oggi una delle bellezze della città (anni fa i fossi furono addirittura candidati a entrare nel Patrimonio dell'umanità curato dall'Unesco).
Il **sistema idrico** partiva dal **Fosso reale**, il grande canale che in origine seguiva il perimetro delle mura con funzione difensiva e dal quale partiva un sistema di canali che entravano nella città e la attraversavano.

Al cantiere dei fossi lavorarono in certi periodi ben 2000 schiavi e 5000 contadini. Intorno al 1600 il sistema idrico poteva dirsi completato.
Per tutta l'epoca medicea, cioè **fino al 1737**, le operazioni di salvaguardia e pulizia del Fosso reale furono talmente perfette che sul fondo delle sue acque cristalline si potevano coltivare le ostriche.

Le Leggi livornine e la nascita di una comunità multietnica

Dotare la città di buone difese e di adeguate riserve d'acqua non fu l'unica cura dei Medici. Essa andò di pari passo con l'emanazione nel 1593 delle **Leggi livornine** con le quali Livorno divenne **porto franco**, ovvero, in senso stretto, "porto libero", in cui **le merci non pagano dazi né dogane**.
Un privilegio come questo è già sufficiente ad arricchire una città, ma i Medici andarono molto oltre, come dimostra la fonte riportata qui a lato.
La notizia del porto franco si sparse rapidamente e Livorno richiamò mercanti e artigiani da Occidente e da Oriente.
Ognuno celebrava i suoi culti e faceva i suoi affari, non in separatezza, ma mescolato agli altri senza nulla temere, creando un'**unica comunità multietnica, multiculturale e multireligiosa** che divenne un **modello di tolleranza**, tanto più eccezionale se si pensa che tra il 1550 e il 1650 tutta l'Europa occidentale fu dilaniata dalle Guerre di religione e dalle persecuzioni contro "eretici" (spesso ebrei e musulmani) e streghe. Qui, invece, cattolici, ortodossi e protestanti, giudei, islamici e persino adoratori persiani del fuoco convivevano in pace, celebravano insieme le feste laiche cittadine e invitavano tutti gli altri alle proprie feste religiose.
A riprova che Livorno era "**patria di tutti**", diversi stranieri ricoprirono cariche pubbliche, da quella di membro del Consiglio cittadino a quella di gonfaloniere (paragonabile a un sindaco odierno).

Schiavi sì, ma con qualche privilegio

Gli **schiavi** turchi e barbareschi catturati nelle battaglie contro i pirati vinte dal granduca Ferdinando I de' Medici, vero fondatore di Livorno, erano di **proprietà dello Stato**. Ferdinando volle celebrare le sue vittorie con un monumento completato nel 1601 e diventato il simbolo della città: i *Quattro Mori*.
In caso di guerra, gli schiavi venivano impiegati come rematori nelle galere; in periodo di pace scavavano i fossi o lavoravano al porto. Nelle ore libere, però, potevano girare tranquillamente per la città ed esercitare piccoli mestieri come, per esempio, tenere un banco al mercato o aprire un caffè.
Di notte dormivano nel "bagno penale", un grande carcere costruito nel 1602 tra le mura e l'attuale Piazza Grande, dove si trovavano anche quattro moschee per permettere loro di pregare come prescrive il Corano. Ciascuno di loro riceveva ogni anno un vestito nuovo e ogni giorno tre pani e due minestre. Lo schiavo ammalato veniva mandato in ospedale e, come attesta il capo degli schiavi medicei, "posto a letto e servito da varie persone e visitato da un medico".

Il porto più importante del Mediterraneo

Da queste descrizioni si può ben capire perché la popolazione di Livorno, che nel 1601 contava solo poco più di 3000 abitanti, nel 1689 ne avesse più di 21 000 e perché nel Seicento fosse diventata il più importante porto del Mediterraneo, togliendo la palma a Marsiglia, la città portuale francese dove ormai regnava la più feroce intolleranza.

Testimoni e interpreti

Le Leggi livornine

I tre brani seguenti vengono dalle leggi con cui i Medici crearono la straordinaria Costituzione del porto franco di Livorno.

1 A voi tutti mercanti di qualsiasi nazione, Levantini [Orientali], Ponentini [Occidentali], Spagnoli, Portoghesi, Greci, Tedeschi, Armeni, Ebrei, Turchi, Persiani concediamo salvacondotti [permessi d'ingresso], facoltà e licenza di traffico, commercio, e di abitare nella terra di Livorno, senza impedimento; liberi e franchi da ogni gabella [tassa] e peso.

2 Potrete essere liberi e non sarete perseguitati per eresia anche nel caso che non siate fedeli cattolici. <u>Siamo infatti convinti che per la promozione di Dio occorra la mansuetudine e la dolcezza, piuttosto che il terrore e la violenza.</u>

3 A voi ebrei concediamo che possiate tenere nelle città sia di Pisa sia di Livorno una sinagoga, nella quale possiate svolgere tutte le vostre cerimonie e osservare i precetti ebraici e praticare in essa e fuori tutti i riti vostri. <u>E non vogliamo che in tali città alcuno osi farvi alcuno insulto, oltraggio o violenza.</u>

LABORATORIO

Riflettere

1 Dopo aver letto la fonte, rileggi le frasi sottolineate e rifletti su di esse, mettendole a confronto con ciò che stava accadendo nel resto d'Europa.

Storia locale

La Torino sabauda

Da guerre e devastazioni, una nuova capitale

Come nel resto dell'Europa, anche in Italia vi era una dinastia che aspirava a costruire uno Stato accentrato: si trattava dei **Savoia**. Il loro non era un Regno, bensì un **Ducato** e comprendeva territori a cavallo delle Alpi occidentali che oggi appartengono alla Francia, all'Italia e alla Svizzera.

La capitale, **Chambéry**, era fra le montagne ma ampie valli collegavano il Ducato agli Stati confinanti (e infatti, in queste valli, fin dal tempo dei Romani transitavano i commerci fra il Mediterraneo e l'Europa centro-occidentale). Molte valli sfociavano in pianure fertili, la più grande delle quali era rappresentata dal lembo occidentale della Pianura Padana. Era dunque un territorio strategico che faceva gola a molti dei vicini i quali, più passavano i secoli, più diventavano ingombranti.

A **fine Cinquecento**, proprio considerando la potenza ormai straripante della Francia, i Savoia decisero di spostare il baricentro del Ducato verso est, in Italia: per questo nel 1563 trasferirono la corte in una città che fino ad allora non aveva avuto un grande ruolo nella storia, **Torino**, che da quel momento divenne la loro capitale.

Il provvedimento fu preso dopo una lunga serie di eventi traumatici: nel corso delle Guerre d'Italia combattute nella prima metà del XVI secolo, infatti, il sovrano francese Francesco I si era impossessato di gran parte del Ducato per assicurarsi un corridoio verso l'Italia, trasformando i ricchi possedimenti dei Savoia in un campo di battaglia per cinquant'anni. Intanto il duca **Emanuele Filiberto** (che regnò in Savoia dal 1553 al 1580), grande condottiero com'era nella tradizione della dinastia, combatteva per gli Asburgo (Carlo V era suo zio) infliggendo ai Francesi una terribile sconfitta a San Quintino, nelle Fiandre. Forte di questo successo, dopo la Pace di Cateau-Cambrésis (che nel 1559 pose fine alle Guerre d'Italia), egli riuscì a rientrare in possesso dei suoi domini; fu allora che decise di fare di Torino la capitale del suo Ducato. Inoltre, per ribadire il suo essere un principe cattolico, fece trasferire a Torino da Chambéry la reliquia più preziosa della cristianità, la **Sindone** (cioè il sudario in cui si pensa sia stato avvolto il corpo di Cristo).

Verso l'assolutismo

Con la scelta di spostare la capitale, Emanuele Filiberto dimostrava di volersi mettere al sicuro dalla Francia, ma da un punto di vista politico egli seguì passo a passo le mosse accentratrici di Parigi. Come i re francesi e ben prima di Luigi XIV, egli si dichiarò "principe da ogni legge sciolto". Il suo potere era saldo perché la nobiltà di sangue era tendenzialmente fedele ai Savoia e, più ancora, lo era la nobiltà di toga, in crescita grazie ai nuovi uffici e alle nuove cariche burocratiche necessarie per il funzionamento dello Stato.

Una delle prime preoccupazioni del duca fu di creare un **esercito più efficiente** a disposizione dello Stato anche in tempo di pace; poi dotò Torino e il regno di fortificazioni in grado di resistere alla potenza crescente delle armi da fuoco. E per finanziare questi provvedimenti rivoluzionò il sistema fiscale rendendo le entrate più regolari.

Tuttavia, gli eserciti sabaudi erano poca cosa rispetto a ciò di cui il Ducato ebbe presto bisogno: infatti, per tutto il Seicento, il Piemonte fu coinvolto in **continue guerre** ora contro la Spagna ora contro la Francia, dalle quali non lo salvarono né l'accorta politica matrimoniale con l'una o con l'altra casata né i patti segreti e gli improvvisi cambi di alleanza.

Senza contare le **rivolte popolari**: la peggiore, detta "Guerra del sale", scoppiò nella seconda metà del Seicento, quando, per finanziare le spese militari, la tassa sul sale fu aumentata di dieci volte, scatenando violente ribellioni nella zona meridionale dello Stato, al confine con la Liguria.

Intanto, i duchi si preoccupavano di attrarre nei loro confini imprenditori e mercanti, soprattutto in campo tessile. In particolare protessero la produzione del **filato di seta**, il cui sviluppo stava così a cuore ai Savoia che, nel 1665, compirono un vero e proprio atto di spionaggio industriale ai danni di Bologna, copiando un filatoio modernissimo. Inoltre, imposero per legge parametri di qualità e controlli severissimi che resero la seta piemontese la più apprezzata d'Europa.

Con altrettanto scrupolo si occuparono della **formazione del ceto dirigente**, riaprendo l'università, che era una delle più antiche d'Italia, e chiamando a insegnarvi i migliori giuristi e studiosi d'Europa.

La Torino barocca

Funzionari, imprenditori, mercanti e studenti e una corte sempre più sfarzosa, visto che molte regine provenivano dalle più importanti famiglie reali d'Europa: in pieno Seicento **la popolazione di Torino quadruplicò**.
Torino era stata **fondata dai Romani** e aveva mantenuto per secoli ristrette dimensioni. Con tre ampliamenti successivi, i Savoia diedero alla città un impianto che ne conservava l'ordinata impronta romana, ma rispondeva anche alle nuove esigenze: per il passeggio della corte nei mesi invernali furono creati chilometri di portici coperti; le più importanti famiglie nobili costruirono le loro dimore sull'armoniosa piazza Reale (oggi piazza San Carlo); nelle mura fu aperta la Porta Nuova verso l'area a sud-ovest della città, quella più florida dal punto di vista agricolo e produttivo.

Palazzi, chiese e piazze furono costruiti come se dovessero formare una scenografia che trasmettesse **il senso di potenza della dinastia sabauda** e la sua attenzione per il benessere dei sudditi. Ogni innovazione fu supervisionata dai duchi e affidata a un Consiglio per l'edilizia incaricato di progettare e regolare l'ampiezza e la lunghezza degli isolati, l'altezza e la decorazione dei palazzi, i materiali da costruzione, il colore delle facciate, il sistema fognario. Torino si trasformò in una delle grandi **capitali del Barocco**, declinato secondo il gusto dei

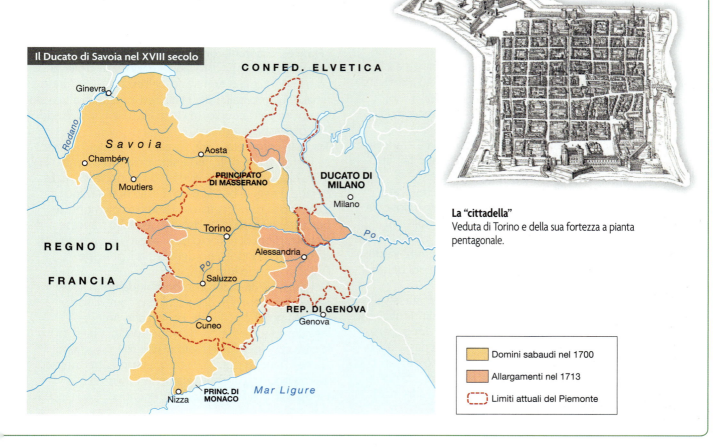

La "cittadella"
Veduta di Torino e della sua fortezza a pianta pentagonale.

Storia locale

La Sindone
A venerare la reliquia accorsero pellegrini da tutta Italia, fra cui l'arcivescovo Carlo Borromeo che celebrò una messa di ringraziamento nella chiesa dedicata a San Lorenzo, il santo celebrato nel giorno in cui Emanuele Filiberto trionfava a San Quintino.

governanti e con l'utilizzo di un materiale tipico come il mattone pieno piemontese.
I più famosi architetti come **Guarino Guarini** e, nel Settecento, **Filippo Juvarra** ridisegnarono il volto della città. Per lo svago della corte, la città fu circondata da una serie di **residenze ducali**, una più splendida dell'altra, che insieme formavano la "corona di delizie".

Il Piemonte sulle orme della Francia: la guerra contro i valdesi

Nonostante un continuo balletto di alleanze e contro-alleanze, i Savoia non erano riusciti a sottrarsi al **controllo della Francia** che li considerava suoi satelliti: a metà Seicento, Luigi XIV manteneva delle truppe in piazzeforti strategiche come Pinerolo, a 40 chilometri da Torino, e perfino nella Cittadella. In questa situazione, i duchi non potevano far altro che assecondare le decisioni del Re Sole.
Fu così che per compiacerlo, quando fu revocato l'Editto di Nantes, il duca Carlo Emanuele II dovette cacciare dai propri confini tutti i non cattolici. Ai margini occidentali del Piemonte, nelle valli Chisone e Pellice e nell'Alta Valsusa vi era una **comunità valdese** dai tempi delle persecuzioni medievali e poi unitasi alle Chiese protestanti.
Nel 1685, i duchi occuparono a mano armata le valli massacrando migliaia di persone; i superstiti fuggirono in Svizzera e in Germania. Quattro anni dopo, però, i valdesi, grazie a un'impresa leggendaria passata alla storia come *Glorieuse Rentrée* ("Glorioso rimpatrio"), rientrarono in Piemonte. La reazione sabauda non si fece attendere: altri scontri, altri incendi, altri morti poi, improvvisamente, tutto cambiò.

Il Piemonte contro la Francia e l'assedio di Torino

Il nuovo duca **Vittorio Amedeo II** non vedeva l'ora di liberarsi del giogo francese e, nel 1690, si unì all'**alleanza europea contro Luigi XIV** il quale rispose invadendo la Savoia e il Piemonte. Per ben tre volte Torino rischiò di finire sotto assedio fino a che il duca fu costretto a negoziare la pace.
Allo scoppio della Guerra di successione spagnola, **i Francesi accerchiarono il Piemonte** dopo aver occupato il Ducato di Milano. Le fortezze crollavano come i pezzi di un domino e, nell'estate 1705, Torino rimase l'ultimo baluardo. I Francesi iniziarono a scavare le trincee per l'assedio, ma le malattie e i primi freddi li obbligarono a fermarsi.
Tornò la primavera e con essa le truppe del Re Sole. Le fortificazioni di Torino erano possenti e dentro le mura erano ammassati viveri e cannoni; nelle piazze c'erano greggi di bestiame e i cittadini si davano il cambio ai turni di guardia. L'esercito piemontese però era microscopico rispetto a quello francese e i battaglioni di rinforzo degli alleati europei, guidati da un altro condottiero dei Savoia, il principe Eugenio, troppo lontani.
Nel giugno **1706** iniziarono i **bombardamenti**. Servendosi della rete di cunicoli che correva sotto la città fino all'altra riva del Po, Vittorio Amedeo raggiunse il suo esercito in campo aperto. Che sotto la città corressero chilometri di gallerie lo sapevano anche i Francesi e proprio sotto terra, mentre i nemici avanzavano lungo i camminamenti, il soldato **Pietro Micca** si fece esplodere per impedire ai Francesi di entrare in città.

Palazzo Carignano (in alto)
Il corpo centrale, dalle sinuose linee barocche, del palazzo progettato da Guarino Guarini.

La Chiesa di San Lorenzo
L'interno barocco della chiesa progettata da Filippo Juvarra.

Il principe Eugenio
È il più celebre dei Savoia guerrieri. Salvò Vienna dai Turchi e Torino dai Francesi. Volle la costruzione della Basilica di Superga.

Dopo **tre mesi d'assedio**, l'esercito di rinforzo raggiunse finalmente quello del duca: Vittorio Amedeo e suo cugino, il principe Eugenio, s'incontrarono sulla collina più alta di Torino e da lì osservarono la città assediata e il posizionamento delle truppe. I Savoia decisero di attaccare in un punto che pareva più sguarnito: sapevano di giocarsi il tutto per tutto perché la città non poteva resistere oltre. Se fossero riusciti nell'impresa, promisero di edificare un'immensa chiesa su quella collina, chiamata **Superga**.
Il 7 settembre, dopo un'aspra battaglia, cominciarono ad avere la meglio, mentre la guarnigione chiusa in città usciva dalle mura spalleggiata dalla milizia cittadina. I Francesi abbandonarono i cannoni sul campo e si ritirarono verso le montagne e la Francia. A metà pomeriggio, **i Savoia** fecero il loro **ingresso trionfale a Torino**.
La sensazionale vittoria ebbe ripercussioni in tutta Europa: il Re Sole era stato umiliato dalla dinastia sabauda, che non poteva più essere considerata uno staterello satellite. L'esercito francese aveva subito perdite enormi ed era stato costretto a lasciare l'Italia. Alla Pace di Utrecht del 1713, Vittorio Amedeo II venne premiato dagli alleati con la corona di Sicilia e finalmente poté fregiarsi del **titolo di re**. La sua dinastia si unì quindi alle teste coronate d'Europa e Torino divenne la capitale di un Regno.

Laboratorio
Verso l'Esame di Stato

A GUIDA ALL'ESPOSIZIONE ORALE

L'esercitazione

1 Approfondiamo innanzitutto la capacità di utilizzare il **lessico specifico** che è tra le caratteristiche principali di una efficace esposizione orale su temi di ambito storico.
Il manuale è ricco di **box lessicali**, che rimandano ad ambiti settoriali specifici (economia, religione ecc.). Tenendo presenti quei modelli, prova a scriverne altri simili, servendoti sia di quanto hai studiato sia di un buon dizionario, anche online. Evidenzia anche tu l'ambito di appartenenza dei singoli lemmi. *Crisi demografica, glaciazione, transazione, giuristi, privilegi, diritti.*

2 Esercitati nell'**individuare le questioni poste** dal tema indicato qui di seguito e a trovare un inizio efficace per la tua esposizione. Indica poi i termini chiave che dovrai conoscere e spiegali.
La politica estera di Luigi XIV e la guerra di successione spagnola.

questioni da affrontare:

....

termini chiave:

....

pagine da ripassare utili (compresi documenti e schede):

....

3 Esercitati a **sviluppare un ragionamento** sul tema *La Russia di Pietro il Grande* a partire dalla tabella a pagina 38: amplia ciascuno degli argomenti indicati, con dati, esempi, spiegazioni e chiarimenti. Nella tua esposizione dovrai usare i seguenti termini del lessico specifico: zar, Stato assoluto, boiàri, congiura, linciaggio, *Duma*, funzionari, servi della gleba.

4 Esercitati a **operare confronti** fra i diversi protagonisti politici dell'Europa del Seicento, analizzando in particolare Francia, Inghilterra e Olanda sotto il profilo politico ed economico. Compila una tabella simile a quella fornita qui di seguito, confrontando in particolare gli aspetti indicati.

	Francia	Inghilterra	Olanda
Forma di governo			
Politica religiosa			
Politica estera			
Economia			
Classi sociali dominanti			

5 Esercitati a **mettere in luce nessi causali** elaborando in forma di mappa concettuale le cause, lo sviluppo e le conseguenze della guerra civile inglese. Indica poi i termini tecnici da utilizzare nell'esposizione.

6 Esercitati a **raccogliere e organizzare i contenuti**, creando uno schema riassuntivo (sul modello delle mappe concettuali della *Guida allo studio*) sul tema *Stati in ascesa e Stati in declino nell'Europa del Seicento*: per ciascuno degli Stati presi in esame indica i punti di forza e di debolezza.

7 Esercitati a **utilizzare esempi opportuni**. Spiega il significato del concetto di economia-mondo riferito al contesto storico del Seicento e illustra le cause che favorirono il primato economico dell'Europa.

8 Esercitati a **sviluppare un ragionamento** a partire da una carta o da un grafico: illustra il predominio spagnolo nell'Italia del Seicento a partire dalla carta di pagina 83. Illustra poi le condizioni politiche ed economiche dei principali Stati italiani. Nella tua esposizione dovrai usare i seguenti termini del lessico specifico: modello assolutistico, latifondi, privilegi feudali, brigantaggio, politica paternalistica, politica matrimoniale, Pasque piemontesi.

Laboratorio Verso l'Esame di Stato **Unità 1** 101

B GUIDA ALLA PRODUZIONE SCRITTA

ESERCITAZIONE PER LA TERZA PROVA

Fra le discipline incluse nella terza prova, che ha carattere pluridisciplinare, può esservi anche la storia. In questa sezione trovi alcune domande per allenarti nelle principali tipologie di svolgimento (quesiti a risposta multipla, a risposta singola e trattazioni brevi) utilizzate nella terza prova.

A Quesiti a risposta multipla
(1 sola risposta corretta) [1 punto per ogni risposta corretta]

1 Per Stato feudale si intende
- A una forma di potere regolata da rapporti personali tra il signore e i suoi vassalli
- B una condizione politica di estrema frammentazione del potere, in cui regnano privilegi riservati ad alcuni ceti e l'arbitrarietà nell'amministrazione della giustizia
- C uno Stato privo di Costituzione e di leggi, in cui nessuno paga le tasse
- D uno Stato diviso in feudi, amministrati da vescovi e nobili che amministrano la giustizia del re

2 Per Stato assoluto si intende
- A uno Stato regolato da una Carta costituzionale posta a fondamento di ogni legge
- B uno Stato in cui la parola del re è legge e nulla può opporsi alla sua volontà
- C uno Stato in cui il cittadino è sciolto da ogni legge e da ogni dovere nei confronti del re
- D uno Stato amministrato da ministri che agiscono in maniera assolutamente coerente con la volontà del re

3 Tra gli Stati parlamentari dell'Europa del Seicento si annoverano
- A la Gran Bretagna
- B la Francia
- C l'Olanda
- D la Russia

4 Qual era l'unico Stato indipendente nella Penisola italiana del XVII secolo?
- A Il Regno di Napoli
- B Il Ducato di Savoia
- C La Repubblica di Genova
- D La Repubblica di Venezia

B Quesiti a risposta singola
(max. 5 righe) [da 0 a 3 punti in base alle conoscenze dimostrate]

1. Che cosa si intende per "rivoluzione dei consumi" nel XVII secolo e da che cosa fu determinata?
2. Che cosa fu la Fronda in Francia?
3. Quali furono le principali differenze fra il regno di Elisabetta I e quello di Giacomo I Stuart in Inghilterra?
4. Che cosa si intende per commercio triangolare e quali ne erano le principali rotte?
5. Quali furono le cause del declino di Venezia nel Seicento?

C Trattazioni sintetiche
(max. 15 righe) [da 0 a 6 punti in base alle conoscenze dimostrate]

1. Illustra i fondamenti della Rivoluzione scientifica e del metodo sperimentale inaugurato da Galileo e le loro ricadute in tutti gli ambiti del sapere.
2. Descrivi princìpi e provvedimenti della riorganizzazione dello Stato attuata da Luigi XIV in Francia dal punto di vista politico, religioso ed economico.
3. Illustra i presupposti, le cause e le conseguenze della Gloriosa Rivoluzione inglese.
4. Illustra i fattori che favorirono l'ascesa commerciale ed economica dell'Olanda nel Seicento.
5. Spiega le cause del declino italiano nel Seicento.

Laboratorio — Verso l'Esame di Stato

GUIDA ALLA PRIMA PROVA

Che cos'è l'articolo di giornale

*Tra le tipologie della prima prova dell'esame di Stato che interessano la storia vi è l'articolo di giornale (tipologia B). Si tratta di un testo di lunghezza limitata, che ha una precisa destinazione editoriale: un quotidiano o una rivista, e lo scopo di **informare** il lettore su un determinato argomento, oppure di **approfondire** un fatto o **sostenere** un'opinione. Nella prova dell'Esame di Stato si richiede di elaborare un articolo di giornale a partire da una rassegna di documenti di vario tipo (testi scritti, immagini, tabelle, grafici) che possono appartenere, come per il saggio breve, a quattro ambiti: artistico-letterario, socio-economico, storico-politico e tecnico-scientifico. È il terzo che ci interessa qui.*

Leggiamo nelle consegne ministeriali che accompagnano la prima prova di che cosa si tratta.
- Sviluppa l'argomento scelto in forma di "articolo di giornale", utilizzando in tutto o in parte, e nei modi che ritieni opportuni, i documenti e i dati forniti.
- Se scegli la forma dell'"articolo di giornale" argomenta la tua trattazione, anche con opportuni riferimenti alle tue conoscenze ed esperienze di studio.
- Premetti all'articolo un titolo coerente e, se vuoi, suddividilo in paragrafi.
- Non superare le cinque colonne di foglio protocollo.

Ricorda inoltre che l'articolo di giornale può essere di taglio espositivo (volto a esporre delle informazioni) o argomentativo (volto a esprimere delle opinioni sostenute da adeguate motivazioni): a seconda del taglio che sceglierai, dovrai quindi semplicemente presentare dei fatti, dei dati, anche supportati da grafici e immagini, o esprimere anche le tue opinioni motivandole, attraverso ragionamenti e argomentazioni.
Più esattamente:
un **articolo di cronaca** avrà un taglio informativo-espositivo;
un **articolo d'opinione** avrà un taglio argomentativo.

Facciamo adesso un esempio concreto.

ARGOMENTO:
Il primato dell'Europa nell'Età moderna.

Il dossier di documenti

La tipologia testuale dell'articolo di giornale prevede un dossier di documenti, che ti forniamo anche qui di seguito.

1 Il primo passo, dopo aver **letto le consegne** e compreso **bene l'argomento** da trattare, è proprio **leggere e comprendere i documenti**.
In questa fase di esercitazione sarai guidato nell'analisi e nelle comprensione dei documenti forniti.

DOSSIER

■ DOCUMENTO 1

Il segreto della rapida e improvvisa ascesa dell'Europa atlantica era tutto lì: l'abilità acquisita nell'impiego dei velieri e l'aver intuito che «le battaglie navali, di questi tempi pervengono raramente ad abbordaggi o all'impiego massiccio di archi, frecce, pallettoni e spade, ma vengono decise dall'artiglieria». Quando comparivano i velieri dell'Europa atlantica non c'era forza che potesse offrire una qualche resistenza. In meno di dieci anni dal loro arrivo nelle acque indiane, i portoghesi avevano completamente distrutto la potenza navale degli arabi. Nel frattempo in Europa economia e tecnologia progredivano rapidamente e prima ancora che i non europei assorbissero lo shock del primo contatto con i vascelli atlantici, giunsero navi più efficienti e più numerose. Le caravelle e le caracche furono seguite dai galeoni. Le flotte portoghesi furono seguite dalle flotte di gran lunga più formidabili degli olandesi e degli inglesi. L'arrivo dei nuovi invasori coincise con lo scatenarsi di sanguinose lotte tra i bianchi. Ma se gli europei furono tragicamente divisi, i loro avversari non furono più uniti e si dimostrarono incapaci di trarre pieno profitto dalle lotte fratricide degli europei.

da C.M. Cipolla, *Vele e cannoni*, il Mulino, Bologna 2004

Guida alla comprensione

1 Quali erano i due fattori che secondo lo storico Carlo Maria Cipolla determinarono il primato degli Europei sulle altre potenze mondiali nell'Età moderna?

2 In che cosa consisteva il vero vantaggio degli Europei?

☐ Nel rapido progresso tecnologico.
☐ Nell'uso della violenza indiscriminata.
☐ Nella consistenza numerica dei loro eserciti.
☐ Nella superiore tattica militare.

3 Da che cosa avrebbero potuto trarre vantaggio gli avversari degli Europei? Perché non lo fecero?

DOCUMENTO 2

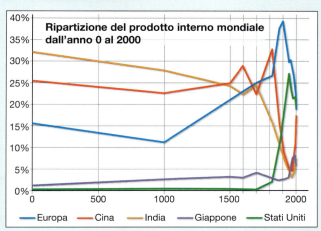

Ripartizione del prodotto interno mondiale dall'anno 0 al 2000

Guida alla comprensione

1. A partire da quando l'economia europea cominciò a salire in maniera costante e regolare?
2. Quand'è che l'Europa superò in ricchezza due "colossi" economici come la Cina e l'India?
3. Perché quest'epoca può essere considerata una sorta di spartiacque nella storia europea?

DOCUMENTO 3

Quando la Spagna iniziò la sua conquista, altri stati si accorsero della ricchezza che affluiva dal Nuovo Mondo e sei si affrettarono a unirsi nell'impresa. La stessa cosa accadde anche per i cannoni, l'illuminazione elettrica, la stampa, le pistole e mille altre invenzioni: c'era sempre qualche regnante che si opponeva per sue personali idiosincrasie[1], ma una volta che la cosa era adottata in una nazione si diffondeva alla fine in tutta l'Europa. In Cina accadeva l'esatto opposto. [...] La geografia diede alla Cina un vantaggio iniziale, [...] l'assenza di barriere alla fine le si ritorse contro, perché permise un'uniformità assoluta in cui la decisione di un despota poteva cambiare il corso della tecnologia. L'Europa invece si ritrovò divisa in decine o centinaia di stati indipendenti in continua competizione, che erano costretti ad accettare le innovazioni per poter sopravvivere: le barriere geografiche erano sufficienti a prevenire l'unificazione politica, ma non il passaggio delle idee. Nessuno mai in Europa poté spegnere la luce come in Cina.

J. Diamond, *Armi, acciaio e malattie. Breve storia del mondo negli ultimi tredicimila anni*, Einaudi, Torino 1998

1. **idiosincrasia**: avversione per qualcosa, insofferenza assoluta.

Guida alla comprensione

1. Sottolinea i termini con cui l'autore del brano indica le caratteristiche dell'Europa e della Cina nell'Età moderna.
2. In che modo l'Europa risultò avvantaggiata da quello che poteva sembrare uno svantaggio?
3. Perché la Cina in definitiva risultò svantaggiata?

---

2 Il secondo passo è **scegliere la tipologia di articolo**.
Cerca di pensare a quale tipo di testo vuoi scrivere: un testo prevalentemente narrativo, o informativo-espositivo, o argomentativo? Quale tipo di articolo di giornale ti sembra più adatto a questo scopo: articolo di cronaca, articolo di opinione, articolo settoriale o articolo culturale?

3 Dovrai poi **scegliere la destinazione editoriale**.
Per l'articolo di giornale è molto importante scegliere il tipo di destinatario (giornalino scolastico, rivista specializzata, rivista divulgativa, quotidiano ecc.) perché in base alla tua scelta dovrai anche adottare un linguaggio più o meno tecnico per il tuo elaborato: più divulgativo nel caso del giornalino scolastico, più "scientifico" nel caso della rivista specializzata.

4 A questo punto puoi **elaborare una scaletta**.
In un articolo di giornale non possono mancare le informazioni relative alle cosiddette 5W: • che cosa? (*what?*) • chi? (*who?*) • dove? (*where?*) • quando? (*when?*) • perché? (*why?*)

Queste domande ti serviranno per elaborare una prima scaletta del tuo testo. Dovrai poi arricchirlo con citazioni dei brani forniti, interpretazioni di studiosi, documenti storici ecc., e con le tue osservazioni o con opinioni argomentate, nel caso in cui tu abbia scelto la tipologia dell'articolo di opinione.

5 Infine dovrai **scegliere un titolo**.
Un buon articolo di giornale deve avere un titolo accattivante, che catturi l'attenzione dei lettori e li invogli alla lettura del testo. Il titolo degli articoli di giornale è solitamente costituito da tre parti:

– **titolo propriamente detto**: è in posizione centrale, riporta il nucleo della notizia e di solito è la parte con maggiore risalto, anche dal punto di vista grafico;
– **occhiello**: è posto sopra il titolo vero e proprio, serve da introduzione alla notizia;
– **sommario**: è collocato sotto al titolo e riferisce una sintesi della notizia stessa.

Unità 2
L'ETÀ DELLE RIVOLUZIONI

LA PERIODIZZAZIONE

L'età delle rivoluzioni si identifica all'incirca con la **seconda metà del Settecento**. Sebbene infatti tutti i fenomeni di quell'epoca abbiano radici più lontane, è in quel mezzo secolo che si concentrano l'inizio della Rivoluzione industriale, il movimento illuminista, la Rivoluzione americana e la Rivoluzione francese. Quest'ultima rende periodizzante la data del **1789**, perché gli storici la assumono come fine dell'Età moderna e **inizio dell'Età contemporanea**.

Francia
Rivoluzione francese
(1789-1799)

Italia
Rivoluzione scientifica di Galileo
(XVII secolo)

IL CONTESTO STORICO

Il contesto degli eventi di questo periodo non può prescindere dalla **Guerra dei Sette anni**, definita "la prima guerra mondiale della storia" perché dallo scenario europeo passò rapidamente a quello dell'intero pianeta e si combatté sugli oceani. Al termine di essa, il planisfero politico del mondo risultò sostanzialmente cambiato e vide l'inizio della presenza occidentale nei territori che presto sarebbero diventati coloniali. Ma un altro effetto della guerra fu l'impoverimento di tutti gli Stati che vi avevano partecipato, costituendo la premessa della Rivoluzione americana e della Rivoluzione francese.
Alla Guerra dei Sette anni seguì la **Prima rivoluzione industriale** che partì dall'Inghilterra, cominciò con una rivoluzione agricola, applicò la macchina di Watt all'industria e ai trasporti e crebbe grazie a una politica liberale e a un'economia liberista.
Contemporaneamente in Francia un movimento di pensiero erede dell'Umanesimo e di Galileo, ma attento anche ai progressi dell'industria, mise in crisi l'*Ancien Régime*. I suoi protagonisti lo chiamarono **Illuminismo**.
L'Illuminismo ispirò le tredici colonie americane della Gran Bretagna che, in nome del diritto all'uguaglianza e alla felicità, diventarono indipendenti e fondarono gli **Stati Uniti d'America**.
Dall'Illuminismo e dall'influenza della Rivoluzione americana nacque la **Rivoluzione francese** che abbatté i residui di feudalesimo e la monarchia assoluta, degenerò nel Terrore e poi ristabilì il primato della borghesia.
Dalla Rivoluzione emerse **Napoleone**, il più grande genio militare di tutti i tempi e abile legislatore, ma anche un dittatore che costrinse l'Europa a vent'anni di guerre.

Linea del tempo

| 1790 | 1800 | 1810 | 1820 |

1783 — **1787** Costituzione degli Stati Uniti — STATI UNITI D'AMERICA

RIVOLUZIONE INDUSTRIALE IN INGHILTERRA

1814 Locomotiva di Stephenson

XVI | **1792** REPUBBLICA | **1799** CONSOLATO | **1804** IMPERO | **1815**

1789 Stati generali | **1791** Costituzione | **1793-1794** Terrore | **1799** Napoleone: colpo di Stato | **1804** Codice civile | **1815** Waterloo

RIVOLUZIONE FRANCESE

6 La Prima rivoluzione industriale

XVII secolo
Inizio della rivoluzione dei "campi chiusi"

1765
Macchina a vapore di Watt

1814
Locomotiva di Stephenson

▶ VERSO LA SECONDA RIVOLUZIONE INDUSTRIALE

1 Perché in Inghilterra

Tra quanti festeggiarono il capodanno del 1700, quelli che avevano i maggiori motivi per essere fiduciosi nel futuro erano gli Inglesi. O meglio, **i nobili e i borghesi inglesi**, cioè gli appartenenti ai due ceti che, conclusa ormai la lunga stagione dei conflitti politici e religiosi, potevano approfittare della **ricchezza accumulatasi nel Paese** per imprimere alla propria crescita economica un'accelerazione dagli esiti inaspettati.

E in effetti fu nella Gran Bretagna del Settecento che si compì una svolta storica della civiltà e dell'economia occidentali: la **Rivoluzione industriale**. Essa viene universalmente considerata il mutamento più radicale avvenuto dalla Rivoluzione neolitica in poi, quando i cacciatori-raccoglitori si trasformarono in agricoltori-allevatori, rivoluzionando non solo l'alimentazione ma i rapporti sociali, le forme del potere, l'intero modo di vivere.

In Europa, la Gran Bretagna era l'unico Paese in cui poteva verificarsi una rivoluzione di tale portata. Le radici della sua fortuna risalivano alla **scelta di Elisabetta I** di assecondare la naturale vocazione di un'isola, trasformandola da Paese povero, allevatore di pecore ed esportatore di lana grezza, in una nazione di marinai, padroni degli oceani, dotata della **più grande flotta dell'epoca**.

Le imprese dei corsari e, soprattutto, la **tratta degli schiavi** avevano fruttato enormi **ricchezze private** che, attraverso **tasse equamente distribuite** presso tutte le categorie sociali, si erano convertite anche in **ricchezza pubblica**. Inoltre, la vittoria del Parlamento nella Gloriosa Rivoluzione aveva permesso agli Inglesi di adattare rapidamente le leggi dello Stato alle **necessità del commercio e delle manifatture**, assecondandone lo sviluppo; in Gran Bretagna, per esempio, diversamente che nel resto d'Europa, erano state abolite le dogane che bloccavano i commerci interni.

Grazie al concorrere di tutti questi elementi favorevoli, nella prima metà del XVIII secolo il Paese conobbe un eccezionale incremento degli scambi commerciali e dei consumi. Le sue "**Compagnie commerciali**" importavano e utilizzavano più merci "esotiche" di qualsiasi altra zona d'Europa: non solo le spezie o le sete più raffinate, ma zucchero, caffè, cotone e, soprattutto, **tè**. Quest'ultimo, giunto a Londra nel 1658 accompagnato dalla fama di bevanda in grado di curare ogni

La pianta del tè
A partire dal Seicento due bevande esotiche, il caffè (arabo) e il tè (cinese e indiano) conquistarono l'Europa. Il tè in particolare piacque agli Inglesi e divenne la loro bevanda nazionale. Secondo alcuni storici era la prima volta che l'Occidente, dopo aver sperimentato il tabacco e alcune droghe, provava delle bevande che avevano un effetto eccitante: proprio questa qualità avrebbe dato a intere nazioni una valida spinta verso il progresso e il successo negli affari.

I galeoni
La flotta privata della Compagnia inglese delle Indie non era costituita solo da navi commerciali ma anche da galeoni da guerra, vere città galleggianti con più di 750 persone a bordo perfettamente addestrate e comandate con disciplina ferrea.

disturbo, nel 1700 era diventato un **rito collettivo**, consumato da un numero sempre maggiore di persone; per servirlo c'era bisogno di un adeguato corredo di tazze, bricchi e recipienti vari che ovviamente dovevano essere di porcellana finissima. Poiché solo i Cinesi sapevano fabbricarne di tanto pregiata, era necessario scoprirne al più presto i segreti.
Anche attraverso meccanismi come questo si crearono le basi della Rivoluzione industriale. Tuttavia né il commercio né l'artigianato avrebbero potuto portare a tali risultati se in Inghilterra non si fosse contemporaneamente verificata una **grande rivoluzione agricola**.

2 Dai "campi aperti" ai "campi chiusi"

Subito dopo la Gloriosa Rivoluzione il Parlamento votò una serie di leggi che scardinarono l'intero sistema agricolo feudale il quale, in Inghilterra come in Francia e in altre parti d'Europa, era basato sui cosiddetti "**campi aperti**".
I campi erano "aperti", cioè **privi di recinzioni**, in quanto ogni proprietario possedeva parcelle di terreno lontane le une dalle altre e incastrate in quelle altrui, per cui, per raggiungerle, bisognava attraversare i campi dei vicini. Ogni parcella veniva divisa in tre strisce e su di esse si praticava la **rotazione triennale**: una striscia a cereali, una a legumi, l'altra "a maggese" ovvero a riposo.
Al di là dei campi aperti si estendevano le **terre comuni** che in realtà erano di proprietà dello Stato o dell'aristocrazia ma che, in base ad antiche tradizioni feudali, venivano **concesse ai contadini come terre da pascolo**, dove potevano anche raccogliere la legna per l'inverno. A Natale si macellava gran parte del bestiame, perché non c'erano riserve di foraggio secco per mantenere gli animali durante i mesi freddi, quando l'erba smetteva di crescere, e le carni macellate venivano conservate per tutto l'anno sotto sale. Da questa organizzazione derivava una serie di **sprechi**:
• **di tempo** per i contadini, che impiegavano ore per spostarsi da una parcella all'altra;
• **di terreno**, a causa dei troppi sentieri e delle parti lasciate ogni anno a maggese;
• **di bestiame** che, se fosse rimasto in vita, a primavera avrebbe potuto riprodursi.

I campi chiusi
In questo panorama della campagna inglese si notano gli appezzamenti ormai cintati da siepi. In quello in primo piano si riesce a distinguere la fila dei seminatori, allineati come soldatini. Sono i braccianti a giornata, che hanno perso i loro campi e ai quali i sorveglianti non consentono più la pittoresca ma improduttiva confusione del lavoro nei "campi aperti".

Fin dai tempi di Elisabetta I le critiche a questo sistema si erano sprecate, ma la resistenza della maggioranza dei contadini, ostili a qualunque novità, aveva bloccato quasi ovunque i tentativi di cambiamento. La grande trasformazione avvenne solo nel XVIII secolo, quando le leggi imposero a una regione dopo l'altra di **riunire i fondi** e trasformarli in **"campi chiusi"**, ovvero dotati di recinzioni. Fu un'operazione epocale, compiuta da funzionari che spesso furono presi a sassate, chiusi nei fienili e minacciati di essere messi al rogo da contadini infuriati che ritenevano di venire truffati nei cambi perché una parcella fertile veniva sostituita da una meno fertile o perché le misure non tornavano. Molti preferirono vendere ai più ricchi, i **Lord**, e andarsene a cercare lavoro in città. Alla fine, il caotico panorama dei campi aperti si trasformò in un **ordinato sistema di grandi tenute**, suddivise in campi recintati che comprendevano anche le ex terre comuni e che erano interamente di proprietà dell'aristocrazia terriera.

3 La rivoluzione dei "campi chiusi"

Nel corso della storia i latifondi sono stati spesso una sciagura per l'economia di un Paese: basti ricordare i latifondi baronali dell'Italia meridionale. In Inghilterra, al contrario, i latifondi furono all'origine delle fortune nazionali. Lì, infatti, l'aristocrazia non si accontentò di ricavare dai terreni una rendita sufficiente a mantenerla nel lusso, ma li affidò ai coltivatori più intelligenti e preparati, nominandoli **intendenti** e fornendo loro il denaro e il potere per effettuare tutte le migliorìe necessarie.

Gli intendenti cominciarono con il sostituire la rotazione triennale con la **rotazione quadriennale**. Ogni campo fu diviso in quattro parti di cui una fu seminata a cereali, una a piante primaverili, una a piante autunnali e una, invece di essere lasciata in riposo, fu seminata a **trifoglio e rape**. Queste piante ricche di azoto agiscono infatti sul terreno rigenerandolo e, contemporaneamente, servono la prima come foraggio, la seconda come pianta alimentare. Inoltre, al frumento e all'orzo furono affiancati il riso indiano e il mais americano.

La seconda migliorìa fu quella di dividere a sua volta l'intera tenuta in quattro parti:
- i **campi**, già suddivisi con i criteri della rotazione quadriennale;
- i **pascoli**, su cui brucavano le pecore e i bovini, dai quali si traevano lana,

LESSICO — ECONOMIA

Migliorìe
Un termine che si usa solo per i miglioramenti apportati a "beni immobili" come case, strade, fabbriche e terreni.

carne, latticini e concime; quest'ultimo, non più disperso ma radunato in un unico settore della proprietà, veniva raccolto e utilmente sfruttato per fertilizzare i campi;
- il **bosco**, usato per la caccia, la legna e, nella parte del querceto, anche per le ghiande con cui nutrire i maiali;
- la **miniera** di carbone o di ferro, di cui il sottosuolo era ricchissimo; gli intendenti modernizzarono quelle esistenti e ne aprirono di nuove.

La rivoluzione agricola non si fermò a queste migliorìe. L'attivismo nelle grandi tenute stimolò ogni genere di ricercatori, da quelli che inventarono nuovi **attrezzi** per la semina e l'aratura a quelli che si cimentarono in **incroci** sempre più audaci per selezionare spighe con un maggior numero di chicchi, razze bovine più ricche di latte, maiali più grassi, nuove razze di cani per tutte le necessità della pastorizia e della caccia.

Nacquero allora anche le prime splendide varietà di "**rose inglesi**", a forma di coppa, di rosetta o di pon-pon, per il piacere delle dame e l'addobbo della casa. Sono le "madri" di tutte le rose odierne e ancora oggi le più pregiate.

Le migliorìe arricchirono i Lord ma anche gli intendenti che, a loro volta, comprarono terreni e formarono un nuovo ceto, la **gentry**, le cui origini risalivano ai tempi di Cromwell e che con lui aveva combattuto contro il re Carlo I Stuart. La *gentry* conquistò tanta stima nel Paese che, nonostante le sue origini non aristocratiche, venne considerata piccola nobiltà di campagna e i suoi membri ebbero il titolo di *Sir*.

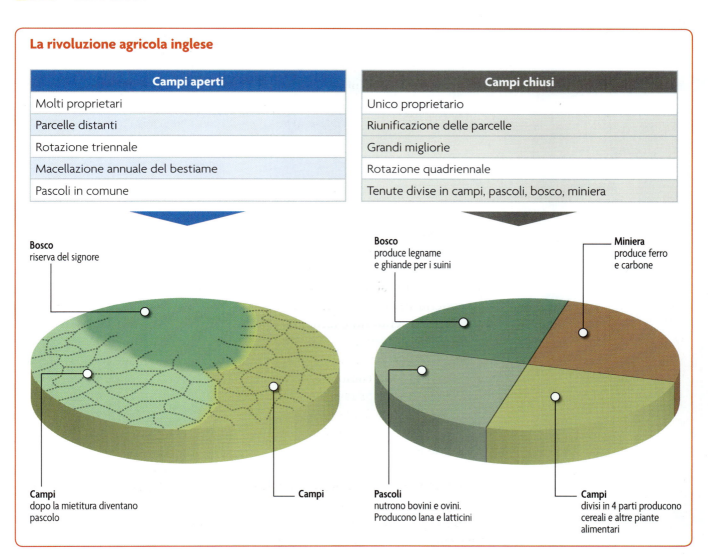

La rivoluzione agricola inglese

Campi aperti
Molti proprietari
Parcelle distanti
Rotazione triennale
Macellazione annuale del bestiame
Pascoli in comune

Campi chiusi
Unico proprietario
Riunificazione delle parcelle
Grandi migliorìe
Rotazione quadriennale
Tenute divise in campi, pascoli, bosco, miniera

Bosco riserva del signore

Campi dopo la mietitura diventano pascolo

Campi

Bosco produce legname e ghiande per i suini

Miniera produce ferro e carbone

Pascoli nutrono bovini e ovini. Producono lana e latticini

Campi divisi in 4 parti producono cereali e altre piante alimentari

4 ▶ L'accumulazione del capitale

I "campi chiusi" crearono le condizioni che permisero alla *gentry* di accumulare ciò che gli Europei del XVIII secolo chiamavano il **capitale**, intendendo con questo termine il denaro che veniva investito, ovvero il "denaro che produce altro denaro": per esempio, il denaro del banchiere prestato a interesse a un mercante oppure il ricavato di una vendita di legname usato per apportare migliorìe in un "campo chiuso".

In quell'epoca si usava già largamente anche il termine **capitalista**, coniato nella prima metà del Seicento per indicare persone dotate di denaro e pronte a impiegarlo per averne sempre di più.

L'**accumulazione del capitale** fu facilitata dal fatto che la *gentry* era una categoria di persone che non avevano né l'abitudine al lusso né tantomeno la necessità del lusso. Un Lord doveva sostenere spese enormi per mantenere castelli in campagna, palazzi in città, dove aveva il seggio (senza stipendio) alla Camera alta, cavalli da corsa, carrozze, un centinaio di cani per la caccia alla volpe, servi, valletti, un guardaroba elegante per sé e per la sua famiglia.

I consumi di un intendente, invece, non erano così dispendiosi: un *cottage*, un cavallo, un calesse, in modo da mantenere il decoro di sé e dei suoi, qualche concessione alle nuove mode come quella del tè ma nulla più.

Ciò che restava poteva essere interamente **investito**. A ciò bisogna aggiungere la **componente religiosa**: mentre i Lord erano anglicani e provenivano anche da famiglie che avevano tentato di riportare in Inghilterra il cattolicesimo, la *gentry* era puritana e quindi aveva assorbito la rigida morale calvinista del lavoro.

Mr e Mrs Andrews
Il titolo del quadro è il nome di questa coppia ritratta dal pittore inglese Thomas Gainsborough. Sembrano due aristocratici, ma sono in realtà due ricchissimi membri della *gentry*. Amministrando patrimoni altrui, Mr Andrews se ne è costruito uno personale da favola.

La filanda della nuova era
La filatura è uscita dai piccoli *cottages* di campagna e si è concentrata in ambienti enormi con centinaia di filatoi sorvegliati da una massa di operaie e mossi da una macchina invisibile, collocata altrove.

5 L'innovazione tecnologica nel tessile

Nel 1750 l'intera economia inglese sembrò acquisire una marcia in più. Lo dimostra il **numero impressionante di brevetti** richiesti negli anni 1750-1780: cento volte superiori a quelli depositati fra il 1700 e il 1750. Furono inventati nuovi sistemi di drenaggio per bonificare i terreni paludosi, selezionati buoi, pecore, mucche che, come si è detto, dessero più latte o più carne, sementi che garantissero rese più alte, attrezzi più funzionali.

Per trasportare i carrelli nelle miniere furono utilizzate le **rotaie** e **nuove pompe** estrassero l'acqua che si formava nelle gallerie sempre più profonde. Inoltre si scoprì che il **ferro** poteva essere utilizzato come materiale da costruzione.

Come in tutte le economie pre-industriali, tuttavia, il settore artigianale più importante rimase quello **tessile** ed è da lì che partì la Rivoluzione industriale. L'Inghilterra era ricca sia di **lana**, fornita dalle pecore, sia di **cotone**, che proveniva dalle colonie e aveva il vantaggio di costare meno e di essere assai più robusto. Fra il 1750 e il 1790, alcuni artigiani del settore s'ingegnarono per **velocizzare i procedimenti** di filatura e tessitura. Sui filatoi tradizionali girava un'unica spola di filo; poi fu inventata una nuova macchina, la cosiddetta *jenny*, e di colpo una sola persona poté filare sette fili alla volta.

In vent'anni furono costruite ventimila *jenny*, le quali avevano un unico difetto, quello di produrre un filo troppo sottile. Combinandolo però con quello assai più robusto ottenuto grazie a un'altra macchina appena ideata, il *frame*, era possibile ricavare un filato molto resistente. Poco dopo fu inventato il *mule*, che combinava la tecnologia della *jenny* con quella del *frame*.

Anche la fase della tessitura fece un enorme salto di qualità quando, nel 1784, **Edmund Cartwright** brevettò il suo **telaio meccanico**. Il miglior filatore indiano (l'India era allora la capitale mondiale del cotone) produceva 150 matasse da una libbra di cotone grezzo, mentre dalla stessa quantità un filatoio meccanico ne produceva 300.

> **LESSICO — ECONOMIA**
>
> **Brevetto**
> Un documento breve, come dice il nome, rilasciato da esperti nominati dallo Stato, che attesta l'utilità di un'invenzione e garantisce all'inventore il diritto esclusivo di sfruttarla per un periodo di tempo determinato.

Il cotone si poteva produrre in una versione più rozza, il calicò, e in una più fine, la mussolina. E soprattutto costava così poco da soddisfare un mercato vasto, che comprendeva anche gli operai salariati. Anche i ceti più poveri potevano così accedere a un bene che non avevano mai posseduto: la biancheria e le camicie. Inoltre il cotone soddisfaceva i mercati oltremare che, a causa del clima tropicale, gradivano stoffe più leggere.

Le nuove macchine, però, erano troppo pesanti per essere manovrate a mano e non potevano essere collocate nel *cottage* di una famiglia contadina: esse dovevano essere sistemate vicino a un corso d'acqua e collegate alle ruote di un mulino perché la forza dell'acqua potesse metterle in moto.

Testimoni e interpreti

Come si poteva formare un capitale

AUTORE	Samuel e Aaron Walker
OPERA	Diario
DATA	1741-1774

Leggi altre fonti dirette nella Biblioteca digitale

Grazie a queste pagine di diario scritte da due fratelli (uno, maestro di scuola; l'altro, contadino con un'infarinatura di nozioni da fabbro ferraio) si può capire come due persone poverissime, ma dotate di tenacia e di spirito di iniziativa, riuscirono a costruire da zero un capitale. Si può cioè seguire in modo semplice e lineare quel processo che gli economisti chiamano "accumulazione capitalistica". I due fratelli parlano quasi sempre di sé in terza persona.

1741. All'incirca nell'ottobre di quell'anno Samuel e Aaron Walker costruirono una piccola fornace nella vecchia officina del chiodaiolo aggiungendovi una o due baracche. E dopo aver rifatto una volta i camini e più volte la fornace, si cominciò a progredire un poco: Samuel insegnando alla scuola del villaggio, e Aaron dedicando parte del suo tempo a fabbricare chiodi e parte a mietere, tosare ecc.
1743. Aaron cominciò ora ad avere parecchio lavoro e, non avendo più tempo per mietere, prendeva dai guadagni quattro scellini a settimana per mantenere sé e la famiglia.
1745. In quest'anno Samuel Walker, essendo aumentati gli affari, fu costretto a rinunciare alla scuola e si costruì lui stesso una casa in margine all'officina, e allora si sentì sistemato per il resto dei suoi giorni. Allora ci concedemmo un salario di dieci scellini alla settimana ciascuno per mantenere le proprie famiglie.

Il diario continua: a quell'epoca il valore dell'azienda era stimato 400 sterline, ma l'anno dopo Jonathan, il fratello di Samuel e Aaron, vi aggiunse 100 sterline; Samuel ne aggiunse 50 di suo e un amico, che aveva già lavorato a stipendio nella ditta, altre 50.

1748. Con questo capitale, i soci aprirono prima una fonderia nella città più vicina, poi, nel 1748, un forno per l'acciaio.
1754. Con lavoro indefesso e molta parsimonia, Aaron e Samuel Walker fecero scavare un canale e lastricare una strada a proprie spese.
1764. Allo stabilimento fu aggiunto un grande reparto per la fabbricazione di padelle.
1767. Poiché ormai l'azienda valeva 7500 sterline, Aaron e Samuel Walker tolsero per la prima volta dal capitale 140 sterline per dividerle tra i soci.
1774. Il capitale era arrivato a 62 500 sterline.

A quell'epoca l'azienda comprendeva anche una fabbrica di armi da fuoco; sicché, quando l'Inghilterra entrò in guerra con le sue colonie americane, il valore dell'azienda salì fino a 128 000 sterline. In quell'anno Samuel Walker morì, ma l'azienda continuò a crescere. All'inizio dell'Ottocento era ormai diventata una delle maggiori industrie siderurgiche britanniche.

LABORATORIO

Sviluppare le competenze

1 Seguendo passo passo il racconto dei due fratelli, inserisci gli avanzamenti della loro iniziativa su una striscia del tempo.

6. La macchina rotativa a vapore di Watt e il decollo della Rivoluzione industriale

È a questo punto che entra in scena **James Watt**. Watt era un **tecnico** scozzese di grande ingegno che aveva lavorato per molto tempo come assistente di un professore di fisica all'Università di Glasgow. Standogli accanto, aveva assistito a numerosi esperimenti sull'**energia sviluppata dal vapore acqueo**, ottenuto scaldando un contenitore pieno di acqua su un fornello a carbone.

Molti ingegneri, sulla base di questa scoperta, erano riusciti a imprimere un **moto verticale** a un pistone e avevano costruito delle **pompe** per **estrarre dalle miniere l'acqua** che trasudava dalle pareti delle gallerie.

Anche Watt ne inventò una, ma non era questo ciò cui aspirava. Il suo sogno, infatti, era di trasformare il moto verticale in **moto rotatorio**, grazie al quale le applicazioni dell'energia del vapore sarebbero state infinite: una ruota che gira, infatti, può essere collegata con una cinghia alla ruota fissata su un'altra macchina e trasmetterle il movimento. Ci arrivò per la prima volta nel **1765** leggendo libri di meccanica e fisica, interrogando grandi scienziati e sperimentandone tipi sempre più perfezionati. Nel **1781** Watt costruì il suo ultimo e finalmente perfetto modello di **macchina rotativa a vapore**, lo brevettò e lo applicò a un filatoio compiendo così il **primo passo della Rivoluzione industriale**.

> **SCIENZA E TECNICA**
> Gli eredi di Galileo: il trionfo della misura e della matematica, pag. 128

Confronto tra la potenza di diverse fonti di energia			
Fonte d'energia	Epoca	Potenza in kilowatt	Equivalente in uomini che lavorano
Uomo	fino al 9000 a.C.	0,075	1
Bue da tiro	fino al 4000 a.C.	0,56	7
Asino alla macina	3000 a.C.	0,15	2
Cavallo da tiro	1000 d.C.	0,75	10
Mulino a vento o ad acqua	1000 d.C.	2	30
Macchina a vapore di Watt	1765	35	466
Turbina a vapore odierna	1976	1,3 milioni	17,3 milioni

Le prime macchine a vapore

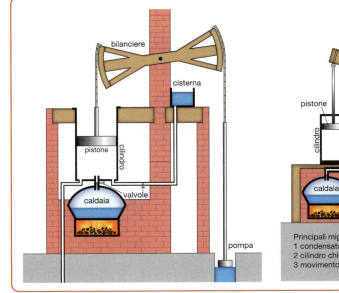
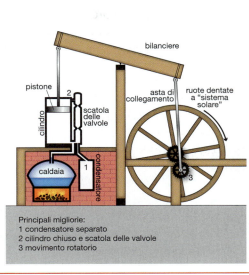

Principali migliorie:
1 condensatore separato
2 cilindro chiuso e scatola delle valvole
3 movimento rotatorio

A sinistra, una delle macchine a vapore verticali che pompavano acqua dalle miniere. A destra, la macchina rotativa di Watt, che, grazie a una serie di ruote e di cinghie, riusciva a trasmettere il movimento ad altre macchine.

7 La fabbrica e l'urbanesimo

Da millenni l'uomo usava l'energia muscolare, quella dei mulini a vento e quella dei mulini ad acqua. Grazie a Watt, per la prima volta poté disporre di una **nuova forma di energia**, quella del **vapore**.
I vantaggi furono incalcolabili. Prima di tutto, la forza del vapore era molto più potente di quella muscolare di uomini e animali. In secondo luogo, mentre i mulini potevano funzionare solo vicino a un corso d'acqua o quando il vento spirava con continuità, le macchine a vapore erano sempre disponibili dove e quando serviva perché il carbone – utilizzato per alimentare le macchine – si poteva accumulare, conservare e trasportare.
Grazie alla nuova invenzione, decine di filatoi e telai meccanici potevano essere posizionati **in un unico stanzone** dentro il quale la macchina di Watt produceva l'energia necessaria a farli funzionare tutti: **nasceva** la **fabbrica**. Gli stanzoni divennero ben presto enormi edifici e furono costruiti nelle città portuali, vicino ai grandi mercati e alle vie di comunicazione, fluviali e terrestri.

Lettura d'immagine

Una delle prime fabbriche: il cotonificio

1. Cotone indiano in balle
2. Filatoi
3. Rocchetti di cotone filato
4. Telai
5. Ruota del mulino ad acqua

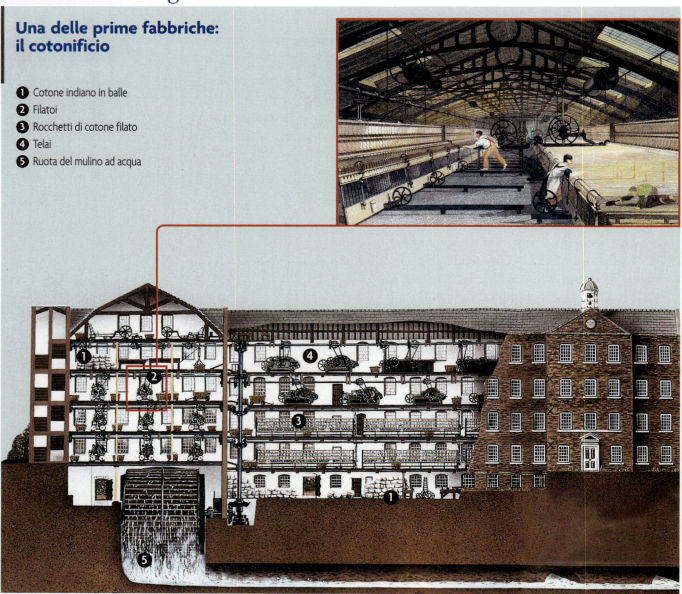

Il proliferare delle fabbriche richiese allora un numero sempre maggiore di operai. Questa domanda fu soddisfatta dalla popolazione rurale che, rimasta senza terra a causa dell'espansione dei campi chiusi e priva del lavoro di filatura e tessitura a domicilio, si offrì come manodopera.
La conseguenza della nascita delle fabbriche fu che una valanga di ex contadini abbandonò le campagne e si rovesciò nelle città. Si creò quindi un nuovo urbanesimo alimentato da un circolo virtuoso: più fabbriche nascevano, più ex contadini vi affluivano e più le città si ampliavano.
Questo nuovo urbanesimo trasformò anche il rapporto fra produttori e prodotti. I contadini erano vissuti per secoli di autoconsumo: abitavano nei *cottages* di famiglia, mangiavano ciò che coltivavano, si vestivano con ciò che filavano e tessevano, vangavano e zappavano con gli attrezzi che si costruivano. Diventati operai, passavano invece la giornata in fabbrica e quindi dovevano comprare il pane e gli abiti e affittare una stanza dove dormire. Sebbene le loro paghe fossero estremamente basse, operai e operaie crearono un fenomeno completamente nuovo: la domanda di beni di consumo, cioè beni come il pane e il vestiario, che nel tempo sarebbe diventata di massa.

8 Un'esplosione demografica senza precedenti

A mano a mano il mercato dei compratori si allargava, di conseguenza cresceva la domanda di prodotti alimentari e di tessuti; di conseguenza doveva crescere l'offerta di questi beni da parte dell'agricoltura e dell'industria; di conseguenza occorreva sempre più manodopera per produrre. Di conseguenza occorrevano sempre più consumatori che "domandassero" (comprassero) i beni di consumo "offerti" (prodotti e messi sul mercato).
L'Inghilterra non avrebbe potuto mettere in moto questa spirale "virtuosa", così chiamata perché creatrice di ricchezza, se nel Settecento non avesse registrato una prodigiosa crescita demografica che approssimativamente tra il 1700 e il 1800 toccò, secondo alcuni, addirittura il 61%.
I motivi di questa crescita – che, sebbene in misura molto minore rispetto all'Inghilterra, interessò tutta l'Europa – sono molteplici:
- la fine delle grandi epidemie di peste;
- la diminuzione della mortalità, dovuta, oltre che all'attenuazione delle epidemie, anche a una migliore alimentazione (legata a sua volta ai miglioramenti dell'agricoltura) e a condizioni igieniche meno drammatiche.
In particolare, diminuì la mortalità provocata dall'alcolismo, grazie alle leggi che intorno alla metà del Settecento limitarono l'uso del gin; questo alcolico tratto dal ginepro rappresentava in Inghilterra una vera e propria piaga sociale e nei primi anni del secolo aveva fatto balzare il numero dei decessi a livelli insostenibili;
- l'aumento delle nascite, dovuto alla maggiore produttività in agricoltura e all'aumento dei posti di lavoro, due circostanze che permisero un'alimentazione più abbondante e un abbassamento dell'età dei matrimoni.
Per tutta l'Età moderna, a causa delle incertezze sul futuro, nelle campagne i maschi si erano sposati in media tra i 28 e i 31 anni e le femmine tra i 25 e i 28. La maggiore nutrizione e le prospettive d'impiego abbassarono la media rispettivamente a 20-21 e 18-20 anni: fino a dieci anni guadagnati dalle donne per avere bambini.

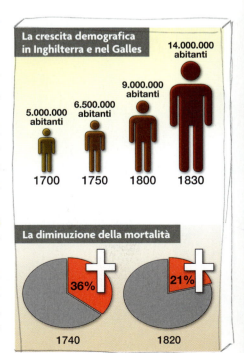

 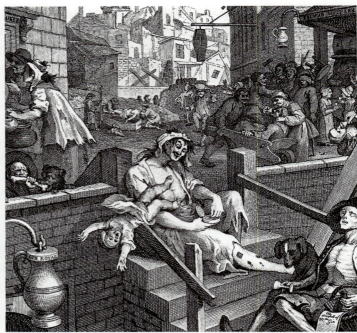

Scene londinesi
All'inizio del Settecento la vita dei poveri nelle città era segnata dall'alcolismo. La stampa a destra si chiama *Il vicolo del gin* e venne pubblicata per sollecitare una legge contro la circolazione del liquore; a sinistra, una stampa della stessa serie intitolata *La via della birra*.

9 La rivoluzione dei trasporti

Se il settore tessile fu quello trainante, in brevissimo tempo anche tutti gli altri ambiti produttivi furono investiti dalla Rivoluzione: l'Inghilterra era percorsa in lungo e in largo dal **carbone** che **dalle miniere** affluiva **nelle fabbriche**, dal materiale da costruzione per erigere le fabbriche stesse e i dormitori per gli operai, mentre le balle di cotone scaricate nei porti dovevano raggiungere gli stabilimenti e le pezze di stoffa finite dovevano essere instradate verso i mercati interni ed esteri. In un'epoca in cui le **strade** erano quasi sempre sterrate e tortuose, gli imprenditori inglesi si unirono per costruirne di nuove e rientrarono dei soldi spesi istituendo un sistema di **pedaggi**. Ampliarono anche la rete di **canali** e, in poco più di trent'anni, la Gran Bretagna fu attraversata da oltre mille chilometri di vie d'acqua. Un cavallo che traina una chiatta può tirare fino a 400 volte il peso che tirerebbe su strada, ma procede comunque lentamente. Invece, la nuova industria, anche se neonata, aveva già **bisogno di trasporti rapidi**. Gli inventori scalpitavano: applicare la macchina rotativa a vapore a un carro e usarne l'energia per farlo correre era certamente possibile, ma il brevetto della macchina a vapore apparteneva a Watt, che continuava a riservare il suo gioiello alle fabbriche tessili.
Quando finalmente il brevetto arrivò a scadenza, tecnici e ingegneri si gettarono sul problema: alcune caldaie scoppiavano, altre erano troppo pesanti e il carro non si muoveva, altre ancora consumavano troppo carbone con costi proibitivi. Poi, il figlio di un fuochista, **George Stephenson**, riuscì a costruire un oggetto semovente e funzionante: una **locomotiva**. Era il **1814**. Quindici anni dopo a Stephenson fu commissionata la **linea ferroviaria Liverpool-Manchester**, che collegava il principale porto del Paese con la capitale dell'industria tessile. Fu lui stesso a dotarla di **rotaie**, modificando quelle su cui scorrevano i carrelli di carbone nelle miniere, e di **stazioni** con sale d'attesa, ristoranti, bagni e stanze per cambiarsi gli abiti, anneriti dal fumo grasso delle locomotive.

Era cominciata l'era della **ferrovia** che diede inizio a un'altra fondamentale rivoluzione: la **rivoluzione dei trasporti**. Essa fece immediatamente crollare i costi del trasporto-merci del 30% e concesse a un numero sempre più alto di Inglesi una straordinaria possibilità: quella di viaggiare comodamente.

Lettura d'immagine

Le origini del treno

❶ Il *Rocket*
Un modello perfezionato della locomotiva inventata da George Stephenson, chiamato *Rocket*, "razzo", fu fatto gareggiare nel 1829 con altre locomotive e vinse nettamente alla velocità di quasi 60 chilometri l'ora. Era in grado di trainare un treno di 14 tonnellate.

❷ Locomotiva contro cavallo
Nel disegno è raffigurata la più famosa locomotiva di Stephenson. Nel 1829 essa vinse una mitica corsa battendo un cavallo che trainava anch'esso un vagone e convincendo in tal modo anche gli ultimi scettici.

❸ Le stazioni
L'interno di una stazione, con il tetto di vetro sostenuto da strutture in ferro, per lasciar passare la luce del giorno.

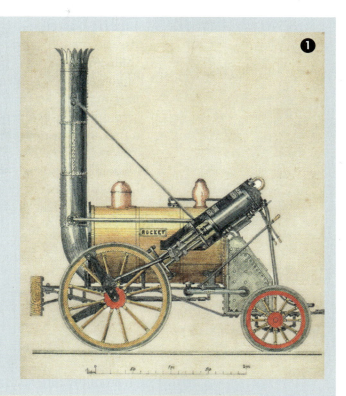

10. La divisione del lavoro

Il **lavoro in fabbrica** era un tipo di lavoro completamente nuovo che tuttavia all'inizio fu organizzato come quello di una bottega artigiana dove chi costruiva un prodotto ne seguiva il ciclo dall'inizio alla fine. Se l'artigiano faceva una scarpa, sceglieva e comprava il cuoio e la pelle, tagliava, montava e cuciva la suola, il tacco e la tomaia, praticava i buchi per i lacci, lucidava la scarpa finita. Tutto ciò non era più compatibile con i **ritmi imposti dalle macchine**. Era necessario mettere a punto una **nuova organizzazione**; fu l'economista scozzese **Adam Smith** a farlo e la chiamò "**divisione del lavoro**". Smith ne dimostrò l'utilità nel **1776** scegliendo come esempio la fabbricazione di un prodotto della massima semplicità: lo spillo.

L'esempio consistette nel suddividere l'intero ciclo di lavorazione di un prodotto in una **serie di operazioni distinte**, ciascuna delle quali veniva eseguita da un gruppo di operai che si specializzavano in quella e che ignoravano invece tutte le operazioni precedenti e successive.

Il nuovo sistema si rivelò geniale e in breve tempo fu applicato a ogni tipo di fabbrica, da quelle di tessuti a quelle di ceramiche, di utensili metallici, di orologi.

Testimoni e interpreti

La divisione del lavoro in una fabbrica di spilli

AUTORE	Adam Smith, filosofo ed economista scozzese
OPERA	*Indagine sulla natura e le cause della ricchezza delle nazioni*
DATA	1776

Leggi altre fonti dirette nella Biblioteca digitale

Nel seguente brano Adam Smith illustra la divisione del lavoro nella produzione industriale degli spilli.

Prendiamo come esempio una manifattura di modestissimo rilievo, ma in cui la divisione del lavoro è stata osservata più volte, cioè il mestiere dello spillettaio. Dato il modo in cui viene svolto oggi questo compito, non soltanto tale lavoro nel suo complesso è diventato un mestiere particolare, ma è diviso in un certo numero di specialità, la maggior parte delle quali sono anch'esse mestieri particolari. Un uomo trafila il metallo, un altro raddrizza il filo, un terzo lo taglia, un quarto gli fa la punta, un quinto lo schiaccia all'estremità dove deve inserirsi la capocchia; fare la capocchia richiede due o tre operazioni distinte; inserirla è un'attività distinta, pulire gli spilli è un'altra, e perfino metterli nella carta è un'altra occupazione a sé stante; cosicché l'importante attività di fabbricare uno spillo viene divisa in tal modo in circa diciotto distinte operazioni che, in alcune manifatture, sono tutte compiute da mani diverse.

Ho visto una piccola manifattura di questo tipo dov'erano impiegati soltanto dieci uomini e dove alcuni di loro, di conseguenza, compivano due o tre operazioni distinte.

Ma sebbene fossero molto poveri e perciò solo mediocremente dotati delle macchine necessarie, erano in grado, quando ci si mettevano, di fabbricare, tra tutti, circa dodici libbre di spilli al giorno [circa sei chili]. In una libbra [circa mezzo chilo] vi sono più di quattromila spilli di formato medio. Quelle dieci persone, dunque, riuscivano a fabbricare, tra tutte, più di quarantottomila spilli al giorno. Si può dunque considerare che ogni persona, facendo la decima parte di quarantottomila spilli, fabbricasse quattromilaottocento spilli al giorno.

LABORATORIO

Comprendere

1. Quante operazioni occorrerebbero a un singolo artigiano per fabbricare uno spillo?
2. Che cosa suggerisce Adam Smith per risparmiare tempo, costi ed energie?

11 I cambiamenti legislativi

Lo sviluppo della Rivoluzione industriale e del capitalismo fu favorito anche dall'**evoluzione delle leggi** che regolavano il **diritto commerciale** e il **diritto del lavoro**. Attraverso i loro deputati in Parlamento, i proprietari delle fabbriche e i loro finanziatori riuscirono infatti a promuovere scelte politiche che assecondassero le iniziative industriali e favorissero lo sviluppo economico. Tali politiche riguardarono soprattutto due aspetti:

- la **politica del credito**, che si adeguò alle esigenze della produzione: quanto più l'agricoltura, l'industria e il commercio britannici diventavano forti, tanto più **le banche abbassavano il "tasso di sconto"**, cioè l'interesse che chi chiedeva denaro in prestito per fondare nuove imprese doveva pagare ai creditori.

  Mentre intorno al 1625 chi otteneva denaro dalle banche doveva pagare ogni anno un interesse del 10%, nel 1717 pagava solo il 5% e nel 1757 addirittura il 3%. Grazie a un tasso di sconto così basso, farsi prestare denaro non fu più un problema: chi voleva impiantare una nuova attività sapeva di poter pagare gli interessi senza grossi sacrifici e chi lo prestava lo concedeva facilmente perché non temeva di perdere ciò che aveva investito;

- le **leggi sul lavoro**, che smantellarono le ultime **corporazioni** artigiane, facendo sì che chiunque apriva una fabbrica non dovesse più fare i conti con i privilegi che esse ancora difendevano.

Il risvolto terribile di queste leggi si fece sentire in **campo sociale**: il lavoratore poteva essere **licenziato** dall'oggi al domani, le **donne** venivano pagate la metà degli uomini e si sfruttavano spietatamente i **bambini**, spesso tolti dagli orfanotrofi e costretti a lavorare quindici ore al giorno; in cambio ricevevano solo un letto fetido e il cibo bastante a sopravvivere. Molti dei **bambini-minatori**, assunti a otto anni, non vivevano oltre i quindici.

> **RICORDA**
>
> **Corporazioni**
>
> Questo termine di origine medievale indica le associazioni che garantivano il controllo della qualità del prodotto e l'alto livello dei salari, causando però forti rialzi dei prezzi di vendita. Esse inoltre si opponevano alle innovazioni tecnologiche.

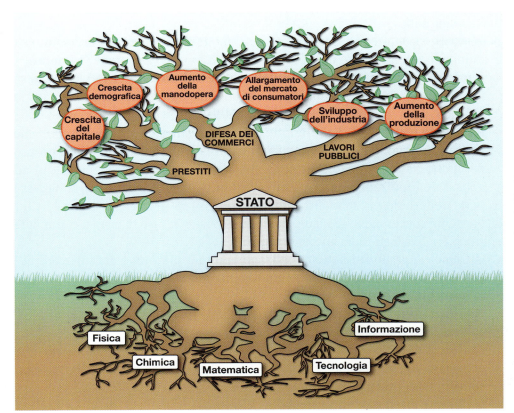

Il modello inglese
Secondo il "modello inglese", la società è un albero le cui radici si alimentano col progresso tecnico e scientifico incoraggiato dalla possibilità di ricercare e discutere liberamente. Il tronco è lo Stato, concepito come un edificio aperto, che vara riforme. I suoi frutti danno benessere, produzione, commerci. La Rivoluzione industriale, secondo gli storici, nacque dal perfetto coordinamento di questi elementi.

Donne e bambini in miniera
In questa incisione di fine Settecento, una donna trascina faticosamente il carrello carico di pietre e carbone che ha agganciato alla cintura. La aiuta un bambino, uno dei tanti ragazzini tenuti a lavorare in miniera, molto richiesti per la statura bassa che permetteva loro di muoversi agevolmente nei cunicoli. Donne e bambini erano pagati molto meno degli uomini nonostante i massacranti turni di lavoro.

12 Il liberismo

Queste scelte legislative rivelano una particolare concezione dello sviluppo dell'economia: secondo tale interpretazione, lo sviluppo si realizza solo se sono garantiti la massima **libertà di iniziativa dell'individuo**, **liberi scambi internazionali**, **libera concorrenza** e la **minore interferenza dello Stato** nelle leggi del mercato.

Questa teoria fu chiamata più tardi **liberismo**. Essa trovò il suo massimo teorizzatore in quello stesso **Adam Smith** che aveva elaborato la teoria della divisione del lavoro. Nel 1776 egli scrisse un libro considerato immediatamente la Bibbia del liberismo, *Indagine sulla natura e le cause della ricchezza delle nazioni*, in cui sosteneva che **il benessere dell'individuo coincide con il benessere della società**, anzi addirittura che, perseguendo il proprio interesse, gli individui, in virtù di una "mano invisibile", finiscono per assicurare naturalmente l'interesse della collettività.

A illustrare questa teoria, sostenuta immediatamente dai maggiori economisti britannici, possono essere utili due esempi.

- Il primo è la profonda **revisione della legge sui poveri** del **1834**, che tolse l'assistenza pubblica ai disoccupati e ai sottopagati perché ritenuta contraria all'etica del lavoro libero e fonte di parassitismo.
- Il secondo è, nel **1846**, l'**abolizione delle *Corn Laws***, le leggi sul grano, vale a dire l'abolizione di quelle **leggi protezioniste** che tenevano alto il prezzo del grano danneggiando sia i consumatori sia gli industriali, interessati ad abbassare il prezzo dei generi alimentari in modo che agli operai rimanesse parte del salario per fare altri acquisti.

Nei decenni successivi il liberismo dall'Inghilterra si diffuse in tutto il continente europeo e si basò su una serie di princìpi:

- la totale **libertà d'iniziativa** degli imprenditori: chiunque era libero di impiantare una fabbrica nel luogo e nel momento che preferiva e di chiuderla quando più gli conveniva;
- l'**assenza di tasse doganali** sull'importazione dall'estero di materie prime;
- l'**assenza di monopòli di Stato**;
- l'**assenza di leggi a protezione dei lavoratori**: quindi libertà di assumere e licenziare, libertà di definire i salari in base alle esigenze dell'impresa; nessun contributo di previdenza sociale;
- la **libera e sfrenata concorrenza** tra le imprese.

Il **liberismo economico** si sviluppò in Inghilterra parallelamente a una grande corrente europea che sosteneva l'esistenza di diritti inalienabili dell'individuo che lo Stato non può violare: il **liberalismo politico**.

13 L'importanza della cultura: giornali e opinione pubblica

Quando gli storici si interrogano sul perché la Rivoluzione industriale nacque e si sviluppò in Inghilterra, esaminano una serie di fattori fondamentali, che vanno dalla rivoluzione dei "campi chiusi" allo sviluppo della rete di strade e canali. Va però considerato anche un altro elemento di enorme importanza: il **livello culturale generale del Paese**.

Quasi cent'anni prima dell'invenzione di Watt, il 70% della borghesia di città e di campagna sapeva leggere e scrivere e, fatto ancora più importante, era alfabetizzato il 40% dei lavoratori. Paragonate con quelle degli altri Paesi europei (tranne l'Olanda) erano cifre sorprendenti.

Un Paese lanciato verso una crescita economica velocissima, in cui le merci circolavano arrivando e partendo da tutte le parti del mondo e dove si scontravano interessi enormi, era un luogo dove le notizie erano preziose quanto il denaro e dove la discussione era la base di ogni nuova scoperta, di ogni affare da concludere, di ogni richiesta da fare.

La "domanda" di notizie, certe e verificate, non più affidate alla trasmissione orale che le deforma e le rende inattendibili, fu soddisfatta dal **giornale**, un foglio quotidiano che, dietro pagamento di una piccola somma, informava gli Inglesi di ciò che accadeva in Parlamento, dell'arrivo di una nave e del suo carico, delle ricerche degli scienziati.

I primi giornali, spediti per posta a pochi abbonati (finanzieri e uomini politici), risalgono addirittura al Seicento, ma il **primo quotidiano** messo in vendita per le strade fu quello **fondato nel 1704** da Daniel Defoe, il giornalista e romanziere autore di *Robinson Crusoe*.

IL SENSO DELLE PAROLE

Liberismo
È un termine applicato all'economia, che significa libertà di ogni individuo dai poteri dello Stato, quando esso pretende di intervenire sui "diritti economici", come il diritto di conservare una proprietà, fondare un'impresa, commerciare ecc.

Liberalismo
È un termine applicato alla politica, che significa libertà di ogni individuo dai poteri dello Stato, quando esso pretende di intervenire sui "diritti naturali", come la libertà di pensiero o di religione.

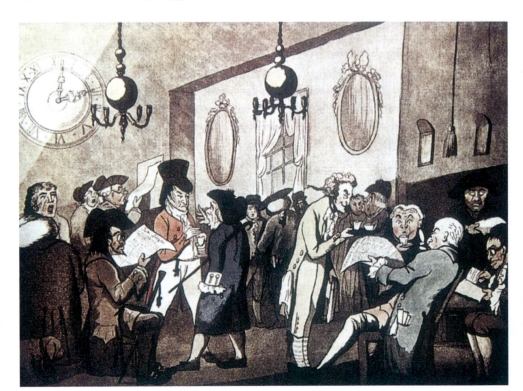

La lettura dei giornali
Una caricatura dei borghesi di Londra, seduti in un caffè per compiere quello che è diventato un rito quotidiano di cui non si può fare a meno: leggere e discutere le notizie dei giornali. Fu così che si formò l'opinione pubblica inglese.

Interpreti e testimoni

Una rivoluzione di idee

AUTORE	T.S. Ashton, storico inglese
OPERA	*La rivoluzione industriale*
DATA	1948

Leggi altre **fonti storiografiche** nella Biblioteca digitale

Un grande studioso della Rivoluzione industriale analizza uno degli aspetti fondamentali di questo fenomeno.

La congiuntura della crescente offerta di terra, lavoro e capitale rese possibile l'espansione dell'industria; il carbone e il vapore fornirono il combustibile e l'energia necessari per una produzione su larga scala; la modicità dei tassi d'interesse, l'aumento dei prezzi e le buone prospettive di profitto fornirono l'incentivo. Ma al fondo e al di là di questi fattori materiali ed economici c'era qualcosa di più. Il commercio con l'estero aveva ampliato la visione del mondo e la scienza aveva esteso i confini dell'universo: la rivoluzione industriale fu anche una rivoluzione di idee.

LABORATORIO

Produrre un elaborato scritto

1. Questo brano racconta in estrema sintesi l'essenza della Rivoluzione industriale inglese. Costruisci una scaletta ricavata da ogni punto segnalato dall'autore e sviluppala in un saggio breve.

LESSICO — SOCIETÀ

Opinione pubblica
L'opinione pubblica è l'insieme dei modi di pensare e delle convinzioni collettive di una società. Essa consiste in una quantità di atteggiamenti (verso la religione, la morale, il senso del dovere, il concetto di famiglia ecc.) e la sua importanza diventa decisiva in occasione delle elezioni politiche. Oggi l'opinione pubblica è fortemente influenzata dai mass media.

In tutte le città di provincia, e non solo a Londra, aprirono la loro attività **stampatori e librai**, mentre un esercito di strilloni e ambulanti vendeva libri a buon mercato nelle campagne. La discussione ferveva ovunque, ma soprattutto nei **club**, i "circoli" esclusivi degli imprenditori, e nei pub, le osterie degli operai. I dibattiti e la diffusione dei giornali contribuirono a far nascere un elemento del tutto assente nella società antica e medievale: l' **opinione pubblica**.

14 Il luddismo e le Leghe operaie

La Rivoluzione industriale **arricchì in tempi molto rapidi gli imprenditori** e i capitalisti in generale, ma, tra il 1800 e il 1850, portò anche a un **miglioramento del livello di vita** di tutta la popolazione britannica. Lo dimostrano diversi elementi e più di ogni altro la prodigiosa crescita demografica.
All'inizio, tuttavia, i contadini diventati **operai** subirono un **trauma violento**. Gli **orari** e le **condizioni di lavoro** nelle fabbriche, uniti alla crescente divisione del lavoro, riducevano l'operaio a non essere più che "una mano". Il ritmo di lavoro veniva imposto da una macchina inanimata e instancabile e svolto insieme a una schiera di operai sotto gli occhi di sorveglianti che, per punirli, avevano a disposizione le multe, le violenze fisiche e il licenziamento. "La fabbrica – ha detto lo storico David S. Landes – era un nuovo genere di prigione; e l'orologio un nuovo genere di carceriere."
Il contesto urbano non era migliore. Le **città industriali** che si erano formate attorno a una o più fabbriche erano costantemente coperte da una nube di fumo denso e nero prodotto dal carbone di migliaia di caldaie; i **quartieri operai**, sorti in fretta, erano luridi e malsani; le case erano divise in decine di appartamenti spogli e non riscaldati.
Molti reagirono tentando addirittura di **distruggere le macchine** e dando luogo a violente **proteste** organizzate da una società segreta formata da artigiani, inquadrati in "bande di guerriglieri". Il movimento fu chiamato **luddismo**, dal nome di Ned Ludd, un tessitore immaginario che, secondo le leggende operaie,

nel 1799 aveva distrutto per primo un telaio meccanico. Ci furono anche una serie di **scioperi** ai quali i padroni reagirono con multe e licenziamenti.
Nel 1800 il Parlamento stabilì che associarsi per chiedere un aumento salariale o la riduzione dell'orario lavorativo rientrava nel reato di **congiura contro lo Stato** e molti operai furono processati e condannati ai lavori forzati. Nel 1812 contro i luddisti fu addirittura introdotta la pena di morte. Poi, nel 1824, il luddismo si esaurì.
Intanto però le lotte dei lavoratori avevano portato alla formazione delle prime **Leghe operaie**, associazioni che rappresentano le prime vere forme di rappresentanza sindacale dei lavoratori.

15 Gli operai guadagnarono o persero?

La Rivoluzione industriale provocò grandi mutamenti nella società inglese. Il principale fu la **trasformazione dei lavoratori agricoli delle campagne in operai delle città**. Per molti anni un'autorevole parte degli storici diede di questo fenomeno un'interpretazione estremamente negativa sostenendo che il trasferimento in fabbrica fece crollare il livello e la qualità della vita.
Secondo questa interpretazione, gli svantaggi furono enormi: la divisione del lavoro tolse al lavoratore l'orgoglio di sentirsi il vero artefice del prodotto, i salari erano da fame, il futuro incerto, le abitazioni malsane, le città inquinate dalle fabbriche a livello intollerabile.
Studi più recenti hanno riequilibrato il giudizio mostrando i vantaggi delle nuove condizioni di vita a confronto con le vecchie. I contadini dei "campi aperti" erano oberati da affitti e tasse, costretti alle *corvées*, preda delle prepotenze dei signori e, soprattutto, morivano letteralmente di fame e di fatica.
In Inghilterra la vertiginosa crescita della popolazione che si verificò a partire dal 1700 e i rapporti tra salari e costo della vita dimostrano che un operaio di fabbrica si nutriva meglio di un agricoltore tradizionale.

L'inizio dell'inquinamento
Le ciminiere di questa fabbrica da cui usciva l'acciaio di Sheffield emettono giorno e notte, sotto forma di vapore, i residui della combustione del carbone. La fabbrica sorge a pochi metri dal centro storico della città: comincia quell'era che i sociologi chiamano "antropocene", ovvero l'era in cui l'uomo distrugge la natura.

Testimoni e interpreti

Il "modello inglese" visto dai borghesi

OPERA Progressi dell'industria in Inghilterra (in "Antologia", Firenze)
DATA 1825

Leggi altre **fonti dirette** nella Biblioteca digitale

La seguente fonte costituisce una delle prove più significative dell'entusiasmo suscitato dal "modello inglese" nella borghesia di tutta Europa. Il documento apparve nel 1825 sulla rivista "Antologia", pubblicata a Firenze, nel Granducato di Toscana.

Per convincersi dello stato di prosperità delle classi medie, basta percorrere le campagne, visitare le botteghe, esaminare le officine e i magazzini. Dappertutto si scorge l'agiatezza, che rende la sussistenza più facile e più dolce. Le abitazioni sono più comode. Quegli oggetti di lusso che gl'Inglesi chiamano tanto a proposito *comforts* (quasi per indicare che non i soli e pochi ricchi li posseggono) sono sparsi generalmente. Malgrado l'aumento delle spese dei commercianti, il numero dei fallimenti diminuisce proporzionalmente; da trent'anni a questa parte, il numero dei commercianti a Londra è triplicato; gli affari commerciali hanno acquistata un'estensione proporzionalmente decupla.
La condizione delle classi inferiori è migliorata, come quella delle classi medie. Verso la metà del Settecento pan di segale, d'orzo, o di avena, formava il principale alimento della popolazione lavoratrice. Adesso il popolo si nutre di pane di grano anche nei quartieri più periferici della capitale.
Dal 1764 al 1824, la popolazione è aumentata in ragione del 78%: il consumo della carne da macello del 115%; il che indica un aumento di consumo delle classi inferiori. Il peso dei bestiami è aumentato insieme al numero delle bestie macellate. Nel 1732, il peso medio di un bue era di 370 libbre: oggi, i rapporti ai quali si può prestar fede lo fanno giungere a 800. Il consumo del maiale fresco, e di quello salato, del burro, e del formaggio, è aumentato con una proporzione eguale. Il consumo del tè e dello zucchero è raddoppiato, mentre il numero dei consumatori non è cresciuto che della metà. Un tal miglioramento si vede chiaramente nelle abitazioni, nei mobili, e nei vestiti delle classi povere. La vecchia trascuratezza ha ceduto il passo alla pulizia: negli ultimi quarant'anni, il consumo del sapone è giunto da 35 a 90 milioni di libbre.
Tali sono i risultati dell'industria. Potenza per la nazione e benessere, e indipendenza per gli individui.

Interpreti e testimoni

Il "modello inglese" visto dai proletari

AUTORE Pierre Mantoux, storico francese
OPERA La rivoluzione industriale
DATA 1971

Leggi altre **fonti storiografiche** nella Biblioteca digitale

I costi umani dello sviluppo industriale inglese sono esaminati qui da uno storico contemporaneo che analizza l'atteggiamento degli operai, ben lontano dall'entusiasmo dei borghesi europei testimoniato dalla fonte precedente.

Al risentimento verso la macchina si univa l'odio per la fabbrica. È facile comprendere il sentimento di intollerabile repulsione che la disciplina della fabbrica ispirava all'operaio abituato a lavorare a domicilio oppure nella piccola bottega.
Nella sua casa, malgrado dovesse lavorare molte ore data l'esiguità del guadagno, egli poteva mettersi al lavoro e sospenderlo a piacimento, senza ore fisse, dividerlo come voleva, andare e venire, fermarsi un poco a riposare, e anche astenersene, se così decideva, per due giorni interi.
Presso la bottega del mastro artigiano, la sua libertà, pur ridotta, era ancora grande. Egli non si sentiva separato dal padrone da un abisso incolmabile e i loro rapporti mantenevano la caratteristica di relazioni personali, da uomo a uomo. Non era sottomesso ad un regolamento inflessibile e trascinato come un ingranaggio, nell'inesorabile movimento di un meccanismo inanimato.
Entrare in una fabbrica era come entrare in caserma o in prigione. Per questo i fabbricanti della prima generazione trovarono spesso gravi difficoltà a reclutare il personale, ed esse sarebbero state ancora maggiori se non avessero avuto a disposizione la popolazione fluttuante che le usurpazioni dei grandi proprietari cacciavano dall'agricoltura verso l'industria e dalle campagne verso la città.

GUIDA ALLO STUDIO
Sintesi

1-4 La rivoluzione agricola inglese

All'inizio del XVIII secolo in Gran Bretagna si creano le basi per la cosiddetta "Rivoluzione industriale". I fattori determinanti per questo cambiamento epocale non vanno cercati soltanto nell'incremento dei traffici commerciali e dell'artigianato, ma anche e soprattutto in una grande rivoluzione agricola. Fino a ora, infatti, il sistema agricolo inglese è stato basato sui "campi aperti" dove si è praticata la rotazione triennale, che ha comportato numerosi sprechi. A partire dal Settecento, invece, vengono introdotti i "campi chiusi" dove si attua la rotazione quadriennale, che risulta estremamente più produttiva e permette alla *gentry* di arricchirsi e di accumulare capitale da investire.

5-6 La macchina a vapore di Watt e il decollo della Rivoluzione industriale

Intorno alla metà del secolo, sono molto numerose le invenzioni volte a facilitare le attività artigianali e manifatturiere. Il settore tessile conosce un aumento della produzione grazie all'uso della *jenny* e del telaio meccanico, brevettato da Edmund Cartwright nel 1784. Tre anni prima, nel 1781, James Watt ha perfezionato la macchina rotativa a vapore, che viene applicata a un filatoio avviando così la Rivoluzione industriale.

7-9 Urbanizzazione, crescita demografica e rivoluzione dei trasporti

L'invenzione di Watt determina la nascita delle fabbriche e nelle città che le ospitano aumenta il bisogno di manodopera. Così gli ex contadini abbandonano le campagne e si trasferiscono nei centri urbani creando un nuovo urbanesimo e trasformandosi in operai che hanno bisogno di beni di consumo. Via via che il mercato dei compratori si allarga, cresce la domanda; di conseguenza cresce l'offerta, che porta alla necessità di aumentare la manodopera e la massa dei consumatori. Questa spirale "virtuosa" può verificarsi solo grazie alla prodigiosa crescita demografica, dovuta alla fine delle epidemie di peste, alla diminuzione della mortalità, all'aumento delle nascite. Intanto la nuova industria ha sempre più bisogno di trasporti rapidi e nel 1814 George Stephenson costruisce la prima locomotiva, aprendo l'era della ferrovia e la rivoluzione dei trasporti.

10-12 "Divisione del lavoro" e liberismo economico

I ritmi imposti dalle macchine rendono necessaria una nuova organizzazione ed è Adam Smith, nel 1776, a metterla a punto dandole il nome di "divisione del lavoro". Per favorire lo sviluppo economico, inoltre, le banche abbassano il "tasso di sconto" e le leggi sul lavoro smantellano le ultime corporazioni artigiane, creando però gravi conseguenze sul piano sociale. Nasce il liberismo, teorizzato ancora una volta da Adam Smith che sostiene che il benessere dell'individuo coincide con il benessere della società. Il liberismo si basa sulla libertà d'iniziativa, l'assenza di tasse doganali, di monopòli di Stato e di leggi a protezione dei lavoratori nonché sulla sfrenata concorrenza tra le imprese. Il liberismo economico si sviluppa in Inghilterra parallelamente alla grande corrente europea del liberalismo politico.

13 Giornali e opinione pubblica

La Rivoluzione industriale nasce e si sviluppa in Inghilterra grazie anche al livello culturale generale del Paese: l'alfabetizzazione è altissima, nel 1704 Daniel Defoe fonda il primo quotidiano, si moltiplicano stampatori e librai, nei club fervono le discussioni e si forma così l'opinione pubblica.

14-15 Il luddismo e le Leghe operaie

La Rivoluzione industriale arricchisce gli imprenditori e porta a un generale miglioramento del livello di vita, ma all'inizio gli operai subiscono un trauma violento: orari e condizioni di lavoro sono massacranti e i quartieri in cui vivono sono luridi e malsani. Molti tentano di distruggere le macchine e danno vita al luddismo, che si esaurisce nel 1824. Intanto però si sono formate le prime Leghe operaie e comunque, malgrado tutti gli svantaggi, i vantaggi offerti dalla vita in città sono evidenti.

Unità 2 L'età delle rivoluzioni

GUIDA ALLO STUDIO

Mappa concettuale

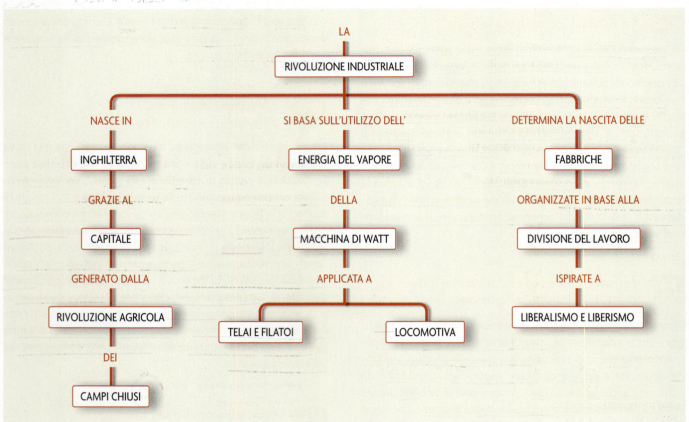

Verifica formativa

ARRICCHIRE IL LESSICO

1 Il sostantivo "rivoluzione" deriva dal verbo "rivolgere", il quale dà origine a numerosi termini. Con i quattro che ti elenchiamo qui sotto scrivi altrettante frasi di senso compiuto.
Rivolta, rivoltella, rivoltoso, rivoltante.

COMPRENDERE IL TESTO

2 In un testo di circa 8 righe spiega perché, in Europa, solo la Gran Bretagna poteva dare avvio alla Rivoluzione industriale.

3 Scegli il completamento corretto delle frasi seguenti.

1 Nei "campi aperti" si praticava la rotazione
   ☐ quadriennale.
   ☐ triennale.

2 Le terre comuni venivano concesse ai contadini
   ☐ come pascoli.   ☐ come poderi da coltivare.

3 Gli intendenti apportarono migliorìe
   ☐ nei "campi chiusi".   ☐ nei "campi aperti".

4 Gli intendenti divisero ogni tenuta
   ☐ in tre parti.   ☐ in quattro parti.

5 Il capitale era il denaro accumulato e investito grazie alle migliorìe
   ☐ dalla *gentry*.   ☐ dall'aristocrazia.

4 Metti in ordine cronologico le seguenti scoperte relative al settore tessile inserendo nei quadratini i numeri da 1 a 5 e scrivendo, dove indicato dai puntini, il nome dell'inventore.

a ☐ *mule*
b ☐ telaio meccanico ....
c ☐ *jenny*
d ☐ macchina rotativa a vapore ....
e ☐ *frame*

La Prima rivoluzione industriale **Capitolo 6** 127

CAPITOLO 6

5 Completa il brano seguente.

Da millenni l'uomo usava l'energia ...., quella dei .... e quella dei .... Grazie a Watt, per la prima volta poté disporre di una nuova forma di energia, il .... Utilizzando la nuova invenzione, decine di .... e .... meccanici poterono essere posizionati in un unico ....: nascevano le ...., costruite nelle .... Il loro proliferare richiese una grande manodopera e così gli ex .... abbandonarono le .... e si rovesciarono nelle .... creando un nuovo .... che trasformò anche il rapporto tra .... e .... Di conseguenza nacque la domanda di .... e di ....

6 Completa lo schema seguente.

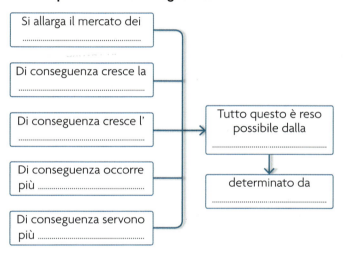

7 Rispondi alle domande seguenti.
1 Quale invenzione diede avvio alla rivoluzione dei trasporti? Chi fu l'inventore?
2 In che cosa consisteva la "divisione del lavoro" elaborata da Adam Smith?
3 Quali cambiamenti legislativi favorirono lo sviluppo della Rivoluzione industriale e del capitalismo?

8 Spiega chi fu il massimo teorizzatore del liberismo e che cosa sosteneva tale teoria.

9 Completa la tabella seguente spiegando su quali princìpi si basò il liberismo.

Libertà di	
Assenza di	
Assenza di	
Assenza di	
Sfrenata	

10 In un testo di circa 6 righe spiega come si formò l'opinione pubblica.

11 Indica se le seguenti affermazioni sono vere o false.
1 La Rivoluzione industriale arricchì gli imprenditori ma non migliorò il livello di vita del resto della popolazione. V F
2 Gli orari e le condizioni di lavoro in fabbrica erano pesantissimi. V F
3 I quartieri operai erano luridi e malsani. V F
4 Il luddismo fu una teoria elaborata dagli industriali per aumentare la produzione. V F
5 Le Leghe operaie erano le prime forme di rappresentanza sindacale dei lavoratori. V F

12 Scrivi un breve testo esponendo la tua opinione sui vantaggi e gli svantaggi ai quali andarono incontro gli operai della Rivoluzione industriale.

GUIDA ALL'ESPOSIZIONE ORALE

1 Illustra le prime tappe della Rivoluzione industriale, dalla trasformazione dei "campi aperti" in "campi chiusi" alla scoperta della macchina rotativa a vapore di Watt.

Scaletta:
• "campi aperti" • rotazione triennale • sprechi • "campi chiusi" • intendenti • migliorìe • rotazione quadriennale • *gentry* • capitale • brevetti • telaio meccanico • macchina rotativa a vapore

Parole e concetti chiave:
campi, pascoli, bosco, miniera, attrezzi, incroci, investimenti, lana, cotone, velocizzazione dei procedimenti, *jenny, frame, mule,* Cartwright, moto verticale, moto rotatorio, James Watt.

Come cominciare:
"Fino alla Gloriosa Rivoluzione, il sistema agricolo inglese era basato sui 'campi aperti', cioè privi di recinzioni."

2 Spiega perché la nascita della fabbrica mise in moto una spirale "virtuosa" che produsse ricchezza ma rese anche necessaria una nuova organizzazione del lavoro che penalizzò gli operai.

Scaletta:
• città • richiesta di manodopera • urbanesimo
• domanda di beni di consumo • crescita demografica
• ritmi imposti dalle macchine • "divisione del lavoro"
• orari e condizioni di lavoro massacranti • luddismo

Parole e concetti chiave:
trasformazione dei contadini in operai, allargamento del mercato dei consumatori, fine delle epidemie di peste, diminuzione della mortalità, incremento delle nascite, Adam Smith, suddivisione del ciclo di lavorazione in operazioni distinte, città industriali, quartieri operai, sfruttamento di donne e bambini, distruzione delle macchine.

Come cominciare:
"Grazie all'invenzione di Watt nacquero le fabbriche, che furono costruite in città."

SCIENZA E TECNICA

Gli eredi di Galileo: il trionfo della misura e della matematica

La Rivoluzione industriale non sarebbe esistita senza il metodo scientifico fondato da Galilei, gli strumenti di misura che ne derivarono e l'attenzione posta allo sviluppo delle matematiche.

Fondamentali strumenti di misura

Il metodo sperimentale di Galileo si diffuse immediatamente tra tutti coloro che, a vario titolo, osservavano e studiavano i fenomeni della natura. Tra i vari insegnamenti forniti dal metodo, quello che sulle prime affascinò più di ogni altro fu il **concetto di misura**: se la scienza diventava tale solo misurando e rimisurando ogni fenomeno, per prima cosa occorreva costruire **strumenti di precisione** adatti allo scopo.
Il primo di questi strumenti fu costruito verso la metà del Seicento da un olandese, **Christiaan Huygens**, che aveva studiato le leggi del moto pendolare: una delle prime formulate da Galileo. Grazie ad esse Huygens costruì il primo **orologio a pendolo**, ben più preciso degli orologi meccanici che, col tempo, rallentavano vistosamente perché le ruote dentate dei loro ingranaggi si consumavano.
Un altro fondamentale strumento di misura fu il **barometro** creato nel 1644 da un discepolo di Galileo, l'italiano **Evangelista Torricelli** che aveva elaborato la teoria della pressione atmosferica e che, grazie ad essa, aveva fornito il primo strumento scientifico per fare, tra l'altro, **previsioni meteorologiche**.

La scoperta del vuoto

Gli esperimenti di Torricelli aprirono un nuovo vastissimo campo di ricerca perché permisero di ipotizzare l'**esistenza del vuoto**, un concetto ritenuto fino ad allora inammissibile perché si credeva che la natura provvedesse a riempire di qualcosa di materiale (per esempio l'aria) qualunque spazio lasciato libero.
Su questa linea fu fondamentale un esperimento noto come "**emisferi di Magdeburgo**" compiuto dal tedesco Otto von Guericke nel 1664. Dopo essere riuscito ad aspirare con una pompa l'aria contenuta in due semisfere di bronzo, egli constatò che si "incollavano": il vuoto formatosi al loro interno le teneva talmente unite che nemmeno otto coppie di cavalli riuscirono a separarle.

Galileo e il metodo sperimentale
Questo dipinto ottocentesco ritrae Galileo da giovane, mentre osserva le oscillazioni di un lampadario nel Duomo di Pisa. Misurandole con il battito del polso egli formulò le leggi del moto pendolare.

La nascita della chimica

Gli esperimenti sul vuoto furono perfezionati dall'irlandese **Robert Boyle**, considerato il **padre della chimica moderna**. Le sue ricerche riguardarono quella che allora fu chiamata "chimica pneumatica" (*pneuma* è una parola greca che significa "aria" e "respiro").
Egli osservò che diversi fenomeni, dalla combustione all'ossidazione dei metalli fino alla respirazione degli esseri viventi, avvengono solo in presenza di aria; scoprì così che quest'ultima non è, come si credeva, uno dei quattro elementi primari insieme all'acqua, la terra e il fuoco, bensì un misto di particelle fondamentali. Qualche decennio dopo, nel Settecento, il francese **Antoine-Laurent Lavoisier** proseguì gli studi di Boyle sulla combustione e scoprì il **primo elemento chimico** della storia, l'**ossigeno**: da lì partì a individuarne altri, come l'azoto, l'anidride carbonica e l'idrogeno che, unito all'ossigeno, – egli scoprì – formava l'acqua.
Grazie alla diffusione del fortunatissimo *Trattato di chimica elementare*, le **applicazioni pratiche** non tardarono a venire. Lavoisier poté compiere le sue straordinarie scoperte grazie all'uso di bilance di precisione

che si era fatto costruire apposta: con queste misurazioni accuratissime egli poté formulare la legge per la quale è noto e che recita così: "Nulla si crea, nulla si distrugge, tutto si trasforma".

Il "nonno" della macchina a vapore
Allievo sia di Boyle sia di Huygens fu il francese **Denis Papin**, che fu il primo a cercare di **sfruttare il vapore come energia motrice**. Egli dimostrò che, liberando e condensando vapore acqueo all'interno di un cilindro, un pistone a esso collegato compie un movimento verso l'alto e poi verso il basso.
Tuttavia, l'invenzione non fu davvero compresa e sfruttata: Papin provò ad applicarla a un battello ma senza esito. Più fortuna ebbe quando costruì una pentola che rendeva i cibi "più digeribili": la **pentola a pressione**.

Il trionfo della matematica
Tutti gli studiosi citati qui e tantissimi altri capirono, in quel periodo, quale formidabile strumento di conoscenza fosse la matematica e si adoperarono perché essa diventasse un linguaggio universale comprensibile in tutto il mondo.
Il primo passo verso questo obiettivo fu l'invenzione dei segni che usiamo ancora oggi per le quattro operazioni elementari.

La calcolatrice di Pascal
È l'antenata dei moderni calcolatori di cassa.

Nel 1637 **Cartesio** inventò gli assi, poi detti cartesiani. Contemporaneamente il matematico francese **Blaise Pascal** costruì la prima calcolatrice meccanica e il matematico inglese **John Napier** inventò le tavole logaritmiche che divennero uno strumento essenziale per la navigazione.
La Rivoluzione scientifica del XVII secolo ebbe un'importanza incalcolabile e **preparò il terreno alle rivoluzioni economiche e politiche** del XVIII che segnarono la fine dell'Età moderna e l'inizio dell'Età contemporanea.

Esperimenti in famiglia
In questo dipinto di Joseph Wright of Derby, un padre esegue un esperimento sul vuoto seguendo il metodo di Boyle: vittima ne sarà l'uccellino, al quale è stata tolta l'aria.

7
L'età dei Lumi

Ripassa il Settecento e l'Assolutismo e **verifica** le tue conoscenze; quindi **approfondisci** le fonti, i collegamenti interdisciplinari e la cittadinanza

1750 — ILLUMINISMO — 1815

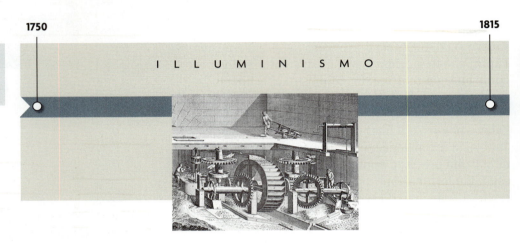

LESSICO — STORIA

Ragione
Per gli illuministi questo termine indicava la capacità umana di pensare in modo laico e razionale. "Laico" significava "senza l'oscuramento di dogmi, fedi o superstizioni" che si richiamano a princìpi non dimostrabili ("è così perché è così") o autoritari (" è così perché qualcuno l'ha detto"). "Razionale" significava invece "libero" e quindi "logico", cioè ragionevole e dimostrabile sul piano scientifico.

1 L'Illuminismo erede dell'Umanesimo e di Galileo

Nel Settecento, mentre l'Inghilterra marciava a grandi passi sulla via dell'industrializzazione usando un'energia alternativa a quelle tradizionali e applicando al lavoro metodi di razionalità sulla base del principio "massimo effetto col minimo sforzo", in **Francia** nasceva un movimento che trionfò e si diffuse in tutto l'Occidente a partire dal 1750: l'**Illuminismo**. Esso **accompagnò la Rivoluzione industriale inglese**, interagendo con essa in uno scambio di stimoli reciproci e di idee.

Negli illuministi trovò un'applicazione politica e sociale quel lungo percorso alla ricerca della **Verità** con l'aiuto della Ragione che era stato iniziato dagli umanisti e che aveva trovato la sua soluzione scientifica in Galileo e negli altri scienziati del Seicento. "Illuminismo" significa appunto che **"i Lumi" della Ragione scacciano le tenebre del pregiudizio e dell'errore, della violenza bruta e della superstizione**.

Per la sua ambizione di arrivare alla Verità con le sole forze umane, l'Illuminismo fu il **primo movimento interamente laico della storia**. Essere "laici" non significava necessariamente non credere in Dio, ma piuttosto non aderire a una Chiesa – cattolica o protestante che fosse – che si imponeva ai fedeli come centro di potere, obbligandoli a credere ciecamente nei suoi dogmi e spingendoli al fanatismo.

A fare del **laicismo** il punto centrale del movimento contribuì in larga misura la riflessione fatta dagli illuministi sulle **stragi delle Guerre di religione**, che tra il XVI e il XVII secolo avevano insanguinato l'Europa, e in particolare la Francia. Mai più – sostenevano gli illuministi – un uomo dovrà uccidere in nome di Dio. E, poiché il contrario del fanatismo è rappresentato dalla **tolleranza**, essi proclamavano il diritto di tutti a osservare – se lo volevano – la propria religione, a patto però di garantire la pacifica convivenza di tutte le fedi.

Le radici dell'Illuminismo

Francesco Petrarca

Pico della Mirandola

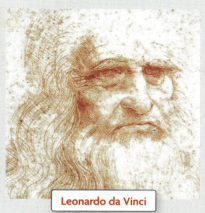
Leonardo da Vinci

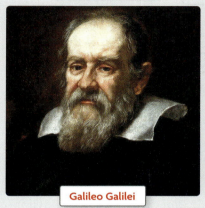
Galileo Galilei

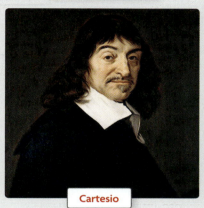
Cartesio

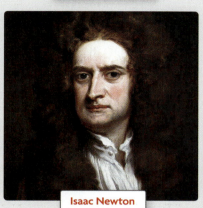
Isaac Newton

I giganti del pensiero laico

La galleria di ritratti qui sopra ripercorre le tappe fondamentali della strada che portò all'Illuminismo.

Petrarca fu il primo umanista e con la sua appassionata ricerca di libri perduti ritrovò le opere antiche che diedero ai dotti una visione antidogmatica della cultura.

Pico della Mirandola fu tra i fondatori della filologia, facendo della lettura una "scienza del testo", e pose l'uomo al centro dell'universo.

Leonardo da Vinci fu il genio universale che applicò l'Umanesimo alla scienza e alla tecnica.

Galileo fu il genio che, inventando il "metodo sperimentale", fondò la scienza intesa nel vero senso della parola.

Cartesio fondò il razionalismo ponendo alla base di ogni aspetto del sapere una conoscenza ispirata alla precisione delle scienze matematiche.

Newton fu il loro degno continuatore ed elaborò le leggi fondamentali della fisica.

Delitti incancellabili
La Strage di San Bartolomeo, rappresentata in questo quadro dipinto da un ugonotto nel Cinquecento, fu uno dei tanti orrori delle Guerre di religione che insanguinarono l'Europa tra il XVI e il XVII secolo.
Fu proprio reagendo al ricordo indelebile dei tanti delitti compiuti in nome del fanatismo religioso che gli illuministi elaborarono il loro concetto di tolleranza.

Testimoni e interpreti

La tolleranza rifiuta le persecuzioni

AUTORE	Voltaire, filosofo francese
OPERA	*Trattato sulla tolleranza*
DATA	1763

Leggi altre **fonti dirette** nella Biblioteca digitale

Nel 1763 l'illuminista Voltaire dedicò un trattato al tema della tolleranza religiosa. Ne presentiamo qui due brani. Nel primo egli condanna l'intolleranza, che nasce dalla pretesa di conoscere verità assolute, e ne mostra gli effetti negativi nel mondo. Nel secondo innalza una preghiera a un Dio unico per tutti i popoli, a cui domanda di consentire la pacifica convivenza tra gli uomini.

FONTE 1 Gli effetti negativi dell'intolleranza

Il diritto umano non può essere fondato che sul diritto della natura; e il grande principio, il principio universale dell'uno e dell'altro, è in tutta la Terra il seguente: "Non fare agli altri ciò che non vorresti fosse fatto a te".
Orbene, non si comprende in quale modo, seguendo questo principio, un uomo potrebbe dire a un altro: "Credi ciò che credo io, anche se non puoi crederlo, altrimenti morirai".
Se al diritto fosse lecito procedere in questa maniera, il Giapponese dovrebbe allora detestare il Cinese, che a sua volta odierebbe il Siamese; e questi perseguiterebbe gli abitanti della regione del Gange, che si rifarebbero con gli abitanti della regione dell'Indo; il cittadino del Malabar potrebbe sgozzare il Persiano e questi potrebbe massacrare il Turco e tutti insieme si scaglierebbero contro i cristiani, che da lungo tempo si sono divorati tra loro. Il diritto all'intolleranza è dunque assurdo e barbaro: è il diritto delle tigri, e anzi più orribile di questo, poiché le tigri divorano per mangiare, mentre noi ci sterminiamo invece a causa di semplici paragrafi.

FONTE 2 Per una pacifica convivenza di tutte le fedi

Non è più dunque agli uomini che mi rivolgo; ma a te, Dio di tutti gli esseri, di tutti i mondi, di tutti i tempi: Tu non ci hai donato un cuore per odiarci l'un l'altro, né delle mani per sgozzarci a vicenda; fa' che noi ci aiutiamo vicendevolmente a sopportare il fardello di una vita penosa e passeggera.
Fa' sì che le piccole differenze tra i vestiti che coprono i nostri deboli corpi, tra tutte le nostre lingue inadeguate, tra tutte le nostre usanze ridicole, tra tutte le nostre leggi imperfette, tra tutte le nostre opinioni insensate, non siano altrettanti segnali di odio e di persecuzione.
Possano tutti gli uomini ricordarsi che sono fratelli! Se sono inevitabili i flagelli della guerra, non odiamoci, non laceriamoci gli uni con gli altri nei periodi di pace, e impieghiamo il breve istante della nostra esistenza per benedire insieme in mille lingue diverse, dal Siam alla California, la tua bontà che ci ha donato questo istante.

LABORATORIO

Sviluppare le competenze

1. Anche oggi nel nostro Paese l'incontro tra lingue, usanze, stili di vita, opinioni, modi di vestire diversi prodotto dall'immigrazione crea a volte incomprensioni, se non addirittura ostilità. Esprimi in un testo di almeno 10 righe le tue riflessioni al riguardo, alla luce dei brani che hai appena letto e della tua esperienza.

---

2 Una rivoluzione dei valori: il diritto alla felicità

Il laicismo e la fiducia nella Ragione portarono gli illuministi a dare valore anche filosofico a una parola del linguaggio comune che fino ad allora non aveva avuto grande importanza: **felicità**. Pensare in modo laico, infatti, conduceva a cercare **obiettivi terreni**, realizzabili nell'arco della vita di una persona.
Oggi può sembrare banale dire che ognuno di noi vorrebbe essere felice, ma per quei tempi era un concetto rivoluzionario. Allora si aspirava alla salvezza e alla beatitudine eterna; nessuno aveva mai osato credere alla possibile felicità in questa vita, perché tutto ciò che la procurava era considerato peccato.
Quanto al 90% di popolazione che in Francia coltivava la terra, esso non pensava certo che potesse esserci una vita diversa dall'alzarsi la mattina all'alba e

andare a letto al tramonto, spesso con la pancia vuota, sempre distrutti dalla fatica e dalle malattie.
L'Illuminismo, invece, era convinto che tutti gli esseri umani, indistintamente, fossero dotati di Ragione; che, da questo punto di vista, non vi fosse alcuna differenza tra un re e il più miserabile dei garzoni; che, di conseguenza, **tutti gli esseri umani avessero il diritto di usare la propria Ragione per essere felici**. Con affermazioni come questa si arrivava a una vera e propria **rivoluzione dei valori**, poiché le tesi illuministe piombavano in un mondo dominato dall'aristocrazia, ostile a chiunque non appartenesse alla sua cerchia ristretta e convinta, addirittura, che nelle sue vene scorresse un sangue diverso dal resto dell'umanità.

3 Il compito degli intellettuali

La via alla felicità era una strada che si chiamava **progresso**: con la Ragione tutti si possono educare e ogni cosa può migliorare. Dalla Francia questa parola d'ordine si diffuse tra i progressisti di tutta Europa. E poiché la felicità pubblica e individuale non si può realizzare senza modificare la società, gli illuministi furono tutti profondamente interessati alla **politica**.

Lettura d'immagine

Il salotto

Il luogo d'incontro degli illuministi francesi, quello in cui si scambiavano le idee o leggevano ad alta voce le loro opere per poi discuterne, era il "salotto".
Si trattava di una piccola sala nella residenza di un gran signore o, più spesso, di una gran dama, messa a disposizione in giorni definiti per le loro riunioni.

Questo quadro ne ha immortalato uno dove si distinguono alcuni tra i più grandi protagonisti dell'Illuminismo:

❶ il conte di Buffon, curatore dei giardini del re e grande studioso di storia naturale;

❷ Jean-Jacques Rousseau;

❸ Pierre de Mariveaux, autore di commedie galanti di grande successo;

❹ Jean-Baptiste d'Alembert, che sta leggendo un'opera di Voltaire;

❺ il barone di Montesquieu;

❻ Voltaire, il cui busto al centro presiede l'intero salotto poiché la lettura di una sua opera ha dato occasione alla riunione;

❼ Madame Geoffrin, la padrona di casa (nel salotto ci sono anche altre donne, a testimonianza della nuova partecipazione femminile alla vita intellettuale).

> **LESSICO** — **STORIA**
>
> **Intellettuale**
> Se usato come sostantivo, il termine "intellettuale" indica una persona che ha uno spiccato interesse per la cultura oppure che svolge un'attività culturale o artistica.

Con loro cambiò radicalmente il **ruolo dell' intellettuale**, che non ebbe più soltanto il compito di custodire il sapere ma anche e soprattutto quello di indicare a tutti (e in particolare ai governanti) come agire secondo Ragione per garantire – come disse l'illuminista italiano Cesare Beccaria – "la massima felicità divisa nel maggior numero".

Da ciò derivò che il compito dell'intellettuale – e questo fu un altro aspetto rivoluzionario del pensiero degli illuministi – era di **lottare per il benessere generale della popolazione**.

4 I "diritti naturali" dei sudditi contro il "diritto divino" del re

L'illuminista-politico cominciò dunque a esaminare la società del tempo. Essa si fondava su un principio primo: **i re assoluti governavano per diritto divino** e la società era divisa in **ceti** o **"stati" immutabili** perché così erano stati voluti dalla Provvidenza.

Sulla base di questo principio la società francese era da secoli suddivisa in tre "stati": la **nobiltà** e il **clero**, ai quali spettava il potere, e il **Terzo stato**, dedito alle attività produttive. Questa suddivisione **escludeva** da tutte le posizioni di comando non solo la massa di contadini, artigiani e piccoli rivenditori, che costituivano la stragrande maggioranza del Terzo stato, ma anche **la borghesia**, un gruppo di professionisti, imprenditori e funzionari molto meno numeroso di quello inglese però ugualmente vivace, dinamico: la parte della società francese più aperta alla "modernità".

Tutti erano convinti che contestare questo ordine divino significasse precipitare la società nel caos, ma l'Illuminismo ci "ragionò" sopra e dimostrò che tale ordine era invece un'invenzione umana diretta unicamente a **giustificare il potere**.

La logica conseguenza di questo ragionamento fu sovversiva. Se non provengono da Dio l'autorità del re e i privilegi degli aristocratici e del clero, significa che **lo Stato è il frutto di un** normale **contratto fra chi governa e chi è governato**, in tutto simile a un contratto di lavoro o di compravendita; e se tra i due contraenti finisce l'accordo, il contratto può essere annullato.

Di conseguenza, i sudditi hanno il **diritto di ribellarsi al potere**, se esso viene meno ai propri doveri e calpesta i **"diritti naturali"** dell'essere umano, quei diritti senza i quali l'individuo non può essere felice: primi fra tutti, la **libertà personale** e l'**uguaglianza di fronte alle leggi**.

Con le sue idee rivoluzionarie l'Illuminismo si offrì come l'ideologia in grado di contestare l'**oscurantismo**, cioè l'atteggiamento di tutti coloro che, "oscurando" la Ragione, difendevano "il vecchio" contro "il nuovo".

Il "vecchio" erano la Francia nel suo complesso e le altre monarchie assolute. Il "nuovo" aveva la sua rappresentazione concreta nella **monarchia parlamentare inglese** che stava permettendo la gigantesca trasformazione rappresentata dalla Rivoluzione industriale.

> **LESSICO** — **STORIA**
>
> **Ceto/Classe**
> La parola "ceto" indica la posizione sociale che, prima nel mondo medievale poi negli Stati assoluti dell'Età moderna, ciascuno occupava per nascita e dalla quale non poteva in alcun modo passare a un'altra. Un contadino o un borghese, infatti, non avrebbero mai potuto far parte della nobiltà essendo vietati i matrimoni misti ed essendo i sudditi esclusi dalle cariche non pertinenti al loro ceto.
> Nella società contemporanea, i ceti scomparvero e furono sostituiti dalle "classi". Questa parola indica una nuova distinzione all'interno di una società che, per legge, riconosce l'uguaglianza di tutti i cittadini di fronte allo Stato e quindi non impedisce i matrimoni tra una classe e l'altra né la possibilità per il figlio di un operaio di accumulare ricchezze o di accedere alle massime cariche dello Stato.

5 Contro l'*Ancien Régime*

È facile intuire a quale classe sociale appartenessero gli illuministi: essi erano i rappresentanti della **borghesia emergente**, che riteneva ormai intollerabili le limitazioni economiche, politiche e di costume in cui la imprigionavano i vecchi ordinamenti e che voleva diventare classe di governo.

"Vecchi" erano coloro nelle cui mani si concentrava tutto il potere: la monarchia assoluta "per diritto divino", l'aristocrazia feudale, privilegiata "per sangue", e il clero privilegiato "per consacrazione". Non a caso, tutto ciò che gli illuministi contestavano fu racchiuso nell'espressione *Ancien Régime*, "Vecchio Regime", appunto.

Con una semplice **lettre de cachet** il re poteva arrestare chiunque e tenerlo in carcere a vita senza processo; certe carriere, come quella militare, erano sbarrate ai non aristocratici; la censura impediva la libera espressione del pensiero.

Poi vi erano i **vincoli economici**: il re aveva il monopòlio di numerosissime manifatture (dal tabacco al sale, alle carte da gioco ecc.). L'iniziativa privata era bloccata da leggi medievali e da dazi e dogane che impedivano la libera circolazione delle merci. I contadini vivevano di autoconsumo ed eseguivano ogni tipo di scambio praticamente senza moneta, attraverso il baratto.

A tutto ciò si aggiungeva l'irritazione quotidiana per l'**arroganza dei privilegiati**: la carrozza di un borghese doveva lasciare il passo a quella di un nobile blasonato anche a rischio di finire in un burrone e, se conti e marchesi a cavallo decidevano di passare su un campo coltivato, non c'era legge che potesse impedirlo. Quanto clero e aristocrazia fossero lontani da questi problemi lo dimostra il fatto che in Francia, come abbiamo già detto, essi chiamavano tutto il resto della popolazione "Terzo stato", un'espressione che accomunava il medico e l'avvocato al pescivendolo, il contadino al lavoratore inurbato.

> **LESSICO** — **STORIA**
>
> **Lettre de cachet**
> Significa "lettera con il sigillo", intendendo il sigillo reale impresso sulla ceralacca come autenticazione di un ordine. Oltre agli ordini di arresto, erano *de cachet* anche le nomine dei funzionari, le comunicazioni agli ordini giudiziari, le convocazioni ecc.

Lettura d'immagine

La piccola borghesia cittadina

Nel Settecento i consumi si moltiplicano e la piccola borghesia cittadina cresce, diventando la parte più dinamica della società. Il sarto parigino (nell'immagine a sinistra è il personaggio seduto a destra ❶) è un piccolo imprenditore con un certo numero di lavoranti alle sue dipendenze (come l'uomo che sta misurando il pantalone al cliente ❷). Sa leggere, scrivere, far di conto e si interessa di politica. Allo stesso ceto appartiene anche la famiglia contadina ❸ che invece è analfabeta e completamente isolata dal mondo che conta.

Testimoni e interpreti

L'Inghilterra, Paese senza caste

AUTORE	Alexis de Tocqueville, pensatore e politico francese
OPERA	*L'antico regime e la Rivoluzione*
DATA	1856

Leggi altre fonti dirette nella Biblioteca digitale

L'ammirazione degli illuministi francesi per la società inglese si fondava sulla sua "modernità", che stava abbattendo, tra l'altro, le barriere tra i ceti. Lo dimostra questo brano.

L'Inghilterra è il solo Paese in cui si sia veramente abbattuto il sistema di casta. Lì i nobili e i non nobili si occupano insieme degli stessi affari, seguono le stesse professioni e, cosa ben più significativa, si sposano fra di loro. La figlia del più gran signore si può sposare senza vergogna con un "uomo nuovo".

LABORATORIO

Sviluppare le competenze

1. Prendendo spunto da questa fonte, descrivi per contrasto la situazione in Francia sotto l'*Ancien Régime* in un testo tra le 10 e le 20 righe.

---

6 Un altro principio base: il cosmopolitismo

Dopo i rivoluzionari viaggi dei Portoghesi promossi da Enrico il Navigatore, di Cristoforo Colombo e di tutti i navigatori che li avevano seguiti, le esplorazioni di nuovi mondi erano continuate, ma fu nel Settecento che, grazie ai grandi progressi tecnici della cantieristica navale e degli strumenti di orientamento, esse divennero non più casuali ma metodiche e scientifiche.

Le nazioni che più si impegnarono nelle spedizioni marittime furono la Francia e l'Inghilterra, che si diressero non solo nell'Atlantico ma anche nelle terrificanti immensità del Pacifico. Le nuove scoperte della medicina diedero, infatti, la possibilità di sconfiggere lo scorbùto (una malattia mortale dovuta alla carenza di vitamina C che decimava gli equipaggi quando le tappe erano troppo lunghe) caricando nelle stive grandi quantità di limoni e di crauti.

Alcune spedizioni toccarono l'**Isola di Pasqua**, che scatenò la fantasia degli Europei per le misteriose ed enormi statue che si stagliavano su un territorio quasi desertico. Nel corso di dieci anni (tra il 1768 e il 1778), il capitano inglese **James Cook** scoprì le **Hawaii** e l'**Australia** ◀ arricchendo di mappe i geografi diventati in quel secolo scienziati celeberrimi e stimati ovunque.

Intanto Newton dimostrava che la Terra non è sferica ma schiacciata ai Poli: per verificarlo, l'Accademia inglese delle Scienze inviò due spedizioni che si avvicinarono il più possibile una al Polo nord, l'altra al Polo sud. Erano in fermento anche i botanici, che si imbarcarono con gli esploratori e tornarono in Europa con semi e classificazioni di piante mai viste; uno di loro fu Louis Antoine de Bougainville che diede il suo nome alla pianta oggi magnificamente acclimatata in tutto il Mediterraneo.

CIVILTÀ PARALLELE
La colonizzazione dell'Australia, pag. 156

L'Europa scopre il tatuaggio
Questo ritratto di un guerriero maori (i Maori sono un popolo polinesiano) fu eseguito da un pittore imbarcato su una delle navi di James Cook. Per la prima volta gli Europei appresero l'esistenza dei tatuaggi, con cui i guerrieri maori segnalavano il loro rango e le loro vittorie. Fu uno dei tanti motivi di meraviglia suscitati dalle esplorazioni degli altri mondi.

Tutti coloro che tornavano da questi viaggi riferivano delle loro scoperte in conferenze affollatissime, che si tenevano nelle accademie e nelle università. Anche a causa di queste esperienze gli illuministi divennero i sostenitori del **cosmopolitismo**, cioè dell'atteggiamento che fa sentire un uomo cittadino del mondo, prima ancora che francese, inglese o spagnolo. Un cosmopolita nutre sentimenti esattamente opposti a quelli del nazionalista e aspira a un ideale di pace tra i popoli.

L'*Enciclopedia*: la necessità della divulgazione

L'atteggiamento generoso e aperto degli illuministi li portò a considerare un dovere sacro la **divulgazione**, senza la quale il meraviglioso mondo delle nuove conoscenze sarebbe rimasto un privilegio di pochi e nessun cambiamento mentale e sociale sarebbe stato possibile.

Questo compito fu assunto da due filosofi, **Denis Diderot** e **Jean Baptiste d'Alembert**, i quali decisero di "schedare" tutte le esperienze che in Francia, in Inghilterra e altrove stavano rivoluzionando i vecchi saperi e portando alla fine l'*Ancien Régime*. Essi decisero di organizzare questi saperi sotto forma di **Enciclopedia** (così la intitolarono) a cui lavorarono indefessamente dal 1751 al 1772, compiendo un'opera monumentale costituita da 17 volumi di testo e 12 di illustrazioni per un totale di 60 000 voci organizzate in ordine alfabetico ▶.

Il sottotitolo dell'*Enciclopedia*, *Dizionario ragionato delle scienze, delle arti e dei mestieri*, segnala il suo carattere prevalentemente **tecnico-scientifico** e l'obiettivo degli autori di diffondere le conoscenze di questo ambito e i risultati della rivoluzione scientifica.

Per compilare le voci ed eseguire i disegni che, non essendo stata ancora inventata la macchina fotografica, dovevano essere di una precisione minuziosa, Diderot e d'Alembert radunarono e organizzarono un gruppo numerosissimo costituito dai maggiori esperti delle singole materie, dalla filosofia alla musica, dalle scienze politiche a tutte le tecniche, i quali collaborarono con disegnatori specializzati.

▶ **SCIENZA E TECNICA**
Le tavole dell'*Enciclopedia*, pag. 152

Due tavole dell'*Enciclopedia*
A sinistra, una macchina per il lavaggio di minerali estratti da una miniera.
A destra, tra l'infinita serie di meccanismi d'orologeria presenti nell'opera, questo descrive un tipo di pendolo che serviva per osservazioni astronomiche. Ha un "termometro di compensazione" che corregge gli effetti del caldo e del freddo.

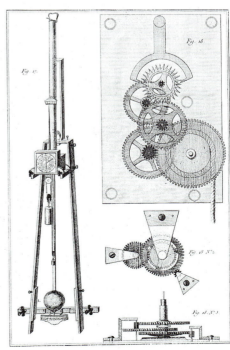

Il lavoro fu immenso e dimostrò anche uno straordinario spirito imprenditoriale, sia per l'organizzazione perfetta che lo sostenne sia per i notevoli risultati economici che portò ai curatori.

L'opera non ebbe vita facile: in essa si descrivevano le procedure di un fabbricante di orologi, ma, per esempio, ci si chiedeva anche se fosse "ragionevole" la pretesa dei sovrani di far derivare il loro potere assoluto da Dio.

La **censura** del re di Francia bloccò spesso la pubblicazione dei volumi, ne bruciò alcuni e costrinse gli autori a pubblicare gli ultimi in Svizzera. L'*Enciclopedia* fu però terminata ugualmente, ne furono vendute 25000 copie e divenne la Bibbia del sapere moderno.

Testimoni e interpreti

Voci dell'*Enciclopedia*

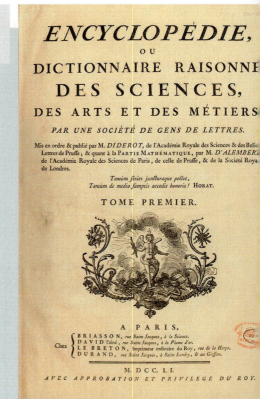

Il frontespizio dell'*Enciclopedia*

L'*Enciclopedia era organizzata per "voci", cioè per articoli tematici (piuttosto lunghi e accuratamente documentati) disposti in ordine alfabetico. Ecco quattro brani estratti da alcuni di essi.*

Privilegio
Vantaggio concesso ad un uomo su un altro uomo.
I soli privilegi legittimi sono quelli concessi dalla natura. Tutti gli altri possono essere considerati altrettanti abusi, altrettante ingiustizie fatte a tutti gli uomini in favore di uno solo.

Cultura
Alcuni dotti, simili a quei sacerdoti dell'antico Egitto che tenevano segreti al resto della nazione i loro riti e i loro misteri, vorrebbero che i libri servissero solo a loro e si sottraesse al popolo anche il più piccolo lume persino nelle materie meno importanti: lume che invece non gli si deve nascondere poiché la soddisfazione del suo bisogno di sapere è utile a tutti.

Libertà di stampa
La libertà di stampa è vantaggiosa per uno Stato? La risposta non può essere che affermativa. Ed è indispensabile conservarla presso tutti gli Stati fondati sulla libertà.
C'è di più. Gli inconvenienti che possono derivare da questa libertà hanno così poco peso a confronto dei vantaggi, che la libertà di stampa dovrebbe essere un diritto comune presso tutti gli Stati del mondo.

Industria
Non ci si venga più a dire, contro l'utilità delle invenzioni nell'industria, che ogni macchina capace di diminuire di metà la manodopera toglie immediatamente alla metà dei lavoratori i mezzi di sussistenza; che gli operai disoccupati dovranno mendicare a carico dello Stato piuttosto che apprendere un nuovo mestiere.
Simili obiezioni sono irragionevoli e insensate: infatti – dobbiamo chiederci – è meglio prevenire l'industria degli altri Paesi nell'impiego delle macchine oppure attendere che ci costringano ad adottarne l'uso, per tener testa alla loro concorrenza?
Il profitto più sicuro sarà sempre della nazione che sarà all'avanguardia dell'industrializzazione.

LABORATORIO

Comprendere

1 Ricava le opinioni illuministe dai brani letti, rispondendo alle seguenti domande.
– Gli uomini hanno diritto ai privilegi?
– I libri sono appannaggio di pochi?
– Gli Stati dovrebbero garantire la libertà di stampa?
– Perché è giusto che ogni nazione provveda all'industrializzazione?

8 Voltaire: sì al potere assoluto, ma di un sovrano "illuminato"

Oltre che dai curatori dell'*Enciclopedia*, le idee illuministe furono propagandate e divulgate da molti altri intellettuali. Il più brillante fra tutti, e il punto di riferimento degli illuministi europei, fu **Voltaire**, pseudonimo di Francois Marie Arouet, figlio della media borghesia parigina.

Le sue battaglie più tenaci e proficue furono quelle sulla **libertà** e sulla **tolleranza**; a tal proposito è giustamente famosa la sua frase: "Disapprovo ciò che dici, ma difenderò fino alla morte il tuo diritto di dirlo." Riferendosi in particolare alla realtà francese, Voltaire **attaccò l'intolleranza religiosa, la censura** e le *lettres de cachet*.

Cosmopolìta e viaggiatore, fu il pensatore più influente del secolo e seppe farsi ascoltare anche da alcuni grandi sovrani europei dei quali divenne amico. Nonostante le sue illustri frequentazioni, fu costantemente perseguitato dalla polizia del re di Francia. Per sfuggire agli arresti comprò una proprietà sul confine con la Svizzera che, quando le guardie arrivavano, gli permetteva in quattro passi di recarsi nella metà fuori dalla loro giurisdizione e di salvarsi. Infatti sulla **monarchia** non la pensava come altri illuministi. Convinto che solo un governo forte fosse in grado di abbattere il potere e i privilegi del clero e della nobiltà, sostenne la necessità del **potere assoluto**, purché attribuito a un **sovrano "illuminato"** dalla Ragione. Questo potere avrebbe permesso al sovrano di **realizzare "dall'alto" radicali riforme** giuridiche e sociali.

Voltaire

Testimoni e interpreti

Contro la censura

AUTORE	Claude-Adrien Helvétius, filosofo francese
OPERA	*Sullo spirito*
DATA	1758

Anche se con molte contraddizioni, l'Illuminismo fu comunque un movimento fautore del progresso e motore di grandi trasformazioni. Tra le sue battaglie, questo brano del filosofo francese Claude-Adrien Helvétius testimonia quella fondamentale per la libertà di stampa.

La stampa deve essere libera. Il magistrato che la contrasta si oppone al progresso della morale e della politica: pecca contro la nazione, soffoca in germe le buone idee che questa libertà avrebbe prodotto. Chi può valutare questa perdita? Si può affermare in proposito che il popolo libero, il popolo che pensa, domina sempre quello che non pensa. Il sovrano deve dare, perciò, la verità alla nazione, perché essa le è utile e, per raggiungerla, consentire la libertà di stampa. Dovunque questa è proibita, l'ignoranza si stende su tutte le menti come una notte profonda. Talvolta coloro che amano la verità, nel cercarla, temono di scoprirla. Sentono che, una volta accertata, dovranno tacerla e nasconderla vigliaccamente o esporsi alle persecuzioni.

Tutti la temono. Se è sempre nell'interesse di tutti conoscere la verità, non sempre rivelarla è nell'interesse del singolo. La maggior parte dei governi ancora esortano i cittadini a ricercare il vero, ma quasi tutti li puniscono quando essi lo scoprono. Perciò, pochi sono gli uomini che osano sfidare a lungo l'odio del potente soltanto per amore dell'umanità e della verità.

Leggi altre **fonti dirette** nella Biblioteca digitale

LABORATORIO

Sviluppare le competenze

1. Credi che la stampa del tuo Paese sia libera? Consulta il link http://it.wikipedia.org/wiki/Libert%C3%A0_di_stampa_nella_Repubblica_Italiana e poi partecipa a un dibattito in classe moderato dall'insegnante.

Montesquieu

9 Montesquieu: la separazione dei poteri contro l'assolutismo

Nel 1721 in tutta Europa aveva fatto scalpore l'opera di un altro illuminista, le *Lettere persiane*, in cui si raccoglievano le immaginarie lettere che due Persiani scrivevano visitando Parigi e meravigliandosi delle stranezze della società occidentale.

L'autore era un giovane avvocato, il barone di **Montesquieu** che, quasi trent'anni dopo, pubblicò un altro libro, considerato la base delle odierne democrazie, *Lo spirito delle leggi*. Egli partì dalla classificazione dei regimi politici in tre tipi: repubblica, monarchia e dispotismo (ovvero assolutismo); ognuno di essi, sostenne, agisce in base a un suo peculiare principio:

- la **repubblica** è mossa dalla **virtù**, cioè dalle doti di onestà e di impegno dei cittadini che, dovendo decidere essi stessi la sorte del proprio Stato, devono anteporre il **benessere pubblico**, di tutti, al proprio benessere privato;
- la **monarchia** è mossa dall'**onore**, quello del re, fondato sulla fedeltà alle leggi e alla parola data, ma inquinato dalla necessità di ottenere la gloria con le armi e le spese eccessive;
- il **dispotismo** (oggi diremmo la "dittatura") è mosso dalla **paura**, perché dispotismo è sinonimo di egoismo e cattiva amministrazione che si autoconservano solo tenendo i sudditi nel terrore.

Ecco perché si può vivere felicemente in una **monarchia parlamentare**, come quella inglese, ma non in una monarchia assoluta, e quindi dispotica, come quella francese. Il dispotismo è il governo in cui "un solo uomo, senza legge e senza regola, trascina tutto e tutti dietro la sua volontà e i suoi capricci": una sorta di inferno dei vivi.

Testimoni e interpreti

La separazione dei poteri dello Stato

AUTORE	Montesquieu, filosofo francese
OPERA	Lo spirito delle leggi
DATA	1748

Leggi altre **fonti dirette** nella Biblioteca digitale

In questo brano Montesquieu spiega perché la tranquillità e la libertà del cittadino si possono realizzare solo separando i tre poteri dello Stato.

La libertà politica, in un cittadino, consiste in quella tranquillità di spirito che proviene dalla convinzione della propria sicurezza; e, perché questa libertà esista, bisogna che il governo sia organizzato in modo da impedire che un cittadino possa temere un altro cittadino.
Quando nella stessa persona o nello stesso corpo di magistratura il potere legislativo è unito al potere esecutivo, non vi è libertà, perché si può temere che lo stesso monarca o gli stessi magistrati facciano leggi tiranniche per attuarle tirannicamente.
Non vi è libertà se il potere giudiziario non è separato dal potere legislativo e da quello esecutivo. Se esso fosse unito al potere legislativo, il potere sulla vita e la libertà dei cittadini sarebbe arbitrario, poiché il giudice sarebbe al tempo stesso legislatore. Se fosse unito con il potere esecutivo, il giudice potrebbe avere la forza di un oppressore.

LABORATORIO

Sviluppare le competenze

1. Discuti con i tuoi compagni questo brano di Montesquieu riferendoti alla situazione italiana. Come sono divisi i poteri in Italia? Quale potrebbe prevalere?
2. Alcuni parlano di "quarto", "quinto" e addirittura "sesto potere" (cerca sul web a che cosa si riferiscono queste espressioni). Sapresti spiegare quali sono questi altri poteri e per quale motivo destano preoccupazione?

Per correggere questa stortura, Montesquieu studiò il *Bill of rights* inglese e vi identificò tre diversi poteri:
- il **potere legislativo** di chi fa le leggi, compito che in Inghilterra era affidato al **Parlamento**;
- il **potere esecutivo** di chi si occupa di fare applicare queste leggi, che in Inghilterra era affidato al re e ai suoi ministri (oggi diremmo il "**Governo**");
- il **potere giudiziario**, affidato a una speciale categoria autonoma e indipendente da qualsiasi pressione, costituita dai **magistrati**, incaricata di giudicare chi veniva accusato di non applicarle.

Tanto per fare un esempio: il Parlamento vota la costruzione di un ponte; il re e i suoi ministri stanziano il denaro necessario e affidano i lavori a un imprenditore; il giudice sottopone a processo l'imprenditore accusato di aver usato materiali scadenti.
Quindi Montesquieu propose di realizzare ovunque l'equilibrio fra i tre poteri fondamentali dello Stato attraverso la loro separazione. Questa sua importantissima teoria è nota come "**separazione dei poteri**" e a essa si ispirano ancora oggi tutte le Costituzioni democratiche, compresa quella italiana.

10 Rousseau: il contratto sociale tra governanti e governati

Rousseau

Quindici anni dopo *Lo spirito delle leggi* uscì un'opera intitolata il *Contratto sociale* che ebbe in Europa e in America un'eco vastissima. Il suo autore era il ginevrino Jean-Jacques **Rousseau**, il quale partì da una visione del mondo opposta rispetto a quella della maggior parte degli illuministi. Aveva avuto un'infanzia e un'adolescenza terribilmente infelici, si riteneva un uomo malato ed era uno dei pochi uomini del suo tempo a non credere nel progresso. Al contrario, sosteneva che la società europea, sotto l'apparente evoluzione delle tecniche e dei costumi, era destinata a un rapido declino morale.
Il punto focale delle sue ricerche fu la **disparità che separa ricchi e poveri**, deboli e potenti. Egli ravvisò la felicità solo nello "**stato di natura**" in cui erano vissuti i cacciatori preistorici, accontentandosi di ciò che avevano e non avvertendo la necessità di farsi la guerra.
Tutto era cambiato – secondo Rousseau – quando gli esseri umani, per sopravvivere, avevano inventato l'agricoltura, la metallurgia e la divisione del lavoro. I più industriosi avevano cominciato a rivendicare la proprietà della terra che lavoravano e da ciò erano nati i **conflitti e** le **differenze sociali**.
Poiché tornare allo "stato di natura" era impossibile, per superare questa situazione il filosofo sostenne la necessità di stabilire almeno un "**contratto sociale**", in cui ciascuno rinunciava ai propri particolari interessi in nome di quelli di tutti. Sarebbe nata così una società basata "sulla subordinazione completa dell'individuo alle esigenze del bene comune" e gestita attraverso una forma di **democrazia diretta**, senza la mediazione dei deputati come avveniva in un regime basato sul Parlamento. Ancora più importante fu un'altra opera di Rousseau, l'*Emilio*, in cui l'autore immagina di essere il precettore di un ragazzo di questo nome e racconta come lo educa a diventare cittadino di una nuova società di uguali. I suoi princìpi, fondati sul riconoscimento del "diritto del bambino a essere bambino" e diretti mai a forzare, ma sempre ad assecondare le sue qualità naturali, ebbero il valore di un'autentica rivoluzione e divennero il fondamento di tutta la moderna **pedagogia**. Rousseau non pensò di abolire la proprietà privata, ma di livellarla eliminando gli eccessi di ricchezza. In alcune sue opere previde anche l'imminente scoppio di una serie di rivoluzioni.

Illuministi italiani
Cesare Beccaria, seduto a destra, e Pietro Verri, seduto a sinistra, con altri filosofi nella redazione della rivista "Il Caffè" che dirigevano.

ORIZZONTI DI CITTADINANZA
La tortura e la pena di morte, pag. 469

11 Beccaria contro la tortura e la pena di morte

Un contributo importante al pensiero illuminista e alla creazione di una società più moderna e più giusta fu quello del marchese milanese **Cesare Beccaria**, che, appassionato di studi giuridici e profondamente influenzato da Voltaire e dagli altri illuministi, scrisse un libro citato ancora oggi nelle battaglie, sempre più attuali, su due questioni fondamentali: la tortura e la pena di morte ◀.

Il libro si intitola *Dei delitti e delle pene* e nelle sue pagine Beccaria denuncia per la prima volta all'umanità intera gli orrori dei supplizi durante gli interrogatori, la confisca dei beni (che colpiva ingiustamente l'intera famiglia del condannato), le pene infamanti, come la gogna, e afferma l'**inutilità della pena di morte** che, come si dimostra, non solo rende lo Stato un assassino ed è ancora più orribile in caso di errori giudiziari, ma neanche dissuade i criminali dal compiere delitti.

Il libro ebbe un successo immenso. In Italia fu ristampato in breve tempo decine di volte; tradotto in Inghilterra e in Francia, fu commentato da Voltaire in persona.

Testimoni e interpreti

La pena di morte non è un freno ai delitti

AUTORE	Cesare Beccaria, giurista e filosofo italiano
OPERA	Dei delitti e delle pene
DATA	1764

Leggi altre **fonti dirette** nella Biblioteca digitale

Dall'opera di Beccaria, un brano sull'inutilità della pena capitale come deterrente contro il crimine.

Io non vedo necessità alcuna di distruggere un cittadino, se non quando la di lui morte fosse il vero ed unico freno per distogliere gli altri dal commettere delitti, secondo motivo per cui può credersi giusta e necessaria la pena di morte.
Basta consultare la natura dell'uomo per non credere a questa considerazione. Non è l'intensità della pena che fa il maggior effetto sull'animo umano, ma l'estensione di essa.
Regola generale: le passioni violente sorprendono gli uomini, ma non per lungo tempo; sono atte a fare rivoluzioni ma in un libero e tranquillo governo le impressioni debbono essere più frequenti che forti.
La pena di morte diviene uno spettacolo per la maggior parte e un oggetto di compassione mista di sdegno per alcuni; ambedue questi sentimenti occupano più l'animo degli spettatori che non il salutare terrore che la legge pretende di inspirare.

secondo motivo
Il primo motivo dell'inutilità della pena di morte è che lo Stato, per punire un delitto, compirebbe a sua volta un altro delitto. Così facendo, non potrebbe pretendere dai singoli che non uccidano a proprio piacimento.

atte
Adatte.

le impressioni
Le emozioni.

LABORATORIO

Sviluppare le competenze

1. Studiando il paragrafo 12, verifica se alcuni sovrani furono influenzati dalle teorie di Beccaria e annota quindi in quali Stati del Settecento furono abolite la tortura o la pena capitale o entrambe.
2. Dopo un'attenta ricerca in internet, completa la tabella a lato.

La pena di morte nel mondo di oggi	
Paesi abolizionisti	
Paesi mantenitori	

12 L'adozione del "dispotismo illuminato" in Europa

Il "**dispotismo illuminato**" ispirato da Voltaire produsse una breve stagione di riforme avviate in numerosi regni europei.

IMPERO D'AUSTRIA Gli **Asburgo d'Austria** furono i primi a intraprendere la via delle riforme. A cominciare fu l'imperatrice **Maria Teresa** (1740-1780), che modernizzò l'intero apparato di governo. Inoltre:
- riguardo alla **divisione dei poteri**, tenne nelle sue mani i poteri legislativo ed esecutivo, ma rese indipendente quello giudiziario della magistratura, secondo le teorie di Montesquieu;
- rispetto alla **Chiesa**, ridusse i privilegi fiscali del clero, abolì l'Inquisizione e sciolse la Compagnia di Gesù, invisa per la sua potenza e per la sua totale dipendenza dal papa: i beni che a questa furono confiscati finanziarono l'**istruzione pubblica**, in cui fu resa obbligatoria l'istruzione elementare.

La sua corte ospitò grandi musicisti, tra i quali Wolfgang Amadeus Mozart.

Il figlio primogenito di Maria Teresa, **Giuseppe II** (1780-1790), proseguì l'opera della madre. Inserì lo **studio della scienza e della tecnica** nelle scuole superiori, che fino ad allora si limitavano all'insegnamento delle materie umanistiche, e aprì la pubblica amministrazione ai nuovi ceti sulla base di criteri di merito e non di nascita.

Giuseppe abolì la **censura** e introdusse un nuovo **Codice penale** che fissava pene uguali per tutti i sudditi, aboliva la tortura e riduceva il ricorso alla pena di morte. Altrettanto importanti furono i decreti sull'**emancipazione degli ebrei**, sulla tolleranza religiosa e sull'abolizione della servitù della gleba.

GRANDUCATO DI TOSCANA Tra i sovrani riformatori merita un'attenzione speciale **Pietro Leopoldo**, figlio dell'imperatrice Maria Teresa e granduca di **Toscana** ▶ dal 1765 al 1790, che arrivò addirittura al punto di **progettare** una **monarchia costituzionale all'inglese**, rimasta irrealizzata perché egli divenne imperatore d'Austria dopo la morte del fratello Giuseppe II e cedette il trono di Toscana al figlio.

Da granduca, Pietro Leopoldo si dedicò appassionatamente al miglioramento del territorio costruendo strade e bonificando parte della Maremma e l'intera Val di Chiana. **Eliminò le dogane** tra le diverse città in modo da favorire i traffici commerciali, fissò un tetto massimo agli interessi degli usurai e prese altre misure per rendere più agili i commerci.

Inoltre, profondamente influenzato dalle idee di Cesare Beccaria, varò un **nuovo Codice penale** che **aboliva la tortura e** (primo Stato europeo) **la pena di morte**, oltre a stabilire una serie di garanzie per gli imputati.

Maria Teresa d'Austria
Fu una grande sovrana, non solo per le sue riforme illuminate, ma anche perché fu in generale una donna colta, energica, intelligente. Governò a lungo ed ebbe 16 figli, di cui 10 raggiunsero l'età adulta e numerosi furono quelli che occuparono importanti troni europei: due maschi divennero imperatori, Maria Antonietta fu regina di Francia, Maria Amalia fu duchessa di Parma e Maria Carolina regina di Napoli.

▶ **STORIA LOCALE**
La Toscana di Pietro Leopoldo, pag. 153

I due fratelli "illuminati"
Giuseppe II, imperatore d'Austria e grande protettore del musicista Wolfgang Amadeus Mozart, ritratto insieme al fratello Leopoldo di Toscana, che gli succederà alla sua prematura morte.

Una grande zarina
Caterina di Russia ritratta a cavallo in abiti maschili che sottolineano la sua energia e la sua capacità di condurre l'Impero.

Federico II di Prussia
Qui con il suo grande amico Voltaire.

Carlo III di Borbone
Fu re di Napoli e poi di Spagna e ovunque cercò di ammodernare i suoi domini, senza però riuscirvi.

IMPERO RUSSO Nell'Est dell'Europa stava consolidandosi l'Impero russo che lo zar Pietro il Grande aveva cominciato a modernizzare nel Seicento. Nel Settecento la Corona passò a **Caterina di Russia** (1762-1796), letterata, amica di Voltaire, di d'Alembert e di Diderot, ammiratrice di Beccaria, la quale varò una profonda **riforma del Codice penale** e un programma inteso a riformare l'amministrazione. Quest'ultimo fu però bloccato da una violentissima rivolta dei servi della gleba, esasperati dalla fame e dalle deportazioni con cui la zarina li colpiva per colonizzare la Siberia e la nuova conquista imperiale: l'Alaska (quest'ultima in territorio americano). Ciononostante, il regno di Caterina fu uno dei più avanzati nella storia della Russia: la zarina concesse infatti una certa libertà di stampa, ampliò l'istruzione pubblica e lottò contro i privilegi della Chiesa ortodossa.

REGNO DI PRUSSIA Anche **Federico II di Prussia** (1740-1786) fu un entusiasta seguace di Voltaire, di cui fu anche molto amico. Per il suo amore per la musica (egli stesso suonava il flauto) e per i suoi scritti, fu chiamato "il re filosofo" e considerato per molto tempo il modello del perfetto despota illuminato.
Il suo fu un governo forte, autoritario e militarista che però intervenne a favore dell'artigianato e dell'agricoltura, preoccupandosi anche di migliorare la condizione dei contadini. Allentò i vincoli della censura, rese obbligatoria l'istruzione elementare, abolì la tortura e limitò la pena di morte. Federico II regnava su una nazione protestante, ma con grande tolleranza nei confronti dei cattolici. Inoltre, abolì le discriminazioni più oppressive nei confronti degli ebrei.

REGNO DI SPAGNA In questo periodo la Spagna fu governata da **Carlo III di Borbone** (1759-1788), considerato il più grande re della sua lunga storia.
Prima di succedere al padre alla corte di Madrid, Carlo era stato re di Napoli e lì si era circondato di un gruppo di illuministi italiani che influenzarono profondamente la sua formazione.
Traferitosi in Spagna, egli progettò una vasta serie di riforme che investivano anche i rapporti tra il Paese e le sue **colonie americane**, con l'intento di rendere più efficaci le iniziative della borghesia di origine spagnola e più umane le condizioni di vita dei contadini schiavi o liberi di origine india.
In patria i suoi ministri cominciarono con il varare una serie di **riforme fiscali** che intaccavano gli enormi privilegi del clero e della nobiltà. Queste due categorie concepirono un odio profondo per il nuovo sovrano e gli scatenarono il popolo contro nel corso di numerose rivolte.
Come già aveva fatto Maria Teresa d'Austria, il re reagì con l'**espulsione dei gesuiti**, che in quel momento rappresentavano la più forte e la più pericolosa congregazione ecclesiastica. Con le loro ricchezze fu finanziata una potente **riorganizzazione dell'istruzione**, mentre le riforme procedevano con una modernizzazione dell'agricoltura volta ad abbattere il latifondo e con una serie di facilitazioni fiscali per gli imprenditori con l'obiettivo di risollevare il commercio. La sua azione, tuttavia, non fu proseguita dai suoi eredi e negli anni successivi la Spagna tornò in mano al clero, all'Inquisizione e alla nobiltà.

13 I conflitti del Settecento: le Guerre di successione

Il periodo dell'"assolutismo illuminato" fu tutt'altro che un'epoca pacifica. Numerosi territori europei, tra i quali diverse regioni italiane, erano ancora oggetto di contesa tra i vari Stati e scatenarono conflitti passati alla storia con il nome di **Guerre di successione**.
Così vengono definite una serie di guerre scoppiate in Europa tra la fine del

Seicento e gran parte del Settecento. Esse scaturivano dal fatto che quasi tutti i sovrani europei erano ormai **imparentati l'uno con l'altro**. Quando qualcuno di essi moriva senza eredi, la "successione" al trono vacante poteva essere rivendicata da un gran numero di aspiranti, tutti legittimi e tutti interessati ad ampliare i propri possedimenti. Spesso quindi quelli che non erano riusciti a ottenere la Corona trovarono questo pretesto per attaccare il vicino sperando di togliergli una parte dei suoi territori.

A partire dal 1733 le potenze europee si scontrarono nella **Guerra di successione polacca** per decidere chi avrebbe regnato in Polonia. La pace che nel **1738** pose fine al conflitto ebbe conseguenze soprattutto nella geopolitica della Penisola italiana: il **Regno di Napoli** passò dagli Asburgo d'Austria ai **Borboni di Spagna**, mentre il **Granducato di Toscana**, dove si era estinta la dinastia dei Medici, fu assegnato a un ramo degli Asburgo, gli **Asburgo-Lorena** (al quale apparteneva il granduca Pietro Leopoldo, che poi, nel 1790, come abbiamo visto, salì sul trono d'Austria). Alla fine del conflitto, il Regno di Polonia si trovò a dipendere sempre più strettamente dai tre potenti vicini (Austria, Russia e Prussia), che nella seconda metà del secolo **si spartirono i suoi territori**. Lo Stato polacco cessò di esistere e per tornare indipendente dovette attendere la fine della Prima guerra mondiale.

La **Guerra di successione austriaca** iniziò nel 1740, quando l'ultimo Asburgo morì senza figli maschi e salì al trono la giovane Maria Teresa in base a un decreto speciale che permetteva di assegnare la Corona imperiale anche alle figlie femmine. Dichiaratosi insoddisfatto di questa soluzione, Federico II di Prussia, cugino degli Asburgo, rivendicò la propria candidatura e invase una regione austriaca, la **Slesia**. **Maria Teresa d'Austria** non si dimostrò però disposta ad accettare passivamente la perdita di quella regione. L'Europa si divise allora in due schieramenti: la Francia e la Spagna appoggiarono Federico, mentre al fianco dell'Austria si schierarono Inghilterra, Province Unite e Regno di Sardegna.

La guerra si concluse nel **1748** con la **Pace di Aquisgrana**: Maria Teresa venne riconosciuta come regina d'Austria, ma dovette cedere la Slesia a Federico di Prussia.

Atlante

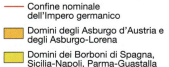

Il vincitore e il vinto
In alto, Giorgio III d'Inghilterra, re della nazione che durante la guerra aveva dominato i mari e acquisito importanti colonie oltreoceano. In basso, Luigi XV, re di Francia, le cui spese astronomiche per sostenere la guerra non solo non portarono alcun vantaggio territoriale, ma ridussero il Paese in miseria ponendo le premesse della più grande e sanguinosa rivoluzione del secolo.

14 I conflitti del Settecento: la Guerra dei Sette anni

La disputa tra le potenze europee continuò anche dopo la Pace di Aquisgrana sfociando in un conflitto che coinvolse anche i territori coloniali, noto come **Guerra dei Sette anni** perché durò **dal 1756 al 1763**.
Sul continente esso si concluse, dopo aspre battaglie, senza mutamenti di rilievo: la Prussia conservò la Slesia e l'assetto europeo rimase immutato. Il vero interesse della guerra consistette invece in quello che accadde tra Francia e Inghilterra.
La **Francia**, tra il XVII e il XVIII secolo, aveva insediato **colonie** in Canada, in Africa, dove possedeva il Senegal, in India, di cui controllava la parte centro-meridionale, e su alcune isole dell'America centrale.
L'**Inghilterra** possedeva la rocca di Gibilterra, aveva basi commerciali lungo le coste dell'Africa e tredici colonie in America settentrionale.
Tra le due potenze si combatté per sette anni una spietata **guerra navale** su tutti gli oceani del mondo, alla fine della quale la situazione si era interamente rovesciata. L'**Inghilterra** ottenne in Africa il Senegal e in America il Canada (che tolse ai Francesi) e la Florida (che tolse agli Spagnoli). Inoltre conquistò il controllo di buona parte dell'**India**, il vastissimo subcontinente asiatico ricco di coltivazioni di tè e di cotone e famoso per le sue manifatture di seta e di broccato di alta qualità.
Mentre dunque la Francia perdeva la maggior parte delle sue basi all'estero e la Spagna rimaneva ancorata ai suoi possedimenti nell'America centro-meridionale (salvo il Brasile portoghese), venivano gettate le basi dell'**Impero coloniale inglese** che, nel giro di qualche decina di anni, divenne il più vasto e ricco dell'epoca. Con la Guerra dei Sette anni si estese anche quel modo di intendere e sfruttare le colonie al quale si dà il nome di **colonialismo**.
Nel XX secolo, riflettendo sulla vastità dei territori toccati dal conflitto, lo statista britannico Winston Churchill (1874-1965) definì la Guerra dei Sette anni "la prima guerra mondiale della storia".

15 Le contraddizioni dell'Illuminismo

L'Illuminismo non fu un movimento ordinato né tanto meno fu una "scuola". È difficile quindi individuarvi filoni ben definiti e trarre conclusioni circa l'influenza dell'uno o dell'altro sugli enormi rivolgimenti politici ed economici che si stavano preparando in Europa e in America.
A proposito della "tolleranza", per esempio, per alcuni essa implicava il diritto di esistere di tutte le religioni, per altri si riferiva unicamente all'auspicata pacificazione di cattolici e protestanti dopo il fanatismo delle Guerre di religione.
Il contesto in cui operò l'Illuminismo, inoltre, fu quello di una classe ristrettissima, la **borghesia emergente**, e, all'interno di essa, di un "circolo" ancora più ristretto di persone che ritenevano di aver raggiunto un grado di evoluzione intellettuale superiore a quello degli altri esseri umani.
Gli autori dell'*Enciclopedia* superarono questi limiti, ma altri illuministi divisero l'umanità in "**filosofi**", cioè gente colta e capace di ragionare, e "**ottentotti**", ovvero coloro che restavano preda dei loro pregiudizi e delle superstizioni. Qualcuno ha addirittura chiamato "colonialismo culturale" l'atteggiamento degli illuministi nei confronti dell'umanità non emancipata, di cui pretendevano di diventare la guida.

Inoltre, il movimento che più di ogni altro fece affidamento sulla Ragione umana ebbe anche, al suo interno, forti venature mistiche e la tendenza a riunirsi in sètte segrete che elaborarono una "mitologia della Luce" o attesero una qualche rivelazione messianica.

Lo stesso Newton, il grande precursore, era stato contemporaneamente il grande fisico che aveva scoperto la Legge della gravitazione universale e un alchimista. Senza contare che molti illuministi erano iscritti alla **massoneria**, una sètta i cui complessi rituali richiamavano piuttosto il Medioevo che l'età dell'emancipazione e della razionalità.

Non bisogna però sovrapporre preconcetti moderni alle epoche passate: quello che per noi è inconciliabile oggi, allora non lo era e, nel contesto di un'epoca ancora in bilico tra vecchie credenze e nuovi orizzonti, i Lumi della Ragione potevano essere benissimo rappresentati sotto forma di una vera e propria Luce, quasi fossero un dio alternativo da adorare.

La massoneria

Questa **associazione segreta**, viva tuttora in molti Paesi del mondo, fu fondata a Londra nel **1717** da un esule ugonotto allievo di Newton con lo scopo di accogliervi membri cristiani anglicani, protestanti e cattolici e di considerarli "fratelli" praticandovi la tolleranza, dopo che anche l'Inghilterra era stata lacerata dalle lotte di religione. Anche qui la tolleranza si applicava solo alle recenti lacerazioni del mondo cristiano, tanto che gli ebrei, per il momento, ne furono esclusi.

Il termine "**massone**" derivava dal francese *maçon*, "muratore", perché la sètta si ispirava alle corporazioni medievali dei costruttori di cattedrali e ne adottava i riti e le simbologie. Ogni gruppo massonico era una **Loggia** e gli adepti dovevano superare varie prove per esservi ammessi e poi ricoprirne le cariche, fino a quella di **Gran Maestro**. Uno degli scopi delle Logge era di fare beneficenza, ma vi si praticava anche l'alchimia e si usava un linguaggio noto solo agli iniziati.

Col tempo le Logge divennero ricchissime grazie alle donazioni degli adepti e cominciarono a intervenire pesantemente nella **politica internazionale**. Molto forte, per esempio, fu la presenza della Loggia di Londra nelle vicende del Risorgimento italiano, soprattutto in funzione anti-borbonica.

Nel Settecento alla massoneria si iscrissero tutti i "**despoti illuminati**", a partire da Federico II di Prussia, e gli **illuministi** più in vista, da Voltaire a tutti gli autori dell'*Enciclopedia* (l'idea della sua compilazione venne proprio all'interno di una Loggia), fino a Mozart che, con *Il flauto magico*, compose una complessa allegoria massonica.

Nei Paesi cattolici la massoneria fu **perseguitata dalla Chiesa**, che non ammetteva deviazioni dalla sua dottrina, ma fece ugualmente adepti. In Italia furono massoni **Carlo Goldoni** e **Vittorio Alfieri**. Nell'Ottocento essa conquistò soprattutto i democratici, da **Francesco Crispi** a **Garibaldi**.

Interpreti e testimoni

Illuminismo e diffusione della cultura in Inghilterra

AUTORE	Simona Morini, docente di filosofia italiana
OPERA	*Lumi anche per il popolo*, articolo apparso su "Il Sole 24 Ore"
DATA	2000

Leggi altre **fonti storiografiche** nella Biblioteca digitale

Una riflessione sull'Illuminismo in cui si dimostra che se la sua anima fu francese, il suo cuore batté in realtà in Inghilterra, il Paese allora più avanzato di tutta Europa.

L'Illuminismo, pur condividendo un nucleo di idee comuni – la tolleranza, la fiducia nel progresso e nella razionalità scientifica, la lotta contro l'autorità, il dispotismo e la superstizione – ha assunto fisionomie diverse nelle varie parti d'Europa. Negli Stati tedeschi e del Nord, in Spagna e in Portogallo, queste idee servivano a ispirare e a educare sovrani assolutisti, o a modernizzare le burocrazie e le amministrazioni statali. In Francia, dove gli intellettuali erano più invischiati nella vita di corte e più oppressi dallo strapotere cattolico, era più forte l'elemento di rivolta contro il feudalesimo e le autorità politiche e religiose. Mentre è in Inghilterra – un Paese che aveva fatto la sua rivoluzione borghese cent'anni prima che in Francia e che già all'inizio del Settecento era culturalmente all'avanguardia – che vengono messe le basi, nel bene e nel male, della democrazia e della cultura moderna.

Basti ricordare qui una serie di dati significativi. Per esempio, mentre in Francia, alla vigilia della Rivoluzione, erano all'opera 160 censori, e buona parte delle pubblicazioni avveniva nella clandestinità, in Inghilterra la censura venne abolita prima con la Rivoluzione del 1688 e poi con il *Licensing Act* del 1695.

Questo significa che mentre la lettura in buona parte d'Europa era riservata alle èlites, in Inghilterra l'editoria – favorita da una straordinaria diffusione di quotidiani e riviste – fu un successo di massa: nel 1670 si stampavano seimila titoli, nel 1710 ventunomila e nel 1790 cinquantaseimila. Tra il 1660 e il 1800 vengono pubblicati 300 000 libri e *pamphlets* per un totale di circa 200 milioni di copie vendute.

E che dire delle tirature dei *bestsellers* dell'epoca? Mentre l'*Enciclopedia* di Diderot e D'Alembert conta 4500 lettori (in un Paese con il triplo della popolazione), l'*Enciclopedia Britannica* si vende come i panini imbottiti, un romanzo di Fielding (un autore di gran moda) brucia 50 000 copie in una settimana e di uno di Defoe 80 000.

A sentire poi la descrizione della vita culturale a Londra nel corso del Settecento sembra, oggi, di vivere in provincia. Il teatro, fin dai tempi di Shakespeare, prospera ed è un luogo di comunicazione e scambio culturale dove popolazione e nobiltà si divertivano insieme.

Nel 1739 ci sono a Londra 551 caffè (10 volte più che a Vienna) dove si discute e si leggono i quotidiani. Per non parlare delle 700 taverne e dei 2000 club che riuniscono le più svariate ed eccentriche categorie di persone. Tutte le strade sono illuminate (cosa che non manca di stupire i visitatori stranieri). Nel 1753 apre il British Museum, il primo museo pubblico d'Europa. La scienza è di gran moda. Eleganti signore e gentiluomini fanno a gara a comprare telescopi, microscopi e raccolte di farfalle e insetti.

Nel 1712 un professore tiene un corso di meccanica per cui in poco più di un anno, andando a lezione tre volte a settimana, si imparava a calcolare il funzionamento di qualsiasi marchingegno e chiunque poteva farsi spiegare al pub, davanti a un boccale di birra, la teoria di Newton dai suoi stessi allievi.

Verso la fine del Settecento le famiglie inglesi portavano i bambini al Planetario, una sala buia dove globi luminosi rotanti mostravano il movimento dei pianeti. Per non parlare dei giardini, dei parchi di divertimento, dei concerti pubblici e di altre amenità di ogni tipo, sapientemente organizzate da una fiorente industria culturale.

Naturalmente c'era povertà, quella contro cui lottava Blake nella sua commovente poesia sugli spazzacamini bambini. Ma c'erano anche innumerevoli filantropi ed eccentrici che, con il loro lavoro e la loro immaginazione, organizzarono le prime forme di previdenza, assicurazione e assistenza sociale. Mentre quindi nella cultura del Continente l'Illuminismo era un movimento d'élite, in Inghilterra non fu solo una teoria astratta, ma una rivoluzione nei costumi, la fonte di ispirazione di una cultura libera, laica e individualista guidata, senza alcun senso di colpa, dalla ricerca del piacere.

GUIDA ALLO STUDIO
Sintesi

Audio

1-2 La nascita dell'Illuminismo

Durante il Settecento si diffonde in Europa e in America l'Illuminismo, nato in Francia nel 1750.
Primo movimento interamente laico della storia, esso si propone di ricercare la Verità attraverso la Ragione, sostenendo la tolleranza e la convivenza pacifica tra le diverse religioni. Grazie alla Ragione, inoltre, gli uomini possono ricercare la felicità e migliorare la società.

3-5 "Diritti naturali" contro "diritto divino"

Con l'Illuminismo cambia il ruolo dell'intellettuale, che comincia a interessarsi alla politica con l'obiettivo di lottare per il benessere generale della popolazione. Di fronte alla società francese, in cui il re governa per diritto divino, gli illuministi affermano invece che tale sistema è un'invenzione umana diretta a giustificare il potere e sostengono che lo Stato è il frutto di un contratto fra chi governa e chi è governato. Di conseguenza i sudditi hanno il diritto di ribellarsi al potere, se esso calpesta i "diritti naturali" dell'uomo, fra i quali la libertà personale e l'uguaglianza di fronte alle leggi. Con queste idee rivoluzionarie l'Illuminismo si propone come l'ideologia in grado di contestare l'*Ancien Régime*.

6-7 Il cosmopolitismo e l'*Enciclopedia*

Altri punti cardine dell'Illuminismo sono il cosmopolitismo, ovvero l'aspirazione a diventare "cittadini del mondo", e la divulgazione del sapere, che trova la massima espressione nell'*Enciclopedia* redatta da Denis Diderot e Jean Baptiste d'Alembert.

8-11 Voltaire, Montesquieu, Rousseau, Beccaria

Fra gli esponenti dell'Illuminismo il più brillante è Voltaire, difensore della libertà e della tolleranza, che sostiene la necessità del potere assoluto purché attribuito a un sovrano "illuminato" dalla Ragione. Di opinione diversa è Montesquieu, sostenitore della monarchia parlamentare e della separazione dei poteri legislativo, esecutivo e giudiziario. Rousseau, invece, ravvisa la felicità solo nello "stato di Natura" e aspira a un contratto sociale che tuteli gli interessi di tutti in una democrazia diretta. L'italiano Cesare Beccaria, infine, afferma l'inutilità della pena di morte nel suo libro *Dei delitti e delle pene*, che ha un successo immenso.

12 Il "dispotismo illuminato" in Europa

Il "dispotismo illuminato" ispirato da Voltaire produce una breve stagione di riforme avviate in numerosi regni europei. In Austria l'imperatrice Maria Teresa mantiene il potere legislativo ed esecutivo ma rende indipendente quello giudiziario e riduce i privilegi fiscali del clero; nel Granducato di Toscana Pietro Leopoldo elimina le dogane e vara un nuovo Codice penale che abolisce tortura e pena di morte; in Russia la zarina Caterina riforma profondamente il Codice penale; in Prussia Federico II allenta la censura, rende obbligatoria l'istruzione elementare e limita la pena di morte; in Spagna Carlo III vara riforme fiscali, espelle i gesuiti e riorganizza l'istruzione.

13-14 Le guerre del Settecento

Il periodo dell'"assolutismo illuminato" è segnato da numerosi conflitti. La Guerra di successione polacca si conclude nel 1738 con una pace che determina la fine del Regno di Polonia e che ha ripercussioni anche sull'Italia: il Regno di Napoli passa ai Borboni di Spagna mentre il Granducato di Toscana viene assegnato agli Asburgo Lorena. La Guerra di successione austriaca si conclude nel 1748 con la Pace di Aquisgrana: Maria Teresa viene riconosciuta come regina, ma deve cedere la Slesia a Federico di Prussia. Nella Guerra dei Sette anni (1756-1763) Francia e Inghilterra si scontrano per motivi coloniali: la Gran Bretagna ottiene in Africa il Senegal e in America il Canada e la Florida, e conquista il controllo di buona parte dell'India, gettando così le basi dell'Impero coloniale inglese.

15 Le contraddizioni dell'Illuminismo

Nell'Illuminismo convivono opposte reazioni e soluzioni rispetto agli enormi rivolgimenti politici ed economici che investono l'Europa e l'America in questo periodo. Pertanto, non mancano le contraddizioni persino in un movimento che esalta i Lumi della Ragione.

GUIDA ALLO STUDIO

Mappa concettuale

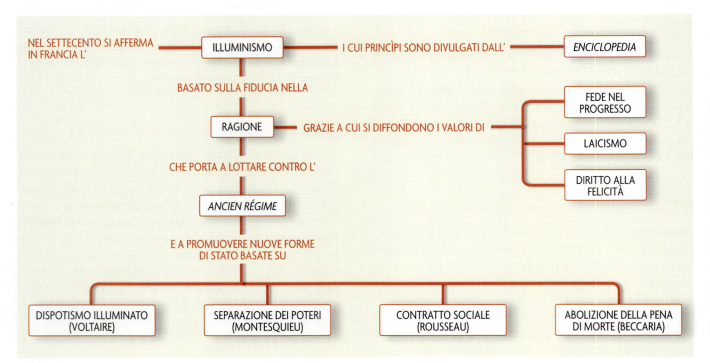

Verifica formativa

ARRICCHIRE IL LESSICO

1 Il sostantivo "felicità", che hai incontrato più volte in questo capitolo, fa parte di una "famiglia" di parole che comprende termini come *felicemente*, *felicitarsi*, *felicitazioni*. Usali tutti e tre per scrivere altrettante frasi di senso compiuto.

COMPRENDERE IL TESTO

2 Completa il brano seguente.

L'Illuminismo nacque in .... nel .... Negli illuministi trovò un'applicazione pratica quel percorso alla ricerca della .... con l'aiuto della .... che era stato iniziato dagli .... e che aveva trovato la sua soluzione scientifica in .... "Illuminismo" significa appunto che i "..............." della .... scacciano le tenebre del .... e dell'..............., della .... bruta e della .... Per la sua ambizione di arrivare alla .... con le sole forze ...., esso fu il primo movimento interamente .... della storia ed ebbe come obiettivo il raggiungimento della ....: secondo gli illuministi, tutti gli .... hanno il diritto di usare la propria .... per essere ....

3 Completa le frasi seguenti, prestando attenzione ai nessi di causa ed effetto.

1. L'Illuminismo sosteneva che la felicità .... e .... non si può realizzare senza modificare la .... Di conseguenza gli illuministi furono tutti interessati alla .... e cambiò radicalmente il ruolo dell'...............

2. Gli illuministi sostenevano che l'autorità del re non proveniva da .... ma era un'invenzione .... diretta a giustificare il .... e che lo Stato è il frutto di un .... fra chi .... e chi è .... Di conseguenza i sudditi hanno il diritto di .... al .... se esso calpesta i "..............." dell'essere umano, primi fra tutti la .... personale e l'............... di fronte alle leggi.

3. Gli illuministi appartenevano alla .... emergente che riteneva ormai intollerabili le limitazioni ...., ... e di costume in cui la imprigionavano i vecchi ordinamenti. Di conseguenza gli illuministi contestavano tutto ciò che apparteneva all'...............

4 In un testo di circa 8 righe spiega in seguito a quali esperienze gli illuministi divennero sostenitori del cosmopolitismo.

L'età dei Lumi **Capitolo 7** 151

CAPITOLO 7

5 Rispondi alle domande seguenti.
1 Perché gli illuministi consideravano la divulgazione un dovere sacro?
2 Che cosa decisero di fare Diderot e d'Alembert?

6 Completa la tabella seguente, sintetizzando le teorie politiche degli illuministi elencati.

Voltaire	
Rousseau	

7 Completa lo schema seguente.

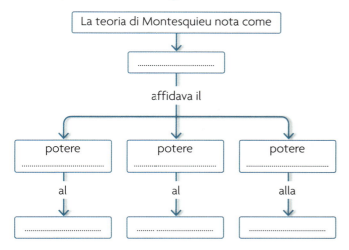

8 Spiega che cosa denunciò Cesare Beccaria nel suo libro *Dei delitti e delle pene*.

9 Completa la tabella seguente scrivendo, accanto al nome di ciascun Paese, il nome del suo dèspota "illuminato" e le riforme da lui promosse.

Impero d'Austria	
Granducato di Toscana	
Impero russo	
Regno di Prussia	
Regno di Spagna	

10 Completa la tabella seguente, relativa ai conflitti del Settecento.

Guerra di successione polacca	
Guerra di successione austriaca	
Guerra dei Sette anni	

11 In un testo di circa 8 righe illustra le contraddizioni dell'Illuminismo.

GUIDA ALL'ESPOSIZIONE ORALE

1 Esponi i fondamenti del pensiero illuminista soffermandoti in particolare sulle teorie di Voltaire, Montesquieu e Rousseau.

Scaletta:
• Verità • Ragione • laicismo • tolleranza • felicità
• politica • "diritto divino" • contratto • "diritti naturali"
• *Ancien Régime* • cosmopolitismo • divulgazione
Voltaire • libertà • tolleranza • sovrano assoluto ma "illuminato" **Montesquieu** • "separazione dei poteri"
• monarchia parlamentare **Rousseau** • "stato di natura"
• "contratto sociale" • democrazia diretta

Parole e concetti chiave:
umanisti, Galileo, pregiudizio e superstizione, obiettivi terreni, rivoluzione dei valori, ruolo dell'intellettuale, ceti sociali, giustificazione del potere, diritto di ribellarsi, libertà, uguaglianza, oscurantismo, Diderot, d'Alembert, *Enciclopedia*.

Come cominciare:
"Negli illuministi trovò un'applicazione politica e sociale quel percorso alla ricerca della Verità con l'aiuto della Ragione iniziato dagli umanisti."

2 Spiega come si manifestò il "dispotismo illuminato" nei vari Paesi europei.

Scaletta:
Austria • Maria Teresa • divisione dei poteri • Chiesa
• istruzione pubblica • Giuseppe II • censura • Codice penale **Granducato di Toscana** • Pietro Leopoldo
• dogane • Codice penale • pena di morte **Impero russo**
• Caterina • Codice penale **Regno di Prussia** • Federico II
• censura • istruzione • pena di morte **Regno di Spagna**
• Carlo III di Borbone • colonie • riforme fiscali
• espulsione dei gesuiti • istruzione

Come cominciare:
"Il 'dispotismo illuminato' ispirato da Voltaire produsse una breve stagione di riforme avviate in numerosi regni europei."

3 Esponi gli eventi fondamentali delle Guerre di successione e della Guerra dei Sette anni.

Scaletta:
Guerra di successione polacca • spartizione dei territori polacchi e fine del Regno • ricadute sulla geopolitica italiana **Guerra di successione austriaca** • Pace di Aquisgrana • conferma di Maria Teresa regina • perdita della Slesia **Guerra dei Sette anni** • guerra navale fra Francia e Inghilterra per le colonie • nascita dell'Impero coloniale inglese

Come cominciare:
"Il periodo dell''assolutismo illuminato' fu tutt'altro che un'epoca pacifica."

SCIENZA E TECNICA

Le tavole dell'*Enciclopedia*

*Le tavole che seguono vengono dalle pagine dell'opera di Diderot e d'Alembert, che corredarono le diverse voci dell'*Enciclopedia *con i disegni di centinaia di disegnatori inviati a osservare le macchine dal vivo o a copiare negli archivi stampe più antiche.*

❶ Ottica
La voce sull'ottica fu scritta da d'Alembert e fu corredata da immagini che rappresentano le fasi del lavoro di un vero laboratorio ottico e da un elenco dei diversi tipi di lenti che vi si fabbricavano.

❷ Tappezzeria
Questa stampa, la IX della serie dei tappezzieri, mostra come riparare una poltrona, mentre le precedenti mostravano solo gli strumenti necessari per realizzare quel compito e la stessa poltrona senza rivestimento o imbottitura. Lo scopo era di seguire le fasi di un mestiere dall'inizio alla fine.

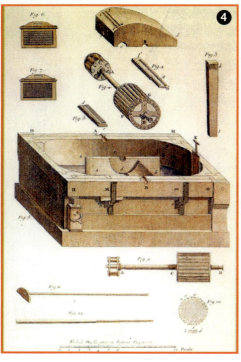

❸ Agricoltura
Gli autori dell'*Enciclopedia* si interessarono anche alle attività dei mondi extraeuropei. Questa incisione è dedicata alla coltivazione, alla raccolta e alla manifattura del cotone nel continente americano.

❹ Fabbrica di carta
Per documentare la fabbricazione della carta, l'autore di questa voce passò varie settimane disegnando e lavorando con gli operai di una cartiera nei pressi di Montargis, a sud di Parigi.

Storia locale

La Toscana di Pietro Leopoldo

Un esperimento di Illuminismo applicato

Fra i vari tentativi di riforma dei sovrani illuminati ve ne fu uno che più degli altri sembrò riuscire a tradurre in realtà le idee degli intellettuali illuministi. A differenza degli altri, però, il suo scopo non era quello di rafforzare il potere assoluto dopo avergli dato una spolverata d'Illuminismo bensì, proprio come predicavano i Lumi, cercare di realizzare il bene pubblico e la **felicità dei cittadini**.
Questo straordinario esperimento di riforma ebbe luogo nella nostra Penisola, nella Toscana che era stata la culla della civiltà comunale prima e di quella rinascimentale poi, e il suo protagonista fu un sovrano straniero, il granduca **Pietro Leopoldo** di Asburgo-Lorena.
Pietro Leopoldo era figlio dell'imperatrice d'Austria Maria Teresa e a Vienna aveva assorbito i princìpi di un Illuminismo riformista di forte stampo cattolico. Aveva diciassette anni quando, ancora in lutto per la morte di suo padre l'imperatore, raggiunse Firenze e vestì la corona di **granduca di Toscana** che, dopo l'estinzione della famiglia Medici, un complesso gioco di equilibri diplomatici aveva assegnato alla casa d'Asburgo.
Pietro Leopoldo si trasferì in Toscana con entusiasmo: si era nutrito delle letture illuministe e non gli pareva vero di avere a disposizione un Paese intero da trasformare in laboratorio sociale, politico ed economico.
Non bisogna però credere che agisse come un chimico pazzo dinanzi alle sue provette: come egli stesso scrisse, aveva ben presente il rischio che riforme mai sperimentate prima potessero in realtà peggiorare la vita delle persone invece di migliorarla. Egli aveva in mente traguardi molto arditi in ogni campo. Non temeva la novità delle sue scelte e se fosse stato per lui le avrebbe realizzate appieno: purtroppo si scontrò con tutti coloro dei quali rischiava di ledere i privilegi o, talvolta, la semplice consuetudine. **Tutti** infatti **alla fine gli furono nemici**: i suoi stessi parenti, i nobili, il clero e perfino il popolo nel cui interesse pensava di agire.

La Toscana di metà Settecento

La **Firenze** che lo accolse nel **1765** era dominata da un'antica **aristocrazia cittadina** nata dalle manifatture e dalle attività bancarie che continuava a esercitare il suo potere sul resto della Toscana, ma aveva perso il ruolo di motore dell'economia internazionale.
La base della sua ricchezza era tornata a essere l'agricoltura con rese basse, un po' a causa dell'organizzazione mezzadrile, un po' perché la principale area coltivabile, la Val di Chiana, era spesso alluvionata, mentre l'immensa distesa della Maremma era in mano ai latifondisti e quasi interamente coperta di acquitrini e paludi.
In tutta la Toscana era invece molto vivace la **vita culturale**: non solo essa era la patria dell'Umanesimo e di Galileo, ma sia Firenze sia Pisa e Livorno avevano stretti contatti con il resto d'Europa e in particolare con la Parigi dei Lumi. Sebbene in tutta la Penisola si respirasse ancora il clima chiuso della Controriforma, era vivacissima anche l'**attività editoriale**: nella prima metà del secolo erano state pubblicate le opere dei più influenti filosofi secenteschi, mentre fiorivano ovunque giornali e gazzette.
Le **tipografie** più dinamiche erano quelle livornesi: lì, infatti, fu pubblicata l'edizione italiana, dedicata

Storia locale

Il granduca Leopoldo
Fu all'avanguardia tra i sovrani riformisti e trasformò la Toscana in un vero e proprio laboratorio di trasformazione per una nuova società.

a Pietro Leopoldo, dell'*Enciclopedia* di d'Alembert e Diderot, mentre nel 1764 fu data alle stampe la prima edizione del *Dei delitti e delle pene* di Cesare Beccaria che avrebbe trovato piena attuazione proprio nella riforma della giustizia promossa dal granduca.

La riforma economica
Anche se era cresciuto in una delle corti più splendide d'Europa, Pietro Leopoldo disdegnava i rituali e le cerimonie; tutto il suo interesse era per il **governo effettivo**. Per prima cosa, dunque, si mise **in viaggio** nel Granducato e verificò di persona le condizioni di vita dei sudditi.
Egli stesso scrisse **relazioni dettagliate** e altre ne commissionò ai suoi funzionari: grazie a questa enorme mole di materiale oggi abbiamo un'idea precisa della situazione economica, amministrativa e sociale del Paese. Era esattamente ciò che serviva al granduca per iniziare a mettere mano alle riforme. Da buon illuminista cominciò dall'economia, convinto che senza una riforma liberale del commercio non potesse esserci alcuna ripresa e alcuno sviluppo. Per questo, già a partire dal primo anno del suo regno, promosse la **liberalizzazione del commercio del grano**, che poté dirsi completata nel 1775 quando fu estesa a tutta la Toscana. Di ogni sua riforma, infatti, egli sperimentò gli effetti dapprima su parti limitate del territorio, poi, dopo averne verificato la riuscita, le applicò a tutto il Granducato.
Il libero commercio dei grani fu attuato eliminando le imposte e i dazi interni e poi cancellando anche le tasse sull'esportazione. Era la prima volta in Europa che si cercava di combattere in modo nuovo la carestia, privilegiando le leggi del mercato invece dell'intervento dello Stato.
Lo sviluppo dell'agricoltura fu favorito anche dall'**ampliamento delle aree coltivabili**: il progetto più riuscito fu la messa in sicurezza della Val di Chiana dove il regime delle acque venne completamente ripensato grazie alla costruzione di canali.
Il granduca non trascurò nemmeno la **salute dei lavoratori agricoli** e, dopo aver visionato i risultati di un'inchiesta apposita, fece costruire nuove abitazioni secondo regole che le rendevano salubri, calde d'inverno e fresche d'estate, assicurando un riparo agli animali e agli attrezzi agricoli. Queste case, che ancora oggi punteggiano la campagna toscana, sono dette "leopoldine".
Intraprese anche la bonifica della Maremma, ma le resistenze dei latifondisti ne ostacolarono la riuscita. Sempre per facilitare i commerci il granduca **migliorò il sistema di trasporti**, costruendo nuove strade, facendo lastricare quelle esistenti e risistemando ponti e stazioni di posta: in un'epoca in cui la costruzione di strade era quasi sempre legata alla necessità di far transitare gli eserciti, la motivazione di Pietro Leopoldo era un'assoluta novità che lo avvicinava più all'Inghilterra che al resto d'Europa. Nel 1770, si spinse perfino ad **abolire le corporazioni cittadine**, quelle Arti che avevano rappresentato per Firenze il motore del suo sviluppo fin dall'epoca comunale, ma che ora si rivelavano inadeguate e soffocanti rispetto alle sfide dell'economia-mondo. Ovviamente con questa mossa il granduca si attirò l'odio della parte più conservatrice della società toscana che voleva mantenere e anzi riportare ai fasti antichi i propri privilegi.
Quanto Pietro Leopoldo fosse lontano da questa mentalità è dimostrato dalla sua mossa successiva: sostituire le corporazioni con una moderna **Camera di Commercio**, incaricata di migliorare le tecniche produttive e di smercio per mettere la Toscana al pari dei Paesi europei più sviluppati.

La riforma amministrativa
Pietro Leopoldo sapeva di dover rendere efficiente la **riscossione delle tasse** per finanziare le sue molte riforme. Stabilì perciò che essa fosse tolta agli appaltatori privati e **gestita direttamente dallo Stato** tramite funzionari stipendiati. Inoltre semplificò l'imposizione accorpando ed eliminando molte imposte e cercando di realizzare (sull'esempio di

quanto fatto da sua madre e da suo fratello nei confini dell'Impero) un catasto, idea però abbandonata nel 1785 per le forti resistenze dei proprietari terrieri.
In realtà il granduca avrebbe voluto fare assai di più, creando un'Assemblea nazionale di rappresentanti amministrativi. Le sue idee illuminate emergono bene nel **progetto di Costituzione** scritto di suo pugno e frutto dello studio della Costituzione americana redatta nel 1787 (vedi capitolo 8, paragrafo 6): essa era imperniata sull'idea che, tramite il voto, i sudditi avessero il diritto d'intervenire negli atti di governo e legislativi. **Non gli fu mai possibile attuarla**: troppe erano le resistenze e forse lo stesso Pietro Leopoldo percepiva quanto essa fosse troppo avanzata per la Toscana dell'epoca.

La riforma giuridica

Il culmine dell'attività riformatrice fu raggiunto nel 1786 con la promulgazione di un nuovo **Codice penale e civile** che abbatteva i capisaldi di un ordinamento giuridico formulato dai tempi dell'Inquisizione e che affermava invece una **nuova concezione della pena**, del giudice e dell'imputato sulla base delle tesi di Cesare Beccaria.
Il suo motto, così ovvio per noi, non era mai risuonato prima: diceva "prevenire più che punire". Per tutti questi motivi il "**Codice Leopoldino**" rappresenta il punto più alto del riformismo europeo dell'epoca illuminista. Per raggiungere questo scopo:
- separava l'esercizio della giustizia dalle indagini di polizia;
- **aboliva la condanna a morte, la tortura** e la confisca dei beni;
- riduceva il numero dei reati e li distingueva bene dalle semplici infrazioni amministrative.

Soprattutto creava quella che fu definita la "**civiltà del processo**", dove l'imputato era valutato sulla base di prove certe e accertabili secondo modalità procedurali valide, chiare e controllabili e dove gli erano garantiti il diritto alla difesa e giuste condizioni detentive.

La riforma ecclesiastica

Pietro Leopoldo era un cattolico convinto, cresciuto in un'Austria dove, assai più che in Italia, avevano trovato realizzazione i princìpi più positivi della Controriforma, come l'obbligo di residenza per i vescovi e il ruolo centrale dei parroci, fondamentali per garantire un più diretto rapporto con il popolo. Il granduca li fece rispettare anche in Toscana, ma contemporaneamente si dedicò alla **laicizzazione dello Stato**.
La prima mossa in questa direzione fu quella di sciogliere alcuni ordini monastici e di sottoporre alla **tassazione** le compagnie religiose per incamerarne i beni e impiegare il ricavato in **opere di pubblica utilità**.
Per cercare di allentare l'influenza del clero sugli strati più umili della popolazione proibì le distribuzioni di cibo a chiusura delle feste religiose e alcune consuetudini religiose che avevano il solo scopo di colpire l'immaginazione dei fedeli (come quella di tenere velate le immagini sacre per svelarle solo in determinate occasioni).
In questo modo danneggiò sia gli interessi economici del clero sia il piccolo interesse quotidiano dei fedeli, inimicandosi gli uni e gli altri: per i primi non fu difficile soffiare sul malcontento dei secondi e scatenare rivolte che raggiunsero il culmine nel 1790. Ormai però il granduca era già lontano: a Vienna infatti era morto suo fratello Giuseppe II e Pietro Leopoldo si accingeva a diventare l'**imperatore** Leopoldo II.
Nonostante la visionaria grandezza delle sue riforme, esse durarono poco senza di lui, anche perché il clima in Europa, da un anno, era totalmente cambiato. Il suo stesso figlio, appena giunto a Firenze per succedergli, revocò le leggi liberistiche, istituì nuovamente gli Ordini e le compagnie religiose disciolte. **Il grande sogno si era infranto**.

La Galleria degli Uffizi

Nella concezione illuminata di Pietro Leopoldo l'educazione dei sudditi passava anche attraverso l'arte: non è un caso che egli sia stato il primo a pensare di aprire al pubblico la **straordinaria collezione d'arte** che i Medici avevano ceduto ai Lorena.
Fra il 1769 e il 1780 fece risistemare la collezione secondo nuovi criteri, costruì un nuovo ingresso e rese accessibile quello che è a tutt'oggi uno dei musei più straordinari del mondo: la Galleria degli Uffizi.

La nascita del museo degli Uffizi
Una sala degli Uffizi con una parte della collezione che i Medici avevano donato a Pietro Leopoldo e che egli a sua volta mise a disposizione dei cittadini di Firenze.

CIVILTÀ PARALLELE

La colonizzazione dell'Australia

Mentre...
l'Europa era impegnata nell'età delle Rivoluzioni

... Contemporaneamente
dalla parte opposta del mondo, tra l'Oceano Indiano e l'Oceano Pacifico, aveva inizio l'esplorazione dell'Australia.

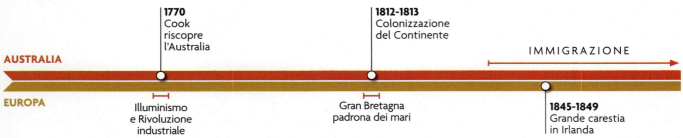

Un continente di scarso interesse

Il "**sesto continente**", quello che, eccettuate l'Artide e l'Antartide, rappresentava ancora un mistero per l'uomo occidentale, era stato già avvistato tempo prima da Cinesi e Olandesi – che però l'avevano trovato poco interessante – e poi "riscoperto" nel **1770** dal **capitano inglese James Cook**, che ne prese possesso in nome di Sua Maestà britannica e chiamò il luogo del suo sbarco Botany Bay.

L'evento, importantissimo sul **piano geografico**, non fu apprezzato sul **piano economico**. La costa di Botany Bay era circondata da alte montagne che impedivano l'accesso all'interno del continente; la terra circostante sembrava difficile da coltivare e buona solo come **terra da pascolo**.

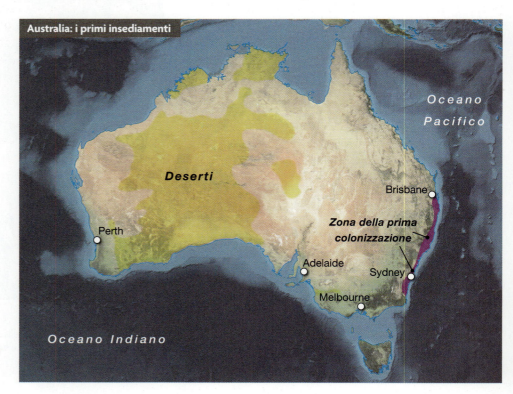

Un Paese immenso
L'Australia è per estensione il sesto Paese del mondo e il più grande dell'Oceania. È interamente circondata dall'oceano ed è formata da un'isola principale, dalla Tasmania e da altre isole minore dette Isole remote. Per più di 40 000 anni fu abitata solo dagli aborigeni provenienti dall'Asia.

Gli indigeni, chiamati **aborìgeni**, erano pochi e apparivano così "primitivi" da non poter essere impiegati neppure come schiavi.

L'Australia come colonia penale

Nel **1788** la **perdita della Virginia** (una delle tredici colonie americane diventate indipendenti) costrinse la Gran Bretagna a cercare una nuova sede per le sue **colonie penali**, i campi di lavoro forzato per criminali comuni e prigionieri politici, e l'Australia sembrò particolarmente adatta a questa esigenza.

Il lavoro dei forzati, sorvegliati da un'esigua guarnigione militare, consisteva nell'allevare pecore *merinos* importate dalla Spagna, tosarle e consegnare la lana ai militari che la rispedivano in patria traendone lauti guadagni: la lana *merino*, infatti, è una delle migliori del mondo.

Nel **1814**, dopo quarant'anni di soggiorno nella zona di Botany Bay – dove una delle colonie penali si chiamava **Sydney** e un giorno sarebbe diventata una grande città – i militari organizzarono finalmente la prima **spedizione al di là delle montagne**.

In sei anni, tra il 1814 e il 1820, il continente cominciò a rivelare i suoi tesori: pianure immense ricche di **pascoli e** di **terre fertili da coltivare**, distese di **boschi** a perdita d'occhio con una quantità di legnami preziosi, **deserti** sterminati che allora parvero barriere insormontabili ma che un giorno avrebbero rivelato un sottosuolo ricco di materie prime e di metalli preziosi.

La colonizzazione

La notizia varcò l'oceano e proprio in quegli anni ai forzati cominciarono ad aggiungersi i **primi coloni**; navi cariche di **emigranti** soprattutto **irlandesi**, che fuggivano carestie e disoccupazione, giunsero nei piccoli porti australiani.

La **vita** che attendeva i coloni era **durissima**; alle ricchezze naturali in Australia si accompagnano infatti i **disagi del clima**; in alcune zone piogge torrenziali durano intere stagioni, in altre la siccità può ridurre un suolo fertile a un'arida distesa di polvere, mentre un fenomeno unico al mondo, i "temporali secchi", riempie il cielo di fulmini che incendiano boschi e villaggi per centinaia di chilometri quadrati.

Tuttavia **la sfida fu vinta**. I coloni, pur in mezzo a ostacoli di ogni genere, creati anche dai militari che si vedevano sfuggire il monopolio del commercio della lana, si arricchirono e fondarono centri come **Brisbane, Perth, Melbourne, Adelaide**, che divennero tra i più attivi mercati di lana del mondo e che, nel Novecento, furono meta anche di una massiccia **emigrazione italiana**.

L'Australia, un continente pieno di contrasti
In queste due foto, una sintesi dei grandi contrasti del paesaggio australiano: un luogo di paradiso della zona lungo le coste, dove si insediarono i primi coloni, e una roccia in pieno deserto. Questo massiccio, che sorge dopo sterminati tratti di pianura sabbiosa, viene considerato sacro dagli aborìgeni.

8 La Rivoluzione americana

Ripassa il Settecento e le rivoluzioni e **verifica** le tue conoscenze; quindi **approfondisci** le fonti, i collegamenti interdisciplinari e la cittadinanza

1764 Prime tasse inglesi imposte agli Americani

1787 Costituzione degli Stati Uniti d'America

1 Le tredici colonie inglesi d'America

Mentre in Francia gli illuministi mettevano in discussione i poteri del re e le ingiustizie sociali senza ancora passare all'azione, le loro idee varcavano l'oceano e approdavano in una terra per molti ancora sconosciuta: l'**America del Nord**. Dopo le grandi esplorazioni spagnole e portoghesi dell'America centro-meridionale, le coste di quella settentrionale erano state visitate da navigatori di altre nazioni. Nella striscia di terra compresa tra l'Oceano Atlantico e i Monti Appalàchi (pron. *Appalèci*), la **Gran Bretagna** aveva assunto il controllo di **tredici colonie**. L'inizio di questa colonizzazione risaliva all'intraprendenza dei corsari di Elisabetta I. Uno di essi, infatti, aveva impiantato un avamposto che aveva chiamato **Virginia**, in onore della "Regina Vergine". All'inizio il nuovo insediamento era stato formato da poche capanne abitate da soli 160 uomini che sopravvissero in condizioni proibitive: suolo paludoso, malattie, animali selvatici. Nel giro di un secolo, però, si era ingrandito ed era stato affiancato da altre dodici colonie situate lungo la costa atlantica dell'America Settentrionale.

La maggioranza dei coloni fu costituita da **puritani inglesi** che fuggivano dalle persecuzioni del re cattolico Carlo I Stuart. Tutti costoro vivevano osservando la Bibbia e sognavano di accompagnare gli affari con la fondazione di nuove comunità più giuste, fatte di **persone libere e uguali** in quel mondo ancora vergine, dominato solo dalla natura.

Altri coloni, provenienti anche da Paesi diversi, erano a caccia di fortuna; spesso erano figli cadetti (ovvero non primogeniti) delle casate aristocratiche che la legge del maggiorascato escludeva dall'eredità delle terre di famiglia.

Altri ancora erano dei disperati che avevano accettato un particolare tipo di contratto: la cosiddetta "**schiavitù temporanea**" che durava quattro anni, il tempo necessario per riuscire a rimborsare il prezzo della traversata. In cambio ottenevano il permesso di restare e ricevevano un campo da coltivare.

Nella seconda metà del Settecento la popolazione complessiva delle colonie americane ammontava ormai a **3 milioni di "bianchi"**. A essa si aggiungevano circa **600 000 "neri"**: gli schiavi importati dall'Africa con il commercio triangolare.

I nativi americani
Chiamati anche, in modo non del tutto corretto, Indiani o Pellirosse, furono i primi abitatori dell'America Settentrionale.

2 I caratteri delle tredici colonie

Le tredici colonie potevano essere riunite in tre gruppi diversi sia sul piano etnico sia sul piano economico, come si può vedere nella carta in questa pagina.
- Le colonie del New England, la "Nuova Inghilterra", nel Nord (in blu sulla carta), erano abitate da **puritani inglesi**, che avevano fondato villaggi e sviluppato un'agricoltura prospera basata sulla piccola proprietà; vivevano anche di pesca, commerci marittimi e costruzioni navali.
- Le colonie del **Centro** (in giallo) erano caratterizzate da una popolazione mista, formata da Inglesi, Olandesi, Svedesi, Francesi e Svizzeri impegnati nel commercio.
- Le colonie del **Sud** (in rosso) basavano la propria economia sui **latifondi dei piantatori**; questi ultimi esportavano cotone, tabacco, riso e indaco, prodotti coltivati dagli schiavi neri nelle piantagioni.

I coloni erano **uniti** dalla **fede cristiana**, dall'uso della **lingua inglese** e dall'attaccamento alle **tradizioni politiche britanniche**. In linea generale, infatti, essi rispettavano tutti l'autorità del re d'Inghilterra e del governatore che guidava le colonie in suo nome, grati per il sostegno politico-militare che ricevevano in America del Nord; avevano però anche diversi motivi per essere **scontenti della loro dipendenza da Londra**.

Infatti, in primo luogo le leggi coloniali li obbligavano a **esportare** le loro materie prime **solo in Gran Bretagna**. Poi, non potevano sviluppare un artigianato locale perché le leggi coloniali li obbligavano ad **acquistare dalla madrepatria tutti i prodotti lavorati**; erano permessi solo i cantieri navali, ma le navi erano destinate esclusivamente agli armatori inglesi; era ritenuto infatti troppo pericoloso che le colonie avessero una propria flotta. Non potevano battere moneta e dovevano usare la sterlina britannica.

Inoltre, a causa della grande distanza dalla sede del governo, i coloni avevano preso l'abitudine di **amministrarsi da soli** ed erano molto gelosi della loro libertà individuale. Parecchi di loro, infine, conoscevano e condividevano le idee dell'Illuminismo. Anch'essi erano convinti che gli uomini hanno il diritto di essere liberi, uguali e felici.

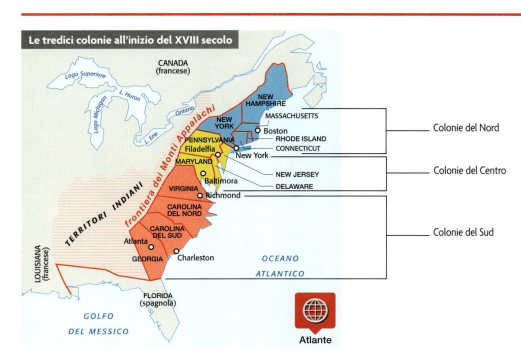

Lettura della carta

Le tredici colonie dell'Impero britannico situate sulla costa orientale dell'America settentrionale furono fondate tra il 1607 (Virginia) e il 1732 (Georgia). Al di là della frontiera dei Monti Appalàchi si estendeva un territorio immenso virtualmente diviso dopo la Guerra dei Sette anni tra Inglesi, Spagnoli e Russi, ma in realtà abitato da numerose tribù pellirosse.

Storia e territorio

Ambienti naturali e spartizioni del territorio all'origine degli Stati Uniti

IERI

OGGI

L'immagine in alto rappresenta l'isola di Manhattan, oggi cuore di New York, nel **1609**, quando l'esploratore inglese **Henry Hudson** (dal quale trae il nome il fiume principale della città) vi approdò per la prima volta.
La foto sottostante, invece, rappresenta la stessa isola oggi. I grattacieli che costituiscono il tipico skyline (orizzonte) di New York la rendono irriconoscibile, ma seguendo attentamente i contorni dell'isola si può notare che stiamo parlando dello stesso identico luogo.
Per comprendere appieno la storia degli Stati Uniti, dobbiamo partire dall'immagine originaria, ricostruita dal gruppo di storici dell'ambiente che partecipano a una speciale ricerca chiamata "Progetto Manhattan".

La Rivoluzione americana **Capitolo 8** **161**

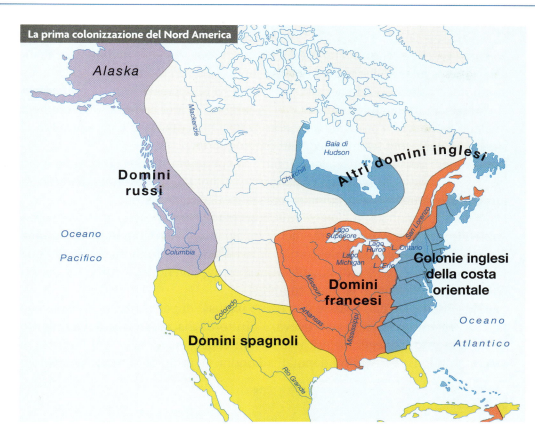

La prima colonizzazione del Nord America

Lettura della carta

1. Le aree colorate dicono con quali nazioni dovranno scontrarsi le 13 colonie una volta raggiunta l'indipendenza per potersi espandere nel continente.
Dopo una breve ricerca in internet alla voce "Storia degli Stati Uniti" assegna la giusta modalità dell'espansione ai nomi delle nazioni occupanti, scegliendo tra GUERRA, PAGAMENTO IN DENARO, FRANCIA, SPAGNA, RUSSIA.

Nei primi anni del Settecento, più o meno un secolo dopo il loro arrivo, gli Europei avevano colonizzato vaste zone del Nord America che erano divenute l'oggetto del desiderio di molte nazioni.
Tutto quell'immenso territorio fu spartito tra loro al termine della Guerra dei Sette anni, il conflitto di carattere mondiale che si svolse sia in Europa sia su tutti gli oceani del pianeta.
Il risultato della spartizione è rappresentato nella carta sopra ed è in questa realtà geopolitica che le tredici colonie inglesi entrarono in guerra con la loro madrepatria per ottenere la libertà.

Times Square
Nella foto sopra la si vede oggi, diventata il simbolo della vita frenetica di Manhattan. Nel XVII secolo quello slargo (oggi formato dalla Settima Avenue e Broadway) era un'oasi verde dove confluivano due torrenti, formando una palude, con aceri rossi e un laghetto abitato da castori.

3 La lotta contro le tasse

Capitolo 7, paragrafo 14 ◂

La **Guerra dei Sette anni**, che **tra il 1756 e il 1763** coinvolse Inghilterra e Francia e che si svolse anche nei territori coloniali ◂, fu un momento decisivo nella storia delle colonie nordamericane. Al conflitto parteciparono truppe di coloni che dopo la vittoria inglese speravano, in cambio del loro contributo, di ottenere qualche vantaggio, come una maggiore libertà nei commerci e la possibilità di stanziarsi nei nuovi territori acquisiti dall'Inghilterra.

Londra però prese altre decisioni: infatti, la guerra era stata costosissima e ora bisognava trovare **nuove fonti di denaro**. Così nel **1764** il Parlamento decise di **aumentare le tasse** che le colonie versavano alla madrepatria.

Dapprima fu emanata la "Legge sullo zucchero" (*Sugar Act*), che maggiorò i dazi sulle importazioni di diverse merci, tra cui lo zucchero importato dai Caraibi francesi per la distillazione del rum. Poi, **nel 1765**, fu istituita una tassa di bollo (*Stamp Act*) che colpì tutti gli atti ufficiali (compravendite, eredità, locazioni) e tutte le pubblicazioni, giornali compresi.

I coloni sostennero che le tasse non erano ingiuste di per sé, ma lo diventavano perché chi veniva tassato non aveva il diritto di **discutere il provvedimento in Parlamento**. Le leggi inglesi, infatti, non concedevano ai coloni il diritto di voto e quindi di avere propri deputati a Londra. Al grido di *No taxation without*

I preliminari della Rivoluzione
In alto a sinistra, i primi cortei di protesta contro lo *Stamp Act*. In alto a destra, un timbro polemico con un simbolo di morte che i ribelli applicarono ai giornali con la scritta "Qui va applicata la marca da bollo". In basso, il *Boston Tea Party*: nell'immagine si scorgono i patrioti travestiti da Indiani che lanciano casse di tè inglese in mare.

representation, "Niente tassazione senza rappresentanza [alla Camera]" – che divenne il simbolo della lotta – i coloni riuscirono a far revocare lo *Stamp Act*. Mentre la protesta montava, **nuove tasse** colpirono le colonie, tra le quali una particolarmente odiosa sul consumo di tè, scatenando reazioni ancora più violente tra i coloni. Gli Americani cominciarono a boicottare le merci inglesi e nel **1773**, in un **giorno ricordato** poi come il **Boston Tea Party** (la "Festa del tè di Boston"), giunsero a gettare in mare tonnellate di tè inglese imbarcato sulle navi giunte dalla madrepatria.

La reazione di Londra non si fece attendere e una raffica di leggi "repressive" annullò tutte le libertà locali. I coloni le chiamarono **Leggi intollerabili** e bloccarono le importazioni e le esportazioni da e per l'Inghilterra. Intanto ogni colonia eleggeva una propria assemblea e la dichiarava "potere indipendente". Il coordinamento delle assemblee fu affidato a un **Congresso continentale**, che si riunì a **Filadelfia** nel settembre **1774**.

Testimoni e interpreti

La protesta dei coloni

Leggi altre **fonti dirette** nella Biblioteca digitale

AUTORE	Thomas Jefferson, futuro presidente degli Stati Uniti
OPERA	*Esposizione sommaria dei diritti dell'America britannica*
DATA	1774

In un pamphlet, cioè un breve saggio dal tono polemico, Thomas Jefferson elenca alcuni provvedimenti presi dal Parlamento inglese che ledono i diritti fondamentali del cittadino.

Il diritto di _____

1 Chiediamo licenza di rammentare a Sua Maestà alcune leggi del Parlamento britannico. In virtù di una legge, è fatto divieto a un suddito americano di farsi un copricapo con la pelliccia che egli ha cacciato, magari nella sua stessa proprietà. Questo è un esempio di dispotismo, di cui non si può trovare parallelo neppure nei periodi di peggiori abusi della storia inglese.
In virtù di un'altra legge non ci è consentito di lavorare il ferro che estraiamo; e malgrado il peso di questa merce e la sua essenziale importanza in ogni ramo dell'agricoltura, noi siamo costretti a pagare il suo trasporto in Gran Bretagna, e poi di nuovo in America.

Il diritto di _____

2 Noi non denunciamo a Sua Maestà l'ingiustizia di queste leggi nell'intento di fondare su tale principio la causa della loro nullità.
Il vero fondamento sul quale dichiariamo queste leggi nulle è che il Parlamento britannico non ha alcun diritto di esercitare la sua autorità su di noi.

Esiste forse ragione alcuna perché centosessantamila elettori nell'isola di Gran Bretagna debbano dettare legge a quattro milioni di individui negli Stati d'America, ognuno dei quali è eguale a ciascuno di quelli per virtù, intelletto e forza fisica? Se si dovesse ammettere ciò, anziché essere un popolo libero, come abbiamo supposto sino ad ora e come intendiamo continuare a essere, ci troveremmo di improvviso a essere gli schiavi non di uno, ma di centomila tiranni.

LABORATORIO

Comprendere

1 Trova due titoli, uno per il primo paragrafo e uno per il secondo paragrafo del brano; entrambi devono iniziare con le parole: "Il diritto di".
2 Che cosa significa in questo contesto il termine "dispotismo"?
3 Quale filosofo illuminista usò questo termine per definire un regime politico fondato sulla paura?
4 Grazie a quale organismo 160 000 elettori inglesi dettano legge a due milioni di Americani? Perché questo organismo non ha il diritto di esercitare la sua autorità sui coloni americani?
5 In quale frase riconosci uno dei princìpi fondamentali dell'Illuminismo? Sottolineala.

4. La Guerra d'indipendenza

Dopo circa dieci anni di polemiche e di incidenti la situazione esplose. Gli Americani arruolarono un "**esercito di liberazione**" e ne affidarono il comando a un "piantatore" del Sud, **George Washington**, che aveva partecipato alla Guerra dei Sette anni. Scoppiò così la **Guerra d'indipendenza**, chiamata anche **Rivoluzione americana**, che durò **dal 1775 al 1783**.

Gli Inglesi erano convinti di stroncare facilmente la rivolta dei loro coloni: un pugno di contadini, piccoli trafficanti, pescatori si ribellava al Paese che stava diventando il più potente del mondo. Sul piano militare, la valutazione non era del tutto errata. All'inizio gli Americani subirono diverse sconfitte: non avevano soldati addestrati, disponevano di poche armi e, quando le navi inglesi accerchiarono i porti impedendo a qualsiasi naviglio di entrare o di uscire, videro vacillare le fonti della loro economia.

Erano però **tutt'altro che rozzi e ignoranti**. Durante gli oltre dieci anni di polemica antibritannica avevano espresso un giornalismo di alta qualità, una conoscenza approfondita delle leggi, un'alta percentuale di persone in grado di leggere e scrivere e un folto gruppo di intellettuali perfettamente aggiornati sulle grandi novità del pensiero illuminista e delle trasformazioni che stavano avvenendo nell'industria.

Inoltre gli Inglesi non avevano calcolato il peso delle altre **forze internazionali**. Tutte le potenze europee temevano la velocissima ascesa della potenza britannica e avevano interesse a ridimensionarla. La **Francia** aveva addirittura **due motivi** particolari per aiutare gli Americani: la monarchia voleva vendicare le sconfitte subite nella Guerra dei Sette anni, che le avevano fatto perdere quasi tutte le sue basi coloniali; gli intellettuali premevano per soccorrere concretamente un popolo che stava mettendo in pratica gli insegnamenti degli illuministi.

Nel **1778**, dunque, la **Francia** entrò in guerra **a fianco dei coloni**, impegnando la flotta inglese che da quel momento fu costretta a togliere il blocco dai porti americani. Poco dopo entrò in guerra anche la **Spagna**, che voleva riprendersi la

I volontari, la bandiera e il patriottismo americano
Un grande quadro celebrativo rende onore ai volontari di tre generazioni. Sullo sfondo, la nuova bandiera americana a stelle e strisce. Le stelle e le strisce qui sono tredici, tante quante le colonie che costituirono il nucleo originario degli Stati Uniti. Oggi le stelle e gli Stati sono diventati cinquanta, ma le strisce sono rimaste tredici in ricordo di quelli che conquistarono l'indipendenza. Gli Americani non la chiamano "bandiera" ma *Old Glory*, "Vecchia gloria". L'80% delle famiglie la espone ventuno volte all'anno in altrettante ricorrenze nazionali.

Benjamin Franklin
Uomo politico, giornalista, diplomatico e inventore, fu uno dei padri fondatori degli Stati Uniti d'America. Tra le sue invenzioni si ricorda quella del parafulmine.

La Rivoluzione americana **Capitolo 8** **165**

colonia della Florida e, soprattutto, la rocca di Gibilterra. Contemporaneamente Washington organizzò l'esercito in veri e propri reggimenti addestrati a svolgere funzioni diverse, lo dotò di armi moderne e divise e batté definitivamente gli Inglesi nella battaglia di **Yorktown**, nel **1781**.
Dopo questa sconfitta l'Inghilterra fu costretta a chiudere un conflitto che le costava prezzi altissimi e che in patria stava dividendo sempre più gravemente l'opinione pubblica.

George Washington attraversa il fiume Delaware
Nella notte di Natale del 1776, il generale Washington colse di sorpresa il nemico attraversando il fiume Delaware, semigelato, durante una fitta nevicata e vincendo così una delle prime battaglie contro gli Inglesi.

5 La *Dichiarazione d'indipendenza*

Con il Trattato di Parigi del 1783 la Francia ottenne soltanto la restituzione di una parte del Senegal e di un'isola dei Caraibi; la Spagna recuperò la Florida ma non Gibilterra, che restò inglese. L'evento più importante fu però che alle colonie americane venne riconosciuta l'indipendenza e nacquero gli **Stati Uniti d'America**. Il popolo statunitense, tuttavia, non considera quell'anno la data di nascita della nazione, ma la fa risalire al **1776**, cioè a quando le tredici colonie approvarono un documento chiamato *Dichiarazione d'indipendenza* ▶.
Esso era stato formulato da una commissione di quattro intellettuali, tra i quali **Thomas Jefferson** e **Benjamin Franklin**, filosofo, quest'ultimo, ma anche inventore e abilissimo diplomatico. Entrambi avevano soggiornato in Francia e contribuirono a convincere la monarchia francese a entrare in guerra a fianco delle colonie. La *Dichiarazione* è basata sui princìpi fondamentali dell'Illuminismo e proprio per questo ha un'importanza storica fondamentale. Essa rappresenta la prima motivazione scritta di un'azione politica di tipo nuovo, non più basata sui diritti dinastici di una famiglia reale ma sui **diritti naturali dell'essere umano**: **uguaglianza**, **libertà**, **ricerca della felicità**, tutte parole che per la prima volta nella storia vengono scritte in un documento politico.
Il re Giorgio III, che in quel momento sedeva sul trono inglese, è denunciato come despota perché vuole imporre alle colonie una norma ingiusta, che contraddice la Ragione. Invece, **le leggi di Dio e della natura dànno diritto al popolo americano di proclamarsi indipendente** e di decidere il proprio destino in totale autonomia.

▶ **ORIZZONTI DI CITTADINANZA**
Il cammino dei diritti umani, pag. 473

Gibilterra
Sebbene situata all'estremo sud della Spagna, questa rocca, fondamentale per il passaggio nel Mediterraneo, era ed è tuttora un possedimento inglese.

Testimoni e interpreti

La *Dichiarazione d'indipendenza*

OPERA	*Dichiarazione d'indipendenza degli Stati Uniti d'America*
DATA	1776

Leggi altre **fonti dirette** nella Biblioteca digitale

La Dichiarazione *divenne il modello non solo dell'analoga* Dichiarazione dei diritti dell'uomo e del cittadino *dei rivoluzionari francesi ma della sezione sui "princìpi" di tutte le future Costituzioni democratiche, compresa quella italiana del 1948. Ne riportiamo qui una selezione degli articoli.*

Noi riteniamo che le seguenti verità siano di per se stesse evidenti, che tutti gli uomini sono stati creati uguali, che essi sono stati dotati dal loro Creatore di alcuni Diritti inalienabili, che fra questi sono la Vita, la Libertà e la ricerca della Felicità.
– Che allo scopo di garantire questi diritti, sono creati fra gli uomini i Governi, i quali derivano i loro giusti poteri dal consenso dei governati.
– Che ogni qual volta una qualsiasi forma di Governo tende a negare tali fini, è Diritto del Popolo modificarlo o distruggerlo, e creare un nuovo Governo, che si fondi su quei princìpi.
Noi, pertanto, rappresentanti degli Stati d'America, riuniti in Congresso generale, appellandoci al Supremo Giudice dell'universo quanto alla rettitudine delle nostre intenzioni, solennemente proclamiamo e dichiariamo, in nome e per autorità dei buoni Popoli di queste Colonie, che queste Colonie Unite sono, e devono di diritto essere, Stati liberi e indipendenti; che sono disciolte da ogni dovere di fedeltà verso la Corona britannica e che ogni vincolo politico fra di esse e lo Stato di Gran Bretagna è e dev'essere del tutto reciso; e che quali Stati Liberi e Indipendenti, esse avranno pieno potere di muovere guerra, di concludere la pace, di stipulare alleanze, di regolare il commercio, e di compiere tutti quegli altri atti che gli Stati Indipendenti possono di diritto compiere.

LABORATORIO

Riflettere

1. "Vita, Libertà, ricerca della Felicità": in che cosa consiste la rivoluzionaria novità di questa enunciazione?
2. Qual è la differenza pratica tra un governo che deriva i suoi poteri "dal consenso dei governati" e un governo che li rivendica per diritto divino?
3. Quale valore operativo ha la parte conclusiva della *Dichiarazione*?

Un momento storico
I rappresentanti delle tredici colonie firmano la *Dichiarazione d'indipendenza*. Da essa derivò poi la Costituzione degli Stati Uniti.

Un secondo momento storico
La Costituzione degli Stati Uniti è stata formulata e i deputati eletti dal popolo a suffragio universale (maschile) la votano. Contemporaneamente, Washington, in piedi, viene eletto primo presidente.

6 La Costituzione degli Stati Uniti

Pochi anni dopo l'indipendenza, nel **1787**, gli **Stati Uniti** adottarono una **Costituzione** che li rese una **Repubblica federale**. Con questa formula, ognuno dei tredici Stati fu reso libero di emanare leggi, avere una propria polizia e propri tribunali per amministrare la giustizia, organizzare scuole e ospedali e prendere altre iniziative in totale autonomia.

Allo **Stato centrale**, tuttavia, fu attribuita una serie di compiti fondamentali: garantire la **difesa** attraverso l'**esercito**, organizzare l'**economia**, gestire le assegnazioni di nuovi territori, controllare le proteste sociali.

La nuova nazione fu organizzata in base alla teoria illuminista della **divisione dei poteri**. In particolare:

- il **potere legislativo** fu delegato al **Congresso**, l'assemblea allargata dei deputati, e al **Senato**, un'assemblea più ristretta;
- il **potere giudiziario** fu affidato alla **Corte suprema** e ai giudici dei tribunali;
- il **potere esecutivo** fu accentrato nella figura del **Presidente della Repubblica**, eletto ogni quattro anni. I suoi poteri erano vastissimi: nominava i giudici della Corte suprema, aveva il comando delle forze armate e poteva bloccare con il suo veto le leggi approvate dal Congresso. In casi gravissimi, tuttavia, il Congresso poteva destituirlo con una procedura chiamata *impeachment*.

Il primo presidente degli Stati Uniti fu il vincitore della guerra, **George Washington**, cui fu poi dedicata la nuova capitale. Gli Stati Uniti furono il primo "Stato borghese" della storia moderna: era privo di gerarchie nobiliari e aveva un'idea dell'uguaglianza fondata sugli uguali diritti di tutti a partecipare alla corsa al benessere.

Era basato su **istituzioni parlamentari**, sulla subordinazione del potere militare al potere civile e sulla separazione tra Stato e Chiese. Il **diritto di voto** venne all'inizio limitato ai contribuenti maschi, il che significa che circa un quarto della popolazione era **esclusa: gli schiavi, i poveri e le donne**, che ottennero il diritto di voto solo tra il 1869 (Stato del Wyoming) e il 1920 (tutti gli Stati). Il **mantenimento della schiavitù** ▶ fu il più grave limite della Costituzione americana, a conferma che la libertà non era ancora un diritto universale.

▶ **ORIZZONTI DI CITTADINANZA**
Il ritorno della schiavitù, pag. 466

Appena entrata in vigore la Costituzione, cominciarono a delinearsi i **due partiti**: il **partito federalista**, autoritario e legato all'élite finanziaria urbana, e il **partito repubblicano**, legato agli agricoltori indipendenti, tutori dello spirito di libertà e della sovranità popolare.

7 Le classi di una società aperta

A prima vista la società americana assomigliava a quella inglese e, come in quest'ultima, le differenze di grado e di stato sociale erano ben visibili. Agli uomini di un certo rango, per esempio, ci si rivolgeva anche qui chiamandoli *gentleman*, "gentiluomo".

Tuttavia le **differenze** erano **sostanziali**. In America non esistevano le basi per creare una classe nobiliare chiusa e privilegiata: non c'erano una Camera dei Lord né una casta militare riservata agli aristocratici né chiese destinate ai soli nobili e neppure università esclusive. Inoltre era difficile mantenere le tradizionali distinzioni sociali quando la lotta quotidiana per ricavare dai campi o dalle botteghe il proprio sostentamento costringeva padroni e servitori a lavorare fianco a fianco. A causa della grande disponibilità di terra, inoltre, tutti i contadini erano **proprietari delle loro fattorie**; quanto alle città, per la scarsità di manodopera, gli artigiani ottenevano alti compensi e non accettavano una posizione subordinata rispetto ai loro clienti.

I **grandi piantatori degli Stati del Sud** furono gli unici a cercare di imitare i gentiluomini di campagna inglesi: avevano posti di riguardo in chiesa, fungevano da giudici di pace, andavano a caccia con i cani e ostentavano perfino falsi stemmi di famiglia. In realtà anch'essi lavoravano duramente e si impegnavano di persona nella gestione delle tenute e nella vendita di cotone e tabacco. In sovrappiù, avendo impegnato tutti i loro averi nella terra e negli schiavi, essi avevano scarsa disponibilità di liquido ed erano sempre indebitati.

Nessuna delle loro abitazioni era paragonabile alle grandiose residenze di campagna della nobiltà inglese; la casa di George Washington, per esempio, non era altro che una comune, solida e comoda fattoria.

I **poveri** esistevano, ma non costituivano un vero e proprio problema sociale. Erano relativamente pochi rispetto al totale della popolazione e a loro si provvedeva con ospizi e associazioni caritatevoli.

In complesso, quindi, la società americana del Settecento era, come l'ha definita uno storico contemporaneo, "un mondo della classe media" caratterizzato dalla **massima mobilità**, cioè dalla possibilità di salire e scendere la scala sociale senza nessun impedimento di legge, ma soltanto **in base alle proprie capacità e alla propria fortuna**.

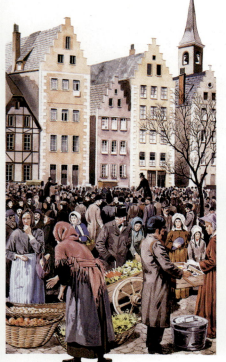

Le città del Nord e le piantagioni del Sud
Negli Stati del Centro e del Nord, le città sono centri in rapidissima crescita e costituiscono il cuore dell'economia. Le piantagioni del Sud rappresentano il nucleo schiavista e di scarso rendimento economico che il Nord considera una palla al piede e che da subito inasprisce i rapporti tra le due zone della Federazione.

GUIDA ALLO STUDIO
Sintesi

1-2 Le tredici colonie americane

La Gran Bretagna ha il controllo di tredici colonie nell'America del Nord. I coloni sono quasi tutti puritani inglesi che vivono nel rispetto della Bibbia e sognano di fondare comunità fatte di persone libere e uguali. Altri sono a caccia di fortuna, altri ancora sono "schiavi temporanei". Nella seconda metà del Settecento le colonie americane sono abitate da 3 milioni di "bianchi" e da circa 600 000 "neri", gli schiavi importati dall'Africa con il commercio triangolare. Le tredici colonie possono essere riunite in tre gruppi diversi: nel Nord risiedono i puritani inglesi, che vivono di agricoltura, pesca e commerci marittimi; nel Centro la popolazione è mista e si dedica al commercio; il Sud basa la sua economia sui latifondi dei piantatori che esportano i prodotti coltivati dagli schiavi.

I coloni sono uniti dalla fede cristiana, dall'uso della lingua inglese e dall'attaccamento alle tradizioni politiche britanniche, però non sono contenti della loro dipendenza da Londra perché sono obbligati a esportare le loro materie prime solo in Gran Bretagna e ad acquistare dalla madrepatria tutti i prodotti lavorati.

3 La lotta contro le tasse

Alla Guerra dei Sette anni partecipano truppe di coloni che, dopo la vittoria dell'Inghilterra, sperano di ottenere qualche vantaggio. Londra, però, provata dai costi del conflitto, decide di aumentare le tasse alle colonie emanando lo *Sugar Act* e lo *Stamp Act*. Le reazioni sono violente e, quando la madrepatria impone un'ulteriore tassa sul tè, si scatena il *Boston Tea Party* (1773), una rivolta in cui gli Americani buttano in mare tonnellate di tè inglese. Successivamente ogni colonia elegge una propria assemblea e la dichiara "potere indipendente". Il coordinamento delle assemblee viene affidato a un Congresso continentale che si riunisce a Filadelfia nel 1774.

4-5 La Rivoluzione americana e la *Dichiarazione d'indipendenza*

La mossa seguente è l'arruolamento di un "esercito di liberazione" affidato al comando di George Washington. Scoppia così la Guerra d'indipendenza, chiamata anche Rivoluzione americana, che dura dal 1775 al 1783. Per vendicare le sconfitte subite durante la Guerra dei Sette anni, nel 1778 la Francia si schiera a fianco dei coloni, impegnando la flotta inglese che è costretta a togliere il blocco dai porti americani. Poco dopo entra in guerra anche la Spagna, e nel 1781 l'esercito di Washington batte definitivamente gli Inglesi a Yorktown. Nel 1783 la Gran Bretagna è costretta a concedere l'indipendenza alle colonie e nascono così gli Stati Uniti d'America. Intanto, nel 1776, i coloni hanno approvato un documento chiamato *Dichiarazione d'indipendenza*, che si basa sui princìpi dell'Illuminismo: uguaglianza, libertà e ricerca della felicità.

6 La Costituzione degli Stati Uniti

Nel 1787 gli Stati Uniti adottano una Costituzione che li rende una Repubblica federale: ogni Stato è libero di emanare leggi e di avere una propria polizia e propri tribunali per amministrare la giustizia, mentre lo Stato centrale deve garantire la difesa attraverso l'esercito e organizzare l'economia. Seguendo la teoria illuminista della divisione dei poteri, il potere legislativo viene delegato al Congresso e al Senato, quello giudiziario alla Corte suprema e quello esecutivo al Presidente della Repubblica, il primo dei quali è George Washington.

7 "Un mondo della classe media"

Benché a prima vista la società americana assomigli a quella inglese, le differenze sono sostanziali. In America, infatti, non esistono i presupposti per creare una classe nobiliare chiusa e privilegiata; inoltre, tutti i contadini sono proprietari delle loro fattorie e nelle città gli artigiani non accettano una posizione subordinata rispetto ai loro clienti. Gli unici a cercare di imitare i gentiluomini inglesi sono i grandi piantatori degli Stati del Sud, anche se lavorano duramente per gestire le loro tenute e hanno scarsa disponibilità di denaro.

Nel complesso, quindi, la società americana del Settecento è un "mondo della classe media" caratterizzato dalla massima mobilità, cioè dalla possibilità di salire e scendere la scala sociale solo in base alle proprie capacità e alla propria fortuna.

Unità 2 L'età delle rivoluzioni

GUIDA ALLO STUDIO

Mappa concettuale

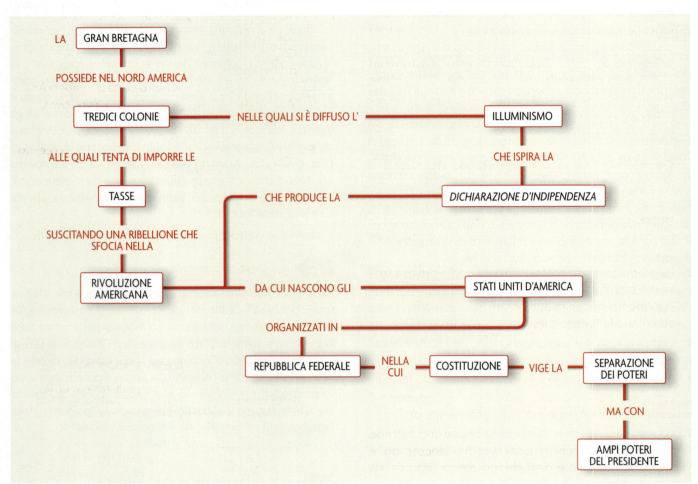

Verifica formativa

ARRICCHIRE IL LESSICO

1 Dal sostantivo "libertà" derivano termini quali "libertario", "liberticida" e "libertino". Cercane il significato sul dizionario, poi usali per formare tre frasi di senso compiuto.

COMPRENDERE IL TESTO

2 Indica se le seguenti affermazioni sono vere o false.

1 Nel Settecento la Gran Bretagna aveva assunto il controllo di tredici colonie nell'America del Nord. V F
2 L'inizio della colonizzazione risaliva alla Gloriosa Rivoluzione. V F
3 Le colonie erano tutte situate lungo la costa dell'Oceano Pacifico. V F
4 La maggioranza dei coloni era costituita da puritani inglesi. V F
5 Nella seconda metà del Settecento la popolazione complessiva delle colonie americane ammontava a 600 000 "bianchi" e 3 milioni di schiavi "neri". V F

3 Completa la tabella seguente, relativa ai caratteri distintivi delle colonie americane.

	Abitanti	Attività
Nord		
Centro		
Sud		

4 Completa il brano seguente.

I coloni erano uniti dalla fede ...., dall'uso della lingua .... e dall'attaccamento alle tradizioni politiche ...., però avevano diversi motivi per essere scontenti della loro dipendenza da .... Infatti, in primo luogo le leggi coloniali li obbligavano a .... le loro .... solo in ....; in secondo luogo non potevano sviluppare un .... locale perché erano costretti ad .... dalla madrepatria tutti i prodotti .... Inoltre i coloni avevano preso l'abitudine di .... da soli ed erano gelosi della loro .... individuale. Parecchi di loro, infine, condividevano le idee dell'...............

5 Completa le frasi seguenti, prestando attenzione ai nessi di causa ed effetto.

1 Nella Guerra dei Sette anni avevano combattuto anche truppe di coloni americani. Di conseguenza, dopo la vittoria ...., essi speravano di ottenere maggiore .... nei ....

2 La guerra era stata costosissima e Londra doveva trovare nuove fonti di .... Di conseguenza, nel 1764 il Parlamento decise di aumentare le .... alle .... ed emanò la "Legge sullo ...." e la tassa di ....

3 I coloni si ribellarono al grido di "...............". Di conseguenza riuscirono a far revocare lo ....

4 L'Inghilterra impose una nuova tassa sul .... Di conseguenza, nel ...., si verificò il .... durante il quale i coloni gettarono in .... tonnellate di ....

5 Londra emanò leggi .... che annullavano tutte le .... locali. Di conseguenza, i coloni bloccarono le .... e le .... e ogni colonia elesse una propria .... e la dichiarò "...............".

6 Completa lo schema seguente.

7 Metti in ordine cronologico gli eventi seguenti, inserendo nei quadratini i numeri da 1 a 6.
a ☐ Francia e Spagna si schierano con i coloni.
b ☐ L'Inghilterra riconosce l'indipendenza delle colonie e nascono gli Stati Uniti d'America.
c ☐ Gli Americani arruolano un "esercito di liberazione".
d ☐ Viene approvata la *Dichiarazione d'indipendenza*.
e ☐ Washington sconfigge gli Inglesi a Yorktown.
f ☐ Scoppia la Guerra d'indipendenza.

8 Spiega perché la società americana del Settecento era "un mondo della classe media".

LE DATE DELLA STORIA

9 Scrivi, accanto agli eventi, le date corrispondenti.
- Guerra d'indipendenza americana ....
- *Dichiarazione d'indipendenza degli Stati Uniti* ....
- Costituzione degli Stati Uniti d'America ....

GUIDA ALL'ESPOSIZIONE ORALE

1 **Illustra le caratteristiche dei rapporti fra le tredici colonie americane e la madrepatria dalle origini fino alla formazione del Congresso continentale.**

Scaletta:
• rispetto nei confronti del re • pesanti obblighi commerciali • Illuminismo • Guerra dei Sette anni • imposizione di nuove tasse • *No taxation without representation* • *Boston Tea Party* • Leggi intollerabili

Parole e concetti chiave:
attaccamento alle tradizioni britanniche, esportazione di materie prime, importazione dei prodotti lavorati, *Sugar Act, Stamp Act*, tassa sul tè, ribellione.

Come cominciare:
"I coloni americani rispettavano l'autorità del re d'Inghilterra."

2 **Descrivi il percorso compiuto dalle tredici colonie per ottenere l'indipendenza dall'Inghilterra e fondare la Repubblica federale degli Stati Uniti d'America.**

Scaletta:
• Guerra d'indipendenza • *Dichiarazione d'indipendenza* • Costituzione • divisione dei poteri

Parole e concetti chiave:
"esercito di liberazione", George Washington, Rivoluzione americana, appoggio di Francia e Spagna, Yorktown, Jefferson, Franklin, uguaglianza, libertà, ricerca della felicità, Stato centrale, Congresso e Senato, Corte suprema, Presidente della Repubblica, diritto di voto, schiavitù.

Come cominciare:
"La situazione esplose nel 1775."

9 La Rivoluzione francese

Ripassa il Settecento e le rivoluzioni e **verifica** le tue conoscenze; quindi **approfondisci** le fonti, i collegamenti interdisciplinari e la cittadinanza

Lezione

1789
Giuramento della pallacorda

1799
Colpo di Stato e fine della Rivoluzione

1 La bancarotta della monarchia assoluta

Mentre in Inghilterra come in America si verificavano una serie di rivoluzionarie trasformazioni, che cosa facevano gli illuministi francesi che tanto avevano contribuito a determinarle? Le seguivano con enorme attenzione e le paragonavano con la situazione della Francia, dove non trovavano altro che i guasti provocati dall'*Ancien Régime*: una società soffocata da **aristocratici e prelati parassiti** e un'**economia** che andava **in rovina**.

Nel 1774 era salito al trono **Luigi XVI**, secondo successore del Re Sole, che aveva sposato **Maria Antonietta** ◀, figlia della "sovrana illuminata" Maria Teresa d'Austria. Conclusa la guerra a fianco degli Americani, il sovrano si era ritrovato con la soddisfazione di aver sconfitto gli Inglesi, ma con nessun vantaggio concreto. In compenso, i costi dell'intervento erano stati altissimi e lo **Stato** si era **indebitato con le banche** di mezza Europa.

PROTAGONISTI
Luigi XVI e Maria Antonietta, pag. 197

Luigi XVI, un padre affettuoso
La famiglia reale di Francia riunita per il battesimo del Delfino, il neonato erede al trono. Il re si china premurosamente verso il bambino: era certamente un buon padre di famiglia, non fu purtroppo un buon sovrano.

La situazione era gravissima, perché, diversamente che in Inghilterra, in Francia le categorie sociali più ricche del Regno – i nobili e il clero – erano esentate dalle tasse ordinarie e le imposte versate da contadini e borghesi bastavano a malapena a pagare gli interessi sui prestiti e non a estinguere il debito.
Se le banche estere avessero chiesto la totale restituzione del denaro, la Francia sarebbe finita in **bancarotta,** cioè in fallimento, rischiando rappresaglie economiche da parte degli Stati esteri, chiusura dei prestiti, impossibilità di mantenere un esercito e quindi persino l'eventualità di un'invasione da parte di truppe straniere.

2 La pubblicazione del bilancio dello Stato e l'ira dei Francesi

Molti ministri di Luigi XVI avevano cercato di convincere l'aristocrazia e il clero a sacrificarsi per il Paese versando per qualche anno **tasse straordinarie**, ma avevano avuto solo risposte negative e sprezzanti.
Il ministro delle Finanze **Jacques Necker**, esasperato, nel 1787 arrivò a compiere un gesto altamente provocatorio, pubblicando il **bilancio dello Stato**, fino ad allora rimasto rigorosamente segreto. Il bilancio andò a ruba e arrivò a una tiratura di 100 000 copie: le sue cifre suscitarono **scandalo** in tutta la Francia per i motivi esposti nella tabella in questa pagina.
In quello stesso anno la **carestia** si abbatté sui raccolti e il Paese divenne una **polveriera**: i contadini scacciavano o ammazzavano gli esattori delle tasse; nelle città si scatenavano disordini per la mancanza di pane; gli illuministi chiedevano la fine dell'*Ancien Régime*, che stava portando la Francia alla rovina.

Sintesi del bilancio dello Stato francese (in milioni di franchi d'oro) pubblicato nel 1787	
Uscite	
Spese civili	146
di cui:	
spese di corte	38
lavori pubblici	15
pubblica istruzione	1
opere di carità	10
Spese militari e diplomatiche	165
Interessi sui debiti	318
Totale	**629**

Entrate	
Imposte indirette	158
(dazi, pedaggi, tasse sul vino, sul bollo ecc.)	
Imposte dirette	208
(sulla proprietà, sul reddito ecc.)	
Lotterie	10
Varie	127
Totale	**503**

Una caricatura dei Tre Stati
Il vecchio contadino (Terzo stato) porta sulla groppa un ecclesiastico e un nobile. Nell'originale una didascalia diceva "Bisogna sperare che finisca presto". La caricatura è un genere di critica sociale che letteralmente esplode nel Settecento, riempiendo i giornali appena fondati e le stampe popolari.

Le "voci" del bilancio che scandalizzarono i Francesi:
- le **spese della corte di Versailles** erano più del doppio di quelle per i lavori pubblici;
- i soli **interessi sui debiti** erano pari a circa due terzi delle entrate del Regno;
- le **uscite superavano le entrate** di 126 milioni di franchi.

3 La convocazione degli Stati generali e i *cahiers de doléances*

La situazione era tale che si rendeva necessaria la convocazione degli **Stati generali**, l'Assemblea dei tre "stati" o "ordini" che non si riuniva da quasi due secoli: lì, si sperava, i notabili e il "popolo" avrebbero potuto finalmente discutere le misure da prendere per sanare la situazione. Luigi XVI resistette finché fu possibile, ma alla fine dovette cedere e fissò la prima seduta dell'Assemblea per la

LESSICO	POLITICA

Giacobini
I più accesi sostenitori del cambiamento erano così chiamati perché le prime riunioni del loro club si tennero a Parigi in un chiostro di frati domenicani detti *Jacobins* dalla chiesa di San Giacomo, dove venne edificato il primo convento dell'Ordine.

primavera del 1789. Nei mesi che la precedettero, la Francia entrò in fermento. A Parigi vennero fondati nuovi **giornali** e si aprirono numerosi **club**, ossia circoli riservati agli iscritti, in cui si riunivano gli illuministi di varie tendenze per discutere le proposte da presentare agli Stati generali. Il più attivo e autorevole era il **club dei Giacobini**, di cui faceva parte un avvocato arrivato a Parigi dalla provincia, **Maximilien de Robespierre**.
Intanto la Corte veniva inondata di **suppliche al re**. Erano lettere che i Francesi chiamavano *cahiers de doléances*, "lettere di lagnanze", e provenivano dai villaggi, dalle parrocchie, dai parlamenti locali, dalle associazioni artigiane. Esse elencavano **ingiustizie, soprusi, malfunzionamenti** di ogni genere ai quali "il re buono e divino, padre sollecito del suo popolo" avrebbe posto rimedio, ora che finalmente poteva conoscerli.
I *cahiers* (ce ne sono rimasti circa 60 000, ma erano molti di più) dimostrano infatti che la stragrande maggioranza dei sudditi credeva fermamente che il sovrano li amasse, ma fosse malinformato e mal consigliato dai ministri.

Testimoni e interpreti

Leggi altre **fonti dirette** nella Biblioteca digitale

I *cahiers de doléances*

Fra il 1788 e il 1789 la cancelleria del Regno fu sommersa dai cahiers, *"fogli" o "lettere" di "doglianze", a testimonianza dello stato di fermento in cui versavano tanto le campagne quanto le città e le province. Essi forniscono una radiografia dei problemi della Francia e del conflitto fra interessi contrastanti che paralizzava la nazione. Eccone alcuni, riportati nello stesso disordine con cui arrivarono a Parigi.*

1 Qui il lavoratore non ha nemmeno il diritto di nutrire le proprie bestie con l'erba che cresce nel suo campo; se egli la tocca viene denunciato e punito con un'ammenda che lo rovina; e l'esercizio legittimo dei diritti della sua proprietà è subordinato alla volontà arbitraria del signore, che ha la pretesa del diritto universale su tutti i pascoli del territorio. Questo diritto barbaro esiste a Romaluette e in molti altri luoghi.
Le persone non ricavano dai loro prati la metà del raccolto che avrebbero ragione di aspettarsi, a causa della mancanza dell'acqua, di cui i signori pretendono di avere la proprietà; si chiede che questo abuso sia soppresso e che le acque vengano rese comuni.

2 L'affluenza delle merci inglesi introdotte in Francia ha innervosito tutte le nostre manifatture al punto che una guerra, con tutti i suoi orrori, sarebbe da preferire alla pace attuale; e, per colmo di sventura, la molteplicità delle macchine per filare il cotone costringe all'inoperosità un'infinità di braccia riducendoci alla miseria più nera.

3 Il clero, indipendentemente dalle sue proprietà, percepisce un decimo dei frutti delle nostre terre. Quando i nostri antenati fecero, per amore o per forza, questo magnifico regalo ai loro preti, era per fornire loro i mezzi per la sussistenza e per distribuire il superfluo ai poveri; ma, ahimè! come sono disattese le loro volontà!

4 È giunto il tempo, Sire, di porre le basi di una giusta ripartizione delle imposte tra tutti i cittadini: un grido generale s'innalza in tutto il Regno per rivendicare questa preziosa eguaglianza.

5 Che tutte le abbazie siano soppresse a favore di Sua Maestà per pagare il debito nazionale.

6 Nel triste inverno che abbiamo appena trascorso, la maggior parte dei braccianti a giornata era ridotta alla miseria più nera, distesi nei loro casolari sopra un pugno di paglia, privati di tutte le cose necessarie alla vita, mentre i grandi e i ricchi si godevano nelle loro camere dorate le dolcezze di una temperatura costante.

LABORATORIO

Comprendere

1 Classifica i *cahiers* secondo i seguenti temi: contro i diritti feudali, contro i privilegi del clero, contro la libertà di commercio e di impresa, contro i privilegi fiscali, contro gli abusi dello Stato.

4 Gli Stati generali: il Terzo stato chiede la riforma del sistema di voto

Il **5 maggio 1789** gli **Stati generali** si riunirono nella reggia di Versailles sotto la presidenza del re. La tradizione voleva che i deputati di ciascuno "stato", dopo la seduta di apertura, si riunissero in tre sale separate per deliberare.
A ogni "stato" toccava un voto. Poiché **clero** e **nobiltà** si trovavano sempre d'accordo, potevano contare su **due** voti mentre il Terzo stato ne aveva uno solo. Per evitare la loro automatica sconfitta, i deputati del Terzo stato reclamarono il **voto *pro capite***; essendo più numerosi degli altri due, con questa **riforma del sistema di votazione** avrebbero ottenuto la maggioranza.
Ascoltata la richiesta del Terzo stato, il re pronunciò il suo discorso e il ministro **Necker** lesse una relazione che durò tre ore, durante la quale Luigi XVI schiacciò un **sonnellino**. Al termine della seduta il re se ne andò. Le successive riunioni furono simili alla prima e il re continuò a non rispondere sul tema della riforma della votazione. Nel frattempo, fuori, la gente, **sempre più partecipe** della vita politica del Paese, era **in tumulto**.

> **LESSICO** — **POLITICA**
> **Voto *pro capite***
> Un voto a testa per ciascun deputato. *Capite* deriva dalla parola latina *caput*, che significa appunto "capo" o "testa".

Lettura d'immagine

La processione d'apertura degli Stati generali

I tre Stati sfilano davanti al re.

Il clero
L'alto clero con i paramenti sacri preceduto dal basso clero.

La nobiltà
Nel suo abbigliamento prezioso e sgargiante.

Il Terzo stato
Negli abiti scuri tipici dei professionisti.

I ceti sociali nell'*Ancien Régime*

Una descrizione dei ceti sociali, chiamati anche "ordini" o "stati", è di aiuto per comprendere la complessa situazione della Francia negli ultimi anni dell'*Ancien Régime*.

La nobiltà

Costituiva l'**1% della popolazione** e ad essa erano riservati i gradi da ufficiale nell'esercito. Era divisa in tre categorie.

- Al vertice stavano 4000 famiglie che costituivano la **nobiltà di spada**, cioè quella di origine medievale che aveva appunto il diritto esclusivo di portare armi. Essa viveva a Versailles e i suoi introiti provenivano dalle ricche pensioni statali.
L'opinione pubblica la considerava, non a torto, formata da **parassiti attaccati ai loro privilegi**, anche se nel Settecento una certa percentuale dei nobili di spada aveva aderito all'Illuminismo, cercando di migliorare l'agricoltura e auspicando la trasformazione della monarchia assoluta in una monarchia parlamentare ispirata al modello inglese.
- Al secondo posto si collocava la **nobiltà di toga**, di formazione più recente e composta dagli alti funzionari dello Stato. Essa riceveva lauti stipendi e il suo nome derivava dal fatto che era formata per lo più da giuristi. In generale era schierata dalla parte della monarchia assoluta.
- Al terzo posto veniva la **piccola nobiltà di campagna** che viveva nei propri feudi, parteggiava per la monarchia assoluta ed era **contraria a ogni cambiamento**.

Il clero

Costituiva lo **0,5% della popolazione** ed era diviso in due categorie.

- Una minoranza di **alto clero**, formato da vescovi, cardinali e abati che possedevano un quinto delle proprietà terriere francesi, percepivano rendite elevatissime dalle decime ecclesiastiche ed erano considerati il simbolo stesso dell'**oscurantismo**.
- Una maggioranza di **basso clero**, formato per lo più dai curati di campagna, che riuscivano a mantenersi stentatamente con una minima parte delle decime. Tra i parroci delle città, anch'essi mal pagati, **alcuni aderirono all'Illuminismo**.

Il Terzo stato

Rappresentava **tutto il resto della popolazione** e superava il **98%**. In esso confluiva una serie variegatissima di categorie sociali che potevano essere catalogate in due principali.

- La **borghesia**, costituita da **persone ricchissime**, come i banchieri, i finanzieri, i grandi imprenditori, e da **benestanti**, come gli avvocati, i medici, i piccoli imprenditori. In questa fascia si contava la più alta percentuale di adesioni all'Illuminismo e la più forte volontà di trasformare la monarchia assoluta in **monarchia parlamentare** in modo da riuscire a contare di più nella vita politica.
- Il **popolo**, che rappresentava la **maggioranza** del Terzo stato e che era diviso tra i **contadini delle campagne**, per la maggior parte poverissimi e tutti analfabeti, e i **lavoratori delle città**, che spesso sapevano leggere e scrivere, volevano pane e un lavoro sicuro, ma erano anche molto attenti a problemi come la critica ai privilegi e alla cattiva amministrazione dello Stato. Su tutti spiccavano per combattività i **cittadini di Parigi**.

I contadini si rivoltavano periodicamente quando arrivava una carestia, ma volevano solo la riduzione delle tasse e l'abolizione delle *corvées*.

Per il resto erano tenacemente attaccati alla Chiesa cattolica e al re.

Una nobiltà spensierata
Una spensieratezza parente dell'incoscienza caratterizzava la dolce vita dei nobili di Versailles, lontani dai tremendi problemi che attanagliavano il Paese. La dama sull'altalena fu dipinta dal pittore di corte Jean-Honoré Fragonard nel 1768.

5 Il "Giuramento della pallacorda" e l'autoproclamazione dell'"Assemblea nazionale costituente"

Il 17 giugno, stanchi di aspettare, i deputati del Terzo stato decisero che, rappresentando il 98% dei Francesi, avevano il diritto di **proclamarsi "Assemblea nazionale"**; ciò voleva significare che essi non rappresentavano più un ceto sociale ma addirittura **la nazione nel suo complesso**.

Il **20 giugno 1789**, in una palestra dove si giocava alla pallacorda (uno sport simile al tennis), i deputati giurarono che non si sarebbero separati prima di avere dato una **Costituzione parlamentare** alla Francia e, a questo scopo, il 9 luglio si proclamarono "**Assemblea nazionale costituente**".

Con questo atto clamoroso dichiaravano automaticamente decaduti gli Stati generali, che venivano sostituiti da un'assemblea sulla quale **il re non aveva più alcun potere**.

Il "Giuramento della pallacorda" segnò l'**inizio della Rivoluzione francese**. Essa ebbe una tale importanza per l'intero Occidente e, di riflesso, per il mondo intero che gli storici assumono questa data come lo **spartiacque tra l'Età moderna e l'Età contemporanea**. In Francia la proclamazione dell'Assemblea nazionale segnò l'inizio di un estenuante braccio di ferro tra il re e il Terzo stato. Le azioni di **Luigi XVI** nei due anni che seguirono furono goffe e contraddittorie, ma volte tutte a un unico scopo: calpestare i poteri dell'Assemblea e **mantenere l'assolutismo**.

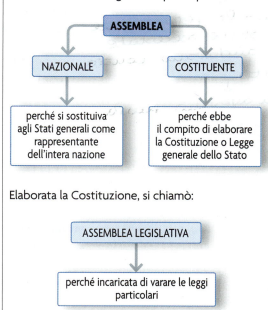

POLITICA

Assemblea
Il termine "assemblea" venne usato dai Francesi per indicare ciò che in Inghilterra e in Italia viene ancora oggi chiamato Parlamento e negli Stati Uniti Congresso.
Durante la Rivoluzione, la parola "assemblea" fu seguita da aggettivi diversi a seconda dei compiti che le venivano assegnati. In questa prima fase:

ASSEMBLEA
- NAZIONALE — perché si sostituiva agli Stati generali come rappresentante dell'intera nazione
- COSTITUENTE — perché ebbe il compito di elaborare la Costituzione o Legge generale dello Stato

Elaborata la Costituzione, si chiamò:

ASSEMBLEA LEGISLATIVA — perché incaricata di varare le leggi particolari

Il Giuramento della pallacorda
I deputati del Terzo stato ma anche i rappresentanti di clero e nobiltà che ne condividono le posizioni giurano che non usciranno dalla palestra della pallacorda finché non avranno dato alla Francia una Costituzione.
Il disegno è del "pittore della Rivoluzione" Jacques-Louis David.

6 La rivolta del popolo e la presa della Bastiglia

Il gesto rivoluzionario dei deputati del Terzo stato spaventò il re, che prese due decisioni in contrasto tra loro: da una parte, ordinò prudentemente ai nobili e al clero di riconoscere l'Assemblea costituente prendendo parte alle sue riunioni; dall'altra, richiamò a Versailles 2000 soldati dimostrando di essere pronto a scioglierla con la forza.

Ciò fece esplodere la collera del **popolo**: era necessario armarsi. Il **14 luglio 1789** una folla di artigiani e bottegai parigini irruppe nelle officine degli armaioli sequestrando sciabole e moschetti, poi si diresse verso l'armeria della **Bastiglia**, una prigione-fortezza difesa da alcuni cannoni, e la assaltò. Sul terreno rimasero 100 morti.

La sera le teste mozzate dei difensori della fortezza furono infilate sulle lance e portate per le strade da una folla inferocita. Il 14 luglio divenne, qualche anno dopo, il giorno della Festa nazionale francese.

A tarda sera, dopo una partita a carte, Luigi XVI scrisse nel suo diario: "Oggi, niente". In piena notte un ufficiale che aveva coperto a galoppo sfrenato la distanza Parigi-Versailles, gli riferì l'accaduto. "È una rivolta?" chiese il re. "No, sire, – gli rispose l'ufficiale – è una rivoluzione".

Ormai i rivoluzionari avevano compiuto una svolta decisiva: si erano armati. I membri della Costituente formarono una **Guardia nazionale** comandata dal **marchese La Fayette**, un aristocratico illuminista molto popolare in Francia per avere partecipato come volontario alla Rivoluzione americana. Alla Guardia nazionale fu affidato il compito di **difendere l'Assemblea dai soldati del re** ma, contemporaneamente, di tenere a bada i popolani parigini.

L'assalto alla Bastiglia
Intorno alla Bastiglia si svolse una vera e propria battaglia scatenata in origine da due guardie che persero la testa e spararono sulla folla. Ci furono cento morti, ma alla fine la Bastiglia cadde. Ancora oggi non si capisce bene il perché di quest'assalto. I rivoluzionari dissero che volevano liberare i prigionieri che vi erano rinchiusi, ma in realtà nella fortezza ne erano rimasti appena uno o due. È più probabile che sapessero che all'interno c'erano delle armi e se ne volessero impadronire.

Da allora in poi le manifestazioni violente divennero quasi quotidiane e spinsero un numero crescente di aristocratici e prelati "oscurantisti" a fuggire dalla Francia. Questi **emigrati**, che si contrapponevano ai **patrioti**, si ammassarono vicino alle frontiere in Belgio, in Germania, in Svizzera e furono subito considerati dai rivoluzionari una minaccia.

"L'amico del popolo", il giornale diretto dal giacobino **Jean-Paul Marat**, cominciò allora a parlare di un **complotto aristocratico**, fomentato soprattutto dalla regina Maria Antonietta, per far rientrare questi traditori alla testa di eserciti stranieri con l'intento di marciare su Parigi.

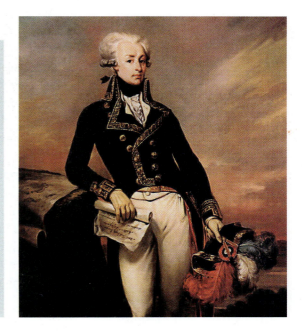

Il marchese La Fayette
Era un aristocratico illuminista che aveva partecipato alla Rivoluzione americana. In mano ha un cappello con le piume dei tre colori della nuova bandiera francese (il blu e rosso erano i colori della città di Parigi, mentre il bianco era il colore del sovrano).

Testimoni e interpreti

Che cos'è il Terzo stato?

AUTORE	Emmanuel Joseph Sieyès, prete illuminista
OPERA	*Che cos'è il Terzo stato?*
DATA	1789

Il progetto di questo scritto è semplice. Noi abbiamo tre domande da farci.

1. Che cos'è il Terzo stato?
   "Tutto."
2. Che cosa è stato fino a oggi nell'ordine politico?
   "Niente."
3. Che cosa chiede?
   "Di essere qualcosa."

7 L'abolizione del sistema feudale e la *Dichiarazione dei diritti dell'uomo e del cittadino*

Mentre a Parigi si verificavano questi eventi, nelle province dilagava il malcontento. Dopo la grande mobilitazione dei *cahiers de doléances* ai contadini non arrivava alcuna risposta alle petizioni. Si diffondevano invece **false voci** su eserciti invasori e briganti in procinto di devastare la Francia.
Di villaggio in villaggio si diffuse la rabbia, mista a un panico incontenibile che gli storici hanno chiamato "**Grande paura**". Tra il **20 luglio** e il **6 agosto 1789** centinaia di migliaia di contadini, richiamati dal suono delle campane a martello, si lanciarono contro questi nemici-fantasma e, non trovando nessuno, **assaltarono monasteri e castelli**, uccisero preti e aristocratici e bruciarono i documenti di proprietà che permettevano ai signori di esigere affitti e *corvées*.
Il **3 agosto** queste notizie arrivarono a Parigi e gettarono nello scompiglio i membri dell'Assemblea nazionale: la rivolta doveva essere immediatamente sedata. Gli aristocratici, impauriti, si dichiararono pronti a rinunciare ai loro diritti signorili; li seguirono il clero, la nobiltà di toga e tutti gli altri titolari di privilegi.
A notte inoltrata i deputati emanarono un decreto che cominciava con queste parole: "**L'Assemblea nazionale distrugge interamente il sistema feudale**". Con questo documento venivano per sempre aboliti *corvées*, privilegi fiscali, servitù personali e tutte le decime ecclesiastiche. Alle due del mattino del **4 agosto 1789** l'*Ancien Régime* era morto.

"Libertà, uguaglianza, fraternità o la morte"
Un volantino propagandistico con lo slogan della Rivoluzione francese mostrato da un soldato della Guardia nazionale e da un popolano in tenuta rivoluzionaria.

Testimoni e interpreti

L'abolizione dei vincoli feudali

Leggi altre **fonti dirette** nella Biblioteca digitale

Un deputato bretone espresse con le parole seguenti i sentimenti dell'Assemblea nazionale la notte in cui, alle prime notizie sulla rivolta contadina, essa votò l'abolizione dei privilegi feudali.
Il deputato evoca i grandi princìpi di uguaglianza che in quell'epoca ispirarono la Rivoluzione, ma i nobili e il clero che acconsentirono furono mossi certamente dal terrore per la violenza irrefrenabile dei contadini.

Siamo giusti, signori, facciamoci portare qui quelle carte che offendono non solamente il pudore, ma la stessa umanità; facciamoci portar qui certi documenti che umiliano la specie umana, reclamando che degli uomini siano <u>attaccati all'aratro</u> come i buoi o i cavalli; facciamoci portar qui quei documenti che obbligano degli uomini a passar le notti a battere gli stagni, per impedire alle ranocchie di turbare il sonno dei loro voluttuosi signori.
Chi di noi, signori, in questo secolo di <u>progresso</u>, non farebbe un rogo di quelle <u>infami pergamene</u>? Voi non ricondurrete, o signori, la pace nella Francia agitata, se non quando avrete promesso al popolo di convertire in prestazioni in danaro, riscattabili a volontà, tutti i diritti feudali di qualsiasi specie.

attaccati all'aratro
Anche se la servitù della gleba era stata formalmente abolita, ai contadini era impossibile uscire dalla loro condizione.

progresso
La parola magica degli illuministi, quella in nome della quale tutto è possibile.

infami pergamene
I documenti che nel lontano Medioevo avevano dato ai signori i diritti di vita e di morte sui contadini.

LABORATORIO

Sviluppare le competenze

1 Considera in particolare la frase sottolineata con un tratteggio. Essa esprime in modo colorito una delle tante prestazioni assurde e servili che il contadino doveva al suo signore. Sapresti elencarne altre, ripensando alle *corvées* e ad altre norme medievali?

ORIZZONTI DI CITTADINANZA
Il cammino dei diritti umani, pag. 473

Subito dopo, i membri dell'Assemblea nazionale definirono i princìpi sui quali volevano fondare la Costituzione. Il **26 agosto 1789** stesero quindi la ***Dichiarazione dei diritti dell'uomo e del cittadino***, che si ispirava largamente alla *Dichiarazione d'indipendenza* americana e infatti si apriva con queste parole: "Gli uomini nascono e rimangono **liberi e uguali** nei diritti".

8 Le popolane di Parigi obbligano il re ad abbandonare Versailles

Ai primi di settembre i portavoce dell'Assemblea si recarono a Versailles con due documenti, il decreto sull'abolizione del sistema feudale e la *Dichiarazione dei diritti dell'uomo e del cittadino*, che non potevano diventare legge senza la firma del re.
Luigi XVI si rifiutò di firmarli: continuava a esasperare gli animi e a non capire che le forze che si erano messe in movimento erano ormai inarrestabili. Dopo il suo "no", le voci di un complotto aristocratico si fecero più insistenti. Molti si convinsero che bisognava tenere sotto strettissimo controllo la famiglia reale, ma, finché essa risiedeva a diversi chilometri dalla capitale, il compito era impossibile.

La marcia delle popolane parigine su Versailles
Il cannone che le scorta mostra la presenza della Guardia nazionale al fianco del corteo.

Il **6 ottobre** del fatidico anno **1789** un **corteo di popolane parigine** marciò quindi fino a Versailles e "sequestrò" il re, imponendogli di firmare gli atti dell'Assemblea e di trasferirsi con moglie e figli alle **Tuileries**, il vecchio palazzo reale situato nel centro di Parigi.
Fu un evento memorabile. Seimila donne marciarono sotto una pioggia torrenziale gridando insulti nei confronti della regina; avevano legato falci, roncole e baionette su delle pertiche e urlavano: "A morte la straniera".
Quando arrivarono, si rivolsero al re chiamandolo "cittadino Luigi" e dandogli del tu. Ma il sovrano fu affabile, ne abbracciò alcune e offrì loro delle carrozze per tornare indietro. Molte piansero dicendo: "è nostro padre". Solo le più arrabbiate riuscirono a dominare la situazione. Poi arrivò La Fayette e convinse il re a partire per Parigi. Dopo la Bastiglia, era la seconda volta che il popolo faceva cambiare marcia alla Rivoluzione.

> **DOSSIER CITTADINANZA**
> Donne e politica: il difficile cammino verso la parità, pag. 414

9 La Costituzione civile del clero

Tutti questi eventi, sempre più drammatici, si verificavano sullo sfondo di problemi gravissimi: la **fame** e i **debiti esteri**. Le banche, spaventate dai disordini, non concedevano più denaro e ogni attività era bloccata: lavori pubblici, artigianato, commerci.
Il **2 novembre 1789** l'Assemblea costituente decise di rifornire le casse dello Stato attraverso **la confisca e la vendita dei beni ecclesiastici**. Queste vastissime proprietà terriere servirono da garanzia per un'emissione di **assegnati**, che oggi chiameremmo Buoni del Tesoro: comprandoli, i cittadini finanziavano lo Stato e, alla scadenza, avrebbero riavuto il loro denaro con gli interessi, grazie ai ricavi della vendita dei terreni ai privati.
Avendo espropriato il clero dei beni con cui si manteneva, nel **1790** l'Assemblea lo inquadrò nell'amministrazione statale attraverso la **Costituzione civile del clero**. Tutte le cariche, da vescovo a parroco, furono rese elettive e stipendiate dallo Stato, al quale però andava prestato un **giuramento di fedeltà**.
Il **papa** condannò severamente sia la confisca sia la "Costituzione"; di conseguenza, la stragrande maggioranza del clero si rifiutò di giurare preferendo la miseria alla disobbedienza al pontefice. In un Paese cattolico come la Francia, il gesto dell'Assemblea risultò altamente traumatico.

Il re umiliato
La manifestazione delle donne finì con il sequestro del re e dell'intera famiglia reale. Qui si vedono due membri della Guardia nazionale che scortano Luigi XVI fino alla carrozza che lo porterà a Parigi.

Un anno cruciale: il 1789	
5 maggio	Inaugurazione degli Stati generali
17 giugno	Proclamazione dell'Assemblea nazionale
20 giugno	Giuramento della pallacorda
9 luglio	Proclamazione dell'Assemblea nazionale costituente
14 luglio	Presa della Bastiglia
20 luglio	Inizio della "Grande paura"
4 agosto	Fine del sistema feudale
26 agosto	*Dichiarazione dei diritti dell'uomo e del cittadino*
6 ottobre	Corteo delle popolane e trasferimento del re a Parigi
2 novembre	Confisca e vendita dei beni ecclesiastici

10 La fine dell'assolutismo, ma l'uguaglianza non è ancora realizzata

I gravi provvedimenti che l'Assemblea era costretta a prendere di giorno in giorno per fronteggiare una situazione sempre più drammatica non le impedirono di varare, nel settembre dell'anno successivo, la cosiddetta "**Costituzione del 1791**", che segnò il passaggio dalla monarchia assoluta alla **monarchia costituzionale**. Alla base del documento c'era la **separazione dei poteri**; esso stabilì inoltre che il re doveva prestare **giuramento di fedeltà alla nazione**, riconoscendo così solennemente che la propria autorità non gli derivava soltanto da Dio ma gli veniva **concessa anche dal popolo**.

Pur abbattendo il potere assoluto di Luigi XVI, la Costituzione del '91 conservò alcune **importanti prerogative della monarchia**, a cui spettava il potere esecutivo e che poteva opporre per un massimo di due volte un **veto sospensivo** (in latino *veto* significa "mi oppongo") su tutte le leggi proposte dall'Assemblea, fatte salve quelle di natura finanziaria.

In ossequio ai princìpi illuministici, i costituenti vararono anche importanti **riforme sul piano dei diritti**: in nome della libertà, soppressero la censura; per il diritto all'istruzione, istituirono la scuola elementare gratuita; in rispetto delle opinioni laiche, introdussero il matrimonio civile e il divorzio; per l'uguaglianza dei cittadini, concessero la cittadinanza francese agli ebrei. Il principio di uguaglianza fu violato invece clamorosamente con la **bocciatura del suffragio universale (maschile)** e con l'approvazione di una **legge elettorale censitaria**. Tale legge restrinse infatti il diritto di voto a sole 450 000 persone – gli uomini più ricchi di Francia – e rivelò le vere intenzioni del gruppo dirigente rivoluzionario: favorire l'**alta borghesia** e dare inizio alla sua ascesa al potere. Lo confermava anche un altro articolo della Costituzione che affermava: "**la proprietà è un diritto sacro e inviolabile**". La legge elettorale fece emergere le **prime spaccature** nel Terzo stato e in particolare all'interno del club dei Giacobini. Nel dibattito pro e contro il suffragio universale, infatti, la maggioranza dei membri, guidata da **Robespierre**, si dichiarò favorevole alla legge, osteggiata invece appassionatamente dall'ala più radicale che, dopo l'approvazione della formula censitaria, uscì dal club.

Gli scissionisti, capeggiati da **Jean-Paul Marat** e da **Georges Danton**, fondarono il **club dei Cordiglieri**, che raccolse l'ala popolare dei rivoluzionari, quelli della Bastiglia e della marcia su Versailles. Questi ultimi erano un vero e proprio movimento organizzato ed erano destinati di lì a poco a prendere in mano la direzione della Rivoluzione. Più tardi Robespierre li battezzò con un nome divenuto poi celebre: **sanculotti**.

LESSICO — POLITICA

Suffragio universale maschile
Elezioni estese a tutti i cittadini maschi maggiorenni.

Legge elettorale censitaria
Una legge che fonda il diritto di voto sull'entità del reddito personale, il cosiddetto "censo".

La divisione dei poteri nella monarchia costituzionale del 1791

- **Potere legislativo** → Assemblea legislativa fa le leggi
- **Potere esecutivo** → Re sovrano costituzionale → applica le leggi attraverso il governo
- **Potere giudiziario** → Tribunali per condannare i trasgressori delle leggi

Cittadini

Maximilien de Robespierre
Avvocato di provincia, rivoluzionario inflessibile e, si disse, incorruttibile. Prima moderato, più tardi si schierò con le forze popolari estremiste.

Jean-Paul Marat
Giornalista, "l'amico del popolo" combatteva l'ala moderata dell'Assemblea ed era il leader delle forze popolari.

Georges-Jacques Danton
Avvocato parigino, brillante oratore e grande amico di Marat. Fu un rivoluzionario sincero, ma era corrotto e si arricchì con loschi affari.

Emmanuel Joseph Sieyès
Abate senza vocazione, fu un appassionato illuminista, compagno di Robespierre e autore di molti scritti. Da uno di essi è tratta la fonte di pagina 179.

I sanculotti
I popolani rivoluzionari parigini furono chiamati così da Robespierre perché, al posto delle *culottes*, i calzoni al ginocchio degli aristocratici, portavano i pantaloni lunghi (dal francese *sans-culottes*, "senza *culottes*"). Introdussero l'uso del "tu" al posto del "voi" e del semplice "cittadino" al posto di "barone", "avvocato", "dottore". Spesso si comportarono in modo feroce, ma non erano dei bruti. Sapevano tutti leggere e scrivere e, insieme alle loro donne, seguivano la politica con passione e competenza. La loro rabbia derivò spesso dalla fame e dal fondato timore che forze di tutti i generi minacciassero la loro Rivoluzione.

11 Perché il varo della Costituzione non segnò la fine della Rivoluzione?

A parte la scontentezza dei Cordiglieri, che in quel momento costituivano nell'Assemblea un'esigua minoranza, una larghissima percentuale di rivoluzionari era più che soddisfatta della nuova Costituzione. Il giorno della Pallacorda essi avevano giurato di ottenerla e ora che essa era stata varata ritenevano conclusa la Rivoluzione.

Perché la Francia tornasse alla normalità occorreva soltanto che il re, comprendendo di aver perso la battaglia, si accontentasse del potere che gli era stato lasciato, facesse la pace con il suo popolo e, soprattutto, ne difendesse le scelte presso gli altri sovrani europei, che guardavano agli eventi francesi con la massima preoccupazione.

Invece, già da due mesi, Luigi XVI era andato a cacciarsi in una situazione terribile.

12 La fuga del re a Varennes fa precipitare gli eventi

Spaventato dal ruolo crescente dei sanculotti, mal consigliato dalla moglie e dai fratelli e deciso a non accettare la Costituzione che, di lì a poche settimane, avrebbe posto fine all'assolutismo, a mezzanotte del **21 giugno 1791** Luigi XVI, travestito da domestico, aveva lasciato il palazzo delle Tuileries con la famiglia, era salito su una grossa carrozza stracolma di vestiti e di gioielli e, poco prima dell'alba, era arrivato a **Varennes**, al confine con il Belgio, con l'intenzione di attraversare la frontiera.

Invece fu **riconosciuto e arrestato**. La carrozza reale sfilò per tutto il percorso tra Varennes e Parigi in mezzo a due ali di folla sbalordita e muta. I soldati della scorta tenevano i fucili con la baionetta innestata, come si faceva durante un funerale di Stato. Arrivata a Parigi, la coppia reale fu messa agli **arresti domiciliari** e la regina fu privata delle sue cameriere. Disse senza scomporsi: "Farò io stessa i lavori di casa; soltanto mandatemi un tappezziere per insegnarmi a fare il letto".

La fuga del re sconcertò i moderati ed esasperò gli estremisti. I documenti trovati a palazzo confermarono subito dopo che la famiglia reale tramava con l'Austria, la Prussia, la Spagna perché invadessero la Francia e salvassero la monarchia assoluta. La teoria del complotto era vera: il trono aveva tradito la nazione.

L'episodio di Varennes spaccò le forze rivoluzionarie: per la prima volta alcuni gruppi pensarono che per contenere le trame delle forze realiste fosse necessario **trasformare la Francia in repubblica**. A favore di questa scelta scesero in piazza i **sanculotti**, guidati dai Cordiglieri di Marat e Danton; la respingevano, invece, i **monarchici**, guidati dal **club dei Foglianti**, nato proprio in quei giorni con lo scopo di salvare il re.

I sostenitori del sovrano, tra cui il generale La Fayette, cercarono di giustificare la famiglia reale sostenendo che non si era trattato di una fuga, ma che era stata "rapita contro la sua volontà" e divennero nemici acerrimi di una "plebe" che rimetteva in discussione le intese sulla monarchia costituzionale raggiunte dall'Assemblea. Nel clima di tensione di quel periodo, venne proclamata la legge marziale e il 17 luglio 1791 La Fayette ordinò alla Guardia nazionale di sparare sui sanculotti che si erano riuniti nel Campo di Marte per chiedere l'istituzione della repubblica, uccidendo cinquanta persone. La strage scavò un **solco incolmabile tra masse popolari e borghesi**.

La caricatura di uno dei Foglianti

LESSICO — POLITICA

Foglianti
Dal nome del convento parigino appartenente ai frati foglianti, un ramo dell'Ordine cistercense fondato dall'abate Feuillant.

LESSICO — DIRITTO

Legge marziale
L'aggettivo "marziale" rimanda al dio romano della guerra, Marte. L'espressione indica uno stato di sospensione delle garanzie minime di legge, quando un Paese si trova in guerra o in una condizione di emergenza eccezionale.

Il ritorno del re
Una stampa popolare mostra la carrozza con la famiglia reale mentre, di ritorno da Varennes, percorre le strade di Parigi scortata dalla Guardia nazionale. Il numero di armati è enorme per il timore che il popolo tenti di assaltare il veicolo. La folla invece assiste in un silenzio di tomba.

13 Le prime elezioni e la formazione dei partiti

In settembre la Costituzione venne finalmente approvata, l'Assemblea costituente si sciolse, furono indette le **prime elezioni** della storia francese e dai loro risultati nacque il Parlamento, che i Francesi chiamarono "**Assemblea nazionale legislativa**". Entrarono a farne parte tre nuovi schieramenti politici:
- i **Foglianti** (monarchici), con La Fayette;
- i moderati della **Pianura**, detta anche **Palude**, sbeffeggiati come il partito degli "indecisi";
- i repubblicani della **Montagna**, che era formata dai **Cordiglieri** di Marat e Danton, da un nuovo gruppo, il **club dei Girondini**, e dai **Giacobini** di Robespierre. I Giacobini, molto meno moderati che all'inizio, cominciavano infatti a condividere l'idea che, visto il comportamento del re, abbattere la monarchia fosse inevitabile.

> **LESSICO — POLITICA**
>
> **Girondini**
> Il club era guidato dai deputati provenienti dal dipartimento della Gironda, esponenti della borghesia benestante e affarista che voleva impedire ogni ritorno all'Antico Regime ed era favorevole a intraprendere una guerra per difendere la Rivoluzione.

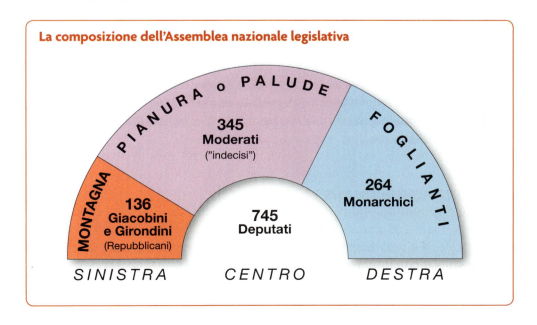

La composizione dell'Assemblea nazionale legislativa

14 Una "strana alleanza" dichiara guerra all'Austria

Nonostante le condizioni disastrose in cui l'economia continuava a precipitare, in quei giorni comparve una nuova parola d'ordine: "**Guerra**". Lo schieramento che la invocava era quanto di più strano si potesse immaginare, perché era formato da forze normalmente nemiche, ognuna delle quali aveva motivazioni diverse:

- i **sanculotti**, per due ragioni; la prima era che, prevedendo che l'imperatore d'Austria, cognato del re, avrebbe prima o poi attaccato la Francia, pensavano di prenderlo in contropiede; la seconda, che sognavano di liberare l'intera Europa dai tiranni e di esportarvi la rivoluzione;
- gli **affaristi**, rappresentati dalla **Gironda**, convinti che le forniture militari e alcune vittorie avrebbero rimesso in moto l'economia;
- il **re**, il quale sperava invece che il suo popolo fosse sconfitto, il suo Paese occupato dagli Austriaci e la monarchia assoluta restaurata.

L'unico a opporsi fieramente al progetto fu il giacobino **Robespierre**, preoccupato dell'impreparazione militare della Francia; ai sanculotti che volevano esportare la rivoluzione raccomandava: "si farà, ma con calma".

La sua voce, però, non fu ascoltata. Il 20 aprile **1792** il re propose all'Assemblea di dichiarare **guerra all'Austria** e la proposta passò a larga maggioranza. Subito dopo, a fianco dell'Austria, scese in guerra anche la **Prussia**, il più forte degli Stati tedeschi.

15 La caduta della monarchia e la nascita della Repubblica francese

La dichiarazione di guerra fece esplodere un'ondata di **patriottismo** che per qualche mese fece dimenticare la fame e la miseria. L'Assemblea proclamò la "**Patria in pericolo**" con un decreto che incitava gli uomini validi ad arruolarsi. Da tutta la Francia affluirono a Parigi schiere di **volontari**. I Marsigliesi marciarono cantando l'inno di guerra dell'Armata del Reno: *Allons enfants de la patrie*, "Andiamo, figli della patria", che oggi è l'inno nazionale francese.

Il patriottismo, però, non bastava; dopo qualche battaglia il duca di Brunswick, comandante generale delle armate prussiana e austriaca, varcò il confine e penetrò in territorio francese. In agosto, quando era ormai a pochi chilometri dalla capitale, fece pervenire ai parigini un manifesto che minacciava un massacro, se avessero osato torcere un capello al re e alla regina. Per tutta risposta la folla infuriata diede l'assalto alle Tuileries e procedette al **trasferimento della famiglia reale in prigione**. La monarchia era finita e la Rivoluzione cadeva nelle mani dei sanculotti e della Montagna, che li sosteneva. Essi sciolsero l'Assemblea legislativa e imposero nuove elezioni – questa volta a **suffragio universale** – dalle quali uscì un nuovo Parlamento chiamato **Convenzione nazionale**. Il suo primo atto fu la **proclamazione della Repubblica**, il 21 settembre **1792**.

La Marsigliese
In occasione della guerra scatenata dalla Francia nel 1792, nacque *La Marsigliese*, oggi diventata l'inno nazionale francese. Un'altra famosissima canzone rivoluzionaria era il *Ça ira*.

16 La condanna a morte del re: il "sorpasso" della Rivoluzione

In quegli stessi giorni di settembre i volontari ottennero finalmente una vittoria a **Valmy** resistendo impavidamente ai Prussiani. Poi, sull'onda di quel successo, l'armata francese occupò la **Savoia** e il **Belgio** e cominciò a preparare l'invasione dell'**Olanda**.

La decapitazione di Luigi XVI
Fu eseguita davanti a un pubblico immenso nella vastissima Piazza della Rivoluzione (poi ribattezzata "de la Concorde", della Concordia), dove la ghigliottina funzionava ormai ogni giorno. La macchina era stata proposta all'Assemblea costituente da un medico (Joseph Guillotin, da cui prese il nome), con l'intento illuminista di rendere meno dolorosa la decapitazione; un boia inesperto arrivava infatti a dare anche quattro colpi di scure prima che il condannato morisse.

La parola d'ordine dei rivoluzionari era "Guerra ai castelli, pace alle capanne"; in realtà, nei Paesi occupati le truppe vivevano sulle spalle dei contadini e le popolazioni non avevano l'aria di gradire l'**annessione alla Francia imposta** dagli occupanti.

A quel punto la folla parigina chiese che si celebrasse il **processo al re**. I Girondini tentarono con ogni mezzo di evitarlo, ma i sanculotti, appoggiati da Cordiglieri e Giacobini, furono implacabili. Riconosciuto all'unanimità colpevole di alto tradimento, il "cittadino" **Luigi XVI** fu condannato alla **decapitazione**, cioè al taglio della testa con una nuova macchina chiamata **ghigliottina**. La sentenza fu eseguita il 21 gennaio **1793**.

Uno storico francese contemporaneo, Georges Lefebvre, ha definito questa svolta della Rivoluzione il "**sorpasso**" perché, con questi eventi, le **masse popolari** invasero tutta la scena e si mostrarono come una forza estremista organizzata, in grado di prendere in mano il timone della Storia. Si stava profilando all'orizzonte la nascita di un **Quarto stato** e la Rivoluzione entrava in una **nuova fase**.

17 Fame, invasione e rivolta della Vandea

La decapitazione di Luigi XVI sconvolse le monarchie. La corte inglese si mise in lutto, le dame austriache si cinsero il collo con un macabro nastrino rosso. Anche le conquiste francesi cominciavano a preoccupare le altre nazioni. Nello stesso anno **1793** si costituì la **Prima coalizione antifrancese** formata da **Austria, Prussia, Inghilterra, Spagna, Olanda** e da tutti gli **Stati italiani**.

La Francia si venne a trovare in un pericolo mortale e cominciò per lei l'anno più terribile dal giorno in cui era scoppiata la Rivoluzione.

In primo luogo, il Paese era **nel caos**. Dal 1789 in poi l'amministrazione non era più riuscita a riscuotere le tasse, le attività manifatturiere erano ferme e i produttori di **grano** e di **carbone** avevano fatto scomparire dal mercato questi **beni di prima necessità** perché la gente non aveva più monete d'oro o d'argento e cercava di pagare con gli assegnati ormai privi di valore. Così si faceva la fame, si moriva di freddo e non si poteva più neanche accendere il fuoco per cucinarsi una minestra.

188 Unità 2 L'età delle rivoluzioni

In secondo luogo, l'esercito francese ricominciava a perdere una battaglia dopo l'altra e a ritirarsi da tutti i territori occupati, mentre le truppe della coalizione **invadevano di nuovo la Francia**. Poiché i volontari non erano più sufficienti per arginare un simile disastro, la Convenzione indisse una **leva obbligatoria** di 300 000 uomini che imponeva anche il reclutamento dei **contadini**, una categoria che da sempre era pronta a tutto pur di non abbandonare i campi.

La protesta contro la leva si manifestò in numerose zone rurali, ma esplose in **Vandea**, una regione profondamente cattolica che da anni veniva sobillata con successo dal clero "riottoso", cioè quello che si era ribellato alla "Costituzione civile", e da molti nobili di campagna.

I Vandeani, guidati da ufficiali aristocratici esperti, uccisero i sanculotti incaricati del reclutamento. Poi, assistiti dalla **flotta inglese**, pronta a invadere la Francia, dilagarono in diverse regioni, sollevando i contadini e invocando il ritorno della monarchia assoluta e la restituzione dei beni confiscati al clero. La rivolta non era più tale: era una **guerra civile**.

La fame
Fu la protagonista assoluta della Rivoluzione. In questa stampa un gruppo di parigini cucina per la strada le verdure raccolte per terra in un mercato.

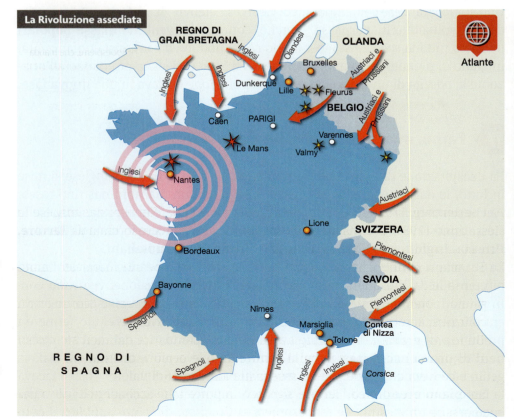

Lettura della carta

1 Osserva le frecce rosse: esse indicano le nazioni che si erano mobilitate contro la Francia.

2 I cerchi concentrici rappresentano il movimento antirivoluzionario della Vandea che costituiva un grande pericolo interno.

3 Deduci da questa carta i motivi che spinsero Robespierre ad adottare le misure esposte nel paragrafo 18.

18 Robespierre crea il Comitato di salute pubblica

Tutti questi eventi determinarono la **disgrazia dei Girondini**, accusati di avere voluto una guerra insensata in combutta col re. La Convenzione li mandò alla ghigliottina. Subito dopo, la furia dei sanculotti si manifestò con un **attacco alle carceri** e col massacro di più di 1000 prigionieri.

A quel punto **Robespierre** assunse la guida della situazione: tolse la maggior parte dei poteri alla Convenzione e formò, il 6 aprile 1793, un **Comitato di salute pubblica** costituito da sole cinque persone e dotato di **pieni poteri**. Inoltre furono istituiti dei **tribunali speciali** incaricati di giudicare i controrivoluzionari. Costretto dagli eventi a dare ogni priorità alla guerra, Robespierre procedette immediatamente a una radicale riforma dell'esercito proclamando in agosto la **prima leva di massa** della storia moderna, estesa a tutti i cittadini dai 16 ai 50 anni.

Poi inviò presso le armate al Fronte un'ottantina di sanculotti in funzione di commissari che procedettero all'**esecuzione sommaria di diversi alti ufficiali**, i quali, essendo tutti aristocratici, erano sospettati, non a torto, di perdere apposta le battaglie. Al loro posto furono promossi sul campo soldati o ufficiali subalterni particolarmente meritevoli. Uno di essi si chiamava **Napoleone Bonaparte**.

Guarda il video su **Robespierre** e **approfondisci** il dibattito critico sulla sua figura

"Friggitoria Robespierre"
Un'ennesima caricatura pone l'accento sulla svolta di Robespierre, che manda sulla ghigliottina i suoi stessi compagni di lotta. Sotto il pentolone, gli altri membri del Comitato di salute pubblica.

19 Robespierre instaura il Terrore

Nel **settembre 1793**, sotto la pressione dei sanculotti, Robespierre sospese la Costituzione del '91 e instaurò una **dittatura** che egli stesso chiamò **Terrore**. Che cosa significava questa parola, già di per sé spaventosa?

- Sul **piano politico**, Terrore volle dire "bagno di sangue". Si manifestò infatti con la decapitazione di tutti coloro che, a torto o a ragione, venivano considerati "**nemici della Rivoluzione**": aristocratici sospettati di "complotto", commercianti corrotti, ufficiali traditori, provinciali rivoltosi.
Tra le prime vittime vi fu la regina **Maria Antonietta**, decapitata il 16 ottobre 1793, ma nei dieci mesi in cui il Terrore durò le persone arrestate in tutta la Francia furono 200 000, quelle giustiziate almeno 16 000.
- Sul **piano economico**, Terrore significò imporre ai prezzi dei beni di prima necessità un calmiere e far assumere al Comitato di salute pubblica il con-

LESSICO — ECONOMIA

Calmiere
Prezzo massimo fissato dallo Stato per la vendita dei generi di prima necessità.
Il primo calmiere fu imposto nel 301 d.C. dall'imperatore Diocleziano attraverso una legge chiamata *Editto dei prezzi massimi*.

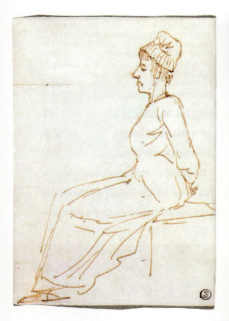

Maria Antonietta condannata a morte
Lo schizzo del grande pittore della Rivoluzione Jacques-Louis David è altamente drammatico: fu eseguito mentre la regina veniva portata alla ghigliottina.

L'assassinio di Marat (a destra)
La rivoluzionaria girondina Carlotta Corday si fece ricevere da Marat mentre era immerso nella vasca da bagno, con la scusa di presentargli una petizione, poi lo pugnalò al cuore. Il pittore Jacques-Louis David immortalò la scena rappresentando l'eroe rivoluzionario nella posa di un Cristo deposto dalla croce. Il dipinto, ora al Museo reale di Belle Arti di Bruxelles, diede al giovanissimo pittore la celebrità e fu riprodotto dai suoi collaboratori in diverse copie.

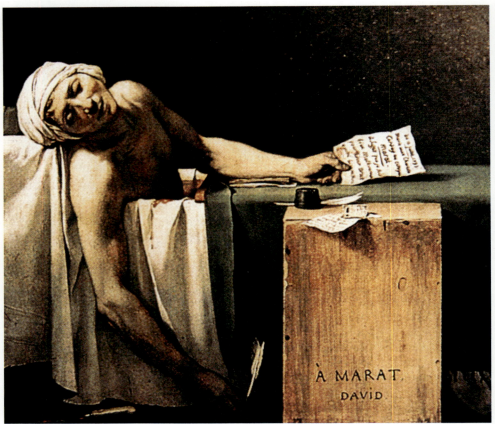

trollo di tutta la vita economica della nazione, dalla produzione al trasporto e alla distribuzione di tutti i prodotti necessari. La misura fu efficace: la sola presenza dei commissari – sanculotti inviati in tutti i dipartimenti del Paese – ridusse all'obbedienza produttori e commercianti che avrebbero preferito nascondere le loro merci pur di non venderle sotto costo. Per chi continuava a farlo, c'era la ghigliottina.

- Sul **piano militare**, il Terrore ottenne successi decisivi: convertì a forza le fabbriche civili in fabbriche di armi e, grazie ai nuovi ufficiali, restituì fiducia all'esercito. Inoltre autorizzò la **repressione della Vandea** "con qualunque mezzo". I generali nominati da Robespierre presero l'ordine alla lettera e sedarono la rivolta con massacri indiscriminati della popolazione civile. In tutto morirono 117 000 Vandeani.

Alla fine del 1793, però, la Guerra civile era finita e tutte le armate straniere erano state **ricacciate fuori dai confini**.

20 Il risanamento della Francia provoca la caduta di Robespierre

Il Terrore salvò la Francia e in 10 mesi l'allontanarsi del pericolo immediato rimosse la necessità delle misure eccezionali. Robespierre, però, non riusciva a fermarsi. Dopo avere tagliato le teste dei nemici della Rivoluzione, la ghigliottina, sempre in funzione, cominciò a decapitare anche chi aveva combattuto in suo nome fin dall'inizio. Nel marzo del 1794 caddero le teste dei Cordiglieri, in aprile quelle di **Danton**, uno dei leader più popolari, e dei suoi amici. "La Rivoluzione – disse un rivoluzionario che poi finì sulla ghigliottina – divora i suoi figli". Pochi giorni dopo, si diffuse la voce che Robespierre aveva compilato una lista di membri del Comitato di salute pubblica e della Convenzione da mandare alla

ghigliottina. Nacque una **congiura** di membri di tutte le forze politiche, decise a fermare il dittatore. Il 27 luglio **1794** arrivò la resa dei conti con la **condanna a morte di Robespierre**, che fu giustiziato con tutti i suoi il giorno dopo.
Finiva il Terrore. Cominciava una nuova fase della Rivoluzione: la terza, dopo la fase costituzionale e la fase del "sorpasso".
L'impopolarità in cui era caduto Robespierre negli ultimi mesi fu dimostrata da un fatto di costume. Poiché aveva proibito i balli, tutta la Francia, subito dopo la sua morte, si mise a ballare nelle case, nelle piazze, sull'aia delle fattorie, trascinata da un irrefrenabile senso di sollievo.

21 Il ritorno al carattere borghese della Rivoluzione: il Direttorio

La morte di Robespierre non segnò la fine della Rivoluzione francese, ma la ricondusse semplicemente a quel carattere borghese con il quale era nata e che era stato in seguito snaturato dalla parentesi giacobina e popolare rappresentata dalla Convenzione e dal Terrore.
Gli autori della congiura contro il dittatore formarono infatti un nuovo gruppo dirigente, che **emarginò i sanculotti**, liberò i "nemici della Rivoluzione" in attesa della ghigliottina, abolì il calmiere e si propose di rappresentare gli **interessi della borghesia degli affari**.
Infine emanò una nuova Costituzione, la "**Costituzione del 1795**" che confermò il **carattere repubblicano dello Stato**, ma ripristinò il **sistema elettorale censitario**. Furono quindi indette nuove elezioni, dopo le quali il potere legislativo fu affidato a un'Assemblea e quello esecutivo a un **Direttorio** – così chiamato perché formato da cinque Direttori – che governò dal **1795** al **1799**.
Nel **1799** i Direttori furono deposti da un **colpo di Stato**. Finirono così i dieci anni che chiamiamo **Rivoluzione francese: 1789-1799**.

La fine di Robespierre
Il gruppo dei congiurati spara a Robespierre e lo ferisce alla mascella. Per tutta la notte l'uomo che ha salvato la Francia tenendola nel terrore attenderà l'alba in cui sarà decapitato, standosene sdraiato e dolorante.

Interpreti e testimoni

L'enigma Robespierre

AUTORE	Lucio Villari, storico italiano
OPERA	Articolo comparso su "la Repubblica"
DATA	1989

Leggi altre **fonti storiografiche** nella Biblioteca digitale

Da qualche tempo gli storici utilizzano l'intervista per divulgare il contenuto delle loro ricerche presso un pubblico più vasto di quello degli addetti ai lavori. Ecco come, in un'intervista appunto, lo storico Lucio Villari interpreta l'enigmatica personalità di Robespierre.

D. Dopo la morte di Danton, Robespierre, forse contro la sua stessa volontà, vide spalancarsi davanti a sé la via della dittatura personale. Di quest'uomo, un tempo idolatrato, oggi persino demonizzato, vorrei che lei tracciasse un profilo umano e politico, indispensabile per interpretare i suoi ultimi, vorticosi mesi di vita.

R. Robespierre è la figura più popolare, ma anche la più enigmatica dell'intera Rivoluzione. Io penso che questo mistero vada rispettato: non abbiamo la possibilità di sapere fino in fondo che uomo fosse. Oltretutto ci mancano documenti essenziali, come le sue carte private, quasi completamente distrutte dai parenti e dagli avversari politici, entrambi interessati a impedire che le sue più intime riflessioni e intenzioni politiche divenissero di pubblico dominio. Tuttavia le sue idee ci sono note.

D. Sul suo carattere, comunque, non mi pare ci siano molti dubbi. Possiamo almeno escludere che fosse simpatico.

R. Appariva sempre distaccato, austero, spesso imbronciato, sprezzante verso il denaro e verso qualsiasi concessione al lusso.
Danton raccontava che quel "povero diavolo" non sapeva nemmeno cucinare un uovo; ma quest'uomo era affascinante e soprattutto le donne ne erano sedotte. […]
Viveva in casa di un piccolo industriale, Maurice Duplay, proprietario di un'avviata falegnameria. Nell'appartamento borghese di rue Saint-Honoré Robespierre era protetto e sollevato dalle preoccupazioni e dai piccoli pensieri della vita quotidiana. Quanto di meglio per un uomo divorato dalla febbre politica e tutto votato alla realizzazione dei propri ideali. Primo tra tutti quello che lui chiamava una "dolce e santa eguaglianza tra gli uomini".

D. C'era forse dell'ostentazione nell'incorruttibilità di Robespierre? Qualcuno insinuava che in realtà Robespierre recitasse un ruolo di comodo: "Avrebbe pagato perché gli si offrisse dell'oro, per poter dire di averlo rifiutato".

R. No, sembra una volgare malignità questa; non credo che vi fosse dissimulazione in Robespierre. Egli apparteneva alla minoranza degli idealisti, al gruppo dei rivoluzionari onesti, disinteressati, animati da un'incandescente passione politica, dediti al miglioramento dell'umanità.
Non possiamo trascurare, nel giudizio storico, questa vocazione, la convinzione di essere gli annunciatori di un mondo nuovo, che segnava il pensiero e l'azione di personaggi come Marat, Robespierre, Saint-Just. Costoro volevano sinceramente costruire un uomo buono in una società felice…

D. "Costruire" è un termine piuttosto paradossale per gente che ha sparso tanto sangue e voluto tante distruzioni.

R. L'intenzione, o meglio l'illusione tragica di Robespierre e di Saint-Just, era che il sangue dei nemici fosse l'estremo sacrificio in vista di un mondo giusto e virtuoso. I rivoluzionari pensavano di esercitare un'ultima violenza in nome di ideali assolutamente opposti alla violenza, in vista della pacificazione e della fraternità universale. Ecco perché il poeta Aleksandr Puškin ha definito Robespierre una "tigre sentimentale".
Sì, in fondo Robespierre era un sentimentale, sperava di rendere concreti quegli ideali illuministici di cui si era nutrito in gioventù, sui libri di Rousseau e su quelli di Montesquieu.

GUIDA ALLO STUDIO
Sintesi

1-3 La convocazione degli Stati generali

Nella seconda metà del Settecento la Francia di Luigi XVI rischia la bancarotta. Ogni tentativo di uscire dalla crisi eliminando i privilegi della nobiltà e del clero è fallito e la borghesia illuminista è sempre più convinta che, per sanare la situazione, occorre passare dalla monarchia assoluta a quella parlamentare. Nonostante le sue resistenze, il re è costretto a convocare gli Stati generali suscitando grande fermento nel Paese: nascono nuovi giornali, si aprono numerosi club, fra cui il club dei Giacobini di cui fa parte Robespierre, e la corte è inondata di suppliche (*cahiers de doléances*).

4-5 Il Giuramento della pallacorda e l'inizio della Rivoluzione francese

Gli Stati generali si riuniscono a Versailles il 5 maggio 1789 e subito si incagliano sulla questione del voto *pro capite*, reclamato dal Terzo stato per evitare di trovarsi sempre in minoranza. Non ricevendo risposta dal re, esso decide di impegnarsi con il Giuramento della pallacorda a dare alla Francia una nuova Costituzione parlamentare. Dichiara decaduti gli Stati generali e si proclama Assemblea nazionale costituente, dando così inizio alla Rivoluzione francese.

6-8 La fine dell'*Ancien Régime* e la *Dichiarazione dei diritti dell'uomo e del cittadino*

Luigi XVI, da una parte non si oppone alla creazione dell'Assemblea, dall'altra richiama a Versailles 2000 soldati. Questo gesto fa capire al popolo che la Rivoluzione va difesa con le armi; il 14 luglio 1789 esso assalta quindi le armerie della Bastiglia. Impressionati, i deputati della Costituente istituiscono la Guardia nazionale. Intanto nelle campagne si diffonde la "Grande paura" e l'Assemblea decide di firmare la legge che proclama la fine dell'*Ancien Régime*. Subito dopo i deputati stendono la *Dichiarazione dei diritti dell'uomo e del cittadino*. Poiché il re si rifiuta di approvare sia la legge sia la *Dichiarazione*, un corteo di popolane parigine marcia fino a Versailles e impone alla famiglia reale di trasferirsi a Parigi.

9 La Costituzione civile del clero

Poiché la situazione economica resta gravissima, nello stesso anno 1789 viene decisa la confisca dei beni ecclesiastici cui segue la Costituzione civile del clero, che lo trasforma in una categoria di stipendiati dello Stato. La condanna del papa induce la maggioranza del clero a schierarsi contro la Rivoluzione e questo danneggia gravemente il prestigio dell'Assemblea.

10 La Costituzione del '91

I lavori della Costituente terminano con il varo della Costituzione del '91 che trasforma la monarchia assoluta in monarchia costituzionale. I suoi punti principali sono: la separazione dei poteri; ampie garanzie alla monarchia; riconoscimento dei diritti dei cittadini e una legge elettorale censitaria per favorire l'alta borghesia. Contro questo carattere borghese della Costituzione si pronuncia l'ala popolare dell'Assemblea, capeggiata da Marat e Danton, fondatori del club dei Cordiglieri che sostiene i sanculotti.

11-13 La fuga del re e l'Assemblea nazionale legislativa

Il 21 giugno 1791 il re tenta di fuggire in Belgio con la famiglia, ma a Varennes viene riconosciuto, arrestato e costretto a tornare a Parigi. L'episodio spacca le forze rivoluzionarie: i sanculotti, guidati dai Cordiglieri, chiedono per la prima volta la repubblica; i moderati, guidati dai Foglianti, giustificano il sovrano. Intanto la Costituente si è sciolta ed è stata eletta l'Assemblea nazionale legislativa, che è costituita da una destra monarchica (i Foglianti), un centro (la Pianura o Palude) e una sinistra (la Montagna) formata dai Cordiglieri, dai Giacobini e dai Girondini.

14-16 La proclamazione della Repubblica

Nel 1792 l'Assemblea dichiara guerra all'Austria, a fianco della quale si schiera la Prussia. L'Assemblea proclama la "Patria in pericolo" e da tutta la Francia affluiscono a Parigi schiere di volontari, ma il duca di Brunswick, comandante delle armate prussiana e austriaca, penetra in territorio francese minacciando un massacro se sarà fatto del male ai sovrani. Inferociti, i sanculotti arrestano la famiglia reale, sciolgono l'Assemblea e impongono nuove elezioni a suffragio universale maschile, dalle quali emerge la Convenzione nazionale. Il 21 settembre 1792 viene proclamata la Repubblica. Poco dopo, il 21 gennaio 1793, il re viene ghigliottinato e la Rivoluzione compie il "sorpasso" in direzione estremista.

GUIDA ALLO STUDIO

17-19 Il Terrore

Inorridita, l'Europa insorge e dà vita alla Prima coalizione. La Convenzione indice allora una leva obbligatoria di 300 000 uomini che suscita la rivolta della Vandea e poi una guerra civile. Occorrono misure d'emergenza e Robespierre prende in mano la situazione: scioglie la Convenzione, forma un Comitato di salute pubblica e istituisce tribunali speciali, quindi indice una leva di massa e instaura una dittatura che egli stesso chiama Terrore. Fa decapitare migliaia di "nemici della Rivoluzione", fra cui la regina; impone un calmiere e assume il controllo di tutta la vita economica della nazione; infine autorizza una spietata repressione della Vandea.

20-21 Il Direttorio e la fine della Rivoluzione

In dieci mesi il Terrore salva la Francia e perde la sua ragion d'essere, ma Robespierre non accetta di tornare alla normalità e alla fine viene decapitato. Gli autori della congiura contro di lui emanano la Costituzione del '95 e affidano il potere a un Direttorio che governa dal 1795 al 1799 e che viene deposto da un colpo di Stato. Finisce così la Rivoluzione francese.

Mappa concettuale

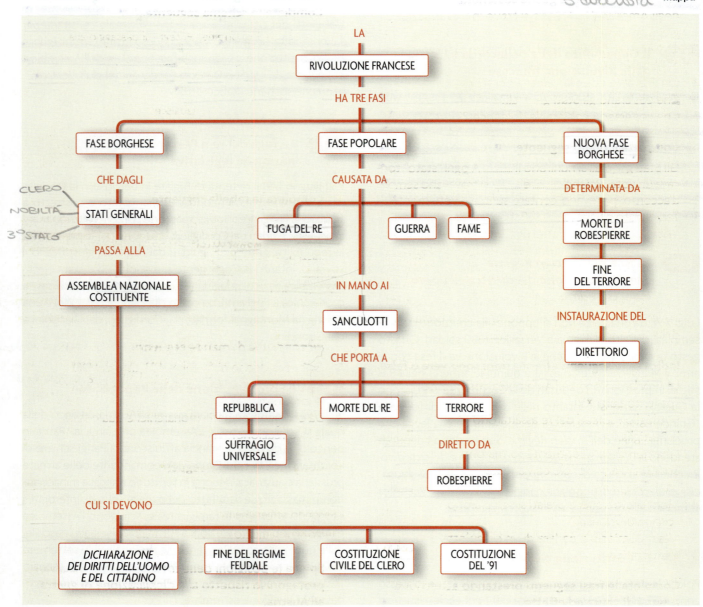

CAPITOLO 9

Verifica formativa

ARRICCHIRE IL LESSICO

1 In questo capitolo hai incontrato più volte il sostantivo "terrore", di cui sicuramente conosci il significato. Altrettanto sicuramente conosci il significato di alcuni suoi sinonimi, che trovi elencati qui sotto. Forma con ciascuno di essi una frase di senso compiuto.
Spavento, sgomento, panico, orrore, paura.

COMPRENDERE IL TESTO

2 Rispondi alle domande seguenti.
1. Perché, alla fine della guerra sostenuta a fianco degli Americani, la Francia si trovò in una situazione gravissima?
2. Che cosa accadde quando il ministro Necker rese pubblico il bilancio dello Stato?
3. Quali effetti ebbe la carestia del 1787?
4. Che cos'erano gli Stati generali?
5. Che cos'erano i *cahiers de doléances*?

3 Completa il brano seguente.
Gli Stati generali si riunirono il .... A ogni "stato" toccava un voto. Poiché .... e .... si trovavano sempre d'accordo, potevano contare su .... voti, mentre il Terzo stato ne aveva .... Per evitare la propria automatica sconfitta, i deputati del Terzo stato reclamarono il .... che avrebbe permesso loro di ottenere la .... Il 17 giugno i deputati del .... decisero di proclamarsi .... e il 20 giugno, in una palestra dove si giocava alla ...., giurarono di dare alla Francia una .... A questo scopo, il 9 luglio si proclamarono .... Il Giuramento della .... segnò l'inizio della ....

4 Indica se le seguenti affermazioni sono vere o false.
1. La proclamazione dell'Assemblea costituente spaventò Luigi XVI. V F
2. Il 14 luglio i soldati del re assaltarono la Bastiglia. V F
3. I membri della Costituente formarono una Guardia nazionale comandata da Robespierre. V F
4. Molti aristocratici e prelati si schierarono con i rivoluzionari. V F
5. Marat cominciò a parlare di un complotto aristocratico. V F

5 Completa le frasi seguenti prestando attenzione ai nessi di causa ed effetto.

1. Nelle province cominciò a diffondersi la voce che .... invasori stavano per devastare la .... Di conseguenza si scatenò la "............".
2. I membri dell'............ decisero che la rivolta andava sedata. Di conseguenza emanarono un decreto che distruggeva il .... e poco dopo stesero la ....
3. Luigi XVI si rifiutò di riconoscere entrambi i documenti. Di conseguenza un corteo di .... lo obbligò a lasciare .... e a trasferirsi a ....
4. Di fronte alla gravissima crisi ...., la Costituente decise di confiscare e vendere i .... Di conseguenza fu varata la ....

6 Completa lo schema seguente.

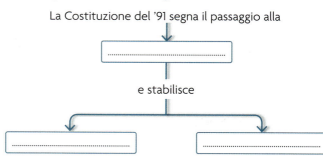

7 Completa la tabella seguente.

	Club dei Giacobini	Club dei Cordiglieri
Guidati da		
Posizione rispetto alla legge elettorale		

8 Rispondi alle domande seguenti.
1. Che cosa decise di fare il re il 21 giugno 1791?
2. Da chi erano guidati i sanculotti e quale fu la loro reazione?
3. Da chi erano guidati i monarchici e quale fu la loro reazione?

9 Completa la tabella seguente.

Primo schieramento	
Secondo schieramento	
Terzo schieramento	

10 Spiega le posizioni delle forze politiche e dei vari protagonisti rispetto alla dichiarazione di guerra all'Austria.

GUIDA ALLO STUDIO

CAPITOLO 9

11 Metti in ordine cronologico gli eventi seguenti, inserendo nei quadratini i numeri da 1 a 11.
- **a** ☐ I Francesi vincono a Valmy.
- **b** ☐ Luigi XVI viene ghigliottinato.
- **c** ☐ I sanculotti impongono nuove elezioni a suffragio universale maschile.
- **d** ☐ L'Assemblea proclama la "Patria in pericolo".
- **e** ☐ La Convenzione nazionale proclama la Repubblica.
- **f** ☐ La folla arresta la famiglia reale.
- **g** ☐ A Parigi affluiscono schiere di volontari.
- **h** ☐ L'armata francese occupa la Savoia e il Belgio.
- **i** ☐ Il duca di Brunswick penetra in Francia.
- **l** ☐ La Rivoluzione compie il "sorpasso".
- **m** ☐ La folla chiede il processo al re.

12 Completa le frasi seguenti, prestando attenzione ai nessi di causa ed effetto.

1. La .... del re e le conquiste francesi preoccuparono le nazioni .... Di conseguenza, nel ...., si costituì la ...., formata da ....
2. La Convenzione indisse una .... che imponeva anche il reclutamento dei .... Di conseguenza esplose la rivolta della ...., che si trasformò in ....
3. Questi eventi determinarono la disgrazia dei .... e la furia dei .... Di conseguenza Robespierre sciolse la .... e formò un .... dotato di pieni poteri.

13 In un testo di circa 10 righe spiega come si manifestò il Terrore sul piano politico, sul piano economico e sul piano militare.

14 Rispondi alle domande seguenti.
1. Che cosa confermò la Costituzione del '95?
2. Che cosa ripristinò?
3. Che cos'era e quanto governò il Direttorio?

LE DATE DELLA STORIA

15 Completa la tabella seguente, scrivendo accanto agli eventi le date corrispondenti.

Giuramento della pallacorda	
Dichiarazione dei diritti	
Costituzione	
Dichiarazione di guerra	
Decapitazione del re	
Terrore	
Direttorio	

GUIDA ALL'ESPOSIZIONE ORALE

1 Dopo aver illustrato la situazione del regno di Luigi XVI in seguito alla partecipazione alla Guerra d'indipendenza americana, spiega che cosa accadde in Francia nel 1789.

Scaletta:
• indebitamento dello Stato • bilancio dello Stato • carestia • giornali • club • *cahiers de doléances* • Stati generali • voto *pro capite* • Giuramento della pallacorda • Assemblea nazionale costituente • inizio della Rivoluzione francese • presa della Bastiglia • "Grande paura" • fine del sistema feudale • *Dichiarazione dei diritti dell'uomo e del cittadino* • corteo delle popolane e trasferimento del re a Parigi • confisca e vendita dei beni ecclesiastici

Parole e concetti chiave:
bancarotta, Necker, Giacobini, Robespierre, Guardia nazionale, La Fayette, Marat, assegnati.

Come cominciare:
"Conclusa la guerra a fianco degli Americani, lo Stato francese si ritrovò indebitato con le banche di mezza Europa."

2 Illustra gli eventi dalla Costituzione civile del clero al "sorpasso" estremista della Rivoluzione.

Scaletta:
• Costituzione del '91 • legge elettorale censitaria • spaccature nel Terzo stato • fuga a Varennes • arresto della famiglia reale • Assemblea nazionale legislativa • guerra all'Austria • "Patria in pericolo" • Convenzione nazionale • proclamazione della Repubblica • decapitazione del re

Parole e concetti chiave:
monarchia costituzionale, separazione dei poteri, Robespierre, Marat, Danton, sanculotti, Foglianti, Pianura o Palude, Montagna, Cordiglieri, Girondini, Giacobini, Prussia, volontari, Valmy, Savoia, Belgio, ghigliottina.

Come cominciare:
"Nel 1790 fu varata la Costituzione civile del clero, severamente condannata dal papa."

3 Illustra gli eventi dalla costituzione della Prima coalizione antifrancese alla fine della Rivoluzione.

Scaletta:
• invasione della Francia • reclutamento dei contadini • rivolta della Vandea • guerra civile • Comitato di salute pubblica • leva di massa • Terrore • decapitazione della regina • calmiere • repressione della Vandea • condanna a morte di Robespierre • Costituzione del '95 • Direttorio • colpo di Stato

Come cominciare:
"La decapitazione di Luigi XVI sconvolse le monarchie europee."

PROTAGONISTI

Luigi XVI e Maria Antonietta

Un re inetto

Luigi XVI di Borbone era diventato re a vent'anni e non aveva **nessuna passione per il potere**. Era tutto preso dalle sue piccole manie, tra le quali primeggiavano la caccia e i lavori manuali (adorava riparare orologi); mangiava e beveva troppo, si addormentava durante i Consigli di Stato, era timido e debole di carattere.

I ritratti ufficiali lo rappresentavano nella magnificenza delle sue prerogative regali, ma in realtà il re era brutto, grassoccio e amava i vestiti borghesi.

Come molti altri sovrani della sua epoca, non era insensibile alle idee dell'Illuminismo, ma oscillava continuamente tra il desiderio di effettuare importanti **riforme** e quello di governare in modo **autoritario**.

"La straniera"

Aveva sempre avuto paura delle donne, ma la ragion di Stato gli impose di sposarne una che gli rese la vita particolarmente difficile, **Maria Antonietta**, figlia di Maria Teresa d'Austria, che i Francesi soprannominarono sprezzantemente "**la straniera**".

Per la verità tutte le spose dei sovrani francesi erano state figlie o sorelle di altri sovrani europei e quindi non si poteva attribuire a Maria Antonietta la colpa di essere austriaca.

Ciò che suscitava scandalo, invece, era la sua intolleranza verso l'etichetta di corte, una serie di atteggiamenti capricciosi, a volte addirittura infantili, e, soprattutto, il suo **interesse per la politica**, reso ogni giorno più forte dai tentennamenti del marito.

In realtà, a parte i suoi indubbi difetti, Maria Antonietta era stata educata da una madre illuminista, una grande regina che non credeva all'inferiorità della donna rispetto all'uomo e che aveva retto saldamente un impero. Ma l'intelligenza e l'energia femminili non erano apprezzate alla corte di Francia, dove spadroneggiavano le dame oziose e intriganti, gli uomini fatui e le cameriere corrotte. Più tardi, quando scoppiò la Rivoluzione, Maria Antonietta fu effettivamente **imprudente e antipatriottica**: temendo per la monarchia e poi per la vita stessa della sua famiglia, **si compromise** scrivendo a suo fratello Leopoldo II (nel frattempo diventato imperatore d'Austria) per ottenerne l'aiuto e fu anche in corrispondenza con molti aristocratici esuli che tentavano di rientrare in Francia alla testa di truppe straniere.

La polizia rivoluzionaria intercettò tutte le sue lettere, i giornali le pubblicarono e ciò, in un periodo tanto turbolento, aggravò notevolmente la posizione della monarchia.

La **dignità** dei due sovrani si manifestò invece **di fronte alla morte**. Entrambi affrontarono con grande forza d'animo i loro processi, che furono assurdi e volutamente infamanti, e salirono sulla ghigliottina senza tremare.

Due simboli dell'*Ancien Régime*
Le vesti regali di Luigi XVI e le languide pose della giovane regina Maria Antonietta erano il simbolo stesso dell'*Ancien Régime* che la borghesia illuminista voleva trasformare in una moderna monarchia parlamentare all'inglese.

10 Napoleone Bonaparte

1796 Campagna d'Italia

1799 Colpo di Stato

1815 Sconfitta a Waterloo

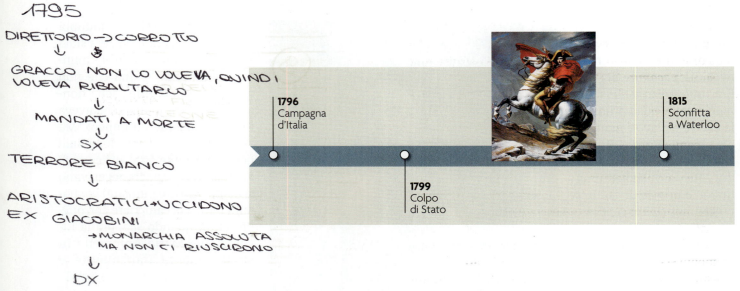

1 Il malgoverno del Direttorio

Appena insediato nell'ottobre del 1795, il **Direttorio** mostrò di essere **uno dei governi più corrotti** che la Francia avesse mai avuto.
Uno dei suoi membri più autorevoli, **Paul Barras**, era stato a capo della congiura contro Robespierre perché sul suo capo pendevano accuse da ghigliottina: affari illeciti, partecipazione con Danton al saccheggio di una città belga, accaparramento di denaro pubblico.
I suoi colleghi "direttori" e l'intero **Consiglio dei Cinquecento**, che formavano un'assemblea di tipo parlamentare, non erano da meno. Ognuno favoriva i rivoluzionari di un tempo che ora volevano arricchirsi con le forniture di guerra, vendendo all'esercito armi inservibili e uniformi usate. Anche gli accaparratori, dopo che il calmiere era stato abolito, avevano rialzato la testa: poiché l'inflazione galoppava, tenevano grano e altri beni di consumo nei magazzini in attesa del massimo rialzo dei prezzi e il popolo aveva ricominciato ad avere fame.
Molti rimpiangevano Robespierre "l'incorruttibile" e i princìpi di uguaglianza traditi. Alcuni, come **Gracco Babeuf**, tentarono di rovesciare il Direttorio per tornare a un governo del popolo, ma furono scoperti e mandati a morte.
Oltre a questa opposizione, che oggi potremmo definire "di sinistra", il Direttorio dovette affrontare anche quella "di destra".
Gli aristocratici tornati dall'esilio, capeggiati dal **conte d'Artois**, fratello minore del re ghigliottinato, si aggiravano di notte per le strade di Parigi e uccidevano a tradimento gli ex giacobini, organizzando vere e proprie "cacce all'uomo" che presero il nome di **Terrore bianco**. Essi parlavano apertamente di rovesciare il Direttorio e di ripristinare la **monarchia assoluta**, ma un loro tentativo insurrezionale fu represso dal Direttorio con l'esercito.

Paul Barras
La caricatura lo rappresenta come un libertino beone, tut'altro che degno della posizione che occupava.

La nascita del concetto di "comunismo"

Insieme a Robespierre, il governo del Direttorio spazzò via tutte le idee giacobine, a partire dal suffragio universale; le bande del conte d'Artois, tollerate dalla polizia che non interveniva e non investigava, tentarono di eliminare i Giacobini anche fisicamente.
Di fronte a questa catastrofe delle idee di uguaglianza, insorse **Gracco Babeuf**, un rivoluzionario che era stato amico e collaboratore di Marat. Ispirandosi alle teorie di Rousseau, Babeuf intendeva costruire **una società "comunista"**, caratterizzata da:
- uguaglianza dei salari;
- abolizione della proprietà privata e del diritto all'eredità;
- comunanza di tutti i beni;
- educazione dei giovani non più affidata alla famiglia ma alla comunità.

Nella primavera del 1796 Babeuf, con pochi compagni, immaginò di poter rovesciare il Direttorio con le armi. Il suo tentativo, detto "**Congiura degli Eguali**", si fondava però su basi così fragili che fu immediatamente **scoperto** e Babeuf fu **ghigliottinato**.
Di lui resta il ricordo perché fu il primo a introdurre il termine "comunismo" nel linguaggio politico e a stabilire i princìpi fondamentali di un movimento che si sarebbe sviluppato verso la fine del XIX secolo: il **Movimento operaio**.

Gracco Babeuf
Si chiamava François, ma prese il nome romano di un grande tribuno della plebe, Gaio Gracco, ucciso dai senatori a causa delle sue riforme in favore del popolo.

2 La necessità della guerra

In questa situazione di caos, il Direttorio dovette anche gestire la guerra, che proseguiva stancamente perché le stesse nazioni nemiche erano poco inclini a spendere patrimoni per difendere una causa ormai perduta, come era quella della monarchia assoluta francese.
Il Direttorio avrebbe forse potuto trattare la pace, ma in tal caso avrebbe dovuto affrontare un gravissimo problema pratico che considerava insolubile: Robespierre aveva arruolato milioni di uomini e congedarli non era possibile, viste le drammatiche condizioni economiche della Francia. Solo la guerra poteva continuare a nutrirli nell'unico modo che le è proprio: occupando nuovi territori e sfruttandoli. Quindi bisognava continuare a combattere e bisognava vincere.
In questo modo, però, il Direttorio si affidò sempre di più ai militari e negli anni successivi le fortune della Francia si legarono sempre più all'**esercito**, che accrebbe enormemente il suo potere, anche per le incapacità di governare dimostrate dalla borghesia.
I "Direttori" identificarono due Fronti: un **Fronte principale**, a nord-est, con l'obiettivo di entrare in **Germania** attraverso il Belgio e abbattere le forze prussiane (cosa che avvenne nel 1795) e di attaccare l'**Austria** da ovest; un **Fronte secondario**, a sud-est, con l'obiettivo di conquistare la **Lombardia**, risalire l'Adige, varcare le Alpi, penetrare in **Tirolo**, congiungere l'**Armata d'Italia** con quella proveniente dalla Germania ed entrare a Vienna.

Il grosso dell'esercito francese era concentrato sul Fronte tedesco; in Italia, invece, si trovava un'armata di 45 000 uomini, cenciosi e praticamente privi di comando, che ai Liguri e ai Piemontesi sembravano più dei briganti che dei soldati. Non conoscevano disciplina, non ricevevano ordini, non conducevano neppure una guerra vera e propria: sopravvivevano giorno per giorno a spese di quei popoli che avrebbero dovuto liberare.

Interi battaglioni erano senza scarpe, molti soldati senza fucili o senza baionette e, per i trasporti, c'erano in tutto duecento muli. Di queste condizioni non dovevano ringraziare solo le magre finanze francesi ma anche i fornitori dell'esercito, che ammassavano fortune alle spalle delle truppe depredando le razioni destinate al Fronte e rivendendole al mercato nero.

Nel **1796** il Direttorio affidò finalmente il comando di questa armata di "spaventapasseri affamati" vicini alla diserzione a un **giovane generale** che si era conquistato il grado partecipando alla riconquista della città di Tolone, caduta in mano agli Inglesi: **Napoleone Bonaparte**.

3 Napoleone Bonaparte

Napoleone era nato in **Corsica** nel 1769: un anno prima la Repubblica di Genova aveva ceduto l'isola alla Francia. Era il secondo di otto figli e suo padre, che discendeva da piccoli nobili di provincia, lo aveva allevato nel sogno di liberare la Corsica e di renderla indipendente. Nell'attesa che il sogno si concretizzasse, aveva mandato il figlio a studiare in Francia, alla Regia Accademia militare. Napoleone non vi si trovò affatto bene: disprezzava i compagni, che appartenevano alla migliore nobiltà di Francia, idolatravano il re e prendevano in giro il ragazzo còrso per il suo accento meridionale. Ricevette comunque un'**istruzione eccellente**: brillava in matematica, in storia e in geografia – materie importanti per un militare –, conosceva strategia e tattica ed era particolarmente ferrato nelle tecniche dell'artiglieria.

Un grande destino
Un disegnatore ha immaginato Napoleone nella scuola militare di Brienne: la sua figura di ragazzino proietta un'ombra da grande generale (a sinistra). Questa profezia si realizza nel quadro di destra che lo rappresenta giovanissimo, ma già trionfatore nella Campagna d'Italia.

Per conto proprio, coltivando la sua avversione verso il regime monarchico, lesse i libri degli illuministi e ne assorbì lo "spirito scientifico": studiare prima a fondo i problemi, formulare ipotesi, sottoporle a verifica; infine, cercare sempre di ottenere il massimo risultato con il minimo spreco di energie. Con questi strumenti divenne **il più grande genio militare** dell'Età moderna .

Quando scoppiò la Rivoluzione, il grande obiettivo di rovesciare il re gli fece dimenticare quello di strappare la Corsica alla Francia. Entrò nell'esercito repubblicano e a Tolone comandò le artiglierie con il grado di capitano; ebbe la fortuna di essere notato e promosso sul campo dal fratello di Robespierre e divenne **generale**.

Poi fu chiamato a Parigi, dove frequentò i balli e le feste del Direttorio. Qui incontrò **Giuseppina**, vedova del generale Beauharnais e amante di Barras, già matura e con due figli ma affascinante per il suo spirito e la sua eleganza. Napoleone se ne innamorò e Giuseppina acconsentì a sposarlo. Pochi giorni dopo il generale partì per l'Italia.

> **SCIENZA E TECNICA**
> La rivoluzione napoleonica della tattica militare, pag. 220

4 La Campagna d'Italia

Fraternità con i popoli oppressi e **bottino per i suoi soldati** furono i due punti di forza delle prime azioni militari di Napoleone.

Appena riuscì a radunare la sua armata di sbandati, egli li arringò in questo modo: "Soldati, siete nudi, ma io voglio condurvi nelle pianure più fertili del mondo. Ricche province e grandi città saranno in vostro potere. Vi troverete ricchezze, onore e gloria. Soldati dell'Armata d'Italia! Vi mancano forse la costanza e il coraggio?".

Un esercito di ladri e straccioni
Inglesi, Tedeschi e Austriaci facevano dell'ironia sui soldati francesi laceri, affamati e male armati. Nella caricatura inglese in alto a sinistra, uno scalcinato ufficiale, il maresciallo Murat, passa in rassegna l'armata napoleonica vista come un manipolo di tisici, storpi e guerci.
Sul campo di battaglia furono però subito costretti a ricredersi.
Sotto, un'altra caricatura rappresenta i soldati francesi mentre rubano le opere d'arte italiane. Tra le opere trafugate il *Laocoonte* (qui sopra) custodito in Vaticano.

Mentre ai suoi prometteva ricchezze e gloria, il nuovo comandante mandava spie nelle città piemontesi e lombarde perché contattassero i gruppi rivoluzionari locali, chiamati "**giacobini**" come i membri dell'omonimo partito della Rivoluzione, e li rassicurassero sulle intenzioni della Francia: abbattere i regimi tirannici e concedere ai popoli liberati l'**indipendenza**.

In tal modo Napoleone si garantì truppe fedeli e appoggi nelle zone da conquistare. Iniziava così la **Campagna d'Italia**, che lo impegnò **tra il 1796 e il 1797**. Per prima cosa bisognava costringere alla resa il **Piemonte**, alleato dell'Austria. Battuto tre volte e impaurito dall'insurrezione di alcune città, il re Vittorio Amedeo III di Savoia firmò un armistizio con il quale cedette alla Francia la Savoia e Nizza. In cambio, Napoleone abbandonò alla repressione del sovrano i giacobini piemontesi, insorti in suo aiuto: fu il primo di molti tradimenti.

Quindi passò l'Adda a Lodi, sconfiggendo gli Austriaci, occupò **Milano** e dilagò in **Emilia**, battendo anche l'esercito pontificio. Riuscì così a costringere il papa Pio VI alla pace e nel 1797 ottenne una parte dello Stato pontificio: le **Legazioni** (corrispondenti alle province di Bologna e Ferrara) e la Romagna.

> **LESSICO — STORIA**
> **Legazioni pontificie**
> Con questo nome dall'inizio del XVIII secolo erano designate le circoscrizioni amministrative dello Stato pontificio che erano amministrate da un funzionario detto "legato".

5 Le Repubbliche giacobine

I territori conquistati da Napoleone furono sottoposti al regime repubblicano controllato dai Francesi e riuniti nel **1797** in un nuovo Stato, chiamato **Repubblica cisalpina**, che comprendeva gran parte dell'Emilia, della Romagna e della Lombardia. La fondazione della Repubblica cisalpina ebbe un **importante significato** nella storia d'Italia. I Francesi portarono nuove idee, eliminarono molti privilegi aristocratici, diedero incarichi di responsabilità alla borghesia. Una nuova bandiera – un **tricolore** a strisce orizzontali bianco, rosso e verde – divenne il simbolo di un mondo più libero e più aperto, dopo secoli di immobilismo e di repressione.

Vi fu però una **pesante contropartita**: il Direttorio aveva bisogno di denaro per risanare la disastrosa situazione finanziaria francese e dall'Italia Napoleone inviò a Parigi casse di oro raggranellato attraverso imposte straordinarie, gioielli requisiti alle famiglie nobili e, soprattutto, i tesori delle chiese e delle collezioni private, opere d'arte che andarono ad arricchire i musei parigini o che furono vendute a privati per ricavarne denaro.

Uniti a questo, tre episodi contribuirono a creare un clima di delusione fra i sostenitori italiani del generale.

Nel 1797, Napoleone indusse i **giacobini** veneziani a sollevarsi contro il doge mentre egli e le sue truppe marciavano alla volta della Serenissima. Improvvisamente, però, il 17 ottobre **1797**, si accordò con gli Austriaci e firmò il **Trattato di Campoformio** con cui l'Austria rinunciava a ogni pretesa sul Belgio e sulla Lombardia, ottenendo in cambio il territorio della **Repubblica veneta** che, per la prima volta dalla sua fondazione, **perse l'indipendenza**.

Alla fine di quello stesso anno le truppe francesi, violando il trattato di pace con il papa, invasero il Lazio e occuparono Roma. Questi territori formarono un nuovo Stato, la **Repubblica romana** (proclamata nel febbraio **1798**); papa Pio VI venne dichiarato prigioniero e trasferito in Francia, dove morì l'anno successivo. L'insulto alla persona del pontefice turbò profondamente i cattolici e soffocò ogni loro eventuale simpatia verso Napoleone.

Nel **1799**, un altro tradimento fu consumato ai danni dei giacobini napoletani quando un'armata francese occupò il **Regno di Napoli**: il re Ferdinando di Borbone fuggì, mentre i giacobini occupavano il palazzo reale e v'insediavano il nuovo governo della **Repubblica partenopea**.

> **LESSICO — GEOGRAFIA**
> **Cisalpino**
> "Cisalpino" deriva dal latino e significa "al di qua delle Alpi" avendo come punto di riferimento Roma. Il suo contrario è "transalpino", termine ancora oggi utilizzato e riferito alla Francia.

L'esperimento, però, non durò che sei mesi. I Francesi, infatti, abbandonarono i giacobini alla loro sorte e li lasciarono soli ad affrontare le cannonate della flotta inglese, da una parte, e le bande di "lazzaroni" assoldate dal **cardinale Ruffo**, dall'altra. Ferdinando riebbe il trono e i membri della Repubblica partenopea furono spietatamente puniti.

"Lazzaroni" voleva dire "poveri come Lazzaro". Erano contadini senza terra, disertori, sbandati di ogni tipo che combattevano contro tutto e contro tutti, seguendo chi prometteva loro saccheggi indiscriminati e qualche possibilità di sfamarsi. Le bande di Ruffo devastarono la Calabria e la Campania, ma anche nel Lazio, nelle Marche e in Toscana avvennero violenze, rapine, omicidi. Quella fu l'epoca di **Fra Diavolo**, il bandito che diceva di togliere ai ricchi per dare ai poveri, e delle bande armate dei **Sanfedisti** che sostenevano di combattere contro i Francesi e i senza Dio in nome del papa esiliato e della Santa Fede.

In realtà fu soprattutto un'**epoca caotica**: alle bande scatenate non seppero reagire né i gruppi giacobini, formati principalmente da intellettuali, che non riuscirono a trasmettere al popolo le loro idee rivoluzionarie, né i liberatori francesi, pronti a dimenticare ogni nobile principio quando era contrario al loro interesse.

Tutte le Repubbliche controllate dai Francesi furono chiamate anche "**Repubbliche sorelle**".

Il tricolore
Lo stendardo dei "Cacciatori a cavallo" fu consegnato da Napoleone ai Lombardi che combattevano nell'armata francese: il tricolore – ancora distintivo unicamente militare – diventò l'anno seguente bandiera della Repubblica cisalpina, ma a strisce orizzontali.

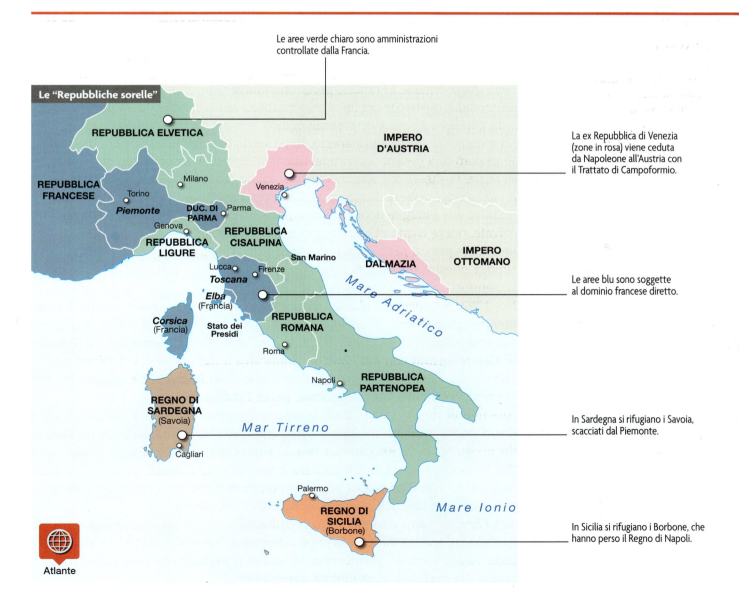

Le aree verde chiaro sono amministrazioni controllate dalla Francia.

La ex Repubblica di Venezia (zone in rosa) viene ceduta da Napoleone all'Austria con il Trattato di Campoformio.

Le aree blu sono soggette al dominio francese diretto.

In Sardegna si rifugiano i Savoia, scacciati dal Piemonte.

In Sicilia si rifugiano i Borbone, che hanno perso il Regno di Napoli.

La campagna d'Egitto

CIVILTÀ PARALLELE
L'Egitto dall'indipendenza al controllo inglese, pag. 224

LESSICO — STORIA

Mamelucchi
In origine, nel IX secolo, i mamelucchi erano stati schiavi turchi, curdi e slavi al servizio dei califfi arabi, impiegati nell'amministrazione e nell'esercito, dove avevano costituito la milizia scelta dell'Egitto. Poi rovesciarono la dinastia regnante e si impadronirono del potere in Egitto e in Siria. Il loro capo aveva il titolo di *bey*. Al tempo di Napoleone il loro governo si era notevolmente indebolito.

Il generale, la Sfinge e la stele di Rosetta
A destra, Napoleone di fronte alla Sfinge; il generale còrso sentì fortemente il fascino di quell'antichissima civiltà di cui contribuì a diffondere la moda in Europa. Qui sopra, la preziosissima stele scoperta grazie alla sua impresa in Egitto.

6 La Campagna d'Egitto

Napoleone non assistette al crollo della Repubblica partenopea. Infatti, già dopo il Trattato di Campoformio aveva abbandonato l'Italia, affidandola ai suoi generali, ed era tornato in Francia per godersi la popolarità e sorvegliare le mosse dei "Direttori", ormai gelosi dei suoi successi.

In quei giorni a Parigi si discuteva di come eliminare l'ultimo nemico della Francia rimasto in armi dopo la sconfitta dell'Austria e della Prussia: l'**Inghilterra**. Dopo aver elaborato un piano per invaderla, che Napoleone bocciò perché la flotta francese non era in grado di battere quella inglese che presidiava il Canale della Manica, si cominciò a pensare di **colpirla nei suoi interessi commerciali**. Bonaparte stesso suggerì di conquistare l'**Egitto**, dal quale passavano via terra le merci provenienti dall'India che le navi inglesi scaricavano nei porti del Mar Rosso e ricaricavano su altre navi ad Alessandria. Inoltre, già allora si cominciava a pensare di scavare il futuro Canale di Suez: se la Francia lo avesse controllato, i commerci inglesi ne sarebbero stati gravemente danneggiati.

L'idea incantò l'opinione pubblica che già da tempo era affascinata da tutto ciò che proveniva dall'Oriente. La spedizione fu preparata nell'entusiasmo generale e nobilitata dalla presenza di ben 167 eminenti studiosi di tutte le discipline, dalla mineralogia all'archeologia fino alle scienze naturali. Come è noto, la spedizione scoprì, tra l'altro, la **stele di Rosetta** che permise la decifrazione dei geroglifici egizi.

Nell'ottobre **1797** Napoleone salpò dunque dal porto di Tolone con duecento navi sulle quali erano imbarcati 35 000 uomini. La totale ignoranza delle condizioni climatiche e la mancanza di mappe trasformarono il primo impatto con l'Egitto in una tragedia. Nella marcia da Alessandria al Cairo, i soldati vestivano divise invernali di lana pesante e, in pieno deserto, si accorsero di non avere acqua sufficiente. In quindici giorni ne morirono a centinaia; altri impazzirono sotto il sole cocente; qualcuno si suicidò.

Nel luglio **1798** Napoleone riuscì a vincere il primo scontro, la cosiddetta "**battaglia delle piramidi**", sconfiggendo i mamelucchi, le truppe di origine turca, e occupando l'Egitto. Il mese successivo, però, la flotta francese fu distrutta nella baia di **Abukir** dalla flotta inglese, comandata dall'ammiraglio **Orazio Nelson**: le truppe di Napoleone si trovarono **bloccate in Egitto** senza avere la possibilità di rientrare in patria. Invasero la Siria, dove ottennero, tra spietate violenze, alcuni successi, ma non riuscirono a sconfiggere i Turchi, appoggiati dagli Inglesi.

Per molti mesi i Francesi non ebbero notizia delle difficoltà del generale. L'Egitto era lontano e i bollettini spediti quotidianamente da Napoleone prima esaltarono la battaglia delle piramidi, poi raccontarono le molte meraviglie di quel mondo sconosciuto e inviarono a Parigi centinaia di reperti archeologici.
I giornali riportavano i suoi discorsi all'esercito, nei quali campeggiavano frasi "lapidarie" come questa, pronunciata prima della battaglia delle piramidi: "Soldati, dall'alto di queste piramidi quaranta secoli di storia vi guardano".
Nel 1799 Napoleone era ancora in Egitto, mentre a Parigi la situazione politica si stava muovendo: il Direttorio subiva infatti critiche da più parti a causa delle sconfitte subite dall'esercito francese in Europa. Napoleone pensò che in quel momento la sua presenza in patria gli avrebbe offerto più di un'occasione e lasciò avventurosamente l'Africa: nell'ottobre, dopo essere riuscito a sfuggire alle navi inglesi, raggiunse la Francia.

7 Il colpo di Stato e la fine della Rivoluzione

Era ormai l'anno **1799**, il decimo dall'inizio della Rivoluzione. La Francia era riuscita a tenere lontani gli eserciti stranieri, aveva conquistato nuovi territori, aveva dato modo di arricchirsi a imprenditori, commercianti, banchieri e speculatori, ma non aveva risolto la **crisi economica** che affamava le popolazioni delle campagne e i poveri delle città. Di fronte a essa il Direttorio era impotente: Napoleone lo capì e decise di approfittarne.
Tornato a Parigi, ordì una **congiura** con due deputati, organizzata da suo fratello Luigi. Altri deputati furono comprati. Quando però Napoleone si presentò al Consiglio dei Cinquecento, scortato da alcuni granatieri, annunciando lo scioglimento del Direttorio, i deputati lo misero in fuga gridando "Via il fuorilegge!".

Lo scioglimento del Direttorio
Napoleone è entrato nella sala del Consiglio dei Cinquecento credendo di poter sciogliere l'Assemblea senza troppe difficoltà, ma i deputati reagiscono e per molte ore il generale rischia l'arresto. Lo salverà solo l'arrivo delle truppe guidate da suo fratello Luigi.

Fu solo grazie alle truppe con cui, ore dopo, Luigi mise in fuga i membri dell'assemblea che l'azione riuscì. Il 10 novembre **1799** Napoleone insediò un nuovo governo formato da **tre "consoli"**; a se stesso riservò il ruolo più importante, quello di **Primo console**.

Quando i militari sciolgono con la forza un governo eletto dal popolo e aboliscono l'Assemblea parlamentare, compiono un **colpo di Stato** e tale fu quello di Napoleone. Il colpo di Stato segnò ufficialmente la **fine della Rivoluzione francese**. Anche se in realtà l'ondata rivoluzionaria si era già conclusa con la morte di Robespierre, la storiografia la fa durare un decennio: **1789-1799**.

8 Perché i Francesi accettarono Napoleone: la patria e la gloria

Il Primo console divenne il **vero padrone della Francia**: la Costituzione, emanata nello stesso 1799 e che non prevedeva più la *Dichiarazione dei diritti dell'uomo e del cittadino*, privava di ogni significato le elezioni e il sistema parlamentare. Napoleone inoltre nominò alcuni ministri, ponendoli però alle sue dirette dipendenze, e diede autonomia di decisioni solo a due di essi, Talleyrand, ministro degli Esteri, e Fouché, ministro di Polizia. Quest'ultimo era l'uomo abile e corrotto che aveva contribuito alla caduta di Robespierre. Egli sottopose l'intera Francia a un **rigido sistema poliziesco** e rimise in vigore le odiose *lettres de cachet* che, come ai tempi dei Borbone, gli davano il potere di imprigionare persone sospette senza l'obbligo di motivarne l'arresto e persino di rimettere in carcere innocenti già assolti dai tribunali.

Come poterono quei Francesi che avevano fatto una rivoluzione per essere "liberi e uguali" e che avevano abbattuto la dittatura di Robespierre, accettare a pochi anni di distanza **un'altra dittatura**, quella di Napoleone Bonaparte?

I motivi per i quali certi atti violenti come un colpo di Stato vengono accettati da un intero popolo non sono mai interamente comprensibili.

Nel caso di Napoleone, tuttavia, giocarono certamente due elementi:
- la stanchezza nei confronti di una **crisi economica** che durava da anni e che la classe politica non era mai riuscita a risolvere in modo definitivo;
- il **patriottismo** – concetto che entrava per la prima volta in Europa dopo la sua comparsa nella Guerra d'Indipendenza americana.

Il secondo elemento era forse ancora più importante del primo. Nessun popolo medievale e moderno aveva mai pronunciato la parola "**patria**" nel senso che aveva assunto nelle due rivoluzioni, americana e francese. Quando, nel 1792, il governo francese aveva lanciato la parola d'ordine "La patria in pericolo", schiere di volontari erano affluite da tutto il Paese e, da quel momento in poi, l'*Armée*, l'"**esercito**", era diventato **sacro** per tutti, amato e sostenuto quando perdeva, esaltato quando vinceva.

Lo stesso Robespierre aveva opposto i "patrioti" ai "traditori" e solo il pensiero delle sorti della guerra aveva unito per anni un popolo ridotto alla fame e dilaniato dalla lotta politica. I generali promossi sul campo non erano più vecchi parruccconi aristocratici che spesso dirigevano le operazioni senza muoversi dai loro castelli, ma ufficiali di venti o trent'anni provenienti dalle file del popolo o della borghesia, che andavano all'assalto con le loro truppe e si guadagnavano le loro medaglie in mezzo al tiro incrociato dei cannoni o menando sciabolate nel pieno di una mischia.

Con le guerre della Rivoluzione era rinato l'antico culto romano e greco dell'eroe, che il più celebre pittore dell'epoca, **Jacques-Louis David**, celebrava con grandi

Napoleone all'apice del suo successo

tele di cui si facevano copie che andavano a ruba ▶. E nessuno incarnava il **mito dell'eroe** meglio di Napoleone, il più grande **genio militare** dopo Giulio Cesare. Le sue imprese, divenute in pochi anni leggendarie, davano alla Francia un valore che in quel momento contava più del pane: la **gloria**.

▶ **ARTE E TERRITORIO**
Il Neoclassicismo, pag. 222

9 La Pace di Lunéville e il *Codice napoleonico*

Reso assoluto il suo potere, a Napoleone non restava che battere la **Seconda coalizione** che si era formata tra le nazioni europee per sconfiggere la Francia. Lo fece con la consueta rapidità: nei primi mesi del **1800** valicò le Alpi e scese di nuovo in Italia dove sconfisse gli Austriaci a **Marengo**, in Piemonte. Poi, il 9 febbraio **1801**, firmò con l'Austria la **Pace di Lunéville**.
Nel **1802** anche l'**Inghilterra** concluse la pace e nello stesso periodo, attraverso il **Concordato** del 1801, avvenne la riconciliazione con il nuovo papa, Pio VII. Intanto Napoleone annetteva anche il Piemonte. Nell'Europa settentrionale gli appartenevano ormai parte della Germania, il Belgio e l'Olanda.
Negli anni successivi la gloria di Napoleone raggiunse il vertice. La pace era tornata in Europa, la Francia era padrona di un territorio vastissimo e il Primo console non aveva più oppositori.
Con un'energia pari a quella che aveva dimostrato durante le campagne militari, Napoleone si dedicò al varo di un **programma di riforme** amministrative, civili e penali che sistemarono definitivamente i grandi cambiamenti introdotti dalla Rivoluzione francese.
Le **riforme civili**, soprattutto, ebbero un'importanza fondamentale in tutta Europa perché furono applicate nei territori occupati, dove, per tutto l'arco del dominio napoleonico, sostituirono le leggi dei sovrani assoluti, fornendo l'esempio di una **legislazione moderna** e funzionale alle nuove sfide economiche che i popoli non dimenticarono più. Molti di questi Paesi, in particolare le zone più arretrate come la Germania e l'Italia, passarono così da un regime di tipo feudale a un **regime borghese**: furono **abolite le decime e venduti** molti **patrimoni ecclesiastici** e fu **spazzata via la servitù della gleba** ancora presente in alcune zone della Germania (oltre che nella Russia degli zar).

Le coalizioni contro la Francia

Le coalizioni furono alleanze politiche e militari tra gli Stati europei che si sentivano minacciati dalla Francia, soprattutto dopo l'ascesa al potere di Napoleone. Esse furono in tutto sette:

Prima 1793-1798
Seconda 1799-1802
Terza 1804-1805
Quarta 1806-1807
Quinta 1807-1809
Sesta 1811-1814
Settima 1817

Passeggiata sotto l'ombrello
È il titolo di questo quadro, che rappresenta in modo chiarissimo il nuovo benessere che una Costituzione fatta per loro e il regime napoleonico hanno portato ai borghesi francesi.
Da notare i vestiti alla moda di Madame e della bambina: abolite le enormi gonne "alla Maria Antonietta" dell'*Ancien Régime*, gli abiti sono semplici e cadono morbidamente fino ai piedi. In realtà, il tutto è studiatissimo e si ispira alle vesti delle antiche Romane.

Nel **1804**, le nuove norme del diritto furono raccolte in un **codice di leggi**, che divenne poi celebre con il nome di *Codice napoleonico*. Esso si basava su questi princìpi:

- ogni uomo ha diritto alla **libertà personale** (la sua vita, quindi, non può essere proprietà di un signore);
- tutti i cittadini sono **uguali di fronte alla legge** (tutti, cioè, devono pagare le tasse e hanno diritto a uguale trattamento nei tribunali; nessuno gode più di privilegi particolari);
- lo **Stato è laico** (il potere non ha più natura divina);
- ogni uomo ha diritto alla **libertà di coscienza** (ovvero non può essere perseguitato per le sue idee religiose o per il suo ateismo);
- ogni uomo gode della **libertà di lavoro** (nessun contratto lo può legare a vita alla terra di un signore o alla fabbrica di un padrone), ma l'imprenditore è "libero" di fissare a suo piacimento il salario dei lavoratori. In base a questo principio, ogni forma di associazione operaia venne proibita e, se una causa di lavoro finiva in tribunale, solo la parola del padrone aveva valore di testimonianza.

Alcuni dei princìpi della Rivoluzione francese trovavano così realizzazione nel *Codice napoleonico*. Essi posero definitivamente il **Terzo stato** (borghesi, proletari e contadini) in una situazione paritaria rispetto a nobiltà e clero; tuttavia le norme sulla libertà di lavoro favorirono la borghesia rispetto ai ceti inferiori. Il *Codice napoleonico* intervenne anche nel **diritto di famiglia**, rendendolo più laico, anche se con esiti contraddittori: affermò infatti il **carattere civile** del matrimonio e la possibilità del **divorzio**, ma nello stesso tempo ribadì l'autorità assoluta del maschio e l'**inferiorità** giuridica della donna.

Lo Stato dominava su tutto: in ogni dipartimento (o regione) un onnipotente prefetto governativo faceva applicare le decisioni del governo; nei comuni il sindaco, che si occupava di ogni aspetto della vita dei cittadini, non era eletto ma nominato dal governo. Questo modo di governare si chiama **accentramento**.

LESSICO	DIRITTO

Plebiscito
Questo termine, nella Roma antica, significava "decisione della plebe", una decisione cioè che, votata nelle assemblee plebee, aveva valore di legge anche per i patrizi. Nel XVIII e XIX secolo prese a indicare una votazione di tutto il popolo (quindi non solo dei pochi che avevano diritto di voto nelle elezioni politiche) chiamato a esprimersi con un SÌ o con un NO su un'unica questione di interesse nazionale.

10 La fondazione dell'Impero: i Francesi tornano sudditi

Nel **1804** Napoleone si avvalse di un altro strumento legale che risaliva addirittura all'epoca romana e che la Rivoluzione francese aveva fatto rinascere, il **plebiscito**, e si fece incoronare **imperatore dei Francesi**. Egli pose alla nazione il quesito: è tempo di decretare la fine della Repubblica e la nascita dell'Impero? Riscosse una valanga di "SÌ".
Napoleone e Giuseppina furono incoronati con uno sfarzo senza precedenti. Il papa stesso rese omaggio alla coppia, recandosi a Parigi per assistere alla cerimonia.
La gloria di Giuseppina, tuttavia, durò solo sei anni. Nel **1810**, infatti, deluso dal fatto che la moglie non gli dava un erede e desideroso di riconciliarsi con la casa d'Asburgo, Napoleone la ripudiò per sposare **Maria Luigia**, figlia dell'imperatore d'Austria Francesco I, dalla quale ebbe finalmente il figlio tanto atteso.
Dall'incoronazione in avanti, le libertà residue furono a poco a poco annullate da un comportamento sempre più dispotico dell'imperatore, dei suoi ministri e della polizia: fu ripristinata la **censura**, i giornali divennero organi di **propaganda**, la Chiesa francese emanò addirittura un **catechismo imperiale** che imponeva la fedeltà all'imperatore come primo dovere del buon cristiano. I Francesi erano stati cittadini per poco, ora tornavano a essere **sudditi**.

L'incoronazione di Giuseppina
Nel grande dipinto di Jacques-Louis David, ora al Louvre di Parigi, Napoleone sta per posare la corona sul capo di Giuseppina. Le sorelle di lui le reggono lo strascico. A destra, seduto, il papa Pio VII.

11 ▶ Il duello con l'Inghilterra e la spartizione dell'Europa

Il 1804, l'anno del **Codice civile** e dell'incoronazione, fu anche l'ultimo anno di pace per l'Europa. Nel **1805**, infatti, Austria, Russia, Regno di Napoli e Inghilterra si unirono in una **Terza coalizione**.
Solo l'Inghilterra, tuttavia, riuscì a ottenere un successo, grazie all'ammiraglio **Orazio Nelson** che distrusse l'intera flotta francese a **Trafalgar**, vicino a Gibilterra, perdendovi però la vita. Negli scontri terrestri con gli altri alleati, invece, Napoleone risultò imbattibile: vinse Austriaci e Russi ad **Austerlitz**, in Moravia, con una battaglia che resta il suo capolavoro assoluto e che divenne celebre come la "battaglia dei tre imperatori", perché sul campo si trovarono Napoleone, Francesco II d'Asburgo e lo zar di Russia Alessandro I.
Nel 1806 si formò una **Quarta coalizione** composta da Prussia, Russia, Svezia e Inghilterra, ma Napoleone annientò i Prussiani a **Jena**. Francia e Inghilterra erano ormai nemiche implacabili e avevano diviso le rispettive sfere d'influenza: Napoleone dominava incontrastato il continente europeo, gli Inglesi restavano padroni dei mari.
Mare significava commercio, e il commercio con l'America, l'Europa e l'Oriente era la vita dell'economia inglese. Per questo Napoleone tentò di infliggerle un colpo definitivo proclamando il **Blocco continentale**, cioè chiudendo alle navi britanniche i porti di tutti i Paesi sottoposti al dominio francese e impedendovi quindi la vendita di merci inglesi.
Perché il blocco funzionasse, tuttavia, bisognava controllare l'intera Italia per poterne sorvegliare le coste. Nel 1806 le armate francesi dilagarono così da nord

Maria Luigia
Figlia dell'imperatore d'Austria Francesco I.

La battaglia di Austerlitz
Napoleone sul cavallo bianco si complimenta con i suoi generali dopo la vittoria nella battaglia considerata il suo capolavoro.

verso lo Stato pontificio e il Regno di Napoli, che Napoleone affidò a suo fratello **Giuseppe Bonaparte** dopo averne scacciato i Borbone. Il papa scomunicò l'imperatore e questi lo fece arrestare.
Nello stesso anno Napoleone pose a nord della Confederazione del Reno il **Regno di Olanda** e il Regno di Westfalia che assegnò rispettivamente ai fratelli Luigi e Girolamo. Intanto, visto che il Portogallo non osservava il Blocco continentale, lo occupò e di lì passò in **Spagna** di cui diede la corona al fratello **Giuseppe**, ponendo sul trono di Napoli uno dei suoi più fidati generali, **Gioacchino Murat**. Il Blocco durò molti anni, riuscendo a danneggiare l'Inghilterra ma danneggiando ancor di più gli Europei che non potevano più acquistare generi ormai considerati di prima necessità come il caffè, lo zucchero di canna, il cotone, il pepe. Centinaia di commercianti, imprenditori e lavoratori portuali subirono danni irreparabili, mentre i contrabbandieri si arricchivano. Insieme con l'esasperazione per la ripresa della guerra, **il Blocco contribuì a ridurre la popolarità di Napoleone** in Europa.
Sul continente, intanto, l'espansione francese sembrava inarrestabile. Nel **1807** Napoleone riuscì a rompere il Fronte della **Quarta coalizione** firmando una pace separata con lo zar Alessandro I (**Trattato di Tilsit**). Ormai, come si vede nella carta nella pagina a fronte, Napoleone era **padrone di mezza Europa**.
Anche l'**Italia** era ormai tornata sotto il dominio della Francia. La Repubblica cisalpina, accresciuta a oriente dai territori fino all'Adige, venne ricostituita con il nome di **Repubblica italiana**, che divenne nel **1805** (dopo la proclamazione dell'Impero) **Regno d'Italia**, ulteriormente ingrandito poi con nuovi possedimenti negli anni successivi.
Nel **1810** i Francesi controllavano – direttamente o indirettamente – tutta la Penisola: avevano infatti **annesso** il Piemonte, la Liguria, il Veneto, la Toscana (Etruria) e lo Stato pontificio; formalmente libero, ma in realtà legato strettamente a Parigi, era, oltre al Regno d'Italia, il **Regno di Napoli**. In **Sicilia** regnavano ancora i Borbone, protetti dagli Inglesi, mentre in **Sardegna** si erano rifugiati i Savoia.

Napoleone Bonaparte **Capitolo 10** **211**

Lettura della carta

1. La carta dell'Europa mette in evidenza la vastità dei domini francesi, che ormai costituiscono un vero e proprio Impero.
2. Seguendo il tragitto del Blocco continentale, si può capire perché non sortì alcun effetto rilevante. Non solo infatti fu rotto di continuo dai contrabbandieri, ma, non potendo abbracciare anche il Portogallo (rimasto indipendente e legato all'Inghilterra), non riuscì a costituire una vera e propria cintura di protezione.

Testimoni e interpreti

Un'Europa con capitale Parigi

Diventato imperatore, Napoleone non fece mistero delle sue intenzioni egemoniche. Nella sua visione i fratelli e i generali divenuti capi di Stato erano in realtà dei fantocci nelle sue mani.

L'Europa non sarà mai in pace se non sarà sottoposta a un'autorità unica, un imperatore che, assegnando i diversi regni ai suoi generali, trasformi i re in propri impiegati. Noi abbiamo bisogno di un'unica legge europea, di un'unica Corte di giustizia, di un'unica moneta, di un unico sistema di pesi e misure. Di tutti i popoli d'Europa io voglio fare un popolo solo e di Parigi la capitale del mondo.

LABORATORIO

Riflettere

1. Napoleone, in questo discorso, sembra immaginare una futura Europa unita. Rifletti sulle differenze tra il progetto napoleonico e l'Unione europea.

LESSICO — STORIA

Guerriglia
È la forma di combattimento adottata da chi, essendo troppo debole militarmente, non può affrontare battaglie in campo aperto e, diviso in piccoli gruppi, compie attentati, agguati e azioni di disturbo contro l'esercito nemico.

12 Le prime incrinature nel dominio napoleonico

Le sorti della guerra cominciavano però a cambiare. Anche se tra il 1809 e il 1812 Napoleone batté più volte gli eserciti riuniti in una **Quinta** e in una **Sesta coalizione**, i Paesi nemici (in particolare l'Inghilterra) non si piegavano e nei vari possedimenti dell'Impero iniziava a manifestarsi l'opposizione delle popolazioni. Il caso più emblematico fu quello della **Spagna**, che Napoleone, come si è detto, aveva occupato nel 1808. Contro il governo di Giuseppe Bonaparte si manifestò una violenta **guerriglia popolare** che, con l'aiuto delle truppe inglesi comandate dal duca di Wellington, logorava le forze francesi.
Insofferenza e tentativi di ribellione venivano soffocati a stento in tutti gli altri Paesi occupati e persino in Francia la crisi economica, i lutti provocati dalle guerre, le tasse, le conseguenze del Blocco continentale creavano **scontento e tensione**.

13 La Campagna di Russia e la fine di Napoleone

In questo clima tutt'altro che favorevole, nel **1812** Napoleone capì che lo zar si apprestava a rompere la tregua e decise di anticiparne le mosse **invadendo la Russia**. Partì in primavera con 650 000 uomini e giunse a Mosca in settembre, dopo essere riuscito a incontrare il nemico solo una volta, nella **battaglia di Borodino**.
La tattica scelta dal suo avversario, il **generale Kutuzov**, infatti, fu quella di ritirarsi lasciandosi dietro una **terra bruciata** dalla quale i Francesi non potessero trarre neanche di che nutrirsi; la stessa **Mosca**, mentre Napoleone vi entrava, fu evacuata e molti edifici furono dati alle fiamme. Quando Napoleone capì di essere in trappola e decise di tornare indietro, era ormai troppo tardi: l'**inverno russo era iniziato**, la temperatura era scesa fino a 40 °C sotto zero, neve e ghiaccio trasformarono la ritirata in un massacro.
I Russi attaccarono una sola volta, al passaggio del fiume **Beresina**, dove caddero 30 000 Francesi; gli altri morti li causarono il freddo, la fame e la vendetta dei contadini, ai quali gli invasori avevano requisito, durante l'avanzata, quel poco di cibo che restava dopo gli incendi appiccati dalle truppe di Kutuzov. Dei 650 000 soldati partiti, ne tornarono in Francia meno di 100 000.

L'attraversamento della Beresina
I Francesi in fuga tentano di attraversare questo fiume semigelato, ma verranno massacrati dai Russi. Sullo sfondo si vede già lo scoppio della prima cannonata.

Sconfitto e deluso
Napoleone a Sant'Elena: ormai tutto è perduto.

Napoleone li abbandonò e ritornò in tutta fretta a Parigi per fronteggiare una situazione che diventava sempre più difficile: i suoi avversari si erano nuovamente coalizzati e in Spagna avevano riconquistato l'Andalusia. L'imperatore raccolse altri 400 000 uomini e nel **1813** affrontò gli Austriaci della **Settima coalizione** a **Lipsia**, dove subì una **durissima sconfitta**. Il giorno di Natale del 1813, la Francia intera fu invasa e fu firmato il **Trattato di Fontainebleau** in base al quale Napoleone fu costretto ad abdicare e venne **relegato nell'Isola d'Elba**.

Il trono fu così restituito a **Luigi XVIII**, fratello del re ghigliottinato: egli non volle chiamarsi XVII per onorare il nipote, figlio di Luigi XVI e di Maria Antonietta, scomparso misteriosamente in mezzo ai tumulti della Rivoluzione.

Le potenze vincitrici si riunirono in congresso a Vienna per decidere la nuova organizzazione dell'Europa; ma mentre stavano discutendo, la situazione precipitò nuovamente. In Francia, infatti, il ritorno sul trono dei Borbone, il timore della restaurazione dell'Antico Regime, la situazione economica precaria di un Paese sconfitto suscitarono un diffuso malcontento e il Bonaparte cercò di approfittarne. Il **26 febbraio del 1815** riuscì a fuggire dall'Isola d'Elba, nonostante la sorveglianza delle navi inglesi, e a sbarcare in Francia, dove venne accolto trionfalmente, mentre re Luigi si rifugiava di nuovo all'estero.

Molti dei suoi antichi sostenitori credettero in lui. L'imperatore riuscì a radunare un nuovo esercito, ma il **18 giugno**, a **Waterloo**, in Belgio, fu **sconfitto definitivamente** dalle truppe inglesi comandate dal duca di **Wellington** e da quelle prussiane del generale **Blücher**.

Ora Napoleone era davvero finito. Si consegnò agli Inglesi che lo esiliarono a **Sant'Elena**, un'isoletta sperduta nell'Atlantico meridionale, a occidente dell'Africa, dove morì il **5 maggio 1821**.

L'isola dell'esilio

Interpreti e testimoni

Perché Napoleone invase la Russia?

AUTORE	Sergio Romano, giornalista italiano
OPERA	*Napoleone in Russia una storia anche italiana*, articolo del "Corriere della Sera"
DATA	25 ottobre 2012

Leggi altre **fonti storiografiche** nella Biblioteca digitale

Nel 1812 Napoleone è ormai un uomo stanco, che non riesce a prevedere i nuovi sviluppi assunti dalle guerre e porta centinaia di migliaia di soldati (molti dei quali italiani) verso la morte.

Perché Napoleone s'impegnò in una operazione così azzardata come l'invasione della Russia? Nella storia vi sono circostanze in cui gli avvenimenti diventano comprensibili soltanto ricorrendo alla psicologia dei protagonisti.
L'imperatore aveva combattuto molte guerre relativamente brevi in cui la sua abilità, le sue intuizioni e la straordinaria mobilità della *Grande Armée*[1] avevano sempre prevalso sulla forza congiunta dei suoi nemici.
Bastavano alcune rapide vittorie perché il nemico chiedesse un armistizio e la guerra si concludesse di lì a poco con un trattato di pace. Ma non passava molto tempo prima che i nemici dell'imperatore formassero una nuova coalizione e Napoleone, a sua volta, scendesse in campo per giocare brillantemente la carta della sua rapidità.
Vi erano, in questo fulmineo susseguirsi di battaglie e armistizi, i germi di una continua instabilità da cui Napoleone era al tempo stesso preoccupato ed eccitato.

Il progetto per una guerra contro la Russia prese corpo quando a Parigi giunse notizia che si stava costituendo una sesta coalizione di cui avrebbero fatto parte l'Inghilterra, la Russia, la Svezia e la Spagna. Napoleone credeva di potere contare su alcuni alleati (l'Austria, la Prussia, gli Stati tedeschi, il Regno italico) e decise di stroncare l'iniziativa giocando d'anticipo.
La prima parte della campagna sembrò ripetere scenari già collaudati: una serie di fortunate azioni militari, la vittoria a Smolensk e una battaglia a Borodino che si concluse con una sorta di pareggio, ma aprì alla *Grande Armée* le porte di Mosca.
Quando s'installò al Cremlino, Napoleone credette, nonostante il grande incendio della città, che di lì a poco, come nelle guerre precedenti, avrebbe ricevuto una lettera dello zar Alessandro con una formale richiesta d'armistizio. Ma la lettera non arrivò.
Erano cambiate le regole, stava andando in scena un dramma nuovo, diverso da quelli in cui l'imperatore dei francesi aveva dominato la scena. I russi non si consideravano sconfitti e avrebbero avuto ben presto un nuovo alleato nella persona di quello che nella Seconda guerra mondiale sarebbe stato chiamato il «generale inverno».
Il resto è la tragica storia di una disastrosa ritirata da cui comincia la fine dell'Impero napoleonico. In quella vicenda, vi è il capitolo scritto dagli italiani (più di quarantamila) che presero parte alla campagna. È storia italiana perché così fu vissuta da chi partecipò al conflitto e da tutti coloro che videro in quell'episodio il segnale anticipatore della rinascita dello spirito nazionale.
Un grande romanzo italiano della prima metà del Novecento, *Il Mulino del Po* di Riccardo Bacchelli, comincia sulle rive di un fiume russo, durante la grande ritirata, mentre un pontiere del corpo di spedizione italiano, il ferrarese Lazzaro Scacerni, lavora alla costruzione di un ponte per il passaggio della *Grande Armée*. Quelle stesse braccia costruiranno, qualche anno dopo, il mulino intorno al quale si svolge l'azione di un romanzo che comincia sulle rive di un fiume russo e termina su quello del Piave nell'ottobre del 1918.

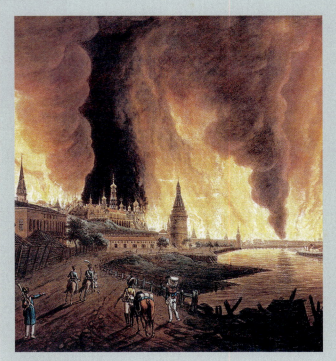

L'incendio di Mosca

---

[1] Così era chiamato l'esercito francese, i cui effettivi erano accresciuti dai soldati dei Paesi conquistati.

GUIDA ALLO STUDIO
Sintesi

Audio

1-5 Napoleone e la "Campagna d'Italia"

Il Direttorio decide di continuare la guerra e nel 1796 affida il comando dell'armata francese di stanza in Italia al generale còrso Napoleone Bonaparte, che motiva i soldati con la prospettiva di ricchezza e gloria e ottiene il sostegno dei rivoluzionari locali, detti "giacobini". Comincia così la Campagna d'Italia, che dura fino al 1797. Dopo la resa del Piemonte, il generale sconfigge gli Austriaci, occupa Milano e dilaga in Emilia. Nel 1797 i territori conquistati vengono riuniti nella Repubblica cisalpina, ma Bonaparte delude i suoi sostenitori, soprattutto quando con il Trattato di Campoformio cede all'Austria la Repubblica veneta. Alla fine dello stesso anno le truppe francesi invadono il Lazio, occupano Roma e danno vita alla Repubblica romana; nel 1799 viene occupato anche il Regno di Napoli e nasce la Repubblica partenopea. Tutte le Repubbliche controllate dalla Francia sono chiamate "Repubbliche sorelle".

6-8 La Campagna d'Egitto e il colpo di Stato

Per colpire l'Inghilterra, Napoleone organizza la Campagna d'Egitto, che si svolge tra il 1797 e il 1798 e che vede ad Abukir la distruzione della flotta francese da parte degli Inglesi. Intanto in Francia la situazione sta degenerando e Napoleone decide di approfittarne: tornato a Parigi nel 1799, compie un colpo di Stato e si dichiara Primo console, segnando così la fine della Rivoluzione francese e inaugurando una nuova dittatura, che viene accettata dai Francesi per stanchezza nei confronti della crisi economica ma soprattutto per patriottismo: grazie al suo genio militare, Napoleone incarna infatti il mito dell'eroe e può dare alla Francia quello di cui in quel momento ha più bisogno, la gloria.

9 La pace in Europa e il *Codice napoleonico*

Una volta conquistato il potere assoluto, Napoleone torna in Italia e sconfigge gli Austriaci a Marengo, firmando con l'Austria, nel 1801, la Pace di Lunéville. Nel 1802 anche l'Inghilterra conclude la pace mentre, con un Concordato, avviene la riconciliazione con il papa: l'Europa ritrova così la tranquillità, la Francia è padrona di un territorio vastissimo e il Primo console non ha più oppositori. In questo contesto, Bonaparte può dedicarsi al varo di numerose riforme civili, in particolare all'emanazione, nel 1804, del *Codice napoleonico*, che viene applicato anche in tutti i territori occupati consentendo a Paesi arretrati come la Germania e l'Italia di passare da un regime di tipo feudale a un regime borghese.

guardo p. 208

10-11 L'Impero di Napoleone

Nel 1804, con un plebiscito, Napoleone si fa incoronare imperatore e impone un governo dispotico. A partire dal 1805, però, deve fronteggiare numerose coalizioni contro di lui: gli Inglesi lo sconfiggono a Trafalgar, mentre vince ad Austerlitz e poi a Jena. Poiché l'Inghilterra, sua grande nemica, resta padrona dei mari, Bonaparte proclama allora il Blocco continentale, per far funzionare il quale è necessario controllare l'intera Italia: truppe francesi dilagano pertanto nello Stato pontificio e nel Regno di Napoli, che inizialmente Napoleone affida a sua fratello Giuseppe. Agli altri fratelli, Luigi e Girolamo, assegna invece l'Olanda e la Westfalia, mentre sul trono di Spagna colloca Giuseppe, sostituito a Napoli da Gioacchino Murat. Quando, nel 1807, firma con lo zar una pace separata (Trattato di Tilsit), Napoleone è ormai padrone di mezza Europa, Italia compresa.

12-13 La Campagna di Russia e la fine di Napoleone

Le sorti della guerra, però, cominciano a cambiare perché nei vari possedimenti dell'Impero le popolazioni iniziano a manifestare forti opposizioni. In Spagna, per esempio, contro il governo di Giuseppe Bonaparte si scatena una violenta guerriglia popolare che logora le forze francesi, ma in realtà scontento e tensione dilagano ovunque. In questo clima sfavorevole, nel 1812 Napoleone decide di invadere la Russia, ma la Campagna si rivela disastrosa e i Francesi sono massacrati sul fiume Beresina. È l'inizio della fine: nel 1813 Bonaparte viene sconfitto a Lipsia ed esiliato nell'isola dell'Elba, mentre sul trono di Francia sale Luigi XVIII. Nel 1815 riesce a fuggire dall'Elba e a radunare un esercito, ma il 18 giugno a Waterloo subisce la sconfitta definitiva. Fatto prigioniero, viene esiliato nell'isola di Sant'Elena, dove muore nel 1821.

Unità 2 L'età delle rivoluzioni

GUIDA ALLO STUDIO

Mappa concettuale

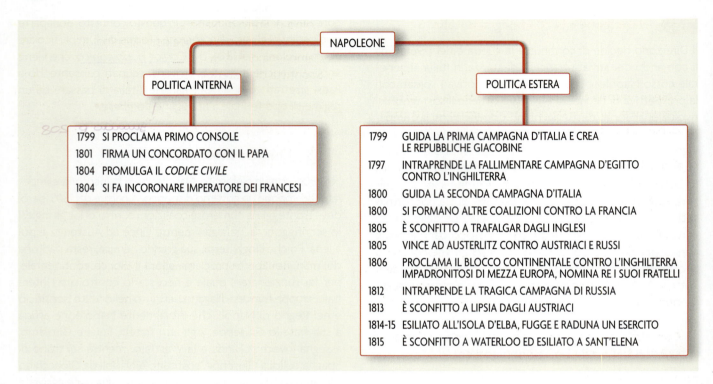

NAPOLEONE

POLITICA INTERNA
- 1799 SI PROCLAMA PRIMO CONSOLE
- 1801 FIRMA UN CONCORDATO CON IL PAPA
- 1804 PROMULGA IL *CODICE CIVILE*
- 1804 SI FA INCORONARE IMPERATORE DEI FRANCESI

POLITICA ESTERA
- 1799 GUIDA LA PRIMA CAMPAGNA D'ITALIA E CREA LE REPUBBLICHE GIACOBINE
- 1797 INTRAPRENDE LA FALLIMENTARE CAMPAGNA D'EGITTO CONTRO L'INGHILTERRA
- 1800 GUIDA LA SECONDA CAMPAGNA D'ITALIA
- 1800 SI FORMANO ALTRE COALIZIONI CONTRO LA FRANCIA
- 1805 È SCONFITTO A TRAFALGAR DAGLI INGLESI
- 1805 VINCE AD AUSTERLITZ CONTRO AUSTRIACI E RUSSI
- 1806 PROCLAMA IL BLOCCO CONTINENTALE CONTRO L'INGHILTERRA IMPADRONITOSI DI MEZZA EUROPA, NOMINA RE I SUOI FRATELLI
- 1812 INTRAPRENDE LA TRAGICA CAMPAGNA DI RUSSIA
- 1813 È SCONFITTO A LIPSIA DAGLI AUSTRIACI
- 1814-15 ESILIATO ALL'ISOLA D'ELBA, FUGGE E RADUNA UN ESERCITO
- 1815 È SCONFITTO A WATERLOO ED ESILIATO A SANT'ELENA

Verifica formativa

ARRICCHIRE IL LESSICO

1 In questo capitolo hai incontrato più volte il termine "campagna" che, a seconda del contesto in cui si trova, indica concetti completamente diversi. Dopo aver consultato il dizionario, scrivi tre frasi di senso compiuto utilizzando i vari significati.

COMPRENDERE IL TESTO

2 Indica se le seguenti affermazioni sono vere o false.
1. Il Direttorio decise di proseguire la guerra perché le nazioni nemiche non davano tregua al Paese. V F
2. Il Fronte principale della guerra era a sud-est. V F
3. L'armata francese in Italia era formata da "spaventapasseri affamati". V F
4. A Napoleone Bonaparte fu affidato il comando dell'esercito schierato sul Fronte tedesco. V F
5. Napoleone promise fraternità con i popoli oppressi e bottino per i suoi soldati. V F
6. La Campagna d'Italia durò dal 1796 al 1797. V F
7. Vittorio Amedeo di Savoia cedette alla Francia la Savoia e Nizza. V F
8. Napoleone fu sconfitto dagli Austriaci, che occuparono Milano e l'Emilia. V F

3 Completa il brano seguente.

I territori conquistati da Napoleone furono sottoposti al regime .... e riuniti nel .... in un nuovo Stato chiamato .... Nel 1797 il generale indusse i veneziani a sollevarsi contro il ...., ma il 17 ottobre firmò con gli .... il Trattato di .... in seguito al quale la Repubblica veneta perse l' .... Poi le truppe francesi occuparono Roma dove, nel 1798, fu formata la .... e il Regno di ...., dove nacque la .... Tutte le Repubbliche controllate dai Francesi furono chiamate " .... ".

4 Rispondi alle domande seguenti.
1. Perché Napoleone decise di conquistare l'Egitto?
2. Che cosa successe nella "battaglia delle piramidi"?

CAPITOLO 10

3 Che cosa successe ad Abukir?

4 Che cosa stava accadendo intanto in Francia?

5 Completa la sequenza seguente.

1799 → Colpo di Stato → Napoleone diventa .... → Finisce la .... → Inizia una nuova ....

6 Spiega i motivi per cui i Francesi, dopo aver lottato per essere "liberi e uguali", accettarono la dittatura di Napoleone.

7 Completa il brano seguente.

Nei primi mesi del .... Napoleone valicò le .... e sconfisse gli .... a ...., poi, nel ...., firmò con l' .... la Pace di .... Nel .... anche l'.............. concluse la pace e nello stesso periodo, attraverso il .... del ...., avvenne la riconciliazione con il nuovo .... Intanto Napoleone annetteva anche il .... Nell'Europa settentrionale gli appartenevano ormai parte della ...., il .... e l' ....

8 Completa la tabella seguente scrivendo i princìpi su cui si basava il *Codice napoleonico*.

1	
2	
3	
4	
5	

9 Rispondi alle domande seguenti.

1 Attraverso quale strumento legale Napoleone si fece incoronare imperatore dei Francesi?

2 Quale comportamento assunse il nuovo sovrano?

10 Spiega in che modo Napoleone riuscì a diventare padrone di mezza Europa e quali furono le prime incrinature nel suo dominio.

11 Metti in ordine cronologico gli eventi seguenti, scrivendo nei quadratini i numeri da 1 a 8.

a ☐ Napoleone viene sconfitto a Lipsia.
b ☐ Sul trono francese sale Luigi XVIII.
c ☐ Napoleone viene esiliato a Sant'Elena.
d ☐ Le truppe francesi vengono sconfitte sul fiume Beresina.
e ☐ Napoleone invade la Russia.
f ☐ Napoleone fugge dall'Elba e raduna un esercito.
g ☐ Napoleone viene sconfitto a Waterloo.
h ☐ Napoleone viene esiliato all'Isola d'Elba.

LE DATE DELLA STORIA

12 Scrivi, accanto agli eventi, le date corrispondenti.

- Trattato di Campoformio ....
- Colpo di Stato di Napoleone ....
- Promulgazione del *Codice napoleonico* ....
- Campagna di Russia ....
- Sconfitta di Waterloo ....

GUIDA ALL'ESPOSIZIONE ORALE

1 Spiega in che modo Napoleone condusse la Campagna d'Italia e quali tradimenti compì ai danni dei "giacobini".

Scaletta:
• resa del Piemonte • occupazione di Milano e dell'Emilia
• Repubblica cisalpina • sollevazione dei giacobini veneziani • Trattato di Campoformio • perdita d'indipendenza della Repubblica veneta • Repubblica romana • Repubblica partenopea • Repubbliche sorelle

Parole e concetti chiave:
Vittorio Amedeo III di Savoia, armistizio, Nizza e Savoia, Legazioni, "lazzaroni", cardinale Ruffo, Sanfedisti.

Come cominciare:
"Fraternità con i popoli oppressi e bottino per i soldati furono i due punti di forza di Napoleone."

2 Illustra le tappe del percorso napoleonico dal colpo di Stato del 1799 alla fondazione dell'Impero.

Scaletta:
• congiura • Primo console • fine della Rivoluzione francese • dittatura • crisi economica • patriottismo
• mito dell'eroe • gloria • Pace di Lunéville • Concordato
• *Codice napoleonico* • plebiscito • imperatore

Parole e concetti chiave:
sistema poliziesco, *lettres de cachet*, Austriaci, Marengo, riforme civili, libertà personale, uguaglianza di fronte alla legge, laicità dello Stato, libertà di coscienza e di lavoro, Maria Luigia, censura, giornali organi di propaganda.

Come cominciare:
"Nel 1799 la Francia era ancora piegata dalla crisi economica, di fronte alla quale il Direttorio era impotente, e Napoleone decise di approfittarne."

3 Ripercorri gli eventi che portarono Napoleone prima al possesso di mezza Europa, poi alla sconfitta.

Scaletta:
• Terza coalizione • Trafalgar • Nelson • Austerlitz
• Quarta coalizione • Jena • Blocco continentale • Italia
• Olanda • Westfalia • Spagna • Giuseppe Bonaparte
• Trattato di Tilsit • Quinta e Sesta coalizione • guerriglia in Spagna • Campagna di Russia • Settima coalizione
• Lipsia • Trattato di Fontainebleau • Isola d'Elba
• Luigi XVIII • Waterloo • Wellington • Sant'Elena

Come cominciare:
"Nel 1805 Austria, Russia, Regno di Napoli e Inghilterra si unirono in una Terza coalizione."

PROTAGONISTI

Napoleone

Il fisico e il carattere

Chi era Napoleone? Difficile dirlo, visto che il suo maggiore biografo, lo storico francese Georges Lefebvre, sostiene che "sotto la sua divisa di soldato si celavano più uomini e il suo fascino derivava proprio da questa diversità, oltre che dalla varietà e dallo splendore delle sue doti".

Partiamo dalle sue **caratteristiche fisiche**. Napoleone era piccolo e muscoloso, aveva le gambe corte, i capelli lisci che gli cadevano sulle spalle e, fino a trent'anni, fu magrissimo. Poi cominciò a ingrassare e a perdere i capelli. Aveva una grande resistenza alla fatica, ma soprattutto era **padrone dei suoi nervi**, aveva reazioni di una **prontezza fulminea** e **capacità di lavoro illimitate**.

Per abitudine andava a letto alle nove e si alzava alle due di notte. Dopo un bagno bollente cominciava a lavorare e dettava ai segretari dieci o dodici lettere alla volta, ma non una dopo l'altra: tutte insieme, a brani, contemporaneamente. Durante la Campagna d'Italia rimase in piedi per cinque giorni senza chiudere occhio; dopo la vittoria dormì diciotto ore di fila.

Ma ecco il rovescio della medaglia: il freddo umido gli provocava oppressione e una tosse insistente; le contrarietà gli suscitavano collere spaventose; gli strapazzi, nonostante l'estrema sobrietà e l'uso moderato di caffè e tabacco, gli producevano addirittura crisi di pianto. La sua vera arma era il cervello: la sua attenzione, sempre sveglia, afferrava al volo i fatti e le idee; la memoria li registrava e li classificava; l'immaginazione li rielaborava inventando infaticabilmente nuove soluzioni per qualsiasi problema.

Tutti quelli che lo conobbero dissero di lui che era di carattere poco socievole, ma Napoleone amava ripetere "Sono anche abbastanza bonaccione"; il che era vero perché si mostrò spesso amabile e generoso con coloro che gli erano più vicini.

La sua massima preoccupazione fu sempre quella di soddisfare la **famiglia**, il clan che durante l'infanzia aveva sofferto con lui la miseria: dei suoi familiari fece dei re e li pose su tutti i troni d'Europa. Subì tutti i capricci di **Paolina**, la sua bellissima sorella, ritratta dallo scultore Antonio Canova in una celebre statua oggi alla Galleria Borghese di Roma (vedi pagina 222). Il giorno dell'incoronazione a imperatore disse a uno dei suoi fratelli: "Giuseppe, se papà ci vedesse!".

Le doti militari

Fu un **generale geniale** ed ebbe un enorme **ascendente sui suoi uomini**, che lo adoravano. Li sottoponeva a marce disumane (anche 80 chilometri al giorno, contro i 40 delle schiere nemiche), ma dimostrava loro che era questa velocità negli spostamenti a procurare alla Francia la vittoria. A tutti diceva: "Ogni soldato ha nello zaino il bastone di generale".
Dopo l'incoronazione si credette onnipotente, ma restò un **illuminista** e continuò a odiare il regime feudale, l'ineguaglianza civile, l'intolleranza religiosa.

La vita familiare

Ebbe due mogli. Nel 1796 sposò **Giuseppina Beauharnais**, un'affascinante creola delle Antille di cui si innamorò perdutamente da giovane; all'inizio fu lei, potentissima negli ambienti politici parigini, a spianargli la carriera, ed egli la ricompensò nel 1804 incoronandola **imperatrice**.
Divorziò da Giuseppina, che ne fu disperata, per sposare nel 1810 **Maria Luigia d'Asburgo**, figlia dell'imperatore d'Austria: un matrimonio politico al quale il "piccolo còrso" non seppe resistere e che lo portò al sommo della felicità quando Maria Luigia gli diede un figlio, **Francesco Napoleone**, "re di Roma".

L'esilio

Che cosa avrà pensato quest'uomo che aveva compiuto la più brillante carriera della storia, nei sei anni che passò nell'**esilio di Sant'Elena**?
Sappiamo solo che li impiegò a scrivere le sue **memorie**, in compagnia di pochissimi fedeli e sorvegliato da una guarnigione britannica.
Morì di cancro allo stomaco, forse a causa del piombo contenuto nei prodotti coltivati nel terreno vulcanico dell'isola.

Un'abile propaganda
Nella pagina a fronte, l'immagine ❶ mostra Napoleone al passaggio del Gran San Bernardo nel quadro del pittore Paul Delaroche. Il generale è mostrato con una divisa da campagna su un cavallo dal passo incerto tra le nevi delle Alpi.
L'immagine ❷ rappresenta la stessa scena rivissuta dal pittore Jacques-Louis David che ha trasformato Napoleone in un eroe su un cavallo bianco e rampante. Di questo secondo quadro furono fatte numerose copie che Napoleone diffuse tra i suoi sostenitori.

Giuseppina
Quando iniziò la Seconda campagna d'Italia, Napoleone era sposato già da quattro anni con Giuseppina Beauharnais. Giuseppina era una creola sudamericana protagonista dei salotti di Parigi. Il suo aiuto fu essenziale per introdurre il giovane generale alla politica del Direttorio.

Testimoni e interpreti

Napoleone e Giuseppina

Quando Napoleone conobbe Giuseppina, lui era un giovane ufficiale e lei aveva trentatré anni, un'età considerata allora "avanzata" per una donna. Tuttavia il generale se ne innamorò perdutamente, tanto da sposarla e poi incoronarla imperatrice. In un'epoca priva di telefoni e di sms, le scriveva anche due o tre lettere d'amore al giorno. Ne riportiamo una.

Mi risveglio pieno di te. Il tuo ritratto e il ricordo della inebriante serata di ieri non hanno lasciato riposare i miei sensi. Dolce e incomparabile Joséphine, quale curioso effetto esercitate sul mio cuore?
Vi affliggete? Vi vedo triste? Siete inquieta? La mia anima prova un grande dolore e il vostro amico non trova riposo. Ma riposo non è neppure quando, abbandonandomi al sentimento profondo che mi domina, attingo dalle vostre labbra e sul vostro seno una fiamma che mi fa ardere. Proprio in questa notte mi sono accorto che il vostro ritratto non è voi! Tu parti a mezzodì. Ti vedrò fra tre ore. Nell'attesa, mio dolce amor, abbiti un milione di baci, ma non darmene, perché essi bruciano il mio sangue.

SCIENZA E TECNICA

La rivoluzione napoleonica della tattica militare

Il genio militare che trasformò una massa di soldati di leva allo sbaraglio in una invincibile macchina da guerra.

Gli eserciti di *Ancien Régime*

Per comprendere il genio militare di Napoleone occorre ricostruire brevemente la situazione degli eserciti di tutti i regni europei della sua epoca.
Essi erano formati da **soldati professionisti** mediamente ben equipaggiati, arruolati con le buone o con le cattive e compensati con uno stipendio in tutti i Paesi dove esisteva una buona tradizione militare.
Nell'esercito austriaco si trovavano così fanterie austriache ma anche svizzere, cavallerie ungheresi, artiglierie tedesche; in quello prussiano, esperti di mine italiani, artiglieri svedesi e così via. Essendo **mercenari**, questi soldati tendevano a risparmiarsi il più possibile e quindi la **disciplina** era tenuta con durissime punizioni corporali, tra le quali primeggiavano i colpi di frusta. Gli **alti comandi** erano ricoperti invece dalle **nobiltà locali**: duchi e principi di sangue, che spesso erano cugini, zii, nipoti degli alti ufficiali avversari. Secoli di matrimoni, infatti, avevano ormai reso la nobiltà europea una sorta di grande famiglia dove, alle rivalità e ai disaccordi, si accompagnavano interessi comuni e intrecci di ogni genere.
In questa situazione, le guerre del Settecento erano state molto simili a una serie di partite a scacchi. Gli eserciti erano relativamente esigui, le battaglie provocavano un numero piuttosto contenuto di morti, scontri e manovre avvenivano secondo le più ferree regole cavalleresche.

L'esercito francese rivoluzionario

La Rivoluzione francese aveva sconvolto questo sistema.
La **leva obbligatoria** aveva portato sui campi di battaglia centinaia di migliaia di uomini che all'inizio sapevano a malapena maneggiare un moschetto e non conoscevano la disciplina.
Però avevano un vantaggio che li aveva resi immediatamente famosi: erano **mobilissimi**. Poiché, per necessità di cose, dovevano vivere delle risorse locali,

Uno dei cannoni francesi di Austerlitz

non avevano al seguito pesanti convogli carichi di rifornimenti; le loro truppe portavano al massimo **tre giorni di viveri** contro i nove giorni degli Austriaci, quindi non fa meraviglia che comparissero dove meno le si aspettava o che riuscissero a sfuggire ad accerchiamenti ritenuti invalicabili.
Inoltre, da Robespierre in poi, i generali aristocratici erano stati eliminati e i comandanti venivano scelti esclusivamente **in base al merito**.

Le tattiche di Napoleone

Napoleone tenne conto dei pro e dei contro di questa situazione ed elaborò scientificamente le tattiche più adeguate. Ecco le principali.

- **Azione costante sul morale delle truppe**, ottenuta con discorsi entusiasmanti, presenza assidua dei generali dove maggiore era il pericolo, promozioni sul campo ai più audaci.
- **Disciplina ferrea** ottenuta facendo fucilare, persino nel pieno di una battaglia, chi scappava o contravveniva ai suoi ordini, ma anche attraverso un'autorevolezza al di sopra di ogni immaginazione. In Egitto, un generale che minacciò un ammutinamento delle truppe esauste, dopo aver conferito con Napoleone, si suicidò e un aiutante di campo, rimproverato (ingiustamente), cercò la morte in battaglia.
- **Grande libertà di bottino e razzia** nei Paesi occupati, secondo il principio per cui "la guerra paga la guerra".

- **Schieramenti di truppe in posti diversi** per confondere il nemico. Ciò era possibile grazie all'enorme numero di soldati fornito dalla leva obbligatoria. L'avversario, che soffriva sempre di una inferiorità numerica, non sapeva mai da che parte Napoleone avrebbe sferrato l'attacco.
- **Massima velocità negli spostamenti**. Seguito dalle sue truppe anche quando dava ordini impossibili, Napoleone riusciva a far compiere alla sua fanteria persino 130 km in 50 ore, soste comprese.
- **Uso della "furia rivoluzionaria"**. Contro le schiere ordinate e disciplinate di Austriaci, Prussiani, Inglesi, che marciavano compatte sul campo di battaglia, fermandosi ogni pochi passi per caricare i fucili e tirare, i Francesi rendevano molto meglio andando alla carica di corsa e provocando furiosi corpo a corpo alla baionetta.
- **Uso mobilissimo dei cannoni** (il modello francese era più leggero e più efficace degli altri), che trasportava attraverso passi alpini, torrenti, strade infangate, contando sull'abnegazione dei soldati e sulla loro capacità di iniziativa.
- **Uso dell'artiglieria come copertura delle cariche di fanteria**. Grazie alla sua abilità di artigliere, Napoleone sfondava il centro delle schiere nemiche e le scompigliava prima ancora che la fanteria arrivasse a dar loro il colpo di grazia.

Questi e altri accorgimenti colsero di sorpresa gli eserciti delle coalizioni, anche perché Napoleone variava continuamente lo schema delle sue battaglie e, si può dire, non ce ne fu una uguale all'altra.

Anche tra i nemici però c'erano degli autentici geni militari come l'inglese **Wellington**, il tedesco **Blücher**, il russo **Kutuzov**. Dopo anni di tentativi essi riuscirono a far pesare sulla bilancia il migliore addestramento delle loro truppe.

La Campagna di Russia, la battaglia di Lipsia, la battaglia di Waterloo furono i capolavori dei nuovi eserciti europei e segnarono la fine di Napoleone Bonaparte.

Il primo schieramento della battaglia di Austerlitz alle luci dell'alba
Le frecce rosse rappresentano gli Austro-Russi, quelle blu i Francesi.

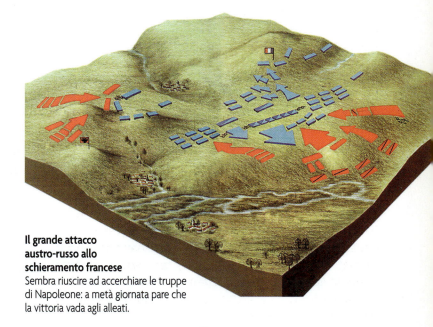

Il grande attacco austro-russo allo schieramento francese
Sembra riuscire ad accerchiare le truppe di Napoleone: a metà giornata pare che la vittoria vada agli alleati.

A sera la situazione si è rovesciata
I Francesi inseguono gli Austro-Russi in fuga che finiscono sul piano ghiacciato di uno stagno. Gran parte di loro morirà annegata.

ARTE E TERRITORIO

Il Neoclassicismo

Il Settecento fu il secolo dell'**archeologia**. L'intera Europa scoprì l'Egitto e se ne innamorò attraverso le pubblicazioni della missione archeologica al seguito di Napoleone e pochi anni dopo, nel 1822, l'archeologo francese Jean-François Champollion decifrò i geroglifici egizi. Già qualche anno prima i Borboni avevano autorizzato nel Regno di Napoli una serie di scavi che stavano riportando alla luce le due "città scomparse" di **Pompei** ed **Ercolano** ed era avvenuta la scoperta dei grandi templi greci di **Paestum**.
Abbagliato dall'arte classica, il critico tedesco **Johann Joachim Winckelmann**, autore di una fondamentale *Storia dell'arte antica*, sostenne la necessità che l'arte tornasse a quei **modelli di semplicità e di purezza di linee**, abbandonando la magnificenza dello stile Barocco che nel frattempo era arrivato agli eccessi di decorazioni, dorature, ricerca della stranezza priva di senso nel suo derivato, il cosiddetto "**stile rococò**".

Semplicità, purezza e persino la ricerca di una certa freddezza trovavano riscontro anche in una delle due anime del Romanticismo, quella più scientifica e razionale.
Dall'incontro di questi due atteggiamenti dell'epoca – l'amore per l'antico e l'amore per la razionalità – nacque un nuovo stile, chiamato poi **Neoclassicismo** (cioè "nuovo classicismo") che, essendo divenuto lo stile ufficiale della corte napoleonica anche nella moda femminile e nella mobilia, ebbe pure il nome di "**stile impero**".
Nella **scultura**, in cui eccelse **Antonio Canova**, perseguì la levigatezza e la morbidezza delle forme, accompagnata dai drappeggi di abiti che ricordavano le tuniche romane, come nella celebre *Paolina Borghese* della Galleria Borghese di Roma, che ritrae la bellissima sorella di Napoleone.

Nella **pittura**, che ebbe in **Jacques-Louis David** il suo più celebre rappresentante, si caratterizzò per una grande attenzione alla linearità del disegno e alla nettezza dei colori. Preferì i soggetti classici, per esempio scene delle leggende romane come *Il giuramento degli Orazi*, ma trattò anche soggetti contemporanei, inseriti però in un'atmosfera eroica e celebrativa come nel ritratto *La morte di Marat*, che ha la dignità di un antico romano, o in quello di Napoleone riprodotti rispettivamente a pagina 190 e a pagina 218 (in basso).
Nell'**architettura** riprodusse le colonne dei templi greci e amò gli edifici tondeggianti.
Nella **moda femminile** gli abiti di tessuto leggero avevano una vita altissima, sotto il seno, e cadevano morbidi non più nascondendo le forme femminili, ma esaltandole.

Un interno neoclassico
L'atrio di una villa dell'epoca situata a pochi chilometri da Londra.

CIVILTÀ PARALLELE

L'Egitto dall'indipendenza al controllo inglese

Mentre...
l'Europa era sconvolta dalle guerre napoleoniche

... Contemporaneamente
l'Egitto si liberava dal dominio turco, prima di cadere sotto quello britannico.

EGITTO
- **1811** Indipendenza dell'Egitto e governo di Mehmet Ali
- **1869** Inaugurazione del Canale di Suez
- **1882** Azioni del Canale agli Inglesi

EUROPA
- **1815** Caduta di Napoleone
- **1848** Rivoluzione a Parigi
- **1871** Guerre di Indipendenza italiane

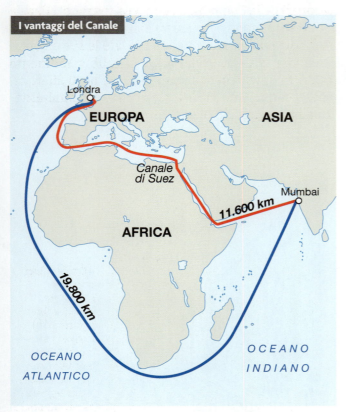

Lettura della carta
La carta mostra lo straordinario risparmio di tempo che si otteneva per andare dall'Europa all'Asia attraverso il Canale di Suez rispetto al sistema precedente, che imponeva di circumnavigare l'Africa.

Mehmet Ali: vincitore di Napoleone e pascià d'Egitto

Il protagonista della rinascita dell'Egitto nell'Ottocento fu **Mehmet Ali** (in alto), un generale musulmano di origine macedone che il sultano di Istànbul aveva inviato al Cairo per contrastare l'esercito lasciato dai Francesi dopo la partenza di Napoleone.
La capacità di Mehmet di riprendere il controllo del Paese gli aveva permesso di farsi riconoscere nel 1805 il titolo di **pascià** (governatore) e nel 1811 di affermare di fatto l'**indipendenza dell'Egitto** dall'Impero turco-ottomano. Mehmet Ali si trovò a governare un Paese allo sbando. Nel XIII secolo, l'ultima delle dinastie arabe che l'avevano reso un luogo ricco e un grande centro culturale era stata spodestata dai **mamelucchi**, una milizia formata da schiavi slavi, curdi e turchi, che avevano tolto le terre ai contadini per ridistribuirle tra loro, si erano imposti alla popolazione come casta guerriera dominante e avevano raddoppiato le tasse. La loro supremazia militare, però, era stata abbattuta nel Cinquecento dal sultano turco che aveva distrutto la flotta egiziana e aveva ridotto i mamelucchi a tributari di Istànbul.
Dopo quasi 600 anni di dominio mamelucco, le campagne del Delta e delle rive del Nilo erano state spopolate dalla fame e dalle epidemie, tanto che il Paese, che sotto i Romani aveva contato 8 milioni di abitanti,

all'inizio dell'Ottocento non superava i 3 milioni. Lo Stato era eternamente in bancarotta e ormai ridotto a una totale sudditanza verso i Turchi.

Le riforme di Mehmet Ali

Mehmet Ali ristabilì l'egemonia dell'Egitto sul **Sudan**, le cui miniere gli fornirono l'oro per rimpinguare le casse, riattivò il lucroso **commercio di schiavi** e fece compilare un **catasto** riprendendo possesso delle terre demaniali, che tolse alla casta guerriera e diede in usufrutto ai contadini.
Quest'ultimo provvedimento gli permise di migliorare le tecniche agrarie, rivitalizzare l'antichissima coltura del cotone e introdurre quella della canna da zucchero: due prodotti da esportazione che gli garantirono la **riapertura dei commerci con l'Occidente** e l'**autonomia economica dai Turchi**.
Riorganizzò anche l'esercito, che addestrò e armò in base ai criteri europei. Fu idolatrato dal suo popolo e odiato dai Greci. A lui infatti il sultano affidò la repressione della loro Guerra d'Indipendenza (vedi capitolo 12, paragrafo 5), che le sue truppe condussero con una crudeltà senza precedenti (e, alla fine, senza successo).
I suoi discendenti ereditarono il trono, ma furono di statura nettamente inferiore. Erosero la proprietà demaniale, permettendo la ricostituzione di un'**aristocrazia latifondista** che portò nuovamente alla rovina le colture, si indebitarono con spese di lusso e ricaddero **nell'orbita della Turchia**.

Il taglio del Canale di Suez

La definitiva rovina dell'Egitto fu determinata da un progetto grandioso che i pascià non seppero gestire. Nel 1859, infatti, il principe ereditario Said fece un **accordo con i Francesi** perché scavassero il **Canale di Suez**, che avrebbe consentito alle navi di andare dall'Europa in Oriente **senza circumnavigare l'Africa**. Utilizzando il lavoro forzato di ventimila *fellahin* (contadini) e interrompendosi più volte, la Francia inaugurò il Canale nel **1869**. L'accordo prevedeva una concessione di novantanove anni alla nazione che aveva effettuato lo scavo e una forte **partecipazione azionaria dell'Egitto**, che avrebbe incassato buona parte dei pedaggi richiesti alle navi.

Un Egitto in mano agli Inglesi

L'iniziativa francese, però, non piacque all'Inghilterra, che pretendeva l'esclusiva dei commerci con le Indie. Nel 1882, quando si accorsero che la Francia manifestava grandi difficoltà perché non riusciva a rientrare nelle spese, i banchieri inglesi **rilevarono i pacchetti azionari** della Compagnia che aveva costruito il Canale e poi esercitarono ogni genere di pressione e di lusinga sul pascià finché riuscirono a rilevare le sue azioni.
Da allora **la Gran Bretagna si installò stabilmente** in Egitto, intervenendo sempre di più negli affari del Paese, controllandone le forze armate e l'amministrazione e piegandolo ai suoi interessi.

Il Canale di Suez
Un pittore ottocentesco immortalò l'opera gigantesca degli ingegneri francesi. In primo piano la città portuale Port Said, a sinistra le alture egiziane e a destra le pendici del Monte Sinai. Per l'inaugurazione del Canale il musicista Giuseppe Verdi compose l'*Aida* che fu rappresentata al Cairo nel 1871.

Laboratorio
Verso l'Esame di Stato

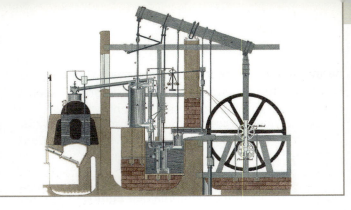

A GUIDA ALL'ESPOSIZIONE ORALE

L'esercitazione

1 Approfondiamo innanzitutto la capacità di **organizzare i contenuti**, che è tra le caratteristiche principali di una efficace esposizione orale su temi di ambito storico.

Il manuale è ricco di **mappe e schemi**, che possono costituire un efficace strumento di ripasso, ma anche un valido aiuto per visualizzare le relazioni tra i vari eventi e costruire un discorso ordinato. Tenendo presenti quei modelli, prova a creare anche tu uno schema che illustri i fattori che consentirono lo sviluppo della Rivoluzione industriale in Inghilterra.
Utilizza i contenuti del capitolo 6 e completa lo schema seguente.

I fattori che consentirono la Rivoluzione industriale

[................] → rivoluzione agricola → [................]
creazione di un impero coloniale → [................]
aumento del benessere generale → [................]
[................]
innovazioni tecnologiche e brevetti → [................]
elevata alfabetizzazione → [................] → [................]
→ **Rivoluzione industriale**

2 Esercitati a **usare il lessico specifico** della disciplina, fornendo le definizioni dei seguenti termini ed espressioni. Poi utilizzali per costruire un discorso ordinato sulla condizione degli operai nell'Inghilterra della Prima rivoluzione industriale.
"tasso di sconto" = ...
capitale = ...
diritto del lavoro = ...
divisione del lavoro = ...
sciopero = ...
monopolio = ...
luddismo = ...

3 Esercitati a **sviluppare un ragionamento** sul tema *L'Illuminismo* a partire dalla mappa concettuale del capitolo 7: amplia ciascuno degli argomenti indicati, con dati, esempi, spiegazioni e chiarimenti. Nella tua esposizione dovrai usare i seguenti termini del lessico specifico: intellettuale, oscurantismo, tolleranza, cosmopolitismo, laicità, diritti naturali, divulgazione.

4 Esercitati a **mettere in luce nessi causali e logici** illustrando in forma di schema cause e conseguenze della Rivoluzione americana. Poi esponi in maniera ordinata l'argomento, mettendo bene in luce tutti i passaggi logici.

5 Esercitati a **sviluppare un ragionamento** sul tema *Le tre fasi della Rivoluzione francese* a partire dalla mappa concettuale del capitolo 9: amplia ciascuno degli argomenti indicati, con dati, esempi, spiegazioni e chiarimenti. Nella tua esposizione dovrai usare i seguenti termini del lessico specifico: Stati generali, Terzo stato, Quarto stato, *Ancien Régime*, *cahiers de doléances*, Grande paura, legge marziale, ghigliottina, dittatura.

6 Esercitati nell'**individuare le questioni poste** dal tema indicato e a trovare un inizio efficace per la tua esposizione. Indica poi i termini chiave che dovrai conoscere e spiegai. *L'influsso dell'Illuminismo sulle Rivoluzioni americana e francese.*

questioni da affrontare:
....

termini chiave:
....

pagine da ripassare utili (compresi documenti e schede):
....

7 Esercitati adesso a **operare confronti** sincronici e diacronici. Confronta la Costituzione del 1791 con quella del 1975. Concentrati sull'ordinamento politico e sul sistema elettorale delle due Costituzioni. Elenca dapprima gli aspetti caratterizzanti di ciascuna, costruendo una tabella simile a quella fornita qui a lato, e poi costruisci un discorso coerente per spiegare gli eventi che intercorsero tra l'adozione della prima e della seconda Costituzione.

	Costituzione del 1791	Costituzione del 1795
Ordinamento politico		
Sistema elettorale		
Organi di governo		

8 Esercitati a **costruire un discorso** ampliando i dati riassunti nelle carte di pagina 211 per parlare del tema *Napoleone alla conquista dell'Europa*.

B GUIDA ALLA PRODUZIONE SCRITTA

ESERCITAZIONE PER LA TERZA PROVA

Fra le discipline incluse nella terza prova, che ha carattere pluridisciplinare, può esservi anche la storia. In questa sezione trovi alcune domande per allenarti nelle principali tipologie di svolgimento (quesiti a risposta multipla, a risposta singola e trattazioni brevi) utilizzate nella terza prova.

A Quesiti a risposta multipla

(1 sola risposta corretta) [1 punto per ogni risposta corretta]

1 Il Settecento fu caratterizzato da
- A un lungo periodo di pace dovuto alla diffusione degli ideali di tolleranza e progresso promossi dall'Illuminismo
- B un lungo periodo di guerre, dettate soprattutto da motivi religiosi
- C un interminabile periodo di guerre, dovute alle lotte per la successione al trono fra i grandi sovrani europei
- D una grande ripresa economica dovuta alla diffusione delle innovazioni della Rivoluzione industriale in ogni Stato europeo

2 La Guerra d'indipendenza americana fu combattuta
- A dalle colonie nordamericane contro la madrepatria inglese
- B dalle potenze europee contro le colonie americane
- C dai coloni nordamericani contro l'Inghilterra, sostenuta da Francia e Spagna
- D dai coloni nordamericani, sostenuti da Francia e Spagna, contro l'Inghilterra

3 La Rivoluzione francese fu orientata sin dal suo inizio
- A a trasformare la Francia in una repubblica
- B ad abolire l'Antico Regime, basato sul sistema feudale dei privilegi
- C a porre fine all'assolutismo, dando un ordinamento parlamentare alla Francia
- D a dare il potere alle masse popolari della Francia

4 Quali tra le seguenti repubbliche appartenevano alle cosiddette "Repubbliche sorelle"?
- A Repubblica elvetica
- B Repubblica veneta
- C Repubblica ligure
- D Repubblica di Sicilia

B Quesiti a risposta singola

(max. 5 righe) [da 0 a 3 punti in base alle conoscenze dimostrate]

1. Quali innovazioni furono introdotte con la rivoluzione agricola in Inghilterra?
2. In che senso l'Illuminismo può essere definito erede dell'Umanesimo e di Galileo?
3. Che cosa fu il *Boston Tea Party* e quali ne furono le cause?
4. Che cosa fu stabilito dal "Giuramento della pallacorda" e perché segnò l'inizio della Rivoluzione francese?
5. Che cosa stabilì il Trattato di Campoformio?

C Trattazioni sintetiche

(max. 15 righe) [da 0 a 6 punti in base alle conoscenze dimostrate]

1. Descrivi i vantaggi introdotti dall'uso della macchina a vapore di Watt e le sue applicazioni nella Prima rivoluzione industriale.
2. Illustra finalità e caratteristiche dell'*Enciclopedia* di Diderot e d'Alembert.
3. Delinea i caratteri delle tredici colonie inglesi del Nord America e il loro ordinamento politico prima e dopo la Rivoluzione americana.
4. Spiega che cosa fu il Terrore, come ebbe fine e quali ne furono le conseguenze.
5. Delinea i princìpi che ispirarono il *Codice napoleonico*.

Laboratorio — Verso l'Esame di Stato

GUIDA ALLA PRIMA PROVA

Che cos'è il saggio breve

Tra le tipologie della prima prova dell'Esame di Stato che interessano la storia vi è il saggio breve (tipologia B). Si tratta di un testo di lunghezza limitata, da realizzare partendo da una rassegna di documenti di vario tipo (testi scritti, immagini, tabelle, grafici) che possono appartenere a quattro ambiti: artistico-letterario, socio-economico, storico-politico e tecnico-scientifico. È il terzo che ci interessa qui.

Leggiamo nelle consegne ministeriali che accompagnano la prima prova di che cosa si tratta.
- Sviluppa l'argomento scelto in forma di "saggio breve", utilizzando in tutto o in parte, e nei modi che ritieni opportuni, i documenti e i dati forniti.
- Se scegli la forma del "saggio breve", argomenta in terza persona la tua trattazione, anche con opportuni riferimenti alle tue conoscenze ed esperienze di studio.
- Premetti al saggio un titolo coerente e, se vuoi, suddividilo in paragrafi.
- Non superare le cinque colonne di foglio protocollo.

Ricorda inoltre che il saggio breve è un **testo di tipo espositivo** (in cui si espongono delle informazioni) **e argomentativo** (in cui si esprimono delle opinioni sostenute da adeguate motivazioni): dovrai quindi presentare dei fatti, dei dati, anche supportati da grafici e immagini, a sostegno della tua tesi e a confutazione di altre tesi.

Facciamo adesso un esempio concreto.

ARGOMENTO:
L'istruzione nell'età delle rivoluzioni

Il dossier di documenti

La tipologia testuale del saggio breve prevede un dossier di documenti, che ti forniamo anche qui di seguito.

1 Il primo passo, dopo aver **letto le consegne e compreso bene l'argomento** da trattare, è proprio **leggere e comprendere i documenti**. In questa fase di esercitazione sarai guidato nell'analisi e nella comprensione dei documenti forniti.

DOSSIER

■ DOCUMENTO 1

La rivoluzione francese, nell'accogliere il principio che l'istruzione è cosa dello Stato, vi aggiunge un principio egualitario ignoto all'illuminismo. Il 10 aprile 1972 il Comitato per l'istruzione dell'Assemblea legislativa sancisce che l'«istruzione pubblica deve stabilire tra i cittadini un'eguaglianza di fatto», perché «è un bisogno di tutti» e «deve essere posta alla portata di tutti i cittadini». E aggiunge inoltre un principio pedagogico che ha una lunga storia ideale e nessuna storia pratica: «L'istruzione deve comprendere gli elementi di tutte le conoscenze umane». Poi, il Comitato per l'istruzione di quella Convenzione dichiara che «l'educazione deve essere gratuita, letteraria, intellettuale, fisica, morale e industriale». È un seguito, a dire il vero, un po' confuso di determinazioni fondamentali, nel quale tuttavia si legge chiaramente l'attuazione concreta dell'uguaglianza, la ricomposizione della millenaria separazione di "musica", "ginnastica" e lavoro, e la sostituzione di un'idealità laica a quella religiosa.
Ma la discriminazione educativa non era stata spezzata: al popolo il semplice leggere, scrivere e far di conto, alle donne più cura per le qualità dell'animo non dell'intelletto.

da M. A. Manacorda, *Storia illustrata dell'educazione*, Giunti, Firenze, 1992

Guida alla comprensione

1 Quali princìpi innovativi relativi all'istruzione furono introdotti dalla Rivoluzione francese?
- ☐ L'istruzione è un bisogno di tutti.
- ☐ L'istruzione è un privilegio riservato a chi non ha bisogno di lavorare.
- ☐ L'istruzione è il mezzo per creare una vera uguaglianza tra i cittadini.
- ☐ L'istruzione deve essere gratuita.
- ☐ L'istruzione pubblica è solo per i poveri.
- ☐ L'istruzione deve mirare al lavoro.

2 Nel testo si fa notare che nei fatti l'uguaglianza non era realmente applicata in fatto di istruzione, ma c'erano delle categorie in qualche modo discriminate, e cioè:
– il popolo, perché ....
– le donne, perché ....

3 Che cosa significa che la discriminazione educativa non era stata spezzata?

DOCUMENTO 2

Un altro fattore fece da volano all'esigenza dell'istruzione obbligatoria e poi anche della formazione professionale impartita nelle scuole tecniche o "di arti e mestieri": la necessità di rinnovamento continuo nei macchinari e nelle tecniche produttive industriali.

Se infatti la caratteristica fondamentale del mondo agricolo (e in parte di quello artigianale) era stata la permanente validità e autosufficienza della cultura e delle tecniche tradizionali, il dominio dell'industria impose continue trasformazioni tecnologiche e organizzative, con inevitabili contraccolpi sul terreno sociale e formativo. La società che scaturisce dalla rivoluzione industriale ha obiettivamente bisogno di un'istruzione e di una formazione professionale più che per l'oggi soprattutto per il domani, per non farsi spiazzare dalle novità nel frattempo intervenute. Così, se prima si era mantenuta la tendenza a istruire i lavoratori dei campi anche meno di quanto fosse necessario, ora per gli operai prevale la tendenza opposta di istruire e addestrare di più del necessario, in vista di nuove mansioni più complesse.

da A. Santoni Rugiu, *Storia sociale dell'educazione*, Principato, Milano 1980

Guida alla comprensione

1 Nel brano si afferma che la Rivoluzione industriale
☐ creò un maggior bisogno di nuove tecnologie.
☐ incrementò il numero di addetti nel settore manifatturiero.
☐ creò un maggior bisogno di formazione professionale.
☐ favorì la diffusione dell'istruzione obbligatoria.

2 Quali competenze si resero necessarie con l'avvento della Rivoluzione industriale?

3 Nel testo si contrappongono due tipi di cultura, quella tipica del mondo agricolo e quella tipica del mondo industriale. Indica quali caratteristiche si riferiscono a quest'ultima.

DOCUMENTO 3

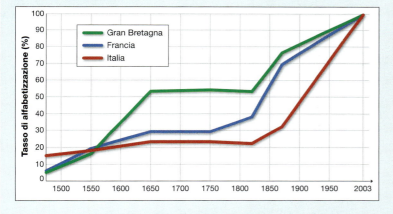

Guida alla comprensione

Osserva il grafico qui a lato relativo all'alfabetizzazione della popolazione inglese, francese e italiana tra il 1500 e oggi, poi rispondi alle seguenti domande.

1 Stando ai dati del grafico, a partire da quando si manifestarono significativi aumenti dell'alfabetizzazione in Gran Bretagna?

2 E in Francia?

3 In corrispondenza di quali eventi della storia dei due Paesi si evidenziano i principali picchi?

Prova adesso a proseguire nell'elaborazione del saggio breve seguendo le indicazioni fornite qui di seguito.

2 Il secondo passo è **elaborare un proprio punto di vista**.
Pensa a quale argomento più specifico vuoi sviluppare nel testo e a quale punto di vista vuoi sottolineare nell'ambito del tema proposto dal titolo: l'importanza dell'Illuminismo nella valorizzazione della cultura? La svolta impressa dalla Rivoluzione francese nella promozione dell'istruzione? O il ruolo svolto dalla Rivoluzione industriale? Differenze e analogie tra la situazione dell'istruzione ottocentesca e quella di oggi? Esponi quindi in terza persona la tua interpretazione storica.

3 **Scegliere gli argomenti adatti**.
Quali argomenti, secondo te, servono a far comprendere meglio il tuo punto di vista? Sceglili tra ciò che hai studiato nei capitoli precedenti e tra ciò che suggeriscono i documenti forniti nel dossier. Puoi citare anche alcune parole per esteso dei diversi documenti, mettendole fra virgolette. Ricordati che in questo caso devi indicare il nome dell'autore e il titolo del testo che citi.

4 **Elaborare una scaletta**.
Il tuo testo deve essere strutturato secondo una scansione ben precisa, tipica del saggio breve che si compone di
- introduzione
- esposizione della tesi
- argomenti a sostegno della tesi
- presentazione delle antitesi e loro confutazione
- conclusione

Unità 3
IL RISORGIMENTO

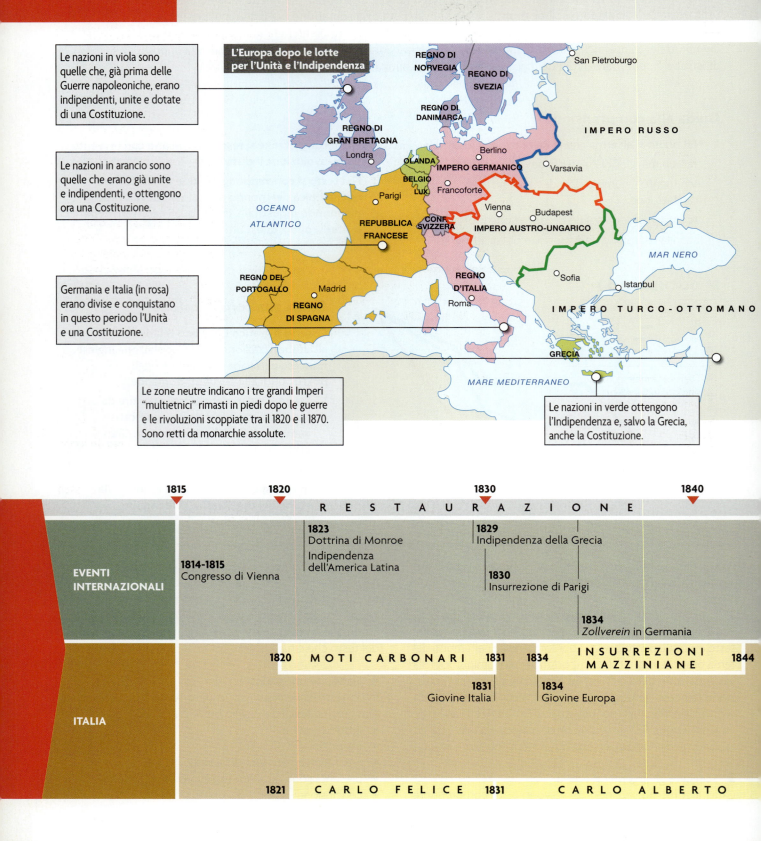

LA PERIODIZZAZIONE

- Il **1815** è la data della sconfitta definitiva di Napoleone a Waterloo e della conclusione del Congresso di Vienna. Essa è lo spartiacque tra l'**età delle rivoluzioni** e l'**età delle nazioni** ovvero tra il sogno illuministico di esportare in tutto il mondo le idee di libertà e di uguaglianza e il ripiegamento liberale sui problemi della propria patria: Costituzione, liberismo economico, indipendenza, unità.
- Il **1870** è la data in cui l'Italia porta a compimento l'Unità nazionale con la conquista di Roma e la Prussia, che ha già acquisito tutti i territori di lingua tedesca del Centro-Nord, annette anche la Baviera. Si concludono così i due processi di unificazione più contrastati d'Europa.

In realtà questi 55 anni possono essere ulteriormente suddivisi in due parti.

- Nel periodo **1815-1848** la **Restaurazione** decisa dai vincitori di Napoleone mortifica le aspirazioni borghesi e liberali del Continente.
- Tra il **1848** e il **1870** vi è la vittoria sulla Restaurazione e l'inizio del trionfo della borghesia.

IL CONTESTO STORICO

Sconfitto Napoleone, il **Congresso di Vienna** apre il periodo della Restaurazione che ridisegna la carta dell'Europa e vi riporta l'assolutismo. A ciò si ribellano i liberali che chiedono il ritorno delle Costituzioni con i **moti del 1820 e del 1830**.
In Italia ai liberali si affiancano i democratici di **Giuseppe Mazzini**. Il loro obiettivo è un'Italia unita e repubblicana. I loro tentativi finiscono però nel sangue.
Nel **1848** la rivolta dell'intera Europa pone fine alla Restaurazione. In Italia comincia il **Risorgimento**, anche se la Prima guerra d'Indipendenza combattuta dal Regno di Sardegna contro l'Austria finisce con una sconfitta.
Il nuovo primo ministro **Cavour** porta Vittorio Emanuele II all'alleanza con la Francia e alle vittorie della Seconda guerra d'Indipendenza. **Garibaldi** guida i Mille alla conquista del Meridione e riunisce il Nord al Sud.
L'**Italia unita** affronta il brigantaggio e realizza, con la Terza guerra d'Indipendenza, l'annessione del Veneto. Poi conquista anche Roma.

Gli Stati Uniti hanno ottenuto Indipendenza e Costituzione fin dal 1787.

Le colonie spagnole in America ottengono l'Indipendenza nel 1823. Il Brasile si rende indipendente dal Portogallo nel 1825.

Linea del tempo

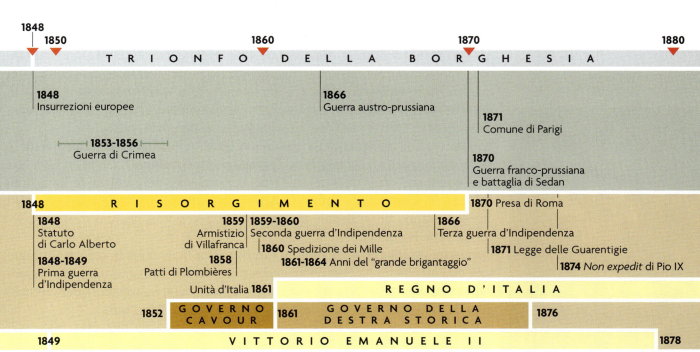

11 Il Congresso di Vienna

1814 Inizio del Congresso

1815 Conclusione del Congresso

1815 Definitiva sconfitta di Napoleone

LESSICO — POLITICA

Negoziato
"Negoziare" significa "trattare", cioè fare proposte e modificarle fino a che non abbiano incontrato l'approvazione dell'interlocutore.

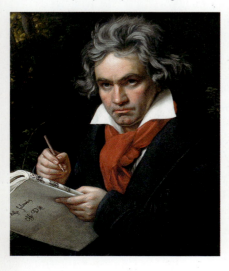

Ludwig van Beethoven
Suonò per i partecipanti al Congresso.

1 Il trionfo della diplomazia

Tra il novembre del 1814, dopo che Napoleone fu relegato all'Isola d'Elba, **e il giugno 1815**, Vienna ospitò un evento d'eccezione di cui parlarono per quasi due anni le gazzette politiche e i settimanali di pettegolezzi di tutta Europa.
Nel **Congresso di Vienna** si riunirono le teste coronate delle principali nazioni europee, i loro ministri, parte delle loro corti e una serie mai vista di servitori e di intrattenitori per i balli, i pranzi di gala, gli spettacoli, i concerti che l'imperatore d'Austria offrì senza risparmio ai suoi ospiti. Basti dire che tra gli "intrattenitori" vi fu anche il più grande musicista dell'epoca, Ludwig van Beethoven. Lo scopo: condurre uno dei più grandi negoziati di tutti i tempi.
Un grande stratega prussiano, Karl von Clausewitz, disse proprio in quegli anni che "la guerra non è altro che la continuazione della politica, con altri mezzi". Ebbene, nel Congresso la continuazione della guerra fu la politica.
In circa un ventennio di vittorie napoleoniche, molti sovrani erano stati detronizzati, le nazioni conquistate erano state saccheggiate, quelle che si erano opposte alla Francia avevano affrontato spese enormi e i morti erano stati centinaia di migliaia. Tutti volevano la pace, a qualunque costo, e volevano garantirla per il numero maggiore di anni possibile, però nessuno voleva rinunciare a un trono, a un allargamento territoriale, alla conquista di un posto di rilievo.
Trionfò quindi la **diplomazia** che, letteralmente, è **l'insieme delle norme e delle consuetudini che regolano i rapporti internazionali**, ma in realtà è una vera e propria "arte" fatta di abilità nel conversare e nel saggiare le intenzioni dell'altro senza scoprire completamente le proprie carte, di reti di informatori che segnalano i punti deboli di ciascuno per poterlo lusingare o ricattare a seconda delle necessità.
Il compito del diplomatico, inoltre, è di riuscire a mantenere buoni rapporti non solo con gli alleati ma con i nemici stessi. Il nemico di oggi, infatti, può essere l'alleato di domani e l'alleato, a sua volta, può diventare avversario, per esempio quando la guerra finisce e bisogna dividere i frutti della vittoria.
Questo era appunto il caso di coloro che parteciparono al Congresso di Vienna. Essi erano stati alleati nei ventitré anni di guerra, iniziata nel 1791 con l'aggres-

Lettura d'immagine

Una riunione al vertice

Il dipinto mostra una delle tante riunioni in cui si articolò il Congresso di Vienna. Qui sono presenti i delegati di tutti gli Stati, ma in realtà i veri protagonisti furono i seguenti.

1 Il prussiano **von Humboldt**, in rappresentanza di una delle due nazioni vincitrici di Waterloo.

2 Lo zar **Alessandro I**, che si distinse per la sua ossessiva religiosità e fu il promotore della Santa Alleanza.

3 Il principe di **Metternich**, onnipotente ministro dell'imperatore d'Austria, che fu il vero artefice dei nuovi confini europei.

4 **Lord Castlereagh** (ministro degli Esteri inglese), pur appartenente alla nazione che si era battuta per ben vent'anni contro Napoleone, si tenne in disparte e non si interessò altro che moderatamente ai problemi dell'Europa continentale discussi dal Congresso.

5 **Talleyrand**, rappresentante della Francia, che, sebbene delegato del Paese sconfitto e odiato da tutti, riuscì a imporre l'intoccabilità dei confini francesi e il principio del "legittimismo" con cui la Francia veniva restituita al re Luigi XVIII.

sione dell'Austria alla Francia rivoluzionaria e proseguita poi con le insaziabili conquiste di Napoleone.
Ora che tutto poteva considerarsi finito era giunto il momento di "**restaurare l'Europa**". Ognuno però voleva stabilire la pace salvaguardando i propri interessi. L'obiettivo del negoziato era dunque quello di **trovare un accordo durevole** senza scontentare oltre un certo limite nessuno dei partecipanti.

2 Talleyrand e il ruolo della Francia

I giocatori di questa complicata partita diplomatica furono innanzitutto i rappresentanti delle **quattro potenze vincitrici**: l'imperatore Francesco I d'**Austria** con il suo primo ministro, il principe di Metternich; i rappresentanti del re di **Prussia**; lo zar di **Russia** Alessandro I e i delegati del re d'**Inghilterra**, Lord Castlereagh e il duca di Wellington.
A costoro si affiancarono, con un peso molto minore, i **sovrani detronizzati da Napoleone**: i re di Spagna, Portogallo e Svezia, i monarchi degli Stati italiani

> **LESSICO — POLITICA**
>
> **Trasformismo**
> È una tattica politica che prevede improvvisi cambi di alleanze per garantirsi maggior sostegno nell'azione di governo, anche rinnegando quanto sostenuto fino a un momento prima.

– dai Savoia ai Borbone ai granduchi del Centro-Nord –, l'inviato del papa e molti altri. Inoltre, erano presenti i delegati dell'Impero turco-ottomano, che in Europa possedeva gran parte della Penisola balcanica e delle regioni affacciate sul Mar Nero.

Poi c'era il rappresentante della **Francia**, il **principe di Talleyrand**, l'uomo che aveva fatto del trasformismo la linea guida della propria vita. Era lui, infatti, il vescovo che, durante la Rivoluzione, aveva proposto la confisca dei beni della Chiesa; poi aveva rinunciato agli ordini religiosi, era sopravvissuto al Terrore, quindi aveva servito come ministro sotto tutti i regimi: nel Direttorio, con Napoleone e ora anche con il nemico mortale di Bonaparte, Luigi XVIII di Borbone. Talleyrand non andò a Vienna con l'atteggiamento di un vinto. La sua prima dichiarazione, infatti, fu che un conto era Bonaparte, un altro la Francia. Quest'ultima era una grande potenza, felice di aver riavuto il suo legittimo re e degna di sedere alla pari con gli altri al tavolo dei vincitori.

La **tesi di Talleyrand** prevalse, nonostante l'opposizione di chi intendeva punire severamente i Francesi, e la Francia uscì dal Congresso di Vienna molto più forte di quanto sarebbe stato logico aspettarsi: infatti, **conservò i confini** del 1791 e, come **risarcimento dei danni** causati dalle guerre napoleoniche, s'impegnò a:

- restituire Nizza e la Savoia al Piemonte (che aveva combattuto al fianco degli Austriaci);
- pagare una somma in denaro ai vincitori;
- subire l'occupazione militare per una durata da tre a cinque anni;
- restituire parte delle opere d'arte trafugate da Napoleone (fra cui i quattro cavalli di bronzo asportati dalla basilica di San Marco a Venezia, che l'imperatore d'Austria pretese di riavere).

Il re di Francia poteva ritenersi soddisfatto del suo ministro.

Charles-Maurice de Talleyrand
Genio del trasformismo, fu uno dei protagonisti del Congresso di Vienna.

Leggi altre **fonti dirette** nella Biblioteca digitale

Testimoni e interpreti

Gli strumenti della diplomazia

AUTORE	Charles-Maurice de Talleyrand, politico francese
OPERA	*Corrispondenza inedita con il re Luigi XVIII di Borbone*
DATA	1816

Perché ancora oggi i diplomatici trascorrono parte del tempo tra feste, inaugurazioni, ricevimenti e partite di golf? Ce lo spiega il ministro francese Talleyrand, che dell'arte diplomatica fu un vero maestro.

La giornata di ieri fu interamente consacrata a due feste: una militare per commemorare la battaglia di Lipsia (a questa, dato che celebrava la sconfitta di Napoleone, i diplomatici francesi non potevano partecipare); ho assistito invece all'altra, data dal principe di Metternich per celebrare la pace.
Il mio massimo desiderio era quello di poter dire due parole all'imperatore d'Austria, ma non ho avuto fortuna.

D'altra parte avevo avuto una splendida occasione al ballo precedente, quando ero riuscito a comunicargli a tu per tu una mia idea sulle trattative che lo aveva molto favorevolmente colpito.
Questa volta invece la fortuna ha arriso a Lord Castlereagh. È riuscito a parlargli per una ventina di minuti e sono quasi sicuro che il soggetto della conversazione è stato il destino della Sassonia[1].

---

[1] **Sassonia**: la regione della Confederazione germanica che la Prussia, ostacolata dall'Austria, voleva inglobare. Il diplomatico inglese voleva convincere l'Austria a cederla in cambio di altri favori da parte dei Prussiani.

3 Il principio del legittimismo

"La Francia non è Bonaparte. La Francia è felice di aver riavuto il suo legittimo re", dichiarò Talleyrand, e questo aggettivo, "**legittimo**", divenne il motivo ispiratore della sua linea diplomatica durante il Congresso. Il ministro francese, infatti, convinse le potenze alleate ad applicarlo non solo al proprio Paese ma a tutti gli altri Stati d'Europa.

Del resto, dal momento che Napoleone aveva messo sui troni delle nazioni conquistate i suoi parenti e i suoi generali, il problema era: come comportarsi con loro?

Per esempio, a chi sarebbe andato il Regno di Napoli, retto da **Gioacchino Murat**, generale e cognato di Napoleone, ma dal 1813 alleato dell'Austria? Oppure: quale destino preparare per **Maria Luigia d'Asburgo**, moglie sì di Napoleone ma anche figlia dell'imperatore d'Austria? E che dire di **Bernadotte**, maresciallo napoleonico in tante battaglie che alla fine, ricevuto dagli Svedesi il trono di Svezia, aveva tradito Napoleone e nel 1813 aveva contribuito alla sua disfatta nella battaglia di Lipsia?

Né la questione finiva qui. I **Borbone di Spagna**, per esempio, venivano considerati da tutti dei degenerati e i **Borbone di Francia** degli incapaci animati oltretutto da un pericoloso spirito di vendetta.

Di fronte a queste situazioni imbarazzanti il principio affermato da Talleyrand apparve di una geniale semplicità: i troni dovevano tornare ai sovrani "legittimi", cioè a coloro che prima della guerra li avevano occupati per diritto di sangue.

Questo principio, chiamato **legittimismo**, fu dunque l'idea principale sulla

Luigi XVIII, un re "legittimo"
Il fratello del re ghigliottinato (Luigi XVI) torna sul trono di Francia grazie alle manovre di Talleyrand. Dal costume da re divino con cui si fa ritrarre lascia chiaramente intendere di non aver capito niente dei tempi nuovi che si stanno preparando e, con questo ritratto, diventa il simbolo di un *Ancien Régime* che crede di poter restaurare.

quale si basarono le decisioni del Congresso di Vienna: uno Stato non è altro che il territorio del suo legittimo re. Metternich fece proprio il legittimismo nella convinzione che la monarchia è la migliore forma di governo e che, assistiti da buoni consiglieri, anche i peggiori sovrani potessero governare saggiamente. Naturalmente si sbagliava.

4 Il principio dell'equilibrio

La Francia, tuttavia, secondo l'opinione di molti congressisti, restava un lupo travestito da agnello: le pacifiche dichiarazioni di Talleyrand non potevano far dimenticare il furore guerriero che Napoleone aveva scatenato e che aveva coinvolto milioni di Francesi.

Questi dubbi sembrarono trovare una conferma pochi mesi prima che il Congresso finisse, quando giunse la notizia che **Napoleone** era fuggito dall'**Elba** e aveva ripreso le armi contro l'Europa. Inglesi e Prussiani lo sconfissero rapidamente a **Waterloo**, ma questo episodio rafforzò la convinzione che la Francia rappresentasse ancora un **pericolo per la pace**.

Fu il ministro austriaco **Metternich**, questa volta, a sostenere e imporre un altro principio al Congresso, quello dell'**equilibrio**. Per prima cosa, occorreva circondare la Francia di Stati abbastanza estesi da poterla bloccare, se avesse tentato nuovamente di espandersi. In secondo luogo, bisognava impedire alle maggiori nazioni europee di ingrandirsi oltre misura, in modo che tutto il Continente si presentasse spartito in entità territoriali analoghe per dimensioni, numero di abitanti e forza militare.

Sulla base di questo principio, i "quattro Grandi" suddivisero l'Europa in **Stati di ampiezza e potenza misurate sulla carta geografica** e, a guardia della Francia, "nazione infida", crearono una **cintura di Stati cuscinetto**. La **carta 1** nella pagina a fronte rappresenta la nuova sistemazione dell'Europa in base ai princìpi del legittimismo e dell'equilibrio. In molti casi, essi comportarono conseguenze di estrema gravità per i popoli europei dei quali non vennero tenute minimamente in conto le aspirazioni. Infatti, risistemando l'Europa, i diplomatici contarono i chilometri quadrati e valutarono gli eserciti, ma non si occuparono affatto dei sentimenti e delle opinioni delle persone che in quegli Stati vivevano.

Il principe di Metternich
Il ministro austriaco fu il vero protagonista del Congresso e cambiò la carta geopolitica dell'Europa.

L'equilibrio fu raggiunto nel modo seguente:

- **Belgio** e **Olanda** furono uniti nel nuovo Stato dei **Paesi Bassi**, uno Stato cuscinetto abbastanza grande da bloccare la Francia sul confine settentrionale, ma gli abitanti della nuova nazione si detestavano perché i Belgi erano cattolici, monarchici e di lingua francese, mentre gli Olandesi erano protestanti, repubblicani e parlavano una lingua di ceppo germanico;
- la **Polonia** perse definitivamente la sua autonomia e fu smembrata in tre parti per ricompensare con nuovi territori i vincitori di Napoleone: Austria, Prussia e Russia;
- la parte nord-occidentale della **Germania** fu assegnata alla Prussia; gli altri Stati tedeschi restarono indipendenti ma riuniti in una "**Confederazione germanica**" sotto la presidenza dell'Austria;
- l'**Italia** si ritrovò divisa in sette Stati: la situazione è descritta nella **carta 2**. La parte del leone la fece, com'era prevedibile, l'**Austria** alla quale fu riconfermato il possesso del **Regno Lombardo-veneto**, mentre rimanevano nella sua sfera d'influenza, perché affidati a principi Asburgo, il **Ducato di Parma e Piacenza** (assegnato a Maria Luigia), il **Ducato di Modena e Reggio** e **il Granducato di Toscana**.

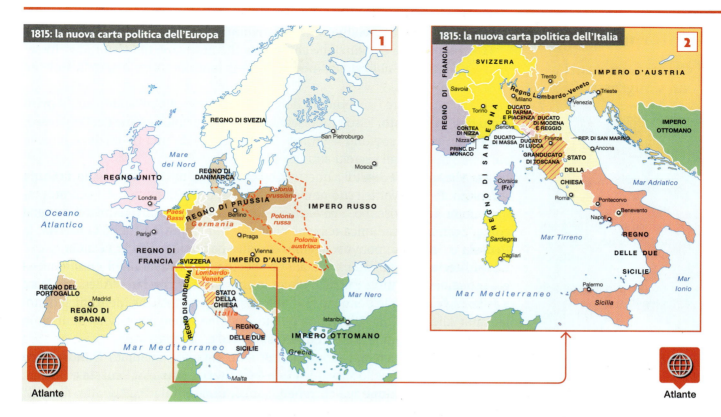

Lettura della carta 1

1. La carta segnala in giallo gli Stati cuscinetto.
2. I nomi scritti in rosso indicano gli interventi di Metternich che modificarono l'assetto geopolitico del Continente.
3. In Italia le strisce oblique rosse indicano le zone passate sotto il controllo dell'Impero austro-ungarico.

Il papa tornò in possesso dei territori dello **Stato pontificio**, mentre la corona delle **Due Sicilie** fu assegnata nuovamente ai Borbone, alleati degli Asburgo, negando alla Sicilia ogni autonomia.
A ingrandirsi, perché considerato uno Stato cuscinetto in funzione antifrancese, fu il **Regno di Sardegna** governato dai Savoia, che ottenne anche la ricca e popolosa Liguria.
Molti anni più tardi un grande uomo di governo tedesco, il conte Otto von Bismarck, riflettendo su queste decisioni, disse che i popoli erano stati tagliati a pezzi "come pantaloni usati".

5 Il principio dell'intervento e il concerto europeo

La stabilità europea non era minacciata solo dai possibili attriti fra Stati: negli animi di molti **borghesi** le riforme napoleoniche avevano svegliato l'**amore per la libertà**; ciò lasciava prevedere che non avrebbero accettato passivamente la restrizione o la scomparsa dei loro diritti. Se Napoleone era stato spazzato via, la sua eredità rimaneva e i sovrani tornati sui troni ne erano ben consapevoli. Decisero tuttavia di ignorare questa realtà in base a **due considerazioni**.

- La **prima** fu il timore che qualsiasi concessione ai desideri di libertà e di indipendenza aprisse la strada alle rivoluzioni; la **grande paura** suscitata dalla

Testimoni e interpreti

Pareri fulminanti sul Congresso

Liberali, ex rivoluzionari e vittime della politica dell'equilibrio diedero giudizi feroci sul Congresso di Vienna. Eccone alcuni.

La diplomazia di Vienna? Un traffico spregevole quanto quello del bestiame.
Thomas Jefferson

Hanno riparato le stampelle della legittimità.
Lord Byron

Non si sono create nazioni vive, ma Stati morti e artificiali.
Il giornale inglese "The Spectator"

Non si era ancora mai visto giocare così alla leggera con il bene e il male di migliaia di persone.
Un editore tedesco

Leggi altre **fonti dirette** nella Biblioteca digitale

Rivoluzione francese aveva bloccato qualsiasi atteggiamento "illuminato", che pure aveva coinvolto numerosi sovrani prima del 1789.

- La **seconda** fu la convinzione che coloro che nutrivano questi desideri fossero, a conti fatti, abbastanza **pochi** e che quindi potessero essere facilmente stroncati.

Per meglio cautelare i governi più deboli, il Congresso stabilì addirittura il **principio dell'intervento**. Esso rappresentò un altro principio cardine del Congresso, stabilendo che un sovrano legittimo, se minacciato da una rivoluzione, poteva chiamare in aiuto gli eserciti stranieri.

Lo zar **Alessandro I** costituì a questo scopo un organismo internazionale, la **Santa Alleanza**. Essa dovette il suo nome al fatto che, nelle intenzioni del suo promotore, uomo religiosissimo, i governi e i popoli avevano il dovere di comportarsi come "membri di un'unica nazione cristiana"; vi entrarono subito la **Russia**, la **Prussia** e l'**Austria**; poi vi si aggiunsero altre nazioni, tra cui la **Francia**.

L'**Inghilterra**, invece, non volle aderire perché ne trovava vaghi gli intenti ed era infastidita dall'alone mistico di cui lo zar aveva circondato l'Alleanza: Lord Castlereagh la liquidò definendola "una stupidaggine". Anche Metternich definì la Santa Alleanza "un nulla pieno di retorica", ma seppe poi servirsi benissimo di questo legame fra le **tre potenze assolutiste** d'Europa.

In compenso Castlereagh promosse un altro trattato, chiamato **Quadruplice Alleanza** e firmato nello stesso 1815 da **Inghilterra**, **Austria**, **Prussia** e **Russia**, che aveva una funzione specificamente antifrancese. Infatti, i "quattro Grandi" si impegnarono a intervenire appena la Francia avesse manifestato tendenze espansionistiche.

Queste due Alleanze costituirono una grande novità nel tradizionale quadro degli accordi diplomatici: esse, infatti, obbligavano le grandi potenze a incontri periodici che servivano ad appianare eventuali dissidi e stabilivano una specie di supergoverno al quale gli Stati nazionali dovevano rendere conto. Questo dialogo fra le potenze fu chiamato "**concerto europeo**": esso fu effettivamente in grado di risolvere per via diplomatica le tensioni fra Stati e **impedì nuove guerre per circa quarant'anni**.

Ciò non significa, tuttavia, che in quei decenni non vi siano state spedizioni militari: anzi, la Santa Alleanza fu molto attiva e divenne il braccio armato dei regimi assoluti, intervenendo ogni volta che i sudditi dei legittimi sovrani si sollevarono per chiedere maggiore libertà.

"Il Congresso non procede, danza"
Così disse un diplomatico austriaco riferendosi sia alle continue feste sia al "concerto" dei Grandi. Gli umoristi si impadronirono subito della battuta e si scatenarono disegnando vignette come questa.

6. Tra Inghilterra e Russia nasce la "Questione d'Oriente"

A Vienna non si parlò solo della vecchia Europa. Fra i "quattro Grandi", due, l'**Inghilterra** e la **Russia**, erano particolarmente interessati a ciò che avveniva appena fuori dai confini del continente.

"In quel momento – ha scritto uno storico – esse erano come la balena e l'elefante": la prima era una **potenza marittima**, che dominava il commercio mondiale sugli oceani di tutto il mondo; la seconda era una **potenza terrestre**, padrona di un territorio enorme, dal Mar Baltico al Mar Nero e, attraverso la Siberia, dal Danubio all'Oceano Pacifico, costeggiando a sud tutto l'Estremo e il Medio Oriente. Sebbene li separassero migliaia di chilometri, in un certo senso i confini dei due Paesi si toccavano poiché lo zar aspirava a conquistarsi uno sbocco sul Mediterraneo, che la flotta britannica considerava invece un mare "inglese", vista la sua supremazia commerciale e militare.

Non a caso, la **Gran Bretagna** aveva concluso un'**alleanza segreta** con **Austria e Prussia** in funzione **antirussa** e le navi di Sua Maestà tenevano costantemente sotto controllo lo **Stretto dei Dardanelli**, che collegava il Mar Nero con il Mediterraneo. Quello stretto, tuttavia, apparteneva all'**Impero turco**.

Quest'ultimo – se vogliamo riprendere il paragone – era stato per secoli balena ed elefante insieme, cioè potenza terrestre e marittima e aveva cominciato a declinare nel Seicento, quando le flotte europee lo avevano progressivamente escluso dai grandi commerci mondiali.

Russia e Inghilterra si aspettavano dunque che da un momento all'altro esso cominciasse a "perdere pezzi" e, a Vienna, tentarono, senza riuscirvi, di accordarsi sull'atteggiamento da tenere quando ciò fosse avvenuto. Quelle discussioni furono il primo sintomo di un problema che presto venne alla ribalta come uno dei maggiori focolai di squilibrio e di guerra del mondo e che prese il nome di **"Questione d'Oriente"** ▶.

> **STORIA E TERRITORIO**
> La "Questione d'Oriente", pag. 240

La miseria dei popoli
Le spartizioni del Congresso di Vienna non tennero in alcun conto la volontà e le esigenze dei popoli europei, che restarono schiacciati nella loro condizione miserabile e sottoposti a governi autoritari.

Storia e territorio

La "Questione d'Oriente"

La massima espansione dell'Impero ottomano
Fra il XIV e il XVI secolo, grazie all'esercito più forte dell'epoca, il sultano Maometto II domina l'intera **Penisola balcanica** e conquista la stessa Costantinopoli. Più tardi Solimano il Magnifico estende l'Impero a tutto il **Nordafrica** e al **Medio Oriente**, fino a Bagdad.

Due grandi sconfitte militari
Già nel **1571**, però, la disastrosa battaglia di **Lepanto**, vinta dalla Lega Santa (Venezia, Spagna, Stato Pontificio) mette in luce l'inizio della decadenza ottomana, che costa ai Turchi la perdita del controllo sul Mediterraneo.
Nel **1683** Maometto IV tenta di riprendere l'espansione in Europa assediando **Vienna**, ma il suo esercito viene decimato.

L'inizio della decadenza
Tale atroce sconfitta segna la fine dell'eccellenza militare ottomana, tanto che i sultani sciolgono il famoso corpo dei giannìzzeri. Intanto la crisi si approfondisce. L'Impero è **così vasto** che, per accorrere dai suoi confini occidentali a quelli orientali un esercito impiegherebbe due intere stagioni. Le diverse **regioni** diventano quindi **sempre più autonome**, le tasse non arrivano al governo centrale, la stessa Istànbul cade in mano alle compagnie commerciali straniere.

L'Impero perde i primi pezzi
Nel XIX secolo la fine si avvicina a grandi passi. Le nazioni imperialiste europee partono all'attacco dell'Impero ottomano per spartirsi le sue spoglie. Alla fine del Settecento il sultano ha già perso l'**Egitto** che, dopo la sfortunata campagna di Napoleone, è diventato regno indipendente sotto un guerriero albanese, Mehmet Alì Pascià, che vi ha fondato una nuova dinastia. Poco dopo la Francia torna all'attacco e sottrae al sultano l'**Algeria** e poi la **Tunisia**. In Nordafrica agli Ottomani resta solo la **Libia**.
Nel **1829** si libera la **Grecia**, al termine di una guerra atroce che attira contro la Turchia l'intervento di mezza Europa.

La Questione degli Stretti
Dal punto di vista strategico, Istànbul non è soltanto fondamentale per la libera circolazione nel Mediterraneo, alla quale tengono massimamente la Francia e l'Inghilterra, ma anche per l'accesso al Mar Nero, fondamentale anche per l'Impero russo. La lotta fra queste tre nazioni e la Turchia si riaccende ben presto per la **Questione degli Stretti**, il termine col quale vengono designati il **Bosforo** e lo Stretto dei **Dardanelli**, i due "budelli" attraverso i quali si entra nel Mar Nero dal Mar Egeo e dal Mar di Marmara. Dispetti, scaramucce, azioni di spionaggio porteranno intorno alla metà del secolo a un'altra guerra devastante per l'Impero ottomano.

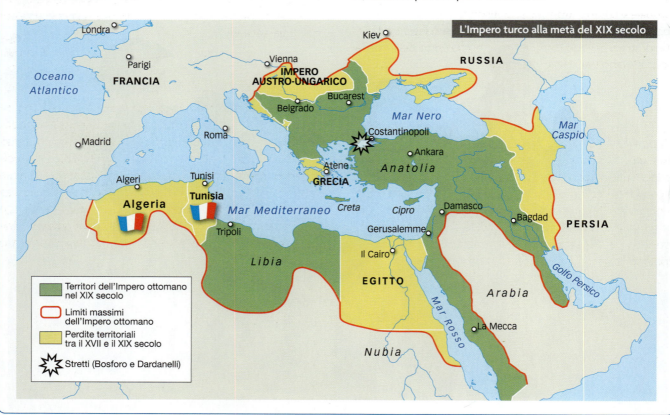

L'Impero turco alla metà del XIX secolo

- Territori dell'Impero ottomano nel XIX secolo
- Limiti massimi dell'Impero ottomano
- Perdite territoriali tra il XVII e il XIX secolo
- Stretti (Bosforo e Dardanelli)

GUIDA ALLO STUDIO

Sintesi

1 — Il Congresso di Vienna

Tra il novembre del 1814 e il giugno del 1815 sovrani e ministri delle principali nazioni europee si riuniscono nel Congresso di Vienna con lo scopo di ripristinare la pace sconvolta dall'avventura napoleonica salvaguardando però ciascuno i propri interessi. I negoziati e la diplomazia mirano quindi a trovare un accordo durevole che, nei limiti del possibile, non scontenti nessuno dei partecipanti.

2-3 — Talleyrand e il principio del legittimismo

Al Congresso sono presenti le quattro potenze vincitrici: Austria, Prussia, Russia e Inghilterra nonché i sovrani detronizzati da Napoleone, ma c'è anche il rappresentante della Francia, Talleyrand: ben lungi dal mostrarsi un vinto, egli afferma che il suo Paese è felice di riavere il proprio legittimo re e che ha il diritto di sedere alla pari con gli altri al tavolo dei vincitori. Grazie a lui, la Francia riesce a conservare i confini del 1791 e, come risarcimento dei danni, si impegna a restituire Nizza e la Savoia al Piemonte, a pagare una somma in denaro, a subire una limitata occupazione militare e a restituire parte delle opere d'arte trafugate da Napoleone.
Talleyrand è anche l'ispiratore del principio del legittimismo, sul quale si basano tutte le decisioni del Congresso di Vienna: uno Stato non è altro che il territorio del suo legittimo re e quindi i troni devono tornare ai sovrani che prima della guerra li occupavano per diritto di sangue.

4 — Il principio dell'equilibrio

A pochi mesi dalla fine del Congresso, Napoleone fugge dall'Elba e, sebbene venga sconfitto definitivamente a Waterloo, l'episodio rafforza l'idea che la Francia rappresenti ancora un pericolo per la pace. Il ministro austriaco Metternich impone allora un altro principio, quello dell'equilibrio: in primo luogo, la Francia deve essere circondata da Stati abbastanza estesi da poterla bloccare in caso di nuovi tentativi espansionistici; in secondo luogo, bisogna impedire alle maggiori nazioni europee di ingrandirsi oltre misura. I "quattro Grandi" suddividono così l'Europa in Stati di ampiezza e potenza misurate sulla carta geografica e, a guardia della Francia, creano una cintura di Stati cuscinetto. Di conseguenza: Belgio e Olanda vengono uniti nel nuovo Stato dei Paesi Bassi; la Polonia viene smembrata in tre parti; la parte nord-occidentale della Germania viene assegnata alla Prussia mentre gli altri Stati tedeschi restano indipendenti ma sono riuniti in una Confederazione germanica sotto la presidenza dell'Austria; l'Italia viene divisa in sette Stati, la maggior parte dei quali sottoposti all'Austria.

5 — Il principio dell'intervento e il "concerto europeo"

Un altro principio stabilito dal Congresso è quello dell'intervento: se un sovrano legittimo è minacciato da una rivoluzione, può chiedere aiuto agli eserciti stranieri. A questo scopo, lo zar Alessandro I istituisce la Santa Alleanza, di cui inizialmente fanno parte Russia, Prussia e Austria, poi anche la Francia. In funzione antifrancese, invece, l'Inghilterra promuove la Quadruplice Alleanza, alla quale aderiscono Inglesi, Austriaci, Prussiani e Russi. Le due Alleanze obbligano le grandi potenze a incontri periodici che devono appianare eventuali dissidi: questo dialogo fra gli Stati è chiamato "concerto europeo" e sarà effettivamente in grado di impedire nuove guerre per circa quarant'anni.

6 — Verso la "Questione d'Oriente"

Fra gli Stati presenti a Vienna, Inghilterra e Russia sono interessate anche a ciò che accade fuori dai confini europei. La prima è una potenza marittima, la seconda una potenza terrestre, e lo zar aspira a conquistarsi uno sbocco sul Mediterraneo, che la flotta britannica considera invece un mare "inglese". Non a caso la Gran Bretagna ha concluso un'alleanza segreta con Austria e Prussia in funzione antirussa e le sue navi tengono sotto controllo lo Stretto dei Dardanelli, che però appartiene all'Impero turco. All'orizzonte si profila la "Questione d'Oriente".

Unità 3 — Il Risorgimento

GUIDA ALLO STUDIO

Mappa concettuale

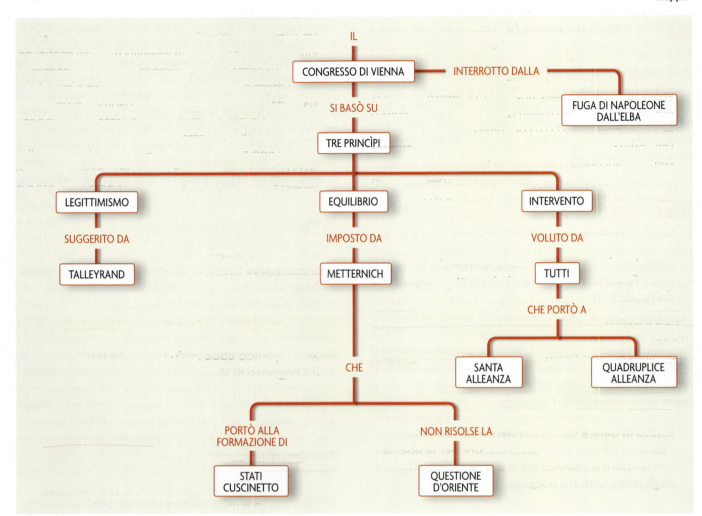

Verifica formativa

ARRICCHIRE IL LESSICO

1. Il sostantivo "principio" vuol dire, nel contesto in cui lo hai incontrato in questo capitolo, "concetto fondamentale", ma ha anche altre sfumature di significato. Cercale sul dizionario e scrivi con ciascuna di esse una frase di senso compiuto.

COMPRENDERE IL TESTO

2. **Rispondi alle domande seguenti.**
   1. In quale periodo si svolse il Congresso di Vienna?
   2. Qual era l'obiettivo di tutti gli Stati presenti?
   3. Perché trionfò la diplomazia?

3. **Completa la tabella seguente scrivendo quali Stati parteciparono al Congresso di Vienna.**

Potenze vincitrici	
Monarchie detronizzate	
Paese sconfitto	

4. **Indica se le seguenti affermazioni sono vere o false.**
   1. Talleyrand si presentò a Vienna con l'atteggiamento di un vinto. V F
   2. Egli dichiarò che la Francia era felice di aver riavuto il suo legittimo re. V F
   3. Le grandi potenze stabilirono che la Francia non conservasse i confini che aveva nel 1791. V F

4 Alla Francia non fu chiesto nessun risarcimento per i danni causati da Napoleone. V F

5 Spiega in che cosa consisteva il principio del legittimismo e perché fu l'idea principale sulla quale si basarono le decisioni del Congresso.

6 Completa il brano seguente.
Pochi mesi prima della fine del Congresso giunse la notizia che .... era fuggito dall'............... e aveva ripreso le armi. Nonostante la sua definitiva sconfitta a ...., l'episodio rafforzò la convinzione che la .... rappresentasse ancora un pericolo per la .... e il ministro austriaco .... impose allora il principio dell'..............., in base al quale i "quattro Grandi" suddivisero l'............... in Stati di .... e .... misurate sulla carta geografica e, a guardia della ...., crearono una cintura di ....

7 Completa lo schema seguente spiegando come fu sistemata l'Europa in base al principio dell'equilibrio.

Belgio e Olanda	
Polonia	
Germania nord-occidentale	
Stati tedeschi	
Italia	

8 Spiega in base a quali considerazioni i sovrani europei decisero di ignorare l'amore per la libertà che le riforme napoleoniche avevano svegliato negli animi di molti borghesi.

9 Completa lo schema seguente.

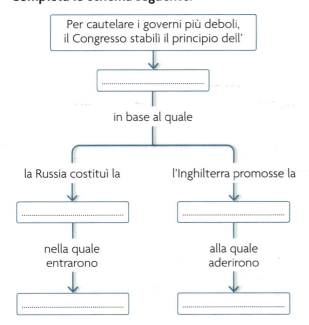

10 Spiega che cosa si intende con l'espressione "concerto europeo".

11 Completa il brano seguente.
Fra i "quattro Grandi", due, l'............... e la ...., erano interessati anche a ciò che avveniva fuori dai confini del .... La prima era una potenza ...., che dominava il commercio .... sugli .... di tutto il mondo; la seconda era una potenza ...., padrona di un .... enorme. Lo zar aspirava a conquistarsi uno sbocco sul ...., che la flotta .... considerava un mare ....: non a caso la .... aveva concluso una alleanza segreta con .... e .... in funzione .... e teneva sotto controllo lo ...., che però apparteneva all'............... ormai escluso dai grandi commerci mondiali. Le due potenze aspettavano che esso cominciasse a "..............." e a Vienna tentarono inutilmente di accordarsi sull'............... da tenere quando ciò fosse accaduto. Quelle discussioni furono il primo sintomo della cosiddetta "...............".

LE DATE DELLA STORIA

12 Scrivi quando ebbe inizio e quando finì il Congresso di Vienna.

GUIDA ALL'ESPOSIZIONE ORALE

1 Illustra i princìpi che emersero durante il Congresso di Vienna e ai quali aderirono tutti gli Stati convenuti.
Scaletta:
- principio del legittimismo
- Talleyrand
- principio dell'equilibrio
- Metternich
- suddivisione dell'Europa in Stati di ampiezza e potenza misurate sulla carta geografica
- Stati cuscinetto
- principio dell'intervento
- Santa Alleanza
- Quadruplice Alleanza
- "concerto europeo"

Parole e concetti chiave:
ritorno sul trono dei sovrani legittimi, fuga di Napoleone dall'Elba, Waterloo, Francia "nazione infida", Belgio e Olanda, Polonia, Germania, Prussia, Confederazione germanica, Italia, Alessandro I, Russia, Austria, Castlereagh, Inghilterra, Prussia, dialogo fra le potenze.

Come cominciare:
"Al Congresso di Vienna il principe di Talleyrand dichiarò che la Francia era felice di aver riavuto il suo legittimo re".

12 Moti e riforme nell'età della Restaurazione

1815 Fine del Congresso di Vienna

1847 Riforme in Italia

1 I conservatori al potere

Il Congresso di Vienna "restaurò" l'Europa aggiustando i guasti che le grandi potenze attribuivano alla Rivoluzione francese e a Bonaparte come farebbe un restauratore con un mobile tarlato. E **Restaurazione**, perciò, fu detto il periodo immediatamente successivo al Congresso. Esso si prolungò dal 1815 fino al 1848. Molti tirarono un sospiro di sollievo: furono soddisfatti i vecchi gruppi dirigenti, che tornarono al potere al seguito dei sovrani legittimi; i mediatori d'affari, che Napoleone aveva rovinato con il Blocco continentale; i contadini che, in tutta l'Europa napoleonica, per anni e anni erano stati sottoposti alla leva militare obbligatoria.

Il doganiere
Il protezionismo moltiplicò le barriere doganali e daziarie dando enorme potere ai doganieri, antenati della attuale Guardia di finanza, e ostacolando i traffici commerciali e lo sviluppo economico europei.

La Restaurazione e la stampa
In questa stampa satirica è rappresentata la situazione della Restaurazione: scrittori e giornalisti sono simbolicamente imbavagliati. I sovrani "legittimi" posero in atto una severissima censura su libri e giornali, allora (come oggi la televisione) potenti strumenti di propaganda. Furono chiuse tipografie, soppressi quotidiani e riviste, ogni permesso di pubblicazione fu accordato solo dopo severi controlli.

Quanto alle scelte politiche, anche se vi furono differenze notevoli fra Stato e Stato, in tutti i governi prevalsero gli orientamenti conservatori. Nei Paesi che erano stati conquistati da Bonaparte **la Costituzione e il *Codice napoleonico* furono aboliti** e ovunque furono ripristinate forme di **censura** più o meno severe. Tutti, inoltre, rafforzarono il **protezionismo** per tutelare le industrie nazionali: persino l'Inghilterra, che da quasi cento anni era l'alfiere del libero commercio, si rassegnò a scelte protezionistiche sul commercio del grano.

Ai rigidi princìpi dei "restauratori" reagì un ventaglio sempre più vasto di oppositori appartenenti alla **seconda generazione romantica** ▶ che cominciarono a differenziarsi in **liberali, democratici e socialisti**.

▶ *Il Romanticismo*, pag. 264

2 Gli oppositori della Restaurazione

La "gara" tra Illuminismo alla francese e liberalismo all'inglese vide nell'Ottocento la netta e stabile vittoria del secondo, confermata, da una parte, dai nuovi successi economici che, nel giro di pochi anni, l'Inghilterra raggiunse, tanto da meritare l'appellativo di "locomotiva del mondo", dall'altra, dalle vittorie militari che avevano liberato l'Europa dall'"incubo" di Napoleone.

Il **liberalismo** esaltava il diritto del singolo cittadino a **perseguire e proteggere i propri interessi**. Al suo interno, però, si manifestarono le correnti più varie, a volte addirittura opposte. Le due principali furono il costituzionalismo e la democrazia.

Il **costituzionalismo** propugnava la libertà di espressione e di stampa, opponendosi quindi alla **censura**, e sosteneva un regime politico parlamentare che facesse perno su una **Costituzione**, cioè su quella serie di **princìpi generali invalicabili** in grado di distribuire e controllare il potere politico attraverso l'estensione minore o maggiore del diritto di voto, la definizione dei limiti del potere esecutivo e di quello legislativo ecc.

I modelli di Costituzione erano tanti quanti erano i Paesi che la chiedevano, ma per Metternich erano tutti ugualmente inaccettabili: "Non c'è quasi mai un'epoca che non abbia una parola d'ordine capace di unificare qualche fazione. A partire dal 1815 – osservò amaramente – questa parola fu 'Costituzione'".

Un **regime costituzionale** può non essere democratico se mantiene particolar-

Liberali e democratici
I giovani rappresentati in questo quadro di Giuseppe Bossi sono personaggi significativi della seconda generazione romantica, quella che, diversamente dalla prima, non rinnegò l'Illuminismo, ma ne accolse primariamente le aspirazioni alla libertà individuale ed economica, diventando liberale, oppure alla vicinanza al popolo, diventando democratica.

mente bassa la percentuale di cittadini dotati di **diritti politici**, dal diritto di voto a quello di sedere in Parlamento.

La **democrazia**, invece, è basata sul **principio di uguaglianza di tutti i cittadini** e presuppone anche un intervento dello Stato volto a garantire uguali possibilità e a difendere gli interessi dei più poveri contro i ricchi. In Europa l'unico modello di democrazia era stato fino ad allora quello dei giacobini; i democratici dell'Ottocento ne elaborarono altri, ma ebbero con i rivoluzionari francesi un solido punto in comune: furono **antimonarchici** e **repubblicani**.

Le spinte democratiche apparvero ai liberali un possibile pericolo per la libertà individuale. Quindi la loro idea di Costituzione fu considerata un freno non solo allo strapotere dei sovrani ma anche agli "eccessi" dei democratici.

La democrazia confinava con il **socialismo**, dal momento che si può ritenere che il grande ostacolo all'uguaglianza e alla libertà di tutti sia costituito dalle **disuguaglianze sociali**, dalla proprietà privata e dall'accumulazione della ricchezza. Il socialismo fu una prima risposta all'emergere, nella prima metà dell'Ottocento, della "**Questione sociale**", che riguardava le dure condizioni di vita e di lavoro di una nuova classe: quella degli operai impiegati nelle fabbriche, che dall'Inghilterra sempre più si diffondevano nel Continente.

Per affrontare il malessere legato a uno sviluppo industriale selvaggio, guidato da un capitalismo senza freni, e trovare una risposta ai conflitti tra lavoratori e imprenditori, alcuni pensatori, ancora influenzati dall'Illuminismo settecentesco, elaborarono una serie di **teorie riformatrici** con l'obiettivo di raggiungere **con mezzi pacifici** un ordinamento sociale più giusto.

Le prime teorie socialiste in difesa dei lavoratori saranno definite più tardi "**socialismo utopistico**" dal filosofo tedesco Karl Marx, l'autore del *Manifesto del Partito comunista*, che le considerava non fondate su solide basi scientifiche.

> **LESSICO — POLITICA**
>
> **Utopia**
> Il termine fu coniato nel XVI secolo dall'umanista Tommaso Moro, che lo usò nel titolo di un suo libro per indicare un ordinamento socio-politico ideale, privo di diseguaglianze, ingiustizie e privilegi, che non trova corrispondenza nella realtà; deriva dal greco e letteralmente significa "luogo che non esiste".

I socialisti utopisti

I primi socialisti utopisti svilupparono progetti per un'organizzazione più razionale della società e per proteggere strati della popolazione come gli operai di Nantes, per i quali "vivere significava solo non morire", o come i tessitori fiamminghi che, in un anno di carestia, arrivarono a disseppellire cani, gatti e cavalli morti per cibarsene. Le loro teorie nacquero nei primi decenni dell'Ottocento.

Secondo il francese Claude-Henri de **Saint-Simon** (1760-1825), per arrivare a una società ugualitaria bisognava che il potere fosse assegnato alle **classi produttrici**, che egli identificava nella borghesia imprenditrice, negli artigiani e negli operai, ponendo fine ai privilegi e alla centralità politica delle classi parassitarie (nobiltà, latifondisti, funzionari pubblici). Altri esponenti del socialismo utopistico miravano invece alla creazione di piccole **comunità cooperative** di produttori e di lavoratori dell'industria e dell'agricoltura, in cui il denaro venisse sostituito dal baratto e scomparisse la proprietà privata, perché, come disse uno di loro, il tipografo di Lione **Pierre Proudhon**, "la proprietà è un furto".

Charles Fourier (1772-1837), francese, proponeva, come soluzione alle storture della moderna civiltà industriale, la libera associazione dei lavoratori in **comunità autosufficienti** formate da persone che sceglievano di vivere insieme in edifici (i "**falansteri**") dotati di tutti i servizi e circondati dai campi.

Fourier e i suoi seguaci cercarono, senza successo, di realizzare praticamente queste idee, come pure fece l'industriale gallese **Robert Owen** (1771-1858) che fondò alcuni "**villaggi cooperativi**", egualitari e non basati sul profitto, come la comunità modello di New Harmony, creata negli Stati Uniti, ma destinata anch'essa al fallimento.

Il più vicino al tipo di socialismo che si affermerà in seguito fu un altro francese, **Louis Blanc** (1811-1882), il quale sosteneva che ci si dovesse impadronire del potere statale e usarlo per superare il capitalismo attraverso la creazione di **aziende cooperative nazionali**, che chiamò *atéliers nationaux*, che avrebbero istituito la socializzazione dei mezzi di produzione e riassorbito la disoccupazione.

Queste forme di socialismo trovarono adepti tra gruppi di artigiani e di piccoli commercianti, ma non ebbero effetti sociali di alcun genere.

3 Le società segrete e la Carboneria

Fra tutti gli oppositori, i primi a mettere in gioco la propria vita per contrastare la Restaurazione furono i **liberali costituzionalisti**, grandi protagonisti di una serie di rivolte scoppiate negli anni Venti dell'Ottocento.

Essi erano forti in diverse nazioni, tra cui l'**Italia**, che era stata particolarmente maltrattata da **Metternich**. Il cancelliere austriaco aveva mantenuto tutte le sue divisioni, l'aveva sottoposta al ferreo controllo dell'Austria e, a chi gli aveva fatto presente che esisteva una "questione italiana", intendendo dire che occorreva scendere un po' più a fondo per comprendere gli umori e i problemi delle sue popolazioni, aveva risposto sprezzantemente: "L'Italia è una semplice espressione geografica", il che equivaleva a dire: "Non esistono né un'Italia né tantomeno un popolo italiano".

Si sbagliava, perché troppi Italiani rimpiangevano l'epoca napoleonica e le sue libertà civili. Poiché Metternich era deciso "a spegnere l'ideale dell'unità d'Italia e gli ideali costituzionali" con un rigido apparato poliziesco e una ferrea censura, i liberali intensificarono la loro partecipazione alle **società segrete** o **sette**, associazioni, sviluppatesi già nel XVIII secolo a imitazione della massoneria, che, per sfuggire al regime di polizia imposto negli Stati italiani dall'Austria, operavano clandestinamente, pubblicando di nascosto scritti d'opposizione e programmando **attività cospirative**.

La più attiva delle società segrete italiane era la **Carboneria**, collegata ad analoghe società spagnole, portoghesi, greche e di altre nazioni europee. Il nome derivò dal fatto che i suoi affiliati, quando comunicavano tra loro, si riferivano ai piani segreti chiamandoli "carichi di carbone".

I carbonari erano legati da solenni giuramenti di fedeltà e lealtà che li vincolavano, pena la morte, al segreto e all'aiuto reciproco; praticavano curiosi cerimoniali di affiliazione; sapevano il meno possibile l'uno dell'altro ed erano organizzati secondo rigide gerarchie. Solo i più alti in grado erano a conoscenza dei dettagli

Un simbolo della Carboneria
L'immagine contiene il cifrario dei carbonari: "M" sta per "E", "4" sta per "P" ecc. Con questo codice essi rendevano i loro messaggi incomprensibili a chi non lo conosceva.

Una riunione della Carboneria
I nuovi affiliati giurano fedeltà alla società segreta.

dei piani insurrezionali. L'obiettivo politico dei carbonari era il raggiungimento dell'**indipendenza** e l'istituzione di un **regime costituzionale**.

Società segrete sorsero **in tutta Europa**, formate da giovani ufficiali (che spesso avevano fatto parte degli eserciti napoleonici e si erano nutriti delle idee della Rivoluzione francese) e da giovani borghesi, ma anche da aristocratici e membri del clero che avevano abbracciato gli ideali della libertà.

In **Spagna**, per esempio, la società segreta più diffusa era quella dei *comuneros*, mentre in **Grecia** era attivissima un'organizzazione chiamata *Etería*.

4 I moti del 1820-1821

Nonostante il protezionismo e gli sforzi compiuti dalle polizie della Restaurazione per mantenere i popoli divisi e privi di informazioni, l'economia-mondo ormai collegava i continenti e faceva **circolare le notizie**.

Dal 1810 le **colonie spagnole d'America** erano in guerra contro la madrepatria in nome dell'indipendenza. Nel **1820** nuove truppe furono ammassate nel porto di Cadice, pronte ad attraversare l'Atlantico contro gli insorti, ma gli ufficiali affiliati alla sètta dei *comuneros* arringarono i soldati e con essi **marciarono su Madrid**, dove imposero al re Ferdinando VII di concedere la Costituzione e di convocare il Parlamento. Il re cedette e la notizia della grande vittoria si propagò immediatamente a tutte le "carbonerie" d'Europa.

La prima a seguire l'esempio spagnolo fu, nello stesso anno, quella di **Napoli**, dove molti reparti dell'esercito si ammutinarono e formarono una specie di "esercito parallelo" al comando del generale **Guglielmo Pepe**. Il re, **Ferdinando I**, sorpreso dagli avvenimenti, si vide costretto a concedere la stessa Costituzione che i Borbone di Spagna avevano dovuto emanare nel 1812, la cosiddetta **Costituzione di Cadice** (che avevano poi abrogato nel 1814), e a giurare solennemente sul Vangelo di difenderla e rispettarla.

Essa era una **Costituzione liberale**, in cui si affermava che **la sovranità appartiene alla nazione** e si divideva il potere esecutivo, esercitato dal re coadiuvato dai ministri, da quello legislativo affidato a un Parlamento eletto con voto "popolare". Contemporaneamente altri moti scoppiarono in **Sicilia**, dove invece si chiedeva di tornare a quella **separazione dell'isola** esistente prima della Restaurazione, quando il Regno di Sicilia e il Regno di Napoli erano due domini distinti, pur sotto la stessa corona, e Palermo godeva di una sua autonomia. Il progetto autonomista siciliano non trovava d'accordo i carbonari napoletani che mandarono alcuni loro gruppi a reprimere la rivolta.

La rivoluzione napoletana preoccupò gli Asburgo per i suoi possibili effetti sugli Stati italiani, ma le altre potenze della **Santa Alleanza** si dimostravano restie a intervenire: Metternich poté muoversi solo grazie al cosiddetto "tradimento" di Ferdinando I che, rinnegando il proprio giuramento di fedeltà alla Costituzione e appellandosi al trattato di alleanza con l'Austria, chiese formalmente l'**intervento armato** dell'Alleanza.

Riportare l'ordine non si rivelò un'impresa ardua perché le **masse popolari** non si sollevarono contro il sopraggiunto esercito austriaco. La Costituzione, infatti, non conteneva provvedimenti a favore delle classi più deboli tali da determinare un'adesione popolare ai moti e incontrava inoltre l'ostilità del **clero**, che vedeva sensibilmente ridotti i suoi privilegi, tra cui quelli fiscali, e che aveva sul popolo meridionale un'enorme influenza. Gli Austriaci nel marzo 1821 occuparono Napoli e la Costituzione fu abrogata; tornato l'ordine, i Borbone attuarono una feroce **repressione** contro i rivoluzionari.

LESSICO — STORIA

Moti
Furono chiamate così le rivolte contro la Restaurazione. Il termine significa "movimenti".

Anche in **Piemonte** i liberali erano in fermento e avevano definito i propri scopi: ottenere la **Costituzione** e creare un **Regno dell'Alta Italia** (composto di Lombardo-Veneto e Piemonte) sotto la sovranità dei Savoia. Per raggiungere questo secondo obiettivo si rendeva però necessaria la guerra con l'Austria e, a tal fine, i cospiratori piemontesi avevano stretto rapporti con i patrioti lombardi e con l'erede al trono, il giovane principe **Carlo Alberto**.

I moti iniziarono nel **marzo** del **1821**, coinvolgendo anche alcuni reparti militari, ma incontrarono la forte opposizione del re Vittorio Emanuele I che, sdegnato, abdicò addirittura a favore di suo fratello **Carlo Felice**.

Lo stesso Carlo Alberto, che aveva assunto temporaneamente la reggenza, si comportò in maniera ambigua: accusato di avere in un primo tempo incoraggiato i rivoltosi, in seguito ritirò il proprio appoggio ai loro piani, ma senza ostacolarli, anzi concesse dietro giuramento la Costituzione spagnola.

Il tentativo costituzionale piemontese, tuttavia, durò appena un mese, perché ai primi di **aprile** le truppe rimaste fedeli al re, rinforzate da reparti austriaci, sconfissero gli insorti e ripresero il controllo di Torino. I congiurati superstiti furono **incarcerati o esiliati**.

Nello stesso periodo le idee della Carboneria si erano diffuse anche in **Lombardia** dove gruppi di patrioti cospiravano per raggiungere l'**indipendenza da Vienna**. Ma la polizia austriaca intervenne tempestivamente e arrestò circa duecento patrioti lombardi, tra cui **Silvio Pellico** e **Piero Maroncelli,** che furono condannati al carcere duro nella fortezza austroungarica dello Spielberg. La durezza della repressione alimentò in Lombardia e nel resto dell'Italia un forte **sentimento anti-austriaco**.

Carlo Alberto ricavò solo danni dalle vicende del 1821: Carlo Felice lo ritenne un debole inaffidabile e i liberali un traditore. Nel 1824 la Santa Alleanza venne in aiuto anche del re di Spagna: sconfisse le truppe rivoltose e il sovrano ritirò la Costituzione.

I moti carbonari di Napoli
Al gruppo dei congiurati era affiliato anche don Luigi Minichini, un prete liberale di Nola raffigurato in questa stampa.

La repressione borbonica
File di patrioti impiccati sulla forca restarono esposti per giorni sulle piazze di Napoli come esempio della repressione dei moti.

5 L'indipendenza della Grecia

Tra i moti del 1821, il più importante – e l'unico destinato ad avere un esito positivo – fu quello organizzato dalla società segreta greca *Etería*, che si trasformò in una **vastissima rivolta popolare contro l'Impero turco**, di cui la Grecia era suddita ormai da secoli, anche se i suoi contatti con gli ambienti europei più progrediti erano rimasti stretti, consentendo alla società ateniese di conoscere gli ideali illuministi, prima, e quelli liberali, poi.

La rivolta contro il dominio islamico scoppiò nel Peloponneso. Sulla bandiera dei rivoltosi era raffigurata una grande croce bianca su fondo azzurro, simbolo della lotta cristiana contro l'oppressore musulmano.

In due anni i Greci ottennero tali successi che il sultano dovette rivolgersi al **pascià dell'Egitto Mehmet Ali**, suo vassallo, perché accorresse in aiuto delle truppe turche. L'esercito egiziano adottò la tecnica dello **sterminio**, compiendo stragi di civili che suscitarono un'enorme eco in tutta Europa e innescarono un fenomeno di **solidarietà internazionale** mai visto prima: intellettuali liberali di mezzo continente (soprattutto inglesi, come il poeta George Byron, ma anche italiani come il patriota Santorre di Santarosa) partirono per la Grecia per schierarsi al fianco dei combattenti e una colletta lanciata per aiutare gli insorti raccolse quasi un milione di sterline.

Quando, nonostante il loro eroismo, i Greci furono sul punto di essere sopraffatti, Francia, Inghilterra e Russia decisero di intervenire e, nel **1827**, sconfissero la flotta turco-egiziana a **Navarino**. Per la prima, e unica volta, le **potenze europee** appoggiarono un moto rivoluzionario teso ad alterare lo stato delle cose. Il perché è molto semplice: era l'occasione che aspettavano per **intromettersi nella "Questione d'Oriente"**.

STORIA E TERRITORIO
La "Questione d'Oriente", pag. 240

Il massacro di Scio
Donne e bambini ormai allo stremo delle forze non vengono risparmiati dai cavalieri turchi. Il dipinto fu realizzato dal pittore francese Eugène Delacroix che volle denunciare così gli orrori di una guerra che aveva profondamente commosso l'opinione pubblica europea.

Moti e riforme nell'età della Restaurazione **Capitolo 12** 251

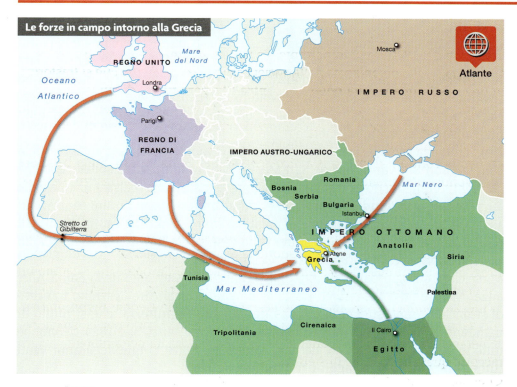

Lettura della carta

1. Nella carta la Grecia, oggetto del contendere, è rappresentata in giallo.
2. Le altre zone colorate rappresentano le potenze che intervennero a favore o contro i rivoltosi: l'Egitto, con le forze guidate da Mehmet Alì, sbarcò nelle vicinanze di Atene e avviò da lì una feroce repressione; in aiuto dei rivoltosi intervennero le navi russe, che passarono dal Bosforo, e le navi francesi. Con un giro più lungo che passava dallo Stretto di Gibilterra arrivò l'intervento decisivo della Gran Bretagna.
3. L'area verde chiaro indica la parte mediterranea dell'Impero turco-ottomano e mostra come la perdita della Grecia cominciasse a togliergli una regione fondamentale.

Quando, nel **1829**, la Grecia ottenne l'**indipendenza**, tuttavia, i regimi europei non si preoccuparono di esaudire quei desideri per i quali tanti Greci avevano dato la vita: il nuovo Stato non fu affidato a un governo autonomo bensì venne assegnato "d'ufficio" a un re assoluto europeo. **Ottone di Baviera** prese possesso del suo nuovo regno sul Mediterraneo, senza concedere per più di dieci anni nemmeno una parvenza di Costituzione e, anzi, aumentando le tasse ai Greci per finanziare le spese della sua casata.

LESSICO — GEOGRAFIA

America Latina
L'America meridionale e centrale, dall'estrema punta sud fino al Messico, si chiama anche così, perché vi si parlano due lingue di origine latina, il portoghese e lo spagnolo.

6 L'indipendenza dell'America Latina

Dalla parte opposta del mondo altre terre sottoposte a un regime coloniale ottennero l'indipendenza: le smisurate regioni dell'America meridionale e centrale, cioè dell'America Latina che, dal tempo dei *conquistadores*, erano sottoposte al **dominio spagnolo o portoghese**.
In quelle regioni i crèoli delle città erano una categoria di gente colta, imbevuta di letture illuministe, che aveva seguito con passione le vicende della colonie americane (che erano riuscite a liberarsi dal dominio della madrepatria) e che si recava periodicamente in Europa per lunghi soggiorni. Era una crèola anche Giuseppina Beauharnais, grande protagonista dei salotti del Direttorio, che aveva

LESSICO — STORIA

Creolo
Il termine deriva dall'antico castigliano *criollo* e significava "nuovo".
Al tempo dei *conquistadores* cominciò a indicare le persone di origine europea nate nelle colonie del Nuovo Mondo.

sposato Napoleone ed era diventata, sebbene per un periodo breve, imperatrice dei Francesi.

Quando Napoleone conquistò la Spagna, il re fu costretto a richiamare in patria le truppe che occupavano le colonie fornendo ai crèoli l'occasione per scacciare i viceré e proclamare l'indipendenza. Era il **1811**. Le truppe spagnole furono sconfitte dai Francesi e i Borbone dovettero fuggire da Madrid. Nel 1814, però, Napoleone fu esiliato nell'Isola d'Elba, i Borbone tornarono sul trono e inviarono nuovamente l'esercito in America.

Ormai tuttavia i coloni si erano organizzati e avevano generali di grande prestigio come **Simon Bolívar** e **José de San Martin** che erano riusciti a sollevare anche gli *indios* promettendo loro la fine del regime feudale e una redistribuzione delle terre. Insieme, **latifondisti, borghesi e contadini** respinsero i primi contingenti spagnoli. Come è noto, le truppe mandate di rinforzo nel 1820 si rifiutarono di partire e, anzi, diedero origine ai moti che costrinsero il re a concedere (molto malvolentieri e provvisoriamente) la Costituzione.

Minacciato da ogni parte, il re di Spagna invocò l'intervento della Santa Alleanza. Mentre però Metternich riuscì facilmente a incaricare l'esercito francese di stroncare i moti sul continente, fu **deluso dall'Inghilterra**, che si rifiutò di mandare la sua flotta contro i ribelli sudamericani; anzi, nel 1824 riconobbe tutte le colonie che si erano già rese autonome. Entro la fine degli anni Venti **tutta l'America Latina raggiunse l'indipendenza**.

Negli stessi anni otteneva l'**indipendenza** anche il **Brasile**, senza combattere, ma per concessione del re del Portogallo, che si era trasferito nel Paese durante l'occupazione napoleonica: nel **1815**, tornato in Europa, trasformò il Brasile in un **regno autonomo** affidandone la reggenza al figlio.

Ormai era chiaro che i **destini del continente americano** erano definitivamente **separati da quelli dell'Europa**.

Simon Bolívar

L'indipendenza del Brasile
La popolazione in festa dopo l'annuncio dell'indipendenza.

7 La "dottrina Monroe"

Questa nuova realtà era stata spiegata chiaramente al mondo dal presidente degli Stati Uniti **James Monroe**. Nel **1823**, venuto a conoscenza delle pressioni di Metternich sul governo di Londra, il presidente minacciò addirittura di intervenire in armi contro un eventuale attacco europeo.
Sintetizzò il suo pensiero nella formula "**L'America agli Americani**": gli Stati Uniti non avrebbero tollerato interventi armati dell'Europa nel continente americano; essi, a loro volta, non sarebbero mai intervenuti a favore o contro alcuna nazione europea.
Questo programma, noto come "**dottrina Monroe**", era dettato sia dalla pressione dell'opinione pubblica, che ricordava ancora la propria lotta per l'indipendenza ed era solidale con gli insorti, sia dai vantaggi che gli Stati Uniti avrebbero tratto se i Paesi sudamericani si fossero liberati dall'obbligo di commerciare solo con la Spagna e il Portogallo.
Gli Stati Uniti, infatti, erano convinti che, una volta divenuti indipendenti, gli ex coloni spagnoli non avrebbero dimostrato né lungimiranza né spirito di iniziativa, che la loro economia sarebbe restata depressa e che essi avrebbero potuto avere l'**esclusiva su tutte le loro esportazioni**.
Queste previsioni si rivelarono ben presto fondate. I **latifondisti bianchi** si rifiutarono di dividere la terra e di distribuirla tra i contadini *indios*, non apportarono migliorie agricole e caddero **preda degli Stati Uniti** i quali ben presto imposero i prezzi che volevano e ridussero il Sudamerica a una vera e propria "**colonia economica**".

James Monroe
Fu il presidente che tracciò la politica estera statunitense sulla base dell'"isolazionismo", ma anche di una più forte presenza degli Usa negli affari delle Americhe.

Gli Stati dell'America Latina dopo le Guerre d'Indipendenza

I nuovi Stati nati dall'indipendenza si divisero in:
- Stati bianchi (a maggioranza creola)
- Stati meticci
- Stati indios
- La Guiana non ebbe l'indipendenza, ma rimase un possedimento della Corona britannica

Atlante

La "dottrina Monroe", nata per reagire a un evento particolare, divenne poi il principio primo della politica estera statunitense passata alla storia come "**politica dell'isolamento**", fino alla Prima guerra mondiale quando gli Usa intervennero nella guerra europea.

Coerenti con questa posizione, intorno a quegli anni gli Usa si espansero acquistando la **Florida** dagli Spagnoli, la **Louisiana** dai Francesi e conquistando la **California**, che tolsero al Messico.

Qualche decennio dopo, con straordinaria lungimiranza, avrebbero acquistato dalla Russia l'Alaska, un territorio enorme, pari a circa la metà degli Stati Uniti, che sembrava privo di risorse e che si rivelò invece una regione ricchissima.

Testimoni e interpreti

L'America agli Americani

AUTORE	James Monroe, presidente degli Stati Uniti
OPERA	*Discorsi*
DATA	1823

Leggi altre **fonti dirette** nella Biblioteca digitale

Il brano qui di seguito riportato è tratto da una fonte di fondamentale importanza storica: il messaggio inviato al Congresso americano dal presidente Monroe nel 1823 per spiegare i motivi del rifiuto opposto alle potenze della Santa Alleanza, che ne avevano richiesto l'intervento contro i ribelli delle colonie latino-americane.

Le due Americhe, in virtù della libertà e dell'indipendenza che si sono date e che intendono conservare, non devono d'ora innanzi essere considerate come oggetto di futura colonizzazione da parte di qualsiasi potenza europea. Questa asserzione ha il valore di un principio fondamentale per la difesa dei diritti e degli interessi degli Stati Uniti.
Noi non abbiamo mai preso parte alle guerre degli Stati europei, né la nostra politica comporta che vi partecipiamo.
Noi invece, necessariamente, ci sentiamo più direttamente interessati ai movimenti che avvengono in questo emisfero e le ragioni di questo nostro atteggiamento dovrebbero essere ovvie per tutti gli osservatori imparziali.
Il sistema politico della Santa Alleanza è essenzialmente diverso, a questo riguardo, da quello americano.
Tale diversità procede dalla natura dei rispettivi regimi. Questo nostro popolo è unanimemente preoccupato per la propria sicurezza, comprata a prezzo di tanto sangue e di tanto denaro e rafforzata dalla saggezza dei suoi cittadini più illuminati, e nella quale noi abbiamo goduto un incomparabile benessere.

Noi dobbiamo quindi, in virtù dei rapporti sinceri ed amichevoli esistenti tra gli Stati Uniti e le potenze europee, dichiarare che considereremmo un pericolo per la nostra pace e la nostra sicurezza ogni loro tentativo di estendere ad una qualsiasi regione di questo emisfero il loro sistema politico. Noi non abbiamo finora voluto interferire nelle colonie o nei possedimenti europei in America, né intendiamo farlo in futuro. Ma, quando si tratta di governi che hanno dichiarato la loro indipendenza e sono riusciti a mantenerla, non potremmo reputare un qualsiasi intervento che si proponga di opprimerli o di controllarne in un qualsiasi altro modo il destino, compiuto da una potenza europea, se non come la manifestazione di un atteggiamento ostile nei confronti degli Stati Uniti.
Nella guerra tra quei nuovi governi e la Spagna, noi dichiarammo di restare neutrali e tale neutralità abbiamo osservato e continueremo ad osservare.

LABORATORIO

Comprendere

1. Perché, secondo Monroe, le due Americhe non dovevano essere considerate come oggetto di futura colonizzazione da parte delle potenze europee?
2. Per quali motivi l'America non intendeva intervenire contro i ribelli delle colonie latino-americane?

8 · 1830: le Giornate di luglio a Parigi

Intanto in Europa, la repressione dei primi moti piegò i liberali, ma non li spezzò. Nel **1830** una nuova ondata di rivolte percorse il Vecchio Continente. Questa volta il detonatore fu la **Francia**, dove Luigi XVIII, una volta salito al trono nel 1814, era stato costretto a mantenere alcune delle libertà fondamentali risalenti alla Rivoluzione e alle riforme napoleoniche.

Il re aveva quindi emanato una nuova **Costituzione** ("concessa" dal sovrano e non ottenuta su pressione del popolo) che, pur ampliando di molto i suoi poteri, garantiva i diritti individuali e prevedeva un Parlamento, eletto peraltro solo con il voto di una ristretta minoranza. Luigi aveva però compiuto un gesto odioso a tanti, abolendo il Tricolore e ripristinando la bandiera con i gigli d'oro, simbolo della dinastia borbonica.

Al centro della società e del sistema politico francesi erano di nuovo gli **aristocratici** che, tornati in Francia e animati da un desiderio di **vendetta**, formarono il gruppo degli "ultrarealisti" (o *ultras*) capeggiato dal conte di Artois, il fratello del re che si era già distinto negli agguati contro i Giacobini durante il Direttorio. Gli *ultras*, dopo le notizie giunte dall'estero sui moti del 1820-1821, avevano ottenuto la reintroduzione della **censura**, una legge elettorale che concedeva loro due voti anziché uno, la "Legge del miliardo" (un miliardo di franchi sborsati dallo Stato per indennizzarli dei beni confiscati durante il Terrore) e una sfrenata ripresa del **clericalismo** (per il reato di sacrilegio fu introdotta la pena di morte).

Alla morte di Luigi XVIII nel 1824, il famigerato conte d'Artois era salito al trono con il nome di **Carlo X**. Nel **luglio 1830** quest'ultimo tentò un colpo di Stato sciogliendo il Parlamento e riducendo gli elettori da 100 000 a 25 000. Immediatamente **borghesi, operai e studenti invasero le strade**. I soldati del re si rivelarono incapaci di controllare la situazione e molti di loro cominciarono a fraternizzare con gli insorti.

Dopo tre giorni di rivolta (le "**tre gloriose**", come furono chiamate le **Giornate di luglio**), Carlo X fu costretto ad abdicare e la corona passò a **Luigi Filippo**

La Libertà guida il popolo
Questo è il titolo di un quadro allegorico dipinto da Eugène Delacroix per celebrare la vittoria dei liberali francesi nel 1830. Il pittore ha voluto rappresentare tutti i ceti sociali attraverso adulti e bambini. Al centro della scena, la "Libertà" innalza il Tricolore.

d'Orléans, che apparteneva a un ramo cadetto della famiglia reale ed era noto fin dai tempi della Rivoluzione per la sua adesione agli ideali costituzionalisti, tanto da farsi chiamare *Philippe Égalité*, "Filippo Uguaglianza".
Luigi Filippo fu proclamato re, non più, come i Borbone, "per grazia di Dio", ma "**per volontà della nazione**".

9 I moti del 1830 dopo Parigi

La rivolta di Parigi si trasmise al **Belgio**, che si staccò dall'Olanda, dando vita a una **monarchia indipendente** basata su un **regime costituzionale**. Metternich chiese al nuovo re dei Francesi di intervenire, ma gli interessi della Francia erano quelli di favorire la divisione che rompeva il primo degli Stati cuscinetto creati contro di lei. La Santa Alleanza cominciava a sfaldarsi.
Oltre al Belgio, l'insurrezione contagiò altre nazioni. In **Spagna** nuovi moti costrinsero il sovrano a concedere nuovamente la **Costituzione**.
Anche la parte della **Polonia** che era stata annessa all'Impero russo insorse, ma lo zar intervenne in modo feroce cancellando ogni tentativo di rendersi indipendente e "russificando" il Paese: il russo divenne la lingua ufficiale e le principali cariche amministrative furono affidate a Russi.
In **Italia**, il primo focolaio si accese a **Modena**, nel 1831. Come i Piemontesi nel 1821, i congiurati modenesi svelarono le loro intenzioni al duca Francesco IV, cercando il suo appoggio. Ancora una volta fu un sovrano a giocare sporco, mantenendo un **atteggiamento ambiguo** mentre si preparava alla repressione. La notte prima che l'insurrezione scoppiasse, i patrioti modenesi e il loro capo, **Ciro Menotti**, furono arrestati.
La rivolta, però, era inarrestabile e i moti scoppiarono nel resto del Ducato, in quello di **Parma**, a **Bologna** e nelle **Legazioni pontificie**, estendendosi, nel giro di due settimane, alle **Marche** e all'**Umbria**. Duchi e legati pontifici fuggirono lasciando il posto a nuovi **governi rivoluzionari** che si riunirono in un'Assemblea delle Province unite italiane.
Chiamato in soccorso da Gregorio XVI, e in combutta con il duca di Modena, l'**esercito austriaco** poté intervenire impunemente e, come dieci anni prima, non ebbe difficoltà a ripristinare l'ordine: Ciro Menotti fu impiccato, molti patrioti incarcerati e nelle Legazioni pontificie la **repressione** operata dal papa fu di inaudita ferocia e segnata da numerose condanne a morte.

I moti del 1820-21	
Paese	**Motivazioni**
Spagna	contro il re per la Costituzione
Regno di Napoli	contro il re per la Costituzione
Colonie latino-americane	contro la Spagna
Grecia	contro i Turchi

I moti del 1830-31	
Paese	**Motivazioni**
Francia	contro il re per l'abdicazione
Polonia	per l'indipendenza dalla Russia
Stati tedeschi	per la Costituzione
Ducato di Modena	per la Costituzione
Spagna	per la Costituzione
Belgio	per la separazione dall'Olanda

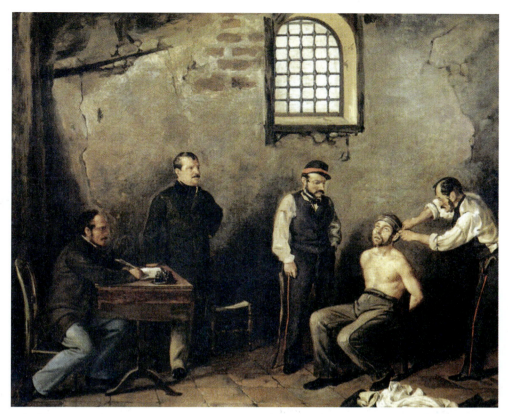

La tortura di un patriota
La tragica fine dei moti del 1820 e del 1830 significò per centinaia di giovani italiani e di altre nazioni europee l'esilio, la tortura, il carcere a vita, a volte la morte. Oggi è importante ricordare che le libertà individuali, civili e politiche di cui godiamo sono state pagate col sangue di uomini e donne animati da una fede indistruttibile.

10 Riflessioni sulla sconfitta

Il fallimento dei moti del 1820-1821 e di quelli del 1830-1831 suscitò in Italia numerose riflessioni: era tempo di individuare **nuovi metodi e nuove strategie** di lotta. Dalle esperienze compiute in Europa e in America Latina emersero **due considerazioni principali**.

- La prima fu che successi e sconfitte erano stati determinati dall'**atteggiamento delle grandi potenze**. La Grecia era riuscita a liberarsi dei Turchi grazie all'Inghilterra e alla Russia; l'intervento chiesto da Metternich contro il Belgio era stato rifiutato dalla Francia; l'America Latina era stata protetta dall'Inghilterra e dagli Stati Uniti. Al contrario, i moti in Italia e in Polonia erano stati soffocati dall'Austria.
- La seconda considerazione fu che gli affiliati alle società segrete erano troppo isolati rispetto al resto della popolazione. In Grecia e in Sudamerica si erano combattute "**guerre di popolo**" e anche questo elemento aveva giocato un ruolo importante sia nei successi militari sia nella valutazione delle grandi potenze.

Queste considerazioni fecero emergere **tre problemi**. Il primo fu di natura sociale: **quali forze** dovevano partecipare alla rivoluzione? Il secondo fu di carattere militare: **quale tipo di esercito** era in grado di sconfiggere le truppe della Santa Alleanza? L'ultimo riguardò la politica internazionale: **come trascinare** almeno una delle grandi potenze dalla parte dell'Italia?

Erano problemi complessi e strettamente connessi l'uno con l'altro. Sulle loro possibili soluzioni si aprì un dibattito che creò una profonda spaccatura fra i patrioti. Tutti però furono d'accordo su un punto: alle vecchie parole d'ordine come "Costituzione" e "Parlamento" bisognava aggiungerne una nuova: "**Indipendenza**". Non poteva esservi alcun progresso finché l'Italia fosse stata dominata da potenze straniere, e in particolare dall'Austria.

Mazzini giovane
È raffigurato con l'uccellino che lo veniva a trovare mentre era in prigione.

La Giovine Italia
In alto, la bandiera con uno degli slogan mazziniani; sotto, la prima pagina del periodico clandestino distribuito tra gli affiliati.

11 L'entrata in campo di Giuseppe Mazzini

Dopo il fallimento dei moti, cercò di trovare una soluzione a questi problemi **Giuseppe Mazzini**. Nato a Genova nel 1805, Mazzini aveva militato per quattro anni nella Carboneria, era stato arrestato nel 1830 e poi espulso dal Regno di Sardegna. Rifugiatosi a Marsiglia, abbandonò le idee liberali e abbracciò quelle dei **democratici**.

Fondò quindi, nel **1831**, la **Giovine Italia**, un'associazione politica alternativa alla Carboneria, finalizzata alla realizzazione di un'**Italia unitaria, indipendente e repubblicana**. Diversamente dalla Carboneria, la Giovine Italia ebbe un **carattere nazionale**: non più strategie e programmi diversi a Napoli, Modena o Genova, bensì una struttura ramificata che rispondeva a un unico capo, Mazzini stesso. Egli nutriva la ferma convinzione che la rivoluzione non dovesse essere fatta da un'élite, ma "dal popolo per il popolo" (che Mazzini identificava con "la classe più numerosa e più povera") e non voleva ricorrere all'alleanza con monarchi né italiani né stranieri: Carlo Alberto non aveva forse tradito i carbonari piemontesi? Per realizzare la sua strategia, Mazzini si preoccupò innanzitutto di creare dei **rivoluzionari di professione**: gli aderenti alla Giovine Italia dovevano giurare "di consacrare il pensiero, le parole, l'azione a conquistare indipendenza, unione e libertà all'Italia". Ciò significava che il loro impegno doveva essere totale e continuo.

Ciascuno di loro, poi, doveva avere ben chiaro il significato di questa frase: "Chiunque presuma di chiamare il popolo alle armi deve potergli dire il perché". Questo "perché" – secondo Mazzini – erano i vantaggi concreti che i cittadini avrebbero tratto dalla nazione unitaria. Il valore di questi obiettivi doveva essere fatto conoscere attraverso un'opera altissima e assai innovativa che era l'**educazione delle masse**.

Il programma mazziniano segnò la nascita del **primo movimento repubblicano e democratico organizzato**, al quale risposero con entusiasmo moltissimi giovani. La Giovine Italia ebbe iscritti in Liguria, in Toscana, in Romagna, in Piemonte, in Lombardia e nello Stato pontificio; nel Sud ottenne adesioni in Abruzzo e in Campania. Se quasi tutti i dirigenti erano borghesi, alle loro spalle vi erano per la prima volta gruppi di operai delle manifatture tessili piemontesi e lombarde e dei cantieri navali di Genova e di Livorno.

Tutti gli iscritti erano legati a Mazzini da una devozione profonda e il loro spirito di sacrificio non aveva limiti. Con il motto "Pensiero ed azione", stampavano clandestinamente e distribuivano, nonostante i gravissimi rischi, un giornale e dei volantini agli operai all'uscita delle manifatture, per le strade o addirittura durante le feste religiose o le sfilate militari. Mai un'azione di **propaganda politica** – o di "apostolato", come veniva chiamato – era stata svolta in modo così capillare e tra gli strati più bassi della popolazione delle città. Anche la presentazione pubblica del programma politico della Giovine Italia rappresentò una profonda differenza rispetto al modo di operare clandestino della Carboneria.

Lo scopo della lunga opera di educazione delle masse urbane era di scatenare una guerriglia simile a quella sperimentata dagli Spagnoli contro Napoleone. Mazzini la chiamava "**guerra per bande**" ed era certo che avrebbe piegato l'esercito austriaco e quelli dei diversi Stati italiani.

Mazzini non fu in grado invece di comprendere sino in fondo i problemi delle **popolazioni contadine**, che pure costituivano la stragrande maggioranza degli abitanti della Penisola, in quanto sottovalutava il peso della grande proprietà fondiaria. La rinuncia alla propaganda tra i contadini fu uno dei motivi degli insuccessi dei suoi tentativi insurrezionali.

Profondamente impregnato di spirito romantico, Mazzini concepì la militanza politica come una missione religiosa e respinse l'Illuminismo "materialistico" affermando il **primato dei doveri sui diritti**. Ogni uomo – nella sua visione – doveva collaborare fraternamente nelle tre sfere della Famiglia, della Nazione e dell'Umanità. La sua formula "**Dio e popolo**" rivelava una religiosità laica in cui Dio non era quello della Bibbia, ma si identificava con l'umanità stessa, vista come un tutt'uno votato a una missione per volontà divina. In questa visione c'era molto **idealismo**; mancava, invece, un'analisi delle condizioni e delle aspirazioni, spesso opposte, dei diversi gruppi sociali.

Testimoni e interpreti

Leggi altre **fonti dirette** nella Biblioteca digitale

L'Italia è una

AUTORE	Giuseppe Mazzini, patriota e politico italiano
OPERA	*Istruzione generale per gli affratellati nella Giovine Italia*
DATA	1831

In Italia, negli anni fra il 1830 e il 1848, come si vedrà più avanti, si svolse un acceso dibattito sul futuro assetto da dare alla Penisola: Stato unitario o Stato federale. In questo scritto del 1831, Mazzini spiega perché l'Italia, secondo lui, deve essere unitaria.

La "Giovine Italia" è "unitaria" perché senza unità non v'è veramente nazione.
Perché senza unità non v'è forza, e l'Italia, circondata da nazioni unitarie, potenti e gelose, ha bisogno anzi tutto d'essere forte.
Perché il federalismo, condannandola all'impotenza della Svizzera, la porrebbe sotto l'influenza necessaria d'una o d'altra delle nazioni vicine.
Perché la serie progressiva dei mutamenti europei guida inevitabilmente le società europee a costituirsi in vaste masse unitarie.
Perché tutto quanto il lavoro interno dell'incivilimento italiano tende da secoli, per chi sa studiarlo, alla formazione dell'unità.
La "Giovine Italia" non intende che l'Unità nazionale implichi "dispotismo", ma concordia e associazione di tutti.

> **LABORATORIO**
>
> **Riflettere**
> 1. Giudica le ragioni addotte da Mazzini, distinguendo quelle che ritieni convincenti da quelle che ritieni retoriche o superficiali.
> 2. Unicamente sulla base di questa parte del suo programma, e nel contesto di quegli anni, ti saresti iscritto alla Giovine Italia?

12 I fallimenti di Mazzini

Per più di dieci anni, a partire dal 1831, le uniche iniziative insurrezionali concrete furono quelle dei **mazziniani**.
I loro fallimenti, tuttavia, furono così gravi e continui che persino tra le file della Giovine Italia cominciarono, negli anni Quaranta, a serpeggiare la **critica e** la **delusione**.
Nel **1833** dodici affiliati furono giustiziati nel Regno di Sardegna e Jacopo Ruffini, amico fraterno di Mazzini, si suicidò in carcere per non rivelare sotto tortura i nomi dei compagni. Nel **1834** un tentativo di rivolta in Savoia e a Genova si concluse con una dura repressione da parte dell'esercito sabaudo, che provocò una nuova ondata di esuli. Alcuni si recarono addirittura in America Latina, dove costituirono una **legione italiana** che combatté in difesa di alcune piccole repubbliche sudamericane minacciate dal dittatore dell'Argentina. Tra questi vi fu anche **Giuseppe Garibaldi**.

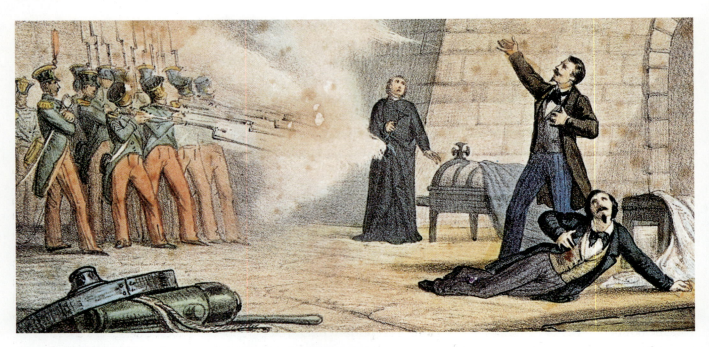

La tragica morte dei fratelli Bandiera
Anche di fronte alla morte i giovani patrioti non perdono il loro coraggio.

In quello stesso anno Mazzini – che era sempre costretto all'esilio – fondò la **Giovine Europa** per coordinare l'azione dei rivoluzionari impegnati nella liberazione dei loro Paesi (Italiani, Tedeschi, Polacchi). Il suo intento era quello di creare "una Santa Alleanza dei popoli da opporre a quella dei sovrani".
Nel **1844** diciannove aderenti alla Giovine Italia, guidati dai **fratelli Bandiera**, sbarcarono in **Calabria** sperando di sollevare la popolazione, ma furono bloccati e fucilati presso Cosenza. Sebbene Mazzini non l'avesse approvata, l'azione fece chiaramente capire che né l'organizzazione né gli obiettivi repubblicani della Giovine Italia avrebbero avuto concrete possibilità di successo.
Per Mazzini cominciarono anni bui, tormentati dalla "**tempesta del dubbio**" e dalla miseria. Ma poi, rifugiatosi in Inghilterra, riacquistò la sua incrollabile fede.

13 Il federalismo: il cattolico Gioberti e il repubblicano Cattaneo

Alla gogna prima dell'esecuzione
Mazziniani esposti a Milano dopo una fallita insurrezione del 1835. La pena capitale viene annunciata in pubblico. Sui cartelli che portano al collo sono scritti i loro nomi seguiti da "reo d'alto tradimento".

Dai fallimenti si impara, se essi diventano "storia", cioè vicende umane su cui si riflette per capirle. Democratici mazziniani, liberali più moderati, cattolici progressisti elaborarono in quegli anni nuove proposte per fare uscire gli Stati italiani dallo stallo in cui si trovavano.
Tra i mazziniani che vivevano in esilio vi era anche l'abate piemontese **Vincenzo Gioberti**. Persa ogni fiducia in Mazzini, egli si convertì al liberalismo e pubblicò, nel 1843, un libro che fu diffuso immediatamente in Italia e suscitò un enorme interesse: *Del primato morale e civile degli Italiani*.
Secondo Gioberti, l'Italia era superiore alle altre nazioni poiché ospitava la sede del papa. Come nel Medioevo – egli sostenne – l'Italia poteva tornare a essere la guida dell'Europa cristiana, a condizione che gli Italiani si rivolgessero al pontefice e questi, a sua volta, si avvicinasse alle idee liberali.
Questa era la teoria che prevedeva l'**alleanza tra il movimento liberale e il Papato**. In pratica, Gioberti propose una **Confederazione di tutti i sovrani italiani presieduta dal pontefice**: la Confederazione avrebbe avuto in Roma la sua "città santa" e nel Piemonte la sua "provincia guerriera".
L'opera suscitò l'entusiasmo di moltissimi intellettuali cattolici, tra i quali il

lombardo **Alessandro Manzoni** e il piemontese **Massimo d'Azeglio**. Altri restarono perplessi, anche perché Gioberti non scioglieva un nodo fondamentale: come avrebbe reagito l'**Austria**, che italiana non era e quindi veniva esclusa dalla Confederazione?

Contro questa obiezione Gioberti proponeva una grande **trattativa diplomatica** di tutte le nazioni europee, le quali dovevano convincere l'Austria a lasciare libero il Lombardo-Veneto prendendosi in cambio ampi territori nei Balcani a spese dei Turchi. Un'Italia cattolica agli Italiani e una "santa guerra" contro i musulmani avrebbero riportato la giustizia in Europa.

Fu **federalista** e riformista ma **repubblicano** anche l'economista e filosofo milanese **Carlo Cattaneo**. Cresciuto in un ambiente illuminista, grande ammiratore del federalismo statunitense e di quello svizzero, Cattaneo non aveva mai aderito ai piani rivoluzionari di Mazzini, pur criticando ferocemente i princìpi restauratori di Metternich. Credeva invece nelle **riforme** e, fino al 1848, restò convinto che l'Impero asburgico (di cui era suddito in quanto milanese) potesse essere trasformato in una federazione di Stati, autonomi sul piano economico e amministrativo ma coordinati da un governo centrale.

L'ideale politico di Cattaneo fu una **federazione di repubbliche italiane**, fondate sull'autonomia di ciascuna regione e sul rispetto delle singole tradizioni culturali. A tale autonomia si doveva arrivare attraverso una pacifica e graduale **riforma politica ed economica** (istituzione di un regime parlamentare, abolizione delle dogane, potenziamento delle vie di comunicazione e della pubblica istruzione). I protagonisti di questa riforma dovevano essere i **ceti borghesi** che avrebbero guidato sia le masse popolari sia l'aristocrazia terriera. Essi avrebbero avuto come vantaggio la libertà economica che per Cattaneo era fondamentale ("la libertà è una pianta dalle molte radici", usava dire, aggiungendo che nessuna di queste radici va tagliata altrimenti la pianta muore).

Dimostrando di essere un uomo di statura europea, Cattaneo previde che un giorno sarebbero stati fondati gli **Stati Uniti d'Europa**.

> **LESSICO — POLITICA**
>
> **Federalismo**
> Il termine deriva dal latino *foedus*, "patto", e indica tutte le tendenze che lavorano alla creazione di unioni stabili tra entità statali che mantengono ampi spazi di autonomia politica, giuridica, fiscale e amministrativa nelle questioni locali e delegano a un'autorità centrale competenze quali la politica estera, l'esercito e la politica economica generale.
> I modelli attuali sono diversi e vanno dallo Stato federale tedesco alle federazioni di Stati o di Cantoni come gli Stati Uniti e la Confederazione svizzera o come potrebbe essere un giorno l'Unione europea.

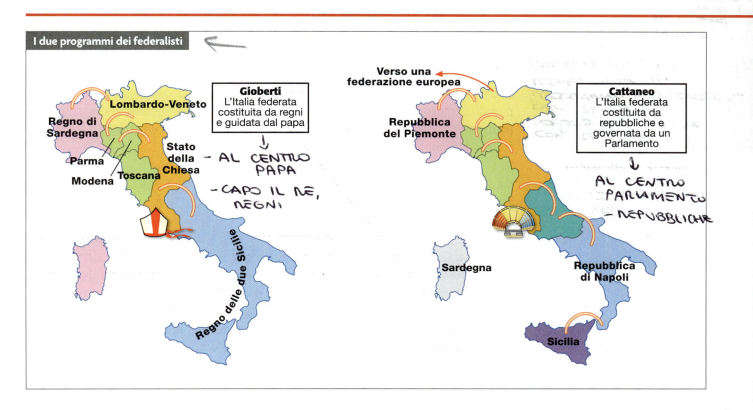

I due programmi dei federalisti

Gioberti — L'Italia federata costituita da regni e guidata dal papa

Cattaneo — L'Italia federata costituita da repubbliche e governata da un Parlamento — Verso una federazione europea

Testimoni e interpreti

Il federalismo europeo di Cattaneo

AUTORE	Carlo Cattaneo, patriota, filosofo e politico italiano
OPERA	Articolo apparso su "Il Politecnico"
DATA	1843

In questo brano Cattaneo propone il suo ideale federalistico. La rivista "Il Politecnico" uscì a Milano dal 1839 al 1844 per diffondere le idee del pensatore lombardo, con l'obiettivo di modernizzare la cultura italiana.

Qualunque sia la comunanza dei pensieri e dei sentimenti che una lingua propaga tra le famiglie e i Comuni, un Parlamento adunato a Londra non farà mai contenta l'America; un Parlamento adunato a Parigi non farà mai contenta Ginevra; le leggi discusse in Napoli non risusciteranno mai l'oppressa Sicilia, né la maggioranza piemontese si crederà in debito mai di pensare notte e giorno a trasformar la Sardegna o potrà rendere tollerabili tutti i suoi provvedimenti in Venezia o in Milano.

Ogni popolo può avere molti interessi da trattare in comune con altri popoli; ma vi sono anche interessi che può trattare esso solo, perché esso solo li sente, perché esso solo li intende.

Ecco perché solo attraverso l'attuazione di un ideale federalistico, l'agitata Europa potrà ritrovare se stessa e conquistare una pace durevole.

> **LABORATORIO**
>
> **Sviluppare le competenze**
>
> 1. Confrontando la carta dell'Italia proposta da Cattaneo con quella proposta da Gioberti (vedi pagina precedente), nota le differenze:
> – la Sicilia viene separata dal Meridione
> – la Sardegna viene separata dal Piemonte.

14 I liberali sostenitori dello Stato unitario: Cavour

In Piemonte, tra i liberali laici, il personaggio di maggiore spicco era **Camillo Benso, conte di Cavour**. Era nato a Torino nel 1810 e da giovane aveva viaggiato in Svizzera, Francia, Belgio e Inghilterra dove aveva rafforzato le proprie idee liberali e liberiste. Tornato in Piemonte, si era occupato della gestione delle terre di famiglia, introducendovi nuove tecniche di coltivazione e le prime trebbiatrici meccaniche.

Nei dibattiti che a Torino si svolgevano tra liberali laici, cattolici moderati e democratici, Cavour portava tutto il peso della sua esperienza concreta. Egli sosteneva la necessità di collegare strettamente l'agricoltura all'industria e di mettere poi in comunicazione l'economia di tutto il Paese, abolendo le **dogane interne** e coprendo la Penisola di una grande **rete ferroviaria** come si stava facendo in Inghilterra.

Ai federalisti Cavour indicava il punto debole delle riforme "dall'alto": "Queste riforme – diceva – sono le concessioni di sovrani che possono ritirarle da un giorno all'altro, appena lo ritengano conveniente. Esse non valgono se non sono sostenute da un profondo cambiamento dello Stato. Occorre una Costituzione, cioè una legge generale, che preveda l'esistenza di un Parlamento, il quale è l'unico organo capace di vigilare sull'operato del governo".

Ai democratici, che sostenevano la "guerra per bande" di Mazzini, opponeva la **guerra regia** dell'esercito sabaudo. Nel 1847 Cavour fondò una rivista e la chiamò "**Il Risorgimento**". In un suo articolo si leggeva: "Il Risorgimento politico di una nazione non va mai disgiunto dal suo Risorgimento economico. Le condizioni dei due progressi sono identiche".

La parola **Risorgimento** fu usata immediatamente da tutti coloro che aspiravano alla realizzazione di uno Stato nazionale unitario.

LESSICO — STORIA

Risorgimento
Era il termine che nel Settecento i letterati usavano per indicare ciò che oggi chiamiamo Rinascimento. Fu il poeta Vittorio Alfieri (1749-1803) a usarlo per primo come termine politico per chiamare gli Italiani alla riscossa e alla liberazione dal "giogo straniero".

ARTE E TERRITORIO
Verdi e la Scala: due simboli del Risorgimento, pag. 288

15 Le riforme del 1846-1847

Nel 1846 morì il pontefice Gregorio XVI, rigido applicatore dei princìpi della Restaurazione, quello che aveva chiesto aiuto all'Austria quando, nel 1831, i moti carbonari avevano toccato lo Stato della Chiesa. Francia e Inghilterra gli avevano spesso consigliato di attuare una politica più liberale, ma non erano state ascoltate: nello **Stato pontificio** la censura e il **regime di polizia** colpivano spietatamente qualunque tentativo di rinnovamento.

Il **conclave** per l'elezione del nuovo papa fu dunque molto tormentato, perché anche molti cardinali si rendevano conto che un altro papa eccessivamente conservatore non avrebbe giovato alla causa della Chiesa. Dopo una battaglia lunga e accanita, che tenne l'intera Penisola con il fiato sospeso, emerse finalmente un nome che consentì l'accordo tra i cardinali, quello di Giovanni Mastai Ferretti, che era stato vescovo di Imola e che assunse il nome di **Pio IX**.

Il primo gesto del nuovo papa – l'**amnistia** per i detenuti politici – suscitò entusiasmi travolgenti e manifestazioni in tutte le piazze italiane cui presero parte persone di tutte le idee. Molti erano convinti, infatti, che una forte pressione dell'opinione pubblica potesse spingere il nuovo papa **sulla strada delle riforme**, che Metternich non avrebbe osato intervenire contro un pontefice e che anche gli altri sovrani italiani sarebbero stati indotti a imitarlo.

Così fu, infatti. Di fronte a un movimento tanto imponente e inatteso, nel marzo **1847** il papa attenuò i rigori della censura e varò altre piccole riforme amministrative. Contemporaneamente, anche a **Firenze** il granduca Leopoldo II d'Asburgo-Lorena concesse la **libertà di stampa**; seguì **Torino**, dove Carlo Alberto, che intanto era diventato re, varò qualche riforma, concesse maggiore libertà di stampa e allontanò i ministri più reazionari.

Nello stesso anno, **Stato pontificio**, **Toscana** e **Piemonte** conclusero il primo accordo per l'**abolizione delle dogane**. Il provvedimento avrebbe portato ai tre firmatari notevoli vantaggi economici: consentendo la libera circolazione delle merci, i prezzi si sarebbero abbassati, ogni prodotto avrebbe potuto contare su un mercato più vasto di quello di un singolo Stato e ciò avrebbe allentato la dipendenza economica dall'Austria.

Questo accordo e le caute riforme furono sufficienti a preoccupare il cancelliere **Metternich**, che ordinò al generale **Radetzky**, comandante dell'armata austriaca del Lombardo-Veneto, di occupare Ferrara, che apparteneva al papa: se quest'ultimo non avesse ritirato le riforme, l'Austria avrebbe invaso lo Stato pontificio.

Tutta l'**Italia** entrò **in fermento**: negli ultimi mesi del 1847 si verificarono a **Milano** contestazioni contro i dominatori austriaci che causarono numerosi morti. All'estero, Mazzini si teneva pronto a rientrare clandestinamente in Italia e aveva scritto a Carlo Alberto che, se il re si fosse deciso a invadere la Lombardia, i mazziniani avrebbero accantonato le loro idee repubblicane dandogli tutto il loro appoggio. Garibaldi dall'America del Sud seguiva con interesse e apprensione le vicende italiane. Ormai la parola "Risorgimento" era sulla bocca di tutti: il momento dello scontro non era mai stato così vicino e non aveva mai coinvolto tante persone.

I LIBERALI VOGLIONO
- libertà individuali e politiche
- monarchia parlamentare
- voto censitario
- abolizione della censura

attraverso le riforme

Esponenti: Gioberti, Cavour

I DEMOCRATICI VOGLIONO
- libertà individuali e politiche
- Stato parlamentare
- suffragio universale
- abolizione della censura

attraverso la rivoluzione

Esponenti: Cattaneo, Mazzini

Cavour
Il fondatore della rivista "Il Risorgimento" mentre medita sull'Unità d'Italia nel giardino della sua villa. Il suo fu il progetto vincente: un Regno d'Italia indipendente e unito, governato dai Savoia.

Il Romanticismo

Gli intellettuali e la Rivoluzione

La Rivoluzione francese aveva dimostrato di quale forza fosse capace un popolo. A restarne impressionati non erano stati solo sovrani e aristocratici, ma anche quegli intellettuali che erano stati seguaci dell'Illuminismo: alcuni rifiutarono quelle idee appena videro i borghesi parigini scendere armati per le strade; altri, come il musicista Beethoven, le ripudiarono quando un "figlio della Rivoluzione" come Napoleone tradì gli ideali repubblicani e, da dittatore, si lanciò alla conquista di altri popoli.

Molti finirono per convincersi che la rivoluzione era stata un errore, una "rivolta contro la sapienza dei secoli".

Questo **rifiuto** si tradusse, soprattutto in alcuni pensatori francesi, in un'**esaltazione della Chiesa e della monarchia assoluta**: "La storia degli uomini – disse lo scrittore cattolico Joseph de Maistre – risponde ai progetti della Provvidenza divina e quest'ultima opera attraverso l'autorità assoluta del papa e del re". La freddezza con cui i giacobini avevano guardato alla fede fu abbandonata e si tornò a credere nell'esistenza di un Dio che fornisce all'uomo ispirazione e immaginazione, favorendo una generale rinascita del cristianesimo. Da ciò derivò anche un **senso provvidenziale della storia**: essa procedeva per volontà di Dio e per l'azione di "uomini del destino", come Napoleone.

I valori dei Romantici

Rispetto al dominio della logica, alla disciplina rivoluzionaria e all'esaltazione delle masse popolari, valori che si erano diffusi nell'epoca dell'Illuminismo, ora si rivalutarono l'**individualismo**, i **sentimenti**, le **passioni**, anche nelle loro forme più sfrenate, fino a scivolare nell'ammirazione per il temperamento audace, eccentrico, persino fanatico.

In cima alla scala dei valori, al di sopra del pensiero e della ragione, si collocò l'**azione in nome di un ideale**.

Queste posizioni furono espresse da un nuovo movimento di pensiero nato intorno al 1800: il **Romanticismo**. La sua contrapposizione con l'Illuminismo fu solo apparente; in realtà, esso trasse dal pensiero settecentesco molti più elementi di quanto non sembri a prima vista.

Il contrasto, comunque, fu più forte nella **prima generazione romantica**, quella che aveva speso la propria gioventù durante la Rivoluzione francese e che raggiunse la maturità al tempo del Congresso di Vienna. La **seconda generazione romantica**, attiva fra il 1820 e il 1848, tornò a una serena valutazione del progresso

Viandante sul mare di nebbia
Il dipinto più celebre del pittore ottocentesco Caspar Friedrich: l'uomo solo di fronte alla natura immensa alla quale pone domande senza risposta.

scientifico, credette di nuovo nella possibilità umana di cambiare il proprio destino e, pur con obiettivi in parte diversi dagli Illuministi, riprese le armi per realizzare questo scopo.

Il Romanticismo non fu mai un partito politico, però **politiche** furono molte delle sue **implicazioni**. Esso, infatti, divenne subito un ampio "**movimento di protesta**" che dall'Illuminismo attinse una certezza: con l'assolutismo nessun progresso era possibile. Era perciò necessario lottare per evitare un ritorno al passato, come quello tentato a Vienna, e per affermare nuovamente i diritti che lo stesso Illuminismo aveva indicato.

L'ideale di "nazione"

Inoltre i Romantici trasformarono il concetto illuminista di patria nell'ideale di **nazione**. Prima della Rivoluzione francese, il termine "nazione" aveva indicato la classe politica dominante; poi i rivoluzionari avevano usato questo termine per indicare la **comunità dei cittadini dotati di diritti civili e politici**, senza legare il concetto ad aspetti geografici. Invece i romantici, appassionati riscopritori di leggende popolari, lingue e culture del passato, presero a considerare la nazione in termini nuovi.

L'espressione "patria e nazione" divenne per loro una parola d'ordine: il primo termine poneva l'accento sulla terra dei padri, mentre "nazione" puntava l'attenzione sui nati in quella terra, cioè sul **popolo** che

i padri avevano generato, con tutto il suo passato e la sua storia. Patria e nazione s'identificarono con:
- il **suolo**, cioè i confini naturali di ciascun Paese;
- il **sangue**, ovvero i legami che, attraverso le comuni origini, rendevano fratelli gli appartenenti a uno stesso popolo;
- la **lingua**, che aveva creato la cultura comune e che permetteva la comunicazione al di sopra dei diversi dialetti.

È facile immaginare come questa nuova concezione, diffusasi in un periodo in cui molti Stati erano soggetti a dominazioni straniere, favorisse anche il diffondersi dell'idea di **lotta per l'indipendenza**. L'amore per la nazione intesa come patria fu alla base delle nuove rivoluzioni che scossero l'Europa per oltre metà dell'Ottocento: quelle "**rivoluzioni romantiche**" combattute contro i sostenitori della restaurazione del vecchio ordine.

I profughi di Parga (a sinistra)
L'attaccamento alla patria e la lotta per garantirne oppure ottenerne l'indipendenza furono temi prediletti anche dalla pittura romantica. Qui il pittore italiano Francesco Hayez ritrae il dolore degli abitanti di Parga, una città dell'Epiro che il concerto europeo nel 1817 assegnò all'Impero ottomano, costringendo all'esilio la popolazione greca che vi abitava.

La zattera della Medusa (in basso)
Il pittore romantico francese Théodore Géricault rappresentò con un drammatico groviglio di corpi la zattera dove avevano trovato rifugio i naufraghi di un bastimento inabissatosi per l'imperizia dei comandanti. L'uomo di vedetta tuttavia lancia un grido di speranza: ha avvistato la terra. Il quadro è anche un manifesto politico contro il re Luigi XVIII reo di aver nominato comandante un aristocratico che non navigava da 25 anni.

GUIDA ALLO STUDIO
Sintesi

1 La Restaurazione

Il periodo successivo al Congresso di Vienna è chiamato Restaurazione e dura dal 1815 al 1848. Nei Paesi conquistati da Bonaparte esso è caratterizzato dall'abolizione della Costituzione e del Codice napoleonico e dal ripristino della censura e del protezionismo, ma ai rigidi princìpi dei "restauratori" cominciano ben presto a reagire liberali, democratici e socialisti.

2-3 Liberali, democratici, socialisti, società segrete

Nell'Ottocento prende sempre più piede il liberalismo, all'interno del quale si distinguono due correnti: il costituzionalismo, sostenitore della Costituzione ma non necessariamente democratico, e la democrazia, basata invece sul principio di uguaglianza di tutti i cittadini e caratterizzata da posizioni antimonarchiche e repubblicane. Confinante con la democrazia è il socialismo, che in un primo momento assume le vesti di "socialismo utopistico" e che risponde alla "Questione sociale" con teorie riformatrici in favore della classe operaia. I primi a mettersi in gioco per contrastare la Restaurazione sono i liberali costituzionalisti, che si riuniscono in società segrete diffuse in tutta Europa: fra di esse vi è la Carboneria italiana, il cui obiettivo è raggiungere l'indipendenza e istituire un regime costituzionale.

4 I moti del 1820-1821

Dal 1810 le colonie spagnole d'America sono in guerra contro la madrepatria in nome dell'indipendenza. Nel 1820 truppe spagnole sono pronte a salpare per andare contro i coloni, ma i *comuneros* arringano i soldati e con loro marciano su Madrid costringendo il re a concedere la Costituzione. La prima a seguire l'esempio spagnolo è Napoli, dove il re concede la Costituzione, abrogata poi nel 1821; nel marzo dello stesso anno la rivolta arriva in Piemonte, dove il re Vittorio Emanuele I abdica e il reggente Carlo Alberto concede a sua volta la Costituzione, revocata poco dopo. Anche la Carboneria lombarda si mobilita, ma gli Austriaci intervengono duramente e tutti i moti sono repressi nel sangue.

5-6 L'indipendenza della Grecia e dell'America Latina

Sempre nel 1821 in Grecia si verifica una vastissima rivolta popolare contro l'Impero turco: la sollevazione viene appoggiata dagli intellettuali europei e, per la prima e unica volta, anche dalle grandi potenze europee, che colgono l'occasione per intervenire nella "Questione d'Oriente". La Grecia ottiene l'indipendenza nel 1828 e nello stesso periodo la ottiene anche tutta l'America Latina, rendendo evidente il fatto che ormai i destini del continente americano sono definitivamente separati da quelli dell'Europa.

7 La "dottrina Monroe"

Questa nuova realtà è stata spiegata al mondo nel 1823 dal presidente degli Stati Uniti James Monroe, che ha sintetizzato il suo pensiero nella formula "L'America agli Americani": gli Usa non tollereranno interventi armati dell'Europa nel continente americano e a loro volta non interverranno nelle faccende europee. Il programma, noto come "dottrina Monroe", è dettato dai vantaggi commerciali che gli Stati Uniti possono trarre dai Paesi sudamericani una volta che questi siano diventati indipendenti.

8-10 I moti del 1830-1831

Nel 1830 si verifica una nuova ondata di rivolte iniziata in Francia, dove le "tre gloriose" Giornate di luglio segnano l'ascesa di Luigi Filippo d'Orléans, proclamato re "per volontà della nazione". I moti di Parigi si trasmettono al Belgio, che ottiene l'indipendenza, e alla Polonia. Nel 1831 è la volta dell'Italia: le rivolte, iniziate a Modena e propagatesi a Parma, a Bologna e nelle Legazioni pontificie, si concludono però con una dura repressione e questo fallimento apre un dibattito sulle esperienze maturate: successi e sconfitte sono determinati non solo dal ruolo delle grandi potenze, ma anche dalla partecipazione del popolo, che è carente in quanto i membri delle società segrete sono troppo isolati per coinvolgere la cittadinanza.

11-12 Giuseppe Mazzini

A questi problemi cerca di trovare una soluzione Giuseppe Mazzini che, nel 1831, fonda la Giovine Italia, un'associazione politica finalizzata a realizzare un'Italia unitaria, indipendente e repubblicana e a creare dei rivoluzionari di professione capaci di agire attraverso una guerra per bande. Per più di dieci anni le uniche iniziative insurrezionali concrete sono quelle della Giovine Italia, ma tutte si rivelano fallimentari. Nello stesso periodo Mazzini fonda anche la Giovine Europa con l'intento di creare una Santa Alleanza dei popoli da opporre a quella dei sovrani.

Moti e riforme nell'età della Restaurazione **Capitolo 12** 267

CAPITOLO 12

13-14 Gioberti, Cattaneo, Cavour

Nel 1843 l'ex mazziniano Vincenzo Gioberti pubblica *Del primato morale e civile degli Italiani*, in cui propone una Confederazione di tutti i sovrani italiani presieduta dal papa. Accanto a questa idea, di difficile realizzazione, si fa strada anche la proposta, avanzata da Carlo Cattaneo, di creare una federazione di repubbliche italiane fondate sull'autonomia di ciascuna regione. In Piemonte, invece, emerge la prospettiva liberale di Camillo Benso, conte di Cavour, interessato alla politica economica del Paese e fondatore della rivista "Il Risorgimento". Ben presto tale termine viene usato da tutti coloro che aspirano alla realizzazione di uno Stato nazionale unitario.

15 Le riforme del 1846-1847

Tra il 1846 e il 1847 l'elezione di papa Pio IX segna una maggiore apertura della politica della Santa Sede, che concede l'amnistia ai detenuti politici, attenua i rigori della censura e attua alcune riforme amministrative. Toscana e Piemonte seguono l'esempio del papa e nel 1847 stipulano con lo Stato pontificio un accordo per eliminare le dogane. Tali provvedimenti, però, preoccupano il cancelliere Metternich, che ordina al generale Radetzky di occupare Ferrara, città dello Stato pontificio, con l'armata austriaca. L'Italia intera entra allora in fermento, mentre la parola "Risorgimento" è ormai sulla bocca di tutti.

Mappa concettuale

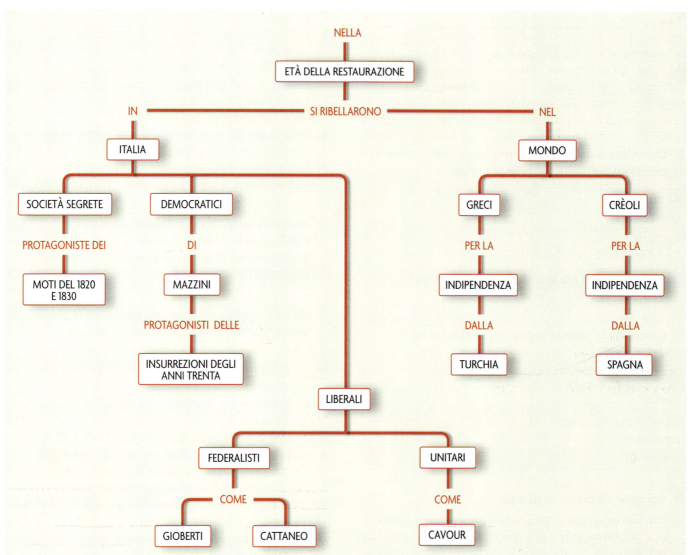

GUIDA ALLO STUDIO

Verifica formativa

ARRICCHIRE IL LESSICO

1 Il termine "disuguaglianza" è formato dal prefisso "dis", che ha un valore peggiorativo, e il sostantivo "uguaglianza", e significa perciò "differenza, diversità". In italiano esistono molte parole formate con tale prefisso, per esempio "disattenzione" e "disavventura". Con l'aiuto del dizionario cercane altre otto e di ciascuna scrivi il significato.

COMPRENDERE IL TESTO

2 Completa lo schema seguente.

3 Completa la tabella seguente spiegando le diverse posizioni politiche dei gruppi indicati.

Costituzionalisti	
Democratici	
Socialisti	

4 Spiega che cos'era la Carboneria e qual era il suo obiettivo.

5 Completa la tabella seguente, relativa ai moti del 1820-1821.

Spagna	
Napoli	
Sicilia	
Piemonte	
Lombardia	

6 Completa il brano seguente.

Nel 1821 in Grecia la società segreta .... organizzò una vastissima rivolta popolare contro l'............ di cui il Paese era .... da secoli. In due anni i Greci ottennero tali successi che il .... dovette rivolgersi al pascià dell'............, suo ...., perché accorresse in aiuto delle truppe .... L'esercito .... adottò la tecnica dello .... che provocò stragi di civili ma innescò anche una .... internazionale mai vista prima e, quando i Greci furono sul punto di essere sopraffatti, ..., ... e .... decisero di intervenire e nel .... sconfissero la flotta .... a .... Era l'occasione che le potenze .... aspettavano per intromettersi nella "............". La Grecia ottenne l'indipendenza nel ....

7 Indica quali, fra le seguenti affermazioni, sono false.

1 L'America Latina era sottoposta al dominio spagnolo o portoghese. **F**
2 Nel 1811 i crèoli scacciarono i viceré e proclamarono l'indipendenza. **F**
3 Nel 1814 i Borbone inviarono l'esercito nelle colonie. **F**
4 Simon Bolívar e José de San Martin non riuscirono a organizzare né i coloni né gli indios. **F**
5 Latifondisti, borghesi e contadini respinsero i primi contingenti spagnoli. **F**
6 Sollecitata dal re di Spagna, l'Inghilterra mandò la sua flotta contro i ribelli sudamericani. **F**
7 Entro la fine degli anni Venti tutta l'America Latina, tranne il Brasile, raggiunse l'indipendenza. **F**

8 Scrivi un testo di circa 8 righe spiegando che cos'era la "dottrina Monroe" e perché il Sudamerica divenne una colonia economica degli Stati Uniti.

9 Metti in ordine cronologico gli eventi seguenti, inserendo nei quadratini i numeri da 1 a 9.

a ☐ Il re di Spagna concede la Costituzione.
b ☐ A Parigi scoppiano le "tre gloriose" Giornate di luglio.
c ☐ Viene creata un'Assemblea delle Province unite italiane.
d ☐ Il re di Francia Carlo X scioglie il Parlamento.
e ☐ Il Belgio si stacca dall'Olanda e dà vita a una monarchia costituzionale indipendente.
f ☐ Scoppiano insurrezioni a Modena, Parma, Bologna, nelle Legazioni pontificie, nelle Marche e in Umbria.
g ☐ Luigi Filippo d'Orléans viene proclamato re di Francia "per volontà della nazione".

h ☐ L'esercito austriaco reprime i moti italiani.
i ☐ L'insurrezione della Polonia viene repressa dallo zar di Russia.

10 Rispondi alle domande seguenti.
1 Quali considerazioni vennero tratte dal fallimento dei moti del 1820-1821 e del 1830-1831?
2 Da tali considerazioni quali problemi emersero?
3 Quale nuova parola d'ordine bisognava aggiungere a "Costituzione" e "Parlamento"?

11 Indica se le seguenti affermazioni sono vere o false.
1 La Giovine Italia fondata da Mazzini voleva realizzare un'Italia unitaria, indipendente e monarchica. V F
2 Gli affiliati alla Giovine Italia dovevano essere rivoluzionari di professione. V F
3 Mazzini voleva scatenare una "guerra per bande". V F
4 Nel 1834 fu fondata la Giovine Europa. V F
5 Quasi tutte le insurrezioni promosse dai mazziniani ebbero successo. V F

12 Completa la tabella seguente illustrando i diversi obiettivi politici dei personaggi elencati.

Gioberti	
Cattaneo	
Cavour	

13 Spiega quando, e in quale contesto, comparve per la prima volta la parola "Risorgimento".

14 Scegli il completamento corretto delle frasi seguenti.
1 Il primo gesto del nuovo papa, Pio IX, fu
   ☐ l'abolizione del regime di polizia.
   ☐ l'amnistia per i detenuti politici.
2 A Firenze il granduca Leopoldo
   ☐ eliminò la libertà di stampa.
   ☐ concesse la libertà di stampa.
3 A Torino re Carlo Alberto
   ☐ concesse maggiore libertà di stampa.
   ☐ ripristinò la censura.
4 Nel 1847 Stato pontificio, Toscana e Piemonte conclusero il primo accordo per
   ☐ l'abolizione delle dogane.
   ☐ l'abolizione della pena di morte.

5 Dietro ordine di Metternich, il generale Radetzky occupò
   ☐ Firenze.
   ☐ Ferrara.

LE DATE DELLA STORIA

15 Rispondi alle domande seguenti scrivendo anche le date relative agli eventi indicati.
1 La Grecia ottenne l'indipendenza (............) prima ☐ o dopo ☐ la concessione della Costituzione da parte del re di Napoli Ferdinando I (............)?
2 Le Giornate di luglio francesi (............) si svolsero prima ☐ o dopo ☐ la fondazione della Giovine Italia (........)?
3 Le riforme di Pio IX (............) furono attuate prima ☐ o dopo ☐ l'invasione di Ferrara da parte dell'esercito austriaco (............)?

GUIDA ALL'ESPOSIZIONE ORALE

1 Spiega che cosa accadde in Europa e nell'America Latina fra il 1815 e il 1830.

Scaletta:
Restaurazione • abolizione della Costituzione e del *Codice napoleonico* • ripristino della censura e rafforzamento del protezionismo • reazione di liberali, democratici e socialisti • società segrete • Carboneria • moti del 1820-1821 (colonie spagnole dell'America Latina, Madrid, Napoli, Sicilia, Piemonte, Lombardia, repressione austriaca) • rivolta della Grecia • solidarietà internazionale • intervento di Francia, Inghilterra e Russia • battaglia di Navarino • "Questione d'Oriente" • indipendenza della Grecia • indipendenza dell'America Latina • "dottrina Monroe"

Come cominciare:
"Il periodo successivo al Congresso di Vienna fu chiamato Restaurazione e durò dal 1815 al 1848."

2 Spiega che cosa accadde in Europa tra il 1830 e il 1847.

Scaletta:
• Carlo X, esponente degli ultrarealisti • scioglimento del Parlamento • "tre gloriose" Giornate di luglio a Parigi • proclamazione di Luigi Filippo d'Orléans, re "per volontà della nazione" • Belgio • Spagna • Polonia • Modena, Parma, Bologna, Legazioni pontificie, Marche e Umbria • Assemblea delle Province unite italiane • repressione austriaca • Mazzini • fondazione della Giovine Italia • fallimento dei moti mazziniani • Gioberti • Cattaneo • Cavour • fondazione della rivista "Il Risorgimento" • riforme di Pio IX, del granduca di Toscana e di Carlo Alberto • accordo per l'abolizione delle dogane • reazione di Metternich • occupazione di Ferrara da parte dell'esercito austriaco comandato da Radetzky

Come cominciare:
"Nel 1830 una nuova ondata di rivolte percorse l'Europa."

13
Il 1848 e la Prima guerra d'Indipendenza

Ripassa il Risorgimento e **verifica** le tue conoscenze; quindi **approfondisci** le fonti, i collegamenti interdisciplinari e la cittadinanza

gennaio 1848 Inizio delle rivoluzioni a Palermo

1848 Manifesto del Partito comunista

1849 Fine delle rivoluzioni

QUALI SONO I PROBLEMI IN EUROPA NEL 1848 (3)

IL SENSO DELLE PAROLE

Quarantotto
Il termine, con riferimento agli avvenimenti del 1848, indica ancora oggi, nel linguaggio comune, una grande confusione, un disordine incredibile ("fare un quarantotto"; "è successo un quarantotto"). Questo significato nacque quasi subito nell'Ottocento. Successivamente gli storici definirono il Quarantotto con altre espressioni.

"L'Anno dei miracoli": per caratterizzare un momento che vide esplodere la rivoluzione contemporaneamente in molte nazioni diverse.

"La Primavera dei popoli": per esprimere la speranza di un'unione di tutte le classi in nome di un unico ideale.

"La Rivoluzione delle patate": perché fu anche la rivoluzione degli affamati.

1 "L'Anno dei miracoli"

Alla vigilia dell'anno 1848 l'avvicinarsi della rivoluzione non si avvertiva solo in Italia: l'intera Europa era una polveriera. All'insofferenza di alcuni contro l'assolutismo e di altri contro il dominio straniero, si aggiungevano infatti le ① conseguenze di una crisi economica che coinvolgeva sia le città (dove moltissimi operai erano rimasti disoccupati) sia le campagne, colpite dalle carestie. Già da due anni le piogge eccessive avevano dimezzato i raccolti di granoturco e una malattia devastante aveva distrutto quelli di patate. Patate e polenta o, come in Sicilia, pane di mais: i cibi dei poveri. Ridotte alla fame, ora anche le masse che non avevano altro ideale che quello di nutrire la propria famiglia protestavano sia nelle campagne sia nelle città.
② Nel 1848 l'incendio che covava sotto la cenere esplose nella più estesa e impressionante rivoluzione europea.
③ Nel 1848 le tensioni economiche, sociali, politiche di un intero continente giunsero tutte insieme allo scontro intrecciandosi tra loro e producendo un "effetto domino" incontrollabile: la prima città fu Palermo, seguita da Parigi; poche settimane dopo insorsero Vienna, Budapest, Berlino, Francoforte, Praga, Bucarest, Milano, Venezia e altre città minori.
A seconda dei Paesi, le tre richieste dei rivoluzionari furono la Costituzione o l'indipendenza o l'Unità nazionale oppure tutte e tre le cose insieme, mentre i nemici erano per tutti l'imperatore d'Austria e il suo ministro Metternich, che da trent'anni era il simbolo della Restaurazione. In Italia quell'ondata rivoluzionaria segnò l'inizio del Risorgimento.

La "Primavera dei popoli"
In questo dipinto allegorico i popoli di tutta Europa convergono verso la statua della Repubblica "universale, democratica e sociale". Sotto il quadro c'era una legenda che diceva: "Popoli, formate una sacra alleanza e datevi la mano".

2 La scintilla: Palermo

Palermo insorse il **12 gennaio**. Durante i festeggiamenti per il compleanno del re, un gruppo di nobili liberali, gli studenti dell'università e alcuni preti arringarono la folla con discorsi, infuocati e un po' confusionari, sull'**autonomia siciliana** dal Regno di Napoli, sull'unione al Regno di Sardegna e sulla necessità di una Costituzione. La sera, esaltati dalla mancata reazione delle forze dell'ordine, i patrioti lasciarono la città per annunciare nei villaggi che era giunta l'ora della riscossa. Le avanguardie liberali, che lavoravano per una rivoluzione politica, innescarono così una rivoluzione sociale che, un istante dopo essere nata, era già fuori controllo. Il giorno dopo, infatti, alle porte di Palermo, si radunò una **folla di contadini** e **mandriani** che sventolava la bandiera della Trinacria ("l'isola con tre punte") e il Tricolore. Non avevano un obiettivo preciso: chi voleva un generico progresso sociale, chi terre da strappare ai baroni, chi cercava vendetta per torti subiti.
In tutta l'isola i municipi furono attaccati e i documenti delle proprietà feudali distrutti insieme con i circoli dei notabili; intanto i forni venivano assaltati, i detenuti evadevano in massa, i poliziotti finivano trucidati nelle strade e, nelle campagne, intere greggi venivano scannate, mentre boschi, raccolti e mucchi di fieno venivano dati alle fiamme.
Questi rivoltosi avevano la "protezione" di bande armate composte di "pecorarielli" (banditi-pastori scesi dalle zone di montagna) e "coltellieri" (banditi di strada). Da decenni costoro erano al soldo dei baroni per minacciare i contadini o domarne le rivolte. Essi costituirono le radici della futura piaga dell'isola, la **mafia**, e nel 1848 assunsero di fatto la guida militare della rivoluzione. Lo fecero per guadagnare influenza e "rispetto": in questo modo chiunque ne fosse uscito vincitore avrebbe dovuto rivolgersi a loro per domarla.
In questo caos, **Ferdinando II di Borbone** capì che era meglio assecondare gli insorti e propose una Costituzione che riconosceva alla Sicilia maggiore autonomia rispetto al Regno delle Due Sicilie, ma i patrioti liberali la respinsero. Sicuri di avere stravinto, risposero agli ambasciatori del re che volevano l'**indipendenza** e che se la sarebbero conquistata da soli. Quindi, dopo avere formato un **governo provvisorio**, adottarono la Costituzione stilata dal Parlamento siciliano durante l'occupazione napoleonica. Intanto anche a **Napoli** la gente scese in piazza e si placò solo quando Ferdinando II concesse una Costituzione.

Tricolore e Trinacria
I due simboli sventolati dai palermitani.

3 Parigi e la nascita della Seconda Repubblica francese

Dopo Palermo, il **22 febbraio** toccò alla **Francia**, dove i delusi dalla politica del sovrano **Luigi Filippo** erano molti. Il re, presentatosi come liberale, si era rivelato conservatore e incapace di governare la crisi economica che aveva colpito pesantemente borghesia e proletariato.

In gennaio, attraverso imponenti manifestazioni, gli oppositori del sovrano avevano chiesto una **riforma elettorale** che avrebbe fatto balzare da 250 000 a 8 milioni il numero dei votanti. La proibizione di tenere un "banchetto", cioè una riunione politica privata per aggirare il divieto di riunirsi in pubblico, scatenò la rivolta: il 22 febbraio, nel giro di poche ore, i vicoli di Parigi si riempirono di centinaia di **barricate** dietro le quali liberali, democratici, socialisti, borghesi, studenti e operai sparavano insieme contro i soldati del re.

Due giorni dopo, i rivoluzionari cacciarono Luigi Filippo e proclamarono la **Seconda Repubblica**, mentre la rivoluzione dilagava in tutta la Francia. Il nuovo governo repubblicano fu composto di una minoranza di liberali e di una maggioranza di democratici e socialisti che presero subito alcuni provvedimenti radicali: il **suffragio universale maschile**, l'**abolizione della pena di morte** e quella **della schiavitù nelle colonie**.

Inoltre, affermarono un principio rivoluzionario, il **diritto al lavoro**, che affrontava per la prima volta un nodo fondamentale dell'economia liberista e capitalista: l'occupazione di tutti i cittadini doveva essere garantita dallo Stato. Però, le finanze pubbliche non erano in grado di sostenere un simile sforzo e in seno al governo si scatenò un dibattito furioso tra i socialisti, che appoggiavano l'esperimento, e i liberali, che lo ritenevano pericoloso, oltre che incompatibile con i princìpi del liberismo.

Intanto venne **aprile** e si tennero le **prime elezioni a suffragio universale**, che portarono alle urne la "Francia profonda" dei contadini e dei piccoli proprietari:

> **LESSICO** — **STORIA**
>
> **Seconda Repubblica**
> La Prima Repubblica era quella nata nel 1792 in seguito alla Rivoluzione del 1789.

essi, spaventati dai programmi socialisti e democratici radicali, **premiarono i liberali**. Il nuovo governo, come prima cosa, archiviò le politiche socialiste sul lavoro e ordinò ai disoccupati di arruolarsi nell'esercito.

In risposta, nel **giugno** 50 000 **operai parigini** insorsero, ma **furono repressi senza pietà**: tremila furono fucilati senza processo, molti furono deportati e i feriti furono migliaia. **I borghesi avevano vinto**.

Poco dopo fu varata la nuova **Costituzione** ispirata al modello statunitense che prevedeva un presidente votato direttamente dal popolo. Così, alle nuove elezioni nel mese di **dicembre**, fu eletto presidente **Luigi Bonaparte**, nipote di Napoleone I, che era sostenuto dai conservatori e, grazie alla suggestione derivante dal nome, dalla maggioranza dell'elettorato contadino.

Oltre al cognome, dall'illustre avo Luigi aveva però ereditato anche la propensione al potere dittatoriale: nel **1851**, con un **colpo di Stato**, sciolse il Parlamento e fece arrestare i suoi oppositori. Un anno dopo trasformò la repubblica in **impero** assumendo il nome di **Napoleone III**.

Napoleone III
Era considerato un uomo "antipatico", ma era l'uomo forte che la borghesia voleva e aveva il vantaggio di essere nipote del grande Bonaparte.

4 L'Europa in fiamme

Ma torniamo al febbraio del '48. Il più veloce servizio d'informazioni del mondo, quello della banca Rothschild, impiegò due giorni per portare a Londra la notizia dell'insurrezione di Parigi e cinque per comunicarla a **Vienna**.

Nella capitale dell'Impero austro-ungarico, dove l'obbedienza era ritenuta "dovere primo del cittadino", la corte aveva appena respinto una richiesta di Costituzione "rispettosamente posta ai piedi del trono" da borghesi e studenti.

La notizia dei Francesi in rivolta riaccese gli animi: il **13 marzo** la folla si radunò davanti al palazzo del governo per ottenere risposta, ma fu caricata dai soldati, che fecero strage di uomini, donne, ragazzi. I viennesi risposero a tanta ferocia

Lo scoppio della rivoluzione di Parigi
Il quadro rappresenta il concorso di folla che seguì al divieto di Luigi Filippo di tenere "banchetti politici" in vista delle elezioni del 1848. Questo assembramento davanti al municipio della capitale fu il segnale della rivoluzione.

erigendo barricate in ogni punto della città e dando alle fiamme case e uffici pubblici. L'imperatore Ferdinando I si rifugiò a Innsbruck e fuggì anche Metternich, di cui i rivoltosi avevano chiesto a gran voce le dimissioni e che riparò a Londra, dove restò per il resto della sua vita.

Esplosa Vienna, il resto dell'Impero, che era un vero **mosaico di popoli** con forti aspirazioni autonomistiche, non poteva rimanere calmo: il **15 marzo** insorse **Budapest**, capitale dell'Ungheria, dove fu proclamata l'indipendenza dall'Austria, formato un Parlamento e abolita la servitù della gleba. Meno di un mese dopo la rivoluzione scoppiò anche a **Praga**, che non chiese di staccarsi dall'Impero, ma rivendicò maggiori libertà per la popolazione di lingua slava. Da Innsbruck l'imperatore Ferdinando I riuscì a mantenere il **controllo dell'esercito**, che era il tradizionale pilastro della monarchia asburgica, e diede inizio alla repressione dei vari tumulti dell'Impero.

Intanto, anche la **Prussia** si trovava a fare i conti con le rivolte, che ebbero come protagonisti sia i liberali – che lottavano per ottenere riforme e un regime costituzionale – sia i contadini, che volevano abbattere il sistema feudale ancora vigente. Di fronte alla sollevazione di **Berlino**, la capitale, il re **Federico Guglielmo IV** fu costretto a promettere una nuova Costituzione.

L'incendio si allargò velocemente al resto della **Germania**, che era ancora divisa in molti piccoli Stati. Venne così all'ordine del giorno un nuovo aspetto della rivolta, cioè la necessità di risolvere la "questione nazionale": molti Tedeschi, infatti, sentivano giunto il momento della loro **riunificazione in un'unica nazione**.

I rappresentanti dei vari Stati tedeschi costituirono un'**Assemblea nazionale**, eletta a suffragio universale, con il compito di definire i confini della nuova Germania e la sua forma di governo. I lavori però procedettero a rilento per l'impossibilità di un accordo tra i fautori di una "**Grande Germania**" (un'unione degli Stati tedeschi sotto la guida dell'Austria) e quelli di una "**Piccola Germania**" (senza l'Austria e sotto la guida della Prussia).

Metternich in fuga
Questa caricatura dei liberali è una vendetta contro l'uomo che aveva dominato l'Europa per trent'anni.

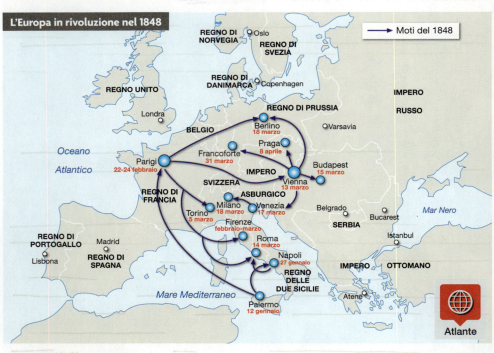

Lettura della carta

Le frecce mostrano la velocità e l'ampiezza del contagio rivoluzionario. La scintilla di Palermo accende il fuoco a Parigi e da lì l'incendio si propaga a mezza Europa.

Queste incertezze e le continue rivolte indebolirono il fronte dei riformatori, che trovarono l'opposizione dello stesso sovrano di Prussia. Federico Guglielmo IV, infatti, rifiutò la corona imperiale, affermando che non poteva accettare una "corona di porco" presentatagli da "fornai e macellai", e nel giugno 1849 le sue truppe sciolsero l'Assemblea nazionale e **soffocarono il moto rivoluzionario**.

5 Il marzo in Italia

Di fronte alle minacciose notizie che arrivavano da ogni angolo d'Europa, nelle corti e fra i regnanti dilagò la **paura**.
Per cercare di evitare moti e ribellioni, in Italia, già agli inizi di marzo, papa **Pio IX**, il granduca **Leopoldo di Toscana** e il re di Sardegna **Carlo Alberto** concessero gli **Statuti**, un termine antiquato e lievemente limitativo per indicare le Costituzioni. Erano Costituzioni moderate che prevedevano un Parlamento composto di due Camere, una elettiva (Camera dei deputati) e una i cui membri erano nominati dal re (Senato).
Dei tre Statuti, particolarmente importante è il cosiddetto **Statuto albertino**, cioè emanato da Carlo Alberto, perché diventò poi la Costituzione in vigore in Italia fino al 1946. Esso trasformò il Regno di Sardegna da monarchia assoluta in **monarchia costituzionale** e garantì ai sudditi i "diritti naturali" dell'uomo: libertà e uguaglianza.
Nel resto d'Italia, a parte che nel Regno delle Due Sicilie già in rivolta, il dominio reazionario e assolutista degli Asburgo, o di casate loro alleate, continuava. La prima a ribellarsi fu **Venezia** dove, il **17 marzo**, il popolo, esaltato dalle notizie che provenivano dal resto dell'Impero, insorse contro gli Austriaci liberando dal carcere il capo dei democratici, **Daniele Manin**. Poi, grazie all'azione comune dei borghesi, degli ufficiali veneti della Marina austriaca e degli operai dell'Arsenale navale, scacciò le truppe del maresciallo Joseph Radetzky – governatore militare del Lombardo-Veneto – e **proclamò la repubblica**.

Lo Statuto albertino
Un arazzo che celebra re Carlo Alberto mentre firma lo Statuto.
La proclamazione dello Statuto da parte del giovane re rappresentò un atto di grande coraggio e un'aperta sfida all'Austria.

Testimoni e interpreti

Lo Statuto albertino

Lo Statuto ebbe grande importanza nella storia italiana perché rimase in vita fino al 1948, anno in cui è entrata in vigore l'attuale Costituzione della Repubblica italiana. Ti proponiamo qui gli articoli più significativi.

Art. 1 La Religione Cattolica, Apostolica e Romana è la sola Religione dello Stato. Gli altri culti ora esistenti sono tollerati conformemente alle leggi.
Art. 2 Lo Stato è retto da un Governo Monarchico Rappresentativo. Il Trono è ereditario secondo la legge salica [cioè è riservato ai maschi].
Art. 3 Il potere legislativo sarà collettivamente esercitato dal Re e da due Camere: il Senato, e quella dei Deputati.
Art. 4 La persona del Re è sacra ed inviolabile.
Art. 5 Al Re solo appartiene il potere esecutivo. Egli è il Capo Supremo dello Stato: comanda tutte le forze di terra e di mare; dichiara la guerra: fa i trattati di pace, d'alleanza, di commercio ed altri, dandone notizia alle Camere tosto che l'interesse e la sicurezza dello Stato il permettano, ed unendovi le comunicazioni opportune. I trattati che importassero un onere alle finanze, o variazione di territorio dello Stato, non avranno effetto se non dopo ottenuto l'assenso delle Camere.
Art. 6 Il Re nomina a tutte le cariche dello Stato; e fa i decreti e regolamenti necessarii per l'esecuzione delle leggi, senza sospenderne l'osservanza, o dispensarne.
Art. 7 Il Re solo sanziona le leggi e le promulga.
Art. 8 Il Re può far grazia e commutare le pene.
Art. 9 Il Re convoca in ogni anno le due Camere: può prorogarne le sessioni, e disciogliere quella dei Deputati; ma in quest'ultimo caso ne convoca un'altra nel termine di quattro mesi.
Art. 10 La proposizione delle leggi apparterrà al Re ed a ciascuna delle due Camere. Però ogni legge d'imposizione di tributi, o di approvazione dei bilanci e dei conti dello Stato, sarà presentata prima alla Camera dei Deputati. […]

DEI DIRITTI E DEI DOVERI DEI CITTADINI

Art. 24 Tutti i regnicoli [gli abitanti del regno], qualunque sia il loro titolo o grado, sono eguali dinanzi alla legge. Tutti godono egualmente i diritti civili e politici, e sono ammissibili alle cariche civili e militari, salve le eccezioni determinate dalle Leggi.
Art. 25 Essi contribuiscono indistintamente, nella proporzione dei loro averi, ai carichi dello Stato.
Art. 26 La libertà individuale è guarentita [garantita]. Niuno può essere arrestato, o tradotto in giudizio, se non nei casi previsti dalla legge, e nelle forme ch'essa prescrive.
Art. 27 Il domicilio è inviolabile. Niuna visita domiciliare può aver luogo se non in forza della legge, e nelle forme ch'essa prescrive.
Art. 28 La Stampa sarà libera, ma una legge ne reprime gli abusi. Tuttavia le bibbie, i catechismi, i libri liturgici e di preghiere non potranno essere stampati senza il preventivo permesso del Vescovo.
Art. 29 Tutte le proprietà, senza alcuna eccezione, sono inviolabili. Tuttavia quando l'interesse pubblico legalmente accertato lo esiga, si può essere tenuti a cederle in tutto o in parte, mediante una giusta indennità conformemente alle leggi.
Art. 30 Nessun tributo può essere imposto o riscosso se non è stato consentito dalle Camere e sanzionato dal Re.
Art. 31 Il debito pubblico è garantito. Ogni impegno dello Stato verso i suoi creditori è inviolabile.
Art. 32 È riconosciuto il diritto di adunarsi pacificamente e senz'armi, uniformandosi alle leggi che possono regolarne l'esercizio nell'interesse della cosa pubblica. Questa disposizione non è applicabile alle adunanze in luoghi pubblici, od aperti al pubblico, i quali rimangono intieramente soggetti alle leggi di polizia. […]

LABORATORIO

Sviluppare le competenze

1. Quali analogie o differenze noti tra i seguenti articoli dello Statuto albertino e della Costituzione italiana (che puoi consultare nel Laboratorio di Cittadinanza e Costituzione della versione digitale del manuale)? Indicale nella tabella.

Statuto albertino	Costituzione italiana	Analogie o differenze
Art. 1	Art. 8	
Art. 24	Art. 3	
Art. 26	Art. 13	
Art. 27	Art. 14	
Art. 28	Art. 21	
Art. 29	Art. 42	
Art. 32	Art. 17-18	

6 Le "Cinque giornate" di Milano

Dopo Venezia, insorse **Milano**, che fronteggiò le truppe di Radetzky durante le epiche "**Cinque giornate**", dal 18 al 23 marzo. Vi presero parte borghesi e proletari, milanesi e abitanti di altre città lombarde accorsi nel capoluogo a dare man forte. Le strade furono sbarrate da migliaia di barricate fatte accatastando carrozze, banchi delle chiese, mobili buttati apposta dalle finestre e addirittura un pianoforte a coda. L'esercito austriaco rispose con ferocia: un gruppo di tiratori scelti si arrampicò sulle guglie del Duomo per sparare sulla folla.
Nobili e servitori, popolani e borghesi si ritrovarono sulle barricate armati con mezzi di fortuna, dopo avere svuotato le botteghe degli armaioli ma anche cantine e soffitte per scovare sciabole e fucili. Siccome le barricate impedivano agli stessi rivoltosi di spostarsi da un punto all'altro, i milanesi aprirono le porte

Lettura d'immagine

Barricate a Milano

Il dipinto mostra una delle tante barricate erette dai milanesi contro gli Austriaci.

❶ Le donne hanno cucito freneticamente pezzi di stoffa bianca, rossa e verde per fare le bandiere.

❷ Anche una madre con i suoi bambini assiste i patrioti stando al riparo della barricata.

❸ I palloni aerostatici contengono i volantini dei rivoluzionari.

❹ Alcuni riescono a procurarsi un fucile.

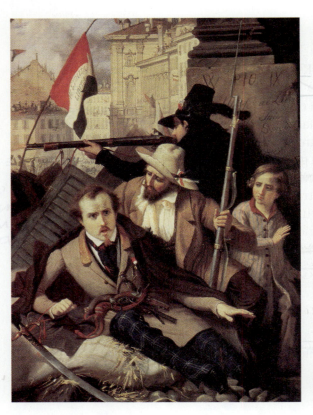

delle case e addirittura fecero delle brecce nei muri per farli passare, mentre i ricchi sfamavano i combattenti e curavano i feriti. Tanta **solidarietà** fu la chiave del successo: dopo cinque giorni e quattro notti di combattimenti, Radetzky e i suoi quattordici battaglioni lasciarono la città.
I milanesi avevano dato prova non solo di eroismo (alla fine si contarono oltre 400 morti fra i ribelli) ma anche di grande organizzazione, obbedendo agli ordini di un "consiglio di guerra" guidato dal federalista **Carlo Cattaneo**, rappresentante dell'ala più democratica della borghesia, quella che sognava la repubblica e diffidava di Carlo Alberto.
I liberali, invece, volevano l'**intervento militare del Piemonte** ed erano favorevoli all'annessione della Lombardia al Regno di Sardegna: furono questi ultimi ad assumere il controllo del governo provvisorio e a recarsi in delegazione da Carlo Alberto in veste di suoi futuri sudditi.
Il 21 marzo, intanto, la rivolta si estese a **Modena** e **Parma** costringendo alla fuga i rispettivi duchi.

Le "Cinque giornate"
Un patriota ritratto sullo sfondo di un Tricolore e di una scritta che inneggia a Pio IX.

Testimoni e interpreti

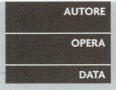

Leggi altre fonti dirette nella Biblioteca digitale

L'eroismo dei milanesi

AUTORE	Carlo Cattaneo, patriota, filosofo e politico italiano
OPERA	*Dell'insurrezione di Milano nel 1848 e della successiva guerra*
DATA	1849

Carlo Cattaneo, il federalista che assunse la guida delle "Cinque giornate", racconta un episodio di quell'epica lotta.

Le barricate divenivano sempre più numerose; se ne contavano nella città mille e settecento; e caricate assiduamente con sassi, potevano resistere anche al cannone.
Intorno ad una, ch'era di fronte al Castello, ed era composta da lastre di granito legate con catene e ingombre di terra, si raccolsero settantadue palle. Gli allievi del Seminario barricarono coi loro letti il largo di Porta Orientale, sotto il più violento foco. Di traverso sulle strade si vedevano balle di merci, mobili, carrozze eleganti; v'erano mucchi di tegole sull'orlo dei tetti, mucchi di sassi ad ogni finestra; rotti in molti luoghi i ponti; sfondati i canali sotterranei. Poi si pensò di mandare in aria palloni, che portassero con sé i nostri proclami. Gli Austriaci, accampati sui bastioni, stavano attoniti guardando quegli aerei messaggeri sorvolare le loro linee, e li bersagliavano con vani colpi.
"Fratelli!" diceva uno dei proclami "la vittoria è nostra. Il nemico in ritirata limita il suo terreno al Castello e ai bastioni. Accorrete; stringiamo una porta tra due fochi ed abbracciamoci".
Molti di quei palloni caddero in luoghi dove gli abitanti non avevano udito il suono del cannone, o non ne avevano sospettato la causa; altri giunsero oltre il confine svizzero, piemontese, piacentino. In molti dei nostri territori furono segnale di rivolta; dappertutto misero in fermento i popoli. Turbe di contadini guidate da studenti, da medici, da curati, da doganieri, muovevano da ogni parte verso Milano.
Dall'alto dei nostri campanili si videro fra le campagne le strade biancheggianti oscurarsi e ingombrarsi all'arrivo di quelle moltitudini; e innanzi ai loro colpi fuggire le vedette nemiche.

LABORATORIO

Riflettere

1. Quale degli aspetti della rivolta riferiti in questo documento ti ha colpito di più?

Testimoni e interpreti

La disfatta di Radetzky

AUTORE	Joseph Radetzky, governatore militare austriaco del Lombardo-Veneto
OPERA	*Diario*
DATA	1848

Come tutti i generali e i capi di Stato, Radetzky teneva un diario. I due brani seguenti testimoniano come diversamente sarebbero potute andare le cose se Carlo Alberto avesse saputo approfittare del disfacimento delle truppe austriache.

Milano, 22 marzo 1848
Devo evacuare Milano, questa è la più triste ora della mia vita! Tutto il Paese è in rivolta; sono minacciato alle spalle dal Piemonte; tutti i ponti sono tagliati e non ho legname da costruzione né mezzi di trasporto. Non so cosa succeda alle mie spalle. Io mi ritirerò verso Lodi per evitare i grandi centri.

Campagna lombarda, 24 marzo 1848
Io e gran parte dei miei ufficiali, e molti reggimenti siamo ridotti nella miseria più nera: le nostre case, dopo che le dovemmo abbandonare, furono saccheggiate o distrutte, sicché, còlti all'imprevista, potemmo salvare solo ciò che avevamo indosso. Vi sono carri pieni di feriti; qua un dragone con un berrettone di fanteria, là un cannoniere con l'elmo di un dragone, o con un abito da cittadino, là un altro senz'abito.
Tutti per la disastrosa pioggia e il pernottare all'aperto pieni di fango e di sangue, cosicché non si conosceva quasi il colore dell'uniforme.

7 La Prima guerra d'Indipendenza

La vittoria dei patrioti milanesi, seguita dalla visita a Torino della delegazione liberale, spinse **Carlo Alberto di Savoia** a rompere ogni indugio e a dichiarare guerra all'Austria. Era il **23 marzo 1848**: iniziava la Prima guerra d'Indipendenza. Preoccupati di essere travolti dalle rivoluzioni, il **papa**, il **granduca di Toscana** e il **re di Napoli** inviarono le loro truppe in appoggio a quelle piemontesi. L'**entusiasmo dei patrioti** per quella che sentivano come una guerra "federale" degli Stati italiani fu incontenibile e gli stessi Mazzini e Garibaldi, rientrati in Italia, sebbene repubblicani, offrirono il loro aiuto al re (che peraltro non lo accettò). Nutriti corpi di volontari si formarono affiancando le truppe regolari. Si era diffusa la convinzione che i Savoia avessero dato inizio al **Risorgimento**, cioè alla guerra volta alla **riunificazione di tutta l'Italia** e alla sua trasformazione in uno Stato costituzionale moderno. In realtà, Carlo Alberto aveva in mente una semplice **guerra dinastica**, cioè una guerra per ingrandire i possedimenti della propria casata, visto che la momentanea debolezza degli Austriaci gli forniva l'occasione di impadronirsi della **Lombardia**.
Presto fu chiaro che una guerra del genere non giovava ad alcuno degli altri sovrani coinvolti: a fine aprile, temendo ritorsioni da parte dell'Austria, il papa, il granduca di Toscana e il re di Napoli diedero alle loro truppe l'ordine di ritirarsi. Intanto Carlo Alberto si dimostrava un pessimo comandante; i suoi ufficiali erano fatui aristocratici litigiosi e inadeguati; le truppe erano male equipaggiate e male addestrate; né venne valorizzata l'opera dei volontari che, resistendo a **Curtatone** e **Montanara**, permisero alle truppe sabaude di vincere a **Goito**. Invece di tagliare la strada a Radetzky e di affrontarlo in battaglia finché i suoi soldati erano stanchi e sbandati, i Piemontesi permisero all'esercito austriaco di asserragliarsi nel cosiddetto "**Quadrilatero**", una zona imprendibile racchiusa dalle fortezze di **Verona**, **Legnago**, **Mantova** e **Peschiera**. Nel frattempo l'Austria riusciva a domare i principali focolai di rivolta all'interno del suo Impero e poteva far convergere ulteriori truppe sul Fronte italiano.

Un soldato ferito sorretto da un carabiniere

Lettura della carta

1 Segui passo passo l'itinerario delle schiere (piemontese e austriaca) e renditi conto del loro percorso dalla partenza all'arrivo.

2 Fingi di essere un Carlo Alberto con carattere deciso e grandi competenze militari e immagina di voler intercettare e fermare Radetzky. Dove lo avresti affrontato?

LESSICO	POLITICA

Armistizio
È un accordo fra Stati in guerra che sospende le ostilità per un tempo determinato (se le condizioni di pace devono ancora essere discusse) o indeterminato (se sono già state stabilite). Letteralmente significa "silenzio delle armi".

Quando finalmente, nel luglio, le due armate si scontrarono a **Custoza**, vicino a Verona, Radetzky aveva avuto tutto il tempo di riorganizzarsi e riportò una vittoria schiacciante. L'anno dopo la guerra riprese, ma le truppe piemontesi vennero sbaragliate a **Novara**.
Carlo Alberto, per non mettere in pericolo le sorti della dinastia, abdicò in favore di suo figlio **Vittorio Emanuele II**, che nel **marzo 1849** firmò l'**armistizio di Vignale** (cioè una tregua con l'Austria).
La città di **Brescia**, che era insorta appena Carlo Alberto si era mosso da Torino, non volle far entrare gli Austriaci senza combattere e contese alle truppe nemiche ogni palmo delle sue strade. Prima di arrendersi, lottò per ben dieci giorni, sotto la guida di Tito Speri e di un sacerdote liberale, don Pietro Bonifava, meritandosi, per il suo coraggio, il nome di "**Leonessa d'Italia**". Intanto Garibaldi accorreva dal Sud, dove era sbarcato di ritorno dal Sudamerica, sperando invano di poter aiutare i Lombardi.

8 La Repubblica romana

Intanto i **democratici** italiani non si erano persi d'animo: sia in Toscana sia a Roma i patrioti, disgustati dalla decisione dei rispettivi regnanti di ritirare le truppe, avevano suscitato tumulti sempre più violenti (a Roma fu perfino assassinato il ministro pontificio Pellegrino Rossi). Spaventati, Pio IX, prima, e Leopoldo II, poco dopo, fuggirono a Gaeta, sotto la protezione del re di Napoli.
La **Repubblica toscana** fu presto stroncata dall'intervento delle truppe austriache, mentre la **Repubblica romana**, retta da un triumvirato formato da **Giuseppe**

Mazzini, Aurelio **Saffi** e **Carlo Armellini**, riuscì a coinvolgere gran parte della cittadinanza riscattandola da secoli di mortificazione sociale e civile.
Fu emanata una Costituzione assai innovativa che stabilì la **libertà religiosa** e la **tassazione progressiva** sui redditi, per effetto della quale i poveri pagavano meno tasse dei ricchi. Per la prima volta il potere temporale fu distinto da quello spirituale e ciò costituì un fondamentale precedente per i futuri rapporti fra Stato e Chiesa, non solo in Italia ma anche in molti altri Paesi europei.
Nei pochi mesi della sua esistenza la Repubblica romana visse sul filo del rasoio. Il papa invocò l'**aiuto della Francia**, una nazione profondamente cattolica. Le truppe francesi comandate dal generale Oudinot nell'aprile 1849 si ammassarono rapidamente nel Lazio.
Oudinot, che credeva di spazzare via il triumvirato senza colpo ferire, si trovò a fronteggiare la resistenza di un vero e proprio esercito regolare formato da volontari italiani e da una parte rilevante del popolo romano. Lo comandavano due grandi generali: **Giuseppe Garibaldi** e l'esule napoletano mazziniano **Carlo Pisacane**.
I soldati della Repubblica romana, tra i quali vi era anche **Goffredo Mameli**, batterono più volte sia i Francesi sia i rinforzi inviati dal re di Napoli. Era però una resistenza disperata. Nel giugno del 1849 Garibaldi e Pisacane ingaggiarono una furibonda battaglia contro i Francesi alle ville del Vascello e dei Quattro Venti, ma furono sconfitti e quasi mille dei loro uomini rimasero uccisi.
Fu uno degli episodi più cruenti della difesa di Roma, dopo il quale i pochi superstiti furono costretti ad abbandonare la città: anche questo tentativo mazziniano era finito nel sangue. Garibaldi si salvò a stento grazie a un'epica **fuga attraverso l'Italia** cercando, senza successo, di raggiungere Venezia, che ancora resisteva. Durante questo spostamento, nella pineta di Ravenna, vide morire tra le sue braccia la propria compagna, Anita.

La difesa di Roma
I Francesi (sulle scale) attaccano una delle tante ville che all'epoca costellavano la periferia di Roma, in cui si sono asserragliati i garibaldini.
Si tratta di villa Corsini, dove vi fu una battaglia altrettanto cruenta di quella della villa del Vascello e della villa dei Quattro Venti.

L'inno nazionale, nato nel Risorgimento

La "terra dei nostri padri"

In Germania, Francia, Inghilterra come negli Stati Uniti e altrove ogni cerimonia pubblica viene aperta dall'inno nazionale che tutti i presenti cantano alzandosi in piedi in segno di rispetto.

In Italia non è così. Solo grazie all'instancabile impegno di uno dei nostri Presidenti della Repubblica, Carlo Azeglio Ciampi (1999-2006), i giocatori della squadra nazionale di calcio hanno finalmente imparato le prime strofe dell'inno e ora riescono a cantarlo prima dell'inizio di una partita.

Nessun italiano, però, sente il dovere di alzarsi in piedi quando ne ascolta le note e quanto a conoscerne tutte le parole non se ne parla affatto.

Questo atteggiamento è frutto di un gravissimo errore: quello di non capire che la parola "patria" significa "terra dei padri".

Fratelli d'Italia

Dobbiamo alla città di Genova *Il Canto degli Italiani*, meglio conosciuto come *Inno di Mameli*. Scritto nell'autunno del 1847 dall'allora ventenne studente e patriota Goffredo Mameli, musicato poco dopo a Torino da un altro genovese, Michele Novaro, *Il Canto degli Italiani* nacque in quel clima di fervore patriottico che già preludeva alla guerra contro l'Austria.

L'immediatezza dei versi e l'impeto della melodia ne fecero il più amato canto dell'unificazione, non solo durante la stagione risorgimentale, ma anche nei decenni successivi.

Non a caso Giuseppe Verdi, nel suo *Inno delle Nazioni* del 1862, affidò proprio al *Canto degli Italiani* – e non alla *Marcia Reale* – il compito di simboleggiare la nostra Patria, ponendolo accanto a *God Save the Queen*.

Fu quasi naturale, dunque, che il 12 ottobre 1946 l'*Inno di Mameli* divenisse l'**inno nazionale della Repubblica Italiana**.

Goffredo Mameli

Goffredo Mameli nacque a Genova il 5 settembre 1827. Poeta precocissimo e animato da sentimenti liberali e repubblicani, divenne **mazziniano** nel 1847, e in quello stesso anno, oltre a comporre *Il Canto degli Italiani*, partecipò attivamente alle grandi manifestazioni genovesi a sostegno delle riforme introdotte da Pio IX e da altri sovrani italiani.

Da quel momento in poi la vita del **poeta-soldato** fu dedicata interamente alla **causa nazionale**: nel marzo del 1848, a capo di 300 volontari, raggiunse Milano insorta, per poi combattere gli Austriaci sul Mincio col grado di capitano dei bersaglieri. Dopo l'armistizio tornò a Genova, collaborò con Garibaldi e, in novembre, raggiunse Roma dove, il 9 febbraio 1849, venne proclamata la Repubblica.

Nonostante la febbre, fu sempre in prima linea nella difesa della città assediata dai Francesi: il 3 giugno fu ferito alla gamba sinistra, che dovette essere amputata per la sopraggiunta cancrena. **Morì** d'infezione il 6 luglio, alle sette e mezzo del mattino, a soli ventidue anni.

9 I giorni della sconfitta

Le forze assolutiste avevano di nuovo **ristabilito il loro ordine**: fin dal giugno del 1848 – in contemporanea con la rivolta operaia di Parigi soffocata nel sangue – i generali austriaci avevano bombardato **Praga** e, in ottobre, **Vienna**.

A fine anno il vecchio imperatore Ferdinando I abdicò e salì al trono un suo giovanissimo nipote, **Francesco Giuseppe**, il cui regno era destinato a durare decenni. Sedate le ultime rivolte, egli accordò una Costituzione che però non limitava i poteri della monarchia né concedeva maggiore autonomia ai popoli che abitavano il suo sterminato Impero.

Nel frattempo Ferdinando II di Borbone aveva riaffermato il proprio dominio incontrastato sul **Regno delle Due Sicilie**: già nel maggio del 1848, dopo aver bombardato Napoli, aveva revocato la Costituzione, sciolto il Parlamento e fatto centinaia di prigionieri politici. Sempre a suon di cannoni (guadagnandosi l'appellativo di "Re Bomba") era passato alla repressione della Sicilia. Nel maggio 1849 cadde Palermo. Nel luglio 1849, grazie all'aiuto dell'esercito austriaco, rientrò in **Toscana** Leopoldo II.

Le ultime a cadere furono l'**Ungheria**, repressa dall'Austria con l'aiuto della

Ferdinando II di Borbone: "Re bomba"
Era il sovrano del Regno delle Due Sicilie. Dopo i fatti del Quarantotto fu chiamato "Re bomba" per aver assediato e preso a cannonate la città di Messina.

Russia, e **Venezia**, dove erano accorsi molti patrioti nella speranza di difendere l'estremo baluardo contro gli Austriaci. Dopo intensi bombardamenti da parte della flotta austriaca e prostrata da un'epidemia di colera, la città si arrese il 26 agosto 1849: aveva resistito a un assedio di cinque mesi.

Ancora una volta le forze conservatrici riuscirono dunque a restaurare l'Europa dell'assolutismo e ovunque si scatenò la **repressione**: censura sulla stampa, arresti, condanne senza processo e provvedimenti studiati allo scopo di danneggiare economicamente le popolazioni.

L'unica eccezione in questo panorama antilibertario fu il **Regno di Sardegna**, che mantenne in vigore lo Statuto e indisse le elezioni per formare il Parlamento. Ciò fu possibile grazie alla fermezza di **Vittorio Emanuele II**, il giovane sovrano che, dopo l'abdicazione del padre, tenne testa a Radetzky difendendo l'onore del Regno e rifiutando di tornare all'assolutismo, come l'Austria pretendeva.

10 L'età della borghesia e delle lotte operaie

Apparentemente tutte le forze rivoluzionarie del Quarantotto erano state sconfitte. In realtà, però, i vincitori non furono i governi reazionari che abolirono le Costituzioni concesse sull'onda della paura, ma i borghesi che prima avevano combattuto sulle barricate a fianco dei lavoratori e poi li avevano rinnegati.

Nel 1848 essi chiarirono a se stessi che non si sarebbero mai più uniti al proletariato, che combatteva per obiettivi contrari ai loro interessi, e, grazie a questo, ottennero progressivamente dai governi tutte le libertà e le garanzie che servivano allo sviluppo della loro classe.

Pur di distinguersi dal proletariato, la borghesia elaborò la teoria "classi lavoratrici, classi pericolose". Due mani callose divennero sinonimo di "criminale" e furono guardate con paura. Mai la società fu più divisa.

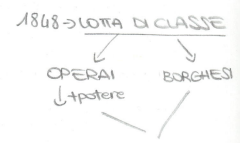

La prima grande prova di Vittorio Emanuele II

Il dipinto ritrae la scena dell'armistizio del 1849 mettendo in evidenza l'atteggiamento sdegnoso di Vittorio Emanuele II (a sinistra) e quello ossequioso di Radetzky (a destra). Anche se frutto della propaganda, esso non tradisce lo spirito di quell'incontro. Radetzky, infatti, voleva imporre l'abolizione dello Statuto albertino in Piemonte, ma il giovanissimo re gli rispose di no.
(L'affresco si trova nel Palazzo Pubblico di Siena.)

Cominciò quindi da una parte l'**età del trionfo della borghesia**, dall'altra l'**epoca delle lotte operaie**. Ora i nemici storici non erano più borghesi e aristocratici, ma **borghesi e proletari**.

Questa nuova realtà fu messa in luce da un libretto pubblicato in Inghilterra in quello stesso anno **1848** e intitolato *Manifesto del Partito comunista*, che anticipava i temi e gli obiettivi delle future lotte operaie. Era stato scritto da un giornalista e filosofo tedesco, **Karl Marx**, e dal suo amico e collaboratore **Friedrich Engels**. L'opuscolo cominciava con parole minacciose nei confronti della borghesia: "Uno spettro si aggira per l'Europa: lo spettro del comunismo" e finiva con una parola d'ordine "Proletari di tutto il mondo, unitevi!".

1848			
Mese	**Luoghi ed eventi**	**Obiettivi**	**Esito**
gennaio	Palermo	Costituzione, distacco da Napoli, redistribuzione delle terre	Sconfitta
febbraio-marzo	Napoli Piemonte Toscana	Statuti	Successo
23 febbraio-marzo	Parigi	Repubblica e suffragio universale	Vittoria e presidenza di Luigi Napoleone
	Vienna	Costituzione	Sconfitta
	Budapest	Costituzione e indipendenza dall'Austria	Sconfitta
	Praga	Maggiori libertà per la popolazione slava	Sconfitta
	Berlino	Costituzione e unità della nazione tedesca	Sconfitta
	Venezia	Indipendenza dall'Austria e Repubblica	Sconfitta
	Milano "Cinque giornate"	Fusione col Piemonte o, per Cattaneo, Repubblica indipendente	Sconfitta
	Modena	Indipendenza	Sconfitta
	Parma	Indipendenza	Sconfitta
23 marzo	Inizio della Prima guerra d'Indipendenza	Annessione della Lombardia al Regno di Sardegna	Sconfitta

1849			
9 febbraio	Roma	Repubblica romana	Sconfitta
marzo	"Dieci giornate di Brescia"	Sostegno a Carlo Alberto	Sconfitta
20 marzo	Ripresa della Prima guerra d'Indipendenza	Annessione della Lombardia al Regno di Sardegna	Sconfitta
29 marzo	Abdicazione di Carlo Alberto e Armistizio di Vignale	Pace tra i Savoia e gli Asburgo	Mancata conquista della Lombardia
giugno	Parigi	Rivolta contro i moderati	Sconfitta
giugno-agosto	Vienna-Berlino-Praga-Ungheria	Rivolta contro i rispettivi governi	Sconfitta
	Toscana-Venezia	Resistenza contro gli Austriaci	Sconfitta
	Roma	Resistenza contro i Francesi	Sconfitta

GUIDA ALLO STUDIO
Sintesi

Audio

1-3 · L'inizio del 1848: l'insurrezione di Palermo e la Seconda Repubblica francese

Nel 1848 il fuoco che covava sotto la cenere esplode in una impressionante rivoluzione europea. In gennaio insorge Palermo, che rivendica l'autonomia dal Regno di Napoli. Il re Ferdinando II di Borbone concede una Costituzione che riconosce alla Sicilia maggiore autonomia, ma i patrioti liberali la respingono, formano un governo provvisorio e adottano la Costituzione stilata dal Parlamento siciliano durante l'occupazione napoleonica.

In febbraio si solleva Parigi. Dopo due giorni di scontri, i rivoluzionari cacciano il re e proclamano la Seconda Repubblica. In aprile si tengono le prime elezioni a suffragio universale maschile, che premiano i liberali; in giugno insorgono gli operai che però vengono repressi senza pietà. La nuova Costituzione prevede un presidente eletto dal popolo e viene scelto Luigi Bonaparte, nipote di Napoleone I, che nel 1851 compie un colpo di Stato e diventa imperatore col nome di Napoleone III.

4 · L'Europa in rivolta

La Rivoluzione dilaga in tutta Europa. A Vienna, l'imperatore Ferdinando I respinge la richiesta di una Costituzione. Di fronte all'ira del popolo, però, è costretto a fuggire a Innsbruck. Poco dopo insorgono Budapest e Praga, ma Ferdinando I, che ha mantenuto il controllo dell'esercito, dà inizio alla repressione dei vari tumulti. Intanto, a Berlino, il re Federico Guglielmo IV è costretto a promettere una nuova Costituzione, mentre il resto della Germania, ancora divisa in molti piccoli Stati, costituisce un'Assemblea nazionale che verrà sciolta con la forza nel 1849.

5-6 · La proclamazione della repubblica a Venezia e le "Cinque giornate" di Milano

In Italia Pio IX, il granduca Leopoldo e Carlo Alberto, spinti dalla paura, concedono gli Statuti, il più importante dei quali è lo Statuto albertino che trasforma il Regno di Sardegna in una monarchia costituzionale. Venezia, intanto, insorge contro gli Austriaci e proclama la repubblica. Subito dopo è la volta di Milano che, durante le "Cinque giornate", riesce a scacciare l'esercito di Radetzky, e poi di Modena e Parma, che costringono alla fuga i rispettivi duchi.

7-8 · La Prima guerra d'Indipendenza

Spinto dai successi di Venezia e di Milano, Carlo Alberto decide di attaccare l'Austria dando così inizio alla Prima guerra d'Indipendenza. Si diffonde la convinzione che i Savoia abbiano dato inizio al Risorgimento, ma in realtà Carlo Alberto ha in mente solo una guerra dinastica e inoltre si dimostra un pessimo comandante. Dopo aver vinto a Goito, infatti, permette all'esercito austriaco di riorganizzarsi e di infliggergli la sconfitta di Novara, in seguito alla quale abdica in favore del figlio Vittorio Emanuele II, che nel marzo 1849 firma l'armistizio di Vignale. Brescia però non vuole arrendersi e continua a combattere contro gli Austriaci per ben dieci giorni, guadagnandosi il nome di "Leonessa d'Italia". Intanto i democratici proclamano la Repubblica toscana, che ha vita brevissima, e la Repubblica romana. Il papa invoca l'aiuto delle truppe francesi, che si trovano a fronteggiare un vero e proprio esercito formato da volontari italiani e guidato da Garibaldi e Pisacane. Purtroppo però la loro resistenza è inutile.

9 · La sconfitta

Le rivoluzioni del 1848 si concludono con una sconfitta generale. A Vienna Ferdinando I abdica in favore del nipote Francesco Giuseppe: il nuovo sovrano seda le ultime rivolte e concede una Costituzione che però non limita i poteri della monarchia né concede autonomia ai popoli dell'Impero. Nel Regno delle Due Sicilie Ferdinando di Borbone riafferma il proprio dominio incontrastato; in Toscana rientra Leopoldo II; infine cedono l'Ungheria e Venezia, e ha inizio una durissima repressione. L'unica eccezione è il Regno di Sardegna, dove Vittorio Emanuele II mantiene in vigore lo Statuto e indice le elezioni per formare il Parlamento.

10 · Borghesi contro proletari

I veri vincitori del Quarantotto non sono i governi reazionari, bensì i borghesi, che elaborano la teoria "classi lavoratrici, classi pericolose". Comincia così da un lato l'età del trionfo della borghesia, dall'altro l'epoca delle lotte operaie. Ora i nemici storici non sono più borghesi e aristocratici, ma borghesi e proletari, e questa nuova realtà viene messa in luce da Marx ed Engels nel *Manifesto del Partito comunista* pubblicato proprio nel 1848.

GUIDA ALLO STUDIO

Mappa concettuale

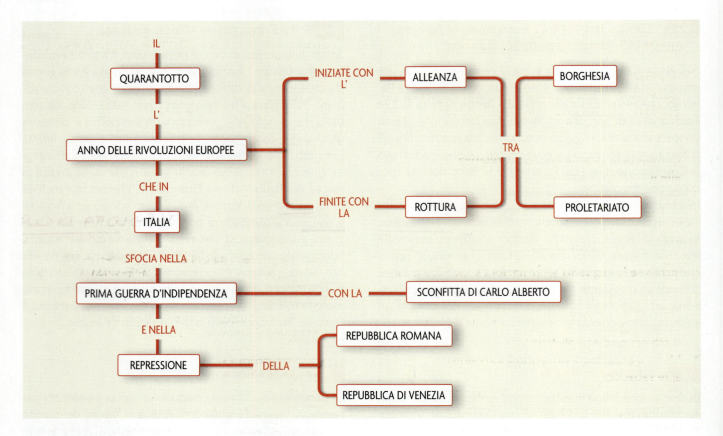

Verifica formativa

ARRICCHIRE IL LESSICO

1. Il sostantivo "indipendenza" deriva dal verbo "dipendere", il quale ha dato origine anche ad altri termini, tra cui: dipendente (nel senso di chi svolge un'attività presso un datore di lavoro); dipendente (nel senso di chi non può fare a meno di qualcosa); dipendenza. Usa queste tre parole per scrivere altrettante frasi di senso compiuto.

COMPRENDERE IL TESTO

2. **In un testo di circa 6 righe spiega perché, alla vigilia del 1848, l'Europa intera era una polveriera.**

3. **Rispondi alle domande seguenti.**
   1. Quando si verificò l'insurrezione di Palermo?
   2. Quali caratteristiche ebbe la rivolta?
   3. Come reagì Ferdinando II di Borbone?
   4. Che cosa fecero i patrioti liberali?

4. **Completa il brano seguente.**

   In febbraio i rivoluzionari parigini cacciarono .... e proclamarono la ...., introducendo il .... e proclamando l'abolizione della .... e della .... nelle colonie. In aprile si tennero le prime .... che premiarono i .... Il nuovo governo archiviò le politiche .... e ordinò ai .... di arruolarsi nell'.......... In risposta, 50 000 .... insorsero, ma furono repressi senza pietà. Avevano vinto i .... Poco dopo fu varata la ...., che prevedeva un .... eletto dal .... La scelta cadde su .... che però, nel ...., compì un .... e divenne .... col nome di ....

5. **Completa la tabella seguente, relativa alle insurrezioni europee.**

Il 1848 e la Prima guerra d'Indipendenza **Capitolo 13** 287

CAPITOLO 13

Vienna	
Budapest	
Praga	
Prussia	
Germania	

Austria	
Regno delle Due Sicilie	
Toscana	
Ungheria	
Venezia	

6 Rispondi alle domande seguenti.

1 Quali caratteristiche avevano gli Statuti concessi da Pio IX, Leopoldo di Toscana e Carlo Alberto?
2 Perché lo Statuto albertino è molto importante?

7 Completa la tabella seguente, relativa alle insurrezioni italiane.

17 marzo	
18-23 marzo	
21 marzo	

8 Indica se le seguenti affermazioni sono vere o false.

1 Il 23 marzo 1848 Carlo Alberto di Savoia diede inizio alla Prima guerra d'Indipendenza. V F
2 Il papa, il granduca di Toscana e il re di Napoli si schierarono con gli Austriaci. V F
3 Mazzini e Garibaldi offrirono il loro aiuto al re sabaudo. V F
4 Carlo Alberto voleva riunificare tutta l'Italia. V F
5 Le truppe piemontesi vinsero a Goito. V F
6 L'esercito austriaco si asserragliò nel cosiddetto "Quadrilatero". V F
7 A Custoza e a Novara l'esercito sabaudo sbaragliò gli Austriaci. V F
8 Carlo Alberto abdicò in favore del figlio Vittorio Emanuele II. V F
9 Nel marzo 1849 fu firmato l'armistizio di Vignale. V F
10 Brescia lottò dieci giorni contro gli Austriaci. V F

9 Completa il brano seguente.

I democratici italiani diedero vita alla Repubblica ...., presto stroncata dagli ...., e alla Repubblica .... Quest'ultima, retta da un triumvirato formato da ...., ... e ...., emanò una .... che fra l'altro stabilì la libertà .... e la tassazione .... Il papa chiese aiuto alla ...., che inviò le sue truppe al comando del generale .... Egli dovette fronteggiare un vero e proprio esercito di .... comandati da .... e .... che però, malgrado la strenua ...., fu sconfitto dai ....

10 Completa la tabella seguente, relativa alla vittoria delle forze assolutiste, poi spiega che cosa accadde, invece, nel Regno di Sardegna.

11 Rispondi alle domande seguenti.

1 Chi furono i veri vincitori del Quarantotto?
2 Che cosa chiarirono a se stessi?
3 Quale teoria fu elaborata?
4 Chi erano, ormai, i nemici storici?
5 Da chi, e con che cosa, fu messa in luce questa nuova realtà?

GUIDA ALL'ESPOSIZIONE ORALE

1 Illustra gli eventi italiani ed europei antecedenti lo scoppio della Prima guerra d'Indipendenza.

Scaletta:
• rivolta di Palermo • rivolta di Parigi • Seconda Repubblica • Luigi Bonaparte • colpo di Stato • Napoleone III • rivolte di Vienna, Budapest, Praga e Berlino • rivolte in Germania • Statuti • proclamazione della repubblica a Venezia • "Cinque giornate" di Milano • rivolta di Modena e Parma

Parole e concetti chiave:
Ferdinando II di Borbone, governo provvisorio, suffragio universale maschile, repressione degli operai, Costituzione, Impero, fuga di Ferdinando I e di Metternich, Assemblea nazionale degli Stati tedeschi, Pio IX, Leopoldo di Toscana, Carlo Alberto, Statuto albertino, Daniele Manin, Radetzky, Carlo Cattaneo.

Come cominciare:
"Nel 1848 l'incendio che covava sotto la cenere esplose nella più estesa e impressionante rivoluzione europea."

2 Descrivi i fatti della Prima guerra d'Indipendenza e della Repubblica romana e spiega come si concluse l'ondata rivoluzionaria del Quarantotto.

Scaletta:
• Carlo Alberto • dichiarazione di guerra all'Austria • guerra dinastica • Goito • "Quadrilatero" • Custoza • Novara • abdicazione di Carlo Alberto • Vittorio Emanuele II • armistizio di Vignale • Brescia "Leonessa d'Italia" • triumvirato • Costituzione • intervento francese • vittoria delle forze assolutiste in tutta Europa tranne che nel Regno di Sardegna

Parole e concetti chiave:
Pio IX, granduca di Toscana, re di Napoli, entusiasmo dei patrioti, Risorgimento, Mazzini, Saffi, Armellini, libertà religiosa, tassazione progressiva, Oudinot, Garibaldi, Pisacane, Mameli.

Come cominciare:
"Le vittorie di Venezia e di Milano spinsero Carlo Alberto a dichiarare guerra all'Austria."

ARTE E TERRITORIO

Verdi e la Scala: due simboli del Risorgimento

Una nuova musica per la futura patria

L'epoca delle rivoluzioni e del Romanticismo operò una profonda trasformazione anche all'interno di un genere musicale che nel Settecento aveva rappresentato la forma di spettacolo più congeniale al pubblico aristocratico dell'*Ancien Régime*: il **melodramma**, altrimenti noto come "**opera lirica**".

I gusti del pubblico erano profondamente cambiati: nuove inquietudini cercavano una nuova musica che parlasse non più a un ristretto gruppo d'élite ma a larghe fasce della popolazione.

In un breve saggio, Mazzini si augurò che il melodramma italiano si rinnovasse diventando racconto di eroi che combattono per la libertà e trovano nel loro popolo e in Dio la loro forza.

Il musicista che meglio seppe esprimere le tensioni della nuova epoca fu **Giuseppe Verdi**. Nato in Emilia, a Roncole di Busseto, nel 1813, si trasferì presto a Milano dove rappresentò varie opere.

Nel 1840, colpito da una serie di disgrazie (la morte dei due figlioletti e della moglie tanto amata) cadde in una profonda depressione e decise di non comporre mai più. Fu salvato da un amico che lo obbligò a esaminare un libretto (che è l'equivalente di una sceneggiatura) intitolato *Nabucco*. Verdi stesso racconta nelle sue memorie che sbattendo irato il libretto su un tavolo questo si aprì su dei versi che dicevano:

Giuseppe Verdi
Il maestro ormai in età avanzata in un celebre ritratto del pittore Giovanni Boldini, l'artista che, verso la fine dell'Ottocento, celebrò l'alta società del tempo.

Va, pensiero, sull'ali dorate;
Va, ti posa sui clivi, sui colli,
Ove olezzano tepide e molli
L'aure dolci del suolo natal!

Il musicista ne fu talmente colpito che passò la nottata insonne: la mattina erano nate le note del più famoso coro della musica mondiale. L'intera opera fu rappresentata nel 1842 al **Teatro alla Scala** di Milano e, dopo una prima tiepida accoglienza, raccolse un successo trionfale.

Tutti i patrioti italiani cominciarono a canticchiare il coro sotto il naso delle guardie austriache. *Nabucco* infatti racconta la storia degli ebrei esuli a Babilonia e prigionieri del re Nabucodonosor: una situazione in cui gli Italiani identificavano Nabucodonosor con l'Austria e se stessi con gli ebrei.

Quelle note nostalgiche e dolcissime in cui gli ebrei esprimevano il loro desiderio di tornare nella patria perduta divennero il **simbolo** stesso del **Risorgimento**. Nel 1871 la fama di Verdi aveva raggiunto il mondo intero.

Morì nel 1901 e il suo funerale a Milano fu il più solenne che quella città avesse mai celebrato. Era morto un uomo che aveva davvero tradotto in musica una fetta di storia italiana.

Viva Verdi
Il legame tra Verdi e le lotte del Risorgimento fu tale che, quando Carlo Alberto abdicò in favore del figlio Vittorio Emanuele, nel 1849, i patrioti riempirono i muri di scritte come quella del titolo, che in realtà stava per "Viva Vittorio Emanuele Re d'Italia". Gli Austriaci e il papa all'inizio non capirono e credettero solo a un entusiasmo per la musica.

Il Teatro alla Scala

Se Verdi fu il musicista del Risorgimento, il Teatro alla Scala di Milano fu il suo tempio.

Il teatro si chiama così perché fu costruito vicino a una chiesa chiamata Santa Maria alla Scala. Lo volle erigere **Maria Teresa**, l'imperatrice "illuminata" d'Austria, passando dal piccolo teatro di corte del Palazzo Reale a un grande teatro riservato non solo agli Austriaci, ma aperto anche ai milanesi.

Una volta costruita, infatti, la Scala fu mantenuta in vita grazie ai finanziamenti delle **famiglie aristocratiche locali** che ne rilevarono la proprietà attraverso gli abbonamenti ai palchi.

Mentre i primi tre ordini rimasero per molti anni di proprietà dell'aristocrazia, il quarto e il quinto erano per lo più occupati dall'**alta borghesia**, che a partire dagli anni Venti dell'Ottocento fece un massiccio ingresso in teatro.

In platea, e ancora di più in **loggione**, vi era un pubblico misto di militari, giovani aristocratici, piccolo-borghesi, artigiani.

Già allora il pubblico esprimeva i suoi umori con applausi scroscianti o con fischi. Durante il Risorgimento successe anche che, durante una rappresentazione del *Nabucco*, gli ufficiali austriaci presenti in platea furono inondati di **volantini tricolori** lanciati dal loggione.

Il Teatro comunque era magnifico: tutto decorato d'oro e foderato di velluto rosso, era illuminato da lampadari con migliaia di candele e aveva un'acustica perfetta.

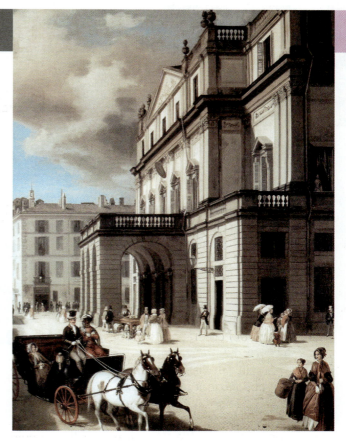

L'esterno della Scala nell'Ottocento
Una veduta del Teatro alla Scala di Milano dipinta nel 1852 da Angelo Inganni. Il teatro venne fondato nel 1776 e inaugurato nel 1778. Fu progettato dall'architetto neoclassico Giuseppe Piermarini.

L'interno della Scala oggi
Nonostante i numerosi restauri (durante la Seconda guerra mondiale, tra l'altro, fu distrutto dai bombardamenti), il Teatro ha conservato il suo aspetto originario.

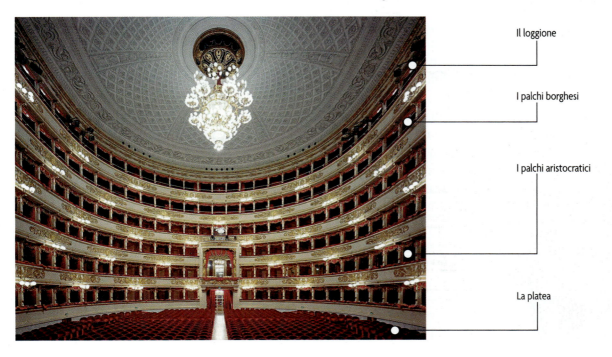

- Il loggione
- I palchi borghesi
- I palchi aristocratici
- La platea

14 La Seconda guerra d'Indipendenza

Ripassa il Risorgimento e **verifica** le tue conoscenze; quindi **approfondisci** le fonti, i collegamenti interdisciplinari e la cittadinanza

Lezione

1849 Governo d'Azeglio

1850 Governo Cavour

1861 Unità d'Italia

1 La repressione in Italia dopo il Quarantotto

Il "dopo-Quarantotto" fu un periodo triste e carico di conseguenze per tutta l'Europa, in particolare per l'Italia dove la sconfitta del Piemonte causò l'**inasprimento del dominio austriaco**. Presente con **truppe d'occupazione** non solo nel Lombardo-Veneto ma anche nel Centro della Penisola, l'Austria influenzò la politica di tutti i sovrani – fatta eccezione per il re di Sardegna – incoraggiandoli a bloccare qualsiasi esperimento di riforma.

- Il **Lombardo-Veneto**, sottoposto a **occupazione militare** e governato fino al 1857 dal maresciallo Radetzky, fu punito con un pesantissimo **aumento delle tasse** che impose una battuta d'arresto allo sviluppo economico, messo ancora più in crisi da una grave **malattia del baco da seta e della vite** che infierì a lungo sull'intero Stato. La crisi vinicola portò con sé un proibitivo **aumento dei prezzi**. Per esempio, nel 1854, il prezzo della qualità ordinaria di vino salì da 112 lire per botte a 800 lire.
  Anche la costruzione di opere pubbliche divenne lenta e disorganizzata, rendendo in pochi anni del tutto **inadeguato il sistema dei trasporti** che, negli anni Quaranta, aveva invece cominciato a inseguire il modello dei Paesi più avanzati. Ciò aumentò l'abisso tra gli Austriaci e la popolazione, approfondendo lo stato di risentimento e di incomprensione tra governanti e governati.
- Gli **Stati minori del Centro-Nord** (Granducato di Toscana, Ducati di Modena e Parma) tornarono all'assolutismo.
- Nello **Stato Pontificio** fu scatenata contro la popolazione e contro i cattolici liberali una **repressione durissima** e indiscriminata che scandalizzò e preoccupò lo stesso presidente della Repubblica francese, le cui truppe, dopo aver abbattuto la Repubblica romana, erano ancora a Roma per tutelare il pontefice.
- Il **Regno delle Due Sicilie** si distinse in questo quadro già cupo per la ferocia della sua repressione e per la cecità della sua politica. **Ferdinando II**, il "Re Bomba", non solo fece pronunciare condanne a morte, al carcere, all'esilio ma bloccò ogni attività, comprese le opere pubbliche in corso, temendo che qualsiasi segno di progresso potesse portare alla rivoluzione.

La repressione nello Stato pontificio
Questo garibaldino sconfitto rappresenta il disastro della Repubblica romana, che lasciò agio al pontefice di scatenare una repressione senza pietà.

Abbandonati i progetti di costruzione di nuove strade, quelle vecchie furono lasciate andare in rovina e nei porti non furono eseguiti lavori di miglioria. Furono interrotti addirittura i lavori per il prolungamento della **Napoli-Portici**, inaugurata nel 1839, che era stata la **prima ferrovia italiana** e che avrebbe dovuto congiungere Napoli con Capua, ma che si fermò a Castellamare. In aggiunta, l'**analfabetismo** continuava ad affliggere l'86% della popolazione. Il regime borbonico, già odioso ai Siciliani, divenne **impopolare anche nel Napoletano**, soprattutto nelle grandi città. Nei dieci anni successivi al '48, il Regno delle Due Sicilie, già in ritardo rispetto al resto d'Italia fin dall'**epoca della dominazione aragonese e poi spagnola**, fu tagliato fuori da ogni possibilità di futuro sviluppo.

- Unica eccezione rimase il **Regno di Sardegna**. **Vittorio Emanuele II** ▶ aveva un carattere autoritario, aveva ricevuto una rigida educazione militare e avrebbe probabilmente preferito abolire lo Statuto e tornare a disporre del potere assoluto. Tuttavia, dopo la disfatta di Novara si rese conto che suo padre gli aveva lasciato in eredità un Paese ostile, dove neppure i nobili perdonavano ai Savoia una guerra condotta in modo disonorevole; inoltre, l'esercito, sfasciato dalla sconfitta, non era in grado di ristabilire l'ordine nell'eventualità di una rivolta che i democratici e i liberali progressisti potevano facilmente organizzare, perché in Piemonte erano forti e numerosi.

Gli unici che appoggiavano ancora la monarchia erano i **liberali moderati**, capeggiati da **Massimo d'Azeglio**. Il re lasciò quindi che fossero indette nuove elezioni dalle quali uscì un **Parlamento a maggioranza moderata**.

D'Azeglio, nominato primo ministro, si mise subito al lavoro per ricostruire il prestigio della monarchia. Fu lui a creare l'immagine del "**re galantuomo**" per Vittorio Emanuele, che cominciò ad apparire agli occhi degli Italiani non più come il figlio del traditore dei patrioti veneti e lombardi, ma come il sovrano che aveva saputo tener testa a Radetzky, concludendo una pace onorevole e conservando le libertà costituzionali. In questo modo conquistò **consensi alla monarchia sabauda** e la possibilità che essa assumesse un ruolo di primo piano nella lotta per l'unificazione italiana cominciò a sembrare l'unica strada percorribile.

La prima ferrovia costruita in Italia.

RICORDA

La dominazione spagnola nel Meridione

Nel XVI e nel XVII secolo il declino economico della Spagna aveva aggravato ulteriormente le sorti del Regno di Napoli (e di Sicilia) che gli Spagnoli consideravano una loro colonia e di cui discriminavano la popolazione in quanto priva della *limpieza de sangre*.

▶ **PROTAGONISTI**
Vittorio Emanuele II, pag. 313

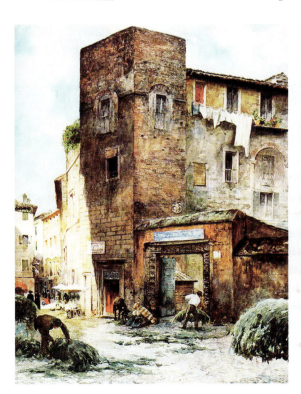

I vicoli di Roma
Trascuratezza e sporcizia nel centro storico della Città Eterna viste da un famoso acquerellista, Ettore Roesler Franz.

Testimoni e interpreti

Miseria nel Regno delle Due Sicilie

AUTORE	Luigi Settembrini, patriota e letterato napoletano
OPERA	Miseria e oppressione nel Regno delle Due Sicilie
DATA	1847

Luigi Settembrini pubblicò nel 1847 un opuscolo in cui denunciava lo stato di miseria e oppressione nel quale Ferdinando II teneva il suo popolo.

Nessuno Stato d'Europa è in condizione peggiore della nostra, non eccettuati nemmeno i Turchi. Nel Regno delle Sicilie, nel Paese che è detto giardino d'Europa, la gente muore di vera fame e in stato peggiore delle bestie, sola legge è il capriccio, il progresso è indietreggiare e imbarbarire, nel nome santissimo di Cristo è oppresso un popolo di Cristiani. Quel pochissimo ch'io dirò, mostrerà che i pretesi miglioramenti che fa il nostro governo sono svergognate menzogne, sono oppressioni novelle più ingegnose.

Questo governo è un'immensa piramide, la cui base è fatta da sbirri e da preti, la cima dal re: ogni impiegato, dall'usciere al ministro, dal soldatello al generale, dal gendarme al ministro di polizia, dal prete al confessore del re, ogni scrivanuccio è despota spietato, e pazzo su quelli che gli sono soggetti, ed è vilissimo schiavo verso i suoi superiori. Onde chi non è tra gli oppressori, si sente da ogni parte schiacciato dal peso della tirannia di mille ribaldi: e la pace, la libertà, le sostanze, la vita degli uomini onesti, dipendono dal capriccio, non dico del principe o di un ministro, ma di ogni impiegatello.

Gli altri Italiani soffrono anch'essi, ma i nostri mali trapassano ogni misura.

Son ventisette anni che le Due Sicilie sono schiacciate da un governo, che non si può dire quanto è stupido e crudele, da un governo che ci ha imbestiati, e che noi soffriamo, perché forse Dio ci vuol far giungere alla estrema miseria, e all'estrema vergogna, per scuoterci poi ed innalzarci a fortuna migliore: da un governo che non vuol vedere, non vuol udire, e ci ha finalmente stancati.

Né vi è speranza di avvenire meno malvagio. Onde a questi popoli sventurati non resta altro partito che ricorrere alla suprema ragione delle armi: ma prima che giunga il giorno terribile dell'ira, è necessario ch'essi si protestino al cospetto di tutta Europa, anzi al cospetto di tutti gli uomini civili.

LABORATORIO

Comprendere

1. Per quali motivi, secondo Luigi Settembrini, nessuno Stato d'Europa si trova in condizioni peggiori di quelle del Regno delle Due Sicilie?
2. Come viene definito da Settembrini il governo del Regno delle Due Sicilie? Perché la pace, la libertà, la vita degli uomini onesti dipendono dal capriccio di "ogni impiegatello"?
3. Di conseguenza, secondo Settembrini, in quale unico modo il popolo del Regno delle Due Sicilie può liberarsi dallo stato di miseria e di oppressione in cui si trova?

---

2 Il Partito d'Azione e la fine del sogno mazziniano

Il fallimento della monarchia sabauda nella Prima guerra d'Indipendenza ridiede a Mazzini la speranza di poter realizzare un'Italia unita, democratica e repubblicana. Per prima cosa sostituì la Giovine Italia, che era stata sciolta nel 1848, con una nuova organizzazione, il **Partito d'Azione**.

Nel 1851 tentò di far insorgere la Lombardia, ma la cospirazione fu scoperta. A Milano furono eseguite decine di arresti e uno dei responsabili, l'operaio **Amatore Sciesa**, fu condannato a morte. A Mantova, invece, il sacerdote democratico **Enrico Tazzoli** fu impiccato con altri quattro congiurati nella fortezza di Belfiore. A queste azioni ne seguirono molte altre nel Nord e in Toscana, tutte con esiti tragici, finché, nel 1857, Mazzini si lasciò convincere a cambiare tattica e ad autorizzare una spedizione nel Meridione guidata da **Carlo Pisacane**, che aveva eroicamente difeso la Repubblica romana insieme a Garibaldi.

A differenza di Mazzini, che credeva fermamente nella "guerra per bande", Pisacane era convinto che contro un esercito regolare occorresse un vero esercito, addestrato e guidato da ufficiali competenti e soprattutto formato da **volontari**. Qui si apriva un dissenso ancora più grande: per Pisacane, infatti, questi volontari dovevano provenire **dalle fila contadine**, quelle che Mazzini si rifiutava di prendere in considerazione.

Pisacane era napoletano, conosceva la disperazione degli abitanti delle campagne e dalle loro precedenti sollevazioni aveva tratto la certezza che essi fossero una categoria **potenzialmente rivoluzionaria**; bisognava però promettere loro ciò per cui spontaneamente e disordinatamente si battevano da secoli: la **redistribuzione delle terre**.

Mazzini per anni non aveva voluto dare ascolto a queste teorie. Poi, di fronte ai ripetuti fallimenti delle insurrezioni urbane, si arrese e diede a Pisacane il permesso di organizzare una rivoluzione nelle **campagne del Regno borbonico**. Anche questo tentativo si concluse però tragicamente.

Nel 1857 Pisacane, con l'aiuto di un piccolo gruppo di compagni, si impadronì di una nave nel porto di Genova, fece scalo all'isola di Ponza, dove liberò trecento condannati politici napoletani che vi erano detenuti, quindi sbarcò a **Sapri**, nel Cilento, con l'obiettivo di sollevare i contadini.

La notizia della fuga dei detenuti, però, fece il giro delle campagne. Convinti che la nave avesse sbarcato una banda di briganti, i contadini stessi aiutarono i soldati borbonici a schiacciare i patrioti. Inseguito e ferito, **Pisacane si uccise**, dopo aver assistito all'annientamento dei suoi.

Dopo Sapri la popolarità di Mazzini crollò: i moderati lo chiamarono "il rivoluzionario folle", convinti che lo stato di agitazione perenne in cui teneva la Penisola danneggiasse irreparabilmente la causa dell'indipendenza. Tanti democratici gli voltarono le spalle, ma l'abbandono che più danneggiò il Partito d'Azione fu quello di **Garibaldi** ▶. Egli aderì a una nuova organizzazione, la **Società Nazionale**, fondata nel 1857 da **Daniele Manin** (il difensore di Venezia) insieme con molti altri ex dirigenti mazziniani, con il motto "**Italia e Vittorio Emanuele**". Abbandonate le idee repubblicane, la Società Nazionale riconobbe il **ruolo dei Savoia** ed ebbe come obiettivo quello di spingere il Piemonte alla guerra contro l'Austria e di parteciparvi con un esercito volontario e riconosciuto dal re.

▶ **PROTAGONISTI**
Giuseppe Garibaldi, pag. 314

I contadini che tradirono Pisacane
Pisacane aveva capito l'energia rivoltosa dei contadini, che dal Medioevo si facevano ammazzare per ottenere patti più giusti e un pezzo di terra di proprietà. Fu tradito da un tragico equivoco. Un altro democratico, Ippolito Nievo, ne trasse questo insegnamento: "Il popolo illetterato delle campagne ci odia. Mai si insegna l'ABC a uno che ha fame".

3 La modernizzazione del Piemonte

I consensi nei confronti del Piemonte furono dovuti in gran parte alle azioni politiche dei **due governi d'Azeglio** (1849-1852) che consolidarono il regime liberale operando su **tre linee principali**.

- La prima fu il **rafforzamento del ruolo del Parlamento**: ogni legge era ormai accuratamente discussa prima di essere approvata con il voto dei rappresentanti dei diversi schieramenti. Inoltre, nel succedersi delle elezioni, molti deputati venivano rieletti e cominciavano a impadronirsi dei regolamenti della Camera. Ciascun gruppo nominava un proprio presidente, si riuniva regolarmente, stabiliva gli interventi e sceglieva l'oratore di turno.
  I deputati più prestigiosi cominciarono a radunare intorno a sé dei sostenitori, formando qualcosa di simile a un partito. Poiché gli elettori di ciascun candidato erano poche centinaia e il **rapporto** tra loro e il proprio deputato era soprattutto **personale**, questi partiti furono poi definiti "**partiti dei notabili**".
- La seconda linea fu l'introduzione dell'**autogoverno locale**, imperniato su comuni e province. Prima dello Statuto gli amministratori venivano nominati dal re; con lo Statuto venivano eletti. Anche in questo caso gli elettori erano

Leggi contro la Chiesa
Nell'Età contemporanea l'influenza della Chiesa su tutte le classi sociali cominciava a essere temuta da molti governi.

La riforma della scuola del governo d'Azeglio
Una schiera di bambine nei banchi e una maestra pagata dallo Stato: questa è la novità della riforma sabauda che toglie alla Chiesa il monopolio dell'istruzione.

pochi, perché scelti **in base al censo**; però, grazie ai **dibattiti elettorali**, cominciò almeno a formarsi una borghesia terriera e delle professioni che discuteva e difendeva gli interessi locali.
- Il terzo intervento riguardò i **rapporti con la Chiesa**. D'Azeglio cercò anzitutto di limitare il monopolio ecclesiastico nel campo dell'**istruzione**. Dall'ottobre del 1848, quindi, ogni istituto scolastico fu sottoposto alla sorveglianza del ministero della Pubblica Istruzione e fu istituito l'obbligo dell'esame di Stato per chi volesse insegnare, mentre il vecchio regolamento richiedeva per i maestri il parere favorevole del vescovo.

Nel **1850** lo smantellamento dei privilegi proseguì con le **Leggi Siccardi** (dal nome del parlamentare che le propose) le quali **abolirono i privilegi del clero**, l'ultimo elemento feudale rimasto in Piemonte dopo che lo Statuto albertino aveva smantellato quelli dell'aristocrazia proclamando tutti i cittadini "uguali di fronte alla legge". I tre privilegi clericali più importanti erano stati:
- il **tribunale ecclesiastico**, cioè il diritto del clero di sottrarsi ai tribunali laici anche se accusato di crimini comuni;
- il **diritto d'asilo**, che garantiva l'impunità anche ai laici, se si rifugiavano in una chiesa o in un convento;
- la **manomorta** (mano = "possesso", morta = "rigida", cioè senza possibilità di essere modificata), che imponeva allo Stato di non espropriare per nessun motivo le proprietà della Chiesa e di non pretendere tasse da essa.

L'impianto **laico** delle Leggi Siccardi dette avvio all'irrevocabile **ostilità della Chiesa verso il Regno di Sardegna** – sebbene esso fosse sinceramente cattolico – con gravi conseguenze per il futuro dell'Italia. D'altra parte, esse furono votate da un largo schieramento, che comprese anche i cattolici più illuminati, perché tutti erano convinti che fossero necessarie alla **modernizzazione dello Stato**.

4 Il governo Cavour

La modernizzazione del Piemonte dovette molto anche al contributo di **Cavour**, che nel **1850** divenne ministro e, due anni dopo, capo del governo. Il suo governo segnò una **svolta decisiva** nella storia d'Italia. Cavour dimostrò le sue capacità svolgendo un'attività intensa e compiendo mosse che stupirono gli stessi avversari: nel 1851, come ministro delle Finanze, **presentò al Parlamento il bilancio dello Stato**, cioè il preventivo delle spese per i lavori pubblici, l'esercito, le scuole e delle future entrate derivanti dalle tasse pagate dai cittadini.

Guarda il video su **Cavour** e approfondisci il dibattito critico sulla sua figura

La discussione durò otto mesi, perché deputati e senatori ignoravano tutto del meccanismo statale, ma fu decisiva per la **formazione della nuova classe politica**. Al termine di quegli otto mesi, infatti, i parlamentari erano ben consci che bisognava ridurre gli stipendi del personale statale (tradizionalmente favorito dalle monarchie assolute), sostituire gli ambasciatori provenienti dall'aristocrazia, che ostacolavano gli accordi economici con gli Stati esteri, e ammodernare l'esercito.

Divenuto nel **1852 Presidente del Consiglio**, al posto di Massimo d'Azeglio, Cavour ottenne un primo successo con l'**accordo parlamentare** tra la corrente di maggioranza moderata (Centro-Destra) e la sinistra democratica (Centro-Sinistra), guidata da Urbano Rattazzi. Questo accordo, che l'opposizione definì con disprezzo "**connubio**", costituì in realtà una svolta fondamentale per più ragioni:
- diede vita a un **governo liberale** che indebolì sia l'opposizione conservatrice sia quella di estrema sinistra, decisa a trascinare il Regno in avventure rivoluzionarie;

- permise a Cavour di appoggiare la causa dell'**indipendenza nazionale** e quindi di accrescere la popolarità del Piemonte presso tutti i patrioti italiani;
- rese la monarchia sabauda una solida **monarchia parlamentare** sull'esempio dell'Inghilterra;
- aprì la strada allo **sviluppo economico** del Regno sardo.

Realizzato l'accordo, Cavour – che già nel 1851 aveva concluso una serie di **trattati commerciali** con Inghilterra, Francia, Belgio e Austria – diede ulteriore **slancio all'iniziativa economica**: abolì le barriere doganali e il dazio sul grano; potenziò il settore agricolo e il sistema di canalizzazione, soprattutto nel Vercellese, dove si affermò l'azienda agricola capitalistica; sviluppò la **rete stradale e** quella **ferroviaria** che, a loro volta, diedero impulso al **commercio** e all'**industria siderurgica e meccanica**: quest'ultima si affermò in Liguria dove acquistò importanza sempre maggiore il **porto di Genova**.

Inoltre Cavour creò una **Banca centrale** e favorì le Casse di risparmio minori, le quali raccoglievano i piccoli ma numerosi risparmi che contadini, artigiani e media borghesia versavano in cambio di un buon interesse; il totale affluiva poi alla Banca centrale che prestava grosse somme agli imprenditori per ingrandire le loro imprese o fondarne di nuove.

Cavour si batté anche per l'**indipendenza della magistratura**, che fino a quel momento era stata alle dirette dipendenze del re, e favorì la nascita delle **Società operaie** che assistevano i malati e le vedove dei lavoratori: il suo scopo era anche quello di tenere sotto controllo il proletariato, tuttavia non si può dimenticare che in Europa queste società erano quasi ovunque proibite.

Sul **piano sociale**, però, non vi furono grandi miglioramenti: la condizione operaia e contadina restò fondamentalmente misera e i livelli di **analfabetismo** rimasero alti. Inoltre, nulla di rilevante fu attuato per la Sardegna.

Camillo Benso conte di Cavour

Il re e Cavour
Il dipinto mostra insieme Vittorio Emanuele II e il suo presidente del Consiglio mentre scendono le scale di Palazzo Madama a Torino, seguiti da ufficiali e membri della corte.

Inaugurazione della ferrovia sul litorale genovese
Nel 1859, alla vigilia della Seconda guerra d'Indipendenza, la rete ferroviaria del Regno di Sardegna aveva raggiunto gli 850 chilometri. Era ancora poco rispetto alle linee dei principali Paesi europei (Inghilterra e Francia *in primis*), ma costituì un'importante base di partenza per avviare lo sviluppo economico dello Stato sabaudo.

Cavour non ebbe vita facile e la sua attività politica fu costellata di intime soddisfazioni e di pubbliche amarezze. Spesso il suo principale avversario fu il re, che nutriva per lui un'antipatia personale, ma la vera ragione di tante difficoltà stava principalmente nell'apertura mentale e nella visione europea di un uomo che si era proposto di far crescere uno Stato ancora impreparato. Non c'è nulla che esprima meglio questa situazione della frase detta da uno storico: "Cavour era come un cavallo troppo impetuoso attaccato a una non salda carrozza".
La preoccupazione principale di Cavour restava una sola: provocare al più presto una nuova **guerra contro l'Austria** e cacciarla dal territorio italiano.

5 La Guerra di Crimea

Fare scoppiare la guerra era tutt'altro che semplice: l'Austria non ne aveva alcuna intenzione e si limitava a governare il Lombardo-Veneto con pugno di ferro, grazie a un esercito che era quasi il doppio di quello piemontese.
Vista la **sproporzione di forze**, Cavour sapeva di aver bisogno dell'aiuto di un'altra potenza e che questa poteva essere solo la **Francia**. Coinvolgerla però era difficile: Napoleone III aveva promesso ai Francesi un periodo duraturo di pace e poi, dopo il Congresso di Vienna, nessuna grande potenza aveva osato modificare i confini stabiliti e difesi dalla Santa Alleanza.
Una possibilità, tuttavia, si stava affacciando: una guerra lontana, nata da una delle molte crisi legate alla **Questione d'Oriente** ▶, stava scardinando le vecchie alleanze, la **Guerra di Crimea**.
La guerra era stata causata dalla **Russia** che, per procurarsi uno **sbocco nel Mediterraneo**, nel **1853** aveva occupato due importanti territori turchi in Europa (la Moldavia e la Valacchia, il nucleo dell'odierna Romania). **Francia** e **Inghilterra**, non gradendo affatto le navi russe nel mare dove regnavano incontrastate, nel **1854** erano entrate **in guerra a fianco dei Turchi**, ormai troppo deboli per difendersi da soli.
Dopo alcuni mesi, la guerra si era concentrata intorno alla fortezza russa di **Sebastòpoli**, nella penisola di Crimea, che separa il Mar d'Azòv dal Mar Nero, ma l'assedio si stava trasformando in una carneficina, anche perché fra le truppe

▶ **STORIA E TERRITORIO**
La "Questione d'Oriente", pag. 240

Le prime fotografie di guerra della storia
In Crimea l'esercito inglese fu seguito da una squadra di fotografi che crearono la prima documentazione fotografica della guerra con le loro ingombranti apparecchiature montate su cavalletti. Poterono però fare solo scatti di militari in posa.

era scoppiato il **colera** (in due anni, falcidiò 200000 soldati inglesi e francesi). Entrambi gli avversari tentarono quindi con ogni mezzo di trascinare dalla propria parte l'Austria, che avrebbe potuto decidere le sorti della guerra, ma Francesco Giuseppe, che aveva ereditato un Impero fragilissimo e temeva di sguarnire i territori italiani, non inviò le proprie truppe.

Per favorire l'entrata in guerra dell'Austria, la **Francia chiese aiuto al Piemonte** e Cavour, d'accordo con il re e senza consultare il Parlamento, nel **1855** inviò 18000 **bersaglieri** in Crimea. Essi parteciparono a una sola battaglia, sulle rive del fiume **Cernaia**, ma si comportarono con onore: morirono 2000 uomini, 200 in battaglia, gli altri per il colera. Dopo la caduta di Sebastopoli, avvenuta nel settembre 1855, la Guerra di Crimea si concluse con la sconfitta della Russia.

Nel **1856** Cavour poté quindi partecipare, al fianco dei vincitori, al **Congresso di Parigi** che doveva stipulare le condizioni della pace. Non ottenne nulla di concreto, ma la **vittoria morale** del Piemonte fu grande. Per un'intera giornata

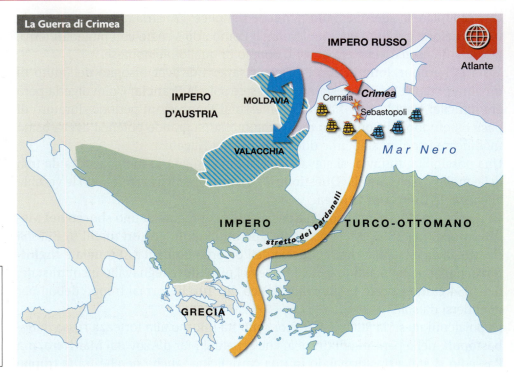

il Congresso fu dedicato alla **questione italiana** e Cavour poté denunciare le prepotenze dell'Austria e il pericolo che la sua presenza in Italia costituiva per la pace in Europa.

Le sue parole colpirono l'**opinione pubblica internazionale**: tutti i giornali europei le ripresero e alle riunioni politiche e perfino nei salotti si cominciò a parlare sempre più spesso della questione italiana. Gli stessi governi, compreso quello francese, furono costretti a riflettere sulla spinosa faccenda, anche perché occorreva evitare che la liberazione dell'Italia fosse opera dei patrioti democratici e mazziniani: Napoleone III si dimostrò favorevole a un indebolimento dell'Austria e alla creazione di un Regno dell'Alta Italia sotto i Savoia. Quanto all'Inghilterra, era già da tempo favorevole a Cavour.

Il Congresso di Parigi
Cavour, il primo a sinistra in piedi, insieme ai Grandi al Congresso di Parigi.

Testimoni e interpreti

La vittoria di Cavour al Congresso di Parigi

AUTORE	Cavour
OPERA	Discorso al Parlamento sabaudo
DATA	1856

Leggi altre **fonti dirette** nella Biblioteca digitale

Ecco la conclusione del discorso tenuto da Cavour al Parlamento sabaudo dopo il suo ritorno da Parigi.

La via che abbiamo seguito in questi ultimi anni ci ha condotti a un gran passo.
Per la prima volta nella storia nostra la questione italiana è stata portata e discussa davanti a un congresso europeo, non come le altre volte con l'animo di aggravare i mali d'Italia e di ribadire le sue catene ma con l'intenzione ben chiara di arrecare alle sue piaghe un qualche rimedio, col dichiarare la totale simpatia che per essa sentivano le grandi nazioni. Terminato il Consiglio, la causa d'Italia è portata ora al tribunale della pubblica opinione, al quale spetta l'ultima sentenza, la vittoria definitiva.
La lite potrà essere lunga, le peripezie saranno forse molte; ma noi, confidando nella giustizia della nostra causa, aspettiamo con fiducia l'esito finale.

LABORATORIO

Sviluppare le competenze

1 Con Cavour, per la prima volta, si può parlare di "visione europea" della situazione politica italiana. Leggi alcuni articoli presenti nel sito **http://italiadallestero.info/** relativi all'immagine odierna dell'Italia all'estero, per riflettere criticamente sulle problematiche politiche e culturali del tuo Paese.

Florence Nightingale, la statistica e il corpo delle infermiere

Nella Guerra di Crimea fece più vittime il colera che le battaglie. In questa circostanza si distinse una donna di cultura e di energia eccezionali che divenne quasi leggendaria in Inghilterra, **Florence Nightingale**. Contro ogni regola sociale, che a quel tempo voleva la donna borghese chiusa tra le pareti domestiche e dotata di una "cultura femminile", Nightingale aveva ricevuto da suo padre un'educazione superiore, che andava dal latino al greco, dalla filosofia alla storia e alla matematica.

Quando scoppiò il conflitto contro la Russia, ella convinse il ministro inglese della Guerra a inviare al Fronte un gruppo di **infermiere volontarie** da lei diretto e così cominciò la storia di una vera e propria **rivoluzione dell'organizzazione ospedaliera**.

Arrivata in Crimea, Florence trovò i soldati colpiti dal colera accatastati in baracche di legno infestate dai topi e dagli insetti, assistiti da donne di fatica quasi sempre ubriache, che lavavano le lenzuola infette con acqua fredda e senza sapone; non avevano bende e non sapevano neppure da che parte cominciare per organizzare l'assistenza.

Florence Nightingale, lottando contro la cecità dei comandi militari e **superando i pregiudizi** che la colpivano come donna, riuscì a trasformare quell'inferno in un ospedale ordinato, pulito, disciplinato e, in due anni, a far calare e quasi scomparire il contagio. Nightingale in inglese significa "usignolo" e l'"Usignolo" divenne celebre tra i soldati, che le dedicarono poesie e scrissero ai giornali londinesi lettere entusiaste sul lavoro che aveva svolto.

La situazione degli **ospedali di guerra** non era un'eccezione. Gli ospedali di tutta Europa erano disorganizzati alla stessa maniera. Tornata in patria, Nightingale cercò di convincere le autorità dei grandi pericoli delle epidemie, ma non fu creduta: i morti erano periti combattendo eroicamente. Doveva quindi trovare un modo inoppugnabile per dimostrare la sua teoria. Pochi anni prima era stata messa a punto una nuova scienza, la **statistica**, che si basava sul concetto che i fenomeni sociali, per esempio la crescita della popolazione o il maggiore o minore livello di criminalità, potevano essere analizzati in base ad accurati calcoli matematici.

Sulla base dei registri tenuti in Crimea, Florence Nightingale elaborò quindi su basi matematiche un "diagramma ad aree polari", così chiamato perché fatto di spicchi convergenti in un unico centro o "polo". Il numero dei morti di colera e dei morti per ferite era rappresentato da spicchi la cui area era stata rigorosamente calcolata in base a una serie di accuratissime tabelle.

L'evidenza del diagramma era ben più eloquente di qualsiasi discorso: presentato alla regina Vittoria e al ministro della Guerra, li convinse che non le ferite ma **il contagio dovuto a pessime condizioni di assistenza** aveva causato le migliaia di morti che l'intera Inghilterra stava piangendo.

Fu dunque usando i metodi di una scienza giovanissima che la prima infermiera specializzata della storia vinse la sua battaglia per una rivoluzione radicale dell'assistenza sanitaria. I suoi metodi furono introdotti in tutti gli ospedali inglesi e furono fondate **scuole per infermiere** che selezionavano e addestravano un personale altamente qualificato, adeguato alle grandi scoperte che la scienza medica stava compiendo in quegli anni.

Quanto al "diagramma ad aree polari" esso è ancora oggi uno dei più usati per evidenziare graficamente molte rilevazioni statistiche.

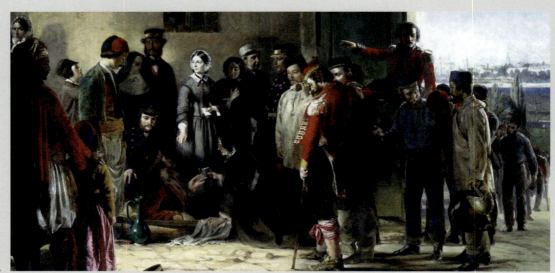

Florence Nightingale
Qui ispeziona l'ospedale improvvisato della Crimea e decide di portarvi ordine e igiene per curare i soldati feriti.

6 Provocazioni e diplomazia

Dopo il Congresso di Parigi, Cavour passò due anni di ansie, speranze e disperazione a causa di Napoleone III che ora si mostrava propenso all'intervento, ora non ne voleva sentir parlare. Il ministro piemontese lo tallonava da vicino con ogni mezzo, usando come intermediaria anche l'avvenente contessa di Castiglione, assai gradita a Napoleone.

La situazione si sbloccò nel **1858** in seguito a un evento tragico, quando un italiano, il mazziniano **Felice Orsini**, lanciò tre bombe contro la carrozza di Napoleone III: lo mancò per poco, ma tra la folla che assisteva al passaggio del corteo imperiale ci furono morti e feriti.

Il gesto gettò ulteriore discredito sul movimento mazziniano e confermò la linea sostenuta da Cavour: l'Italia era una polveriera e, se l'Austria non fosse stata scacciata dalla Penisola, ne sarebbe derivata una vera e propria guerra europea. Grande impressione fece lo stesso Orsini che, prima di salire sulla ghigliottina, si dichiarò pentito e scrisse due lettere all'imperatore raccomandandogli la causa italiana: Napoleone III ne rimase profondamente colpito e, poco dopo, accettò di incontrare segretamente Cavour nella cittadina francese di Plombières.

Cavour vi si recò in incognito e restò otto ore a colloquio con l'imperatore che, guidando personalmente una carrozza, sondò con il ministro piemontese tutti i pro e i contro della guerra. Ciò che fu sancito in quello strano incontro passò alla storia con il nome di **Patti di Plombières**. La Francia promise che sarebbe intervenuta a fianco dell'Italia ricevendo **in cambio Nizza e la Savoia**. La Penisola sarebbe diventata una **Confederazione**:

- **il Nord**, costituito da Piemonte, Lombardia, Veneto, Emilia-Romagna, sotto **Casa Savoia**;
- **il Centro**, con i territori dello Stato pontificio (con l'eccezione di Roma) e la Toscana, **francese**, perché affidato a un nipote di Napoleone III;
- **il Sud** ai **Borbone**;
- **il papa** avrebbe conservato **Roma e dintorni** e sarebbe diventato **presidente della Confederazione**.

Inoltre, la Francia sarebbe intervenuta a sostegno del re di Sardegna, ma **soltanto se fosse stata l'Austria ad aggredire per prima** il Regno sabaudo, in modo che l'intervento francese risultasse il soccorso a una vittima.

Da quel momento, Cavour ricorse a ogni tipo di **provocazioni** per indurre l'Austria a scendere in guerra. Le **manovre dell'esercito sabaudo** vennero provocatoriamente svolte a pochi chilometri dal confine con il Lombardo-Veneto. Inoltre, poiché, quando condannavano un patriota, gli Austriaci ne confiscavano i beni, il Parlamento piemontese cominciò a versare una somma alle famiglie dei condannati o addirittura ad acquistare loro, sotto falso nome, case e terreni in territorio austriaco. Gli esiliati trovavano **riparo in Piemonte** e venivano accolti nei circoli e nei salotti torinesi con grande calore.

Tutto ciò esasperava gli Austriaci che però si limitavano a **proteste diplomatiche**. Poi, all'improvviso, Napoleone III comunicò a Cavour di aver cambiato i piani: le sorti dell'Alta Italia sarebbero state decise con un congresso in cui anche l'Austria avrebbe potuto far valere la sua opinione.

Cavour, però, continuò i **preparativi militari**. D'accordo con il re, convocò Garibaldi a Torino, pur temendone le idee democratiche. Il re e il condottiero si piacquero moltissimo, mentre il ministro restò della sua idea: Garibaldi era un irruento potenzialmente pericoloso, ma che poteva tornare assai utile alla causa piemontese e serviva per dimostrare che anche i civili si stavano armando. Nell'incontro si stabilì di creare un corpo di volontari, i **Cacciatori delle Alpi**, che

---

LESSICO — ECONOMIA

Confisca
È il sequestro dei beni dell'intera famiglia di un condannato. Se l'arresto, la tortura, la fucilazione o l'impiccagione erano altrettanti attentati all'integrità fisica e psicologica dei patrioti, la confisca dei loro beni rappresentava una vera e propria condanna a morte dell'intera famiglia.
Usando questa pratica inventata dall'Inquisizione ai tempi della Controriforma, infatti, i regimi assoluti punivano non solo il giovane colpevole di avere troppo amato la sua patria, ma anche i genitori, i nonni, i figli, i nipoti. Confiscare i beni di un conte Confalonieri come di un Tito Speri operaio significava cancellare per sempre il suo nome e impedire che i suoi famigliari ottenessero mai più credito da un vicino di casa come da una banca internazionale.
Questo spiega perché, per provocare l'Austria, Cavour, con l'approvazione di Vittorio Emanuele II, concedeva nuove proprietà alle famiglie colpite e prometteva che, una volta conquistata la Lombardia, avrebbero riottenuto tutti i loro beni.

Garibaldi avrebbe comandato con il titolo di "maggiore generale" dell'esercito piemontese. Il numero dei volontari, tuttavia, venne successivamente dimezzato e le loro armi si limitarono a fucili di scarto e poche munizioni.

Sta di fatto che questi **preparativi**, aggiunti al timore di essere giudicati negativamente da un congresso internazionale, finirono con l'attirare gli Austriaci nella trappola tesa da Cavour: il **30 aprile 1859**, 110 000 soldati asburgici varcarono il confine con il Piemonte. Cominciava la **Seconda guerra d'Indipendenza** e la Francia non poteva più tirarsi indietro.

7 La Seconda guerra d'Indipendenza

In attesa degli alleati, il Piemonte riuscì a tenere bloccato per un mese l'esercito austriaco allagando le risaie del Vercellese. Intanto l'armata francese arrivava dalle Alpi e dal mare e 120 000 uomini si univano ai 60 000 piemontesi, sotto il comando generale di Napoleone III.

Il 4 giugno i due eserciti si scontrarono a **Magenta**: gli Austriaci, battuti, cominciarono a ritirarsi, disturbati e inseguiti dai Cacciatori delle Alpi che occuparono una città dopo l'altra: Varese, Como, Bergamo, Brescia. **Napoleone III e Vittorio Emanuele II** l'8 giugno **entrarono trionfalmente a Milano**.

L'esercito austriaco si divise in due tronconi per accerchiare gli avversari e il 24 giugno quattro armate si scontrarono simultaneamente in due luoghi diversi: a **Solferino** gli Austriaci furono sconfitti dai Francesi dopo dieci ore di combattimento, mentre a **San Martino** i Piemontesi costringevano alla ritirata il nemi-

Arrivano gli alleati
L'esercito francese passa il Moncenisio, mentre il generale Alfonso Lamarmora trattiene nelle risaie allagate gli Austriaci, che vorrebbero invadere il Piemonte.

La battaglia di San Martino
Il giorno dopo la vittoria francese a Solferino, le truppe del Regno di Sardegna ottengono una strepitosa vittoria a San Martino. Il dipinto rappresenta l'avanzata dei Piemontesi, che costringe cavalleria e fanteria austriache alla ritirata.

co. L'eco di queste vittorie entusiasmò tutta l'Italia; le città emiliane e toscane insorsero e nominarono dei **governi provvisori**.
La **liberazione della Lombardia** era compiuta, quella del Veneto sembrava imminente. Invece, senza preavvertire gli alleati, **Napoleone III** propose all'Austria di trattare l'**armistizio**. L'imperatore francese decise di porre fine alla guerra per due motivi:

- da un lato, per il timore che le **insurrezioni** scatenate dai patrioti in numerose città italiane, comprese quelle pontificie, avessero esiti pericolosi sia sul piano sociale sia per i futuri piani di un Regno francese del Centro;
- dall'altro, per il diffondersi, sia in patria sia al Fronte, dell'opinione che si dovesse troncare immediatamente la guerra in seguito alle gravi perdite subite dai Francesi a Solferino.

8 L'Armistizio di Villafranca e i plebisciti

Napoleone III convinse facilmente Vittorio Emanuele: l'Austria gli avrebbe ceduto la Lombardia e ciò bastava a realizzare la sua principale ambizione, cioè vendicare Carlo Alberto ed estendere i territori sabaudi, facendo del Milanese una ricca provincia del Regno di Sardegna. Ben più difficile fu affrontare **Cavour**. Accorso al quartier generale dei due sovrani, il ministro si scontrò violentemente con entrambi e poi rassegnò al re le **dimissioni**.
L'**11 luglio 1859** l'**Armistizio di Villafranca** fu dunque firmato. Francesco Giuseppe, per disprezzo, si rifiutò di consegnare direttamente la Lombardia ai Piemontesi e la cedette alla Francia che, a sua volta, la trasmise al re di Sardegna. Nizza e la Savoia, poiché non era stato liberato il Veneto, restarono al Piemonte. Prima di lasciare il governo, Cavour fece in tempo a spedire alle città insorte messaggi segreti che le incitavano a mantenere a qualunque costo i governi provvisori. Tutte seguirono il suggerimento; l'Austria minacciò di occuparle,

La delusione
Questo quadro, dipinto nel 1860 da Domenico Induno (intitolato *Arrivo del bollettino della pace di Villafranca*), rende bene la delusione provocata dalla notizia improvvisa della firma dell'armistizio: esso poneva fine alla Seconda guerra d'Indipendenza proprio quando la completa vittoria sembrava a portata di mano.

I due schieramenti storici rispetto all'Unità d'Italia	
Liberali	**Democratici**
Monarchia	Repubblica
Guerra del re	Rivoluzione

ma l'Inghilterra, che appoggiava Cavour, si oppose. **Modena**, **Parma**, **Bologna**, **Firenze** e altre città minori chiesero di essere annesse al Piemonte. Vittorio Emanuele, legato dall'armistizio, non accettò, ma esse giurarono di rinnovare la richiesta fino al consenso del sovrano.

Infine, nel **gennaio 1860**, Vittorio Emanuele, dichiarando di "compiere il massimo dei sacrifici", richiamò al governo Cavour che, subito, propose a Napoleone III di accettare come fatto compiuto l'annessione delle città insorte ottenendo in cambio **Nizza** e la **Savoia**. L'imperatore, al quale conveniva mostrare ai Francesi di aver ottenuto un vantaggio da quella guerra impopolare, accettò.

Anche in Italia, dai tempi del dominio francese, era rimasta l'usanza del **plebiscito**, quella forma di voto dell'intera popolazione su un quesito al quale bisognava rispondere "SÌ" o "NO". Furono quindi organizzate colossali campagne elettorali per il voto sull'annessione al Regno sabaudo o la conservazione di Stati separati. Alla propaganda politica si aggiunsero lusinghe e minacce, ma alla fine il risultato fu schiacciante: il **97%** della **popolazione toscana, emiliana e romagnola** votò per l'**annessione al Piemonte**.

9 La spedizione dei Mille

I **democratici**, intanto, tralasciata per il momento la liberazione del Veneto, che avrebbe comportato una guerra contro l'Austria, pensavano che l'occasione fosse propizia per **liberare il Mezzogiorno**, conquistando i territori dello Stato pontificio e del Regno delle Due Sicilie. La loro attenzione era concentrata sulla **Sicilia**, l'isola inquieta, già protagonista di altri tentativi insurrezionali e nemica giurata dei Borbone. L'occasione si presentò nella primavera del 1859 quando, sul trono, al vecchio e astuto Ferdinando II succedette il giovane e inetto **Francesco II**, tanto poco stimato dai suoi sudditi da essere soprannominato "Franceschiello". **Francesco Crispi**, un giovane democratico siciliano che aveva preso parte alla difesa della Repubblica romana, e **Rosolino Pilo**, palermitano, esiliato a Genova per avere partecipato alla rivoluzione del 1848, convinsero **Garibaldi** che l'ora era giunta. Questa volta, per non ripetere l'errore di Pisacane, Crispi e Pilo decisero di organizzare una **rivolta locale** che doveva scoppiare prima dello sbarco dei garibaldini; poi organizzarono un vero piccolo esercito e si assicurarono l'**appoggio della monarchia** piemontese grazie a Garibaldi, che parlò dell'impresa personalmente con il re. Vittorio Emanuele la caldeggiò segretamente, ma, per l'opposizione di Cavour, fu costretto a disapprovarla ufficialmente e non poté fornirle aiuti concreti, per cui il **migliaio di volontari** era armato male ed equipaggiato peggio. Nelle campagne siciliane, intanto, i contadini si sollevavano di loro iniziativa: chiedevano, come sempre, la distribuzione delle terre. Pilo si precipitò nell'isola per tenere viva la rivolta.

I leggendari **Mille** erano per metà professionisti e intellettuali, per metà artigiani. Quanto all'origine, tre quarti erano lombardi, veneti e liguri; gli altri toscani e siciliani. Il **5 maggio 1860** si imbarcarono a **Quarto**, nei pressi di Genova, sul piroscafo il "Lombardo" finanziato da un gruppo di industriali milanesi e sei giorni dopo sbarcarono a **Marsala**. Il 14 maggio, a Salemi, Garibaldi con un proclama assunse "**nel nome di Vittorio Emanuele re d'Italia** la dittatura di Sicilia"; poi proseguì verso Palermo. A **Calatafimi** avvenne il primo scontro con l'esercito borbonico che si concluse con la sofferta vittoria dei garibaldini.

Il 27 maggio i Mille entrarono a **Palermo** e dopo tre giorni di scontri per le strade ne scacciarono le truppe borboniche. Un armistizio segnò poco dopo la **fine del governo borbonico in Sicilia**.

Da Marsala a Palermo

Gli eroi della nuova nazione
Nella battaglia di Calatafimi, uno degli episodi decisivi della "Spedizione dei Mille", le camicie rosse furono appoggiate da volontari siciliani antiborbonici. Garibaldi aveva lanciato loro la sua celebre arringa: "Qui si fa l'Italia o si muore!".

10 La repressione dei garibaldini in Sicilia

Il successo di Garibaldi fu dovuto alle **qualità militari** del generale, ma anche alla **collaborazione dei contadini** in rivolta: così i Mille poterono muoversi senza difficoltà in zone che non conoscevano. Fra giugno e agosto del 1860, delegazioni di contadini provenienti dalle campagne si recarono al comando garibaldino di Palermo e chiesero la contropartita: la **riforma agraria**.
La reazione dei garibaldini fu totalmente negativa: essi combattevano una "**guerra patriottica**" per unire la nazione, ma non approvavano la "**guerra sociale**" contro i proprietari di terre. Da mazziniani quali erano stati, essi pensavano che un conflitto tra le classi, soprattutto in quel momento, fosse un insulto contro la patria. Inoltre Garibaldi aveva garantito al re di **mantenere l'ordine** nell'isola.
I contadini continuarono la rivolta da soli, abbandonandosi a incendi, saccheggi e aggressioni contro i proprietari. Crispi si assunse la responsabilità della **repressione**: decretò la pena di morte per furti e saccheggi e inviò truppe garibaldine nelle zone dove gli incendi erano stati più gravi.
A **Bronte**, dove i rivoltosi avevano addirittura ucciso la nipote di Lord Nelson, il vincitore di Trafalgar, e devastato il suo castello, il luogotenente di Crispi, **Nino Bixio**, fece fucilare i responsabili. I contadini lo soprannominarono "la Belva", ma nessuno di loro osò più muoversi.
Intanto Garibaldi aveva cominciato a risalire la Penisola: da Messina, passato lo Stretto, marciò attraverso **Calabria** e **Basilicata**, accolto con onori dai notabili dei paesi dai quali erano fuggiti i funzionari borbonici. Il 7 settembre entrò a **Napoli** e assunse la **dittatura del Regno delle Due Sicilie**.

Giuseppe Garibaldi

Testimoni e interpreti

Nord e Sud: una lotta comune ma esigenze diverse

AUTORE	Giuseppe Cesare Abba, garibaldino
OPERA	Da Quarto al Volturno
DATA	1880

Leggi altre **fonti dirette** nella Biblioteca digitale

Il garibaldino Giuseppe Cesare Abba partecipò alla Spedizione dei Mille e annotò giorno per giorno la propria esperienza su un diario poi pubblicato con il titolo Da Quarto al Volturno. *In questa pagina l'autore e un frate mostrano opinioni diverse sulla rivoluzione.*

Mi son fatto un amico. Ha ventisette anni, ne mostra quaranta: è monaco e si chiama padre Carmelo. Sedevamo sul colle del Calvario, avevamo in faccia Monreale e parlavamo della rivoluzione. L'anima di padre Carmelo strideva: vorrebbe essere uno di noi, per lanciarsi nell'avventura col suo gran cuore, ma qualcosa lo trattiene dal farlo.
… "Venite con noi, vi vorranno tutti bene."
… "Non posso."
… "Forse perché siete frate? Ce n'abbiamo già uno. Eppoi altri monaci hanno combattuto in nostra compagnia, senza paura del sangue."
… "Verrei, se sapessi che farete qualche cosa di grande davvero: ma ho parlato con molti dei vostri, e non mi hanno saputo dir altro che volete unire l'Italia."
… "Certo; per farne un grande e solo popolo."
… "Un solo territorio…! In quanto al popolo, solo o diviso, se soffre, soffre; e io non so se volete farlo felice."
… "Felice! Il popolo avrà libertà e scuole."
… "E nient'altro!" interruppe il frate. "Perché la libertà non è pane, e la scuola nemmeno. Queste cose basteranno forse per voi Piemontesi: per noi qui, no."
… "Dunque che ci vorrebbe per voi?"
… "Una guerra non contro i Borboni, ma degli oppressi contro gli oppressori grandi e piccoli, che non sono soltanto a Corte, ma in ogni città, in ogni villa."
… "Allora anche contro di voi frati, che avete conventi e terre dovunque sono case e campagne!"
… "Anche contro di noi; anzi prima che contro d'ogni altro! Ma col Vangelo in mano e con la croce. Allora verrei. Così è troppo poco."
Non seppi più che rispondere e mi alzai. Egli mi abbracciò, mi volle baciare, e tenendomi strette le mani, mi disse che mi raccomandava a Dio. Poi si mosse, salì il colle, si volse ancora a guardarmi di lassù, poi disparve.

LABORATORIO

Comprendere

1. Il libro di Cesare Abba si intitola *Da Quarto al Volturno*. Dopo aver letto anche il paragrafo 11, spiega il significato dei due nomi.

Sviluppare le competenze

2. Questo dialogo, apparentemente banale, contiene invece profonde verità storiche. Per l'Italia esprime l'inizio delle terribili incomprensioni che, sin dalle origini, divisero il Sud dal Nord. Più in generale dimostra come qualunque contatto tra popoli, gruppi, individui di cultura diversa debba essere animato non da idee preconcette (cioè dalle proprie), ma da uno scambio di esperienze che abbia il coraggio di diventare operativo.

Qui di seguito sono riportate alcune frasi salienti di questo "dialogo tra sordi". Prova a commentarle.
F. = frate siciliano **G.** = intellettuale garibaldino

F. Non mi hanno saputo dire altro che volete unire l'Italia.
G. Il popolo avrà libertà e scuole.
F. La libertà non è pane, e la scuola nemmeno.
G. Che ci vorrebbe per voi?
F. Una guerra… degli oppressi contro gli oppressori.
G. Allora anche voi frati, che avete conventi e terre…
F. Anche contro di noi… Ma col Vangelo in mano e con la croce. Allora verrei.

La Seconda guerra d'Indipendenza **Capitolo 14** 307

Lettura della carta

La carta qui accanto mostra le due fasi salienti della Seconda guerra d'Indipendenza.

1 La prima fase si svolge interamente nell'Italia del Nord e precisamente nella Lombardia austriaca, si svolge attraverso tre battaglie decisive, Magenta, Solferino e San Martino, tutte vinte dalla coalizione italo-francese, e si conclude repentinamente con l'armistizio di Villafranca, firmato in questa città situata al confine tra la Lombardia e il Veneto (anch'esso austriaco). Dalla sequenza geografica delle battaglie si vede chiaramente che, proseguendo la loro marcia, i due eserciti vincitori avrebbero potuto facilmente dilagare anche nel Veneto.

2 La seconda fase si svolge invece tra Sicilia e Italia meridionale, comporta lo spostamento in nave dei mille volontari di Garibaldi, il loro sbarco in Sicilia, dove avvengono numerose battaglie, tra cui quella fondamentale di Calatafimi e poi prosegue risalendo per la Calabria e la Basilicata fino a Napoli dove si svolge la Battaglia del Volturno tra garibaldini e truppe borboniche. La storia di questa guerra si conclude a Teano dove due schiere piemontesi si congiungono e incontrano Garibaldi.

Lettura della carta

La carta qui accanto illustra la situazione creatasi in Italia dopo la Seconda guerra d'Indipendenza:

- Nizza e la Savoia vengono cedute alla Francia;
- il Veneto rimane agli Austriaci;
- il Lazio con Roma resta allo Stato pontificio;
- tutti gli altri territori entrano a far parte del Regno d'Italia, governato dalla dinastia dei Savoia.

Il vecchio garibaldino
I volontari della spedizione dei Mille restarono così entusiasti della loro impresa da trovare ogni occasione per indossare, anche in vecchiaia, la camicia rossa.

11 L'Italia unita

A mano a mano che la spedizione dei Mille procedeva, cresceva l'imbarazzo di Cavour. Nonostante la dichiarata fedeltà di Garibaldi a Vittorio Emanuele, egli **temeva** l'instaurazione di una **repubblica democratica nel Meridione**; temeva inoltre che Garibaldi proseguisse **fino a Roma**, la sede del papa. Se ciò fosse avvenuto, Napoleone III sarebbe stato costretto, come nel 1849, a difendere il pontefice e la guerra si sarebbe riaperta, o contro Garibaldi, ormai eroe nazionale, o contro la Francia. Era dunque urgente che il re assumesse personalmente l'iniziativa. Con trattative febbrili, Cavour riuscì a convincere Napoleone III che ormai il male minore era che **Vittorio Emanuele** stesso invadesse lo Stato pontificio, prima di Garibaldi. Così fu fatto: l'esercito piemontese sbaragliò gli svizzeri pontifici e **occupò i domini del papa**, salvo il Lazio e Roma.
Garibaldi, bloccato nel Napoletano da un perentorio ordine del re, sconfisse ancora una volta l'esercito borbonico sul fiume **Volturno**; quindi, il **26 ottobre 1860**, incontrò Vittorio Emanuele a **Teano** e gli consegnò il **Regno delle Due Sicilie**. Pochi mesi dopo, i Piemontesi espugnarono **Gaeta**, dove si erano rifugiati Francesco II di Borbone e sua moglie, i quali trovarono scampo a Roma, ospiti del papa. Esclusi il Veneto e i territori rimasti al papa, **l'Unità d'Italia poteva dirsi completa**: per questo il 18 febbraio cominciarono in Parlamento i lavori della nuova legislatura. Per la cerimonia solenne e la grande festa che seguì giunsero a Torino persone da tutta Italia e molte delegazioni straniere tranne quelle di Spagna e Austria. Fra i 120 senatori e i 443 deputati sedevano finalmente anche gli eletti delle nuove province, fra cui, da Milano, il senatore Giuseppe Verdi e alcuni garibaldini, mentre mancavano Cattaneo (che aveva rifiutato l'elezione) e Mazzini, considerato sempre troppo pericoloso e costretto ancora all'esilio.
Subito i lavori del Senato e della Camera affrontarono il progetto di legge che doveva proclamare **Vittorio Emanuele re d'Italia** (e non "degli Italiani", per sottolineare che l'Italia, negata per decenni dalle potenze restauratrici, esisteva eccome). Fu deciso che il nuovo Stato avesse un carattere di **monarchia costituzionale**. Il **17 marzo 1861** avvenne la proclamazione ufficiale: il re Vittorio Emanuele, mantenendo il numero di II a indicare la continuità con il Regno sabaudo, fu incoronato re d'Italia. Questa data segna l'inizio della nostra storia unitaria.

L'incontro di Teano
Giuseppe Garibaldi incontra Vittorio Emanuele II e gli consegna il Regno delle Due Sicilie.

Interpreti e testimoni

Come l'Italia raggiunse l'unità politica

AUTORE	Alfonso Scirocco, storico italiano
OPERA	L'Italia del Risorgimento
DATA	1993

Leggi altre **fonti storiografiche** nella Biblioteca digitale

Il brano seguente spiega come mai, tra tutte le tendenze politiche presenti in Italia prima e durante il Risorgimento, prevalse alla fine il ruolo di Vittorio Emanuele II di Savoia e come da ciò derivò il carattere borghese moderato della nuova Italia.

La configurazione dell'Italia come Stato monarchico-unitario decisa nell'ottobre 1860 era il logico sbocco delle scelte coraggiose di Casa Savoia. Il ruolo assunto dal Piemonte nel movimento nazionale a partire dal congresso di Parigi aveva mutato i termini della lotta politica nella penisola. La fedeltà allo Statuto aveva mostrato la possibilità di conciliare l'ordine con la libertà; poi il fallimento dei moti rivoluzionari e l'interessamento delle grandi potenze alla questione italiana aveva indirizzato le speranze ad un'azione diplomatico-militare contro l'Austria che solo uno Stato «regolare» poteva condurre. Di qui il rapido crescere nella penisola di un movimento filo-sabaudo, alimentato dal mito del re galantuomo: un mito diffuso dalla pubblicistica moderata, che mise in ombra le velleità di politica personale di Vittorio Emanuele, le sue simpatie per la Destra conservatrice, la sua opposizione alle riforme ecclesiastiche, soprattutto la sua avversione per Cavour, pienamente ricambiata dal ministro. Assurto a simbolo della libertà e dell'unità, Vittorio Emanuele nel 1859-60, in quell'autentica rivoluzione che sconvolse il secolare assetto territoriale della penisola, rappresentò la garanzia dell'ordine di fronte alla diplomazia europea e di fronte alle classi dirigenti degli Stati che scomparivano.
Si dimostrò fondata la convinzione di Mazzini che il crollo dell'Austria in Lombardia avrebbe messo in crisi tutti i governi assoluti. Separatisi dalle classi dirigenti, di cui mortificavano l'aspirazione a partecipare alla vita dello Stato mediante istituzioni parlamentari, essi dopo il '48 avevano perduto il consenso, e si reggevano solo sulla forza militare degli Asburgo. Fu merito della Società Nazionale diffondere l'impostazione cavouriana del programma moderato che faceva capo alla guerra all'Austria mediante l'iniziativa sabauda.

Il modo in cui si compì l'unificazione della penisola, per gradi successivi, fece realizzare un assetto ritenuto utopistico ancora nella primavera del '59. L'unione della Lombardia al regno sardo discendeva dagli accordi di Plombières. Le annessioni nell'Italia centrale furono determinate dalla eterogeneità dei territori ribellatisi ai governi legittimi e dalla imprevista forza del sentimento nazionale-liberale, che escluse il ritorno dei vecchi sovrani, ma escluse anche una soluzione imposta dalla diplomazia, come il principe Gerolamo[1] o la sovranità temporanea di un principe di Casa Savoia. Si venne così a creare uno Stato esteso, che diventò polo di attrazione nei confronti delle Due Sicilie nel '60. La storia non si fa con le ipotesi. Tuttavia si può fondatamente ritenere che se la crisi della monarchia borbonica si fosse determinata alla morte di Ferdinando II, nella primavera del '59, le grandi potenze avrebbero trovato una soluzione compatibile con l'idea della confederazione, l'unica ritenuta allora valida, nella consapevolezza delle differenze storiche tra gli Stati italiani.
La soluzione «sabauda» fu, quindi, favorita dalla scansione dei tempi in cui si realizzò l'unità. Quando l'epica impresa dei Mille meravigliò il mondo, i democratici erano già stati sconfitti sul terreno ideologico (Garibaldi aveva come motto «Italia e Vittorio Emanuele») e sul terreno politico (l'iniziativa popolare nell'Italia centrale aveva vinto perché l'Austria era stata bloccata dalla Francia alleata del Piemonte). Mazzini era stato il profeta dell'unità nazionale e con l'infaticabile predicazione ne aveva tenuto vivo l'ideale: ma i moderati avevano avuto un progetto politico in grado di sfruttare gli spazi di manovra permessi dagli avvenimenti internazionali ed il regno sabaudo in quanto «Stato» ne aveva reso possibile la realizzazione.

---

[1] Si tratta di Gerolamo Bonaparte, fratello di Napoleone I ed ex re del Regno di Westfalia, mandato in esilio con il crollo dell'imperatore, ma riabilitato e creato Presidente del Senato francese dopo la vittoria di Napoleone III.

GUIDA ALLO STUDIO
Sintesi

Audio

1-2 La repressione in Italia e la fine del sogno mazziniano

Il periodo successivo al Quarantotto è caratterizzato da una dura repressione nel Lombardo-Veneto, negli Stati minori del Centro-Nord, nello Stato pontificio e nel Regno delle Due Sicilie. In Piemonte, al contrario, Vittorio Emanuele II conserva le libertà costituzionali e, grazie alla politica dei liberali moderati capeggiati da d'Azeglio, conquista consensi alla monarchia sabauda. Falliscono invece altre rivolte dei mazziniani e nel 1857 si costituisce la Società Nazionale, una nuova organizzazione che abbandona le idee repubblicane e riconosce il ruolo guida dei Savoia.

3-4 Il governo d'Azeglio e il governo Cavour

Se i governi d'Azeglio rafforzano il ruolo del Parlamento, introduce l'autogoverno locale ed emanano le Leggi Siccardi che aboliscono i privilegi del clero, il governo Cavour segna una svolta decisiva nella storia d'Italia. Diventato presidente del Consiglio nel 1852, Cavour ottiene infatti un significativo successo con l'accordo parlamentare tra Centro-Destra e Centro-Sinistra, che gli permette di dare vita a un governo liberale, appoggiare la causa dell'indipendenza nazionale, consolidare la monarchia sabauda e aprire la strada allo sviluppo economico del Regno sardo.

5-6 La Guerra di Crimea e i Patti di Plombières

L'obiettivo principale di Cavour, tuttavia, è di provocare una nuova guerra contro l'Austria, ma per farlo ha bisogno dell'aiuto della Francia. L'occasione gli viene dalla Guerra di Crimea, causata dalla Russia che, per procurarsi uno sbocco nel Mediterraneo, ha occupato due territori turchi in Europa. Nel 1854 Francia e Inghilterra sono entrate in guerra a fianco dei Turchi e sia i Russi sia gli Anglo-Francesi cercano di trascinare dalla propria parte l'Austria, che però non invia truppe. Per favorirne l'entrata in guerra, la Francia decide allora di chiedere aiuto al Piemonte e Cavour, nel 1855, invia 18 000 bersaglieri in Crimea, garantendosi così la possibilità, l'anno dopo, di partecipare al fianco dei vincitori al Congresso di Parigi, dove può esporre la situazione italiana e denunciare le prepotenze dell'Austria. Nel 1858, finalmente, Napoleone III accetta di firmare con Cavour gli Accordi di Plombières, in base ai quali la Francia, in cambio di Nizza e della Savoia, promette di intervenire a fianco dell'Italia, ma solo se sarà l'Austria ad aggredire per prima. Cavour cerca quindi in ogni modo di provocare gli Austriaci e intanto avvia i preparativi militari coinvolgendo anche Garibaldi. Il 30 aprile 1859, l'esercito asburgico varca il confine con il Piemonte e la Francia non può più tirarsi indietro: comincia la Seconda guerra d'Indipendenza.

7-8 La Seconda guerra d'Indipendenza e l'Armistizio di Villafranca

Il 4 giugno Francesi e Italiani sconfiggono gli Austriaci a Magenta e quattro giorni dopo Napoleone III e Vittorio Emanuele II entrano trionfalmente a Milano. Poco dopo le truppe asburgiche vengono sconfitte anche a Solferino e a San Martino, ma improvvisamente Napoleone III propone all'Austria di trattare l'armistizio e Vittorio Emanuele si lascia convincere, mentre Cavour, indignato, rassegna le dimissioni. Nel 1859 l'Armistizio di Villafranca viene firmato: l'Austria cede la Lombardia al Regno di Sardegna, ma conserva il Veneto. Nel 1860 Cavour torna al governo, si garantisce la neutralità della Francia cedendole Nizza e la Savoia e incita l'Emilia-Romagna e la Toscana a votare con i plebisciti l'annessione al Piemonte.

9-11 La Spedizione dei Mille e l'Unità d'Italia

Intanto il democratico siciliano Crispi e Garibaldi, d'accordo col re, decidono di liberare il Mezzogiorno. Partiti da Quarto e sbarcati a Marsala, i Mille garibaldini sconfiggono i borbonici a Calatafimi ed entrano a Palermo. Le incomprensioni fra garibaldini e contadini, che vogliono una rivoluzione sociale, sfociano nella fucilazione di alcuni ribelli, ordinata a Bronte da Bixio, luogotenente di Crispi. Dopo la vittoria di Milazzo, Garibaldi passa in Calabria e giunge a Napoli, dove assume la "dittatura del Regno delle Due Sicilie in nome del re d'Italia". Ma le vittorie dei Mille spaventano Cavour, il quale teme che Garibaldi instauri nel Meridione una repubblica democratica e che prenda Roma suscitando l'intervento di Napoleone III. Giocando d'anticipo, suggerisce perciò che Vittorio Emanuele II invada lo Stato pontificio senza però toccare né il Lazio né Roma. A Teano Garibaldi consegna al sovrano il Regno delle Due Sicilie e il 17 marzo 1861 Vittorio Emanuele II viene proclamato re d'Italia.

La Seconda guerra d'Indipendenza **Capitolo 14** 311

CAPITOLO 14

Mappa concettuale

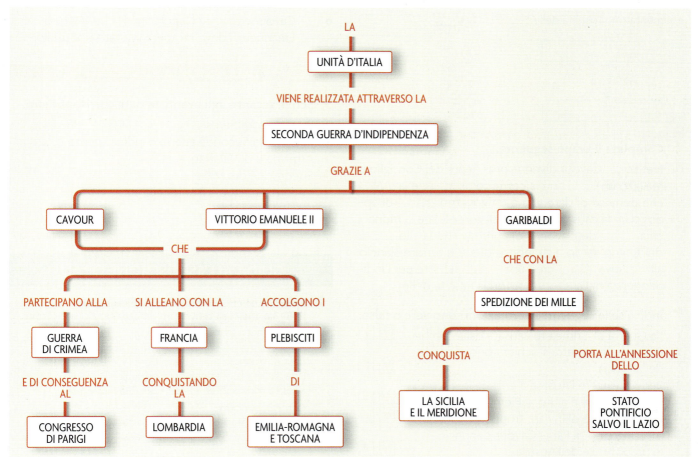

Verifica formativa

ARRICCHIRE IL LESSICO

1. Il termine "accordo" vuol dire "patto, trattato", ma ha anche un altro significato. Consulta il dizionario, poi usalo per scrivere una frase di senso compiuto.

COMPRENDERE IL TESTO

2. Completa la tabella seguente, relativa alla situazione dell'Italia dopo il Quarantotto.

Lombardo-Veneto	
Stati minori del Centro-Nord	
Stato pontificio	
Regno delle Due Sicilie	
Regno di Sardegna	

3. Rispondi alle domande seguenti.
   1. Come si chiamava la nuova organizzazione fondata da Mazzini dopo la Giovine Italia?
   2. Quale esito ebbero le nuove iniziative mazziniane?
   3. In che cosa differiva la visione rivoluzionaria di Pisacane da quella di Mazzini?
   4. Che cosa successe a Sapri?
   5. Che cos'era la Società Nazionale?

4. Completa la tabella seguente spiegando le tre linee principali del governo d'Azeglio.

1	
2	
3	

5. Completa lo schema seguente.

GUIDA ALLO STUDIO — CAPITOLO 14

Le Leggi Siccardi abolirono i .... ovvero
....
....
....

e alimentarono l'ostilità della
....
verso il
....

6 Completa il brano seguente.

Nel .... Cavour divenne presidente del Consiglio e realizzò un .... tra la corrente di .... e la .... che permise di dare vita a un governo ...., di appoggiare la causa dell'..............., di consolidare la monarchia .... dei Savoia e di aprire la strada allo .... del Regno sardo. Egli inoltre diede ulteriore slancio all'iniziativa ...., creò una ...., si batté per l'indipendenza della .... e favorì la nascita delle ....

7 Indica se le seguenti affermazioni sono vere o false.

1. La Guerra di Crimea fu causata dalla Turchia. V F
2. Francia e Inghilterra si schierarono al fianco della Russia. V F
3. Per convincere l'Austria a entrare in guerra, la Francia chiese aiuto al Piemonte. V F
4. Cavour rifiutò di inviare truppe in Crimea. V F
5. Al Congresso di Parigi Cavour denunciò le prepotenze dell'Austria. V F
6. Con i Patti di Plombières Napoleone III si impegnò a intervenire a fianco dell'Italia contro l'Austria in cambio della Lombardia. V F
7. La Seconda guerra d'Indipendenza ebbe inizio nel 1859. V F

8 Metti in ordine cronologico gli eventi seguenti, scrivendo nei quadratini i numeri da 1 a 13.

a ☐ Con i plebisciti Toscana ed Emilia-Romagna votano l'annessione al Piemonte.
b ☐ L'esercito piemontese occupa i domini del papa, salvo il Lazio e Roma.
c ☐ I Mille sconfiggono i borbonici a Calatafimi.
d ☐ Gli Austriaci vengono sconfitti a Magenta.
e ☐ Viene firmato l'Armistizio di Villafranca.
f ☐ A Teano Garibaldi consegna a Vittorio Emanuele II il Regno delle Due Sicilie.
g ☐ Napoleone III e Vittorio Emanuele II entrano a Milano.
h ☐ A Bronte Bixio fa fucilare alcuni rivoltosi.
i ☐ Gli Austriaci vengono sconfitti a Solferino e a San Martino.
l ☐ Garibaldi entra a Napoli e assume la dittatura del Regno delle Due Sicilie.
m ☐ Cavour rassegna le dimissioni.
n ☐ Vittorio Emanuele II viene eletto re d'Italia.
o ☐ Cavour convince Napoleone III che Vittorio Emanuele II deve invadere lo Stato pontificio.

LE DATE DELLA STORIA

9 Scrivi, accanto agli eventi, le date corrispondenti.
- Patti di Plombières ....
- Inizio della Seconda guerra d'Indipendenza ....
- Armistizio di Villafranca ....
- Spedizione dei Mille ....
- Vittorio Emanuele II re d'Italia ....

GUIDA ALL'ESPOSIZIONE ORALE

1 Spiega qual era la situazione dell'Italia dopo il 1848 e che cosa tentarono di fare Mazzini e Pisacane.

Scaletta:
• repressione nel Lombardo-Veneto, negli Stati minori del Centro-Nord, nello Stato pontificio e nel Regno delle Due Sicilie • l'eccezione del Piemonte • Partito d'Azione • contadini volontari • Sapri • Società Nazionale

Come cominciare:
"Dopo il Quarantotto la sconfitta del Piemonte causò l'inasprimento del dominio austriaco."

2 Illustra i provvedimenti più rilevanti del governo d'Azeglio e del governo Cavour.

Scaletta:
• ruolo del Parlamento • autogoverno locale • Leggi Siccardi • "connubio" • sviluppo economico • Banca centrale • Società operaie • indipendenza della magistratura

Come cominciare:
"I governi d'Azeglio consolidarono il regime liberale operando su tre linee principali."

3 Partendo dalla Guerra di Crimea e dalle strategie di Cavour, esponi gli eventi della Seconda guerra d'Indipendenza fino al 1861.

Scaletta:
• Russia, Francia, Inghilterra • Sebastòpoli • bersaglieri • Congresso di Parigi • attentato di Felice Orsini • Napoleone III • Patti di Plombières • Magenta • Solferino • San Martino • Armistizio di Villafranca • plebisciti • spedizione dei Mille • Calatafimi • Bronte • dittatura del Regno delle Due Sicilie • occupazione dei domini del papa • Teano • Vittorio Emanuele II re d'Italia

Come cominciare:
"Cavour voleva provocare una guerra contro l'Austria."

PROTAGONISTI

Vittorio Emanuele II

La leggenda del "re galantuomo"
Dopo la sconfitta di Novara, alla fine della Prima guerra d'Indipendenza, i liberali piemontesi ritennero necessario ridare prestigio al figlio di Carlo Alberto per riportare i Savoia alla guida del movimento d'Indipendenza italiano.
Si mise in moto pertanto una **macchina propagandistica** studiata apposta per rivalutare l'immagine del re e della casata di fronte alla futura nazione.
La **nuova immagine** di Vittorio Emanuele II fu creata abilmente dal suo presidente del Consiglio, Massimo d'Azeglio, che lo presentò agli occhi degli Italiani non più come il figlio di colui che aveva tradito i milanesi dopo le Cinque giornate ma, come già si è detto, come il re che aveva saputo tener testa a Radetzky, concludendo una pace onorevole e conservando le libertà costituzionali. La figura del giovane re è rappresentata in modo quasi leggendario già dopo l'abdicazione del padre, come dimostra il dipinto di pagina 283.

Il re in fotografia
Dietro l'immagine ufficiale di Vittorio Emanuele II c'era in realtà l'uomo della fotografia in alto a destra: un uomo non elegante, amante della buona tavola e poco incline alle raffinatezze della politica.

Vittorio Emanuele II com'era

Sotto, Vittorio Emanuele II come lo dipingeva la propaganda

Vittorio Emanuele era generoso, ma bizzoso; sopportava il Parlamento, ma non lo amava e a volte ne calpestò i diritti; i suoi ministri lo irritavano e amava solo la compagnia dei suoi ufficiali e del clero.
Inoltre era figlio e marito di arciduchesse austriache, aveva ricevuto un'**educazione rozza e rigidamente militare** e ignorava che cosa ci fosse in Italia a sud del Po.
Tuttavia, aveva un **alto concetto della dignità del suo ruolo** e svolse una parte non indifferente nel difficile compito di realizzare l'Unità d'Italia.

La vita sentimentale del re
Vittorio Emanuele era sposato a una granduchessa austriaca, pia, dolce e sottomessa, per la quale nutriva un affetto sincero e che gli diede Umberto, l'erede al trono. La sua esuberanza, però, lo portò ad avere molte altre donne. La relazione più costante e duratura lo legò a quella che chiamava "la bella Rosìn" che poi, dopo la morte della moglie, sposò, senza però che avesse alcun diritto di successione al trono (questo tipo di unione si chiama "matrimonio morganatico").

La celebrazione della propaganda
La ritrattistica ufficiale rappresentava Vittorio Emanuele II sempre in alta uniforme, nell'atteggiamento tipico del comandante di un esercito vittorioso.
La regina Vittoria, che sedeva sul trono d'Inghilterra sin dal 1837, disse di lui: "Più che a un re dei nostri giorni assomiglia a un cavaliere medievale, che vive della sua spada; i suoi difetti provengono essenzialmente dalla sua scarsa cultura e dal pessimo ambiente che si è trovato a frequentare. È una natura semplice e schietta, ma manca di finezza e duttilità".

PROTAGONISTI

Giuseppe Garibaldi

A Nizza e nelle file della Giovine Italia

Giuseppe Garibaldi nacque nel 1807 a Nizza da una famiglia benestante di marinai e pescatori. Da piccolo parlò come prima lingua il dialetto ligure e come seconda il francese. Più tardi imparò l'italiano, ma accento, grammatica e ortografia dimostravano che non era la sua lingua madre.
Cominciò la sua carriera come **marinaio**; iscrittosi alla Giovine Italia, fu costretto ad andare **in esilio** dopo il fallimento dei moti mazziniani del 1834.

Dalla guerriglia in Sudamerica al Risorgimento

Tra il 1835 e il 1848 Garibaldi soggiornò in Sudamerica dove partecipò a numerose guerre: combatté in Brasile e difese il piccolo Uruguay dagli attacchi della potente Argentina, imparandovi le **tattiche della guerriglia**, che gli furono poi utilissime durante le Guerre d'Indipendenza italiane.
Una volta fu preso prigioniero, frustato e trascinato per chilometri legato a un cavallo. Un'altra volta una pallottola gli attraversò il collo e poté essere curato solo dopo dieci giorni.

Giuseppe Garibaldi

La guerriglia nella giungla gli causò la malaria e un'artrite deformante che lo tormentarono per tutta la vita. Ma il suo fisico era straordinariamente forte e questi disagi **rafforzarono anche la sua fibra morale**.
Mentre era in America, Garibaldi aveva continuato a restare in contatto con i democratici italiani ed era tornato in patria nel 1848. Da quell'anno in poi divenne **il più popolare protagonista del Risorgimento**.
Durante uno scontro a Roma tenne testa a sciabolate a decine di Francesi. I suoi dissero: "Sembrava Leònida alle Termopili".
In Brasile si legò ad **Anita**, una donna bellissima che spesso imbracciò il fucile al suo fianco e che gli diede quattro figli. **Morì** nel 1849 durante la drammatica **fuga da Roma**, seguita al crollo della repubblica: malata e incinta del quinto figlio, non resistette alle fatiche del lungo percorso compiuto in gran parte a piedi, durante l'inseguimento da parte dei Francesi, e spirò nei pressi di Ravenna tra le braccia del suo compagno di mille avventure.

Il carattere

Garibaldi era una persona amabile e affascinante, di trasparente onestà, a cui si ubbidiva senza esitazioni e per la quale si era anche disposti a morire. Il popolo lo sentiva come uno dei suoi, perché egli era l'incarnazione dell'uomo comune.
Piaceva anche a Vittorio Emanuele II, il quale ne apprezzava il carattere schietto e leale e le doti di soldato.

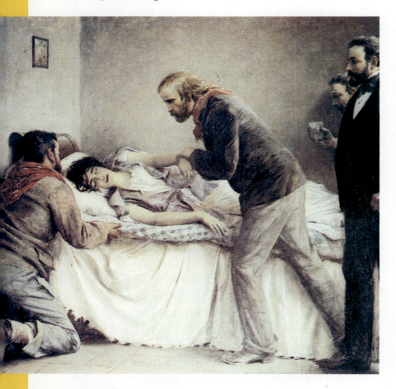

Garibaldi al capezzale di Anita morente

Era anche un tipo **eccezionale e non conformista**. Vestiva a modo suo: durante tutte le battaglie del Risorgimento indossò camicia rossa, pantaloni grigi, poncho grigio, copricapo di feltro nero e fazzoletto di seta al collo, come nei giorni del Sudamerica; non agiva secondo le regole ma secondo i suoi **ideali**; credeva in Dio ma diffidava della Chiesa.

Però sapeva anche obbedire con umiltà, quando pensava che una causa più alta richiedesse il suo personale sacrificio.

Amava la folla ma sentiva spesso il bisogno di ritirarsi in solitudine. Nel 1855 comprò un terreno a **Caprera**, un'isola desolata nell'arcipelago della Maddalena, fra la Corsica e la Sardegna, e vi si rifugiò spesso quando i suoi dissensi con il governo, prima piemontese e poi italiano, lo amareggiavano. Spese tutti i suoi soldi nel vano tentativo di impiantarvi una fattoria redditizia.

L'aspetto fisico

I registri della marina piemontese lo descrivono alto un po' meno di un metro e settanta, con i capelli rossastri sulle spalle.

Nella sua vita rude si ritagliava piccoli piaceri: amava fare spesso il bagno e dedicare attenzioni minute alla

Garibaldi anziano nel ritiro di Caprera

cura delle mani, dei denti e dei capelli.

Aveva le gambe leggermente arcuate e in realtà il suo fascino stava solo nel viso, che suscitava un'impressione indimenticabile: aveva una bella fronte e il profilo di una statua greca; gli occhi erano scintillanti e seducenti; il suo sorriso faceva perdere la testa.

Il suo ruolo di cittadino del mondo

Oggi Garibaldi ha un posto ben preciso tra i grandi uomini del XIX secolo: in primo luogo come **eroe nazionale** e come soldato al quale, più che a ogni altro, si dovette l'Unità d'Italia.

Oltre che patriota fu anche **internazionalista**: fu un "liberatore di professione", un "Robin Hood dei diseredati" e combatté per la gente oppressa ovunque ne trovasse.

Nel 1870, già vecchio, si precipitò in Francia per lottare al fianco degli operai parigini della Comune che morivano per non cedere la città ai Prussiani.

Ancora oggi è **uno degli Italiani più noti nel mondo**: amato dagli Inglesi, dai Francesi, dai Latino-Americani e celebre negli Stati Uniti, dove nessuno dimentica che persino Abramo Lincoln, il presidente che liberò gli schiavi, lo avrebbe voluto al suo fianco.

adattamento da Denis Mack Smith, *Garibaldi*, Laterza, Bari

I due calzolai
Una vignetta del 1861 rappresenta Garibaldi e Cavour come due calzolai che creano lo Stivale, ovvero l'Italia.

15
L'Unità di Italia e Germania

Ripassa il Risorgimento e **verifica** le tue conoscenze; quindi **approfondisci** le fonti, i collegamenti interdisciplinari e la cittadinanza

1861 Unità d'Italia

1870 Unificazione della Germania e presa di Roma

1 I primi provvedimenti del Parlamento italiano

Il **17 marzo 1861** si riunì a Torino il **primo Parlamento del Regno d'Italia**, dove deputati toscani, siciliani, lombardi, napoletani si trovarono seduti per la prima volta accanto ai deputati piemontesi.

Questo Parlamento respinse la proposta dei democratici, che chiedevano di elaborare una nuova Costituzione, ed estese a tutta l'Italia lo **Statuto albertino** e la sua **legge elettorale censitaria**, che concedeva il diritto di voto a tutti i maschi maggiorenni con i seguenti requisiti:

- saper leggere e scrivere;
- possedere un certo patrimonio (ovvero "censo");
- versare una certa quota di tasse.

Rimasero così **esclusi dai diritti politici** i contadini (analfabeti) e gran parte dei ceti urbani che, anche quando sapevano leggere, non raggiungevano la quota patrimoniale richiesta dalla legge. Solo 450 000 Italiani furono iscritti nelle liste elettorali: il 7% della popolazione maschile adulta. Alle urne, poi, si recava un numero ancora inferiore di persone.

Il Regno d'Italia fu dunque, all'inizio, l'espressione di un ceto molto ristretto, in genere appartenente alla corrente liberale moderata che si riconosceva nelle posizioni espresse da Cavour. Il nuovo governo fu formato dai rappresentanti di questa corrente, ai quali fu dato il nome di **Destra storica**. A loro si contrappose un altro raggruppamento, quello che faceva riferimento alle esperienze risorgimentali dei democratici, da Garibaldi a Mazzini: la **Sinistra storica**, che risultò però in minoranza in Parlamento.

I governi della Destra respinsero anche un'altra richiesta fatta dai democratici: quella di costruire uno Stato federale con ampia autonomia delle regioni e fondò invece uno **Stato unitario**; secondo i liberali moderati, infatti, l'accentramento era necessario per governare realtà tanto diverse quali erano le varie parti del Paese.

Tra i primi provvedimenti presi dalla Destra ci furono quelli relativi all'**unificazione delle leggi e delle norme amministrative**, che riguardavano le tasse, i pesi, le misure, le monete, che sino ad allora erano state diverse da Stato a Stato.

Vennero quindi estese al resto del Paese **leggi e norme del Regno di Sardegna** (per cui si parla di "**piemontesizzazione**"). L'adozione di regole unitarie era necessaria, assieme all'unificazione doganale e alla costruzione di un efficace sistema di infrastrutture (strade, ferrovie), per lo sviluppo economico dell'Italia.

L'Italia unita da una moneta: la nascita della lira

L'Italia unita dovette aspettare più di un anno prima di riconoscersi in una **moneta valida su tutto il territorio nazionale**: nel 1861, infatti, nel Regno d'Italia esistevano sei diversi sistemi monetari, con 236 differenti monete in circolazione emesse da ben nove banche.
Ora l'esistenza di una **Banca Centrale** che garantisca l'autenticità e il valore della divisa monetaria è uno dei cardini sui quali si reggono il sistema economico e la vita di uno Stato. La neonata Italia attese fino al **24 agosto 1862**, quando Vittorio Emanuele II firmò il provvedimento che dava corso legale alla **lira**, una moneta adottata durante l'età napoleonica, che sostituì tutte le altre monete circolanti nel Regno.
L'importanza di questa decisione fu già ben chiara anche all'epoca; infatti, nella relazione che accompagna il provvedimento, si legge che la lira sarà l'elemento "più popolare, più costante e più universale che rappresenti l'Unità della nazione".

2 La situazione dell'Italia nel 1861

Nel 1861, al momento dell'Unità, la popolazione italiana ammontava a **22 milioni di abitanti** (26, contando anche il Veneto e il Lazio). Di questi, solo 5 milioni avevano frequentato almeno il primo ciclo delle scuole elementari e il tasso di **analfabetismo** era mediamente del **78%** (ma con punte del 90% nelle zone più arretrate), la percentuale più alta d'Europa dopo la Russia.
Pochissimi, forse 200 000 persone, usavano correntemente la lingua italiana; i più parlavano in **dialetto**, compresa la classe colta, che lo usava regolarmente in famiglia e con i sottoposti e che spesso, nella cerchia dei propri pari, conversava e scriveva in francese. Lo stesso re Vittorio Emanuele II, che padroneggiava perfettamente il piemontese e il francese, si esprimeva in un italiano stentato.
In tutto il Regno gli iscritti alle diverse università erano 6500, lo 0,4% della popolazione fra i 20 e i 24 anni (oggi sono il 57,6%). Grazie all'Unità, però, il numero di libri e di periodici pubblicati aumentò subito del 100%.
Quanto allo **stato fisico** della popolazione, esso è testimoniato drammaticamente dalle statistiche fornite dalle visite mediche per la leva militare, dalle quali emerge che oltre il 28% dei giovani veniva giudicato **inabile** e che, di questi, più del 10% veniva riformato perché al di sotto della statura minima di un metro e 56. Inoltre, zone vastissime del Centro e del Sud erano classificate ad altissimo rischio di **malaria**, era diffusa la **tubercolosi** e, dagli anni Trenta in poi, epidemie di **colera** funestarono le grandi città provocando centinaia di vittime.
In tutto il Paese la **mortalità**, soprattutto **infantile**, era al di sopra della media continentale ed era la conseguenza di **condizioni sanitarie** quanto mai precarie. Questa situazione era il prodotto della **denutrizione** ma anche delle pessime condizioni generali di **igiene**: negli ultimi anni dell'Ottocento il 77% dei comuni era ancora privo di qualsiasi sistema fognario e il 10% della popolazione abitava in case dove mancavano le latrine.
L'Italia vantava un gran numero di **città** antiche e prestigiose, la più popolosa delle quali era Napoli, con i suoi 450 000 abitanti contro i 200 000 di Roma, ma

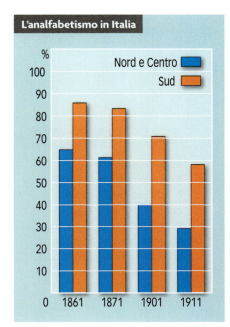

L'analfabetismo in Italia

Lettura della carta

■ **zone colpite dalla malaria**: la pianura tra Livorno e Piombino, le province di Viterbo e Grosseto, tranne il Monte Amiata, la campagna romana fino a Frosinone e da lì la zona costiera fino a Benevento. In Basilicata tutta la zona tra Lagonegro, Potenza, Matera fino al mare, la costa ionica della Calabria, la piana di Catania, le terre da Siracusa a Modica, l'intera costa sarda.

■ **zone colpite dalla tubercolosi**: l'intera Pianura padana, la Liguria, le campagne tra Firenze e Roma e la costa adriatica tra Pescara e Brindisi.

■ **zone colpite dal colera**: la conca di Palermo, il golfo di Napoli e la zona dalla dorsale appenninica alla riva adriatica tra Ancona e la Romagna.

Le zone più colpite da malaria, tubercolosi e colera

solo Torino, Genova e Milano possedevano attività produttive di rilievo. Inoltre, la **rete stradale** era per lo più in pessime condizioni, la **rete ferroviaria** (nonostante gli investimenti di Cavour, che interessarono però solo il Regno sabaudo) era nettamente inferiore a quelle di quasi tutti gli altri Paesi europei e lo stesso valeva per la **rete telegrafica**. Tutte e tre queste infrastrutture, **basilari per lo sviluppo economico**, erano comunque concentrate prevalentemente nel Nord. Quanto alle **produzioni industriali**, tessili o siderurgiche che fossero, esse risultavano totalmente schiacciate, per qualità e prezzo, in qualsiasi confronto internazionale. Il 70% degli Italiani era occupato nell'**agricoltura**; solo il 18% viveva di industria e commercio e il 12% era addetto al settore terziario (cioè ai servizi e agli impieghi statali). La distribuzione delle quote dei tre settori denunciava uno stato di **grave arretratezza** rispetto allo sviluppo industriale, se confrontata con quella inglese che vedeva il 21% della popolazione impiegato nell'agricoltura, il 52% nell'industria e nel commercio e il 27% restante nei servizi.

3 Il risanamento del debito pubblico

Realizzare l'Unità era costato un fiume di denaro che aveva costretto i governi della Destra storica a chiedere **prestiti enormi** alle banche estere.
Nei suoi anni di governo, cioè **dal 1861 al 1876**, la Destra si trovò quindi nella necessità di ripianare costantemente un debito pubblico che aumentava di anno in anno, oltre che nell'urgenza di finanziare la costruzione di scuole, ospedali, ferrovie, strade in un Paese che ne era in gran parte privo.
Lo sviluppo economico, però, tardava a decollare; poiché, a causa di ciò, il numero dei benestanti non cresceva e quindi le entrate fiscali restavano sempre le stesse, l'unico modo per far fronte a questi impegni fu di **aumentare le tasse**.

LESSICO — ECONOMIA

Debito pubblico
Il debito pubblico in economia è il debito dello Stato nei confronti di altri soggetti economici come individui, imprese, banche o Stati esteri, che hanno finanziato lo Stato comprando i suoi titoli. Oggi diremmo BOT, BTP, CCT, CTZ e altri.

Rispetto alle tasse che si pagano oggi in Italia le cifre di allora possono apparire modeste, ma a quei tempi sembrarono spaventose. In totale, tra il 1861 e il 1870, le imposte passarono dalla media dell'8%, applicata negli Stati prima dell'Unità, al 14%. Il ricavato, che venne in gran parte versato all'estero per estinguere i debiti, fu però molto inferiore alle attese a causa del fenomeno dell'**evasione fiscale**, fortissimo soprattutto tra i latifondisti del Sud e non previsto dai Piemontesi.
Nel 1866, quando scoppiò la Terza guerra d'Indipendenza , il governo aveva le casse vuote e non sapeva come provvedere all'equipaggiamento dei soldati e alla mobilitazione della flotta. Escogitò così la cosiddetta "**tassa sul macinato**", o meglio sulla macinazione del grano, alla quale non si poteva sfuggire perché bisognava pagarla al mugnaio (che poi la versava allo Stato) all'atto di ritirare la farina.
Si può immaginare come fu accolta una tassa che colpiva tutti, ma che era addirittura **disastrosa per i contadini**, al limite della sopravvivenza, ai quali sottraeva in un anno l'equivalente di dieci giornate lavorative. La nuova imposta fu chiamata "**tassa della fame**" e suscitò gravissime **rivolte**, soprattutto in Emilia, la cui repressione costò 257 morti, un migliaio di feriti e 3700 arresti.
Infine, sia pure al prezzo dei sacrifici dei ceti meno abbienti, nel **1875** l'obiettivo del **pareggio del bilancio dello Stato** venne raggiunto e il debito pubblico fu ripianato.

▸ Paragrafo 10

4 ▸ L'agricoltura e le condizioni dei contadini

L'economia italiana era basata sull'agricoltura, ma – contro ogni luogo comune che esaltasse il clima e la fertilità del suolo del nostro Paese – essa sopravviveva in condizioni tutt'altro che facili per la scarsità di pianure, l'abbondanza di luoghi aridi e scoscesi, la gran quantità di paludi e l'arretratezza delle tecniche agricole. Mediamente il suolo italiano **rendeva la metà di quello francese e un terzo di quello inglese**.
Solo in **Piemonte** e nella **Pianura padana** esistevano **grandi aziende agricole moderne** che coltivavano riso, mais e gelso, allevavano bovini o suini ed erano organizzate in modo capitalistico con l'impiego di manodopera salariata.
In tutta l'**Italia centrale** dominava invece la **mezzadrìa**, che è un tipo di contratto d'affitto applicato a poderi di piccole dimensioni coltivati a cereali, ulivi, viti, alberi da frutta; il mezzadro, teoricamente, divideva a metà spese e ricavi con il padrone dei terreni. In realtà, nell'Ottocento, l'abbondanza di

Pascoli a Castiglioncello
Una pastora conduce tre buoi al pascolo sul terreno dove è stato appena mietuto il grano. Qui siamo in Toscana, in pieno regime di mezzadria. Il quadro è di Telemaco Signorini.

L'alzaia
Un gruppo di braccianti toscani trascina una chiatta lungo la riva dell'Arno, chiamata appunto "alzaia". La loro vita miserabile viene rappresentata da Telemaco Signorini, autore anche del quadro alla pagina precedente, e costituisce una sorta di manifesto di denuncia sociale.

manodopera disoccupata aveva reso possibile ai proprietari ricattare i mezzadri esigendo molto più della metà degli utili e rendendo quindi le loro **condizioni sempre più dure**.

I poderi, inoltre, erano troppo piccoli per alimentare un commercio competitivo con quello padano. In compenso, però, il contadino a mezzadrìa aveva l'orgoglio di coltivare una terra che considerava quasi propria e ciò servì a **salvaguardare il territorio**, che ancora oggi, in Toscana, in Umbria e nelle Marche, appare tra i più ameni d'Italia, con i campi ben curati e ordinati, le numerosissime strade, i paesi ben conservati.

Molto diversa era la situazione del **Mezzogiorno** e delle **Isole**, che mostravano, anche nel paesaggio, l'impronta disastrosa del **latifondo**: grandi distese, in parte coltivate a grano in parte abbandonate, niente strade, niente fattorie ma solo pochi borghi rurali situati a grande distanza gli uni dagli altri.

I **contratti agrari** risalivano al Medioevo ed erano basati sullo scambio in natura e su una **forte dipendenza personale** dei contadini dai signori. Nelle terre che i baroni a mano a mano vendevano ai loro intendenti arricchiti nuovi contratti peggioravano ulteriormente la situazione, riducendo i contadini a semplici **braccianti a giornata**, disoccupati per molti mesi all'anno.

Le popolazioni rurali del Sud mangiavano principalmente legumi e un pane non di grano ma di cereali scadenti (granturco, avena e segale); erano colpiti da diverse malattie da denutrizione; abitavano in case e capanne malsane, a volte anche in grotte, e spesso a stretto contatto con polli, conigli e bestiame. Le loro condizioni culturali erano primitive: analfabetismo, superstizione, pregiudizi e pratiche magiche dilagavano; ciò che dicevano i padroni e il clero veniva creduto come verità rivelata. Il valore condiviso da tutti era la speranza di possedere un pezzo di terra e, per averlo, si era disposti a qualunque sacrificio.

La classe dirigente della nuova Italia non conosceva queste condizioni. Cavour, che pure aveva viaggiato in molti Paesi europei, non era mai sceso a sud di Firenze e nessuno aveva mai effettuato un'inchiesta seria sulla realtà contadina, né del Sud né delle altre regioni.

Grandi differenze – economiche, sociali e civili – hanno caratterizzato da sempre, già da prima dell'Unità, le varie aree dell'Italia e in particolare le regioni più arretrate del Sud rispetto a quelle più sviluppate del Nord. Dopo il 1861, queste differenze divennero sempre più evidenti e si iniziò a usare, nella pubblicistica e anche nelle analisi dei politici più accorti, l'espressione "**Questione meridionale**" per indicare l'insieme dei problemi che ne derivavano. Affrontare questo ritardo con dei provvedimenti adeguati, però, si rivelò un compito particolarmente complesso, come dimostra il fatto che ancora oggi se ne parla.

Testimoni e interpreti

Cavour e la "Questione meridionale"

AUTORE	William de La Rive, scrittore svizzero
OPERA	Il conte di Cavour. Racconti e memorie
DATA	1862

Leggi altre **fonti dirette** nella Biblioteca digitale

Le ultime parole di Cavour sul letto di morte (avvenuta nel giugno 1861) furono raccolte da un suo amico che era presente. La sua massima preoccupazione fu il Meridione; il brigantaggio era cominciato e Cavour temeva ciò che poi realmente avvenne: una repressione brutale che avrebbe disgustato la popolazione, staccandola dal resto del Paese.

L'Italia del settentrione è fatta – diceva egli – non vi son più né Lombardi, né Piemontesi, né Toscani, né Romagnoli, noi siamo tutti Italiani; ma vi sono ancora i Napoletani.
Oh! vi è molta corruzione nel loro Paese. Non è colpa loro, povera gente: sono stati così mal governati! E quel briccone di Ferdinando! No, no, un governo così corruttore non può essere più restaurato: la Provvidenza non lo permetterà.

Bisogna moralizzare il Paese, educar l'infanzia e la gioventù, crear sale d'asilo, collegi militari: ma non si pensi di cambiare i Napoletani ingiuriandoli. Essi mi domandano impieghi, croci, promozioni: bisogna che lavorino, che siano onesti, ed io darò loro croci, promozioni, decorazioni; ma soprattutto non lasciargliene passar una: l'impiegato non deve nemmeno esser sospettato.
Niente stato d'assedio, nessun mezzo da governo assoluto. Tutti son capaci di governare con lo stato d'assedio. Io li governerò con la libertà, e mostrerò ciò che possono fare di quel bel Paese dieci anni di libertà. In venti anni saranno le province più ricche d'Italia.
No, niente stato d'assedio: ve lo raccomando.

5 Nascita e diffusione del brigantaggio

Il pericolo rappresentato dalle condizioni del Sud divenne chiaro sin dai primissimi mesi dell'Unità, quando, nella parte continentale dell'ex Regno borbonico, riesplose un antico fenomeno che divenne presto una vera e propria **guerra civile**: il **brigantaggio**.
Già nell'agosto del 1860, quando Garibaldi non era ancora entrato a Napoli, prima a Matera poi in Calabria e in Puglia, le plebi locali erano insorte contro i soldati garibaldini e i borghesi di idee liberali. In nome del re Francesco II e con l'appoggio dell'aristocrazia borbonica e della maggioranza del clero, esse avevano scatenato una vera e propria "caccia all'uomo" contro i sostenitori dell'Unità d'Italia, accusati tra l'altro di essere nemici della Chiesa. In poche settimane a loro si unirono anche numerosi sbandati dell'ex esercito borbonico.
Il brigantaggio non era un fenomeno nuovo nel Meridione; da sempre, gruppi di fuorilegge rapinavano i viaggiatori, saccheggiavano le case, rapivano, per ottenere un riscatto, i figli di quegli stessi aristocratici borbonici che all'occasione diventavano loro sostenitori.
Questa volta, però, il fenomeno assunse proporzioni gigantesche, anche perché nel frattempo il nuovo governo italiano aveva indetto la **leva di massa** chiamando tutta la popolazione giovane sotto le armi. Nel Meridione, su 72 000 ragazzi di leva, 50 000 si rifiutarono di rispondere alla chiamata, trasformandosi automaticamente in fuorilegge, e quasi sempre si unirono alle bande.
Fra il **1861** e il **1864**, gli anni chiamati del "**grande brigantaggio**", furono accertate 388 **bande** di diverse dimensioni per un totale di 20 000 uomini a cavallo; certamente, però, i banditi furono di più, e a essi bisogna aggiungere la massa dei loro fiancheggiatori.

Testimoni e interpreti

Perché il brigantaggio?

Quelle che seguono sono due opposte valutazioni del disagio del Meridione subito dopo l'Unità. Il primo brano è stato scritto da un nobile latifondista partigiano dei Borbone. Il secondo da un testimone neutrale, un intellettuale francese che viaggiò nel Meridione subito dopo la fine del brigantaggio.

FONTE 1 — Le colpe dei Piemontesi

AUTORE	Marchese Marzio Carafa Pallavicino
OPERA	Mozione di inchiesta parlamentare presentata alla Camera
DATA	20 novembre 1861

La smania dei Piemontesi di subito impiantare nelle provincie napoletane quanto più si poteva delle istituzioni del Piemonte fece nascere il concetto e la voce "piemontizzare".
Tutto si fa venir dal Piemonte, persino le cassette della posta, la carta per gli uffici e per le pubbliche amministrazioni. Non c'è cosa nella quale un onest'uomo potrebbe guadagnarsi un po' di denaro senza che si chiami un piemontese a disbrigarla.
Ai mercanti del Piemonte si danno le forniture più vantaggiose; i burocrati piemontesi occupano tutti i pubblici uffici.
Anche a fabbricare le ferrovie si mandano operai piemontesi, i quali oltraggiosamente sono pagati il doppio che i napoletani. Come facchini della dogana, come carcerieri, come poliziotti vengono uomini dal Piemonte.
Questa è un'invasione non un'unione, né un'annessione. Questo è voler sfruttare la nostra terra come terra di conquista.

FONTE 2 — Le colpe dei latifondisti meridionali

AUTORE	François Lenormant, studioso francese
OPERA	*Attraverso la Puglia e la Lucania*
DATA	1883

L'aristocrazia vive nelle città o nelle ville sontuose che sorgono nei pressi di esse e, invece di occuparsi della soluzione dei problemi riguardanti i latifondi, tende ad ignorarli deliberatamente, lasciandone la cura o la soluzione a persone di fiducia, i cosiddetti "sovrintendenti".
L'unica preoccupazione del grande proprietario è di trarre un utile fisso dai propri domìni per potersi concedere una vita agiata e spesso più dispendiosa di quanto non possa permettersi.
Egli appare soprattutto preoccupato di non dover sostenere spese di miglioria: ecco perché segue un sistema di sfruttamento che dà la preferenza alla pastorizia e che lo porta a lasciare incolta la maggior parte delle proprie terre e a lungo disoccupate enormi masse di braccianti e di contadini.

LABORATORIO

Riflettere

1 Leggi i due documenti l'uno dopo l'altro allo scopo di confrontarli. Ti accorgerai che danno due interpretazioni diverse, addirittura opposte, al degrado del Meridione. Alla fine esprimi in 10 righe il tuo giudizio non senza esserti domandato:
- chi è l'autore del primo documento e quale interesse può avere a dipingere un panorama così negativo dell'azione piemontese?
- chi è l'autore del secondo documento e qual è l'interesse che gli detta la sua interpretazione?
- l'occupazione piemontese del Meridione, come se fosse una colonia, è dovuta solo all'arroganza di un conquistatore o a una situazione in cui modernizzare rapidamente un territorio era impossibile utilizzando unicamente le forze locali?

Lettura d'immagine

I briganti e la briganta

Tre briganti ❶ che avevano ai loro ordini una banda di 160 persone. Esaltati dal successo del fotografo inglese che immortalò la Guerra di Crimea, reporter italiani si misero al seguito dei carabinieri e delle bande scattando decine di fotografie.

I briganti avevano spesso accanto le loro compagne, feroci e agguerrite, che non esitavano a imbracciare il fucile e condividevano con gli uomini tutti i rischi e i disagi della vita alla macchia. Quella della foto è la bellissima Michelina De Cesare ❷, che morì anch'essa fucilata.

6 La grande repressione

Il governo italiano cominciò a intervenire verso la fine del 1861. Due anni dopo nel Meridione operavano **più di 100 000 soldati**, quasi il doppio di quelli che avevano affrontato gli Austriaci nella Seconda guerra d'Indipendenza, ma lo scontro non accennava a finire e cominciava a mettere in pericolo lo Stato.

Le truppe italiane operavano su un territorio impervio e per lo più sconosciuto, a differenza dei briganti, che lo conoscevano palmo a palmo. Non avevano carte geografiche e il loro equipaggiamento era del tutto inadatto alla guerriglia in montagna. Inoltre, i due terzi delle amministrazioni locali erano in mano a sindaci filo-borbonici che appoggiavano gli insorti, così come parroci e vescovi risentiti con lo Stato italiano per l'annessione degli Stati pontifici.

Inoltre, da quando erano diventati fuorilegge anche i giovani di leva, le bande potevano contare sulla solidarietà delle famiglie, che nascondevano figli e nipoti e li avvertivano se arrivavano pattuglie militari.

La solidarietà della popolazione ha indotto alcuni storici a ritenere il brigantaggio una "**guerra sociale**" combattuta dai contadini poveri per ottenere una riforma agraria. In realtà, la situazione è più complessa: dagli atti dei processi contro i briganti, per esempio, è emerso che fra loro vi erano anche molti commercianti, liberi professionisti e possidenti (un possidente ogni quattro contadini). Inoltre,

La fine dei briganti
Questo dipinto raffigura i detenuti del "bagno penale" (così si chiamavano un tempo i penitenziari) di Portoferraio, in Toscana. Il primo a destra è Carmine Crocco, il più feroce dei briganti, che terrorizzò ben quattro regioni. I briganti che non furono uccisi durante gli scontri a fuoco furono arrestati e condannati all'ergastolo. Il quadro è di Telemaco Signorini e fu dipinto dal vero nel 1890.

l'appoggio maggiore venne dai latifondisti, che rifornivano le bande di armi, viveri e informazioni. Infine da molti documenti sappiamo che i possidenti alimentavano il banditismo perché lo Stato italiano aveva tolto loro il lucroso appalto delle tasse. Sembra dunque provato che il brigantaggio nacque dall'intreccio tra la **disperazione dei contadini**, ai quali neanche il nuovo governo intendeva distribuire le terre, e l'**ostilità delle classi dirigenti meridionali** verso l'unificazione dell'Italia. Inoltre, per tutta la durata della rivolta i briganti furono ampiamente protetti dallo Stato pontificio e ricevettero, attraverso intermediari, cospicui finanziamenti dal re Francesco II di Borbone e dalla regina in esilio Maria Sofia di Baviera, cognata di Francesco Giuseppe, imperatore d'Austria. Si può quindi affermare che il brigantaggio fu anche una "guerra civile antiunitaria".

Nel **1863** il Parlamento proclamò lo "**stato di emergenza**", approvando una **legge** che fu chiamata "**eccezionale**" in quanto sospendeva i diritti costituzionali. Grazie all'emergenza, i militari ebbero i pieni poteri e posero l'intero Meridione in **stato d'assedio**: irrompevano nei paesi di notte, perquisivano le case e le devastavano; radunavano tutti gli abitanti in mezzo alla piazza e li sottoponevano a interrogatorio; uomini e donne sospettati di aver dato asilo a un brigante venivano immediatamente arrestati; per chi veniva trovato in possesso di armi c'era la fucilazione immediata. Interi paesi furono bruciati; in due casi furono fucilati anche donne e bambini. È vero che i soldati reagivano alle efferatezze dei briganti, che li torturavano orribilmente e li uccidevano quando li facevano prigionieri (i briganti stessi dissero che bevevano il loro sangue), ma i metodi della repressione furono comunque indegni di uno Stato civile.

Alla fine, il numero dei caduti da entrambe le parti risultò superiore a quello dei morti durante il Risorgimento. Secondo una ricostruzione che sembra verosimile, tra briganti e civili sarebbero state uccise 20 000 persone (ma c'è chi sostiene che arrivarono a 40 000). A questi vanno poi aggiunti i preti e i vescovi arrestati ed esiliati, i contadini arrestati arbitrariamente, i funzionari statali licenziati.

Alla fine del 1864 il cosiddetto "grande brigantaggio" poté dirsi sostanzialmente sconfitto sul piano militare. Sul piano morale, invece, lo sconfitto fu lo Stato italiano.

7 Fatta l'Italia, bisogna fare gli Italiani (e completare l'Unità)

I quattro anni di inaudite violenze, commesse da una parte e dall'altra, ebbero conseguenze gravissime non solo per il Sud ma per l'intera nazione. Nelle popolazioni meridionali esse lasciarono una totale **sfiducia** e passività **di fronte allo Stato**: esso fu considerato un nemico e tutti i legittimi provvedimenti del suo governo (le tasse, la leva militare, i tribunali) furono identificati con l'ingiustizia e la repressione.

Anche nel **resto dell'Italia**, però, quell'esperienza ebbe conseguenze negative. Infatti, dopo avere sperimentato l'effetto delle "leggi eccezionali", esercito e polizia continuarono a ricorrere a quei mezzi ogni volta che qualche disordine agitò il Paese: uno sciopero, una manifestazione di piazza, una protesta.

Gli **abitanti del Sud e** le **masse popolari** non erano i soli ad avere motivi di insoddisfazione. Molti temevano che l'unificazione fosse stata fatta troppo in fretta e in modo improvvisato; altri, durante il brigantaggio, avevano addirittura proposto di abbandonare il Meridione a se stesso.

La verità era che **il Risorgimento non si era affatto concluso**. È rimasta giustamente famosa la frase con cui Massimo d'Azeglio sintetizzò la situazione: "L'Italia è fatta. Ora bisogna fare gli Italiani". Restava infatti da compiere una lenta e difficile opera di costruzione che mettesse davvero in grado i cittadini di sentirsi **Italiani e uguali**; bisognava vincere l'analfabetismo aprendo scuole, promuovere le industrie e risollevare l'agricoltura.

Al governo italiano, tuttavia, premeva soprattutto una cosa: conquistare ciò che mancava al **completamento dell'Unità**, cioè il **Veneto** e **Roma**.

8 La "Questione romana"

Cavour ebbe appena il tempo di vedere l'esplosione del brigantaggio. Logorato da dieci anni di tensioni e sforzi, **morì il 6 giugno 1861**, a cinquantuno anni, tre mesi dopo la proclamazione del Regno d'Italia. Furono altri gli uomini che affrontarono i problemi della nuova nazione, il più delicato dei quali era la **Questione romana**: non solo Roma non era parte del nuovo Stato, ma il papa considerava Vittorio Emanuele un usurpatore e rifiutava ogni dialogo con il governo.

"Questione romana" significava "problema di Roma", cioè problema dei rapporti dello Stato italiano con il papa e con la Chiesa cattolica in generale, e poteva essere riassunto in queste domande:
- il potere dello Stato è superiore o inferiore a quello della Chiesa?
- fermo restando il potere spirituale del papa e del clero, è giusto che ad esso si affianchi il potere temporale?
- può uno Stato permettere che, all'interno dei suoi confini, la Chiesa possieda immense estensioni di terre, sulle quali non paga tasse e che può cedere addirittura a potenze straniere?
- può lo Stato escludere dalle università e dalle carriere pubbliche tutti coloro che non sono cattolici, che in quell'epoca erano soprattutto gli ebrei e i protestanti?

Cavour aveva indicato la via per risolvere questo delicato rapporto con la formula "**Libera Chiesa in libero Stato**", che significava netta **separazione fra potere spirituale e potere temporale**. Già nel 1850 il Parlamento piemontese aveva emanato le **Leggi Siccardi**, che avevano abolito i privilegi del clero, scatenando la dura opposizione dell'episcopato e del papa cui lo Stato aveva risposto in modo altrettanto duro.

▶ Capitolo 14, Paragrafo 3

Pio IX
Un papa irriducibile, nemico giurato dell'Italia unita.

Poiché le intense trattative diplomatiche iniziate immediatamente con la Francia e con Pio IX non approdavano a nulla, nel 1862 il nuovo capo del governo, **Urbano Rattazzi**, incoraggiò segretamente **Garibaldi** perché organizzasse una spedizione di **volontari per liberare Roma**.

Quando però il generale giunse in Calabria, Napoleone III minacciò di intervenire; lo stesso Rattazzi allora fu costretto a ordinare all'esercito di bloccare i garibaldini sull'**Aspromonte**. Alla prima scarica di fucili, Garibaldi, ferito a un piede, vietò ai suoi uomini di rispondere al fuoco per impedire che Italiani versassero sangue italiano.

Due anni dopo, nel **1864**, Italia e Francia trovarono un accordo (che si rivelò provvisorio) sulla "Questione romana": le truppe di Napoleone III lasciarono Roma e, in cambio, il governo italiano decise di spostare la **capitale del Regno da Torino a Firenze**. Il trasferimento doveva significare la rinuncia alla conquista della Città Eterna, ma in realtà fu uno dei tanti passi significativi per avvicinarsi a Roma. La reazione dei torinesi fu però molto violenta: scoppiarono incidenti e vi furono una ventina di morti e centinaia di feriti. In quello stesso anno **1864**, Pio IX contribuì a esasperare i rapporti fra laici e cattolici emanando un documento intitolato *Syllabus errorum*, ovvero "Elenco di errori". Gli errori che il papa condannava nel *Sillabo* erano ottanta e fra essi vi erano anche la separazione del potere temporale da quello spirituale, la libertà di religione, la libertà di stampa, il liberalismo. L'ultima frase affermava che il pontefice non poteva assolutamente "riconciliarsi con il progresso, il liberalismo, la civiltà moderna".

Guarda il video su **Bismarck** e **approfondisci** il dibattito critico sulla sua figura

9 La Prussia alla guida del processo di unificazione degli Stati tedeschi

Ancora una volta (come era successo in occasione della Seconda guerra d'Indipendenza), la soluzione dei problemi unitari italiani venne dall'estero, e precisamente dalla **Prussia**, dove nel 1861 era salito al trono il re **Guglielmo I**, che l'anno successivo aveva nominato Primo ministro (cancelliere) **Otto von Bismarck**.

Nel lontano 1815, durante il Congresso di Vienna, la Germania era stata divisa in 39 Stati riuniti nella **Confederazione germanica** sotto la **presidenza dell'imperatore d'Austria**, che nel 1866 era ancora **Francesco Giuseppe**. Al di fuori della Confederazione esisteva solo la **Prussia**, un Paese dalle straordinarie potenzialità che aveva la sua capitale a Berlino.

Tutti gli Stati della Confederazione aspiravano all'unità e nel 1834 avevano compiuto il primo passo in questa direzione grazie a una legge chiamata *Zollverein* ("**Unione doganale**"), che aveva abbattuto tutti i dazi e gli altri impedimenti alla libera circolazione delle merci in territorio tedesco.

Da quel momento, grazie alla possibilità di ricevere ferro e carbone non tassati da alcune ricchissime zone minerarie, la Prussia aveva avviato velocemente la Rivoluzione industriale e stava diventando una **grande potenza economica** e la **nazione guida** nel processo dell'unificazione tedesca. All'unificazione però si opponeva un ex alleato: l'Impero d'Austria. Per compiere questa operazione, la Prussia doveva dunque **muovere guerra agli Austriaci**.

Durante i moti del 1848 la Prussia aveva respinto le proposte dei liberali della Confederazione che chiedevano l'annessione, sia perché non si sentiva militarmente pronta sia per il timore che l'unificazione fosse guidata dagli esponenti liberali e democratici. Ora però la corsa all'industrializzazione poneva scadenze che non potevano essere rimandate: bisognava agire.

Otto von Bismarck
Fu chiamato il "cancelliere di ferro" e fu l'artefice dell'unificazione tedesca.

Ignorando il Parlamento, Bismarck fece approvare dal re un bilancio che prevedeva di impegnare quasi tutte le risorse dello Stato nelle **spese militari**. Lo annunciò con un celebre discorso programmatico in cui proclamava di voler risolvere il **problema dell'unità nazionale** "non con discorsi né con deliberazioni della maggioranza, bensì col sangue e col ferro". La distanza dalle idee del liberalismo era dichiarata esplicitamente: il processo di unificazione doveva essere il risultato dell'azione di uno **Stato forte e autoritario** come quello prussiano.

L'**esercito modernissimo**, ben addestrato e disciplinato che era stato organizzato dai predecessori di Guglielmo I già ai tempi delle guerre contro Napoleone, fu dotato dei cannoni più potenti dell'epoca e di fucili a retrocarica, molto più veloci di quelli ad avancarica usati ancora da tutti gli eserciti. Inoltre esso ebbe a disposizione **servizi ferroviari e collegamenti telegrafici** che non avevano l'eguale in Europa.

10 La Guerra austro-prussiana o Terza guerra d'Indipendenza

Nel **1866**, la Prussia, ormai certa della propria superiorità, dichiarò guerra all'Austria e la sconfisse in un batter d'occhio nella **battaglia di Sadowa**. Le condizioni di pace furono la rinuncia dell'Austria al controllo della **Confederazione della Germania del Nord**, formata da Stati protestanti, che passò sotto il governo di Berlino. Rimase autonoma la **Confederazione della Germania del Sud** formata prevalentemente da Stati cattolici, tra cui la Baviera, legati tanto all'Austria quanto alla Francia.

La Guerra austro-prussiana si svolse sul Fronte settentrionale dell'Impero austro-ungarico, ma esisteva anche un altro Fronte sul quale si articolò quella che noi chiamiamo **Terza guerra d'Indipendenza**. Bismarck, infatti, aveva ritenuto opportuno che un'altra nazione tenesse impegnata l'Austria lungo i suoi **confini meridionali** e a questo scopo si era **alleato con l'Italia**, affidandole il compito di tenere impegnata una parte dell'esercito austriaco sulle Alpi e nel Mare Adriatico. In cambio essa avrebbe ricevuto il **Veneto**.

In questa offerta il governo della Destra storica vide giustamente un'occasione d'oro per **completare l'Unità**. Gli Italiani però combatterono male, l'esercito fu sconfitto a Custoza, un terreno di battaglia che non ci portava fortuna, e la flotta fu battuta nella battaglia di **Lissa**, davanti alla Dalmazia.

> **RICORDA**
>
> **Sconfitta di Custoza**
> A Custoza l'esercito sabaudo era stato sbaragliato dalle truppe austriache durante la Prima guerra d'Indipendenza.

La battaglia di Lissa
Si svolse davanti all'omonima isoletta della Dalmazia, nel Mar Adriatico. Dopo aver causato l'affondamento di due corazzate per un'incredibile serie di errori, l'ammiraglio Persano ebbe la sfacciataggine di annunciare la vittoria causando grandi festeggiamenti in Italia. Fu poi processato per "imperizia, negligenza e disobbedienza" e privato del grado e della pensione.

Lettura della carta

1. Nello scenario della guerra si notano i luoghi delle principali battaglie (Sadowa per i Prussiani, Custoza, Bezzecca e Lissa per gli Italiani).
2. Il Veneto è colorato in verde perché, dopo la guerra, passò all'Italia.
3. Con la sua schiacciante vittoria la Prussia sottrae all'influenza dell'Austria la Confederazione della Germania del Nord e crea un nuovo squilibrio all'interno dell'Europa. Le manca però ancora la Confederazione del Sud.

L'unico autore di significative vittorie fu **Garibaldi** che, alla testa di un battaglione di volontari, sconfisse gli Austriaci a **Bezzecca,** sulle Alpi. Garibaldi stava marciando su Trento per liberarla quando fu bloccato dall'armistizio. Sebbene contrariato, si arrese alle decisioni del comando italiano e rispose con un telegramma famoso che conteneva una sola parola: "Obbedisco".
Nonostante la brutta figura, l'Italia raggiunse il suo scopo principale: i Prussiani rispettarono le condizioni fissate all'inizio e obbligarono l'Austria a cedere il Veneto. Essa, però, rifiutò di consegnare anche **Trento** e **Trieste**.

11 La Guerra franco-prussiana e la nascita del Secondo Reich tedesco

La Prussia e la Confederazione della Germania del Nord erano un nuovo colosso che alterava gli equilibri dell'Europa continentale e ostacolava i progetti di grandezza di Napoleone III.
L'imperatore dei Francesi stava attuando una gigantesca **ristrutturazione urbanistica di Parigi**, affidata all'architetto George Haussmann, per farne la capitale dell'Europa e rivaleggiare con Londra. La sua ambizione era quella di emulare il grande zio Napoleone I e di arrivare al controllo di una parte del Continente, prima fra tutte la Confederazione della Germania del Sud. Lo assecondava la maggioranza dei Francesi, animati tra l'altro da una secolare rivalità con i Tedeschi. Bismarck sapeva che prima o poi si doveva arrivare allo scontro e che bisognava farlo subito approfittando della superiorità militare germanica. Provocò quindi la Francia fino a costringerla a scendere in guerra.

La proclamazione del Secondo Reich
Guglielmo I, in piedi a sinistra, viene proclamato imperatore da Bismarck, in divisa bianca. La cerimonia si svolge nella reggia di Versailles, nella Galleria degli Specchi, mentre si attende la resa dei Francesi.

La **Guerra franco-prussiana**, dichiarata nel luglio del **1870**, fu risolta in due mesi: il 2 settembre, a **Sedan**, un villaggio di frontiera con il Belgio, l'esercito francese fu annientato e lo stesso imperatore fu catturato. Il giorno dopo, a Parigi, la popolazione dichiarò decaduta la monarchia e proclamò la **Terza Repubblica**. Ai primi di ottobre i Prussiani erano già alle porte di Parigi: il ministro della Guerra riuscì a uscire dalla capitale in mongolfiera, evitando i posti di blocco tedeschi, e percorse la Francia nel tentativo di suscitare una leva di massa e riorganizzare la resistenza, ma le nuove sconfitte dell'esercito resero inutile ogni tipo di sforzo. Il governo si spostò a Versailles e nel gennaio **1871** firmò l'**armistizio con i Tedeschi**.

Contemporaneamente, nella stessa **Versailles**, il re di Prussia Guglielmo I veniva proclamato **Kaiser** ("imperatore") dai principi tedeschi: nasceva così il **Secondo Reich**, l'Impero germanico, secondo dopo quello medievale di Ottone I. Poco dopo il Reich inglobò anche la Confederazione della Germania del Sud.

Il soldato dimenticato
Questo è il titolo di un dipinto che oggi potremmo chiamare *Il milite ignoto*. Si tratta di un giovane francese ferito lasciato indietro dal suo esercito in fuga, a morire solo sul campo di battaglia.

Il venditore di ratti
Durante l'assedio di Parigi la popolazione, priva di rifornimenti, si ridusse a mangiare cani, gatti e topi che i venditori ambulanti catturavano per smerciarli sulla strada.

12 La Comune di Parigi

Intanto il nuovo governo francese indiceva le **elezioni a suffragio universale**. I voti dei contadini, che volevano la pace a ogni costo, diedero la maggioranza a un **governo moderato** che accettò di trasformare in pace definitiva l'armistizio nonostante alcune **clausole pesantissime**: il pagamento di una fortissima indennità, l'occupazione tedesca della Francia fino all'estinzione del debito e, soprattutto, la cessione alla Germania di due regioni di confine di notevole importanza economica e molto care al cuore della nazione: l'**Alsazia** e la **Lorena**.
A **Parigi**, che era ormai una città operaia, le masse popolari non accettarono queste condizioni e si barricarono in città, pronte a difenderla a costo della vita. Tra loro vi erano anche rivoluzionari di diversa estrazione: superstiti del 1848, socialisti, uomini rimasti fedeli alle idee giacobine della Rivoluzione francese, democratici polacchi, ungheresi, italiani accorsi per sostenere gli insorti.
Essi diedero vita a una nuova **assemblea rivoluzionaria** che non riconobbe il governo di Versailles e che ebbe il nome di **Comune**. Per qualche mese Parigi visse con essa un grande esperimento di **democrazia diretta**, ispirato alla **giustizia sociale**: elezione a suffragio universale di tutti i titolari di incarichi pubblici; fissazione di un "massimo salariale" per tutti allo scopo di abbattere i redditi più alti; gestione operaia delle fabbriche e delle officine abbandonate dai padroni. Questo sogno di un autogoverno operaio, tuttavia, durò solo due mesi. I **comunardi** sperarono di estenderlo a tutti i comuni francesi e di unirli in federazione ed effettivamente si verificarono insurrezioni a Marsiglia, Tolosa, Lione. Tuttavia mancarono coordinamento e organizzazione. **Parigi restò isolata** e il 28 maggio 1871 le truppe governative entrarono nella capitale e, dopo una settimana di scontri sanguinosi, la consegnarono ai generali del Reich, che erano restati alle sue porte, in attesa. Sulle barricate morirono 20000 parigini, tra uomini e donne; 38000 furono catturati e di essi la maggior parte fu fucilata sul posto; 7500 persone furono condannate alla deportazione nelle colonie e altre 70000 furono evacuate e fu loro proibito a vita di risiedere nella capitale.
Con tale **repressione** di proporzioni inaudite si concluse l'esperimento dei comunardi. Il loro martirio entrò nel patrimonio leggendario del nascente Movimento operaio e la Comune fu presa come modello di Stato rivoluzionario da Lenin, quando, nel 1917, assunse la guida della Rivoluzione russa.

La strage dei comunardi
I martiri della resistenza di Parigi in una strada della città.

13 La Germania di Bismarck, una grande potenza europea

Il Reich nato dalla vittoria del 1870 contro la Francia era la **maggiore potenza economico-militare** mai creatasi nel Continente dopo il primo Impero napoleonico. La Germania aveva 40 milioni di abitanti, più della Francia e del Regno Unito, un esercito di provata efficienza, grande abbondanza di materie prime, una rete efficiente di comunicazioni interne, un sistema d'istruzione altamente qualificato, che la poneva all'avanguardia nella **ricerca scientifica**, e un'**industrializzazione avanzata** in procinto di superare quella inglese.

Era uno **Stato federale**, composto da 25 Stati dotati di autonomia amministrativa, ma le scelte politiche erano rigidamente **accentrate nel governo prussiano** di Berlino, presieduto da un **cancelliere**, responsabile di fronte all'imperatore e non di fronte al Parlamento, come accadeva invece in Francia e nel Regno Unito.

Le due Camere avevano il potere legislativo, mentre l'imperatore e il cancelliere detenevano tutto il potere esecutivo: finché Bismarck fu cancelliere, fu lui, piuttosto che Guglielmo I, ad accentrarlo su di sé.

Le forze sociali che contavano erano i **proprietari terrieri**, ovvero gli *Junker*, e l'**aristocrazia militare** – quest'ultima rafforzata e circondata da un'aura quasi mitica dopo le vittorie di Sadowa e Sedan. Bismarck fece soprattutto gli interessi di questi due gruppi, ma si appoggiò anche agli **industriali** e ai **banchieri**: un blocco al quale offrì una **politica protezionistica** che favorì le colture di cereali e l'industria pesante: "il matrimonio tra il ferro e la segale", come si disse allora.

Oltre a questo blocco, però, tra gli anni Sessanta e gli anni Settanta emersero due partiti di massa, il **Centro**, di ispirazione cattolica, e il **Partito socialdemocratico**, formato da socialisti marxisti e non marxisti che rappresentavano il nascente Movimento operaio.

Bismarck, che era stato tanto abile in politica estera da realizzare l'unificazione della Germania, non mostrò la stessa capacità nel comprendere e affrontare le trasformazioni interne del Paese. Egli infatti si oppose con forza a quei partiti che rappresentavano gruppi e classi sociali che considerava "nemici" dei progetti imperiali della nuova Germania.

Poiché il Centro rappresentava sostanzialmente la Baviera, l'unica regione tedesca a stragrande maggioranza cattolica, ed essa chiedeva maggiore autonomia per contrastare l'autoritarismo prussiano, negli anni 1872-1875 il cancelliere ingaggiò **contro il cattolicesimo** una battaglia enfaticamente definita *Kulturkampf*, "battaglia per la civiltà".

Essa si articolò in una serie di misure volte ad affermare il **carattere laico dello Stato** – obbligo del matrimonio civile e abolizione di ogni controllo religioso dell'insegnamento – e a porre sotto il controllo pubblico tutte le attività religiose: i gesuiti furono espulsi dal Paese (essi non dipendono dai vescovi locali, ma rispondono direttamente al papa e ciò li ha resi spesso invisi ai governi); le nomine degli ecclesiastici furono sottoposte all'approvazione delle autorità civili; i sacerdoti sospettati di turbare l'"ordine pubblico" furono condannati a pene severe.

La persecuzione, però, non fece che rafforzare l'orgoglio dei cattolici bavaresi che raddoppiarono i loro seggi in Parlamento e costrinsero Bismarck a ritirare le leggi.

Altrettanto perdente fu la sua battaglia successiva **contro i socialdemocratici**.

Una caricatura di Bismarck
Un vignettista francese ha raffigurato il cancelliere di ferro con il caratteristico elmo con il chiodo dei Prussiani mentre ripulisce la Germania.

LESSICO — ECONOMIA

Protezionismo
Politica economica che ha lo scopo di proteggere i prodotti nazionali contro la concorrenza straniera, soprattutto per mezzo di tasse applicate ai prodotti importati.

▶ Capitolo 18, Paragrafo 5

14 Roma capitale

La Guerra franco-prussiana segnò anche la **fine del potere temporale del papa**. Nel **settembre 1870**, mentre le truppe di Guglielmo I erano in marcia verso Parigi, il governo italiano, libero ormai dal timore che la Francia potesse intervenire, ordinò alle proprie truppe di impadronirsi di **Roma**.

Il re fece un ultimo tentativo di conciliazione chiedendo al pontefice il permesso per le sue truppe di entrare pacificamente in città "con affetto di figlio, fede di cattolico e animo d'italiano". Non ricevendo risposta, si rassegnò a mettere Roma sotto assedio e il **20 settembre** l'artiglieria italiana aprì una breccia nelle mura Aureliane, all'altezza di **Porta Pia**, poi un reparto di bersaglieri entrò nella città mentre sulla cupola di San Pietro l'esercito pontificio issava bandiera bianca. Il papa si considerò prigioniero e si rinchiuse nelle stanze dei palazzi apostolici.

Il 2 ottobre la popolazione romana approvò con un plebiscito l'**annessione** al Regno d'Italia e **Roma** ne divenne la **capitale**.

Restava da risolvere la situazione del pontefice. Nel **1871** il Parlamento italiano approvò la **Legge delle guarentigie**, cioè delle "garanzie" che lo Stato italiano forniva al pontefice: nessun controllo sulle attività morali e spirituali della Chiesa (ma anche nessun intervento della Chiesa nell'attività civile e politica dello Stato); piena sovranità del papa sui palazzi del Vaticano, del Laterano e di Castel Gandolfo, considerati intoccabili in quanto parte di uno Stato estero; un'enorme somma di denaro, equivalente a quanto il pontefice perdeva rinunciando ai suoi territori; infine, la creazione di un nuovo territorio politico, che fu chiamato **Stato Vaticano**.

Pio IX non accettò questa legge. Scomunicò la famiglia Savoia e nel **1874** emanò un documento intitolato *Non expedit* che proibiva a tutti i cattolici italiani di "votare o essere votati", cioè di partecipare in qualsiasi forma alla vita politica. Questo atteggiamento di totale chiusura provocò una **frattura** gravissima **tra laici e cattolici**, creando un ostacolo alla maturazione del Paese con cui l'Italia dovette fare amaramente i conti mentre compiva i primi incerti passi della sua nuova storia.

STORIA LOCALE
Roma, da città del papa a capitale d'Italia, pag. 337

I bersaglieri all'assedio di Roma
Un gruppo di bersaglieri ritratto dal pittore Michele Cammarano mentre, accampati su un colle fuori dalle mura, attendono il momento della battaglia. Sullo sfondo si vede la cupola di San Pietro.

GUIDA ALLO STUDIO
Sintesi

Audio

1-3 I problemi del Regno d'Italia

Il 17 marzo 1861 si riunisce a Torino il primo Parlamento del Regno d'Italia, che estende a tutto il Paese lo Statuto albertino e la sua legge elettorale censitaria. Il nuovo governo è formato dai liberali moderati che si riconoscono nelle posizioni di Cavour e ai quali si dà il nome di Destra storica; a essi si contrappone la Sinistra storica, formata dai democratici che fanno riferimento alle esperienze risorgimentali. La nazione che la Destra si accinge a governare versa in condizioni di grave arretratezza: mancano le infrastrutture, la produzione industriale è bassissima, il 78% della popolazione è analfabeta e soggetta a malattie e denutrizione. Inoltre è fortemente indebitata con le banche estere e per ripianare il debito pubblico il governo non ha altro mezzo che imporre nuove tasse, fra cui la "tassa sul macinato" che suscita gravissime rivolte.

4-6 La miseria del Sud e il brigantaggio

L'economia italiana è basata sull'agricoltura, che tuttavia rende molto meno di quanto potrebbe. Solo in Piemonte e nella Pianura Padana esistono aziende agricole moderne; nel Centro domina la mezzadrìa e nel Sud e nelle Isole esiste ancora la piaga dei latifondi. Ed è proprio nel Mezzogiorno, infatti, che esplode il brigantaggio, nato dall'intreccio fra la disperazione dei contadini e l'ostilità delle classi dirigenti locali verso l'unificazione dell'Italia. Il brigantaggio diventa ben presto una guerra civile e nel 1863 il Parlamento proclama lo "stato d'emergenza" approvando una legge che sospende i diritti costituzionali. Grazie ad essa, i militari hanno i pieni poteri e pongono l'intero Meridione sotto assedio attuando una feroce repressione, indegna di un Paese civile.

7-8 La "Questione romana"

Intanto, nel 1861, è morto Cavour e tocca ad altri affrontare i problemi della nazione, primo fra tutti la "Questione romana": infatti Roma non fa parte del nuovo Stato e inoltre il papa considera il re un usurpatore. Poiché le trattative diplomatiche non approdano a nulla, nel 1862 il nuovo capo del governo, Rattazzi, incoraggia segretamente Garibaldi a organizzare una spedizione di volontari per liberare Roma, ma, quando il generale giunge in Calabria, Napoleone III minaccia di intervenire e i garibaldini vengono fermati sull'Aspromonte. Due anni dopo Italia e Francia trovano un accordo: le truppe francesi lasciano Roma e in cambio il governo italiano sposta la capitale del Regno da Torino a Firenze, ma Pio IX emana il Sillabo esasperando i rapporti fra laici e cattolici.

9-10 La Terza guerra d'Indipendenza

Ancora una volta la soluzione dei problemi unitari italiani viene dall'estero, e precisamente dalla Prussia, dove è salito al trono Guglielmo I che ha nominato cancelliere Otto von Bismarck. La Prussia è l'unico Paese a non far parte della Confederazione germanica creata durante il Congresso di Vienna e presieduta dall'imperatore d'Austria. Tutti gli Stati della Confederazione aspirano all'unità e, grazie al varo di una legge chiamata *Zollverein*, hanno reso possibile la libera circolazione delle merci in territorio tedesco, avvantaggiando soprattutto la Prussia, che è diventata una grande potenza europea e la nazione guida. All'unificazione, però, si oppone l'Austria e così la Prussia, nel 1866, decide di dichiararle guerra, sconfiggendola subito nella battaglia di Sadowa e obbligandola a rinunciare al controllo della Confederazione della Germania del Nord. La Guerra austro-prussiana si è svolta sul Fronte settentrionale dell'Impero austro-ungarico, ma Bismarck nel frattempo si è alleato con l'Italia per tenere il nemico impegnato anche lungo i confini meridionali e le ha promesso in cambio il Veneto: per l'Italia è la Terza guerra d'Indipendenza e Garibaldi riesce a sconfiggere gli Austriaci a Bezzecca. L'Austria cede il Veneto, ma si rifiuta di consegnare Trento e Trieste.

11-12 La Guerra franco-prussiana e la Comune di Parigi

Sempre più forte, nel 1870 la Prussia scatena la Guerra franco-prussiana e sconfigge la Francia a Sedan, catturando lo stesso Napoleone III. Subito dopo a Parigi la popolazione proclama la Terza Repubblica e nel 1871 il nuovo governo firma l'armistizio con i Tedeschi a Versailles, dove Guglielmo I assume il titolo di Kaiser dando vita al Secondo Reich. All'armistizio segue la pace, in nome della quale la Francia accetta clausole pesantissime, fra cui la cessione alla Germania dell'Alsazia e della Lorena, ma a Parigi le masse popolari si ribellano e creano un'assemblea rivoluzionaria che prende il nome di Comune e che è un grande esperimento di democrazia diretta. Il sogno di un autogoverno operaio, tuttavia, dura solo due mesi e finisce in una durissima repressione.

13 Il Secondo Reich

Il Reich nato dalla vittoria del 1870 è ormai la più grande potenza economico-militare europea. Sebbene sia uno Stato federale, le scelte politiche dei 25 Stati che lo compongono sono accentrate nel governo prussiano che ha sede a Berlino e che è presieduto da un cancelliere responsabile solo di fronte

GUIDA ALLO STUDIO

all'imperatore. Le forze sociali che contano sono soprattutto i proprietari terrieri e l'aristocrazia militare, ma anche gli industriali e i banchieri; oltre a questo blocco, tuttavia, emergono un Centro di ispirazione cattolica e il Partito socialdemocratico che rappresenta il nascente Movimento operaio.

14 ▸ Roma capitale

Nel settembre del 1870 il governo italiano ordina all'esercito di impadronirsi di Roma. La città viene messa sotto assedio e il 20 settembre l'artiglieria apre una breccia a Porta Pia. Il 2 ottobre la popolazione approva l'annessione al Regno d'Italia e Roma ne diventa la capitale. L'anno dopo il Parlamento approva la Legge delle guarentigie che offre al papa una serie di garanzie: nessun controllo sulle attività morali e spirituali della Chiesa; piena sovranità del papa sui palazzi del Vaticano, del Laterano e di Castel Gandolfo; un'enorme somma di denaro; la creazione dello Stato Vaticano. Pio IX, tuttavia, non accetta questa legge, scomunica i Savoia e, nel 1874, emana il documento *Non expedit* in cui proibisce a tutti i cattolici italiani di partecipare alla vita politica.

Mappa concettuale

Mappa

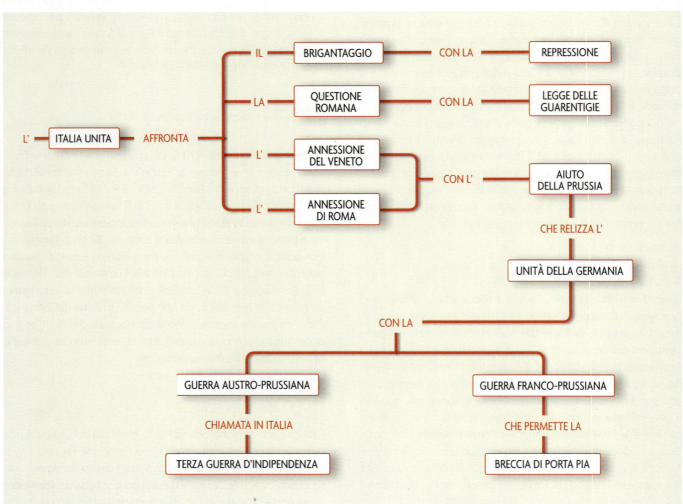

Verifica formativa

ARRICCHIRE IL LESSICO

1 Il termine "corrente" cambia significato a seconda del contesto in cui si trova. In questo capitolo lo hai incontrato nel paragrafo 1 con un significato politico ("corrente liberale"), ma pensa a espressioni come "corrente marina", "corrente elettrica", "moneta corrente", "una corrente artistica": indicano evidentemente cose molto diverse fra loro. Usale tutte e quattro per scrivere altrettante frasi di senso compiuto.

COMPRENDERE IL TESTO

2 Rispondi alle domande seguenti.
1. Che cosa fece, appena insediato, il primo Parlamento del Regno d'Italia?
2. A chi concedeva il diritto di voto la legge elettorale censitaria?
3. Quali categorie sociali rimasero escluse dai diritti politici?
4. Da chi erano formate rispettivamente la Destra e la Sinistra storiche?
5. Quali furono i primi provvedimenti presi dal governo della Destra storica?

3 Scrivi un testo di circa 12 righe illustrando la situazione dell'Italia nel 1861.

4 Completa le frasi seguenti prestando attenzione ai nessi di causa ed effetto.
1. Per realizzare l'Unità i governi della Destra avevano dovuto chiedere .... enormi alle .... estere. Di conseguenza, fra il 1861 e il 1876, essa dovette ripianare il ....
2. Lo sviluppo .... non decollava e le entrate .... restavano sempre le stesse. Di conseguenza fu necessario aumentare le ....
3. Il governo impose la "tassa sul macinato" che in un anno sottraeva ai .... l'equivalente di .... giornate lavorative. Di conseguenza scoppiarono gravissime ....

5 Completa la tabella seguente, relativa all'agricoltura e alla condizione dei contadini.

In Piemonte e nella Pianura padana	
Nell'Italia centrale	
Nel Mezzogiorno e nelle Isole	

6 Indica quali, fra le seguenti affermazioni, sono false.
1. Le plebi meridionali erano ostili ai sostenitori dell'Unità d'Italia.
2. Quando il nuovo governo italiano indisse la leva di massa, 50 000 ragazzi del Sud non risposero alla chiamata trasformandosi così in fuorilegge.
3. Il "grande brigantaggio" si manifestò fra il 1861 e il 1870.
4. Nel 1863 nel Meridione operavano 100 000 soldati.
5. Il brigantaggio fu una "guerra sociale" combattuta solo dai contadini per ottenere una riforma agraria.
6. Grazie allo "stato d'emergenza" proclamato dal Parlamento, il Meridione fu messo sotto assedio.
7. Il brigantaggio fu sconfitto senza spargimenti di sangue e non ebbe conseguenze né nel Meridione né nel resto del Paese.

7 Rispondi alle domande seguenti.
1. In che cosa consisteva la cosiddetta "Questione romana"?
2. Che cosa fece Urbano Rattazzi?
3. Con quali risultati?
4. Quale accordo fu trovato da Italia e Francia nel 1864?
5. Perché il *Sillabo* emanato da Pio IX nel 1864 contribuì a esasperare i rapporti tra laici e cattolici?

8 Completa la tabella seguente, relativa all'ascesa della Prussia.

1815	Confederazione .... sotto la presidenza dell'Austria. Ne resta fuori la ....
1834	La Prussia economicamente avvantaggiata dallo ....
1861	Sale al trono .... che vuole risolvere il problema della .... nazionale
1866	Guerra .... e sconfitta dell' .... a ....
1870	Guerra .... e sconfitta della .... a .... Proclamazione della .... Repubblica e nascita del Secondo ....

9 Spiega quale relazione c'è fra la Guerra austro-prussiana e la Terza guerra d'Indipendenza italiana e quale fu il risultato di quest'ultima.

10 Indica se le seguenti affermazioni sono vere o false.

1 Gli accordi di pace con la Prussia comportarono per la Francia la perdita dell'Alsazia e della Lorena. **V F**
2 Gli operai parigini non accettarono gli accordi e si barricarono in città. **V F**
3 Nelle campagne, i contadini diedero vita a un'assemblea rivoluzionaria che prese il nome di Comune. **V F**
4 La Comune fu un grande esperimento di democrazia diretta ispirato alla giustizia sociale. **V F**
5 I comunardi furono sconfitti dalle truppe governative e consegnati ai generali del Reich. **V F**

11 Completa il brano seguente.

Il Secondo Reich era la maggiore potenza .... e .... d'Europa. La Germania aveva .... milioni di abitanti, un efficientissimo ...., grande abbondanza di ...., un'ottima rete di .... interne, un qualificato sistema d'............. e un'avanzata .... Era uno Stato ...., ma le scelte politiche erano accentrate nel governo .... di ...., presieduto da un .... che rispondeva solo all'............. Le forze sociali che contavano erano i .... e l'aristocrazia ...., ma anche gli .... e i ...., un blocco al quale fu garantita una politica .... che favorì le colture di .... e l'industria .... Oltre a questo blocco, emersero un .... di ispirazione .... e il Partito ....

12 Completa la tabella seguente, relativa alla presa di Roma.

20 settembre 1870	
2 ottobre 1870	

13 Completa la tabella seguente scrivendo quali garanzie furono fornite al papa con la Legge delle guarentigie del 1871.

1	
2	
3	
4	

14 Spiega perché il documento *Non expedit* emanato da Pio IX provocò una frattura gravissima tra laici e cattolici.

LE DATE DELLA STORIA

15 Scrivi, accanto agli eventi, le date corrispondenti.
- "Grande brigantaggio" ....
- Guerra austro-prussiana e Terza guerra d'Indipendenza ....
- Guerra franco-prussiana ....
- Comune di Parigi ....
- Roma capitale ....

GUIDA ALL'ESPOSIZIONE ORALE

1 Illustra la situazione dell'Italia dopo l'unificazione con particolare riguardo alle condizioni del Sud e al brigantaggio.

Scaletta:
• Governo della Destra storica • arretratezza • debito pubblico • aumento delle tasse • aziende agricole moderne nel Nord, mezzadrìa al Centro, latifondi al Sud e nelle Isole • opposizione della plebe meridionale all'Unità • leva di massa • "grande brigantaggio" • "stato d'emergenza" • stato d'assedio • repressione

Parole e concetti chiave:
Statuto albertino, legge elettorale censitaria, analfabetismo, malattie, denutrizione, mancanza di infrastrutture, prestiti, "tassa sul macinato", rivolte, braccianti, "Questione meridionale".

Come cominciare:
"Il 17 marzo 1861 si riunì a Torino il primo Parlamento del Regno d'Italia."

2 Dopo aver spiegato in quale modo la Prussia si era trasformata in una grande potenza, descrivi gli eventi europei e italiani dal 1866 al 1871.

Scaletta:
• Confederazione germanica • dipendenza dall'Austria • *Zollverein* • esercito • Guerra austro-prussiana • Sadowa • Terza guerra d'Indipendenza • Bezzecca • cessione all'Italia del Veneto • Guerra franco-prussiana • Sedan • Terza Repubblica • armistizio • Guglielmo I Kaiser • Secondo Reich • Comune di Parigi • breccia di Porta Pia • annessione di Roma al Regno d'Italia

Parole e concetti chiave:
Confederazione della Germania del Nord, Confederazione della Germania del Sud, Custoza, Lissa, Garibaldi, Trento e Trieste, Versailles, Alsazia e Lorena, assemblea rivoluzionaria, democrazia diretta.

Come cominciare:
"Nel 1815, durante il Congresso di Vienna, la Germania era stata divisa in 39 Stati riuniti nella Confederazione germanica sotto la presidenza dell'Austria."

Storia locale

Roma, da città del papa a capitale d'Italia

Roma prima della Breccia di Porta Pia

Nel **1871** Roma divenne capitale del Regno d'Italia, con gran dispiacere dei fiorentini, che avevano già a loro volta gettato nella disperazione i torinesi qualche anno prima. Sul **diritto di Roma a rivestire il ruolo di capitale** i protagonisti del Risorgimento non avevano mai avuto dubbi. **Cavour** aveva dichiarato nel 1861: "Ho detto e affermo ancora una volta che Roma, Roma sola deve essere la capitale d'Italia", e **Garibaldi** aveva ripetutamente usato nei suoi discorsi il motto "O Roma o morte!".
Nonostante ciò, a quei tempi Roma non era una città simpatica all'opinione pubblica europea.
I romani del XIX secolo non erano i discendenti diretti dei Gracchi o di Giulio Cesare ma, da più di mille anni, i sudditi di un governo, quello pontificio, che agli occhi dell'intera Europa appariva **retrivo, corrotto** e incapace di accettare le sfide di un'epoca in rapido cambiamento.
Già nel secolo precedente, un illustre viaggiatore francese, Charles De Brosses, che nel 1740 ne fece la tappa principale del suo viaggio mentre compiva uno dei Grand Tours così diffusi nel XVIII secolo la descrisse con queste parole:

> La forma di governo è quanto di peggio si possa immaginare. Figuratevi cosa può essere una popolazione composta per un terzo di sacerdoti, per un terzo di persone che lavorano poco e per un terzo di persone che non lavorano affatto. Un Paese privo di agricoltura, commercio e industria, posto in mezzo a una campagna fertile e lungo un fiume navigabile; un Paese che assicura l'immunità a chiunque delinqua purché sia amico d'un potente o si trovi sul limite d'un luogo sacro; e dove il reddito nazionale consiste nei contributi dei Paesi stranieri in progressiva diminuzione.

De Brosses, viaggiatore particolarmente maligno e sempre insoddisfatto, probabilmente esagerava, ma certo non mentiva. La storia millenaria del Papato aveva creato una mentalità che non trovava riscontro in altre città europee. Viaggiatori, pellegrini, artisti, ambasciatori se ne accorgevano a prima vista dal **guazzabuglio di poteri**, dall'**inefficienza degli uffici**, dall'**incompetenza dei funzionari** che caratterizzavano il regime papalino. Lo Stato pontificio era in mano a una burocrazia composta da 53 000 sacerdoti, di cui tra gli 8000 e i 10 000 residenti a Roma. Uffici prestigiosi, come la Consulta, la Propaganda Fide o la stessa Segreteria di Stato (che equivaleva all'incirca a una Presidenza del Consiglio), abiurando ai loro compiti originari, si sovrapponevano e si scavalcavano a vicenda creando un caos di ordini e contrordini che non giovava certo alla buona amministrazione.

Il papa-re

Di invariato e invariabile, c'era soltanto il **potere assoluto del papa-re**, ma il suo assolutismo era diverso da quello degli altri sovrani europei. Ecco perché.

- I pontefici erano dei **sovrani elettivi**, e non ereditari; quindi il loro potere era limitato dai patti conclusi con i cardinali che in conclave li avevano scelti.
- Nonostante ciò, poiché il Concilio di Trento aveva stabilito il **principio dell'infallibilità**, una volta eletto, il successore di Pietro poteva ignorare tutti gli impegni presi e decidere in piena autonomia, difeso in questo dalla sua "guardia bianca": i **gesuiti**.
- L'infallibilità, in teoria, riguardava solo le cose

Storia locale

spirituali, ma poiché si trattava di un papa-re, essa toccava anche tutte le questioni di ordine materiale.
- A dispetto del loro potere, i papi riuscivano a incidere molto poco sull'organizzazione degli Stati pontifici, per il semplice fatto che restavano **sul trono per tempi piuttosto brevi**. La regola, infatti, voleva che i cardinali eleggessero i loro colleghi più anziani per garantirne una rapida rotazione che avrebbe dato la possibilità alla fazione perdente del conclave di imporre la volta successiva il proprio candidato e di approfittare dei suoi favori.
È evidente, a questo proposito, che, nel bene o nel male, il segreto di un governo efficace è la sua **continuità**: basti pensare ad Augusto, Elisabetta I, Luigi XIV, Pietro il Grande o a Napoleone. Neanche se onnipotente, un sovrano può dare la sua impronta allo Stato in pochi anni di regno.

L'aristocrazia nera

Al sistema papalino era strettamente legato l'**unico ceto laico** che a Roma contava qualcosa: l'**aristocrazia "nera"**. Essa era stata **formata dai papi** Farnese, Aldobrandini, Borghese, Barberini, Chigi, Sforza, Odescalchi ecc. concedendo ai loro familiari titoli di nobiltà, feudi e incarichi di prestigio.
Ecco perché fra clero e nobiltà non c'era, né poteva esserci, contrapposizione e nemmeno competizione.

Erano **legati da vincoli di sangue**. Il Cardinale diventava Principe, e il Principe diventava Cardinale. Ogni volta che un papa veniva eletto, i suoi familiari erano automaticamente iscritti nel "Libro d'oro" del patriziato romano, nel quale venivano reclutati gli Assistenti alla Cattedra pontificia, i Marescialli del Conclave, i Gonfalonieri, i Conti Palatini, i Senatori, e insomma tutti quei dignitari laici che facevano corona al potere ecclesiastico, e che avevano tutti uno zio o un fratello o un cognato in Curia.

La nobiltà papalina
Tre dignitari della corte pontificia, tutti di antiche famiglie aristocratiche, nei loro costumi curiali.

La corte papale e il suo rapporto con la città
Pio IX attraversa Roma nei giorni successivi alla sua elezione. La folla applaude il suo papa-re dal quale spera di ottenere beneficenza e favori.

Una borghesia chiamata "generone"

Una borghesia vera e propria a Roma non c'era, o meglio, c'era una sua caricatura che si chiamava "**generone**". Essa era composta dai cosiddetti "**mercanti di campagna**", cioè da un ceto di affittuari dei latifondi aristocratici, i quali si arricchivano provvedendo agli approvvigionamenti alimentari della città, vendendo prodotti agricoli.
A questi si aggiungevano famiglie che di padre in figlio si tramandavano alcune **professioni** come quella di notaio, avvocato, cancelliere, medico, tutti al servizio della Chiesa. Era un ambiente tetro e vagamente viscido, totalmente privo di quella vivacità intellettuale che caratterizzava le altre borghesie europee.
Il "generone" romano viveva in case cupe e severe, piene d'inginocchiatoi e crocifissi e prive di libri che non fossero codici polverosi o storie di santi. La **famiglia** era imperniata sull'autorità assoluta e insindacabile del padre, al quale anche la moglie dava del voi chiamandolo "signore" e al quale tutti dovevano baciare la mano. L'abbigliamento escludeva ogni frivolezza, dominava il nero e i modelli erano giudicati tanto più di buon gusto quanto più si avvicinavano all'abito talare.

Un popolino beffardo

L'**unico ceto vivo e vero** era il popolino: ignorante, irrequieto, superstizioso, arrogante e scansafatiche, talvolta violento e sanguinario, ma festaiolo e ricco di un forte senso dell'umorismo mescolato a scetticismo e sarcasmo. Bisognava fare i conti con le sue "battute" e coi suoi coltelli, ugualmente taglienti.
Accettava la propria miseria, ma non era servile verso chi gliela imponeva. Il vetturino dava del tu al principe e, pur essendo devoto al papa, si riservava il diritto di fischiarlo. A Dio non ci credeva, ma credeva ai santi e più ancora al monsignore di cui era cliente.
Di questo popolo, ben 70 000 persone vivevano di sussidi pubblici, beneficenze ed elemosine. Ciò era possibile grazie alla forza del **sistema assistenziale pontificio**, finanziato da benefattori romani ed esteri, che operava attraverso ordini religiosi e istituti di carità.

1870: Roma entra in Italia

Il 20 settembre 1870 Roma cessò di essere proprietà del papa.
Ai soldati italiani che sciamavano in città attraverso la Breccia di Porta Pia e ai cronisti mischiati a loro per raccontare sulle gazzette di ogni angolo d'Italia la conquista della capitale, Roma parve una **città addormentata**, ricca di meravigliosi tesori del passato ma sporca, priva di un sistema fognario, con una struttura medievale e inconsuete zone di campagna vera all'interno delle mura, laddove tutte le grandi città europee ormai ospitavano grigie periferie industriali. A Roma, mancando le industrie, mancavano anche le periferie.

In compenso c'erano **ruderi antichissimi e chiese straordinarie**: sembrava che tutta la storia architettonica dell'uomo si condensasse fra i colli e il Tevere, scavalcato da pochissimi ponti.
Roma, che era stata un faro dell'antichità e poi la gloria del Papato, doveva essere **portata nella modernità**. E proprio questo si ripromise di fare il neonato Stato italiano: Roma, la capitale agognata, doveva diventare una città in grado di **ospitare la complessa macchina burocratica** necessaria al funzionamento di uno Stato laico e moderno.

La nuova urbanistica

Per prima cosa bisognava fare posto fisicamente alle nuove strutture dello Stato: sedi per i ministeri, palazzi per il re, il Parlamento e il governo, alloggi per i funzionari.
A Roma certo non mancavano splendidi e vasti edifici di rappresentanza e infatti Vittorio Emanuele II, dopo una prima frettolosa visita a fine 1870, s'insediò con la famiglia nel **palazzo del Quirinale** che fino a qualche

Panorami ottocenteschi
Una veduta del rione di Borgo, a pochi passi dal Vaticano, dovuta all'acquerellista Ettore Roesler Franz, che dipinse la città in tutti i suoi angoli più segreti. Dalla sua opera emerge lo stato fatiscente in cui il regime pontificio l'aveva tenuta.

Storia locale

Il Quirinale, residenza estiva
Chi conosce la Roma odierna stenta a credere che il palazzo del Quirinale fosse usato dai pontefici come luogo di villeggiatura. Se si guarda questa incisione dell'epoca, tuttavia, il Quirinale appare ancora un colle di una certa altezza, talmente circondato da parchi e giardini da poter essere considerato più salubre delle parti basse della città.

decennio prima era stato la residenza estiva del papa e della sua corte.
Tuttavia, c'era bisogno soprattutto di **strade e ponti** che rendessero più semplici gli spostamenti in una città che aveva ancora le caratteristiche di un labirinto medievale.
Era un progetto che aveva mosso i primi passi già sotto il regno di Pio IX quando una singolare figura di cardinale-imprenditore, il belga Xavier de Mérode, in qualità di ministro del papa aveva stabilito il **nuovo piano regolatore** per la zona dei colli Esquilino e Quirinale dove la stragrande maggioranza dei terreni era di sua proprietà.
Aveva quindi cominciato a costruire una strada ampia e rettilinea (quella che oggi è **via Nazionale**) e l'aveva contornata di nuovi edifici che vendeva a peso d'oro nonostante fossero costruiti con materiali di scarto. Si racconta che il papa in visita avesse commentato: "Forse che oggigiorno i palazzi si costruiscono con la ricotta?".
Fin dal 1871 il governo italiano confermò le linee del piano regolatore di de Mérode: si trattava di costruire **nuovi quartieri più razionali e lineari** in direzione est e nord. Il primo di essi si estese sull'altopiano in cima al colle **Esquilino** e uno dei suoi confini naturali furono i binari della nascente **stazione Termini**. Il suo centro invece sarebbe stato costituito da una nuova piazza rettangolare, intitolata al re d'Italia, con in mezzo un giardino e contornata di portici dal sapore nordico. Qualche anno più tardi al re fu intitolato anche uno dei principali assi viari che trasformarono il centro storico rendendo più agevole la circolazione: **corso Vittorio Emanuele** nacque per raccordare la riva del Tevere con il cuore della città. Fu costruito sventrando piazze e vicoli e abbattendo palazzi e case fatiscenti; le facciate di alcune chiese, invece, furono "smontate" e ricostruite ai lati della nuova arteria.

I "muraglioni" del Tevere
Anche il **fiume** fu oggetto di una delle maggiori **opere pubbliche** attuate dal nuovo governo.
Pochi mesi dopo la conquista della città e proprio alla vigilia della prima visita del re, il Tevere era straripato allagando mezza Roma e la popolazione, con le greggi e gli animali domestici, si era rifugiata sul Pincio in attesa che la piena passasse.
Nonostante il fango, Roma riuscì comunque a vestirsi di tricolori per accogliere Vittorio Emanuele II; però fu in quella circostanza che si decise che il fiume andava **messo in sicurezza**.
Già nel 1875 iniziava la **costruzione di alti argini** (i cosiddetti "muraglioni") che regolavano a cento metri la larghezza del fiume lungo tutto il suo corso cittadino. Il rapporto fra la città e il fiume fu modificato per sempre: scomparvero infatti gli edifici che affacciavano direttamente sul Tevere e i due porti, Ripetta e Ripa Grande, che fino ad allora avevano assicurato l'approvvigionamento delle merci in città: ormai la ferrovia li rendeva superflui. Sulla cima dei muraglioni furono creati due grandi viali alberati, i **Lungotevere**, che ancora oggi rappresentano una valvola di sfogo fondamentale nella congestionata viabilità capitolina.
Mettendo mano al Tevere si completò e si adeguò anche il sistema di **ponti**: alcuni furono semplicemente "allungati" adattandoli alle nuove dimensioni del fiume, molti altri furono costruiti da zero.

Nuovi quartieri e nuovi edifici
Oltre Tevere non c'era solo il Vaticano con il suo papa "prigioniero", ma anche una vastissima zona edificabile, quella dei **Prati**.
Una porzione di essi fu acquistata da un gruppo di soci capitanati da Edoardo Cahen che vi costruì,

secondo razionali strutture a griglia e a stella, strade, impianti d'illuminazione e fognari, edifici d'abitazione a più piani e villini con giardino.
La zona prese il nome di **Quartiere Cahen** e nell'82 il governo decise di costruire lì vicino il **Palazzo di Giustizia** e poco più in là le numerose **caserme** necessarie a una capitale.
I due poli del nuovo quartiere sarebbero state due piazze, **piazza Risorgimento** e **piazza Cavour**, e il suo asse la via Cola di Rienzo che fin dalla sua progettazione era destinata a diventare un'arteria commerciale della città alternativa allo storico Corso.
In zona più centrale invece stava sorgendo l'immenso edificio del **Ministero dell'Economia**, mentre i conventi vicino al Quirinale venivano abbattuti per far posto ai giardini della residenza reale.

La febbre edilizia
Roma era ormai in preda a quella che fu subito chiamata "febbre edilizia". Nel **1883** fu approvato il **nuovo piano regolatore** che prevedeva un'espansione non oltre la cinta delle mura aureliane (si cominciò a costruire fuori delle mura).
Il Piano fece la fortuna di **speculatori** di ogni ordine e grado, molti calati apposta in città da altre zone d'Italia per approfittare del grande affare che si profilava all'orizzonte.

Ma i primi ad avvantaggiarsi della situazione furono le grandi famiglie romane che misero in vendita i loro immensi terreni e tutti coloro che riuscirono a farsi nominare curatori dei beni confiscati agli Ordini religiosi che possedevano le aree più vaste e pregiate.
Da tutto il Centro Italia moltissimi **immigrarono** a Roma per trovare lavoro come manovali nei cantieri. Le loro condizioni erano spesso disperate: non era infatti stata preventivata alcuna forma di accoglienza e molti dormivano in baracche fuori città oppure sulle gradinate delle chiese.
Guadagnavano 10 centesimi a giornata quando un chilo di pane ne costava oltre 60.
La **popolazione cresceva** a un ritmo doppio di quello delle case e, per far posto a nuovi alloggi, tutto lo straordinario paesaggio della Roma papale fatto di ville, giardini, vigne e orti fu sacrificato. Solo un tempestivo atto della magistratura salvò la più centrale delle ville, **Villa Borghese**, dalla distruzione.
Furono invece protetti, riscoperti e valorizzati molti **siti archeologici**, simbolo di quella Roma antica cui l'Italia voleva idealmente riconnettersi, quasi mettendo fra parentesi i lunghi secoli del Papato: il Palatino, i Fori, la Via Sacra, l'area del Colosseo.
E cominciarono i progetti per la realizzazione della "**Passeggiata archeologica**", tra l'Aventino e il Celio, poi inaugurata nel 1911.

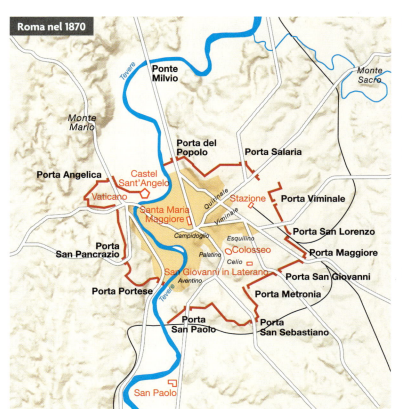

Lettura della carta
Quando passò al Regno d'Italia, la parte edificata di Roma aveva pressappoco la stessa estensione e la stessa viabilità della Roma "sistina", cioè quella ristrutturata da papa Sisto V verso la metà del XVI secolo.

1. Perché le mura di Roma si chiamano "aureliane"?
2. Le righe nere sulla pianta indicano le linee ferroviarie dei tempi di Pio IX. Sapendo che erano:
   a Roma-Porto di Anzio in direzione sud-ovest
   b Roma-Velletri in direzione sud-est
   c Roma-Foligno in direzione nord
   applica su ognuna di esse la lettera corrispondente.
3. Dalle porte delle mura partivano le "strade consolari" costruite dai Romani antichi. Cerca in internet questa voce e fai una breve ricerca su ognuna di esse o, se più approfondita, solo su alcune.

CIVILTÀ PARALLELE

Imperi neri e insediamenti europei nell'Africa del primo Ottocento

Mentre...
i popoli europei erano impegnati nelle lotte liberali e per l'indipendenza nazionale

... Contemporaneamente
in Africa continue prove di forza contrapponevano tribù a tribù, provocavano la formazione di regni e di imperi e i primissimi insediamenti europei nel continente.

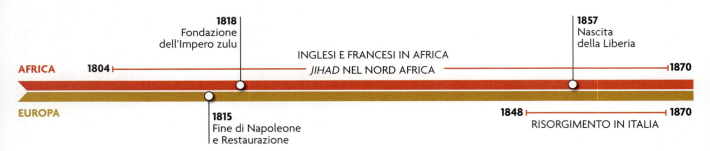

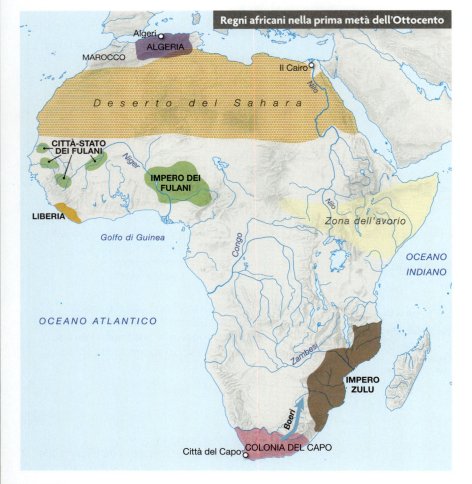

Regni africani nella prima metà dell'Ottocento

La rinascita islamica

Tra il 1804 e il 1870 l'Africa occidentale a sud del Sahara fu sconvolta da una serie di *jihad*, "**guerre sante**", scatenate dalla tribù musulmana dei **Fulani** contro una serie di Stati neri accusati di aver abbandonato la "vera fede" musulmana. I Fulani sconfissero i loro avversari e fondarono una serie di nuovi **Regni coranici** in quella regione.

L'Impero zulu

Gli **Zulu**, tribù guerriere dell'**Africa sud-orientale** che vivevano di allevamento e di agricoltura, si unirono all'inizio dell'Ottocento in un unico popolo formato da un milione di persone, sotto la guida di un capo, divenuto poi leggendario, di nome **Shaka**. Nel 1818 egli fondò un impero esteso quanto quello che in Europa Napoleone aveva da poco perso.

Considerato da tutti gli Europei che ne osservarono le imprese un condottiero di altissima levatura, Shaka aveva organizzato il suo esercito come una vera e propria macchina per uccidere e per anni fu il terrore di tutte le popolazioni nere che egli ridusse sotto il suo dominio: si calcola che quel milione di guerrieri uccise un milione di nemici appartenenti ad altre tribù.
Questa strabiliante cifra fu raggiunta sia combattendo sia respingendo tribù in fuga verso zone dove non trovarono mezzi di sostentamento e si estinsero.

I primi avamposti europei

Nello stesso periodo altri sconvolgimenti furono causati dall'insediamento degli **Inglesi** nella **colonia del Capo**, sorta sul Capo di Buona Speranza. La loro presenza, infatti, non fu tollerata dai precedenti coloni, i **Boeri** (cioè "contadini" di origine olandese). Essi cominciarono quindi a spostarsi a nord-est, verso l'Impero degli Zulu. Scontri violentissimi tra Boeri e Zulu si conclusero con la sconfitta di questi ultimi nel 1838 e con l'occupazione bianca del loro Regno. Le lotte però continuarono sconvolgendo anche le altre tribù africane della zona e provocando una perenne situazione di guerriglia.
A nord intanto i **Francesi** avevano iniziato l'occupazione dell'**Algeria** suscitando la violenta resistenza delle popolazioni islamiche locali.

Lo sterminio degli elefanti

Un altro motivo di instabilità si determinava intanto nell'**Africa orientale**, popolata di elefanti. Il mondo occidentale fu preso da un'insaziabile fame di **avorio**, ricercato non solo per la fabbricazione di ornamenti e monili, ma anche per le palle da biliardo e i tasti da pianoforte, per i quali ne occorrevano grandi quantità. Le zone degli elefanti furono invase così da **mercanti sia arabi sia europei**, soprattutto portoghesi, in caccia del prezioso materiale. I sovrani dei Regni africani locali si arricchirono a dismisura.
Ciò però segnò anche l'inizio dell'interesse degli Europei per quelle zone inesplorate, suscitò **rivalità tra i Regni neri**, scagliandoli gli uni contro gli altri e inoltre causò lo **sterminio** quasi totale **degli elefanti**.

Il commercio degli schiavi

La **tratta atlantica degli schiavi**, quella che li portava dall'Africa all'America, fu severamente proibita sia dalle nazioni europee sia da quelle americane tra la fine del Settecento e l'inizio del Novecento e continuò più sporadicamente soltanto attraverso negrieri che la conducevano in modo clandestino e venivano condannati a morte, se catturati.
Nel **mondo islamico** invece la schiavitù era ancora largamente praticata e i mercanti arabi continuarono ad acquistare dai Regni sub-sahariani migliaia di schiavi.

Il primo Stato nero libero

Tra il 1847 e il 1857 sulle coste del Golfo di Guinea nacque la **Liberia**, popolata dai primi **schiavi africani liberati dagli Stati Uniti**.
Tuttavia, quello che all'inizio sembrò il "Paese della speranza" si rivelò ben presto una cocente delusione. La Liberia era stata in origine una colonia privata di una Compagnia commerciale americana e, dopo l'indipendenza, i pochissimi bianchi che vi risiedevano vi mantennero saldamente il potere, negando agli schiavi liberati i diritti civili, imponendo l'inglese e il protestantesimo come lingua e religione di Stato.

Visita di un capo a un villaggio
Siamo nell'Africa centrale e il capo si ripara sotto un ombrello acquistato dai trafficanti occidentali.

Laboratorio
Verso l'Esame di Stato

A — GUIDA ALL'ESPOSIZIONE ORALE

L'esercitazione

1 Approfondiamo innanzitutto la capacità di **utilizzare gli esempi opportuni**.
In base a quanto hai studiato nel capitolo 11, scegli i fatti che ritieni più adatti per illustrare i tre princìpi guida del Congresso di Vienna. Concentrati sulle scelte dei partecipanti al Congresso per costruire il nuovo assetto geopolitico dell'Europa dopo il 1815 e le loro conseguenze diplomatiche.
Completa innanzitutto una tabella di questo tipo:

Principio del legittimismo	Ritorno di un re Borbone (Luigi XVIII) sul trono di Francia

2 Esercitati a **organizzare un discorso** a partire da una carta o da un'immagine: descrivi le rivoluzioni dell'America Latina a partire dalla carta di pagina 253.

3 Esercitati nell'**individuare le questioni poste** dal tema indicato qui di seguito e a trovare un inizio efficace per la tua risposta. Indica poi i termini chiave che dovrai conoscere e spiegali.
La questione balcanica e l'indipendenza della Grecia.

questioni da affrontare:
....
termini chiave:
....
pagine da ripassare utili (compresi documenti e schede):
....

4 Esercitati a **raccogliere e organizzare i contenuti**, creando uno schema riassuntivo (sul modello delle mappe concettuali della *Guida allo studio*) sul tema *I moti del 1820-1821, tra successi, sconfitte e riflessioni sulle strategie rivoluzionarie*. Utilizza i seguenti termini tecnici: società segrete, Carboneria, costituzionalismo, liberalismo, Santa Alleanza, federalismo, Giovine Italia.

5 Esercitati a **utilizzare il lessico specifico** della disciplina: definisci le seguenti espressioni e costruisci attorno ad esse un discorso coerente sulla Prima guerra d'Indipendenza italiana.
guerra "federale" = ...
guerra dinastica = ...

6 Esercitati a **mettere in luce nessi causali** elaborando in forma di mappa concettuale i fatti relativi alla politica interna ed estera di Cavour come primo ministro del Regno di Sardegna, sottolineando in particolare la strategia che lo portò all'intervento nella Guerra di Crimea.

7 Esercitati a **sviluppare un ragionamento** sul tema *L'Unità d'Italia* a partire dalla mappa concettuale del capitolo 14: amplia ciascuno degli argomenti indicati con dati, esempi, spiegazioni e chiarimenti. Nella tua esposizione dovrai usare i seguenti termini del lessico specifico: insurrezione, armistizio, plebiscito, volontari, guerra patriottica, guerra sociale.

8 Esercitati a **raccogliere e organizzare i contenuti**, creando uno schema riassuntivo (sul modello delle mappe concettuali della *Guida allo studio*) sui problemi che affliggevano l'Italia all'indomani dell'Unità: la situazione culturale, sociale ed economica, lo squilibrio fra Nord e Sud, l'incompiutezza politica, la "Questione romana".

9 Esercitati adesso a **operare confronti** sincronici e diacronici. Confronta il processo di unificazione italiano con quello tedesco. Concentrati sulle tappe che servirono allo scopo, sull'ordinamento politico istituito all'indomani dell'unificazione e sulla situazione economica generale dei due Stati. Completa dapprima una tabella simile a quella fornita qui di seguito, e poi costruisci un discorso coerente per spiegare similitudini e differenze fra la situazione tedesca e quella italiana.

	Italia	Germania
Tappe dell'unificazione territoriale		
Ordinamento politico		
Situazione economica generale		

B GUIDA ALLA PRODUZIONE SCRITTA

ESERCITAZIONE PER LA TERZA PROVA

Fra le discipline incluse nella terza prova, che ha carattere pluridisciplinare, può esservi anche la storia. In questa sezione trovi alcune domande per allenarti nelle principali tipologie di svolgimento (quesiti a risposta multipla, a risposta singola e trattazioni brevi) utilizzate nella terza prova.

A Quesiti a risposta multipla

(1 sola risposta corretta) [1 punto per ogni risposta corretta]

1 Tra gli Stati italiani sotto l'influenza austriaca dopo il Congresso di Vienna vi erano

- [A] il Regno Lombardo-Veneto, il Ducato di Parma e Piacenza, il Ducato di Modena e Reggio e il Granducato di Toscana
- [B] il Regno Lombardo-Veneto, il Regno di Sardegna e il Granducato di Toscana
- [C] il Regno Lombardo-Veneto, il Ducato di Parma e Piacenza, il Ducato di Modena e Reggio e il Regno delle Due Sicilie
- [D] il Regno Lombardo-Veneto, il Ducato di Parma e Piacenza e il Ducato di Modena e Reggio

2 Tra i moti del 1830 ebbero pieno successo quelli scoppiati

- [A] in Francia, con la conquista di una Carta costituzionale e della Repubblica
- [B] a Modena e Reggio, con la conquista di una Carta costituzionale
- [C] in Grecia, con la conquista dell'indipendenza
- [D] in Belgio, con la conquista di una Carta costituzionale e dell'indipendenza

3 Tra le conseguenze durature del 1848 in Italia vi fu

- [A] la concessione degli Statuti nel Regno di Sardegna, nello Stato pontificio e nel Regno delle Due Sicilie
- [B] la trasformazione del Regno di Sardegna in monarchia costituzionale
- [C] la creazione della Repubblica romana
- [D] l'indipendenza della Lombardia dall'Austria

4 Tra le conseguenze della Guerra austro-prussiana vi fu

- [A] la nascita del Secondo Reich tedesco
- [B] la conquista di Roma da parte dell'Italia
- [C] la conquista del Veneto da parte dell'Italia
- [D] il declino della Prussia sullo scacchiere europeo

B Quesiti a risposta singola

(max. 5 righe) [da 0 a 3 punti in base alle conoscenze dimostrate]

1 Quali condizioni furono imposte alla Francia dai rappresentanti del Congresso di Vienna?
2 Che cos'era la Carboneria e quali erano i suoi obiettivi politici?
3 Perché il 1848 è definito dagli storici "l'Anno dei miracoli"?
4 Che cosa si intende per "connubio" Rattazzi-Cavour e quali ne furono le conseguenze?
5 Che cosa si intende per "piemontesizzazione" all'indomani dell'Unità d'Italia?

C Trattazioni sintetiche

(max. 15 righe) [da 0 a 6 punti in base alle conoscenze dimostrate]

1 Spiega in che cosa consisteva il principio dell'equilibrio applicato dal Congresso di Vienna e quali furono le sue conseguenze nella configurazione geopolitica dell'Europa dopo il 1815.
2 Descrivi obiettivi e princìpi dei liberali, dei democratici e dei socialisti all'indomani della Restaurazione.
3 Illustra le cause, gli eventi e le conseguenze del 1848 in Francia.
4 Delinea le direttrici del consolidamento del regime liberale piemontese sotto il governo di Massimo d'Azeglio.
5 Spiega che cosa fu il brigantaggio, dove si sviluppò e perché e quali furono gli interventi del governo italiano per reprimere tale fenomeno.

Laboratorio — Verso l'Esame di Stato

GUIDA ALLA PRIMA PROVA

Che cos'è il tema storico

Tra le tipologie della prima prova dell'Esame di Stato che interessano la storia vi è il tema storico (tipologia C). Si tratta di un testo di tipo espositivo-informativo ma anche argomentativo: non ha quindi solo lo scopo di raccontare una serie di eventi, ma anche di ricostruire l'atmosfera di un periodo, di confrontare situazioni lontane nel tempo e nello spazio o di prendere posizione rispetto a un problema storico, argomentando la propria opinione.
Per svolgere il tema storico è necessario seguire le indicazioni fornite dalla traccia, che può essere più o meno lunga e dettagliata e quindi più o meno rigida.

L'esercitazione

Facciamo adesso due esempi concreti, a partire da tracce in tutto e per tutto simili a quelle fornite dal Ministero negli ultimi anni. Gli argomenti proposti si richiamano ai temi che hai affrontato in quest'ultima Unità: il Risorgimento e la Restaurazione.

Argomento 1: Il Risorgimento

Traccia

La storia degli ultimi tre anni, così come l'analisi degli elementi che compongono la società italiana, dimostrano certamente quanto poco peso le rivoluzioni militari e democratiche possano avere da noi. Lasciando dunque da parte questi mezzi impotenti ed abusati, gli amici sinceri del paese devono riconoscere che non possono cooperare al vero bene della loro patria che raggruppandosi intorno ai troni che hanno radici profonde nel suolo nazionale e secondando senza impazienza le disposizioni progressive che i governi italiani manifestino.
Questa condotta […] riporterà l'unione che è tanto necessaria tra i diversi membri della famiglia italiana, per mettere il paese in grado di profittare – per affrancarsi da ogni dominazione straniera – delle circostanze politiche favorevoli che l'avvenire potrà presentare. Questa unione che noi auspichiamo con tanto ardore non è così difficile da ottenere come si potrebbe credere […]. Il sentimento della nazionalità è diventato generale, ogni giorno aumenta, e già è abbastanza forte per mantenere uniti, malgrado le differenze che distinguono, tutti i partiti in Italia. Non è più dominio assoluto di una setta, di uomini che professano dottrine esaltate.

C. Benso di Cavour, *La libertà come fine. Antologia di scritti e discorsi (1846-1861)*, Ideazione, Roma 2002

Le parole qui riportate sono state tratte da un saggio scritto da Cavour nel 1846. A partire da esse il candidato delinei il progetto di Cavour e il suo ruolo nella costruzione del processo di unità nazionale italiana, sottolineando l'importanza delle precedenti esperienze insurrezionali, della prima metà dell'Ottocento, ancorché fallimentari.

---

1 Analizzare la traccia.
Il primo passo da compiere è leggere attentamente la traccia, cercando di individuare innanzitutto di che tipo di traccia si tratta (aperta, chiusa, traccia-citazione) e di capire che cosa chiede esattamente, qual è l'argomento sul quale dovrai concentrare il tuo svolgimento: puoi sottolineare le parole-chiave, per esempio.

tipo di traccia:	
argomenti da affrontare:	
parole-chiave:	

2 Individuare l'ambito tematico di riferimento del testo e gli orizzonti temporali e spaziali.
È importante comprendere da quale punto di vista affrontare prevalentemente l'argomento – politico, economico, culturale, sociale, religioso (in questo caso la traccia è esplicita, ma non è sempre così) – e avere ben presente il contesto cronologico (di quali anni stiamo parlando?) e spaziale (devi illustrare la situazione mondiale, di un solo continente, di uno Stato, di una città?) di cui dovrai occuparti.

punto di vista prescelto:	
contesto cronologico:	
contesto spaziale:	

3 Scegliere gli argomenti da trattare.
Una volta che hai delimitato il campo, raccogli mentalmente le informazioni che ti sono necessarie, facendo ricorso alle conoscenze che hai acquisito studiando. Scrivi in forma di appunto tutto quello che ricordi – informazioni, luoghi e date – sull'argomento del tema storico. In un secondo momento selezionerai soltanto i dati necessari allo sviluppo del tuo discorso e coerenti con la traccia.

Elenco delle informazioni necessarie
Date dei moti del 1820-1821 e del 1830-1831
Le tre Guerre di Indipendenza
Il progetto di Cavour
Progetti alternativi
Moti "settari" vs. coinvolgimento popolare
....
....
....
....
....

4 Elaborare una scaletta.
Una volta ricordate le informazioni essenziali, mettile in ordine, elaborando una scaletta per organizzare il tuo discorso. Tieni presente che dovrai predisporre un'introduzione, uno svolgimento e una conclusione.

introduzione:	citazione della traccia
	menzione delle precedenti esperienze insurrezionali
	cause del loro fallimento
	....
	....
	....
svolgimento:	....
	....
	....
	....
conclusione:	....
	....
	....
	....

5 Stendere il testo.
Scrivi infine il tuo testo basandoti sulla scaletta. Usa un linguaggio chiaro e scorrevole, evita i periodi troppo lunghi, usa correttamente la punteggiatura e in maniera appropriata i termini specifici.

6 Rileggere e correggere.
Finito il lavoro di scrittura, rileggi attentamente il testo, correggi eventuali errori, spezza le frasi troppo lunghe e semplifica quelle contorte. Cura in modo particolare l'inizio e la conclusione del tuo tema, che devono essere originali e accattivanti. Infine copia il tema in bella.

Argomento 2: La Restaurazione

Traccia

Protagonisti, princìpi ispiratori e conseguenze del Congresso di Vienna. Il candidato illustri gli argomenti indicati facendo particolare riferimento alla situazione italiana.

1 Analizzare la traccia.

tipo di traccia: ....
argomenti da affrontare: ....
parole-chiave: ....

2 Individuare l'ambito tematico di riferimento del testo e gli orizzonti temporali e spaziali.

punto di vista prescelto: ....
contesto cronologico: ....
contesto spaziale: ....

3 Scegliere gli argomenti da trattare.

Elenco delle informazioni necessarie
....
....
....
....
....

4 Elaborare una scaletta.

introduzione:	citazione della traccia
	quadro della situazione politica europea immediatamente precedente al Congresso
	....
	....
	....
svolgimento:	....
	....
	....
conclusione:	....
	....
	....

5 Stendere il testo.

6 Rileggere e correggere.

Unità 4
CAPITALISMO E IMPERIALISMO

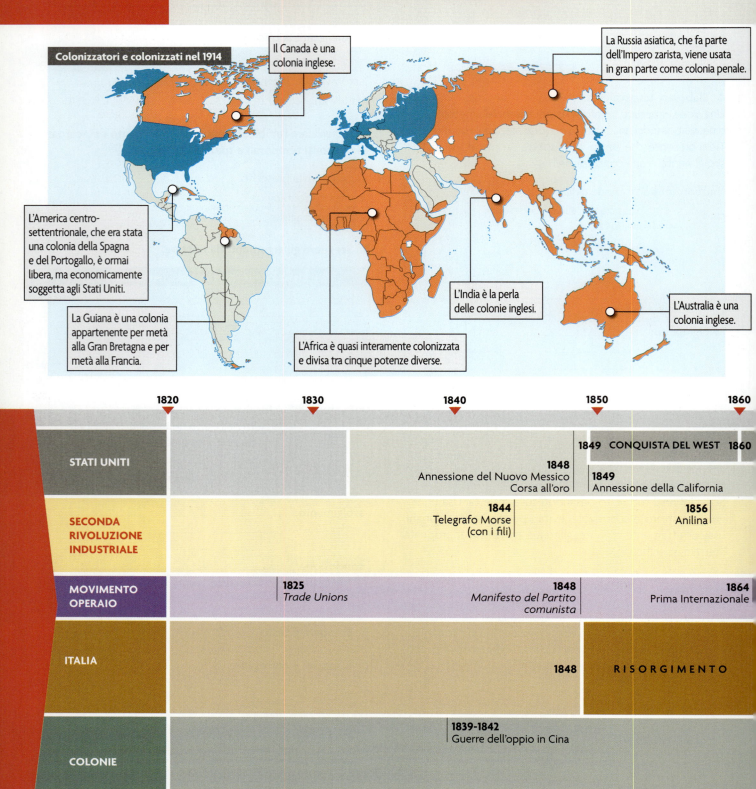

Colonizzatori e colonizzati nel 1914

- Il Canada è una colonia inglese.
- La Russia asiatica, che fa parte dell'Impero zarista, viene usata in gran parte come colonia penale.
- L'America centro-settentrionale, che era stata una colonia della Spagna e del Portogallo, è ormai libera, ma economicamente soggetta agli Stati Uniti.
- La Guiana è una colonia appartenente per metà alla Gran Bretagna e per metà alla Francia.
- L'Africa è quasi interamente colonizzata e divisa tra cinque potenze diverse.
- L'India è la perla delle colonie inglesi.
- L'Australia è una colonia inglese.

STATI UNITI
- 1848 Annessione del Nuovo Messico — Corsa all'oro
- 1849 Annessione della California
- 1849 CONQUISTA DEL WEST 1860

SECONDA RIVOLUZIONE INDUSTRIALE
- 1844 Telegrafo Morse (con i fili)
- 1856 Anilina

MOVIMENTO OPERAIO
- 1825 Trade Unions
- 1848 Manifesto del Partito comunista
- 1864 Prima Internazionale

ITALIA
- 1848 RISORGIMENTO

COLONIE
- 1839-1842 Guerre dell'oppio in Cina

LA PERIODIZZAZIONE

In linea generale gli eventi principali di questo periodo si concentrano nella **seconda metà del XIX secolo**. All'interno di questo periodo spiccano alcune date fondamentali:

- **1861-1865**: è la durata della **Guerra di secessione** dopo la quale esplode lo sviluppo industriale degli Stati Uniti;
- **1864**: si apre la **Prima Internazionale**, dominata da Karl Marx, che costituisce il primo passo verso l'organizzazione socialista del proletariato;
- **1873-1890**: sono le date della **Lunga depressione** che sembrò portare il capitalismo alla rovina e si concluse invece con il trionfo della borghesia imprenditrice e affaristica;
- **1884**: è l'anno della **Conferenza di Berlino**, in cui i governi delle nazioni industrializzate si misero d'accordo per spartirsi il mondo fondandovi le colonie;
- **1876-1896**: l'età della **Sinistra storica in Italia** con le sue prime riforme strutturali, i suoi tentativi coloniali e le sue molte contraddizioni.

IL CONTESTO STORICO

Tra le nazioni che corrono verso l'industrializzazione, i più veloci sono gli **Stati Uniti**, ai quali occorre una guerra per abolire la schiavitù e creare un forte mercato interno. Le grandi trasformazioni sociali determinate dalla Prima rivoluzione industriale creano nei lavoratori un disagio al quale offre obiettivi e soluzioni rivoluzionarie il **marxismo**, convinto del vicino crollo del capitalismo. I marxisti sembrano avere ragione quando la crescita capitalista si arresta nel periodo della **Lunga depressione**, ma nuovi espedienti finanziari e i progressi della Seconda rivoluzione industriale fanno risorgere il capitalismo.
Alla Depressione le nazioni europee reagiscono anche con l'**imperialismo** conquistando colonie in mezzo pianeta. Alle difficoltà di sviluppo dell'Italia reagisce la **Sinistra storica**, ma le sue riforme e i suoi tentativi coloniali non sono sufficienti. Intanto il Paese diventa protagonista di una massiccia **emigrazione**.

Verso la fine del XIX secolo il mondo appare di due colori: azzurro per i Paesi capitalisti o colonialisti e arancione per quelli colonizzati. La carta non distingue tra le diverse nazioni che possiedono colonie perché ha unicamente lo scopo di mostrare quanto i popoli sottoposti a regime coloniale siano più numerosi dei loro padroni.

Linea del tempo

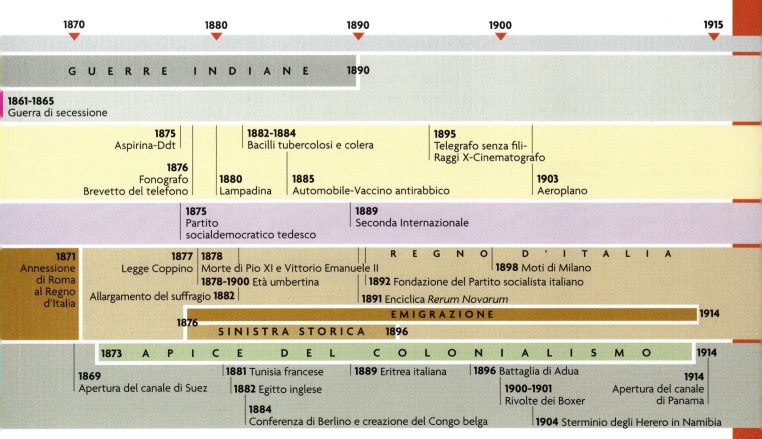

16 La Guerra di secessione e lo sviluppo degli Stati Uniti

1803 Acquisto della Lousiana

1848 Corsa all'oro

1861-65 Guerra di secessione

1 La Terra della libertà e della spietatezza

La grande corsa all'industrializzazione, iniziata nel Settecento in Inghilterra e proseguita poi in molte nazioni del Vecchio Continente, tra Ottocento e Novecento vide l'esordio di un nuovo grande protagonista, gli **Stati Uniti**.
In poco più di un secolo le tredici ex colonie erano diventate **31 Stati** che, abitati a metà del XIX secolo da 23 milioni di **bianchi** e 4 milioni di **schiavi neri**, occupavano la riva destra del Mississippi e il territorio tra i Monti Appalàchi e la costa dell'Oceano Atlantico.
Dalla riva sinistra del Mississippi all'Oceano Pacifico, nell'**Ovest selvaggio** che gli Americani chiamavano **West**, si stendevano immensi **spazi inesplorati** ma forniti di **risorse** potenzialmente **ricchissime**: pascoli per l'allevamento del bestiame; pianure a perdita d'occhio adattissime alla coltivazione del grano e del mais; miniere di carbone, ferro, rame, stagno, zinco, argento, oro; fiumi larghi e profondi, navigabili per migliaia di chilometri; porti naturali capaci di ospitare centinaia di navi. Ma vi erano anche **catene di montagne** apparentemente invalicabili, **deserti** di sabbia e di sale, regioni dal clima torrido e zone dove in inverno il termometro scendeva a 40 gradi sotto lo zero.
Erano le terre degli **Indiani** d'America, chiamati anche **Pellirosse** perché avevano l'abitudine di tingersi il viso di rosso prima di una battaglia. Ai tempi dei primi coloni bianchi erano all'incirca **2 milioni**, divisi in 350 differenti **tribù**, ognuna col proprio linguaggio, i propri costumi, i propri riti. Vivevano per lo più di **caccia, pesca e raccolta**, conoscevano le piante medicinali per curare alcune malattie e consideravano l'armonia un bene supremo.
Gli **Americani bianchi** provenivano quasi tutti **dall'Europa**, da dove erano fuggiti perché non liberi di praticare la propria religione o ricercati dalla giustizia o, soprattutto, perché oppressi dalla fame. Il flusso di queste migrazioni non conobbe flessioni per tutto il XIX secolo: i 5 milioni del 1800 erano già diventati 23 milioni nel 1850 e oltre 31 milioni dieci anni dopo.
Negli Stati Uniti vi era una notevole **libertà religiosa**, perché ognuno poteva praticare il proprio culto a qualunque Chiesa appartenesse (vi erano cattolici,

I Monti Appalàchi

Sotto il dominio inglese le 13 colonie erano state costrette a sfruttare un'esigua porzione di terreno stretta tra l'oceano e questa catena montuosa, che varcarono appena liberate.

IL SENSO DELLE PAROLE

Indiani
Il primo nome ricevuto dalle tribù sull'onda dell'errore compiuto da Colombo, che credeva di essere arrivato nelle Indie.

Pellirosse
Il nome che diedero loro i coloni bianchi a causa dei colori con cui si dipingevano il volto prima delle battaglie.

Nativi americani
Il nome "politicamente corretto" che si dovrebbe usare, essendo considerati i primi due offensivi.

Il taglialegna
In questo quadro il grande pittore Winslow Homer ha rappresentato magnificamente la solitudine dei primi coloni di fronte alla natura, che temprò il loro carattere, rendendoli però anche duri nei confronti dei deboli.

puritani, quaccheri, battisti, metodisti, ebrei); vi era **libertà economica**, perché chiunque poteva intraprendere qualsiasi iniziativa nella certezza che nessuna legge glielo poteva impedire; vi era **libertà politica per i bianchi**, perché tutti godevano dei diritti civili.

In Europa un contadino che volesse un podere doveva acquistarlo o aspettare una riforma agraria. In America bastava oltrepassare la **Frontiera** delle terre abitate e coltivate (che si spostò verso ovest a mano a mano che nuove regioni vennero occupate) e affrontare, oltre alla resistenza delle tribù indiane che vi abitavano, un unico avversario: la **natura**.

Tutto sembrava possibile per l'uomo americano: bastava volerlo e lottare per ottenerlo. In Europa il segreto per sopravvivere era ubbidire; negli Stati Uniti, essere **intraprendenti** e sapersi difendere da soli. A chi otteneva il successo non si chiedeva come l'avesse raggiunto. In compenso, però, chi non riusciva era ritenuto un **fallito**, che la società emarginava o ignorava.

Libertà e spietatezza convivevano in questo nuovo, immenso Paese che gli Europei rimasti in patria quasi non conoscevano, ma che stava per affacciarsi prepotentemente sulla scena mondiale.

2 L'acquisto della Louisiana e l'esplorazione del West

L'ampliamento che portò a 31 i tredici Stati originari cominciò nel **1803**, sotto la presidenza di **Thomas Jefferson**, grazie a un insperato colpo di fortuna.
Jefferson voleva per gli Stati Uniti un porto affacciato sul **Golfo del Messico**, un tratto di mare fondamentale per il lucroso traffico con le isole dei Caraibi. Lo individuò nella città di **New Orleans** che, in più, aveva il vantaggio di sorgere alla foce del fiume **Mississippi**, una via d'acqua fondamentale per raggiungere l'entroterra senza scalare i Monti Appalàchi.
New Orleans faceva parte della **colonia francese** della **Louisiana** (così chiamata perché fondata ai tempi di Luigi XIV) e Jefferson si offrì di comperare la città

proponendo al luogotenente di Napoleone Bonaparte, che a quell'epoca la governava, la somma di 10 milioni di dollari.

Con enorme sorpresa il suo inviato si sentì proporre in cambio, per soli 5 milioni in più, la cessione dell'intera colonia, che comprendeva l'enorme bacino fluviale del Mississippi, esteso a ovest fino alle Montagne Rocciose, e anche un altro fiume immenso, il **Missouri**.

L'offerta, che rifletteva il pessimo stato delle finanze napoleoniche, fu immediatamente accettata da Jefferson il quale ottenne così un territorio grande il doppio degli Stati Uniti di allora: non era mai successo che un Paese raddoppiasse in una notte la sua superficie.

Immediatamente due funzionari furono incaricati di esplorare i territori del tutto sconosciuti della nuova regione e di spingersi oltre, raggiungendo addirittura le spiagge del Pacifico. Tre anni dopo tornarono dal presidente con campioni di fauna, flora, roccia e raccontarono di aver attraversato oltre **6000 chilometri di terre vergini e ricchissime** che si stendevano oltre il West, nel **Far West** (il "lontano Ovest"). Dai loro resoconti si ricavarono mappe precise: la vera conquista poteva partire.

Decine di **esploratori** si avventurarono a ovest e schiere di **cacciatori di pellicce** si inerpicarono sulle Montagne Rocciose popolate di castori. Esaltati dai guadagni della vendita delle loro pelli, ricercatissime in un Paese dal clima invernale molto freddo, ne uccisero una tale quantità che questi animali rischiarono l'estinzione.

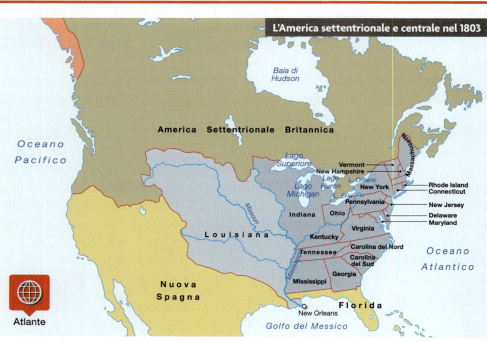

Lettura della carta

1. Ponete attenzione alla zona definita "Nuova Spagna". Si chiama così perché la carta fotografa la situazione del 1803, cioè quando l'America meridionale e centrale erano ancora una colonia divisa tra Spagna e Portogallo. A partire dagli anni Venti dell'Ottocento la Nuova Spagna sarà chiamata Repubblica del Messico e qualche anno dopo la sua parte orientale si staccherà con una rivoluzione diventando Repubblica del Texas (poi annessa agli Stati Uniti nel 1861).

2. Nel corso dell'Ottocento lo Stato della Louisiana ebbe dimensioni ridotte rispetto a quelle delle origini. Per valutarle, confronta questa carta con quella di pagina 359.

3. Si noterà infine che dall'area dei futuri Stati Uniti manca l'Alaska, l'immensa regione situata a Nord-Ovest che, in questo periodo di tempo, faceva ancora parte dell'Impero russo. La sua posizione è segnalata dal locator, mentre le sue proporzioni rispetto agli interi Stati Uniti sono rappresentate a pagina 364.

3. La conquista della California e la "febbre dell'oro"

La regione occidentale su cui si affacciavano le Montagne Rocciose si chiamava **California** (un nome spagnolo che aveva ricevuto ai tempi dei *conquistadores*) e apparteneva al **Messico**.
La presenza sempre più massiccia di cercatori, però, nel **1847** convinse gli Stati Uniti a muovere guerra alla Repubblica messicana per **conquistare la regione**. Fu una guerra breve e vittoriosa, al termine della quale una fortuna ancora più grande arrise agli Stati Uniti: nel **1848**, l'anno delle rivoluzioni europee, in California fu scoperto un filone aurifero. Il presidente annunciò la scoperta pubblicamente e la notizia fu ripresa dai giornali di tutto il mondo.
Una vera e propria "**febbre dell'oro**" si impadronì di tutti coloro che in America, in Europa, in Asia (da quell'anno ebbe inizio l'emigrazione cinese in America) avevano abbastanza coraggio da affrontare un mondo sconosciuto **in cerca di fortuna**.
I cercatori d'oro arrivarono da ogni parte e le navi che attraccarono nella **baia di San Francisco** furono così tante che quelle acque divennero impraticabili. Senza perdere tempo i pochi abitanti del porticciolo originario le smontarono e con il legname ricavato dalle navi costruirono in poche settimane una vera e propria città.
Per capire la portata dell'avvenimento, basti pensare che in un anno la popolazione di San Francisco balzò da 812 a 35 000 abitanti. L'anno dopo la California ottenne di diventare uno Stato avendo raggiunto e superato la quota necessaria di 60 000 abitanti.
I primi cercatori erano armati solo di setacci, perché trovavano il metallo sotto forma di pepite nelle acque basse dei fiumi e dei torrenti; ben presto, però, si accorsero che la zona nascondeva ricchissimi filoni sotterranei e che altri ve ne erano nelle regioni circostanti. Inoltre individuarono ricche **miniere d'argento**:

Cercatori
Un cercatore setaccia la ghiaia di un torrente in cerca di pepite d'oro.

I Cinesi in California	
gennaio 1849	76 individui
dicembre 1849	4000 individui
dicembre 1875	110 000 individui*

* un quarto della popolazione californiana

C'era una volta il West
Una delle grandi epopee di cui è costellata la storia degli Stati Uniti cominciò nella baia di San Francisco. Qui arrivarono i cercatori d'oro, provenienti da quasi tutto il mondo, che poi partivano per le montagne innevate del Klondike, armati di setacci con cui cercavano pepite nella ghiaia dei fiumi e di pale per scavare le rocce piene di filoni auriferi.

nel Nevada un vagabondo scoprì per caso un giacimento assolutamente eccezionale, un vero e proprio "lago d'argento" sotterraneo che si esaurì solo dopo vent'anni di sfruttamento intensissimo.

Per gestire miniere così immense servivano **nuove tecnologie**: gli ingegneri migliorarono le pompe, costruirono carrelli più sicuri e robusti, scavarono tunnel di decine di chilometri e inventarono nuove modalità d'estrazione.

4 La colonizzazione del West e la ferrovia da costa a costa

La conquista del West iniziata dai cacciatori di pellicce e dai cercatori d'oro fu completata dai **pionieri**: così furono chiamati i componenti delle migliaia di **carovane formate da allevatori e coltivatori** con mogli e figli che, a partire dal **1849**, si mossero da est in direzione ovest alla ricerca di **terra da coltivare** per sé e per la propria famiglia.

Quando, dopo un viaggio di mesi, irto di difficoltà e di pericoli, arrivavano in una terra non ancora colonizzata, i carri si mettevano in fila, si schieravano e, al "via", si lanciavano in una corsa sfrenata: i primi che arrivavano nella zona che ritenevano più fertile avevano il diritto di recintarla e di costruirvi una **fattoria**. Questa occupazione di terre suscitò il risentimento dei nativi e diede inizio alla cosiddetta "**Questione indiana**" che porterà a una serie di guerre ◄.

▶ Paragrafo 7

Sulla scia di tutti questi eventi divenne chiaro che occorreva collegare le due coste con la costruzione di una **linea intercontinentale**. Già da qualche tempo, infatti, le **compagnie ferroviarie** avevano cominciato ad avanzare da est e da ovest facendosi largo tra boschi, fiumi, deserti e montagne, costruendo ponti, gallerie, viadotti attraverso i quali passavano centinaia di chilometri di binari.

Nel **1869** i due tronconi, i cui lavori avanzarono alla straordinaria velocità di un chilometro al giorno, s'incontrarono in un punto sperduto dello Utah: nella traversina di collegamento fu piantato un chiodo d'oro che sancì l'**unione ferroviaria** degli Stati Uniti.

Le ferrovie si affiancarono alle società spedizioniere che da decenni trasportavano uomini e merci ai quattro angoli del continente con le carovane, mentre per la posta, che richiedeva rapidità, dal 1860 esisteva il **Pony Express**: i suoi infaticabili cavalieri cambiavano cavallo ogni 24 chilometri e cavalcavano per oltre 3000 chilometri. Già nel 1861, però, a questi si affiancò anche la prima **linea telegrafica**.

Pionieri
I componenti di una piccola carovana si apprestano a passare la notte dopo una faticosa giornata di viaggio.

La ferrovia transcontinentale
Gli operai danno gli ultimi colpi di martello ai binari che ora collegano l'Oceano Atlantico con l'Oceano Pacifico, al termine di un'impresa colossale.

L'avanzata delle ferrovie
Per consentire ai treni di raggiungere anche i luoghi più sperduti e impervi, fu necessario costruire ponti, gallerie e viadotti come quello nella foto, scattata nel 1870.

Nel frattempo le grandi compagnie ferroviarie avevano ottenuto dal governo federale una legge chiamata **Homestead Act** ("Legge degli appezzamenti"), varata nel **1862**, in base alla quale chiunque avesse coltivato un appezzamento per almeno cinque anni ne diventava automaticamente proprietario e chiunque lo avesse occupato per almeno sei mesi poteva riscattarlo pagando una somma irrisoria. I pionieri scelsero la prima soluzione; i magnati delle ferrovie, invece, adottarono la seconda, impadronendosi di sterminate porzioni di territorio che poi rivendettero a prezzi esorbitanti, dopo averle valorizzate con i collegamenti ferroviari. I padroni delle compagnie ferroviarie erano uomini senza scrupoli che non esitarono a sterminare chiunque si opponesse ai loro piani, però fecero la fortuna di migliaia di piccoli risparmiatori che, avendo finanziato questo affare colossale, in pochi anni si trovarono in possesso di ricchezze mai sognate prima. La **vita dei pionieri** era durissima: bande di malviventi razziavano le mandrie, fra agricoltori e allevatori gli scontri erano continui, i nativi compivano incursioni sempre più pesanti. La legge del West era quella dei pistoleri e degli sceriffi.

5 ▸ Organizzazioni economiche e problemi sociali

Con la conquista del West, negli Stati Uniti si delinearono **tre diverse società**, corrispondenti a **tre diverse zone del Paese**, ciascuna col suo sistema economico, i suoi valori, le sue tradizioni.
- Gli **Stati del Nord** erano la zona **industriale** più progredita e più ricca. Vi sorgevano i maggiori **centri urbani**, tra i quali New York, Boston, Filadelfia, dominati da industriali, commercianti e banchieri, cioè da gruppi capitalisti, ai quali si contrapponeva il proletariato che lavorava nelle fabbriche.

- Gli **Stati del Sud** erano invece fondati sul latifondo, con **grandi piantagioni** di cotone, tabacco, caffè e canna da zucchero. Le piantagioni appartenevano a 2000 famiglie di piantatori che impiegavano come manodopera la maggioranza dei 4 milioni di **schiavi neri** trapiantati negli Stati Uniti.

Altri 6 milioni di bianchi vivevano in condizioni precarie, esercitando piccole attività contadine e artigianali. In un Paese in cui non esisteva la nobiltà, i **piantatori del Sud** si trovarono a svolgere una funzione simile a quella dell'aristocrazia europea dell'*Ancien Régime*.

Il denaro proveniente dalla vendita dei raccolti non veniva investito in migliorie, ma era interamente impiegato in spese di lusso per tenere alto il prestigio della famiglia. Tutti facevano a gara per avere la casa più grande, ordinavano mobili e arredi dall'Europa, organizzavano balli e feste principesche, davano ai figli un'educazione militare, allevavano cavalli di razza, coltivavano le buone maniere. Si consideravano superiori agli affaristi del Nord e **giustificavano la schiavitù** sostenendo che gli schiavi avevano vitto, alloggio e protezione assicurati, mentre gli operai delle grandi città vivevano nell'insicurezza ed erano in balìa di padroni senza scrupoli.

Due diverse economie
Gli schiavi neri di una piantagione che, nell'immagine in alto, trasportano il cotone raccolto sono il simbolo di un'economia immobile basata sul latifondo e sul lavoro servile.
La città di New York, dell'immagine qui a lato, invece, con la sua rapidissima crescita urbanistica e demografica, è la testimonianza della maggiore vivacità di un'economia basata su artigianato e commercio.

Gli abolizionisti
Lincoln e tre ufficiali dell'esercito del Nord.

- Gli **Stati dell'Ovest** erano quelli **fondati dai pionieri** e si contrapponevano a entrambe queste società, pur così diverse tra loro. Erano popolati soprattutto da **liberi agricoltori e allevatori di bestiame** che provenivano dalla massa di bianchi poveri degli Stati del Sud-Est e che ora prosperavano vendendo grano, carne e altri generi alimentari alle città del Nord. La loro espansione era stata travolgente: città come San Francisco e Los Angeles erano ormai piene degli splendidi palazzi dei proprietari delle concessioni minerarie.

Da tempo negli Stati Uniti si dibatteva il **problema della schiavitù**. Negli Stati del Nord molti sostenevano che essa fosse contraria sia alla religione e alla morale sia allo sviluppo economico. Non a caso nel Sud non riusciva a svilupparsi alcuna industria, visto che la manodopera era formata da schiavi che non venivano pagati e i bianchi liberi vivevano di "autoconsumo" perché, non avendo un lavoro stabile, non avevano denaro e non diventavano "consumatori".

Era nata così una corrente **abolizionista**, che riuniva coloro che volevano abolire la schiavitù e rendere **liberi i neri afroamericani**. Il problema esplose quando gli Stati del Sud pretesero che il sistema schiavistico fosse esteso anche agli Stati dell'Ovest, in modo da impiantare in quei territori nuove piantagioni. Molti pionieri (ad eccezione degli abitanti del Texas) si opposero alla richiesta sia per motivi morali sia perché, nei loro piani, quelle terre erano già destinate all'agricoltura e all'allevamento del bestiame, tradizionalmente affidato a uomini liberi, i cosiddetti *cow-boys* ("vaccari").

La richiesta degli Stati schiavisti fece crescere il movimento per la liberazione degli schiavi in tutti gli Stati abolizionisti ed esso trovò il suo leader in **Abramo Lincoln**, che nel 1860 fu eletto presidente degli Stati Uniti.

Lincoln era figlio di contadini, diventato avvocato nonostante gli umilissimi natali, e la sua onestà e la sua religiosità erano quasi leggendarie. Gli Stati del Sud temettero che non solo vietasse la schiavitù nei nuovi Stati dell'Ovest, ma decidesse addirittura di abolirla in tutto il Paese; perciò, nel **1861**, i tredici Stati uscirono dagli Stati Uniti d'America (cioè dall'Unione) e fondarono la **Confederazione degli Stati d'America**. Questa secessione ebbe il valore di una vera e propria **dichiarazione di guerra**. Gli Stati dell'Ovest si divisero schierandosi alcuni con il Nord e altri con il Sud.

LESSICO — STORIA

Secessione
Significa "separazione" e ha spesso il valore di "ribellione". Le due secessioni più famose della storia furono la secessione della plebe romana, nel 494 a.C., e la secessione degli Stati del Sud dagli Stati Uniti. Nel caso di Roma la secessione riguardò una categoria sociale, la plebe; nel caso americano si trattò invece del distacco di circa metà di una nazione che si ribellò in nome della conservazione del proprio sistema di produzione e dei propri valori tradizionali.

Testimoni e interpreti

Le cinque regole

Molti Stati del Sud avevano veri e propri "Codici degli schiavi" in cui erano contenuti gli articoli di legge che regolamentavano i comportamenti dei loro padroni. Nel 1850 uscì anche una pubblicazione che dava ai padroni cinque regole con cui creare lo "schiavo ideale" limitando al massimo i rischi e massimizzando il rendimento sul lavoro (riportate dallo storico Charles Christian in Black Saga, *1988).*

1 Mantenere una ferrea disciplina e una sottomissione incondizionata.
2 Instillare nello schiavo un senso personale di inferiorità, in modo che conosca quale sia il suo posto.
3 Incutere timore nelle menti degli schiavi.
4 Istruire i servitori affinché prestino interesse agli affari del padrone.
5 Assicurarsi che gli schiavi siano privi di cultura, di aiuto e fortemente dipendenti, privandoli di divertimenti e di istruzione.

LABORATORIO

Sviluppare le competenze

1 Informati sulle condizioni di vita degli schiavi neri d'America consultando il sito **http://it.wikipedia.org/wiki/Condizioni_di_vita_degli_schiavi_negli_Stati_Uniti**. Leggi l'indice e scegli di approfondire solo una delle diverse voci, traendone materiale per una breve relazione.

6 La Guerra di secessione

La **Guerra di secessione** durò dal **1861** al **1865**, devastò città e campagne della costa orientale e causò oltre 620 000 morti e 500 000 mutilati.
All'inizio la **Confederazione**, guidata dal generale Robert Edward Lee, riportò alcune vittorie grazie al suo esercito disciplinato e ai suoi ottimi ufficiali, ma dopo i primi mesi di guerra, quando armi e munizioni cominciarono a scarseggiare, il Sud pagò duramente il fatto di non possedere industrie per fabbricarne di nuove. L'**Unione**, al contrario, pur avendo truppe non addestrate e ufficiali più simili ad avventurieri che a militari, poteva contare su **molti più uomini, grandi industrie belliche ed efficienti ferrovie**.
Sconfitto a **Gettysburg** nel **1863**, il Sud precipitò quando l'Unione trovò un buon capo nel generale Ulysses Grant e quando, contemporaneamente, Lincoln **proclamò l'abolizione della schiavitù su tutto il territorio americano**.
Allora decine di migliaia di schiavi fuggirono dalle piantagioni e si unirono ai Nordisti, mentre Grant invadeva gli Stati del Sud bruciando e saccheggiando tutto ciò che trovava sul proprio cammino. Alla fine l'esercito confederato si arrese.
Il Nord aveva vinto ma per la **popolazione afro-americana** l'abolizione della schiavitù non segnò la fine delle sofferenze. Essa era libera e aveva conquistato i diritti civili, primo fra tutti il **diritto di voto**, ma sia nel Nord sia nel Sud il colore della pelle continuò a segnare un **confine invalicabile**. Ovunque i neri furono destinati ai lavori più umili, pesanti e pericolosi e furono confinati nei **ghetti**, quartieri formati da baracche improvvisate e da edifici in rovina, privi di fogne, non collegati ai centri cittadini da linee di trasporto. A loro, ancora per più di cento anni, venne preclusa ogni possibilità di ascesa sociale.
Gli Stati del **Sud**, poi, già pochi anni dopo la sconfitta subita nella Guerra di secessione, approvarono leggi che limitavano fortemente quei diritti che Lincoln aveva proclamato: gli afro-americani furono esclusi dalle scuole dei bianchi, dai loro bar, dalle carrozze loro riservate nei treni, e fu vietato loro di circolare nei quartieri residenziali delle città. Nei loro confronti fu messa in atto, insomma,

una vera e propria **politica di segregazione razziale**, cioè di "separazione" dalla società bianca e dai suoi privilegi.
La situazione della popolazione afro-americana nel Sud del Paese fu aggravata ulteriormente dalla nascita di **sètte razziste**, come il **Ku Klux Klan**, che, con il pretesto di difendere la razza bianca, si dedicò ad atti terroristici contro le persone e le proprietà dei neri.

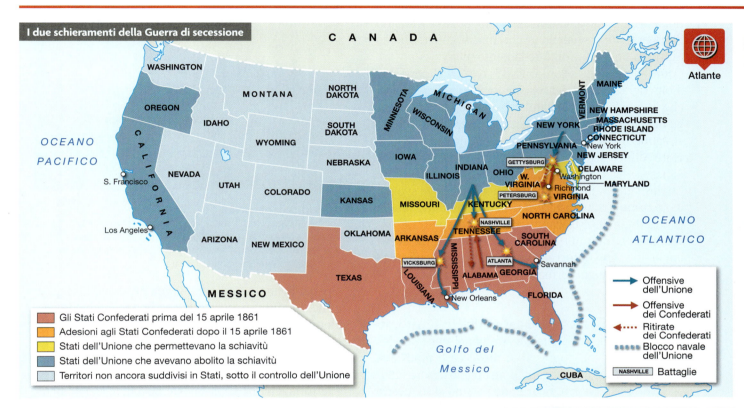

Lettura della carta

1 Osserva la carta e distingui gli Stati secessionisti della Confederazione da quelli dell'Unione; elenca poi il nome di almeno uno Stato del Nord, di uno del Sud e di uno dell'Ovest.
2 Ricordando gli scopi del Blocco continentale di Napoleone, spiega per quale motivo, nell'Oceano Atlantico e nel Golfo del Messico, l'Unione effettuò un blocco navale. Per rispondere pensa anche alla natura dell'economia degli Stati confederati.
3 Confronta questa carta con una attuale degli Stati Uniti e individua gli Stati che si sono aggiunti successivamente.

L'esercito nordista
Un reggimento dell'Unione aspetta di riprendere la marcia dopo una sosta. I Nordisti si fecero una fama di razziatori e stupratori, aprendo una ferita tra gli Stati del Nord e gli Stati del Sud, questi ultimi ancora oggi attaccati alla loro bandiera e al ricordo della Confederazione.

Il Ku Klux Klan

I KKK contro i neri

Il Ku Klux Klan (KKK) fu fondato nel **1866** nel Tennessee allo scopo di **impedire l'emancipazione dei neri e la loro conquista dei diritti civili**.
Esso fece adepti prevalentemente fra i reduci confederati, ma affascinò anche vasti strati popolari sfruttando i pregiudizi e l'avversione che questi generalmente nutrivano nei confronti della gente di colore.
Come altre società segrete, il KKK aveva una gerarchia molto rigida: a capo del cosiddetto "impero invisibile", che intendeva conquistare alle sue idee razziste tutti gli Stati del Sud, era posto il *grand wizard*, il "grande stregone"; questi era assistito da "Furie", "Geni" e "Idre" che esercitavano pieni poteri sulle singole unità di base (i "cerchi" o "covi") dislocate nei diversi Stati. Gli affiliati si riunivano di notte nei covi, dove svolgevano complessi e misteriosi rituali indossando lunghi camici bianchi con cappucci. Questo spettrale travestimento, durante le loro feroci spedizioni, aveva anche lo scopo di **terrorizzare i neri** inducendoli ad abbandonare ogni forma di lotta e di protesta.

Sequestri e linciaggi

Ufficialmente il KKK dichiarava di battersi per il rispetto della legge e della Costituzione, per la difesa dei deboli e degli oppressi; in realtà esso predicava l'**odio razziale**: i suoi adepti praticavano contro i neri ogni sorta di violenza, ricorrendo persino al sequestro di persona e al linciaggio.
Tra il 1866 e il 1869 l'organizzazione riuscì a reclutare 550 000 persone.

Contro tutti gli immigrati

Dopo essere stato messo **fuori legge** nel 1871, il KKK rinacque nel 1915 e si diffuse **in tutti gli Stati Uniti**. La novità principale di questa nuova fase consisteva nel fatto che l'odio razziale si era esteso dai neri a **tutti gli immigrati** che **non** erano **di origine anglosassone**

Un'associazione criminosa
Questa associazione clandestina (di cui però tutti sapevano tutto e che poteva operare senza timore) nacque subito dopo la liberazione degli schiavi con lo scopo di annientare i neri liberati del Sud. I crimini dell'organizzazione rimasero tutti impuniti.

che parlavano quindi una lingua diversa dall'inglese e che, soprattutto, professavano una religione diversa da quella protestante.
Le nuove vittime degli affiliati al clan divennero gli **ebrei**, i **cattolici** (specialmente Irlandesi, Italiani, Spagnoli), i **Cinesi**. Il motto di questa crociata fanatica e terroristica fu: "supremazia dei nativi, dei bianchi, dei protestanti"; il simbolo: una doppia croce e una stella a sette punte.
La nuova versione del KKK incontrò notevole fortuna tra il 1920 e il 1924 quando raggiunse i **5 milioni di aderenti**.
Dopo aver raggiunto il suo apogeo, il KKK cominciò a declinare perché il governo federale lo colpì con provvedimenti molto severi e denunciò molti dei suoi dirigenti che erano coinvolti in gravi scandali politico-finanziari.

7 Le "Guerre indiane"

Uscito dalla Guerra civile, il governo decise di concludere definitivamente la **questione indiana**. Durante il conflitto, i nativi avevano rappresentato un elemento destabilizzante: nel West, infatti, si era combattuta una guerra a sé stante rispetto a quella sulla costa orientale e i due eserciti si erano avvalsi di alleanze con gruppi di banditi e con tribù indiane, bravissime a condurre una tattica di guerriglia e di attacchi improvvisi. Improvvisi erano però anche i cambi di alleanza e ciò aveva comportato perdite e sconfitte amarissime.
Senza contare che gli Indiani, fin dagli anni Trenta del XIX secolo, erano stati costretti a **trasferimenti in massa** in territori sempre più ristretti dall'avanzata

dei pionieri. Mentre le terre a loro disposizione si riducevano a vista d'occhio, le tribù attaccavano sempre più spesso i coloni, non solo perché si ritenevano a buon diritto i veri proprietari del territorio ma anche perché il loro stile di vita si scontrava radicalmente con quello dei bianchi: la sopravvivenza degli uni significava la morte degli altri e viceversa.

Le tribù indiane, infatti, erano seminomadi e fondavano la loro economia sulla **caccia al bisonte**, quegli stessi bisonti che anche i coloni cacciavano, ma perché costituivano una minaccia costante per le coltivazioni: quindi, i coloni cercavano di sterminare i bisonti e gli Indiani attaccavano i coloni.

Già in passato questi scontri si erano trasformati in conflitti più estesi contribuendo allo spaventoso **calo demografico** subito dai nativi a causa delle epidemie diffuse dagli Americani bianchi. Essi divennero tuttavia vere e proprie **guerre di sterminio** tra il **1860** e **1890**, nel periodo delle cosiddette "**Guerre indiane**". In particolare, dopo la fine della Guerra civile furono creati quattro nuovi reggimenti a cavallo (due di bianchi e due di afro-americani) e l'esercito degli Stati Uniti si scagliò in forze contro le tribù. La guerra fu durissima: le tribù conoscevano perfettamente il territorio, combattevano per la loro sopravvivenza e sapevano maneggiare cavalli e fucili, comprati dai bianchi, come e meglio di molti soldati. Le loro imboscate erano imprevedibili e i loro condottieri leggendari (Toro Seduto, Geronimo e Cavallo Pazzo, tra i più famosi), tuttavia ciò non bastò a salvarli.

Gli Americani vinsero definitivamente nel **1890** con il massacro di **Wounded Knee**. Ridotti a 200 000 individui, i nativi finirono chiusi nelle **riserve** (territori concessi con accordi speciali dal governo in cambio della fine delle ostilità), che venivano però ristrette ogni volta che si scopriva un nuovo giacimento o qualsiasi altra possibile utilità. Gli Indiani d'America erano ormai condannati all'estinzione come popolo: alla fine del secolo, dei circa due milioni ne erano rimasti solo 250 000.

Lettura d'immagine

Little Big Horn

❶ La carica del 17° cavalleggeri del generale Custer ❷ (uno dei peggiori comandanti dell'epoca) si infrange contro le tribù indiane comandate da Toro Seduto ❸.

Vita e morte degli Indiani d'America

La vita delle tribù indiane del Nord America era strettamente legata ai **bisonti**. Gli Indiani, infatti, erano soprattutto cacciatori, vivevano in accampamenti di tende smontabili e si spostavano dietro ai branchi di bisonti quando essi migravano.

La **caccia** era un evento che impegnava l'intera comunità. Spesso i bisonti sparivano e le vedette esploravano per settimane l'intero territorio individuando le più piccole tracce del loro passaggio, annusando l'aria per sentirne l'odore, appoggiando l'orecchio al suolo per ascoltarne le vibrazioni che preannunciavano a distanza di chilometri l'arrivo del branco.

Quando finalmente c'era l'avvistamento, i cacciatori circondavano i bisonti che fuggivano in preda alla furia e al terrore travolgendo tutto ciò che trovavano sul loro cammino. Questo momento era pericolosissimo. Gli Indiani cavalcavano "a pelo", cioè senza sella e senza staffe, in mezzo a migliaia di animali lanciati al galoppo che pesavano ciascuno qualche centinaio di chili. Chi cadeva da cavallo era spacciato; chi si avvicinava per colpire e mancava la preda veniva incornato. Perciò la caccia era preceduta da complesse **cerimonie religiose** dirette dallo **stregone**, che indossava pelli di bisonte per impadronirsi magicamente della sua forza, e seguite dagli uomini e dalle donne della tribù con danze ritmiche e canti intorno al fuoco.

Più volte si invocava **Manitu**, il "Grande Spirito" che assommava in sé tutte le forze della natura: il Vento, la Pioggia, la Prateria, gli Animali. Per entrare in comunicazione con lui lo stregone fumava o ingeriva droghe provenienti da erbe che gli procuravano uno stato di trance durante il quale parlava in modo sconnesso e aveva visioni.

Ogni tribù, inoltre, aveva il suo **totem**, cioè un animale sacro (il condor, il puma, il coyote) che era proibito cacciare per non suscitare l'ira del "Grande Spirito" e che veniva raffigurato su alti pali di legno collocati al centro degli accampamenti.

Dei bisonti gli Indiani usavano tutto: la carne per nutrirsi, la pelle per fare le tende e i mantelli, le corna per costruire oggetti. Alcuni Indiani integravano la loro dieta praticando un'**agricoltura primitiva** e limitandosi a dissodare superficialmente il terreno e a seminare, attendendo poi che la pioggia aiutasse la crescita spontanea delle piantine.

Fra una tribù e l'altra esistevano forti ostilità che tennero gli Indiani in un perenne stato di guerra e a lungo andare contribuirono a indebolire la loro resistenza contro i bianchi.

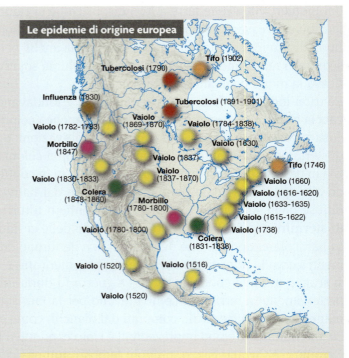

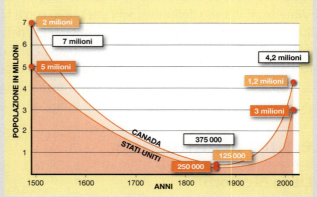

Il crollo demografico dei nativi nord-americani
Il grafico mostra le spaventose cifre del crollo demografico della popolazione indiana del Canada e degli Stati Uniti tra il XVI e il XIX secolo. A parte le Guerre indiane della seconda metà dell'Ottocento, che le diedero il colpo di grazia, il crollo della popolazione avvenne a partire dall'arrivo del *conquistador* Hernando De Soto che attraversò il territorio compreso tra la Florida e il Texas tra il 1539 e il 1542. I Pellirosse erano abituati ad alcune malattie come la tubercolosi polmonare, l'artrosi e la sifilide (che trasmisero agli Europei, i quali invece non la conoscevano), ma erano completamente indifesi di fronte al vaiolo, al tifo, al colera, al morbillo, alla peste, alla malaria, agli orecchioni e all'influenza.

Solo quando arrivavano a rischiare lo sterminio reciproco, gli anziani delle tribù in lotta accettavano di fumare insieme il "**calumet della pace**", la lunga pipa piena di tabacco che si passavano l'un l'altro in segno di amicizia, e le tribù potevano "sotterrare l'ascia", compiendo il gesto che equivaleva a un trattato di pace.

Testimoni e interpreti

Riflessioni di un capo indiano

Nel 1854 un capo indiano così si rivolgeva alla sua gente spiegando che "il Gran Capo di Washington", cioè il presidente degli Stati Uniti, si era offerto di comprare la terra della tribù.

Il Gran Capo di Washington manda a dire che vuole comprare la nostra terra. Egli invia anche espressioni d'amicizia e di benevolenza. Gentile da parte sua, visto che ha ben poco bisogno della nostra amicizia. Ma prenderemo in considerazione la vostra offerta perché sappiamo che, se non vendiamo, l'uomo bianco può venire con le armi a prenderci la nostra terra.

Come si può comprare o vendere il cielo, il calore della terra? L'idea per noi è strana. Se la freschezza dell'aria e il luccichio delle acque non sono in nostro possesso, come potete comprarli?

Ogni parte di questa terra è sacra per il mio popolo. Ogni ago scintillante di pino, ogni spiaggia sabbiosa, ogni nebbia dei boschi fitti, ogni insetto è sacro alla memoria o all'esperienza del mio popolo. La linfa che scorre negli alberi conserva il ricordo del pellerossa.

L'acqua luccicante che si muove nei ruscelli e nei fiumi non è solo acqua ma il sangue dei nostri antenati. Se vi venderemo la terra, dovrete ricordarvi che è sacra e che ogni riflesso nell'acqua chiara dei laghi parla di eventi e di memorie della vita del mio popolo. Il mormorio dell'acqua è la voce del padre di mio padre. I fiumi ci sono fratelli, essi leniscono la nostra sete, trasportano le nostre canoe e nutrono i nostri bambini.

Se vi vendiamo la nostra terra, dovete insegnare ai vostri figli che i fiumi sono i nostri fratelli e i vostri e dovete perciò trattare i fiumi con la gentilezza con cui trattereste un fratello.

Sappiamo che l'uomo bianco non comprende i nostri princìpi. Per lui una terra vale l'altra. Egli tratta la terra sua madre e il cielo suo fratello come cose che si possono comprare e vendere, come pecore o monìli. La sua avidità divorerà la terra lasciandosi dietro soltanto un deserto.

Io non capisco. Noi viviamo in modi diversi. La vista delle vostre città ferisce gli occhi del pellerossa. Non esiste un luogo tranquillo nelle città dell'uomo bianco. Un luogo in cui ascoltare il mormorio delle foglie a primavera o il fruscio delle ali degli insetti. Solo il rumore che è insulto per le orecchie.

Gli Indiani preferiscono il suono dolce del vento che danza sulla superficie di uno stagno e l'odore stesso del vento lavato dalla pioggia o profumato di pino. L'aria è preziosa per il pellerossa, perché tutte le cose respirano, l'animale, l'albero, l'uomo hanno lo stesso respiro. L'uomo bianco non si accorge dell'aria che respira.

Io sono un selvaggio e non capisco. Ho visto migliaia di bufali, putrefatti nella prateria, uccisi dall'uomo bianco che sparava da un treno in corsa. Io sono un selvaggio e non capisco come il fumoso cavallo di ferro possa essere più importante del bufalo che noi uccidiamo solo per sopravvivere.

Che cosa è l'uomo senza gli animali? Se non ce ne fossero più, gli Indiani morirebbero di solitudine. Perché quanto accade agli animali, presto accade agli uomini. Tutte le cose sono connesse.

Tutto ciò che capita alla terra capita ai figli della terra. Se gli uomini sputano sulla terra, sputano su se stessi. Questo lo sappiamo. Tutte le cose sono connesse come il sangue che unisce una famiglia. Tutto ciò che capita alla terra capita ai figli della terra. L'uomo non ha tessuto la ragnatela della vita: è solo un filo in essa. Tutto ciò che fa alla ragnatela, lo fa a se stesso. Ma noi considereremo la vostra offerta di ritirarci nelle riserve che ci offrite. Vivremo a parte e in pace. Non conta molto dove passeremo il resto dei nostri giorni.

LABORATORIO

Riflettere

1 I princìpi del Capo indiano si basano sul profondo rispetto per la natura. L'equilibrio ecologico è, infatti, indispensabile all'uomo per mantenere in vita il patrimonio terrestre e anche se stesso. Rifletti sull'importanza dell'educazione alla sostenibilità ambientale.

8 Il "miracolo americano"

Annientati gli Indiani e confinati gli ex schiavi nei ghetti, per i bianchi la fine della guerra segnò l'inizio di un **decollo economico** che entro la fine del secolo, e quindi in un tempo straordinariamente breve, diede agli Stati Uniti un ruolo di **primo piano tra le grandi potenze mondiali**.

Con i progressi compiuti anche grazie alle risorse del West, l'industria statunitense era ormai più moderna di quella britannica, la popolazione era quasi completamente alfabetizzata, ogni nuova invenzione europea veniva immediatamente adottata e ben presto gli Stati Uniti contesero al Vecchio continente anche il record delle **scoperte**.

Mentre anche il Sud e il West diventavano un immenso **mercato di consumatori**, l'industria si sviluppò a tal punto ed ebbe tanto bisogno di manodopera che il governo aprì le frontiere a un'**immigrazione senza limiti**, contribuendo a una rapidissima crescita della popolazione, che passò dai 23 milioni di abitanti del 1848 ai 97 milioni del 1914. Le città maggiori, come **Chicago** (capitale delle carni) e **Detroit** (futura capitale dell'automobile), passarono da poche decine di migliaia a uno o due milioni di abitanti e **New York** divenne una metropoli paragonabile a Londra o a Parigi. Nel **1867** per 7,2 milioni di dollari gli Stati Uniti acquistarono dallo zar di Russia l'immenso territorio dell'**Alaska** situato a nord-ovest, ingrandendo ulteriormente il loro territorio.

Arriva la Statua della libertà
Nel 1886 fu collocata nella baia di New York la statua-simbolo dell'America, donata agli Stati Uniti dalla Francia in ricordo dell'antica alleanza contro la Gran Bretagna. Qui la si vede ancora in costruzione a Parigi. Lo scultore le mise nella mano sinistra la *Dichiarazione d'indipendenza*; nella destra essa brandisce una torcia di rame dorato, destinata a fungere da faro.

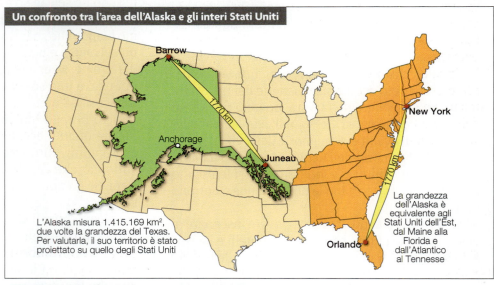

Un confronto tra l'area dell'Alaska e gli interi Stati Uniti

L'Alaska misura 1.415.169 km², due volte la grandezza del Texas. Per valutarla, il suo territorio è stato proiettato su quello degli Stati Uniti.

La grandezza dell'Alaska è equivalente agli Stati Uniti dell'Est, dal Maine alla Florida e dall'Atlantico al Tennesse.

La crescita dell'economia americana dopo la Guerra di secessione

Il grafico mostra l'inarrestabile ascesa del reddito *pro capite* della popolazione statunitense, che non conobbe soste neanche durante la Lunga depressione che colpì tutto il resto del mondo (vedi capitolo 17).

Testimoni e interpreti

La responsabilità dei ricchi

Leggi altre fonti dirette nella Biblioteca digitale

Un interessante documento che il miliardario Andrew Carnegie scrisse nel 1889: lasciare un'eredità ai figli significa rammollirli. Anche questa considerazione fa parte dello "spirito americano".

Perché gli uomini dovrebbero lasciare grandi fortune ai figli? Se ciò avviene per ragioni di affetto, non è forse affetto fuorviato?
L'esperienza ci insegna che, in generale, non è bene che i figli debbano essere in tal modo caricati di ricchezza. Dopo aver provveduto per la moglie e le figlie moderate fonti di reddito, e qualche modesta cifra per i figli, gli uomini dovrebbero ben esitare a compiere altri passi in questa direzione, perché è più che evidente ormai che grandi fortune lasciate in eredità spesso producono più danno che altro a coloro che le ricevono.
Non si suggerisce affatto che gli uomini che non sono riusciti a educare i loro figli a guadagnarsi la vita debbano lasciarli in balia della povertà. Se un padre ha ritenuto opportuno allevare i propri figli preoccupandosi che non conducano una vita oziosa, oppure, fatto ancora più degno di lode, se ha inculcato in essi il sentimento di lavorare per l'interesse pubblico, date le loro possibilità, senza tener conto di considerazioni di lucro, allora dovere del genitore è di provvedere che dei mezzi finanziari siano forniti loro "con moderazione".

Vi sono casi di figli di milionari niente affatto guastati dalla ricchezza, i quali pur essendo ricchi svolgono importanti funzioni al servizio della comunità. Questi sono il vero sale della terra, tanto preziosi quanto sfortunatamente rari.
Non è tuttavia l'eccezione ma la regola che gli uomini debbono prendere in considerazione; e, osservando quello che è normalmente il risultato delle somme enormi trasmesse agli eredi, la persona riflessiva dovrà dire: "Lascerò presto a mio figlio la maledizione del dollaro onnipotente" e ammettere che non è il benessere dei figli ma l'orgoglio di famiglia che ispira questi lasciti enormi.

LABORATORIO

Comprendere
1. Come mai l'acquisizione di una cospicua eredità può produrre danni in chi la riceve?
2. Quale educazione dovrebbe impartire un padre milionario per non "guastare" i propri figli con la ricchezza?

Riflettere
3. Credi che questa mentalità americana si riscontri nell'Italia di oggi?

9 I baroni della rapina

I protagonisti di questa crescita furono centinaia di **imprenditori, affaristi, avventurieri** che i loro stessi contemporanei definirono "baroni della rapina". Ognuno di loro agiva soltanto **in nome del profitto**; la frode, la corruzione e anche l'omicidio erano per loro metodi naturali per trattare gli affari. Per loro il mondo era una giungla in cui l'animale più forte aveva il diritto di divorare il più debole. Di questi comportamenti non si faceva alcun mistero; ecco, per esempio, i consigli che un capitalista di quegli anni dava ai colleghi scrivendo su un giornale economico di New York: "Se un giudice ha il potere di arrecare danno alla vostra impresa e riga dritto solo dopo essersi fatto comprare, è un dovere risparmiare e comprare quel giudice".
"**Comprare**" era la parola d'ordine di chi inseguiva denaro e successo. Si compravano i giudici, gli uomini politici, i testimoni dei processi, gli agenti federali, che erano l'equivalente della nostra polizia. Si compravano inoltre poliziotti privati, vere e proprie squadre di provocatori e di picchiatori che fungevano non solo da guardie del corpo, ma anche da squadre armate antioperaie quando i lavoratori scendevano in sciopero.

Una delle più celebri agenzie investigative americane, l'Agenzia Pinkerton, che nel Novecento divenne poi famosa per i suoi detective, nacque in realtà nella seconda metà dell'Ottocento con la funzione di picchiare gli scioperanti e di eliminare i sindacalisti che organizzavano le proteste dei lavoratori.

10 Il mito del successo e il mito dell'onestà

Tutto il sistema americano incoraggiava questa mentalità. L'estensione territoriale si era decuplicata nel giro di pochi decenni, le **leggi** erano **generiche e imperfette**, il governo era così **carente di strutture amministrative**, che gli Europei addirittura consideravano gli Stati Uniti "un Paese senza governo".
A causa della scarsità di funzionari statali e grazie al fatto che, finita la Guerra di secessione, il Paese poté ridurre l'esercito a soli 20 000 uomini, le tasse pagate dai cittadini erano irrisorie. In questo paradiso fiscale e in questa nazione quasi del tutto priva di regole, **abilità e mancanza di scrupoli** crearono **fortune da capogiro**.
Nel 1880 fu coniata una nuova parola, "**multimilionario**", e fu applicata in gran parte a uomini venuti dal nulla, come **Andrew Carnegie**, il re dell'acciaio, che era stato un telegrafista delle ferrovie, o **John Rockefeller**, il re del petrolio, che aveva fatto il contadino in una piccola fattoria. Uomini come questi crearono il mito del *self-made man*, "l'uomo che si è fatto da sé".
Gli Americani ammiravano il successo, ma erano anche gente che credeva profondamente in Dio e nei princìpi morali. Contro il **mito dei baroni della rapina** nacque così il **mito dei pionieri**, i coraggiosi, onesti, tenaci colonizzatori del West. Entrambi i modelli entrarono a far parte integrante della mentalità americana, e da allora la lotta tra l'affarismo senza scrupoli del capitalista e la rettitudine del colono è rimasta sempre una costante della coscienza collettiva degli Stati Uniti.

Il mito dei pionieri
Questa famiglia che, a metà Ottocento, partecipò alla corsa per la conquista del West e riuscì ad avere una terra e una capanna è ancora oggi il simbolo della tenacia, dell'operosità e della inesauribile fede nella Bibbia che fanno parte della memoria collettiva americana.

GUIDA ALLO STUDIO
Sintesi

1-2 · L'acquisto della Louisiana e la conquista del West

Fra Ottocento e Novecento, la grande corsa all'industrializzazione vede l'esordio degli Stati Uniti. In poco più di un secolo le 13 ex colonie sono diventate 31 Stati e questo ampliamento è iniziato nel 1803, quando il presidente Jefferson ha ottenuto da Napoleone Bonaparte di poter acquistare la colonia francese della Louisiana. Due funzionari sono stati incaricati di esplorare i territori sconosciuti della nuova regione e di spingersi ancora oltre, fino alle spiagge del Pacifico. Al loro ritorno hanno raccontato di aver attraversato 6000 chilometri di terre vergini e ricchissime: è il Far West e ha inizio la sua conquista.

3-4 · La colonizzazione del West e l'unione ferroviaria degli Stati Uniti

Nel 1848 gli Stati Uniti muovono guerra al Messico e si appropriano della California dove, un anno dopo, viene scoperto un filone aurifero che scatena la "febbre dell'oro". I cercatori arrivano da ogni parte e le navi attraccano nella baia di San Francisco, che in un anno passa da 812 a 35 000 abitanti. La conquista del West viene completata dai pionieri che, a partire dal 1849, si muovono da est a ovest in cerca di terre da coltivare. Sulla scia di tutti questi eventi diventa chiaro che è necessario collegare le due coste e nel 1869 si realizza l'unione ferroviaria degli Stati Uniti. Nel frattempo le grandi compagnie ferroviarie hanno ottenuto una legge chiamata *Homestead Act* che ha permesso loro di impadronirsi di sterminate porzioni di territorio, rivendute poi a prezzi esorbitanti.

5-6 · Il problema della schiavitù e la Guerra di secessione

Con la conquista del West si delineano tre diverse società corrispondenti a tre diverse zone del Paese. Il Nord è ricco e industrializzato; il Sud si basa sulle grandi piantagioni dove lavorano 4 milioni di schiavi neri; l'Ovest vive di agricoltura, allevamento e commerci. Il problema della schiavitù diventa motivo di scontro fra gli abolizionisti del Nord e i latifondisti del Sud, che vorrebbero estenderla anche agli Stati dell'Ovest. Quando, nel 1860, diventa presidente degli Stati Uniti l'abolizionista Abramo Lincoln, i tredici Stati del Sud temono che voglia vietarla ovunque e l'anno successivo fondano la Confederazione degli Stati d'America uscendo dall'Unione. La Guerra di secessione, che dura dal 1861 al 1865, vede la sconfitta del Sud e Lincoln proclama l'abolizione della schiavitù su tutto il territorio americano, anche se, in molti Stati, i neri continueranno a essere vittime di una dura politica di segregazione razziale.

7 · Le "Guerre indiane"

Uscito dalla Guerra civile, il governo decide di mettere fine alla questione indiana. Da tempo l'avanzata dei pionieri ha costretto i Pellirosse a trasferimenti in massa in territori sempre più ristretti, impegnandoli in scontri sanguinosi che hanno determinato uno spaventoso calo demografico nelle loro tribù. Tra il 1860 e il 1890 questi scontri si trasformano in vere e proprie guerre di sterminio che prendono il nome di "Guerre indiane". Il massacro di Wounded Knee del 1890 segna la vittoria finale degli Americani e i Pellirosse sopravvissuti vengono chiusi nelle riserve.

8-10 · Il decollo degli Stati Uniti

Per i bianchi americani inizia il decollo economico che porterà la nazione ad assumere un ruolo di primo piano tra le grandi potenze mondiali. Protagonisti di tale crescita sono centinaia di imprenditori, affaristi e avventurieri, definiti "baroni della rapina", che agiscono solo in nome del profitto. Essi rispecchiano il mito del *self-made man* al quale si contrappone il mito dei pionieri, i coraggiosi e onesti colonizzatori del West, ed entrambi i miti entrano a far parte integrante della mentalità americana.

368 Unità 4 Capitalismo e imperialismo

GUIDA ALLO STUDIO

Mappa concettuale

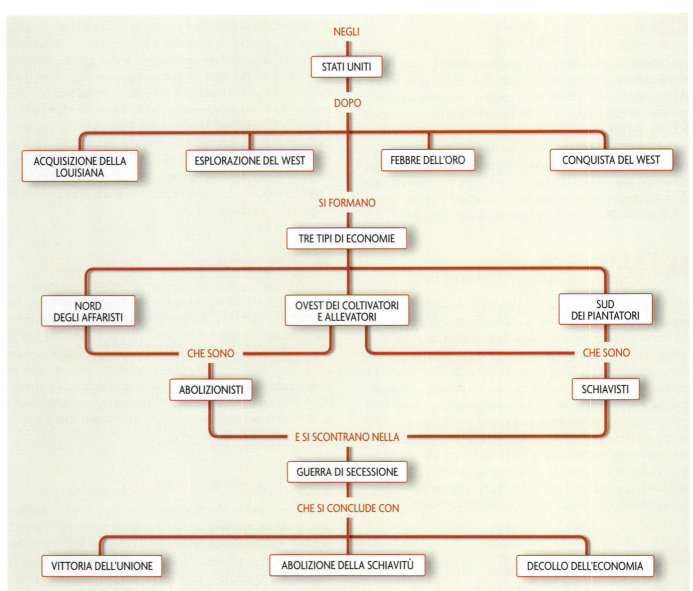

Verifica formativa

ARRICCHIRE IL LESSICO

1. Il termine "frontiera" che hai incontrato in questo capitolo deriva dal sostantivo maschile e femminile "fronte" ("il fronte", "la fronte") che dà origine a numerose parole, per esempio *frontale; frontespizio; confronto; affronto; sfrontato*. Usale per scrivere cinque frasi di senso compiuto.

COMPRENDERE IL TESTO

2. **Rispondi alle domande seguenti.**
   1. In quali territori erano concentrati i 31 Stati che formavano gli Stati Uniti?
   2. Quali caratteristiche aveva il West?
   3. Da chi erano abitate le terre dell'Ovest?
   4. Di quali libertà godevano gli Americani bianchi?

CAPITOLO 16

3 Indica se le seguenti affermazioni sono vere o false.
1. Nel 1803 Thomas Jefferson acquistò la colonia della Louisiana dal re d'Inghilterra. V F
2. Oltre la Louisiana, si estendeva il Far West, 6000 chilometri di terre vergini e ricchissime che potevano essere conquistate. V F
3. Nel 1847 la California votò la secessione dal Messico e l'annessione agli Stati Uniti. V F
4. Nel 1848 in California fu scoperto un filone aurifero che scatenò la "febbre dell'oro". V F
5. Nel 1849 migliaia di pionieri mossero da ovest verso est in cerca di terra da coltivare. V F
6. Nel 1869 fu completata l'unione ferroviaria degli Stati Uniti. V F
7. Lo *Homestead Act* favorì sia i pionieri sia le grandi compagnie ferroviarie. V F

4 Completa il brano seguente.

Gli Stati del Nord erano la zona .... più progredita del Paese; gli Stati dell'Ovest, fondati dai ...., vivevano di .... e ....; gli Stati del Sud, invece, erano fondati sui ...., grandi .... dove lavoravano .... milioni di .... Da tempo, negli Stati Uniti, si dibatteva il problema della .... ed era nata una corrente .... di cui divenne leader il nuovo presidente, ... Quando gli Stati del Sud temettero che egli volesse abolire la .... in tutta l'America, fondarono la .... dando così avvio alla ...., che si svolse fra il .... e il .... e che vide la loro sconfitta. Nel ...., infatti, il presidente .... proclamò l'abolizione della .... su tutto il territorio americano, anche se questo non segnò la fine delle sofferenze della popolazione ...., vittima ancora per decenni della .... razziale.

5 Rispondi alle domande seguenti.
1. Perché gli Indiani si opposero all'avanzata dei pionieri?
2. Perché i Pellirosse subirono uno spaventoso calo demografico?
3. In che periodo si svolsero le "Guerre indiane"?
4. Che cosa accadde dopo il massacro di Wounded Knee del 1890?

6 Scrivi in che cosa consistette il "miracolo economico" e da che cosa nacque il mito del *self-made man*.

LE DATE DELLA STORIA

7 Scrivi, accanto agli eventi, le date corrispondenti.
- Guerra di secessione ....
- Abolizione della schiavitù ....

GUIDA ALL'ESPOSIZIONE ORALE

1 Spiega a che cosa dà avvio, negli Stati Uniti, l'acquisto della colonia francese della Louisiana.

Scaletta:
• scoperta delle potenzialità del Far West • conquista della California • "febbre dell'oro" • colonizzazione del West • unione ferroviaria • *Homestead Act* • formazione di tre diverse società • problema della schiavitù

Parole e concetti chiave:
guerra al Messico, San Francisco, nuove tecnologie, pionieri, compagnie ferroviarie, linea telegrafica, Stati del Nord: industrie, Stati dell'Ovest: agricoltura, allevamento e commerci, Stati del Sud: piantagioni e schiavi neri.

Come cominciare:
"Nel 1803 Thomas Jefferson acquistò da Napoleone Bonaparte la colonia francese della Louisiana."

2 Illustra gli eventi che portarono alla Guerra di secessione, il suo esito e le sue conseguenze.

Scaletta:
• giustificazione della schiavitù da parte dei piantatori del Sud • elezione dell'abolizionista Abramo Lincoln • timore di una eliminazione della schiavitù in tutti gli Stati • secessione • Confederazione degli Stati d'America • sconfitta del Sud • abolizione della schiavitù • conquista del diritto di voto • segregazione razziale

Parole e concetti chiave:
Unione, generale Lee, Confederazione, generale Grant, Gettysburg, sètte razziste, Ku Klux Klan.

Come cominciare:
"Le grandi piantagioni del Sud impiegavano 4 milioni di schiavi neri."

3 Spiega come e perché i Pellirosse furono sterminati e i superstiti chiusi nelle riserve.

Scaletta:
• avanzata dei pionieri • trasferimenti di massa • calo demografico • "Guerre indiane" • Wounded Knee • riserve

Parole e concetti chiave:
seminomadismo, caccia al bisonte, epidemie, guerre di sterminio, estinzione.

Come cominciare:
"Uscito dalla Guerra civile, il governo decise di concludere la questione indiana."

ARTE E TERRITORIO

Da dove nasce la "tua" musica

IERI

La musica degli schiavi

Torniamo indietro fino ai primi decenni del XVII secolo. In una baia dell'Oceano Atlantico sono accampate alcune centinaia di neri che presto saranno avviati a un mercato di schiavi per essere venduti al miglior offerente.
Ci stupisce un particolare: sono nudi, stanchi, affamati ma hanno con sé degli **strumenti musicali**: tamburi, balafon (simili a xilofoni) e un antenato del banjo, che chiamano banjar.
È tutto ciò che hanno potuto portare con sé, in un'epoca in cui lo stivaggio di esseri umani nelle navi negriere non era ancora arrivato ai livelli che avrebbe raggiunto qualche decina di anni dopo.
I coloni inglesi li mettono subito a raccogliere il cotone; quando fa buio, li ammassano in un recinto all'aperto dove buttano qualcosa da mangiare.
Poi i coloni si ritirano nelle loro baracche. Mentre, dopo aver cenato, le famiglie bianche sono immerse nella lettura serale della Bibbia, da fuori arriva un **suono ritmico** che va crescendo in velocità e intensità; su questo ritmo si sente **un coro cantare**.
Gli uomini escono di corsa e, alla luce delle fiaccole, intravedono parte dei neri che ballano scatenati in cerchio, mentre altri, uomini e donne, se ne stanno seduti e, più che cantare, gridano.
La scena ha tutte le caratteristiche per apparire diabolica ai pii coloni puritani della Virginia: afferrano i fucili e le fruste e, non senza fatica e qualche morto, ristabiliscono

La lezione di banjo
Così è intitolato questo dipinto dell'artista nero Henry Tanner, che mostra un uomo mentre insegna al nipotino a suonare lo strumento dei suoi avi.

Musica canto e danza
Gli schiavi di una piantagione lodano Dio dopo una settimana di lavoro.

l'ordine. In seguito i coloni continuarono a **proibire le danze**, che giudicavano lascive, e vietarono anche i tamburi, perché temevano che, come accadeva presso gli Indiani, i neri li usassero per lanciarsi messaggi da una piantagione all'altra e per organizzare rivolte.
Capirono, tuttavia, che, se avessero tolto loro anche il canto e la musica, gli schiavi sarebbero morti; anzi si confessavano a vicenda che "un nero che canta è un buon nero" (perché è più produttivo) e permisero che gli schiavi continuassero a **ritmare la raccolta del cotone** cantando.
Ben presto, come accadeva in Africa, la musica assunse un ruolo determinante nella vita delle comunità nere d'America. Divenne uno **strumento di educazione**, una **forma d'arte** e il **linguaggio della religione cristiana** alla quale ben presto si convertirono.
Essa regolò le ore di lavoro, espresse le emozioni e

provvide all'intrattenimento. Attraverso la musica le diverse comunità comunicarono tra loro in un modo incomprensibile ai bianchi, strinsero legami di solidarietà, consolidarono i loro sentimenti di appartenenza e conservarono il **ricordo delle loro radici**.

OGGI

Il rock

La musica di gruppi contemporanei come gli Strokes o i Radiohead è nata nei primi anni Cinquanta del Novecento, quando **Elvis Presley** e **Chuck Berry** lanciarono il **rock 'n roll**, un genere musicale deflagrante, connotato da un ritmo estremamente scandito e dall'uso di nuovi strumenti (chitarra e basso elettrici), accompagnato in quegli anni da un nuovo look a base di blue-jeans, giacconi di cuoio e movimenti scandalosamente sensuali.

Con l'inizio degli anni Sessanta, il rock si arricchì nei contenuti musicali e ideologici grazie a gruppi fortemente influenzati dalla tradizione classica, come i **Beatles**, o a solisti impegnati in politica e poesia come **Bob Dylan**.

Il rock è nato in un **ambiente bianco** e ancora fortemente razzista, ma è il grande rampollo della musica afroamericana. Precisamente del **jazz**, la musica degli anni Venti suonata dai "menestrelli" di New Orleans, cioè da orchestrine di strumenti a fiato e a corda accompagnate dai pianisti.

Come si può sintetizzare il jazz? Un ritmo variato e vivace, lo *swing*, che si unisce a melodie e armonie estremamente ricercate; l'utilizzazione delle più ampie possibilità espressive degli strumenti a fiato e a percussione; la libera improvvisazione del solista su un ritmo di base; il medesimo solista che con la tromba o il clarinetto imita la voce umana.

A sua volta il jazz deve molto al **blues**, nato tra il 1865 e il 1870, dopo la delusione seguita alle speranze alimentate dall'abolizione della schiavitù; i suoi temi: il razzismo, la durezza del lavoro, le lodi di Dio, l'amore. "Blues" è una parola che indica malinconia, tristezza, ironia, ma che è in realtà intraducibile: "Nessun uomo bianco ha mai avuto il blues", disse Leadbelly, uno dei suoi massimi autori. No, perché per averlo bisogna aver subìto il razzismo del Sud o essersi affacciati alla vita nei ghetti del Nord.

Il cantore di blues insisteva su una nota particolare, la cosiddetta *blue note* o "nota triste", e dialogava con lo strumento, un solo strumento – in genere una chitarra o un'armonica – che funzionava come un interlocutore: sottolineava, puntualizzava o anticipava le parole.

Il dialogo del blues tra strumento e cantore ci porta più indietro ancora, al tempo in cui gli schiavi del Sud si convertirono al cristianesimo protestante e la domenica cominciarono a raccogliersi in chiesa, l'unico luogo dove potevano parlare liberamente.

In quelle chiese, baracche per neri costruite da neri, i **canti nati nelle piantagioni** generarono gli *spirituals*, dialoghi cantati fra recitante e uditorio in cui si tessevano le lodi di *Lord*, "il Signore".

E dopo gli *spirituals* ci fu il blues, e dopo il blues il jazz, e dopo il jazz il rock, che oggi non è più solo musica ma una vera e propria cultura.

Il blues
La locandina di uno spettacolo degli anni Venti del Novecento. In quell'epoca la musica nera del Sud cominciò a essere esportata nel Nord industriale degli Stati Uniti dilagando nei cabaret e nei nightclub e facendo nascere nuovi balli frenetici come il charleston.

Elvis Presley, il re del rock
Il rock è la musica "bianca" nata dalla musica "nera".

17 La Seconda rivoluzione industriale

 Ripassa l'imperialismo e la Seconda rivoluzione industriale e **verifica** le tue conoscenze; quindi **approfondisci** le fonti, i collegamenti interdisciplinari e la cittadinanza

1873 — LUNGA DEPRESSIONE E SECONDA RIVOLUZIONE INDUSTRIALE — 1900 ca.

1 Un'epoca di trasformazioni

Il **1873** è una delle date periodizzanti della storia. Essa, infatti, segnò l'inizio della cosiddetta "**grande crisi di fine secolo**", detta anche "**Lunga depressione**", che durò fino al **1890-1900** (a seconda dei luoghi).
Essa ebbe come conseguenza una serie di trasformazioni che mutarono profondamente il carattere del capitalismo, l'atteggiamento dei lavoratori, la qualità e la quantità dei beni prodotti dall'industria e dall'agricoltura e lanciò le nazioni industrializzate alla conquista di nuovi territori negli altri continenti.
In sintesi, migliorò radicalmente la vita quotidiana delle **popolazioni occidentali**, mentre in Asia e in Africa trasformò un numero enorme di uomini liberi in **colonizzati**.

2 Crescita demografica e urbanesimo

STORIA E TERRITORIO
Londra, capitale del mondo, pag. 394

La crisi si abbatté sull'Europa e sugli Stati Uniti dopo un periodo di crescita dovuto agli effetti della Prima rivoluzione industriale e ai quarant'anni di pace seguiti al Congresso di Vienna.
Il risultato più evidente di questa congiuntura positiva era stato la prodigiosa **crescita demografica** dovuta ai **progressi della medicina e dell'igiene** ma soprattutto all'**aumento delle rese agricole**, grazie all'introduzione di nuovi concimi organici nelle coltivazioni, che permise un **miglioramento dell'alimentazione**. Molti Paesi del Vecchio e del Nuovo Mondo avevano addirittura raddoppiato la loro popolazione (vedi Tabella 1 nella pagina a fronte).
Questa massa di gente si era riversata in gran parte nelle **città**, attirata dalle offerte di lavoro delle fabbriche e degli uffici. Le grandi metropoli dell'Antico Regime, Londra ◄, Parigi, Napoli e Istànbul, erano state affiancate da nuovi centri in rapido sviluppo (vedi Tabella 2) e negli Stati Uniti erano cresciute a dismisura New York e Chicago.
Questo nuovo urbanesimo, il più rilevante e tumultuoso dopo quello che aveva

LESSICO — ECONOMIA
Urbanesimo
L'attrazione esercitata dalla città sulle popolazioni rurali, soprattutto quando si accompagna a un trasferimento massiccio della popolazione agricola nei centri urbani.

trasformato il volto dell'Europa nel Basso Medioevo, portò con sé **due conseguenze** di grande rilievo economico.

La prima fu che la grande richiesta di abitazioni fece **crescere la rendita delle zone urbane**, restituendo uno *status* privilegiato alle vecchie **aristocrazie**, tradizionalmente proprietarie di terreni e immobili. Ingrandendosi, le città ingoiarono campi e pascoli, che ai loro proprietari resero cifre fino ad allora impensabili, fornendo alle famiglie nobili enormi capitali con i quali esse entrarono nell'industria. Questi capitali contribuirono alla nascita e al potenziamento di grandi aziende che schiacciarono quelle più piccole, cominciando a intaccare quel concetto di libera concorrenza che era stato alla base del capitalismo liberista del Settecento e della prima metà dell'Ottocento.

La seconda conseguenza fu lo scardinamento degli antichi equilibri tra agricoltura, industria e **servizi**. Cominciò allora, infatti, l'aumento della ricchezza prodotta dai **trasporti**, necessari ad approvvigionare le metropoli con i prodotti della campagna e a rendere possibile lo spostamento di grandi masse di cittadini all'interno delle città stesse. Sempre nell'ambito dei servizi, furono aperte nuove strade e costruiti ponti, raddoppiati i binari delle ferrovie, allestiti ospedali, aperte nuove scuole.

1 La crescita demografica nel periodo 1850-1910

nazione	1850	1910
Gran Bretagna	20 800 000	40 800 000
Germania	34 000 000	65 000 000
Italia	24 000 000	34 700 000
Francia	35 800 000	39 600 000
Austria-Ungheria	30 700 000	49 500 000
Russia	68 500 000	160 700 000

2 La crescita della popolazione nelle città nel periodo 1850-1910

Città	1850	1910
Parigi	1 053 000	2 880 000
Londra	2 685 000	7 256 000
Birmingham	233 000	526 000
Manchester	303 000	714 000
Glasgow	345 000	841 000
Edimburgo	194 000	401 000
Bruxelles	251 000	720 000
Lione	177 000	472 000
Colonia	97 000	547 000
Lipsia	63 000	588 000
Dresda	97 000	547 000
Berlino	419 000	2 071 000
Milano	42 000	599 000
Torino	135 000	428 000

Parigi
La capitale francese (qui raffigurata in un dipinto di Camille Pissarro) fu la prima città europea a darsi un volto nuovo adatto alle mutate condizioni economiche e sociali. Già prima del 1870 Napoleone III ordinò all'architetto Haussmann di sventrare il centro storico per trasformare i vicoli di origine medievale in immensi viali chiamati *boulevards*. Lo scopo era di dare prestigio alla città e di snellire il traffico, ma anche di impedire al proletariato di fare barricate come quelle che aveva innalzato nel 1830 e nel 1848.

Ruote inaffidabili
Una caricatura della situazione economica ai tempi della grande crisi: la bicicletta ha come ruote un dollaro d'oro e uno d'argento ma le viti che le assicurano al telaio stanno per cedere e il ciclista cadrà a terra.

Capitolo 18

3 La grande crisi di fine secolo

La congiuntura economica positiva si arrestò bruscamente nel **1873**, quando una complessa serie di fenomeni portò al collasso l'economia mondiale. Le cause principali furono il **crollo della produzione europea di cereali** (in gran parte dovuta a un peggioramento del clima), la contemporanea **invasione dei mercati europei da parte del grano americano** (che tenne bassi i prezzi, impedendo ai grandi e piccoli proprietari del Vecchio continente di rifarsi del calo dei raccolti alzandoli) e la scoperta che le industrie avevano prodotto troppo rispetto al mercato e che i magazzini erano stracolmi di merci invendute creando una **crisi di sovrapproduzione**, un tipo di crisi tra le più temibili del sistema capitalistico.

Negli **Stati Uniti**, per esempio, la quantità di investimenti destinati alla costruzione di ferrovie si rivelò eccessiva: quando rotaie, legname, vagoni, pezzi per le locomotive non trovarono più acquirenti, crollarono sia le azioni delle fabbriche sia quelle delle banche che avevano prestato loro il denaro. Il panico si impadronì non solo di chi aveva comprato azioni in Borsa ma anche di coloro che avevano semplicemente depositato il loro denaro in banca e che non riuscirono a riaverlo, mentre esplodeva la disoccupazione e i prezzi salivano alle stelle.

In **Gran Bretagna** si verificò, invece, un crollo delle esportazioni. In **Germania** rallentò lo sviluppo della siderurgia che aveva corso molto in seguito alla vittoria sulla Francia del 1870. La **Francia**, a sua volta, fu piegata da una carestia e dal pagamento dei debiti di guerra che doveva alla Germania. L'**Italia** scontò la sua arretratezza tecnologica che la costrinse ad acquistare macchine dall'estero, producendo quindi a costi non competitivi.

Fu proprio questa grande crisi a convincere **Marx**, in questi anni, che il sistema capitalistico aveva le ore contate ◀.

4 L'uscita dalla crisi

Contrariamente alle previsioni di Marx, il **capitalismo** mostrò di sapersi **rinnovare**, anche se a volte con soluzioni traumatiche.

- Innanzitutto, per difendersi dal basso prezzo del grano americano, le nazioni europee imposero **pesanti dazi sulle importazioni** che alzarono considerevolmente i prezzi al dettaglio. Si verificò così la prima infrazione alla regola stabilita dal capitalismo originario: contro il liberismo, e quindi contro la libera circolazione delle merci senza dogane e la libera concorrenza, si chiese il **protezionismo**.
- Il secondo intervento riguardò la **meccanizzazione dell'agricoltura**. Fino a quel momento i contadini europei e americani si erano serviti degli stessi attrezzi dei loro antenati medievali: vanghe, zappe, falci, erpici. Ora invece, a partire dall'Inghilterra, nei campi fecero la loro comparsa le macchine, che non solo abbassarono i costi della produzione agricola ma divennero uno dei principali prodotti industriali da esportazione, contribuendo a una rapidissima soluzione della crisi.
  Le due macchine più rivoluzionarie furono la **mietitrice** e la **trebbiatrice**, che impiegavano soltanto un uomo laddove prima ne servivano venti o trenta. Importante fu anche la **seminatrice meccanica**, che evitava gli sprechi.
- La terza soluzione fu trovata nella **differenziazione delle colture**. L'agricoltura cessò infatti di basarsi sul binomio cereali-allevamento per lanciarsi nella produzione di patate, barbabietole, piante per l'industria tessile come canapa e lino, e, nei Paesi mediterranei, frutta e ortaggi, olio e vino.

La trebbiatrice meccanica
Questa macchina trebbiatrice, messa in moto da una caldaia a vapore che la rendeva simile a una locomotiva, fu una delle soluzioni fornite dalla tecnica alla crisi agraria.

5 La grande svolta del capitalismo

Il declino dei valori della libera concorrenza non fece sentire i suoi effetti solo con la diffusione del protezionismo. Le nuove dimensioni assunte da un mercato internazionale sempre più ampio, l'esigenza di **aumentare continuamente gli investimenti** per ammodernare macchine e prodotti impressionarono anche gli imprenditori.
Si capì subito che in quella fase le aziende più penalizzate erano quelle di piccole o medie dimensioni i cui capitali erano insufficienti ad affrontare nuove sfide. Da ciò i gruppi maggiori trassero la conclusione che occorreva mettere in moto dei processi di **concentrazione del capitale**.
Nacquero così le *holdings*, ovvero grandi consociazioni per il controllo finanziario di diverse imprese, i **cartelli** (o *pools*), ovvero consorzi tra aziende dello stesso settore che si accordavano sulla produzione e sui prezzi, e i *trusts*, vere e proprie concentrazioni di imprese prima indipendenti.
Queste concentrazioni erano "**orizzontali**", se riguardavano aziende operanti nel medesimo settore produttivo, "**verticali**", se coinvolgevano imprese interessate alle diverse fasi della lavorazione di un prodotto.
Così accadde, per esempio, in Germania dove la famiglia **Krupp** di Essen era presente nell'industria estrattiva, grazie alle sue miniere di carbone, in quella siderurgica e in quella meccanica, impiegando nel 1887 più di 20 000 addetti. Ancora in Germania, il grande cartello **Siemens-Aeg** aveva in mano l'intero set-

Le due realtà urbane
A sinistra, una elegante strada di Parigi, dove i borghesi benestanti passeggiano e trovano tutto ciò che occorre al loro benessere: negozi, caffè, teatri.
A destra, la mensa dei poveri a Milano, dove si tenta di provvedere a disoccupati, senza tetto ed emarginati.

tore elettrico. Negli Stati Uniti, in cui il miliardario **John Rockefeller**, attraverso un'unica compagnia – la Standard Oil –, controllava il 90% della produzione petrolifera del Paese, furono emanate apposite **leggi antitrust**, che però si rivelarono di scarsa efficacia.

Finiva così la "libertà d'impresa", cioè quella libertà di iniziativa individuale che aveva caratterizzato la prima fase della Rivoluzione industriale.

6 La Seconda rivoluzione industriale

Gli anni della crisi economica coincisero paradossalmente con un fervore tecnologico-scientifico senza precedenti cui si dà il nome di **Seconda rivoluzione industriale**: essa viene fatta convenzionalmente iniziare nel **1856** (fine della guerra di Crimea), proseguì in piena crisi (che certamente contribuì a superare), prolungandosi fino alla prima metà del Novecento, quando le si affiancò la Rivoluzione informatica.

La Seconda rivoluzione industriale ebbe le seguenti caratteristiche:
- vide la fine del primato dell'Inghilterra e segnò l'ascesa della **Germania**, degli **Stati Uniti** e del **Giappone**;
- si basò su due nuove fonti di energia, l'**elettricità** e il **petrolio** che gradualmente sostituirono il vapore;
- accanto alle grandi invenzioni di portata storica, creò una quantità di oggetti e ritrovati che trasformarono la vita quotidiana delle famiglie.

7 Il perno della rivoluzione è l'elettricità

Gli effetti più sensazionali di questa nuova fase dell'industrializzazione furono prodotti dall'utilizzo dell'**elettricità**, una nuova forma di energia che, come si disse a quei tempi, si poteva "accendere e spegnere" a proprio piacimento. Era stata scoperta alla fine del Settecento, quando l'italiano **Alessandro Volta** aveva inventato una pila che produceva corrente, ma poté essere **applicata all'industria** solo nel **1860** quando **Antonio Pacinotti**, anch'egli italiano, inventò la **dinamo**, necessaria per ricaricarla.

La domanda di energia elettrica divenne fortissima negli anni Ottanta, allorché i Paesi europei e gli Stati Uniti costruirono le prime **centrali idroelettriche** che trasformavano in elettricità l'energia creata dalle cascate dei corsi d'acqua. Queste centrali furono impiantate soprattutto nei Paesi che, essendo poveri di carbone, non potevano permettersi **centrali termoelettriche**; in **Italia** esse si diffusero immediatamente in Piemonte, in Lombardia e nelle regioni centrali. Le grandi **centrali idroelettriche** furono inventate nel **1882** dall'americano **Thomas Alva Edison** ◀, fondatore della società omonima che per molti anni gestì la distribuzione di corrente in tutto il mondo.

Nel **1880** Edison aveva inventato anche la **lampadina**. L'impiego delle due invenzioni consentì di illuminare le abitazioni di interi quartieri urbani, di fornire energia alle macchine industriali, di rivoluzionare i mezzi di trasporto elettrificando prima le tramvie urbane, poi le linee ferroviarie.

L'elettricità intanto aveva permesso anche l'invenzione del **telefono**, ideato nel 1849 dall'italiano **Antonio Meucci**, che lavorava negli Stati Uniti in condizioni di estrema povertà. Quasi trent'anni dopo, il brevetto gli fu rubato dall'americano **Graham Bell**, che mise sul mercato la prima "macchina parlante" nel **1876**. Nello stesso anno comparve il **fonografo**, inventato ancora da Edison.

> **PROTAGONISTI**
> Thomas Alva Edison, pag. 392

La Seconda rivoluzione industriale **Capitolo 17** 377

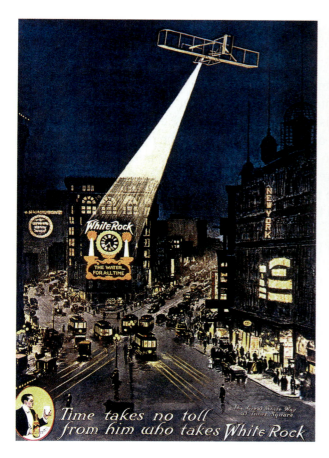

Operatrici al telefono
Le invenzioni creano professioni completamente nuove, come quella della centralinista. Infatti, all'inizio, i collegamenti tra apparecchi telefonici venivano effettuati manualmente; oggi invece i collegamenti sono per la maggior parte automatizzati.

Un inno alla modernità
L'illustrazione riunisce i più popolari elementi della modernità: la città frenetica, l'elettricità e l'aeroplano.

Un'invenzione contesa: il telefono

Il telefono fu ideato dall'italiano **Antonio Meucci** che lavorava negli Stati Uniti: nel 1860 Meucci scoprì il principio che permetteva la **trasmissione a distanza della voce** e nel **1871** ottenne la certificazione della sua invenzione.

Essendo in grandi ristrettezze economiche riuscì a rinnovare il brevetto per soli due anni, così qualcun altro poté accaparrarselo e, nel **1876**, i primi telefoni messi in commercio risultarono inventati dall'americano **Alexander Graham Bell**.

Meucci riuscì a fargli causa e già nel 1887 i giudici annullarono il brevetto di Bell per frode. Tuttavia, fino a pochi anni fa, Bell è stato considerato l'inventore del telefono: solo nel **2002** il Congresso degli Stati Uniti, su sollecitazione del governo italiano, ha riconosciuto il ruolo di Meucci nella sua invenzione.

Indubbiamente anche Bell fu un vulcanico inventore: a lui si devono i primi esperimenti di trasmissione del suono in un raggio di luce, secondo lo stesso principio oggi sfruttato dalle fibre ottiche.

Ciò che più di tutto la vicenda di Meucci e Bell dimostra, però, è la diversa mentalità che animò l'italiano e l'americano: l'uno tutto inventiva, l'altro assai più attento e consapevole delle sconfinate possibilità commerciali della nuova invenzione.

Il primo telefono
Fu costruito in America su brevetto di Graham Bell.

8 Dalle ricerche sull'elettricità al telegrafo senza fili e ai raggi X

Le ricerche sull'elettricità permisero ai fisici della seconda metà dell'Ottocento di scoprire che, oltre alla corrente incanalata nei fili per produrre luce ed energia, esistono onde elettriche invisibili che trasportano l'elettricità nello spazio: le **onde elettromagnetiche**. Da questa scoperta derivarono due grandi invenzioni. Nel **1895** l'italiano **Guglielmo Marconi** riuscì a usare le onde elettromagnetiche come "veicolo" per trasportare un segnale al quale attribuì il significato di lettera S e che riuscì a far viaggiare per un chilometro e mezzo. Questo esperimento aprì l'era del **telegrafo senza fili** ◀, capace di trasmettere segnali dovunque da qualsiasi punto della Terra.

In base allo stesso principio fu poi inventata la **radio**, che usava le onde per trasportare non brevi segnali ma la voce umana e ogni altro genere di suono. Nello stesso anno **1895** un fisico tedesco, **Wilhelm Conrad Röntgen**, scoprì tra le onde elettromagnetiche un'onda sconosciuta che aveva la proprietà di attraversare i muri e anche il corpo umano. Isolò così i **raggi X** (chiamati in questo modo proprio a causa della loro natura misteriosa) con i quali poterono essere fatte le prime radiografie.

SCIENZA E TECNICA
Il Codice Morse, pag. 393

Lettura d'immagine

Invenzioni a catena

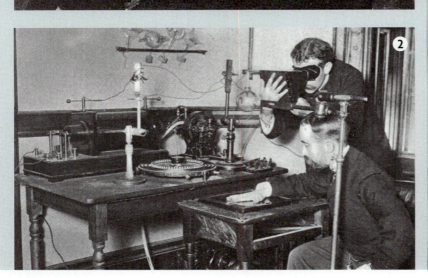

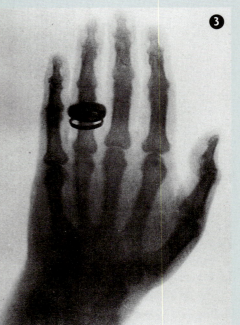

La scoperta dell'elettricità aprì le porte a una marea di invenzioni mai immaginate prima. Dopo la scoperta delle onde elettriche, Marconi ❶ scoprì le onde elettromagnetiche e contribuì all'invenzione della radio, mentre in medicina i misteriosi raggi X riuscivano a fotografare lo scheletro umano ❷ e ❸.

9 Una nuova fonte di energia: il petrolio

L'energia del vapore e l'energia elettrica avevano entrambe bisogno di un elemento che le producesse: il carbone o l'acqua di una cascata. A queste due **fonti di energia** fornite dalla natura, verso la fine dell'Ottocento se ne aggiunse una terza: il **petrolio**.

Il petrolio viene comunemente considerato una scoperta recentissima. In realtà in Paesi come l'Iran, dove esso affiorava dal suolo creando larghe pozze, lo usavano già gli antichi Persiani come olio da illuminazione.

A metà Ottocento, prima negli Stati Uniti e subito dopo nell'Impero russo, nacque l'idea di **estrarlo dal sottosuolo**. La scoperta fu fatta per caso osservando che, in alcune zone (Texas e Ucraina), chiazze di petrolio affioravano dai pozzi d'acqua o dalle miniere di salgemma. I campioni furono sottoposti ad analisi e si stabilì che il petrolio poteva essere **raffinato** e usato come **lubrificante per macchinari** e per produrre paraffina utile per le lampade. Bastarono queste applicazioni a far diventare il petrolio il più richiesto fra i nuovi prodotti.

Lettura d'immagine

Benzina, motori a scoppio e trasporti: la morte del vapore

Il motore delle prime automobili era posteriore; andava a benzina.

Per guidare l'automobile, prima dell'invenzione del volante nel 1900, si usava un "timone" che azionava le ruote anteriori.

Le sospensioni erano costituite da molle elastiche, come nelle vetture a cavalli.

Gli pneumatici furono ideati nel lontano 1845 da un inventore che progettò dei tubi di caucciù, gonfiabili con aria e incollati nel cerchione. Fu poi John Dunlop a farli brevettare nel 1888 diventando uno dei maggiori produttori di pneumatici del mondo. Nel 1891 i fratelli Michelin crearono gli pneumatici odierni, che si inseriscono in una sorta di rotaia senza bisogno di essere incollati.

A mano a mano che la classe borghese si allargava e il mercato dei consumatori aumentava, cresceva anche la richiesta di mezzi di trasporto privati alternativi al treno. Così gli ultimi anni dell'Ottocento videro nascere, oltre all'automobile ❶, l'aereo ❷, che richiamava grandi folle a ogni manifestazione, anche se riusciva a percorrere, in volo, poche decine di metri.

> **LESSICO — ECONOMIA**
>
> **Barile**
> Ancora oggi è l'unità di misura del petrolio (si dice che sono stati estratti tanti barili o che il prezzo è tot al barile).
> Il termine deriva dal fatto che un tempo l'olio lubrificante e da illuminazione era estratto dal grasso delle balene, il quale veniva stivato in barili per essere trasportato via terra dalle baleniere alle industrie di raffinazione.

Le prime **trivellazioni** texane diedero risultati al di sopra di ogni aspettativa: uno dei primi campi forniva addirittura 2000 barili di petrolio al giorno. Gli agricoltori texani si arricchirono smisuratamente, poi intervenne John **Rockefeller**, fondatore della Standard Oil Company, che, come già detto, si impadronì di tutto il ciclo del petrolio (estrazione, trasporto, raffinazione, distribuzione) e vi costruì sopra un impero miliardario.

Grazie a un derivato del petrolio, la **benzina**, raffinata per la prima volta dal tedesco **Karl Benz**, fu inventato il **motore a scoppio** che nel **1885** permise la nascita della prima automobile, costruita da Benz stesso e da **Gottlieb Daimler**. Intanto un loro connazionale, **Rudolf Diesel**, metteva a punto il **motore a nafta**. Grazie al motore a scoppio, negli Usa i **fratelli Wright** riuscirono nel **1903** a far volare il primo **aeroplano**, cioè il primo velivolo più pesante dell'aria; i primi voli furono semplici esibizioni, durate pochi minuti (che però rimasero impresse nell'immaginario degli spettatori), ma già nel 1909 fu compiuta la prima traversata della Manica.

10 L'acciaio, il "metallo perfetto"

Fra le industrie "giovani", cioè nate nella seconda metà dell'Ottocento, una delle più vivaci fu l'**industria dell'acciaio**. L'acciaio era una lega di ferro e carbonio già conosciuta fin dall'antichità: erano d'acciaio le spade dei guerrieri germanici come quelle dei samurai giapponesi. La novità fu che, al posto delle lunghissime e faticosissime operazioni necessarie per produrlo a mano, si trovò un modo di ottenerlo chimicamente in grandissime quantità con un processo utilizzabile in fabbrica che ne abbassò il costo dell'80%.

Il monumento al progresso
Nel 1889 Parigi celebrò il centenario della Rivoluzione francese con una grande Esposizione universale che vide accorrere operatori e visitatori da mezzo mondo. Per segnalarla a chi arrivava e contemporaneamente per celebrare l'entrata nella modernità, il comune commissionò all'ingegnere Gustave Eiffel la torre che divenne poi la più celebre del mondo. Qui si vedono le fasi principali di una costruzione che durò due anni.

Grattacieli e ascensori
Il primo grattacielo fu costruito a Chicago ed era alto dieci piani. Quello della foto di sinistra è già di quattro piani più alto grazie alle enormi potenzialità del cemento armato. In realtà, tuttavia, per realizzare il progetto di questi edifici fu necessario un serio collaudo dell'ascensore (a destra), senza il quale non si sarebbe potuto salire ai piani più alti. Il brevetto era stato depositato già nel 1853 da Elisha Otis e all'inizio funzionava con un motore a vapore. Sulla targhetta di molti ascensori si può ancora oggi leggere la marca Otis.

Le sue doti di leggerezza, elasticità e robustezza fecero sì che fu chiamato il "metallo perfetto". Poiché le nuove tecniche di produzione lo rendevano anche molto economico, esso fu impiegato subito su vastissima scala e divenne il simbolo della Seconda rivoluzione industriale che fu definita quindi anche "**età dell'acciaio**".

Fra il 1870 e il 1914 il **consumo** di acciaio nel mondo **aumentò di 80 volte**. Fu usato per le rotaie delle ferrovie perché, essendo elastico, sopportava il freddo e il caldo meglio del ferro; per le fiancate corazzate delle navi da guerra; per gli utensili domestici e, soprattutto, per le macchine industriali, che divennero più leggere, precise e potenti.

Inoltre, esso permise un nuovo poderoso sviluppo dell'**edilizia civile**, perché da esso nacque il **cemento armato** (barre d'acciaio "annegate" in una colata di calcestruzzo) usato per realizzare lo scheletro degli edifici.

11 ▶ La chimica, base delle nuove industrie

Un capitolo a sé nella storia della Seconda rivoluzione industriale è rappresentato dalla **chimica**, una scienza nata alla fine del Seicento che segnò la fortuna della **Germania**, il Paese all'avanguardia in questo campo, che in seguito vide primeggiare anche l'**Italia**.

Nella metallurgia un nuovo procedimento chimico permise la produzione dell'**alluminio**, un metallo leggerissimo estratto dalla bauxite, che ebbe infinite applicazioni soprattutto in campo aeronautico.

Nel settore degli esplosivi il chimico svedese **Alfred Nobel** brevettò nel **1867** la **dinamite**, terrificante come arma, ma utilissima nel settore delle costruzioni edili e in molte altre applicazioni. Con i proventi di quell'invenzione, Nobel lasciò un patrimonio al governo del suo Paese perché premiasse ogni anno i migliori uomini di cultura del mondo.

L'industria dei **coloranti** progredì grazie all'**anilina**, un derivato del catrame che poteva essere prodotto velocemente e costava molto meno di qualunque colorante naturale. L'anilina vide la luce nel **1856**, quando una polverina di un incantevole color malva tinse magnificamente un pezzo di seta. Subito dopo nacquero il "rosso magenta", il "bruno Bismarck", il "blu di metilene" e tanti altri colori.

I coloranti chimici rivoluzionarono l'**industria tessile** contribuendo a mutare profondamente la **moda**, che passò dagli abiti bianchi o scuri in tinta unita a vesti dai colori brillanti, a strisce e a fiori ◀. Contemporaneamente essi furono usati anche per le **vernici** e si iniziò a colorare tutto: carte, stoffe, tappeti, vetri ecc. Fu come se sulla superficie del mondo, simile a un disegno in bianco e nero, un pittore avesse passato tutti i colori della sua tavolozza.

La rivoluzione continuò poi con i **tessuti artificiali**, derivati dalla cellulosa e molto più economici di quelli fatti con fibre naturali come il lino, la seta e il cotone.

ECONOMIA
La nascita dello shopping, pag. 390

12 Ancora la chimica: dalla fotografia al cinematografo

Un procedimento chimico aveva permesso già nel **1826** di fare la prima **fotografia** della storia fissando un'immagine su una pellicola trattata con cloruro d'argento dopo una posa di otto ore. Da allora la fotografia aveva fatto passi da gigante, i tempi di posa si erano accorciati e nel 1867 era stata realizzata addirittura la prima **fotografia a colori**.

Nella seconda metà dell'Ottocento, farsi fotografare era diventato una vera mania. Solo a Parigi esistevano 150 studi fotografici. In Italia, a **Firenze**, nel 1852 era stato aperto lo **Studio Alinari**, specializzato in ritratti e in fotografie di monumenti e opere d'arte. In Inghilterra la regina Vittoria si vantava di possedere 110 album con le foto di famiglia.

Dalla fotografia non fu difficile passare alla **pellicola cinematografica**. Il principio fu scoperto da **Edison** che, facendo scorrere su uno schermo 16 immagini al secondo di uno stesso soggetto in movimento, constatò che l'occhio non coglieva la discontinuità tra un'immagine e l'altra.

Questo bastò ai **fratelli Lumière**, francesi, per costruire un meccanismo, simile a quello della macchina da cucire, capace di far scorrere la pellicola. Nel **1895** essi organizzarono la proiezione pubblica del loro **primo film**. Il successo fu clamoroso e in pochi anni l'industria cinematografica divenne una delle più fiorenti.

13 La nascita della medicina moderna grazie alla chimica

Risultati strabilianti furono ottenuti dalla chimica nel campo della **ricerca biologica** e quindi della **medicina**.

Da tempo, per "isolare" i microrganismi portatori di malattie allo scopo di vederli meglio, i biologi usavano i coloranti naturali (in mancanza d'altro, si accontentavano addirittura del vino rosso).

Con l'invenzione dell'anilina, invece, essi ebbero finalmente a portata di mano un colorante molto più efficace con il quale, tra il **1882** e il **1884**, il tedesco **Robert Koch** individuò i bacilli della **tubercolosi** e del **colera**.

Nel **1885** il medico francese **Louis Pasteur** scoprì il **vaccino contro la rabbia**, malattia provocata dai morsi dei cani e delle volpi. Il successo delle vaccinazioni di Pasteur ebbe il merito di diffondere anche il **vaccino contro il vaiolo**, sco-

---

IL FONDAMENTALE RUOLO DELLA CHIMICA

- CHIMICA
  - COLORANTI
    - tessuti
    - vernici
    - microbiologia
  - PELLICOLA
    - fotografica
    - cinematografica
  - MEDICINA
  - INDUSTRIA
  - INDUSTRIA ALIMENTARE

La Seconda rivoluzione industriale **Capitolo 17** 383

Lettura d'immagine

Chimica e comunicazione

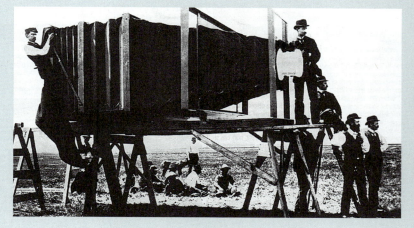

La macchina fotografica più grande del mondo
Fu realizzata da George R. Lawrence (in piedi vicino all'obiettivo) per riprendere in un'unica foto-poster da 2 metri e mezzo un nuovo treno delle ferrovie Chicago & Alton. Lunga oltre 4 metri, la macchina pesava 630 kg ed erano necessari 15 uomini per azionarla.

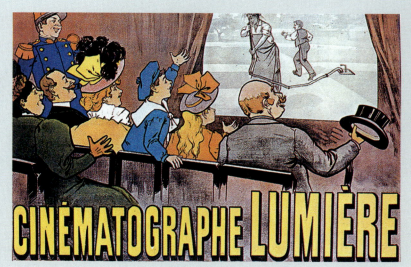

Uno spettacolo rivoluzionario
Questo manifesto pubblicitario del cinema Lumière a Parigi, la prima sala cinematografica del mondo, punta sull'entusiasmo con cui la gente aveva accolto l'invenzione. Sullo schermo si sta proiettando uno dei primi "corti" realizzati dai fratelli Lumière: *L'arroseur arrosé* ovvero "L'innaffiatore innaffiato", una gag di pochi minuti che finiva con una doccia dell'attore protagonista.

L'invenzione della pellicola cinematografica
Realizzando questa sequenza di immagini, Edison scoprì il principio base del cinema.

perto già nel **1794** dal medico inglese **Edward Jenner**, che però non era stato applicato su larga scala perché a quei tempi era ancora troppo alta la diffidenza dei medici e delle famiglie.

Ugualmente importanti furono le scoperte della chimica nel campo dei **farmaci**. Durante tutta la storia dell'uomo chiunque avesse subito un'operazione chirurgica l'aveva dovuta affrontare da sveglio, provando dolori inimmaginabili oggi. Alla fine dell'Ottocento, la scoperta degli effetti sedativi dell'**etere** sul sistema nervoso, effettuata alla fine del Settecento, fu applicata all'**anestesia chirurgica**. Contemporaneamente fu sintetizzato il **bromuro**, una sostanza impiegata come "calmante" in una serie di malattie nervose che consentì di tenere in casa una significativa percentuale di malati che, fino a quel momento, venivano internati in ospedali simili a carceri.

Nel **1875** si incominciò a utilizzare l'**aspirina** in funzione antifebbrile e contro il mal di testa. Quindi si scoprirono sostanze per curare alcune gravi malattie del cuore.

Nello stesso anno, 1875, la scoperta del **Ddt**, un potente insetticida, consentì progressi decisivi nella lotta contro le zanzare portatrici di malaria. Solo verso la metà del Novecento si scoprì che esso era tossico per l'uomo e ne fu proibita la produzione.

Lettura d'immagine

Chimica e medicina

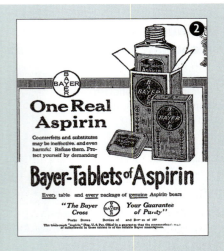

❶ e ❷ L'influenza e l'aspirina
Appena inventata, l'aspirina divenne un rimedio "salvatutto", usato per il mal di testa, i dolori articolari e, soprattutto, raffreddori e influenze che infierivano sui Paesi freddi a ogni inverno.

❸ Il bromuro
Somministrato ai malati di mente, limitò l'uso della camicia di forza che, come si vede in questa immagine, veniva usata per immobilizzarli.

❺ L'anilina, una scoperta rivoluzionaria
L'immagine ritrae la copertina di un listino prezzi che, all'interno, elenca tutta la gamma dei colori all'anilina. L'anilina trasformò l'industria tessile e quella delle vernici ma anche la ricerca nei campi della biologia e della medicina. Dalla serie di grandi scoperte dovute a questo colorante emersero nuove medicine, tra cui l'aspirina. La pubblicità qui riprodotta è in tedesco, perché tedesca era questa invenzione.

❹ Una conquista della medicina
In questo dipinto, intitolato *La vaccinazione in Piemonte*, la diffidenza verso i nuovi rimedi della medicina è ormai tramontata e il medico può tranquillamente vaccinare i bambini.

14 La chimica al servizio dell'industria alimentare

I progressi della chimica permisero di sviluppare anche l'**industria alimentare**. **Pasteur**, lo scopritore del vaccino contro la rabbia, dimostrò che la fermentazione di molte sostanze avviene a causa di alcuni germi e mise a punto un procedimento per distruggerli e per **conservare** prodotti alimentari (come per esempio il latte) che, dal suo nome, fu chiamato **pastorizzazione**.
Altre ricerche furono estese ai processi di **congelamento** che vennero applicati su larga scala alle carni bovine e successivamente alle verdure.
Da ultimo seguì l'**inscatolamento** dei prodotti alimentari in scatole di latta a chiusura ermetica, utilissime per la carne, ma anche per la verdura e la frutta. Gli **Stati Uniti** si impadronirono subito di questo mercato e divennero i maggiori esportatori di **scatolame**, utilizzando largamente la carne del Texas o quella che acquistavano a prezzi irrisori nelle *fazendas* argentine. Il procedimento fu utilizzato anche da altri Paesi, tra i quali l'**Italia**, che cominciò a esportare pesche sciroppate, pomodori, fagioli e piselli in scatola.

Arriva lo scatolame

15 L'alimentazione volta pagina

La pastorizzazione, la diffusione degli alimenti in scatola, l'uso di vagoni frigoriferi per carne congelata e verdura, abbinati all'enorme estensione raggiunta dalla rete ferroviaria nei Paesi più avanzati, rappresentarono una grande **svolta nell'alimentazione**. Dall'antichità fino alle soglie del Novecento, solo i cereali, l'olio, il vino e le spezie avevano potuto affrontare viaggi lunghi qualche mese. Adesso, invece, anche i cibi più deperibili potevano essere **trasportati a grande distanza dai luoghi di produzione**. Ciò significò:
- l'apertura di **nuovi mercati** con conseguenti grandi guadagni per i produttori;
- la **salvezza** per le popolazioni colpite da **carestie**;
- **maggiori possibilità di vita per i bambini**, spesso denutriti perché nella loro zona scarseggiava il latte o intossicati perché era infetto;
- una **maggiore varietà di alimentazione**: frutta e verdure mediterranee entrarono per la prima volta nelle case dei Paesi nordici.

La pubblicità
I prodotti della Seconda rivoluzione industriale suscitarono l'entusiasmo dei consumatori grazie anche alle intensissime campagne di un nuovo mezzo di comunicazione: la pubblicità. Molte delle aziende che nacquero allora prosperano ancora oggi, come si vede da queste immagini.

16 La diminuzione delle morti *post-partum*

Nello stesso periodo un medico ungherese sconfisse la **febbre puerperale**, causata da un'infezione che portava un'altissima percentuale di partorienti alla morte. Il medico si era accorto, infatti, che i chirurghi si recavano direttamente dalla sala di anatomia, dove dissezionavano i cadaveri, alla sala-parto, dove assistevano le puerpere, alle quali trasmettevano i batteri della putrefazione. Si limitò quindi a collocare una bacinella contenente **acqua clorata** (il cloro è un disinfettante che si usa ancora per purificare, per esempio, l'acqua delle piscine) nel corridoio che collegava le due sale: ai medici sarebbe bastato lavarsi le mani passando. L'iniziativa del collega suscitò molte proteste nella categoria, ma **abbatté la percentuale di decessi** sia in ospedale sia nei parti casalinghi dove i batteri provenivano dalla sporcizia.

Nel frattempo molti altri **sistemi di prevenzione** entravano nelle sale operatorie; i grandi luminari, che operavano indossando il "tait" – l'elegante abito da cerimonia che si usa per i matrimoni in bianco – cominciarono a coprirsi con il **camice bianco**; un medico americano inventò i **guanti di gomma** e la pastorizzazione indusse gli ospedali a far **bollire i ferri chirurgici**.

Un contributo alla diminuzione della **mortalità infantile** fu fornito dall'invenzione dell'**incubatrice**, la culla riscaldata per i bambini nati prematuri.

17 La scoperta dell'importanza dell'igiene

Il nuovo spirito scientifico e la grande fiducia nel progresso alimentata da tanti successi indussero medici e ricercatori a ripensare l'intero atteggiamento nei confronti della salute e a liberarsi da quel miscuglio di tradizioni popolari, esperienza pratica e superstizione che li aveva condizionati fino a quel momento.

Si affermarono le teorie degli **igienisti**, che studiavano le condizioni ambientali in cui si diffondevano più frequentemente le malattie e che applicarono alle loro indagini una scienza nuova, la **statistica**.

Il colera a Napoli
Nella miseria e nella sporcizia, i malati agonizzano per le strade privi di qualunque assistenza.

Essi dimostrarono, per esempio, che il numero degli ammalati di **colera** e di **tubercolosi** aumentava vertiginosamente dove le acque di scarico scorrevano a cielo aperto per le strade dei luoghi abitati, e che le malattie si concentravano nei **quartieri operai**, sovraffollati e privi di servizi igienici. Ottennero così da diversi governi che si costruissero **fogne** e si portasse l'**acqua corrente** anche nelle abitazioni più povere. La **prima cattedra universitaria** di **Igiene** fu istituita in Italia nel **1888**, dopo un'epidemia di colera che decimò la popolazione di Palermo e di Napoli; nello stesso anno il Kaiser fondò a Berlino il primo **Istituto di ecologia**, incaricato di prevenire i danni provocati dall'industrializzazione.

GUIDA ALLO STUDIO
Sintesi

1-5 La "Lunga depressione" e la svolta del capitalismo

Nell'ultimo ventennio del secolo sull'Europa e sugli Stati Uniti si abbatte la "Lunga depressione". Essa arriva dopo una prodigiosa crescita demografica, grazie alla quale si è sviluppato un nuovo urbanesimo che ha determinato l'incremento del mercato immobiliare a vantaggio delle vecchie aristocrazie e un potenziamento dei servizi. Tale congiuntura positiva si arresta bruscamente nel 1873 quando il crollo della produzione europea di cereali, l'invasione dei mercati da parte del grano americano e la sovrapproduzione delle industrie provocano una gravissima crisi economica, per far fronte alla quale le nazioni del Vecchio continente impongono il protezionismo, la meccanizzazione dell'agricoltura e la differenziazione delle colture. Nello stesso tempo l'ampliamento del mercato internazionale porta alla necessità di concentrare il capitale attraverso le *holdings*, i cartelli e i *trusts* e questo segna la fine della libertà d'impresa che aveva caratterizzato la Prima rivoluzione industriale.

6 La Seconda rivoluzione industriale

Gli anni della crisi coincidono paradossalmente con un fervore tecnologico-scientifico cui si dà il nome di Seconda rivoluzione industriale. Essa vede il tramonto del primato dell'Inghilterra e l'ascesa di Germania, Stati Uniti e Giappone, e si basa su due nuove fonti di energia, l'elettricità e il petrolio, che gradualmente sostituiscono il vapore.

7-10 Elettricità, petrolio, acciaio

L'elettricità è stata scoperta alla fine del Settecento, ma viene applicata all'industria solo nel 1860, quando Pacinotti inventa la dinamo. Vent'anni dopo Edison inventa a sua volta le centrali idroelettriche e la lampadina, trasformando radicalmente la vita quotidiana. Grazie all'elettricità compaiono anche il telefono e il fonografo e vengono scoperte le onde elettromagnetiche, grazie alle quali, nel 1895, Marconi inventa il telegrafo senza fili, al quale seguono la radio e i raggi X. L'altra grande fonte di energia è il petrolio, che gli Stati Uniti e l'Impero russo cominciano a estrarre dal sottosuolo a metà Ottocento. Un suo derivato è la benzina, che permette l'invenzione del motore a scoppio (grazie al quale i fratelli Wright riescono a far volare il primo aeroplano) e dell'automobile.
La Seconda rivoluzione industriale è definita anche "età dell'acciaio" perché di questa lega di ferro e carbonio, nota fin dall'antichità, si comincia a fare un uso enorme, impiegandolo anche nell'edilizia civile con l'introduzione del cemento armato.

11-15 Le applicazioni della chimica

Un ruolo fondamentale lo ricopre la chimica, che permette di produrre l'alluminio e di brevettare la dinamite, ma anche, grazie all'anilina, di creare nuovi coloranti che rivoluzionano l'industria tessile. È sempre un procedimento chimico a dar vita alla prima fotografia, alla pellicola cinematografica e ai film. I coloranti, inoltre, impiegati negli studi di biologia, permettono l'individuazione dei bacilli della tubercolosi e del colera e la scoperta dei vaccini contro la rabbia e il vaiolo. In medicina, invece, la chimica porta alla creazione di nuovi farmaci come il bromuro e l'aspirina. Di questa branca della scienza si avvale anche l'industria alimentare, che scopre la pastorizzazione, il congelamento degli alimenti e il loro inscatolamento: è una svolta nell'alimentazione, perché adesso i cibi possono essere trasportati a grande distanza dai luoghi di produzione. Ciò significa l'apertura di nuovi mercati, la salvezza per le popolazioni colpite da carestie, maggiori possibilità di vita per i bambini.

16-17 L'importanza dell'igiene

Nello stesso periodo un medico ungherese sconfigge la febbre puerperale, abbattendo la percentuale dei decessi, e vengono messi in atto nuovi sistemi di prevenzione delle infezioni. Inoltre si affermano le teorie degli igienisti e nasce la statistica.

GUIDA ALLO STUDIO

Mappa concettuale

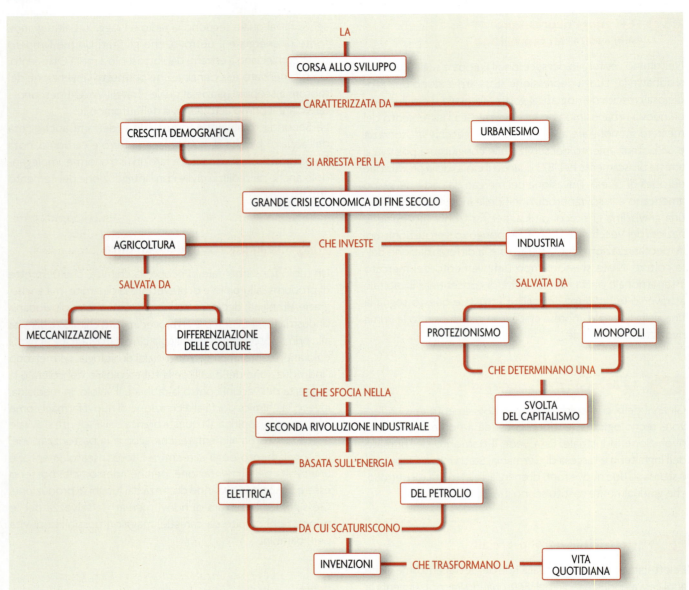

Verifica formativa

ARRICCHIRE IL LESSICO

1 Qui sotto trovi elencati sei sostantivi che hai incontrato in questo capitolo e di cui sicuramente conosci il significato. Sei certo, tuttavia, di saperli impiegare in modo corretto? Verificalo utilizzandoli per scrivere sei frasi di senso compiuto.
Dinamite, vaccino, pastorizzazione, anestesia, igiene, statistica.

COMPRENDERE IL TESTO

2 **Completa le frasi seguenti prestando attenzione ai nessi di causa ed effetto.**

1 La Prima rivoluzione industriale fece progredire la .... e l'................... e aumentò le rese .... permettendo un miglioramento dell'................... Di conseguenza vi fu una prodigiosa ....

2 La crescita .... determinò un nuovo .... Di conseguenza crebbe la richiesta di ...., che fece aumentare la .... delle zone urbane, e si svilupparono i ....

3 Completa la tabella seguente, relativa alla Lunga depressione di fine secolo.

	Cause	Soluzioni
1		
2		
3		

4 Rispondi alle domande seguenti.
1. A quale conseguenza portarono le nuove dimensioni assunte dal mercato internazionale e l'esigenza di aumentare continuamente gli investimenti?
2. Che cosa sono le *holdings*, i cartelli e i *trusts*?
3. A che cosa portò questa svolta del capitalismo?
4. Quali furono le caratteristiche della Seconda rivoluzione industriale?

5 Completa la tabella seguente.

Invenzione	Inventore
Centrale idroelettrica	
Lampadina	
Telefono	
Fonografo	
Telegrafo senza fili	
Radio	
Raggi X	
Automobile	
Aeroplano	

6 Indica se le seguenti affermazioni sono vere o false.
1. L'acciaio è una lega di ferro e alluminio. V F
2. L'acciaio è un materiale leggero, elastico e robusto. V F
3. La produzione di acciaio è molto costosa. V F
4. Fra il 1870 e il 1914 il consumo di acciaio nel mondo è aumentato di dieci volte. V F
5. Il cemento armato è una derivazione dell'acciaio. V F

7 Rispondi alle domande seguenti.
1. Quale nuovo metallo fu prodotto grazie alla chimica?
2. Che cosa brevettò, nel 1867, il chimico Alfred Nobel?
3. Perché i coloranti chimici rivoluzionarono l'industria tessile?

8 Completa la tabella seguente, relativa alle rivoluzionarie applicazioni della chimica.

Nell'industria	
Nella medicina	
Nell'alimentazione	

9 Completa la tabella seguente, relativa alle conseguenze della svolta alimentare.

1	
2	
3	
4	

10 Spiega quale nuova scienza gli igienisti applicarono alle loro indagini, che cosa dimostrarono a proposito del colera e della tubercolosi e che cosa ottennero, di conseguenza, dai loro governi.

GUIDA ALL'ESPOSIZIONE ORALE

1 Dopo aver delineato le caratteristiche della congiuntura positiva verificatasi nell'Ottocento, illustra le cause e le soluzioni della Lunga depressione e la conseguente svolta del capitalismo.

Scaletta:
• progressi della medicina e dell'igiene • aumento delle rese agricole e miglioramento dell'alimentazione
• crescita demografica • urbanesimo • crescita delle rendite immobiliari • crescita dei servizi • crollo della produzione europea di cereali • invasione dei mercati europei da parte del grano americano • crisi di sovrapproduzione • protezionismo • meccanizzazione dell'agricoltura • differenziazione delle colture • concentrazione del capitale • *holdings* • cartelli • *trusts*
• fine della libertà d'impresa

Come cominciare:
"La Prima rivoluzione industriale determinò grandi progressi nella medicina e nell'igiene."

2 Illustra le principali invenzioni e scoperte della Seconda rivoluzione industriale e le loro conseguenze nella vita quotidiana.

Scaletta:
• centrali idroelettriche • lampadina • telefono
• fonografo • telegrafo senza fili • radio • raggi X
• automobile • aeroplano • acciaio • alluminio
• dinamite • coloranti chimici • fotografia • cinema
• bacilli di tubercolosi e colera • vaccino antirabbico e antivaioloso • farmaci • pastorizzazione, congelamento e inscatolamento del cibo • statistica

Come cominciare:
"La Seconda rivoluzione industriale si basò su due nuove fonti di energia, l'elettricità e il petrolio."

ECONOMIA

La nascita dello shopping

Come un geniale negoziante parigino inventò una moda intramontabile e trasformò le botteghe in grandi magazzini.

Il vecchio modo di fare acquisti

Nella Parigi di metà Ottocento un fatto tutto sommato banale come l'apertura di un nuovo negozio segnò l'inizio di una delle più rilevanti **rivoluzioni sociali** che ancora oggi contraddistinguono il mondo odierno: la **nascita dello shopping** (un termine coniato proprio allora, intorno al 1890).

Il proprietario di quel negozio, **Aristide Boucicaut**, forse nemmeno sapeva che la sua avventura lo avrebbe portato tanto lontano: fino ad allora egli aveva gestito un piccolo banco di stoffe e scampoli in Rue du Bac sulla riva sinistra della Senna e poi aveva lavorato come commesso in un emporio di abbigliamento nella medesima via.

In quell'epoca i negozi erano non solo infinitamente meno numerosi di oggi, ma soprattutto sprovvisti di tutto quello che ora ci aspetteremmo di trovarvi: per esempio, **non esistevano i cartellini con il prezzo** e, alla fine degli acquisti, negoziante e cliente intavolavano una lunga trattativa per stabilire il dovuto.

Arriva lo shopping
Il nuovo tipo di negozio inventato da Boucicaut diventa il luogo di svago quotidiano delle signore. Ora possono uscire di casa per recarsi in un ambiente elegante e protetto dove trascorrere interi pomeriggi.

Non esistevano nemmeno **scaffali con la merce esposta**: tutto veniva custodito dietro il bancone o meglio ancora nel retrobottega, dove potevano entrare solo padrone e commessi per poi riemergere con l'articolo richiesto. Non esistevano i **saldi**, né le **consegne a domicilio**. Non esisteva nemmeno l'elemento che più facilmente associamo allo shopping: clienti intenti a scrutare **vetrine** e pianificare acquisti.

Borghesi recluse e annoiate

Nella società del primo Ottocento, infatti, la **moda** era ancora un **lusso riservato alle esponenti della nobiltà** e nessuna di esse si sarebbe mai attardata sconvenientemente in un negozio a soppesare stoffe e valutare cappellini, che venivano mostrati loro nelle loro residenze da sarti e altri specialisti che confezionavano abiti, accessori e persino gioielli su misura.

Quanto alle donne della borghesia, esse non mettevano piede fuori di casa se non per andare a trovare i parenti, assistere alla messa o andare a teatro e facevano acquisti attraverso le donne di servizio, munite di dettagliatissimi elenchi di richieste.

Mancava un luogo dove l'universo femminile potesse trascorrere "con decenza" qualche ora.

Il primo negozio "al buon mercato"

Boucicaut aveva deciso di fornire alle signore uno spazio sicuro e al di sopra di ogni sospetto.

Nell'investire 50 000 franchi faticosamente accantonati, il commerciante non ebbe dubbi. Tutto poteva e doveva essere rivoluzionato, a partire dal concetto stesso di **acquisto**: la clientela che Boucicaut voleva attrarre era quella della **piccola e media borghesia** che il Quarantotto aveva rafforzato. Per farlo doveva promettere non il lusso dei nobili, ma i **buoni affari** per un numero molto più ampio di clienti.

Con questo obiettivo scelse un nome che prometteva bene: *Au bon marché*, "Al buon mercato".

Un altro elemento suggerito dal suo innato fiuto fu che la borghesia voleva prodotti che ne certificassero lo *status* di classe emergente e ne dimostrassero al mondo il crescente benessere. Si dice che Boucicaut amasse ripetere la frase: "più che oggetti, vendo desideri".

Le origini del grande magazzino

Il nuovo negozio fu subito diverso da tutti quelli esistenti: niente banconi e commessi insistenti; nessun obbligo d'acquisto per chi entrava, grandi spazi ed enormi scaffali con la merce ben esposta ed etichettata, in modo che i clienti potessero valutare da soli qualità e prezzo. Le signore dovevano potersi perdere nel **vasto assortimento**, avventurandosi a caccia dell'affare migliore e trascorrendo tutto il tempo che volevano a gironzolare per il negozio.

Le innovazioni di Monsieur Boucicaut si rivelarono vincenti. Non solo nel giro di una decina d'anni il giro d'affari crebbe di venti volte, ma molti altri a Parigi e nel mondo copiarono l'idea del "**grande magazzino**": nella capitale francese nacquero i Magazzini del Louvre e poi la Samaritaine cui si sarebbero presto aggiunti i Magasin BHV e Les Galeries Lafayettes, a New York aprì Macy's e a Londra stava sorgendo Harrod's. Alcuni di essi sono ancora oggi vivi e vegeti.

Sempre più al servizio della cliente

Il vulcanico Boucicaut aveva però in serbo anche nuove sorprese: i commessi maschi furono quasi tutti sostituiti da donne in modo che la clientela femminile si sentisse più a suo agio ("Ogni signora che entra nel nostro negozio deve sentirsi una regina", era un'altra frase prediletta dall'imprenditore).

Poi, furono inventati la **consegna a domicilio**, la **vendita per corrispondenza** e i **saldi** che venivano proposti due volte l'anno.

Una sala di lettura accoglieva i signori le cui mogli si aggiravano per il grande magazzino, e un asinello intratteneva i bimbi mentre le mamme curiosavano fra gli scaffali. Se poi, tornati a casa, non si era soddisfatti di un prodotto, la **garanzia** consentiva la restituzione e la sostituzione.

I grandi magazzini in breve divennero una mania e perfino noti scrittori vi ambientarono i loro romanzi.

Un grande architetto al servizio del genio delle vendite

In breve tempo, la sede del *Bon Marché* divenne troppo piccola: il decollo della Seconda rivoluzione industriale e l'ampliarsi dei commerci, grazie a piroscafi e ferrovie, consentivano il rifornimento di un numero sempre maggiore di articoli.

Boucicaut allora cominciò a sognare una nuova struttura per il suo "buon mercato" e pensò di affidarla a un ingegnere il cui nome cominciava a circolare sempre più spesso: quell'ingegnere era **Gustave Eiffel**, il progettista della torre simbolo di Parigi, e a lui Boucicaut commissionò un **edificio di 50 000 metri quadrati in ferro e vetro**, il primo concepito e costruito allo scopo preciso di accogliere un unico immenso negozio.

Per realizzarlo ci vollero quasi vent'anni e quando fu compiuto Boucicaut non era più in vita per poterlo ammirare; sua moglie però stava portando avanti l'impresa, che ormai dava lavoro a **quasi duemila dipendenti** (una cifra straordinaria per l'epoca) per un giro d'affari di 70 milioni di franchi, circa 160 volte di più dell'investimento iniziale.

Grandi magazzini a Parigi
Questo, il cui nome significa "Al buon mercato", prende un intero isolato.

PROTAGONISTI

Thomas Alva Edison

Edison ormai anziano, fotografato nel suo studio

Thomas Alva Edison fu il più geniale e prolifico inventore del suo tempo (nel corso della sua vita depositò **più di mille brevetti**) e impersonò la figura, tipicamente americana, dello **scienziato** che è contemporaneamente un **grande industriale**.
Nato nel 1847 a Milan, una cittadina dell'Ohio, da una famiglia della classe media, imparò a parlare solo a 4 anni e fu tolto quasi subito dalle scuole elementari per scarso rendimento, probabilmente dovuto a un progressivo disturbo dell'orecchio che ben presto lo portò a una sordità quasi totale.
A 10 anni però impiantò nella cantina di casa il suo primo **laboratorio**, nel quale si diede alla costruzione delle pile elettriche.
Per finanziare la sua passione per la tecnica e la scienza, a 12 anni riuscì a ottenere la concessione della vendita dei giornali su un treno locale di cui usò il bagagliaio per stampare un giornale a sostegno di Abramo Lincoln (ci si avviava alla Guerra di secessione e il Paese dibatteva la questione della schiavitù) e impiantare un laboratorio chimico.
Nel 1862 si dedicò allo studio della **telegrafia**, per lavorare poi come telegrafista in varie città fino al 1868. Nello stesso anno, all'età di 21 anni, ottenne il suo primo brevetto per un registratore elettrico di voti. Nel 1870 aprì un'officina, attuò migliorie alla macchina da scrivere e si dedicò alla risoluzione del problema di immettere in un solo cavo due telegrammi diversi: uno in partenza e uno in arrivo, problema da lui brillantemente risolto nel 1873.

Trasferitosi in un laboratorio più grande, perfezionò il telefono di Bell inventando il **microfono** a granuli di carbone; nel **1878** ottenne il brevetto per l'invenzione del **fonografo** e l'anno successivo portò a buon punto gli esperimenti inerenti all'illuminazione elettrica culminati con l'accensione nel **1880** della prima **lampadina a filamento di carbone**.
Dal 1880 al 1882 si dedicò allo studio delle **centrali e delle tramvie elettriche** e fondò a New York la Edison Electric Light Co. Nel 1884 scoprì il fenomeno, detto "**effetto Edison**", consistente nell'emissione di elettricità da corpi incandescenti, fenomeno che è alla base della moderna scienza elettronica.
Nel 1889 brevettò il **cinetoscopio**, un apparecchio per la visione degli oggetti in movimento nel quale utilizzò per la prima volta pellicole fotografiche, realizzando una tappa decisiva della cinematografia.
Quindi attuò e sviluppò la concentrazione del minerale ferroso mediante un separatore magnetico già da lui brevettato nel 1880, inventò un nuovo tipo di accumulatore e fece esperimenti nel campo delle applicazioni del cemento e dell'acciaio nell'edilizia.
Nel periodo della Prima guerra mondiale fornì al suo Paese circa 40 invenzioni di carattere bellico. Negli ultimi anni della sua vita, dedicò le sue energie alla soluzione del problema della produzione della **gomma sintetica**, problema da lui ritenuto della massima importanza per l'avvenire economico del suo Paese.
Edison morì nel 1931, a 84 anni, teneramente assistito dalla moglie.

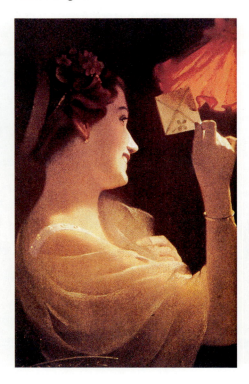

La luce elettrica nelle case
Una cartolina celebra l'arrivo della lampadina, che trasformò la vita delle famiglie allungando i tempi della vita sociale, della lettura e dello stare insieme.

SCIENZA E TECNICA

Il Codice Morse

Tamburellando con le dita sul parapetto di una nave da crociera, Samuel Morse inventò un codice di comunicazione universale parzialmente in uso ancora oggi.

Ai tempi d'oggi, la parola "telegrafo" non evoca nessuna particolare emozione dal momento che nelle case non si aspetta più con ansia l'arrivo di un **telegramma** (graditissimo quando annunciava una nascita o la laurea di un figlio lontano, fonte d'angoscia in tempo di guerra, quando così il Ministero annunciava la morte di un soldato).
Oggi **Skype** e **FaceTime** permettono di comunicare gratuitamente e istantaneamente con quasi tutto il mondo: il telegrafo è diventato un oggetto obsoleto, cioè invecchiato, anzi tramontato, da studiare, appunto, in un libro di storia.
Nella storia del telegrafo si distinguono due periodi: quello del **telegrafo elettrico con i fili**, inventato da **Samuel Morse** ed entrato in funzione per la prima volta tra Washington e Baltimora nel 1844, e quello del **radiotelegrafo senza fili**, del quale Guglielmo Marconi depositò il brevetto nel 1896, che nel 1901 trasmise i primi segnali da una sponda all'altra dell'Atlantico e che nel 1907 permise l'invenzione della **radio** e, qualche decennio più tardi, della **televisione**.

Sebbene incredibilmente rivoluzionario, il telegrafo di Marconi prese a prestito il linguaggio di quello senza fili, noto come **Codice Morse**.
Samuel Morse era un pittore nato in America, ma vissuto anche in Inghilterra, diventato abbastanza noto per i suoi ritratti di personaggi famosi.
Durante uno dei suoi viaggi conobbe alcuni scienziati che si occupavano di elettricità e aveva imparato che questa energia poteva viaggiare attraverso un filo "trasportando" per così dire degli impulsi che potevano essere convertiti in segnali luminosi o addirittura sonori. Questa scoperta lo eccitò a tal punto che, durante le tre settimane di viaggio per tornare a New York, mise a punto l'idea di una **trasmissione di segnali a distanza attraverso cavi elettrici**.
Si dice che la sua difficoltà maggiore fosse quella di trovare un codice per questi segnali e che l'idea gli venne tamburellando con un dito sulla balaustra della nave. Comunque siano andate le cose, il principio del Codice Morse sta proprio in una serie di segnali brevi e segnali lunghi battuti da un trasmettitore e simboleggiati graficamente da punti e linee. Accoppiandoli in vario modo essi formano lettere e numeri, come si vede nella figura.
Oggi una variante del Codice (il **Codice Morse internazionale**), fino a poco tempo fa usato largamente nelle comunicazioni militari, è andato in pensione ed è usato soltanto dai radioamatori.

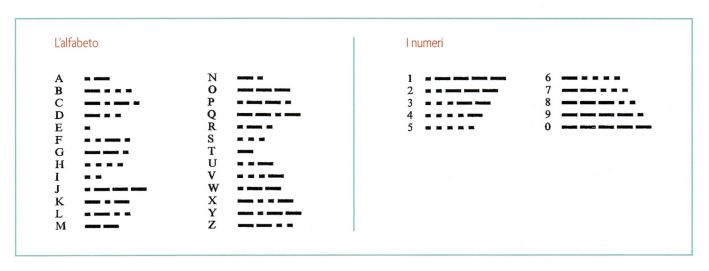

Storia e territorio

Londra, capitale del mondo

In queste pagine sono riprodotte alcune delle incisioni eseguite dal grande illustratore romantico francese Gustave Doré per il volume Viaggio a Londra, *pubblicato nel 1872. Di Londra egli mette in evidenza i tratti pittoreschi e spesso drammatici che in quel periodo ne facevano la più moderna e la più conturbante metropoli del mondo.*

Panorami cittadini

Londra in tutta la sua magnificenza
Il palazzo del Parlamento, la Torre con il famoso orologio chiamato Big Ben e le scale dalle quali si scende al Tamigi per prendere i vaporetti.

Il centro della città alle dieci del mattino
Il traffico caotico di Londra è leggendario e gli ingorghi sono all'ordine del giorno.

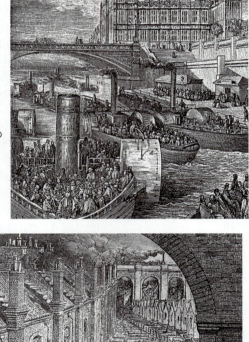

La parte oscura della città
È uno di quei quartieri operai situati sotto le ferrovie sopraelevate: sono vicoli nei quali il tasso di criminalità è altissimo.

Folla e carrozze in una strada della City
Questo è il nome che i londinesi danno al cuore antico della capitale dove si trovano la Borsa, le banche e i grandi giornali.

Londra al lavoro

Le officine del gas
Sono in funzione dalle sei del mattino e sono considerate un elemento vitale per il funzionamento della città.

I magazzini
Nella City sorgono anche centinaia di magazzini che caricano e scaricano derrate alimentari, birra, tabacco e altri generi che arrivano dal porto sul Tamigi.

La "città del malto"
A ridosso della cattedrale di Saint Paul sorge la cosiddetta "città del malto", un enorme complesso di edifici industriali in cui si fabbrica la birra, di cui gli Inglesi sono fortissimi consumatori.

Tra gli emarginati del sottoproletariato
Molti si arrangiano facendo i venditori ambulanti. Quello di destra vende carta moschicida reclamizzandone l'efficacia con orribili nastri sul cappello; quello di sinistra si limita ai fiammiferi, a quei tempi chiamati "zolfanelli" a causa della capocchia di zolfo che, strofinata, si accende.

Storia e territorio

Classi sociali

La passeggiata a cavallo
Nel grande spazio verde di Hyde Park si svolge abitualmente la passeggiata delle dame. Tutti gli Inglesi di un certo rango sanno andare a cavallo e le dame, non potendo indossare pantaloni, cavalcano "all'amazzone" usando particolari selle che permettono loro di tenere le gambe unite da un lato solo della cavalcatura.

Tra signore
Tre dame chiacchierano guardando dall'alto di una balconata il gigantesco banchetto organizzato dalla corporazione degli orafi.

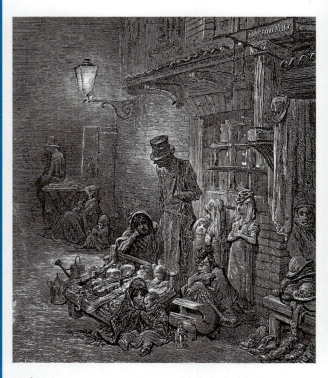

Le ultime cose
Una famiglia in miseria espone le sue povere cose sperando che qualcuno degli abitanti di questo vicolo si fermi a comprarle.

Di pattuglia
In una viuzza malfamata una pattuglia di *Bobbies* (i poliziotti inglesi) esamina un gruppo di sospetti (forse solo affamati) con la lanterna cieca, una lanterna a olio appena inventata, con il vetro da una parte sola per lasciare in ombra il viso di chi la tiene.

Divertimenti cittadini

Il derby, la corsa che riuniva a Londra le folle popolari
Questa è la curva di Tottenham, dove regolarmente qualche cavallo cadeva tra le urla della folla.

Il ritorno dal derby
I tifosi eccitati tornano a casa tra canti e bevute.

Per i bambini
I bambini di strada si affollano intorno all'organetto sul quale è appollaiata l'immancabile scimmietta.

Un gruppo di ladri gioca d'azzardo in un covo
Queste riunioni finivano spesso a coltellate.

18 Il Movimento operaio

1848 *Manifesto di Marx ed Engels*

1889 Seconda Internazionale

1 Borghesi contro operai

Tutti gli eventi verificatisi negli anni tra il 1815 e il 1889, nonostante la loro apparenza di fatti sostanzialmente politico-militari, rappresentarono in realtà la seconda fase della gigantesca lotta per la costruzione di un'età nuova, lotta che era iniziata con la Prima rivoluzione industriale. I protagonisti di questa lotta erano stati **prima i borghesi**, nelle vesti di liberali, democratici, socialisti utopisti, **poi i borghesi e i proletari insieme**, come nelle Giornate di luglio del 1830 a Parigi e, soprattutto, nel Quarantotto europeo.

Nel **1848** la sconfitta delle rivoluzioni era stata solo parziale. A perdere, in realtà, era stata la componente democratica e operaia, non quella liberale e borghese che, durante quegli eventi, aveva chiarito a se stessa che non si sarebbe mai più unita al proletariato e che, anche grazie a questa scelta, ottenne progressivamente tutte le libertà e le garanzie che servivano al suo sviluppo, dando inizio all'**età del trionfo della borghesia**.

Il 1848 fu quindi lo **spartiacque tra due epoche**: quella in cui il Terzo stato, nemico dell'aristocrazia, combatteva insieme a bottegai, artigiani e contadini e quella in cui questa categoria si frantumò e il Terzo stato si separò dal **Quarto stato**, formato dai proletari. Da questa contrapposizione ebbero inizio le **lotte operaie**.

Quanto fosse profonda l'avversione della classe "trionfante" nei confronti dei suoi ex compagni di lotta lo si vide nei giorni della **Comune di Parigi** del 1870 ◂, il primo esempio nella storia di gestione socialista del potere e il primo bagno di sangue operaio deciso da un governo repubblicano e costituzionale.

Dopo il 1848 le "**classi lavoratrici**" vennero marchiate come "**classi pericolose**", un'identificazione su cui si giocò una parte molto rilevante della storia di fine Ottocento e di gran parte del Novecento.

Agli occhi del borghese medio il proletario si configurò definitivamente come violento, sporco, ubriacone: potenzialmente, un criminale. Poiché spendeva tutto il suo salario, era uno sprecone incapace di risparmiare; se la sera si intratteneva in una taverna con i suoi compagni, era un fannullone; dato che viveva in quartieri desolati, privi di servizi igienici e di acqua corrente, era un incivile. Gli

Capitolo 15, Paragrafo 12 ◂

uomini venivano accusati di non avere valori religiosi e morali; le operaie, che il lavoro in fabbrica esponeva alle violenze dei capireparto, erano considerate donne di malaffare ▶.
In realtà gli operai cominciavano a malapena ad abituarsi alla vita urbana e al lavoro di fabbrica e conducevano un'**esistenza miserabile**, anche se non rischiavano più di morire di stenti come i loro nonni e bisnonni nelle campagne. Anche se la loro condizione variava da Paese a Paese, essi avevano in comune una serie di problemi: l'impossibilità di mettere da parte un po' di denaro per le emergenze e la vecchiaia, lo spettro della disoccupazione, la mancanza di istruzione, orari e condizioni di lavoro quasi insopportabili, le malattie professionali e gli incidenti sul lavoro, il divieto di associarsi per migliorare la loro situazione, pena il carcere o, come per i luddisti, la condanna a morte, l'impossibilità di sperare in una vita migliore per i propri figli.

Il Quarto Stato
Così si intitola il grande quadro che Giuseppe Pellizza da Volpedo dedicò nel 1901 al Movimento operaio. Il titolo riprende l'espressione utilizzata negli ultimi anni della Rivoluzione francese per distinguere il proletariato dalla borghesia, chiamata Terzo stato.

▶ **DOSSIER CITTADINANZA**
Donne e politica: il difficile cammino verso la parità, pag. 414

2 ▶ Il *Manifesto del Partito comunista*

Il fatale anno **1848** segnò anche la nascita del "Messia operaio": un uomo che propose una soluzione drastica della questione sociale e un avvenire luminoso ai proletari di tutto il mondo. In quell'anno, infatti, venne pubblicato in più lingue il *Manifesto del Partito comunista* del filosofo ed economista tedesco **Karl Marx** e del suo amico e collaboratore **Friedrich Engels**.
In esso, respingendo come "non scientifiche" le proposte dei socialisti utopisti e spazzando via la rabbia luddista contro le macchine, che anzi venivano ritenute un elemento di progresso, i due autori riconoscevano alla borghesia il merito di avere abbattuto il regime feudale, però ne dichiaravano conclusa la funzione storica: da quel momento il protagonista della storia sarebbe diventato il **proletariato**.
L'avvento del capitalismo – sostenevano – ha sottoposto il proletariato allo **sfruttamento** perché ha nettamente diviso la **proprietà dei mezzi di produzione** (in mano alla classe borghese) dall'erogazione della **forza-lavoro**, fornita da una

I padri del comunismo
Marx (a sinistra) ed Engels (a destra) furono amici per tutta la vita. Engels, che veniva da una famiglia molto benestante, mantenne Marx, che invece era privo di mezzi. Entrambi erano stati esiliati a Londra per le loro attività rivoluzionarie in Prussia.

Il pensiero di Marx in cartolina
Allo slogan dei capitalisti e del governo, sulla bandiera gialla, i socialisti oppongono il proprio, stampato sulla bandiera rossa.

classe operaia priva di qualunque potere decisionale. Prendere atto di questa realtà significava per gli operai acquisire una **coscienza di classe**, cioè comprendere che essi costituivano una classe sociale dotata di interessi autonomi e conflittuali con quelli delle altre classi e che la fine dello sfruttamento sarebbe avvenuta solo attraverso l'**abolizione della proprietà privata** dei mezzi di produzione e quindi con la **presa del potere politico**: dodici anni dopo, i comunardi applicarono questo principio stabilendo che le fabbriche parigine fossero gestite direttamente dai lavoratori. Sempre secondo Marx, una volta preso il potere, gli operai avrebbero imposto la **dittatura del proletariato** che avrebbe segnato l'avvento di una **società comunista**, cioè di una società **senza classi** in cui, scomparendo "lo sfruttamento dell'uomo sull'uomo", tutta l'umanità avrebbe raggiunto finalmente il suo fine: la felicità.

Questo messaggio radicale conquistò molti lavoratori che, per la prima volta, cominciarono a nutrire una speranza: ora avevano **un obiettivo chiaro per cui lottare**, anche a prezzo della vita, un obiettivo che faceva immaginare un futuro luminoso al quale si poteva guardare nei momenti più cupi dell'esistenza.

Il *Manifesto* – che aveva il pregio di essere scritto in un linguaggio semplice e comprensibile anche da persone di scarsa cultura – fu diffuso tra le avanguardie dei lavoratori di tutta Europa e in poche decine di anni il **marxismo** divenne la linea-guida del Movimento operaio dei Paesi industrializzati. Anche per impulso del marxismo, dal 1848 in poi, il proletariato cominciò a organizzarsi nell'Europa continentale (l'Inghilterra era un caso a sé) in una serie di **partiti politici**.

A questa diffusione, che Marx identificava con la nascita della coscienza di classe, contribuì in modo decisivo anche il continuo sviluppo della Rivoluzione industriale che aveva ormai varcato la Manica e l'Oceano e si era diffusa in Europa e in America. Nel 1850, mentre l'Inghilterra arrivava a vantare circa 3 milioni di operai dell'industria, gli Stati Uniti ne avevano 2 milioni e la Francia e la Germania 1 milione ciascuna. Restavano indietro i Paesi dell'Est e quelli mediterranei, come l'Italia che ne contava solo poche decine di migliaia.

La bandiera rossa e il Primo maggio

La bandiera rossa
Perché il rosso è il colore della sinistra? Perché il rosso è il colore del sangue, del fuoco e della magia. Nell'antica Roma erano rossi gli stendardi usati in battaglia, ma la tradizione contemporanea nacque nel 1791, quando la folla che attaccava le Tuileries innalzò la bianca bandiera reale dei Borbone intrisa del sangue dei feriti.
Da allora il rosso e il bianco divennero, rispettivamente, i simboli della Rivoluzione e della Controrivoluzione. Anche Garibaldi adottò quindi, per i suoi Mille, le camicie rosse.

La festa del Primo maggio
La **festa del Lavoro**, invece, cade il primo maggio in ricordo della grande manifestazione di protesta dei lavoratori dei macelli di Chicago, negli Stati Uniti, che nel 1867 lottavano per la riduzione dell'orario a otto ore. Scesero per la strada 10 000 operai e il giornale cittadino scrisse "è il più grande corteo mai visto a Chicago". Oggi infatti siamo abituati a manifestazioni con centinaia di migliaia di lavoratori, ma allora le città erano infinitamente più piccole di oggi e i lavoratori, di conseguenza, molti meno.

3 La Prima Internazionale

Marx chiuse il *Manifesto* con questo appello: "**Proletari di tutto il mondo, unitevi!**". Egli sosteneva, infatti, che le divisioni tra le nazioni venivano create dalla corsa al potere dei capitalisti e che gli operai, invece, formavano un'unica grande comunità di sfruttati ed erano quindi tutti "**compagni**".
Per inquadrare questo internazionalismo in un'organizzazione concreta, nel **1864** Marx contribuì a fondare la **Prima Internazionale**, che aveva lo scopo di coordinare l'azione dei vari gruppi nazionali contro la solidarietà internazionale della borghesia. Nello Statuto, redatto da Marx stesso, si indicavano il fine delle lotte operaie, che era l'**abolizione dello Stato borghese** e la costruzione di una **società senza classi**, e il mezzo per raggiungerlo: la creazione di partiti autonomi da quelli della borghesia democratica.
La vita dell'Internazionale fu segnata dal continuo conflitto fra le sue molte correnti. Particolarmente violento fu lo scontro tra Marx e **Michail Bakunin**, uno dei padri del **movimento anarchico**. Mentre Marx sosteneva la necessità di un'organizzazione partitica accentrata, Bakunin rifiutava qualunque forma di centralismo e preferiva le rivolte spontanee; rifiutava anche l'idea della dittatura del proletariato e proponeva una società costituita da una libera federazione di comunità autogestite la cui realizzazione sarebbe coincisa con l'estinzione dello Stato.
Lo scontro paralizzò per anni le attività della Prima Internazionale e nel **1876** ne determinò lo **scioglimento**, nonostante l'espulsione di Bakunin.
In quegli anni Marx fu impegnato anche nella stesura della sua opera più importante, ***Il Capitale***, un trattato in tre volumi (due dei quali pubblicati postumi) in cui, partendo dalla critica dell'economia "classica" dei teorici del capitalismo come Adam Smith, cercò di dare un fondamento teorico alla sua visione politica.

LESSICO — STORIA

Internazionalismo
La visione internazionalista che dal 1864 in poi caratterizzò tutti i movimenti di ispirazione marxista, e in particolare i partiti socialisti, si oppose al nazionalismo che cominciava in quegli anni a diventare l'atteggiamento prevalente dei conservatori. Nel loro sviluppo storico questi due opposti atteggiamenti sfociarono in precise prese di posizione nell'ambito della politica estera: i nazionalisti si concentrarono sulla gloria della nazione e furono quindi fautori di guerre tra Stati per ingrandire il proprio territorio, impadronirsi di materie prime e acquisire prestigio militare; gli internazionalisti, al contrario, rifiutarono la guerra tra Stati, che vedevano soprattutto come lo scontro tra innocenti masse operaie e contadine, e propugnarono al suo posto la rivoluzione mondiale di tutte le classi lavoratrici, riunite, al di là dei confini, dagli stessi interessi.

La bandiera e lo sciopero
Sulla folla radunata per uno dei primi scioperi degli operai tedeschi, nel 1891, campeggia una grandissima bandiera rossa del colore della Rivoluzione. Insieme con gli adulti sfilano anche bambini molto piccoli, che le mamme portavano con sé al lavoro.

Il movimento anarchico

L'**anarchismo** è una teoria politica che si rifà alla contrapposizione illuminista tra la società, che esiste "per natura", e lo Stato, che è invece una costruzione artificiale voluta dall'uomo a partire da un certo punto della sua storia (l'uomo preistorico non conosceva lo Stato come lo intendiamo oggi, anche se viveva anch'egli secondo precise regole sociali). Questa teoria rifiuta qualsiasi organizzazione statale e lotta per realizzare **comunità libere** da qualsiasi costrizione e **da qualsiasi autorità**.

Il pensiero anarchico ricevette un carattere collettivista in Russia e più individualista in Francia, Svizzera, Spagna, Stati Uniti e Italia, dove ebbe grande diffusione tra l'Ottocento e gli inizi del Novecento.

Il padre dell'anarchismo russo fu **Michail Bakunin**, un intellettuale di origine aristocratica che teorizzò una rivoluzione violenta per realizzare una società composta di "libere associazioni di lavoratori".

Confidando nella "forza rivoluzionaria dell'individuo" e nella "spontaneità delle masse", l'anarchismo contava sulle **insurrezioni**, gli **scioperi generali**, gli **atti di terrorismo** o le **congiure**.

Michail Bakunin

Gli obiettivi delle sue azioni erano i rappresentanti dello Stato, i simboli della proprietà privata, l'esercito, i magistrati, la polizia, la Chiesa.

Dopo l'espulsione dalla Prima Internazionale, gli anarchici compirono alcuni attentati terroristici che però danneggiarono molto la loro causa, perché a ognuno di essi seguirono feroci repressioni e restrizioni di tutte le libertà civili e perché furono duramente condannati dai partiti marxisti.

Un altro elemento di differenza dal marxismo fu la loro **base sociale**. Bakunin, contestando l'idea che la forza propulsiva della rivoluzione fosse il proletariato di fabbrica, riteneva che le forze rivoluzionarie per eccellenza fossero i derelitti della terra, cioè i braccianti e i contadini poveri, insieme ai sottoproletari.

Altrettanto opposta era la visione politica. Il leader anarchico non voleva una classe operaia inquadrata in un partito e uno Stato proprietario dei mezzi di produzione. Spirito di partito e statalismo, secondo lui, avrebbero portato a una nuova tirannia.

I concetti base de *Il Capitale*

Nel 1867 Marx pubblicò il primo volume del *Capitale*, al quale lavorava da circa vent'anni. Esso verteva sul "processo di produzione capitalistico". Il secondo volume sarà dedicato al "processo di circolazione del capitale" e il terzo alla "formazione del processo complessivo".

L'opera, di lettura assai complessa, spazia dall'economia, che ne è la base, alla filosofia, alla sociologia, alla storia.

Lo storico **Massimo Salvadori** ne sintetizza come segue alcune parti nella voce "Socialismo" dell'*Enciclopedia storica* Zanichelli.

Le quattro fasi del passaggio al socialismo

Marx ed Engels ritenevano che la transizione dal capitalismo al comunismo si sarebbe compiuta passando attraverso quattro fasi:

- la **rivoluzione della classe operaia**, quando il capitalismo fosse giunto alla sua piena maturità con l'estrema concentrazione dell'industria;
- la **scomparsa dei ceti medi** e la generale proletarizzazione della società;
- la **dittatura del proletariato**, da conseguirsi con la violenza, quale strumento per attuare la socializzazione dei mezzi di produzione; tale socializzazione avrebbe dovuto essere gestita da uno Stato pianificatore;
- la **realizzazione del socialismo**, in cui ciascuno avrebbe goduto del frutto del proprio lavoro.

La società comunista

Con l'avvento del **comunismo**, nel quale a tutti sarebbe stato dato secondo i propri bisogni, lo Stato avrebbe perduto il suo ruolo di apparato di dominio di una classe sulle altre, la politica sarebbe scomparsa con il venire meno del potere di certi uomini su altri, il denaro non avrebbe avuto più scopo, la società si sarebbe autoregolata pacificamente, sarebbe scomparsa ogni differenza fra città e campagna, fra lavoro manuale e intellettuale, l'uomo sarebbe stato libero da ogni paura e perciò la religione avrebbe ceduto a un umanesimo fonte di libertà e creatività per tutti. La rivoluzione prima e il socialismo poi avrebbero avuto **carattere mondiale**, sulla base e per effetto della progressiva mondializzazione dello sviluppo capitalistico.

Perché il socialismo marxista venne chiamato "scientifico"

Marx ed Engels ritennero di aver impostato il loro socialismo su basi "scientifiche", avendolo fondato non sulla progettazione utopistica ma sull'analisi, per l'appunto "scientifica", delle tendenze della storia "necessarie" e prevedibili, come i fenomeni della natura studiati dalla fisica, perché basate su **"leggi" governate dallo sviluppo economico**.

4 L'influenza di Lassalle sul Partito socialdemocratico tedesco

L'altro grande scontro di idee che avvenne prima, durante e dopo la Prima Internazionale oppose Marx a **Ferdinand Lassalle**, un politico tedesco che, dopo essere stato in carcere per avere partecipato alla rivoluzione del 1848, nel 1863 fondò l'Associazione degli operai tedeschi.

Il punto chiave del suo programma era la **lotta per il suffragio universale**. A differenza di Marx, infatti, egli non credeva alla possibilità che la classe operaia potesse affrancarsi con le sole sue forze. Confidava piuttosto in un progressivo intervento dello Stato per attenuare la malefica influenza della proprietà privata, sovvenzionando **cooperative di produzione** in cui gli operai, associati, potessero dividersi i profitti del loro lavoro.

Perché ciò avvenisse, bisognava che gli operai **partecipassero alla vita politica** del Paese, intervenendo nella stesura di nuove leggi (di qui l'importanza del suffragio universale) in grado di **estendere le libertà politiche** fino a consentire l'ingresso in Parlamento dei partiti dei lavoratori. Ciò che differenziò sempre più nettamente Lassalle da Marx fu dunque la strategia per ottenere l'emancipazione del proletariato: mentre l'autore del *Manifesto del Partito comunista* puntava

Scioperi e repressioni
A sinistra, donne contadine del Mantovano in sciopero. I carabinieri a cavallo tentano di disperderle per far arrivare ai campi altre braccianti chiamate a sostituirle.
A destra, una manifestazione operaia cittadina finita nel sangue per l'intervento della polizia.

> **LESSICO — POLITICA**
>
> **Socialdemocratico**
> All'epoca era sinonimo di "socialista" e indicava i partiti che raccoglievano la maggioranza del proletariato industriale e miravano all'emancipazione politica e sociale della classe operaia e alla trasformazione in senso egualitario dell'ordinamento esistente.

solo sull'attività rivoluzionaria, Lassalle credeva nella possibilità delle **riforme all'interno di un sistema democratico**.
Lassalle pensava anche che fosse necessario consentire allo Stato e all'industria di espandersi e di arricchirsi in modo che fossero disponibili più risorse per migliorare la condizione delle classi popolari, quindi fu favorevole all'unificazione della Germania e appoggiò Bismarck. Nel **1875** la fusione della sua Associazione con il **Partito socialdemocratico tedesco** creò il primo e il **più grande partito operaio** dell'Europa continentale. Il suo esempio fu seguito poi da molti Paesi, tra cui l'Italia.

5 I socialdemocratici e la duplice strategia di Bismarck

Le prime battaglie del Partito socialdemocratico tedesco furono durissime. Negli anni appena successivi alla sua fondazione, **Otto von Bismarck**, il ministro che aveva realizzato l'unità della Germania, ridotto a pezzi l'Austria e la Francia e assistito all'eccidio dei comunardi, usciva dalla grande sconfitta interna subita dal *Kulturkampf* e aveva bisogno di un **nuovo nemico**, meno imbarazzante dei cattolici, per coalizzare di nuovo intorno a sé non solo i conservatori ma anche il partito cattolico di centro.
Demonizzare i socialdemocratici additandoli alla Germania degli *Junker*, degli industriali e della borghesia rampante come gli alfieri di una rovinosa "rivoluzione sociale" non fu difficile.
Bismarck agì su un doppio binario: da una parte, fece approvare dal Parlamento una serie di **Leggi eccezionali** che ridussero il partito a una condizione di semi-

> **RICORDA**
>
> **Otto von Bismarck**
> Bismarck era stato il politico che aveva guidato l'unificazione tedesca realizzata nel 1871 con le due guerre vinte contro l'Austria e la Francia. Guidò poi il governo come cancelliere sino al 1890 e fu uno dei protagonisti della politica estera europea.

clandestinità e che rimasero in vigore dal 1878 al 1890; dall'altra, cercò di integrare nel sistema la classe operaia varando una **legislazione sociale** ▶ di stampo paternalistico ma, per l'epoca, all'avanguardia in Europa. Essa consisteva infatti in assicurazioni obbligatorie per gli infortuni sul lavoro, le malattie e la vecchiaia, i cui costi venivano distribuiti tra gli imprenditori, lo Stato e i lavoratori stessi.
La strategia di Bismarck, però, si rivelò perdente anche questa volta. Nonostante le Leggi eccezionali, il Partito socialdemocratico passò da 500 000 voti del 1878 a 1 500 000 del 1890 (pari al 18%) e inoltre fu affiancato da un forte **movimento sindacale**. Nello stesso anno il Parlamento si rifiutò di rinnovare le Leggi eccezionali e tutte le limitazioni vennero revocate.

All'interno del Partito socialdemocratico tedesco si venne poi affermando, nei decenni successivi, una corrente favorevole a una **politica di riforme**, guidata da **Karl Kautsky** che puntava alla **conquista della maggioranza parlamentare**. Ciò fece dei socialisti tedeschi il primo **partito di massa** del mondo, che nel 1914 raggiunse più di un milione di iscritti (per fare un confronto, in quella stessa data i socialisti francesi erano 77 000 e 45 000 quelli italiani).

> **ORIZZONTI DI CITTADINANZA**
> La legislazione sociale e il *Welfare State*, pag. 479

6 Il Movimento operaio inglese e le *Trade Unions*

Sebbene ormai il primato dell'industrializzazione stesse passando alla Germania, la culla della Rivoluzione industriale era stata l'Inghilterra che fu quindi il primo Paese a sperimentare la dolorosa transizione del proletariato da lavoratore delle campagne a operaio di fabbrica nelle città.

Gli anni delle guerre napoleoniche erano stati terribili: nelle fabbriche era esploso il luddismo – il movimento che si opponeva all'industrializzazione distruggendo le macchine – e su di esso si era abbattuta la repressione del governo, ma gli anni successivi al Congresso di Vienna furono tra i più bui della storia inglese; lo sforzo bellico sostenuto dal Paese lo aveva, infatti, precipitato nella crisi economica anche per le ingentissime spese militari che avevano quadruplicato il debito pubblico.

Tolto il Blocco continentale stabilito da Napoleone, le nazioni europee e gli Stati Uniti ripresero a esportare grano, ma, poiché esso aveva un prezzo molto più basso di quello inglese, i Lord, temendo la bancarotta, usarono tutta la loro influenza in Parlamento per bloccare le importazioni penalizzandole con tasse altissime. Le *Corn Laws*, le "Leggi sul grano", approvate a questo scopo, mantennero quindi artificialmente **alto il prezzo del pane** con gravi conseguenze per le categorie povere. Inoltre, la chiusura delle fabbriche di forniture militari creò centinaia di migliaia di **disoccupati** ai quali si aggiunsero gli effetti della smobilitazione di 250 000 soldati.

Il popolo non riuscì a sopportare oltre e cominciò a chiedere **riforme politiche** convinto che, se i suoi rappresentanti fossero riusciti a entrare in Parlamento, avrebbero potuto varare leggi capaci di alleggerire la tremenda pressione cui le classi più deboli erano sottoposte.

Il primo ministro era un *tory* che si era trovato a Parigi allo scoppio della Rivoluzione francese e ne aveva riportato un suo personale terrore delle masse e una concezione esasperata della necessità di "legge e ordine" (riassunta nel motto *Law and Order*). Questa linea dura lo portò, nel 1819, a scatenare l'esercito contro una folla di 80 000 persone riunite per il discorso di un leader popolare, causando 11 morti e 100 feriti. Il massacro avvenne in St. Peter's Field e fu chiamato *Peterloo Massacre*, per assonanza con Waterloo.

Tuttavia, la politica dei *tories* non cambiò di un millimetro; anzi, il governo si

> **RICORDA**
> *Tory*
> I *tories* erano membri del Partito conservatore, opposto agli *whigs*, progressisti.

congratulò per la repressione ed emanò sei leggi, note come *Six Acts*, con cui **proibì le adunanze pubbliche** e instaurò la **censura preventiva** sui giornali vietando qualsiasi accenno alla situazione sociale: il Movimento operaio inglese sembrava morto prima di nascere.

La situazione, invece, migliorò rapidamente. Nel 1820 l'industria e il commercio ripresero a crescere eliminando la disoccupazione e una nuova generazione di giovani *tories* aperti alle riforme rimpiazzò la vecchia. Nel 1825 fu abolita la legge che vietava le associazioni operaie e subito dopo furono fondate le *Trade Unions*, i primi sindacati del mondo.

Tra il **1838** e il **1848** i lavoratori inglesi, forti di questi vantaggi, tentarono di dare alle loro rivendicazioni anche uno sbocco politico e fondarono un movimento chiamato **Cartismo**, perché le loro cinque richieste erano contenute in una *Carta del popolo*. Tra le richieste, le più importanti erano il **suffragio universale maschile** e il **voto segreto**, ma, nonostante imponenti manifestazioni popolari a sostegno di queste proposte, nell'immediato tutte furono respinte e il Cartismo fu sconfitto.

Da allora, i **sindacati inglesi** non si occuparono più di rivendicazioni politiche, concentrandosi unicamente su orari, salari, previdenza sociale. Capirono, però, l'importanza di un costruttivo colloquio con il Parlamento e, attraverso diversi passaggi, nel **1893** fondarono un primo **Partito laburista** o "del lavoro" che rappresentava alle Camere gli **interessi dei lavoratori** e che si trasformò in quello attuale agli inizi del Novecento.

Avendo ottenuto tutte le forme di organizzazione e di rappresentanza che gli occorrevano, oltre a miglioramenti salariali e delle condizioni di vita dei lavoratori, il Movimento operaio inglese non divenne mai marxista, ma abbracciò la **tendenza riformista**.

Il massacro di Peterloo
Una caricatura comparsa su un giornale inglese mette in luce la brutalità delle truppe contro i manifestanti di St. Peter's Field.

La nascita del *Bobby*

Per spiegare in parte il comportamento del governo inglese e quello di tutti gli altri governi europei dell'epoca di fronte alle manifestazioni di massa c'è da dire che **controllare una manifestazione** a quei tempi era tutt'altro che facile.

Non esistevano né la polizia né strumenti anti-sommossa come gli scudi di plastica, gli idranti o i lacrimogeni; c'era solo l'esercito, armato di sciabole e fucili, che spesso era il primo a spaventarsi della violenza dei manifestanti.

Di fronte a una folla arrabbiata i governi non avevano scelta: o la lasciavano fare, rischiando che una manifestazione si trasformasse in rivoluzione, o la disperdevano con l'esercito.

Fu però proprio l'Inghilterra a risolvere il problema. Uno dei giovani *tories* più moderati, Robert Peel, ministro degli Interni, istituì nel 1829 il **primo corpo di polizia del mondo**, la cui principale caratteristica era di essere **disarmato**, cioè provvisto soltanto di un manganello. Gli Inglesi gradirono la novità a tal punto da chiamare i poliziotti familiarmente *Bobbies* ("quelli di Bob" cioè di Robert Peel).

7 La Seconda Internazionale

A differenza del Movimento operaio inglese, quello europeo continentale divenne quasi ovunque marxista dopo la nascita della **Seconda Internazionale**, fondata a Parigi il 14 luglio **1889**, esattamente cento anni dopo l'inizio della Rivoluzione francese. A essa aderirono i partiti operai e i sindacati di tutto il mondo, alcuni dei quali già organizzati (tra cui quelli di Usa, Canada e Giappone), che le diedero un grande prestigio.

Tutti si allinearono alla linea marxista, e in particolare a quella della **socialdemocrazia tedesca**, e proclamarono quindi come princìpi fondamentali la **lotta di classe** e l'**azione politica** (quindi non solo quella sindacale, come gli Inglesi). L'armonia dei primi anni, nei quali si svolsero diversi congressi, si spezzò però a cavallo del Novecento, quando ricominciarono ad affiorare le due anime del Movimento operaio, già preannunciate dai diversi interpreti di Marx: quella **riformista**, disposta a lottare ma **all'interno del sistema borghese parlamentare**, e quella **rivoluzionaria**, chiamata poi anche "**massimalista**", del "tutto e subito" e dell'azione violenta con l'obiettivo di instaurare la dittatura del proletariato. Più tardi, l'atteggiamento da assumere nei confronti della Prima guerra mondiale metterà ulteriormente in crisi l'unità del Movimento operaio, che vide il sorgere, al suo interno, di tendenze nazionalistiche.

La cultura operaia

La solidarietà

Le riunioni organizzative, gli obiettivi comuni, i rischi corsi insieme e il ricordo dei martiri crearono nel proletariato legami di fortissima solidarietà.
Poiché il mondo intorno era ostile e non intendeva risolvere i loro problemi se non al termine di lotte estenuanti, i lavoratori diedero vita sin dall'inizio del Movimento operaio a numerosissime e variegate **associazioni**, nate **sul territorio**, che svolsero un ruolo fondamentale nell'affrontare le difficoltà quotidiane degli iscritti.

Le associazioni spontanee furono vivacissime soprattutto in **Italia**, proprio perché per molti anni furono proibiti i sindacati. Nelle Marche e in Romagna, dove molti socialisti un tempo avevano militato nella Giovine Italia o erano figli di padri che lo avevano fatto, rimase viva la tradizione "carbonara" delle società segrete e poi delle **associazioni clandestine** che si riunivano soprattutto nelle osterie per elaborare le loro forme di opposizione al potere e **aiutarsi reciprocamente**.

Poi le associazioni nate intorno a un fiasco di vino si trasformarono in vere e proprie **Società di mutuo soccorso** che in pochi anni coprirono capillarmente tutto il Centro-Nord. Esse si autofinanziavano con i contributi dei soci e svolgevano una serie di funzioni vitali: cassa malattie e infortuni, piccole banche che prestavano denaro a interessi minimi o addirittura senza, organizzazione di cooperative, costituzione di biblioteche, corsi di istruzione elementare e cicli di conferenze. A fine Ottocento ce n'erano 6722.

Le Case del popolo

Appena le casse comuni lo permettevano, si aprivano le **Case del popolo**, in cui le **attività culturali** cominciarono a fondersi con le **attività ricreative**. Tutti credevano fermamente in "un mondo migliore" in cui un giorno si sarebbe realizzato un benessere collettivo completo, fatto anche di tempo libero e divertimento. Nacquero così le scuole di musica che addestravano le bande locali e i cori per le feste di paese e dei lavoratori. Grazie a queste scuole si formò o si consolidò il **repertorio musicale del Movimento operaio**, a partire dall'*Internazionale*, l'inno di tutti i lavoratori marxisti del mondo, fino ai canti degli anarchici in esilio (come *Addio Lugano bella*), ai canti delle mondine (*Se otto ore...*) e a tanti altri.

Nei giorni di festa, tra i quali emergeva quella del **Primo maggio**, giornata internazionale dei lavoratori, si facevano anche gite campestri con merenda e sventolio di bandiere rosse.

I libri entrano nelle case degli operai

I socialisti erano convinti che la lotta per il miglioramento materiale delle condizioni di lavoro dovesse andare di pari passo con l'**elevazione culturale** degli

A scuola nell'Agro pontino
L'Agro pontino, a sud di Roma, era una delle campagne più povere della Penisola, paludosa e infestata dalla malaria. Un grande laico, il piemontese Giovanni Cena, dedicò la sua età matura all'educazione dei contadinelli analfabeti. Fondò 70 scuole, affidate ai volontari del luogo.

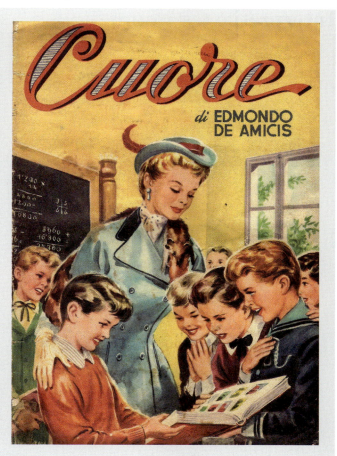

Cuore
La copertina del libro di Edmondo de Amicis e una delle immagini interne che mostrano, immerso nello studio alla luce di una lampada a petrolio, il figlio di un operaio della classe di terza elementare protagonista del libro.

operai. Essi dovevano **uscire dall'analfabetismo**, essere messi in grado di votare (le prime leggi elettorali dell'Italia unita escludevano dal diritto di voto chi non sapeva leggere e scrivere), conoscere a fondo i testi che analizzavano la loro condizione (a cominciare da quelli marxisti), saper sostenere un dibattito, prendere decisioni politiche e, persino, prepararsi a entrare in Parlamento.

Furono le associazioni, quindi, a costruire quella **cultura socialista** che negli anni esercitò una funzione fondamentale nella crescita civile e culturale europea. In Italia la cultura socialista coinvolse le forze più disparate.

Tra gli scrittori socialisti, **Edmondo de Amicis** scrisse *Cuore*, la storia di una classe elementare in cui Enrico, figlio di borghesi democratici, impara ad apprezzare i suoi compagni proletari. Il libro diventò un *best seller* la cui efficacia fu paragonabile a quella che *La capanna dello zio Tom* (uscito nel 1850) esercitò nella battaglia antischiavista negli Stati Uniti.

Importantissimo fu anche il ruolo di alcuni **editori** di simpatie socialiste i quali pubblicarono **collane popolari**; per il prezzo basso e l'accurata scelta dei titoli, esse fecero entrare per la prima volta i libri nelle case operaie.

Non si deve pensare però a un'operazione di brutale propaganda. In queste collane, infatti, i testi e gli opuscoli marxisti erano in netta minoranza rispetto ai libri dei **grandi romanzieri europei** che avevano descritto la società e le sue contraddizioni. La grandezza della cultura socialista si fondò proprio sulla sua **natura non settaria**, cioè non chiusa ai miopi interessi di una sètta, ma aperta alle voci più alte della cultura borghese e democratica internazionale. Leggere tuttavia era costoso e faticoso. In Inghilterra un meccanico di sedici anni affittava per pochi soldi (tanti, per lui) i giornali vecchi di una settimana, che poi venivano affittati ad altri ancora più poveri.

Chi leggeva lo faceva di notte, per via degli orari di lavoro; mentre in Inghilterra si lottava già per le otto ore, in Germania e in Italia ci si faceva uccidere per ridurre gli orari da quattordici a dodici ore.

Si presentava allora il problema della scarsità di luce. Le candele erano troppo costose, l'illuminazione a gas arrivò tardissimo nelle case operaie e gran parte delle famiglie teneva accesa la lampada a olio solo per cenare. Alcuni si riducevano a leggere al debole chiarore della stufa a carbone.

La storia dei poveri che lottarono per dare ai propri figli una speranza per l'avvenire è la storia di eroi spesso senza nome, cui va la riconoscenza di tutti per aver costruito un mondo di maggiore giustizia sociale.

Interpreti e testimoni

Il *Manifesto* che cambiò il mondo

AUTORE	Eric J. Hobsbawm, storico inglese
OPERA	Prefazione al *Manifesto del partito comunista*
DATA	1998

Uno storico marxista mette qui in evidenza la straordinaria forza sprigionata dal Manifesto *di Marx e Engels e il suo valore di analisi storica, ma soprattutto di incitamento all'azione.*

Un lettore del *Manifesto* difficilmente potrà evitare di farsi trascinare dalla convinzione appassionata, dalla concentrata brevità, dall'energia stilistica e intellettuale di questo opuscolo stupefacente. Come se fosse uscito di getto dalla penna dell'autore, è scritto in frasi lapidarie che quasi naturalmente si trasformano nei memorabili aforismi diventati famosi ben oltre il mondo del dibattito politico: dall'apertura "Uno spettro si aggira per l'Europa: lo spettro del comunismo" alla chiusa "I proletari non hanno niente da perdere tranne le loro catene. E hanno un mondo da guadagnare". Inusuale anche nel contesto della prosa ottocentesca, il testo è scritto in paragrafi brevi, apodittici, per lo più composti di poche righe (da una a cinque): solo in cinque casi su più di duecento essi raggiungono o superano le quindici righe. A prescindere da tutto il resto, il *Manifesto dei comunisti* come esempio di retorica politica è dotato di un vigore quasi biblico. In breve, è impossibile negare la sua forza irresistibile come testo letterario. Comunque un altro aspetto che indubbiamente colpirà il lettore contemporaneo è la notevole diagnosi formulata nel *Manifesto* del carattere e dell'impatto rivoluzionari della "società borghese". Il punto non è soltanto che Marx ha riconosciuto e proclamato i risultati straordinari e il dinamismo di una società che egli detestava, sorprendendo più di un successivo difensore del capitalismo contro il pericolo rosso. Il punto è che il mondo trasformato dal capitalismo, che egli descrisse nel 1848 in frasi di cupa e laconica eloquenza, è riconoscibile come il mondo nel quale viviamo centocinquant'anni dopo. Curiosamente l'ottimismo di due rivoluzionari di ventotto e trent'anni, pur politicamente irrealistico, si è dimostrato il punto di forza più durevole del *Manifesto*. Infatti anche se lo "spettro del comunismo" ossessionava davvero i politici e anche se l'Europa stava attraversando un periodo di grave crisi economica e sociale e stava per esplodere in una delle maggiori rivoluzioni della sua storia, estesa a tutto il continente, mancavano chiaramente le basi per l'avverarsi della convinzione secondo la quale il rovesciamento del capitalismo era prossimo ("la rivoluzione borghese tedesca non può essere quindi che l'immediato preludio a una rivoluzione proletaria"). Al contrario, come ora sappiamo, il capitalismo era sul punto di entrare nella sua prima epoca di trionfante avanzata a livello mondiale. I punti di forza del *Manifesto* sono due. Il primo è l'intuizione, proprio all'inizio della marcia trionfale del capitalismo, che questo modo di produzione non è permanente e stabile, non è "la fine della storia", ma una fase temporanea nella storia dell'umanità e, come le precedenti, destinata a essere soppiantata da un altro tipo di società. Il secondo è il riconoscimento delle tendenze storiche di lungo periodo dello sviluppo capitalistico. Il potenziale rivoluzionario dell'economia capitalistica era già evidente: Marx ed Engels non affermavano di essere gli unici a riconoscerlo. A partire dalla rivoluzione francese alcune tendenze da loro osservate stavano chiaramente producendo effetti imponenti: per esempio il declino "di province indipendenti, a malapena collegate fra loro, con interessi, leggi, dogane e governi diversi" dinanzi agli stati nazionali unificati "in una legge, in un interesse nazionale, in un confine doganale". [...] Quando lascia il campo dell'analisi storica ed entra nel presente, esso è un documento di scelte e di possibilità politiche e non già una enunciazione di probabilità o meno ancora di certezze. Fra l'"ora" e il momento imprevedibile in cui "nel corso dello sviluppo" ci sarà "un'associazione nella quale il libero sviluppo di ciascuno è la condizione del libero sviluppo di tutti" si apre la sfera dell'azione politica. Al centro dello scritto è il mutamento storico conseguito mediante la prassi sociale e l'azione collettiva. Il *Manifesto* vede lo sviluppo del proletariato come l'"organizzazione dei proletari in una classe e di conseguenza in un partito politico". La "conquista del potere politico da parte del proletariato" è "il primo passo nella rivoluzione operaia" e il futuro della società si basa sulle successive azioni politiche del nuovo regime. L'impegno nella politica è ciò che storicamente distinse il socialismo marxiano dagli anarchici e dai successori di quei socialisti di cui il *Manifesto* condanna in maniera specifica il rifiuto di ogni attività politica.

GUIDA ALLO STUDIO
Sintesi

1-2 Il *Manifesto del Partito comunista*

Nel 1848 Karl Marx e Friedrich Engels pubblicano il *Manifesto del Partito comunista* in cui sostengono che il capitalismo sfrutta il proletariato perché ha diviso la proprietà dei mezzi di produzione dall'erogazione della forza-lavoro. Prendere atto di questa realtà significa per gli operai acquisire una coscienza di classe e comprendere che la fine dello sfruttamento può avvenire solo attraverso l'abolizione della proprietà privata e la dittatura del proletariato; quest'ultima segnerà l'avvento di una società comunista, cioè senza classi, in cui tutta l'umanità potrà raggiungere la felicità. Il *Manifesto* viene diffuso in tutta Europa e in poche decine di anni il marxismo diventa la linea-guida del Movimento operaio, che comincia a organizzarsi in una serie di partiti politici.

3 La Prima Internazionale e lo scontro fra Marx e Bakunin

Nel 1864 Marx contribuisce a fondare la Prima Internazionale, che ha lo scopo di coordinare l'azione dei vari gruppi nazionali di lavoratori contro la solidarietà internazionale della borghesia. La sua vita è segnata da molti conflitti, fra cui lo scontro fra Marx e l'anarchico Bakunin, che paralizza per anni le attività dell'associazione e ne determina lo scioglimento nel 1876, proprio mentre Marx è impegnato nella stesura della sua opera più importante, *Il Capitale*.

4-5 Lassalle, il Partito socialdemocratico tedesco e la strategia di Bismarck

L'altro grande scontro oppone Marx a Lassalle: mentre il primo, infatti, punta solo sull'attività rivoluzionaria, il secondo crede nella possibilità di riforme all'interno di un sistema democratico ed è favorevole all'unificazione della Germania perché uno Stato più forte e ricco può migliorare la condizione della classe operaia. Nel 1875 la fusione fra la sua Associazione e il Partito socialdemocratico tedesco crea il primo e più grande partito operaio dell'Europa continentale, che Bismarck combatte su un doppio binario: da un lato vara Leggi eccezionali che lo riducono a una condizione di semiclandestinità, dall'altro cerca di integrare nel sistema la classe operaia varando una legislazione sociale paternalistica ma all'avanguardia. Malgrado le strategie del Cancelliere, però, il Partito socialdemocratico nel 1890 conquista un milione e mezzo di voti e inoltre viene affiancato da un forte movimento sindacale, mentre il Parlamento annulla le Leggi eccezionali.

6 Il Movimento operaio inglese e le *Trade Unions*

In Inghilterra, dopo il Congresso di Vienna, si sono aperti anni durissimi: le "Leggi sul grano" hanno penalizzato le categorie povere e la chiusura delle fabbriche, aggiuntasi alla smobilitazione, ha creato centinaia di migliaia di disoccupati. I *tories*, tuttavia, portano avanti una politica intransigente di "legge e ordine" che nel 1819 provoca il *Peterloo Massacre*, dopo il quale vengono proibite le adunanze pubbliche e si instaura la censura preventiva: il Movimento operaio inglese sembra morto ancor prima di nascere. La situazione, invece, migliora grazie alla ripresa economica e nel 1825 vengono fondate le *Trade Unions*, i primi sindacati del mondo. Tra il 1838 e il 1848 i lavoratori tentano di trovare uno sbocco politico alle loro rivendicazioni e fondano un movimento chiamato Cartismo, che però viene sconfitto. Dopo di allora i sindacati rinunciano a occuparsi di politica, ma stabiliscono un buon rapporto col Parlamento e nel 1893 fondano il Partito laburista in difesa della classe lavoratrice.

7 La Seconda Internazionale

Intanto, nel 1889, è stata fondata la Seconda Internazionale, alla quale aderiscono i partiti operai e i sindacati di tutto il mondo. Tutti si allineano alla linea marxista e in particolare a quella della socialdemocrazia tedesca e proclamano quindi come princìpi fondamentali la lotta di classe e l'azione politica. Questa armonia, però, si spezza a cavallo del Novecento, quando riaffiorano le due anime del Movimento operaio: quella riformista, disposta a lottare ma all'interno del sistema borghese parlamentare, e quella rivoluzionaria, chiamata poi "massimalista".

Unità 4 Capitalismo e imperialismo

GUIDA ALLO STUDIO

Mappa concettuale

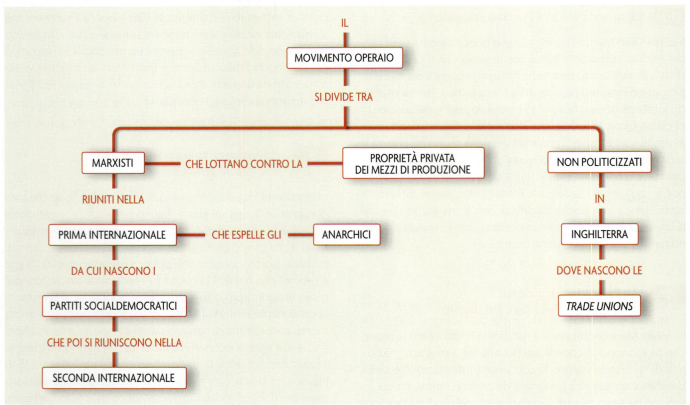

Verifica formativa

ARRICCHIRE IL LESSICO

1 Se consulti il dizionario, scoprirai che il sostantivo "classe" ha ben tredici significati diversi, compreso quello usato in questo capitolo. Scegline altri cinque a tuo piacimento e scrivi con ciascuno di essi una frase di senso compiuto.

COMPRENDERE IL TESTO

2 Completa lo schema seguente.

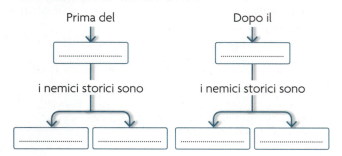

3 Completa il brano seguente.

Nel .... Marx e Engels pubblicano il .... in cui sostengono che il .... sfrutta il .... perché ha diviso la proprietà dei mezzi di .... dall'erogazione della .... Prendere atto di questa realtà significa per gli operai acquisire una .... di .... e comprendere che la fine dello .... può avvenire solo attraverso l'abolizione della .... e la dittatura del ....; quest'ultima segnerà l'avvento di una società ...., cioè senza ...., in cui tutta l'umanità potrà raggiungere la ....

4 Rispondi alle domande seguenti.
1 In che anno fu fondata la Prima Internazionale?
2 Qual era il suo scopo?
3 Qual era il fine delle lotte operaie?
4 Qual era la posizione di Bakunin rispetto a quella di Marx?
5 In che anno fu sciolta la Prima Internazionale?

CAPITOLO 18

5 Scegli il completamento corretto delle frasi seguenti.

1. Nel 1863 Ferdinand Lassalle fondò
   ☐ la Seconda Internazionale.
   ☐ l'Associazione degli operai tedeschi.

2. Il punto chiave del suo programma era
   ☐ il suffragio universale.
   ☐ la rivoluzione.

3. Lassalle credeva
   ☐ in un affrancamento autonomo della classe operaia.
   ☐ nella possibilità di riforme all'interno di un sistema democratico.

4. Il primo e più grande partito operaio dell'Europa continentale nacque
   ☐ dall'evoluzione dell'Associazione degli operai tedeschi.
   ☐ dalla fusione dell'Associazione con il Partito socialdemocratico tedesco.

6 Completa la tabella seguente, relativa alla strategia messa in atto da Bismarck per contrastare il Partito socialdemocratico.

Leggi eccezionali	
Legislazione sociale	

7 Indica se le seguenti affermazioni sono vere o false.

1. Gli anni successivi al Congresso di Vienna furono per l'Inghilterra un periodo di grande ripresa economica. V F
2. Le "Leggi sul grano" furono emanate per bloccare le importazioni penalizzandole con tasse altissime. V F
3. La chiusura delle fabbriche e la smobilitazione provocarono una forte disoccupazione. V F
4. Dopo il *Peterloo Massacre* il governo dei *tories* consentì le adunanze pubbliche ed eliminò la censura preventiva. V F
5. Le *Trade Unions* furono fondate nel 1825. V F
6. I lavoratori inglesi fondarono il Cartismo per dare alle loro rivendicazioni uno sbocco politico. V F
7. Le richieste del Cartismo furono accolte. V F
8. Nel 1893 i sindacati inglesi fondarono il Partito laburista. V F

8 Completa il brano seguente.

Nel .... viene fondata la ...., alla quale aderiscono i partiti .... e i .... di tutto il mondo. Tutti si allineano alla linea ...., e in particolare a quella della .... tedesca e proclamano quindi come princìpi fondamentali la lotta di .... e l'azione .... Questa armonia, però, si spezza a cavallo del .... quando riaffiorano le due anime del ....: quella .... disposta a lottare ma all'interno del sistema .... parlamentare, e quella .... chiamata poi "................".

LE DATE DELLA STORIA

9 Scrivi, accanto agli eventi, le date corrispondenti.
- Pubblicazione del *Manifesto del Partito comunista* ....
- Fondazione della Prima Internazionale ....
- Nascita delle *Trade Unions* ....
- Fondazione della Seconda Internazionale ....

GUIDA ALL'ESPOSIZIONE ORALE

1 Illustra le teorie esposte da Marx ed Engels nel *Manifesto del Partito comunista*.

Scaletta:
• sfruttamento del proletariato • coscienza di classe
• abolizione della proprietà privata • dittatura del proletariato • società comunista

Come cominciare:
"Marx ed Engels sostenevano che il capitalismo ha sottoposto il proletariato allo sfruttamento."

2 Illustra le diverse posizioni di Bakunin e di Lassalle rispetto a Marx in seno alla Prima Internazionale.

Scaletta:
Bakunin • rivolte spontanee • libera federazione di comunità autogestite
Lassalle • suffragio universale • cooperative di produzione • partecipazione alla vita politica • riforme all'interno di un sistema democratico

Come cominciare:
"Mentre Marx sosteneva la necessità di un'organizzazione partitica accentrata, Bakunin rifiutava qualunque forma di centralismo."

3 Descrivi la strategia di Bismarck contro il Partito socialdemocratico tedesco e la lotta del Movimento operaio inglese fino alla fondazione del Partito laburista.

Scaletta:
Bismarck • Leggi eccezionali • legislazione sociale
• Movimento operaio inglese • *Peterloo Massacre*
• *Six Acts* • *Trade Unions* • Cartismo • Partito laburista

Come cominciare:
"Dopo aver realizzato l'unità della Germania, Bismarck aveva bisogno di un nuovo nemico e lo individuò nel Partito socialdemocratico."

Donne e politica: il difficile cammino verso la parità

Il percorso dell'emancipazione femminile, che aveva subito una grave battuta d'arresto con l'avvento dell'Età moderna, degli Stati accentrati e del paternalismo in famiglia, riprese all'inizio dell'Età contemporanea. Esso sembrò acquistare nuovo slancio con la Rivoluzione francese e con il Risorgimento e culminò in concomitanza con la Seconda rivoluzione industriale, quando le donne, sempre più organizzate, posero addirittura la questione del diritto di voto.

La situazione nella Rivoluzione francese: il "Terzo stato del Terzo stato"

La Rivoluzione francese fu veramente rivoluzionaria? **Riuscì** ad abbattere i privilegi dell'*Ancien Régime* e **a realizzare il principio dell'uguaglianza**? Se guardiamo a metà della popolazione, e cioè alle **donne**, la risposta è no. Anzi, la Rivoluzione non si propose mai di modificare la situazione femminile, anche se questa era talmente grave da spingere un gruppo di donne a definirsi, all'inizio del 1789, il "Terzo stato del Terzo stato". Per tutto l'*Ancien Régime* le donne avevano continuato a essere sottoposte alla **tutela legale dell'uomo** (padre, marito, fratello o figlio) e, sebbene durante il regno di Luigi XIV gruppi di aristocratiche avessero tenuto salotti in cui si conversava di alta cultura, la situazione non era cambiata.

Nemmeno gli **illuministi** avevano formulato concrete proposte per una maggiore libertà delle donne. Pur occupandosi molto del rapporto fra i sessi, i filosofi si limitarono a sostenere la **libertà dei legami personali** e quindi a proporre il **divorzio**.

Tacquero invece sulla **terribile situazione sociale** delle donne: di quelle che venivano costrette a sposarsi a dieci anni, di quelle che finivano ostaggio di mariti violenti, di tutte quelle cui era impedito di studiare o di esercitare una professione, di quelle considerate di malaffare solo perché musiciste, pittrici o attrici, di tutte quelle che la povertà e la fame costringevano alla prostituzione.

Quando, con Luigi XVI, si cominciò a temere la bancarotta del Paese, la reputazione del genere femminile peggiorò ancora: se la famiglia reale e i nobili erano responsabili di tanta rovina, tanto più lo erano la regina e le sue dame, famose per le loro spese folli, la loro mania per il lusso, la loro frivolezza.

Speranze e delusioni

Incuranti del clima di ostilità che le circondava, le donne rivoluzionarie si convinsero che la trasformazione della società doveva portare innanzitutto alla **parità fra i sessi**, o almeno a una attenuazione degli squilibri.

Parallelamente agli uomini del Terzo stato, si organizzarono anche le loro donne. Nacquero **club femminili** in cui esse discutevano del proprio futuro e moltissime inviarono *cahiers de doléances*. Essi contenevano richieste pratiche, come quella di diminuire il

DOSSIER CITTADINANZA   DOSSIER CITTADINANZA

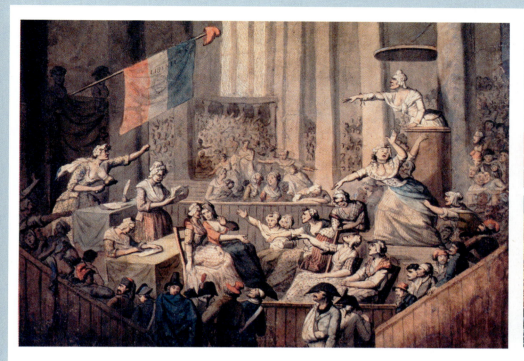

Donne nella Rivoluzione
A sinistra, una riunione di donne politicizzate che si organizzano per chiedere diritti civili e politici.
A destra, una sanculotta; in questa veste le popolane di Parigi affiancarono gli uomini in tutte le fasi della Rivoluzione.

prezzo del pane, e altre più consapevoli, come quelle in cui si rivendicava il diritto delle donne ad accedere agli studi e all'apprendistato, in modo da trovare più facilmente un lavoro e sfuggire alla prostituzione.

Fra le tante "lamentele" ce n'è una davvero straordinaria per l'epoca: un gruppo di borghesi chiede il **suffragio per le donne** e il **diritto di essere rappresentate agli Stati generali**. Le due richieste si basano su due ragionamenti molto lucidi: nel primo caso le donne reclamano il diritto di voto poiché pagano le tasse; nel secondo sostengono la loro tesi con queste parole:

> Essendo chiaramente dimostrato che un nobile non può rappresentare un borghese né questi un nobile, ancora più giustamente un uomo non può rappresentare una donna perché i rappresentanti devono avere assolutamente gli stessi interessi dei rappresentati: le donne dovrebbero dunque essere rappresentate da altre donne.

Queste rivendicazioni non ebbero seguito: le donne non furono convocate agli Stati generali e nessuno tenne conto delle loro obiezioni, né fra i conservatori né fra i rivoluzionari. Ottennero solamente il permesso di assistere alle sedute dell'Assemblea nazionale, ma le loro quattro petizioni (il riconoscimento del diritto delle donne di guadagnarsi da vivere, la soppressione della dote nuziale, la tutela del lavoro femminile e le misure per evitare la dipendenza economica dall'uomo) non furono **nemmeno prese in considerazione**.

Le donne compirono uno degli atti fondamentali della Rivoluzione quando, nell'ottobre del 1789, raggiunsero in armi Versailles e costrinsero il re e la regina a trasferirsi a Parigi. Quella folla di donne che, lasciate le cure familiari e le incombenze quotidiane, partecipava con determinazione allo svolgersi della Storia con la S maiuscola fu vista da molti non solo come il segno che i tempi erano davvero cambiati ma come la testimonianza che la Rivoluzione stava effettivamente sovvertendo ogni cosa.

Ancora una volta però **nulla cambiò**. Quando, nel settembre del 1791, fu emanata la Costituzione, si scoprì che essa non conteneva alcun accenno alla parità dei diritti né mitigava in alcun modo la disparità di trattamento riservata alle donne. Inoltre, ribadiva la struttura familiare tradizionale e il primato dell'uomo come padrone assoluto sia della moglie sia dei figli.

DOSSIER CITTADINANZA

Olympe de Gouges: una martire del femminismo

Fra le più deluse e incredule di fronte al testo costituzionale vi fu **Olympe de Gouges**, la donna che più di ogni altra incarnò gli ideali femminili della Rivoluzione e la loro tremenda dissoluzione.

Olympe apparteneva al ceto borghese. Sposa a 16 anni, madre a 17 e vedova a 18, mantenne sé e suo figlio scrivendo romanzi, testi teatrali e critiche politiche. Aveva idee molto chiare per quanto riguardava la **tutela dei diritti** che rivendicava non solo per le donne ma anche per i lavoratori, i disoccupati e i neri nelle colonie.

Dopo la presa della Bastiglia cominciò a tappezzare Parigi con volantini in cui chiedeva asili per i figli dei lavoratori, case per gli anziani e sussidi ai disoccupati. Fu tra le prime a chiedere l'istituzione del **divorzio**, forse l'unico diritto delle donne sancito e mantenuto dalla Rivoluzione.

Quando vide che cosa conteneva la Costituzione del '91, non riuscì a tenere ferma la penna e pubblicò la *Dichiarazione dei diritti della donna e della cittadina* in diciassette articoli. Titolo e struttura ricalcavano esattamente quelli della *Dichiarazione dei diritti dell'uomo e del cittadino* del 1789 che, secondo lei, la Costituzione tradiva totalmente. Appellandosi non alle leggi degli uomini ma a quelle, evidenti e inconfutabili, della Natura e della Ragione, la *Dichiarazione* rivendicava il diritto a una **vera uguaglianza fra uomini e donne** e invitava queste ultime a riprendere la lotta per ottenere il diritto preliminare a qualsiasi altro, cioè il **diritto all'educazione**: solo studiando le donne avrebbero preso coscienza di sé e avrebbero cominciato a difendersi.

La sua incrollabile fede nei diritti del cittadino le fece compiere un passo tanto coraggioso quanto impopolare: si offrì infatti di affiancare il difensore d'ufficio che era stato attribuito al re Luigi XVI, protestando per la conduzione di un processo che era soltanto una tragica farsa.

Quando la Rivoluzione sterzò verso il Terrore, de Gouges non esitò ad **attaccare Robespierre**. A quest'ultimo indirizzò una lettera di fuoco nella quale denunciava il tradimento degli ideali rivoluzionari a favore della violenza. Pochi mesi dopo, rincarò la dose e non fu perdonata: mentre, il 30 ottobre del 1793, i giacobini ottenevano la **chiusura di tutti i club femminili**, Olympe era già in carcere e attendeva l'esecuzione della condanna a morte. Fu **ghigliottinata** il 3 novembre e gridò la sua fede nella Rivoluzione anche mentre la lama cadeva.

Dopo la sua morte, l'estremismo sanculotto trionfò e i diritti femminili vennero del tutto accantonati. Le donne tornarono in piazza, ma non lo fecero per rivendicare la parità, bensì per chiedere pane e assistere alle esecuzioni. I diritti politici di metà del genere umano erano tornati a essere materia di nessuno.

L'unica vittoria
Sconfitte su tutti i fronti, le donne ottennero un'unica vittoria: quella di liberarsi di crinoline, busti e parrucche gigantesche per adottare vestiti comodi e sciolti, appena trattenuti sotto il seno.

DOSSIER CITTADINANZA   DOSSIER CITTADINANZA

Il contributo delle donne al Risorgimento
Dopo la Rivoluzione venne l'Età napoleonica che, di nuovo, mortificò la donna e la chiuse in casa ad attendere il ritorno dalla guerra di uomini carichi di gloria, e quindi la Restaurazione, che oppresse donne e uomini con leggi odiose e reazionarie.
In Italia, però, cominciarono subito a ribollire idee rivoluzionarie e nacque la Carboneria, una setta segreta che sin dai primissimi anni mobilitò anche le donne appartenenti alla borghesia liberale che reagiva all'assolutismo.
Nella **Carboneria** o nella **Giovine Italia** le **cospiratrici** furono chiamate "giardiniere" e si impegnarono in **raccolte di fondi e sottoscrizioni**; i manifestini, i messaggi patriottici, le riviste clandestine passavano più facilmente per le loro mani (o sotto le vesti, meno sospette perché femminili) ed esse quindi fungevano da instancabili "staffette" tra gli affiliati maschi delle associazioni segrete.
Nei **salotti**, inoltre, sotto l'apparenza di conversazioni letterarie o mondane, in realtà si cospirava: celebre fra tutti fu il salotto milanese di **Clara Maffei**, amica di Alessandro Manzoni e del musicista Giuseppe Verdi. Molte di loro furono costrette all'**esilio**, altre finirono nelle reti della polizia, denunciate e processate a migliaia, come emerge dai fascicoli giudiziari che le storiche del femminismo hanno cominciato recentemente a studiare.

Clara Maffei
Nel suo salotto si discuteva dell'Unità d'Italia e si organizzavano le azioni di rivolta.

Le eroine del Quarantotto
Fu però soprattutto nel 1848, in quella che fu chiamata "la primavera della patria", che la mobilitazione delle donne esplose assumendo un ruolo di primo piano. Da Palermo a Venezia a Roma, da Milano a Brescia, **le donne furono in prima linea** con gli uomini a costruire barricate, a confezionare bandiere e cartucce, a ricaricare i fucili, a fare da vivandiere, a organizzare infermerie e ospedali.
A Brescia Carolina Santi Bevilacqua allestì un ospedale da campo al seguito dell'esercito piemontese nelle cui file morì poi suo figlio Girolamo. La principessa milanese **Cristina Trivulzio di Belgioioso** guidò da Napoli a Milano un battaglione di 200 volontari, ai

Cristina Trivulzio di Belgioioso
In basso a sinistra, un'altra grande patriota qui ritratta da Francesco Hayez.

La cucitrice della bandiera
In basso a destra, una donna milanese cuce un Tricolore da sventolare sulle barricate.

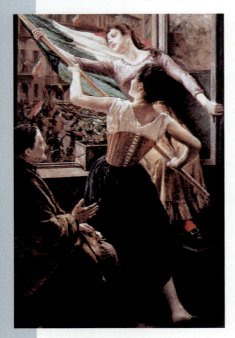

Alle Cinque giornate di Milano
Due donne alla finestra sventolano la bandiera italiana mentre nelle strade di Milano si fanno barricate.

Le discussioni sui diritti
Una riunione di donne livornesi che elaborano un programma di lotta per la rivendicazione dei diritti femminili.

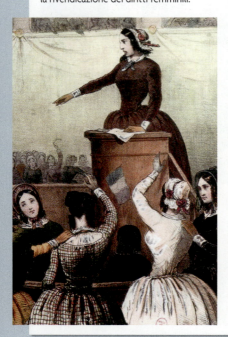

quali pagò di tasca sua il viaggio, per sostenere l'insurrezione delle Cinque giornate: partirono per nave, salutati sul molo da 10 000 patrioti entusiasti.
A **Venezia** le donne fondarono la Pia Associazione per supportare i militari con il compito di occuparsi dell'equipaggiamento delle truppe e dell'assistenza ai feriti. A **Roma**, nel 1849, Mazzini affidò a una specie di "triumvirato femminile" la direzione del Comitato di soccorso ai feriti che arruolò centinaia di infermiere, nonostante lo scandalo che il fatto suscitò negli ambienti clericali.
Alcune **imbracciarono** anche **le armi** e combatterono sulle **barricate**, come è documentato da molte stampe dell'epoca. Una di queste guerriere, **Marianna De Crescenzo**, capeggiò a Napoli uno squadrone di armati e accolse Garibaldi con lo scialle sulle spalle e il pugnale alla cintura. A centinaia si travestirono da uomini assumendo come modello **Anita Ribeiro da Silva**, compagna di Garibaldi, che a fianco dell'eroe si batté fino alla morte, anche se incinta.
A Venezia, invece, la richiesta di costituire un battaglione femminile della Guardia civica fu respinta dal comandante che indirizzò le richiedenti verso attività più consone al "gentil sesso": il fantasma della donna in armi faceva ancora molta paura all'immaginario maschile.

L'esperienza della lotta si trasforma in autocoscienza
Nel 1849 fiorirono anche i primi **giornali** di donne, come "La tribuna delle donne" (Palermo), "Il Circolo delle donne italiane" (Venezia) o "La donna italiana" (Roma). In questi fogli si cominciò a parlare di **diritti femminili** e di aspirazioni al "Risorgimento delle donne e della nazione". Molte di queste neogiornaliste pagarono la loro iniziativa con il carcere dopo la repressione delle rivoluzioni.
L'esperienza del 1848 fu seguita da **delusioni e frustrazioni** dopo il raggiungimento dell'Unità, ma il **seme dell'emancipazione femminile** ormai era stato gettato e le sue piante fiorirono nel secondo Ottocento, quando cominciò la seconda tappa della lunga lotta delle donne per l'ottenimento della loro piena cittadinanza.

Le donne nella società di fine Ottocento
Nonostante l'attiva e costante presenza femminile durante gli anni di lotta, si vide chiaramente che ciò non era bastato a risolvere la questione del ruolo della donna nella società.
Nella seconda metà dell'Ottocento ad aggravare la situazione nacque un nuovo **senso della famiglia e dell'educazione dei figli** che imponeva alle **donne borghesi** dei compiti ritenuti di alto valore morale che **le costringevano a casa**. Esse erano responsabili della prole, della servitù e delle spese familiari, anche se venivano tenute completamente all'oscuro degli affari del marito e della consistenza del patrimonio.
Durante la Lunga depressione molte mogli seppero del fallimento dell'azienda di famiglia solo dopo che il coniuge si fu sparato un colpo alla tempia; in altri periodi si accorsero di essere state ridotte in miseria da mariti che avevano sperperato una fortuna al gioco o per mantenere nel lusso le loro amanti.
La società, infatti, **divideva l'universo femminile** in spose e madri, tenute a una vita integerrima e oggetto di rispetto, timore, quasi mai di amore, e "donne libere", alle quali si dedicavano la passione e la voglia di divertirsi.
Le **donne lavoratrici** non stavano meglio. Le domestiche rinunciavano a una vita propria appena entravano in una casa borghese o aristocratica, dove ricevevano poco più di vitto e alloggio, non avevano giornate libere ed erano totalmente in balìa dei padroni, spesso signore insoddisfatte e isteriche e signori che le "prendevano" quando volevano. Se invece lavoravano in fabbrica, non solo erano costrette a subire le violenze dei capireparto, ma erano additate dalla società come donne di malaffare.

Gli studi superiori e l'accesso alle professioni

A questa situazione, alcune borghesi dei Paesi più avanzati tentarono di reagire studiando, nella speranza di guadagnarsi in questo modo l'entrata nel mondo delle professioni e del prestigio sociale.

Studiare, tuttavia, non era facile. In molti Paesi il **diritto allo studio** era **negato alle donne** e solo raramente alcune venivano ammesse a un numero esiguo di facoltà universitarie. In generale, ciò accadeva per le facoltà di **medicina** e di **magistero**, perché la cura dei malati e l'insegnamento venivano considerati i meno contraddittori rispetto al ruolo tradizionale femminile. Tra le specializzazioni mediche, inoltre, venivano concesse più facilmente quelle che riguardavano la ginecologia, l'ostetricia, la pediatria, non fosse altro perché le donne avevano una storia secolare di assistenza alle partorienti e ai neonati. Le altre facoltà venivano negate per una serie infinita di considerazioni.

L'**opinione comune**, condivisa da tutta la classe maschile, era che la donna non potesse affrontare le fatiche di una professione e l'aggressività dei colleghi maschi.

L'impedimento legale era che ovunque la legge non riconosceva all'universo femminile la **capacità giuridica**; ciò significava innanzitutto che in molti Paesi, tra i quali l'Italia, il Codice prevedeva l'**autorizzazione maritale** ovvero la necessità dell'autorizzazione del marito per qualsiasi atto pubblico.

Questa norma impediva automaticamente l'esercizio di professioni in cui fosse necessario prendere decisioni rapide con valore legale, firmare progetti, amministrare patrimoni, recarsi in tribunale ecc. Con o senza autorizzazione del marito, era vietato alle donne addirittura testimoniare in un processo.

Questa situazione cominciò a sbloccarsi per la prima volta negli Stati Uniti dove, nel 1881, la Corte suprema riconobbe alle donne non solo il diritto di laurearsi in legge, ma di essere ammesse all'Ordine degli avvocati e quindi di esercitare la professione, riconoscendo che "nella Costituzione non vi era nulla che vietasse di utilizzare le capacità di una donna al pari di quelle di un uomo".

La moglie borghese
In alto a sinistra, il marito seduto, la donna in piedi con il bambino in braccio: una foto simbolo della famiglia borghese in cui la donna, completamente soggiogata dall'uomo, governa la casa ma non ha alcuna voce in capitolo negli affari del marito, nell'educazione superiore dei figli e tanto meno nella politica.

La sorte delle bambine
Il destino delle due bambine di paese in alto a destra è già segnato: non andranno a scuola e sono già lavoranti incaricate di intrecciare la paglia.

DOSSIER CITTADINANZA

Quasi contemporaneamente, in Italia, dopo avere ammesso alla laurea in legge la studentessa piemontese **Lidia Poet**, considerata un "fenomeno" tanto da attirare una vera e propria folla di curiosi alla discussione della sua tesi, le fu poi vietata l'iscrizione all'Albo professionale considerando la sua richiesta "ridicola". La Poet dovette accontentarsi di aiutare il fratello nel suo studio legale.

Come amministratrici, gli unici incarichi consentiti alle donne europee erano all'interno di enti benefici e opere pie.

Le lotte per i diritti politici

Veri e propri gruppi organizzati di donne, ancora una volta **borghesi**, intanto, identificarono un obiettivo nuovo, comprendendo che, senza di esso, nessun altro passo avanti era possibile. Si trattava della conquista dei **diritti politici** che si identificavano con il diritto di voto, mai inserito neanche nelle lotte per il suffragio universale che era stato sempre inteso come "maschile", diritto dal quale sarebbe derivato quello di eleggere **donne** che **in Parlamento** lottassero per una legislazione più equa.

I primissimi **movimenti femminili** per l'emancipazione della donna erano nati addirittura nel **1848** – l'anno delle rivoluzioni europee – negli **Stati Uniti**, dove gruppi sparuti di militanti avevano organizzato proteste pacifiche e silenziose di fronte ai seggi elettorali. Dopo la liberazione degli schiavi, alle associazioni delle donne bianche si affiancarono quelle delle **donne nere**.

Vincendo la generale ostilità del mondo maschile di entrambi i colori, le donne americane ottennero il diritto di voto nello Stato del Wyoming nel 1869 e progressivamente in altri Stati. Nel **1920** il diritto di voto fu esteso alle donne in tutti gli Stati Uniti.

I movimenti femministi si diffusero anche in Inghilterra, dove le militanti furono definite "**suffragiste**" da "suffragio", voto. Nel 1869 un parlamentare liberale, il grande economista **John Stuart Mill**, propose una legge per il diritto di **voto delle donne** per le **elezioni locali amministrative**.

Guarda il video sulle **suffragette**

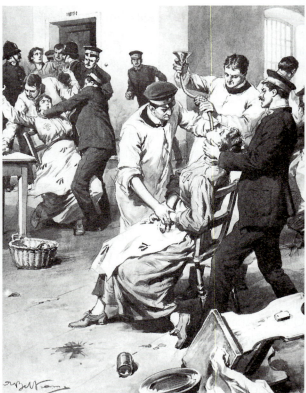

Violenze contro le suffragette
Quando le donne inglesi che avevano manifestato per il voto (a sinistra) furono condannate al carcere e iniziarono lo sciopero della fame, il governo ordinò di nutrirle a forza con degli imbuti.

La legge fu approvata e la società maschile ritenne di aver fatto una concessione talmente coraggiosa da vanificare ogni ulteriore richiesta femminile. Si sbagliava, invece, perché le donne continuarono a proporsi l'obiettivo del voto politico riunendosi, organizzando conferenze e presentando petizioni in Parlamento.
Poiché con questi sistemi non ottenevano nulla, una di loro, **Emmeline Pankhurst**, fondò nel 1903 un movimento di vera e propria disobbedienza civile. Alle sue militanti fu dato il nome dispregiativo di "**suffragette**".
Subito la lotta assunse forme esasperate finché, nel 1911, degenerò in vere e proprie **violenze**. Centinaia di suffragette furono ferite negli scontri con la polizia; altre, per reazione, fracassarono le vetrine dei negozi, intasarono le buche delle lettere con la marmellata, incendiarono due stazioni ferroviarie, demolirono sei edifici. Il governo ne fece arrestare diverse decine, ma le condizioni in carcere erano così dure che esse proclamarono lo sciopero della fame, finché le autorità carcerarie non le nutrirono a forza. Nel 1913 una suffragetta arrivò a suicidarsi in pubblico, gettandosi sotto gli zoccoli del cavallo di re Giorgio V durante il derby dell'ippodromo di Epson.
Il voto politico fu finalmente concesso anche alle donne inglesi nel **1918**.

Le donne lavoratrici

Se a tutte le donne mancavano i diritti politici, alle donne lavoratrici mancavano anche i **diritti civili**. Ovunque i salari erano nettamente **più bassi** di quelli maschili, sebbene interi settori manifatturieri, per esempio il tessile, si reggessero sul lavoro delle operaie. Inoltre, le donne in gravidanza perdevano il posto, mentre le madri di bambini anche molto piccoli non venivano esentate da turni serali o lavori pesanti.
In Italia le prime a interessarsi della tutela delle lavoratrici furono, fin dalla metà dell'Ottocento, le cosiddette "**filantrope**". Si trattava di esponenti delle élite liberali e venivano chiamate così perché erano spinte soprattutto da ideali caritatevoli: infatti, avanzavano queste richieste non per sé ma per le operaie. Con le loro rivendicazioni le filantrope non ottennero nulla e furono le lavoratrici stesse a dover scendere in lotta.
Nel 1896 uno **sciopero** memorabile impegnò le "trecciaiole" toscane (operaie che intrecciavano la paglia dei famosi cappelli di "paglia di Firenze"), che circondarono i municipi, fronteggiarono le cariche di cavalleria, si sedettero sui binari per bloccare la circolazione ferroviaria.
La ripresa delle lotte nel Novecento ebbe poi come leader la dirigente socialista **Anna Kuliscioff** e si concretizzò, tra il 1914 e il 1915, con una serie di scioperi delle operaie tessili lombarde e delle tessili, tabacchine e mondine piemontesi che ebbero come obiettivo la parità salariale e la fine dello sfruttamento femminile.

Anna Kuliscioff

Vittime e ribelli
Le mondine nelle risaie del Vercellese, condannate a uno dei lavori agricoli più pesanti. Nel Novecento insorgeranno con un'epica battaglia per le 8 ore.

19 Colonie e Imperi

Ripassa l'imperialismo e la Seconda rivoluzione industriale e **verifica** le tue conoscenze; quindi **approfondisci** le fonti, i collegamenti interdisciplinari e la cittadinanza

1873 MASSIMA ESPANSIONE DEL COLONIALISMO 1914

1 La seconda fase dell'espansione europea

Nella prima metà del XIX secolo tutto lasciava pensare che il **colonialismo** fosse ormai tramontato:
- le colonie inglesi del Nord America erano diventate indipendenti e avevano costituito gli Stati Uniti;
- le colonie spagnole e portoghesi dell'America centro-meridionale avevano ottenuto anch'esse l'indipendenza;
- le poche colonie rimaste all'Europa in Asia, in Africa o nelle isole dell'America centrale sembravano poco interessanti dal punto di vista economico, con la sola eccezione dell'India, saldamente dominata dalla Gran Bretagna.

Nel corso del secolo, però, la popolazione europea aumentò e grandi masse, di tutte le nazioni, non trovando lavoro in patria, cominciarono a prendere la via dell'**emigrazione** in direzione non solo delle due Americhe ma anche dell'Africa e dell'Asia. Finanzieri e banchieri, a loro volta, guardandosi attorno alla ricerca di **nuovi investimenti**, impiegarono grandi quantità di denaro nelle miniere e nelle piantagioni di altri continenti; di conseguenza, vollero difendere i loro capitali e sorvegliare da vicino i Paesi in cui li avevano impegnati.

L'Europa, inoltre, padroneggiava i mezzi di comunicazione intercontinentali, ma le sue navi avevano bisogno di **scali** sicuri per approvvigionarsi di carbone durante le traversate. La spinta definitiva avvenne durante la **grande crisi economica del 1873**, quando il disastro provocato dalla **sovrapproduzione** convinse gli imprenditori e i capi di Stato della necessità di trovare **nuovi mercati** e **nuovi serbatoi di materie prime**. A questo scopo essi crearono colonie di sfruttamento e colonie di popolamento.

- Nelle **colonie di sfruttamento** l'obiettivo dei colonizzatori era quello di reperire materie prime per le proprie industrie non disponibili in patria; la popolazione locale veniva duramente sfruttata e costretta a lavorare nelle piantagioni o nelle miniere.
- Le **colonie di popolamento**, invece, accoglievano i bianchi poveri che vi si trasferivano da zone sovrappopolate della patria in modo da dare loro nuove prospettive economiche; agli indigeni – sottomessi, sfruttati, decimati – venivano espropriate con la violenza le terre per darle ai coloni.

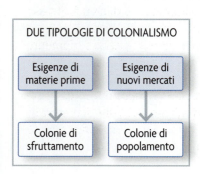

2. La "missione civilizzatrice" dell'uomo bianco

Oltre che dalle motivazioni economiche, gli Europei furono spinti verso altri continenti anche dalla convinzione di avere una responsabilità di portata storica: quella di **esportare la civiltà bianca**, che ritenevano la migliore del mondo. All'inizio questo senso di "responsabilità" risvegliò un desiderio inarrestabile di conoscere le parti ancora inesplorate del globo e creò la categoria degli **esploratori**. Il più celebre di tutti, l'inglese **David Livingstone**, esplorò l'Africa sud-orientale; altri si inoltrarono nelle foreste del Congo e diverse spedizioni risalirono fino alle sorgenti dei grandi fiumi africani e asiatici.

Sulle orme degli esploratori, riprese slancio l'azione dei **missionari** sia cattolici sia protestanti. Dopo l'evangelizzazione degli *indios* dell'America Latina nel XVI secolo, il XVII secolo aveva visto la penetrazione del cattolicesimo in Cina, nelle Filippine e in Paraguay, grazie alla predicazione ben più rispettosa e intelligente dei gesuiti, mentre i protestanti convertivano gli schiavi neri del Nord America e si addentravano in India, arrivando a tradurre la Bibbia in ben 44 lingue locali. Nell'Ottocento lo slancio missionario si concentrò soprattutto verso l'Africa, la Cina e il Giappone, ma, come era accaduto ai tempi dei *conquistadores*, non fu in grado di riconoscere la pluralità delle culture e nuovamente cercò di imporre i fondamenti della civiltà occidentale, l'unica alla quale si riconoscesse un valore. Un grande romanziere dell'epoca, **Rudyard Kipling**, definì quella che noi oggi chiamiamo arroganza il "**fardello dell'uomo bianco**": un dovere che, sebbene gravoso, bisognava compiere.

I privilegi dell'uomo bianco
Gli Europei delle colonie vivevano confortevolmente circondandosi di servitù e di agi come questo cacciatore nella valle del Sinai, che si riposa adagiato su un tappeto all'ombra di una gigantesca tenda.

La differenza fra colonizzazione e colonialismo

La **colonizzazione** è un fenomeno neutro che può essere positivo o negativo a seconda delle forme che assume. Nella colonizzazione antica, per esempio, la **colonia** restava una **comunità indipendente**, legata alla **città-madre** solo da vincoli culturali e affettivi (come nell'antica Grecia) oppure **entrava a far parte dello Stato** con diritti pari a quelli dei cittadini della madrepatria (come nel mondo romano).
Il **colonialismo**, invece, indica quella predisposizione particolare della mentalità europea che la rese incapace di avere con altri popoli rapporti che non fossero di **sopraffazione**. Questo termine, quindi, svela il carattere brutale del **rapporto fra Europa e resto del mondo**: la tendenza all'eliminazione di civiltà diverse e all'estensione indiscriminata della propria.
"Eliminare una civiltà" non significa necessariamente sterminare fisicamente un popolo quanto piuttosto distruggerne l'economia, la cultura, gli stili di vita, le abitudini alimentari ecc. Per esempio, la colonizzazione spagnola e portoghese dell'America centro-meridionale fu già una forma di colonialismo perché caratterizzata da violenza e sfruttamento.

Il trionfo dei militari
L'imperialismo diede lustro alle caste militari di tutta Europa. Rappresenta bene questo prestigio l'ufficiale inglese del quadro di James Tissot: in colonia ufficiali e sottufficiali erano onnipotenti e facevano una vita da nababbi.

3　Il colonialismo ha ambizioni imperiali

Le classi dirigenti dell'Ottocento tradussero tutto questo intreccio di spinte materiali e di interessi culturali e religiosi, di buoni sentimenti e di prevaricazioni in ciò che fu poi chiamato imperialismo, cioè in una nuova forma di colonialismo che, per la prima volta, mirò sia al totale **sfruttamento economico** dei Paesi colonizzati sia al loro **controllo territoriale**. Esso si concretizzò attraverso:

- la **conquista militare** di vaste zone dell'Asia e dell'Africa allo scopo di occuparne il territorio e di fondarvi un "**impero coloniale**";
- la **dominazione politica** delle nuove colonie attraverso governatori e funzionari europei che imposero ai colonizzati leggi in stridente contrasto con i loro costumi;
- un **nuovo tipo di sfruttamento economico** che ebbe il duplice scopo di sottrarre alle colonie le loro materie prime e di rivendervi i prodotti lavorati da aziende europee.

Questa nuova forma di colonialismo imperialistico toccò il suo apice tra il **1873** e il **1914**, anche se i suoi effetti durarono per gran parte della seconda metà del Novecento.

L'imperialismo, a dispetto di chi aveva creduto nella "missione civilizzatrice dell'uomo bianco", non portò **alcun progresso** ai popoli colonizzati. Essi non ebbero modo di imparare nuove tecnologie e, al contrario, persero il ricordo delle loro tecniche tradizionali, poiché i loro laboratori artigiani furono condannati a morire.

Alcuni di loro furono sradicati da zone coltivabili e respinti in aree semidesertiche dove furono costretti a riconvertirsi da agricoltori sedentari in allevatori nomadi, subendo il **trauma di un radicale cambiamento di vita**.

A tutti furono **negati i diritti politici**; una serie particolareggiatissima di divieti impedì loro ogni possibilità di mescolarsi con i colonizzatori bianchi. Agli indigeni non furono riconosciuti neanche i "diritti naturali" stabiliti dalle Costituzioni europee; furono applicate **leggi di tipo feudale** alle quali le nazioni imperialiste

---

LESSICO　STORIA

Imperialismo
Più in generale il termine indica la tendenza di una nazione a estendere il proprio dominio su territori sempre più vasti, riducendoli sotto la propria sovranità e istituendo un vero e proprio organismo politico denominato "Impero".
La definizione data nel testo si riferisce a quel particolare tipo di imperialismo che tra Ottocento e Novecento si identifica con il colonialismo.

non erano più state soggette dalla fine dell'*Ancien Régime*: chiunque, tra i colonizzati, poteva essere chiamato a compiere *corvées* per costruire, per esempio, una strada ferrata, così come ogni villaggio era tenuto a fornire un adeguato quantitativo di truppe se i colonialisti indicevano una leva militare.
Nelle loro colonie africane i Francesi stabilivano annualmente l'ammontare di una tassa globale che veniva poi ripartita fra la popolazione senza alcun riguardo per le condizioni particolari di ciascuno.

4 La Conferenza di Berlino e l'inizio della spartizione dell'Africa

Nel **1884** le grandi potenze europee si riunirono nella **Conferenza di Berlino** cercando di fissare delle **regole per spartirsi il mondo**. La conferenza fu indetta dal cancelliere tedesco Bismarck nel tentativo di evitare pericolose tensioni tra le nazioni europee. In quella occasione fu creato lo **Stato libero del Congo**, un territorio immenso situato nel bacino del fiume omonimo che, nonostante il nome, sottratto a Francesi e Portoghesi, fu poi assegnato come possedimento privato al **re Leopoldo II del Belgio**.
Ufficialmente la Conferenza di Berlino si limitò a sancire regole commerciali e umanitarie. Essa però, nei decenni successivi, portò alla **spartizione dell'Africa** tra le maggiori potenze europee, all'interno delle quali entrarono anche la Germania (da poco unificata e fino ad allora senza un impero coloniale), il Belgio e l'Italia (i cui primi tentativi, però, come vedremo nel capitolo 20, si rivelarono fallimentari).
Dopo i lavori della conferenza, si fecero strada in diplomazia concetti come "**sfera d'influenza da consolidare**" e *Hinterland* ("entroterra"), ovvero l'idea tedesca per cui una potenza con rivendicazioni sulla costa aveva diritto all'intera regione alle sue spalle. Tali concetti consentirono alla **Germania** di vedersi riconosciuto immediatamente il **Camerun** e, poco dopo, le permisero di proclamare un protettorato sul territorio di quella che sarebbe divenuta l'**Africa Orientale tedesca**. Da questo momento le varie potenze, ma soprattutto **Francia e Gran Bretagna** si contrastarono per la conquista di nuovi territori all'interno del continente africano.

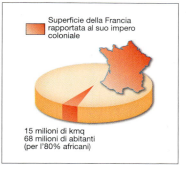

Le dimensioni del colonialismo
Osservando i due grafici, si può notare che le dimensioni della colonizzazione nella fase del "colonialismo imperiale" furono impressionanti. Alla fine dell'Ottocento l'Impero britannico possedeva 33 milioni di kmq di territori coloniali (circa cento volte la superficie del Regno Unito) con una popolazione complessiva di 450 milioni di persone. Nello stesso periodo la Francia acquistò nuovi possedimenti per 15 milioni di kmq con 68 milioni di abitanti.

Scontri per le colonie
Nel 1898 un giornale satirico francese rappresentò l'Inghilterra come il lupo cattivo travestito da nonna e la Francia come Cappuccetto rosso. Quest'ultima tiene in mano un pacco con scritto "Fachoda", il nome di una località dell'attuale Sudan del Sud, dove l'esercito britannico e quello francese si fronteggiarono per settimane in attesa dell'ordine di darsi battaglia. La posta in gioco era la conquista di ampie regioni africane che la vignetta simboleggia con la piramide e la Sfinge. In realtà lo scontro non avvenne perché le due potenze si misero d'accordo a spese delle popolazioni locali e si spartirono il territorio.

5 La situazione dell'Africa

Gli sviluppi più spettacolari dell'espansione coloniale di fine Ottocento si verificarono nel **continente africano**. Ancora intorno al 1870, infatti, la presenza europea in Africa era scarsa e consisteva per lo più in piccoli presidi militari **a custodia dei porti** e di alcuni esigui territori occupati da Olandesi, Francesi, Inglesi e Portoghesi: in tutto il 10% del territorio.

Dalle prime esplorazioni portoghesi in poi il Continente Nero era stato considerato solo una **via di transito verso le "Indie"** e come un **serbatoio di schiavi**, non una terra da colonizzare. Le uniche colonie degne di questo nome erano la **Colonia del Capo**, assegnata agli Inglesi nel 1815 dal Congresso di Vienna, e l'**Algeria**, che i Francesi avevano conquistato nel 1830. Per decenni, tuttavia, entrambi i governi avevano trascurato questi possedimenti ritenendo assai dubbio il loro reale tornaconto economico. Negli anni Cinquanta i parlamentari inglesi parlavano addirittura delle colonie africane e asiatiche come di "pietre legate al collo del Paese".

L'atteggiamento europeo cambiò bruscamente intorno al 1880 per vari motivi, non ultimi quelli di **carattere economico**. Svolse un ruolo importante in questo mutamento la costruzione in Egitto, nel **1869**, del **Canale di Suez** ◀ che, mettendo in comunicazione il Mar Mediterraneo con il Mar Rosso, dette un forte impulso ai traffici commerciali dell'Europa **con l'Africa occidentale** (attraversare via terra il Continente Nero, infatti, era reso estremamente difficile da numerosi ostacoli, a cominciare dal deserto del Sahara) e, attraverso l'Oceano Indiano, **con l'Asia** senza circumnavigare l'Africa.

In questo periodo la nuova generazione di imperialisti europei cadde preda di una vera e propria **febbre coloniale** di cui l'Africa fece le spese ancora più dell'Asia. Essa, infatti, divenne oggetto della più rapida e selvaggia spartizione che si fosse mai vista: in soli trent'anni i territori in mano agli Europei passarono **dal 10 al 90%**.

Tanta rapidità si spiega anche con lo stato di crisi del continente africano. A parte le regioni settentrionali, dove esistevano alcuni **Stati islamici**, dipendenti formalmente dall'Impero turco-ottomano ma di fatto autonomi, e l'**Impero etiopico cristiano**, dotato di un forte esercito, il resto dell'Africa era infatti costituito da **società tribali disaggregate**, basate sulla caccia, la pastorizia nomade

CIVILTÀ PARALLELE
L'Egitto dall'indipendenza al controllo inglese, pag. 224

Una natura "matrigna"
I pittori europei che dipinsero l'Africa furono colpiti dalla violenza della natura di questo continente: in questo dipinto un belga ha rappresentato così una tempesta di sabbia nel Congo.

o un'agricoltura primitiva e incapaci di difendersi. Questa situazione aveva tre cause principali:
- nella **fascia centrale** del continente, l'indebolimento dei Regni sudanesi, che erano lentamente ma inesorabilmente usciti dai grandi circuiti commerciali stabiliti in passato da Arabi e Turchi;
- Nel **Centro-Sud**, lo stato di guerra perenne delle tribù, dilaniate dalle lotte intestine (per avere un'idea del loro effetto devastante basti pensare che in soli dieci anni, tra il 1818 e il 1828, le guerre tra gli Zulu, sebbene combattute senza armi da fuoco, causarono un milione di morti);
- intorno al **Golfo di Guinea** e nell'**Africa orientale**, il calo demografico determinato dalla tratta degli schiavi.

6. La grande spartizione del Continente Nero

La spartizione fu inaugurata dalla **Francia** che, dopo aver occupato l'Algeria, si appropriò della **Tunisia** nel 1881, e dalla **Gran Bretagna**, che l'anno dopo invase l'**Egitto**, diventato decisivo per il traffico navale con le sue colonie d'Oriente in seguito alla costruzione del Canale di Suez.
I due Paesi, che fino ad allora erano stati province autonome dell'Impero turco-ottomano, divennero **protettorati** delle due nazioni europee: ciò significava che, pur lasciando ai Paesi "protetti" un'ampia autonomia amministrativa, i "protettori" esigevano l'**esclusiva nelle esportazioni** e nel **controllo della politica estera**.
In quegli anni il Belgio, e in particolare il suo sovrano Leopoldo II, **sfruttò in modo selvaggio** lo Stato libero del Congo, un territorio ricco di **avorio, rame e caucciù** nel cuore dell'Africa sub-sahariana. Tra le tante forme di occupazione questa fu una delle più crudeli: fino al 1908 il Congo Belga, come si è detto, non appartenne allo Stato belga ma **personalmente al suo re Leopoldo II**, che pensò unicamente ai suoi **profitti personali**.
Gli abitanti della colonia furono obbligati a pagare un'imposta in natura che consisteva nel **lavoro forzato** di uomini, donne e bambini nelle miniere e nelle foreste. Inoltre, i Belgi dichiararono che non intendevano provvedere al loro nutrimento, mentre, d'altra parte, i forzati, dovendo impiegare tutto il loro tempo a estrarre rame e raccogliere caucciù, non potevano procurarsi il cibo.
La **ferocia** di queste imposizioni provocò una percentuale talmente alta di morti per fame, percosse e altre torture che gli stessi Inglesi se ne dichiararono disgustati; in tutta Europa si diffuse una campagna di denuncia che nel 1908 costrinse il Parlamento belga a trasferire al Paese la proprietà della colonia (che assunse il nome di **Congo belga**), togliendola al sovrano.
Per altri motivi, altrettanto criminoso fu il comportamento della **Germania** in **Namibia** dove, nel 1904, essa decise di eliminare l'intero popolo Herero per trasformare la zona in una **colonia di popolamento**. Fu emesso quindi un "**ordine di sterminio**" in base al quale gli uomini vennero passati per le armi, mentre donne e bambini vennero sospinti nel deserto senza acqua né viveri: morirono in 60 000, il 90% della popolazione Herero.
Un'altra regione che venne sconvolta dal colonialismo fu l'Africa meridionale, dove, dopo la **scoperta di oro e diamanti**, gli Inglesi decisero che la loro Colonia del Capo era diventata economicamente importante: da lì attaccarono i vicini Stati del Transvaal e dell'Orange, dove si scontrarono con i **boeri**, gli eredi degli antichi coloni olandesi, per il controllo delle miniere.
Tra il 1899 e il 1902 si svolse la sanguinosissima **Guerra anglo-boera** (causò 22 000 morti), un conflitto che coinvolse quindi prevalentemente dei bianchi e

Dominare il mondo
Una caricatura satirica che mostra l'esercito britannico e l'ordine dei gesuiti che si contendono il dominio del continente africano. I gesuiti erano lì in veste di missionari.

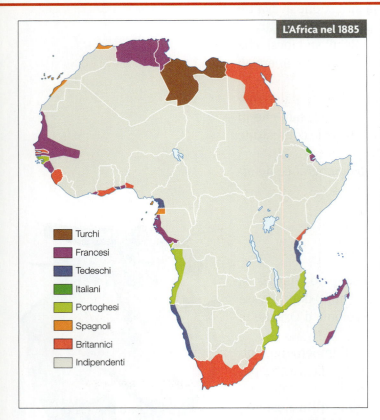
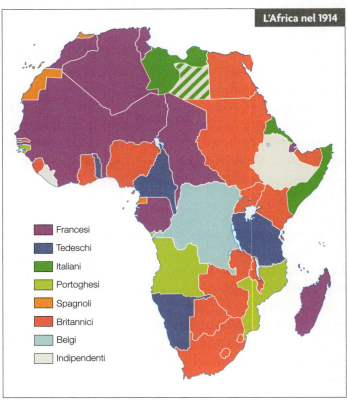

Un confronto stupefacente
La carta a sinistra mostra l'Africa l'anno dopo la Conferenza di Berlino. Come si vede, la presenza europea era limitata a una serie di avamposti commerciali situati lungo le coste. La carta a destra mostra la presenza europea in Africa nel 1914, poco prima dello scoppio della Prima guerra mondiale.

che si concluse con la **vittoria dei britannici**, i quali costituirono nella regione l'**Unione Sudafricana**.
Nell'Africa colonizzata anche i popoli che non ricevettero trattamenti così disumani come quelli descritti in questo paragrafo furono comunque privati di tutti i diritti. Le lingue europee furono imposte ovunque come lingue ufficiali e in Algeria, Tunisia e Marocco i Francesi esclusero dal diritto di voto chi non abiurava alla religione islamica.

7 Droga inglese per la popolazione cinese

Alla fine dell'Ottocento la presenza diretta dei Paesi europei in **Asia** si limitava alla **Penisola indocinese**, controllata dai Francesi, e all'**India**, sottoposta al dominio della Gran Bretagna ◁. Si erano però accentuati, negli ultimi decenni del secolo, la **penetrazione commerciale** e il **controllo economico** da parte delle potenze industrializzate anche su importanti Paesi come il Giappone e la Cina. Il **Giappone**, che per secoli era vissuto in una condizione di **isolamento**, negli anni Cinquanta fu costretto dalla pressione degli Stati Uniti ad aprire i propri porti ai commerci. Una guerra civile abbatté lo *shogun* e riportò al potere l'imperatore che, con la collaborazione della classe dei samurai, avviò un **impetuoso sviluppo capitalistico** secondo i modelli economici occidentali ◁.
Le vicende che riguardarono la **Cina** costituirono, già prima del 1870, un esempio emblematico delle caratteristiche dell'imperialismo occidentale. In Cina, un impero decaduto e ormai incapace di reagire alle prepotenze degli occidentali,

Paragrafo 8 ◁

CIVILTÀ PARALLELE ◁
L'imperialismo giapponese, pag. 440

gli Inglesi compravano enormi quantità di **tè e porcellana** e cercavano un modo per non pagarli in argento. Poiché nelle loro piantagioni indiane producevano oppio, una droga che smerciavano già in piccole quantità in Europa, indussero i mercanti cinesi a **barattare i loro prodotti con l'oppio**. I mercanti cinesi accettarono e ne diffusero quantità enormi tra la popolazione. Aspirato attraverso pipe simili a *narghilè*, a livello psicologico l'oppio aveva un effetto chiamato "anestesia emotiva": indifferenza verso il mondo, riduzione della percezione del dolore, disinteresse affettivo, attenuazione dell'ansia. A livello fisiologico, alterava la respirazione, riduceva il controllo dei muscoli, bloccava i processi digestivi e la capacità di urinare. Dopo qualche tempo portava alla morte. I derivati moderni dell'oppio sono eroina, morfina e metadone.

In pochi anni, il **consumo e l'assuefazione** aumentarono a tal punto da ridurre il popolo cinese in uno stato di totale dipendenza ed ebetismo. Nel tentativo di porre fine a questo commercio, il governo di Pechino mandò le sue truppe a Canton per impedire l'attracco alle navi inglesi cariche di droga, ma la Gran Bretagna era pronta a reagire. Scoppiarono così, tra il **1839** e il **1842**, due **Guerre dell'oppio** che finirono con una rovinosa sconfitta della Cina.

Questi eventi accelerarono la penetrazione commerciale delle potenze occidentali, che si divisero il Paese in **zone di influenza**. L'impotenza del governo di Pechino e l'aggressività degli Europei suscitarono la reazione di alcune minoranze cinesi nazionaliste che si riunivano nella sètta segreta dei **Boxer** (in inglese "pugili" perché esperti di arti marziali). Nel **1900** essi si ribellarono a tutti gli stranieri, compresi i molti missionari cristiani, e compirono a loro volta feroci massacri, finché, nel **1901**, furono annientati da una spedizione cui presero parte gli Stati Uniti e altre otto potenze europee, tra le quali l'Italia.

Il ricordo della rivolta restò però vivissimo nelle coscienze dei Cinesi, resuscitò il loro orgoglio nazionale e preparò il terreno alla loro rivincita.

I Boxer
Una caricatura occidentale mette in luce la ferocia dei Boxer, fanaticamente xenofobi e anticristiani.

Le grandi potenze si spartiscono la Cina
La vignetta, pubblicata da una rivista socialista francese, rappresenta i "grandi" mentre si spartiscono la torta che rappresenta la Cina. Da sinistra: la regina Vittoria (Gran Bretagna), il Kaiser (Germania), lo zar (Russia), l'imperatore (Giappone). La ragazza in piedi è la Francia. Dietro, il cinese si dispera.

Una fumeria d'oppio
La terribile droga diffusa dagli Inglesi rovinò ben due generazioni di Cinesi e portò alla rivolta dei Boxer.

8 L'India, "perla" dell'Impero britannico

Oltre a esercitare un dominio commerciale sulla Cina, la Gran Bretagna era la nazione i cui possedimenti extra-europei erano più vasti: essa possedeva, infatti, circa un **quarto delle terre emerse** compreso un intero continente, l'**Australia**. Nel **1877** a questa sterminata estensione fu dato il nome di "**Impero delle Indie**" e la regina Vittoria divenne imperatrice.

Il "gioiello" di questo Impero era l'**India**, governata da un **viceré britannico** con sede a Nuova Delhi. Da lì 200 000 tra militari e funzionari inglesi, al comando di truppe e impiegati locali, dominavano **130 milioni di abitanti** sparsi su un territorio immenso in cui si parlavano 325 lingue diverse e si praticavano tre religioni principali (**induismo, buddismo, islamismo**) e molte altre secondarie. Con l'India gli Inglesi si comportarono in modo ambivalente. Da una parte, da veri colonialisti, **distrussero l'economia tradizionale** basata sulla tessitura; dall'altra, introdussero **elementi di innovazione** che risultarono poi utili al Paese quando esso ottenne l'indipendenza.

Tra le innovazioni, fu di fondamentale importanza la costruzione di un'ottima **rete ferroviaria** che collegò le città principali di quella terra vastissima e permise la circolazione veloce di merci e passeggeri.

Anche la "missione civilizzatrice" ottenne dei risultati. Gli Inglesi, infatti, rispettarono le tre religioni, ma combatterono gli aspetti più crudeli dell'induismo, primo fra tutti il costume di bruciare vive le vedove sul rogo del marito defunto. Lottarono anche contro il **sistema delle caste** ◄, ma con scarsi risultati.

In entrambi i casi occorse una notevole dose di coraggio politico, perché queste battaglie suscitarono lo sdegno dei tradizionalisti indiani e provocarono quel tipo

CIVILTÀ PARALLELE
L'India islamica, pag. 76

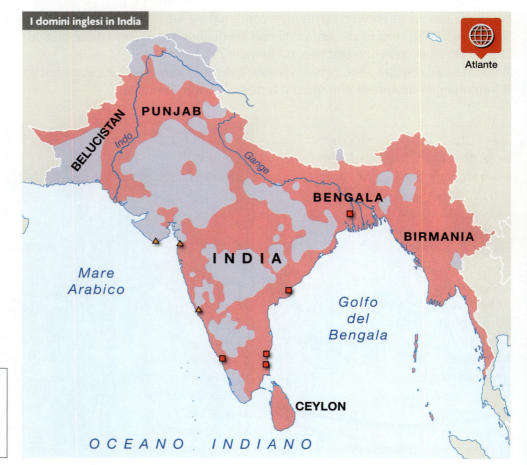

Colonie e Imperi **Capitolo 19** 431

I *sepoys*
Un ufficiale inglese al comando di un reggimento di soldati indiani, i *sepoys*. Furono questi combattenti, famosi per il loro valore (e la loro ferocia), a ribellarsi nel 1857, dando luogo a una rivolta repressa dagli Inglesi nel sangue.

Il *maharàja* di Lahore
Abdicò nel 1849 quando gli Inglesi annetterono il Punjab. Ricevuto con tutti gli onori dalla regina Vittoria, le donò il diamante chiamato Kohinoor, ma in seguito divenne acerrimo nemico della Gran Bretagna.

di rivolte sanguinose che un dominatore cerca sempre a tutti i costi di evitare. Altrettanto importante per il futuro della colonia fu che, proprio per la scarsità di funzionari inglesi sul territorio, i colonizzatori insegnarono alla *élite* delle singole province come indire elezioni locali per scegliere dei piccoli Parlamenti che gestivano l'amministrazione in quasi totale autonomia. Fu questa una **lezione di democrazia** che, al momento dell'indipendenza, distinse l'India dalla stragrande maggioranza delle ex colonie divenute indipendenti.
Tra gli atti che invece, con totale cinismo, danneggiarono l'economia e distrussero l'equilibrio sociale ci furono la **confisca dei terreni** e il passaggio dalla coltivazione di cereali a quella di prodotti di esportazione.
Ancora più cinica fu la legge coloniale con cui nel 1870 gli Inglesi spazzarono via le manifatture locali che da secoli producevano tè e tessuti di cotone di primissima qualità esportati in Europa con successo a partire dal XVII secolo.
La legge, infatti, gravò di tasse tutti i prodotti da esportazione, costringendo gli Indiani a **chiudere le manifatture** e ad accontentarsi di raccogliere il cotone e il tè per venderli in fiocchi e in foglie (materia prima a basso prezzo).
Una parte di queste materie prime tornava poi sotto forma di pezze tessute e tinte o di tè seccato e inscatolato dalle industrie inglesi (prodotti lavorati ad alto prezzo) e rivenduta alle corti dei principi locali, i *maharàja*, e alla nuova borghesia impiegata negli uffici dell'amministrazione britannica: questi sono i presupposti per determinare il **sottosviluppo** di una nazione.

Storia e territorio

La "Valigia delle Indie"

Nell'epoca del colonialismo e della conseguente esplosione dell'economia-mondo, l'Italia acquistò un'importanza strategica e commerciale che poté sfruttare solo perché prima aveva realizzato l'Unità e quindi pianificato lo sviluppo della rete ferroviaria.

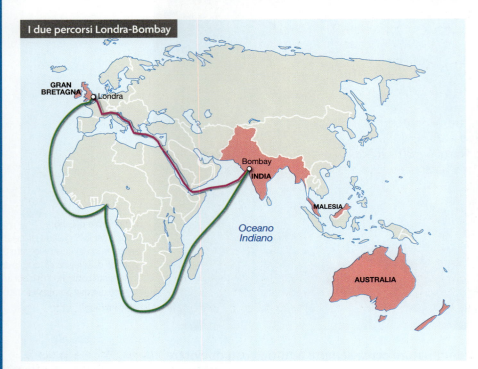

I due percorsi Londra-Bombay

Lettura della carta

Il percorso verde da Londra a Bombay equivaleva a 100 giorni di viaggio in piroscafo.
Il percorso rosso attraverso il Canale di Suez impiegava solo 22 giorni attraversando l'Europa in treno e partendo in piroscafo dal porto di Brindisi, che gli Inglesi, all'inizio, preferirono a quello di Marsiglia.
Dopo 40 anni di attività il porto di Marsiglia riacquistò la supremazia a causa delle insolvenze del governo italiano, che trascurò di modernizzare il porto pugliese.

La comunicazione tra l'Inghilterra e le sue colonie in Oriente

Nell'Ottocento la Gran Bretagna aveva un intenso traffico di merci, passeggeri, corrispondenza, oro e valuta con le sue colonie in Estremo Oriente: India, Malesia, Australia, senza contare alcune importanti città costiere della Cina.
Per raggiungerle, all'inizio del secolo si usava navigare lungo l'Africa Occidentale, doppiare il Capo di Buona Speranza e, attraverso l'Oceano Indiano, fare rotta su Bombay, dove si arrivava in 100 giorni.

Nasce la "Valigia delle Indie"

Quando George Stephenson brevettò la sua locomotiva e, con una rapidità impressionante, altre sempre più perfezionate e veloci la seguirono, un ex ufficiale della Reale Marina Inglese dimostrò al governo di Londra che con un **percorso misto** nave-treno-carrozze-nave-cammelli-nave, ovvero **Londra-Canale della Manica-Europa continentale-Mediterraneo-Istmo di Suez** (il canale non era ancora stato scavato) e quindi **Mar Rosso e Oceano Indiano**, i tempi di percorrenza scendevano a circa **60 giorni**.
A questo nuovo tragitto, l'ex ufficiale diede il nome di *India mail*, mentre gli Italiani lo chiamarono, più poeticamente, "**Valigia delle Indie**".
Già nel 1834 questo percorso misto fu organizzato utilizzando tutti i mezzi di trasporto possibili: una nave attraversava il Canale della Manica, un treno e, dove i binari si interrompevano, carrozze a cavalli arrivavano dall'Olanda fino a Vienna, poi, grazie al valico alpino ferroviario di Postumia, arrivavano al porto austriaco di Trieste.
Posta, merci e passeggeri venivano caricati su una nave inglese e sbarcati ad Alessandria d'Egitto, trasportati in carovana da Port Said al Mar Rosso e quindi di nuovo caricati sulle navi per l'India.
Col tempo prese piede anche un percorso alternativo che, attraversando in ferrovia la Francia, da Calais arrivava direttamente al porto di Marsiglia, dove il carico era trasferito sulle navi per Port Said.
Il viaggio in treno da Calais a Marsiglia faceva risparmiare molte ore rispetto all'iniziale direttrice Olanda-Trieste.
Nel **1869** l'**apertura del Canale di Suez** fece balzare in primissimo piano l'interesse della Gran Bretagna per la "Valigia delle Indie", inducendo Austria e Francia a candidarsi per ottenere l'esclusiva del percorso.

Entra in gioco l'Italia

Intanto, però, neanche l'Italia aveva perso tempo. Appena realizzata l'Unità nel 1861, seguendo le raccomandazioni di Cavour, che era sempre stato un convinto sostenitore delle ferrovie, i governi impiegarono gran parte del bilancio dello Stato per sviluppare a tempi di record la **rete ferroviaria della Penisola**; nei cinque anni successivi essa raddoppiò la sua estensione, tanto che nel 1865 si poteva andare in treno da Susa, al confine tra Piemonte e Francia, fino a Brindisi.

Un grande evento fu la solenne inaugurazione, nell'autunno **1871**, del **traforo del Frejus** da Bardonecchia a Modane. L'apertura del Frejus permise di convogliare anche attraverso l'Italia i servizi di trasporto postale rapido **Londra-Bombay** della "Valigia delle Indie". Infatti, nel 1869, l'amministrazione postale inglese decise di sperimentare anche una **seconda "Valigia"** supplementare italiana.

Si trattò inizialmente di aggiungere, al normale transito ferroviario francese con imbarco a Marsiglia, anche un **transito italiano** con percorrenza ferroviaria fino a Brindisi e imbarco sulle navi per Alessandria d'Egitto. L'esperimento ebbe successo e fece anche risparmiare oltre trenta ore sul percorso via Marsiglia.

Lo scoppio della Guerra franco-prussiana favorì ulteriormente il percorso italiano; infatti, negli anni 1870-1871 (con l'assedio di Parigi e delle maggiori città francesi), l'itinerario francese si interruppe e il traffico della "Valigia" divenne interamente italiano.

Ora essa partiva dalla stazione londinese di Victoria Station e **raggiungeva Brindisi in 42 h e 30'**. Il treno diretto era in partenza ogni venerdì alle ore 20,45 da Londra e alle ore 14 di ogni domenica partiva da Brindisi il piroscafo postale inglese diretto a **Port Said**, che attraverso il Canale di Suez giungeva nell'Oceano Indiano, quindi a Bombay impiegando in totale circa 22 giorni.

Il percorso inverso della "Valigia" era giocoforza meno preciso negli orari specie nel periodo dei monsoni; infatti il treno speciale poteva dover attendere a Brindisi la coincidenza con la nave proveniente dall'India anche qualche giorno. Nel 1873, in appoggio alla "Valigia delle

Indie", con una legge di Vittorio Emanuele II, venne concesso a una società inglese di posare un **cavo telegrafico** da Brindisi ad Alessandria d'Egitto.

Una "Valigia" particolarmente preziosa

I passeggeri, prevalentemente inglesi, erano per la maggior parte amministratori dello Stato, alti ufficiali, diplomatici, commercianti, inviati speciali dei giornali o comunque persone che avevano rapporti con le colonie, specialmente con l'India che era allora il più prestigioso possedimento dell'Impero britannico. Al ritorno la "Valigia delle Indie" trasportava anche merci preziose, posta diplomatica e valuta.

Al convoglio inglese, su suolo italiano, veniva agganciato anche un **ufficio postale ambulante** delle Regie Poste per il servizio interno e internazionale.

Anche se la maggior parte del percorso si trovava su suolo straniero, la "Valigia" era un treno tipicamente inglese, con tendaggi e poltroncine, tappeti e lampioncini a petrolio di gusto prettamente britannico. Venne soppressa nel 1914, allo scoppio della Prima guerra mondiale, ma per più di quarant'anni diede all'Italia **prestigio e cospicui introiti**.

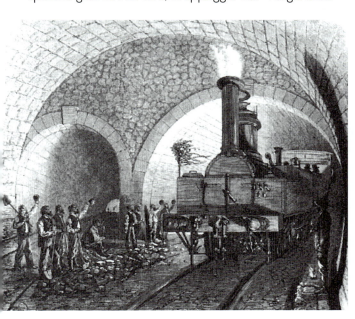

Il traforo del Frejus
Gli operai che hanno scavato il traforo salutano il passaggio del primo treno.

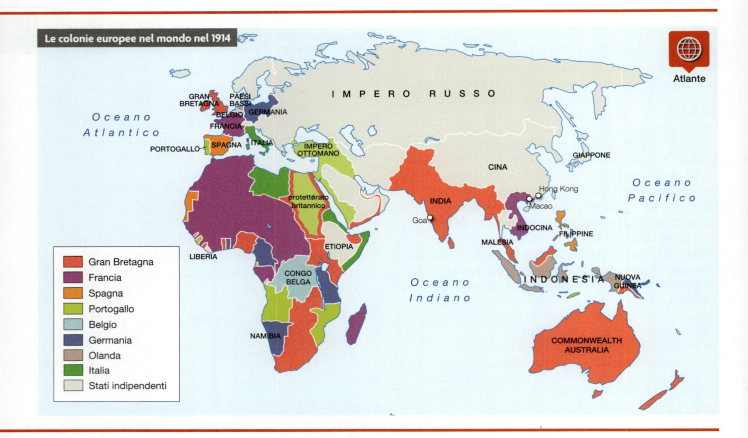

Le colonie europee nel mondo nel 1914

9 L'imperialismo "informale" degli Stati Uniti

Diversamente dalle potenze europee, gli Stati Uniti non crearono un impero coloniale sottoposto a controlli politici e militari ma, con una formula del tutto originale, diedero vita a forme di **dominio puramente economico**.

Dopo aver completato la conquista del territorio nordamericano, nel 1867 essi acquistarono dai Russi l'**Alaska**; quindi cominciarono a spostare la loro "Frontiera" **verso le isole caraìbiche**, sostenendo nel 1898 la lotta di **Cuba** contro la Spagna, ma sottoponendo poi l'isola, una volta che questa ebbe ottenuto l'indipendenza, al proprio **protettorato**.

Di lì proseguirono verso le Antille (**Haiti e Santo Domingo**), il **Portorico** e il **Nicaragua**. Presto arrivarono anche a controllare **Panamá**, dove da anni, tra scandali e difficoltà tecniche, si trascinava il progetto di un canale che mettesse in comunicazione l'Oceano Atlantico con l'Oceano Pacifico. Ottenuta la direzione dei cantieri, gli Stati Uniti aprirono il **Canale di Panamá** nel **1914** e ottennero il controllo del traffico navale per un secolo.

Parte dei **territori centro-americani** venne annessa, diventando statunitense a pari grado con gli altri Stati dell'Unione, mentre altrove si installarono alcune grandi società come la United Fruit Company che penetrarono nei Paesi con i loro capitali conquistando il **monopolio** dell'intero **commercio** caraìbico, dalla canna da zucchero al tabacco al cacao, dal cotone alle banane.

Questo modello di **dominio economico** si rivelò talmente fruttuoso per l'economia americana che non tardò a espandersi nell'**America meridionale**. Il governo di Washington si appellò alla **"Dottrina Monroe"**, la quale si era opposta a ogni tentativo delle potenze europee di fondare nuove colonie nell'emisfero occidentale e di intervenire negli affari delle nazioni del continente americano. Fu così promossa una serie di **Congressi panamericani** nei quali gli Stati Uniti

> **RICORDA**
> **La "Dottrina Monroe"**
> Il presidente James Monroe enunciò questa dottrina nel 1823 in risposta alle richieste della Spagna che pretendeva un intervento statunitense contro le sue colonie dell'America Latina.

José Rizal, eroe nazionale filippino

Per circa tre secoli le **Filippine** erano state una **colonia della Spagna**. Verso la fine dell'Ottocento però i proprietari benestanti di terre presero coscienza della miseria alla quale li condannava questa situazione grazie a **José Rizal**, un giovanissimo giornalista-disegnatore-romanziere-poeta che aveva girato il mondo e che, in due romanzi divenuti subito famosissimi, aveva cominciato a denunciare la condizione di schiavitù intellettuale ed economica della popolazione filippina. Il primo, dal titolo latino *Noli me tàngere*, aveva preso in giro l'arroganza e il dispotismo dell'insegnamento dei domenicani nelle scuole; il secondo, *El filibusterismo*, "La pirateria", era molto più amaro e finiva tragicamente con la denuncia dei soprusi cui erano sottoposti i suoi connazionali.

José divenne subito un mito. I suoi romanzi, pubblicati in Europa, venivano importati clandestinamente e andavano a ruba. Gli Spagnoli, dopo averlo imprigionato e avere perseguitato la sua famiglia, lo mandarono in esilio, ma lui riuscì a tornare e fu uno dei leader del movimento antispagnolo e dei grandi ispiratori della rivoluzione. Non la vide però, perché i suoi aguzzini lo fucilarono a trentacinque anni, poco prima che avesse inizio.

La **rivolta antispagnola**, scoppiata nel 1898, durò due anni, ma le isole dovettero poi affrontare anche una **guerra contro gli Stati Uniti**, che, col pretesto di liberarle dagli Spagnoli, si erano installati a Manila. I Filippini persero in quel conflitto 16 000 uomini, gli Americani più di 4000, ma tra la popolazione civile, colpita da carestie ed epidemie, si contarono 1 milione di vittime.

L'arcipelago, diventato **"protettorato" americano**, ottenne l'indipendenza solo nel 1946.

---

si candidarono come garanti dell'autonomia del continente e offrirono la loro protezione alle economie dei Paesi latini. Questa "protezione" non escludeva il ricorso alle armi e il **sostegno alle dittature** che, quasi ovunque nel subcontinente latino-americano, garantivano ai grandi proprietari il **controllo dei latifondi** contro le ricorrenti rivolte contadine.

Intanto gli Stati Uniti attraversavano l'Oceano Pacifico, occupavano le **Isole Hawaii**, **Samoa** e **Midway** – chiamata così perché, "a metà strada" tra Stati Uniti e Asia, divenne la base della flotta americana nel Pacifico – e sottraevano alla Spagna le **Filippine** e l'isola di **Guam**.

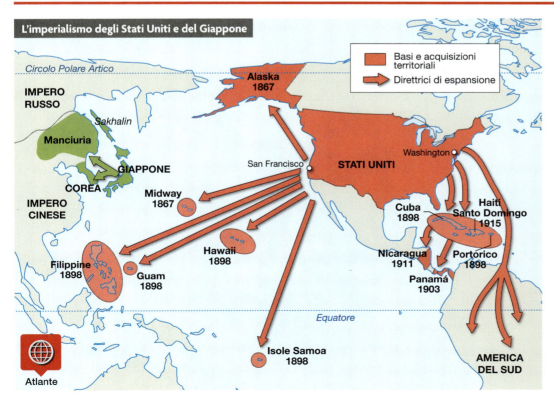

Lettura della carta

1 All'espansione degli Stati Uniti nelle isole del Pacifico, i Giapponesi risposero occupando progressivamente le coste cinesi e indocinesi del medesimo oceano.

2 Nella carta vedi la prima tappa dell'espansione giapponese. Puoi immaginare quelle successive colorando idealmente la parte costiera della Cina.

3 Due potenze come il Giappone e gli Stati Uniti avrebbero tollerato di convivere a distanza così ravvicinata o, prima o poi, sarebbero entrate in conflitto?

Testimoni e interpreti

"Il commercio nel mondo deve essere e sarà degli Stati Uniti"

AUTORE	A.J. Beveridge, senatore statunitense
OPERA	Intervento parlamentare
DATA	1989

Leggi altre **fonti dirette** nella Biblioteca digitale

Il programma imperialistico degli Stati Uniti, le sue fasi e le sue motivazioni non solo economiche sono enunciate in questo intervento parlamentare del 1898 del senatore repubblicano A.J. Beveridge.

Le fabbriche americane stanno producendo più di quanto sia necessario al popolo americano; il suolo americano sta producendo più di quanto quest'ultimo sia in grado di consumare; il fato stesso ha scritto quale dev'essere la nostra politica: il commercio nel mondo deve essere e sarà nostro. E noi lo otterremo, così come la nostra madre [l'Inghilterra] ci ha insegnato.
Creeremo delle stazioni commerciali in tutto il globo come centri di distribuzione dei prodotti americani. Copriremo gli oceani con la nostra marina mercantile. Costruiremo una flotta, a misura della nostra grandezza. Vaste colonie nasceranno attorno alle nostre stazioni commerciali e all'ombra della nostra bandiera trafficheranno con noi.
Le nostre istituzioni seguiranno la bandiera sulle ali del commercio. E la legge americana, l'ordine americano, la civiltà americana e la bandiera americana si istalleranno su plaghe fino a oggi insanguinate e desolate, ma da allora rese belle e splendenti grazie a loro.

LABORATORIO

Comprendere

1. Quali punti di contatto individui tra questo documento e ciò che hai studiato sull'imperialismo "informale" degli Stati Uniti?
2. Quale tipo di egemonia si profila nelle parole con cui il senatore conclude il suo discorso?

Lettura d'immagine

Una profezia degli Stati Uniti: l'Europa verso la guerra

Come nel 1886 gli Stati Uniti vedevano la situazione delle potenze europee: Bismarck si è fatta l'immagine di angelo della pace dopo la Conferenza di Berlino; ma in realtà tutti gli Stati dell'Europa centrale gravitano sulle spalle della Turchia che sta perdendo territori, destinati a diventare colonie.

1. Bismarck, cancelliere tedesco
2. Francesco Giuseppe, imperatore d'Austria
3. Serbia
4. Bosnia-Erzegovina
5. Macedonia
6. Bulgaria
7. Romania
8. Re di Germania
9. Montenegro
10. Turchia
11. Inghilterra, simboleggiata da una macchietta popolare chiamata "John Bull" (accanto nella sua borsa documenti che attestano la supremazia navale, commerci indiani, azioni del Canale di Suez).

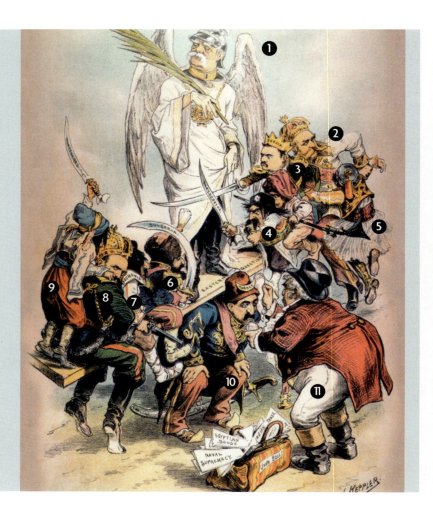

GUIDA ALLO STUDIO
Sintesi

Audio

1-3 ▸ L'imperialismo

La crisi del 1873 spinge imprenditori e capi di Stato a cercare nuovi mercati e nuovi serbatoi di materie prime e a creare colonie di sfruttamento e colonie di popolamento. Oltre che dalle motivazioni economiche, gli Europei sono spinti anche dalla convinzione che sia necessario esportare la civiltà bianca: nasce così la categoria degli esploratori, mentre riprende slancio l'attività dei missionari. Questa nuova forma di colonialismo, che prende il nome di imperialismo, mira sia al totale sfruttamento economico dei Paesi colonizzati sia al loro controllo territoriale e tocca il suo apice tra il 1873 e il 1914, ma la "missione civilizzatrice dell'uomo bianco" non porta alcun vantaggio ai popoli colonizzati, privati dei diritti politici e sottoposti a leggi di tipo feudale.

4 ▸ La Conferenza di Berlino

Nel 1884 le potenze europee si riuniscono nella Conferenza di Berlino con l'intento di fissare delle regole per spartirsi il mondo. In quell'occasione viene creato lo Stato libero del Congo che diventa un possedimento privato del re Leopoldo II del Belgio. Ufficialmente la Conferenza si limita a sancire norme commerciali e umanitarie, ma in realtà determina la spartizione dell'Africa e introduce concetti come "sfera d'influenza da consolidare" e *Hinterland* che consentono alla Germania di vedersi riconosciuto il Camerun e di proclamare un protettorato sul territorio che prenderà il nome di Africa Orientale tedesca.

5-6 ▸ La spartizione dell'Africa

In soli trent'anni i territori del Continente Nero in mano agli Europei passano dal 10 al 90%. Tanta rapidità è dovuta all'indebolimento dei Regni sudanesi, alle guerre perenni delle tribù e al calo demografico dovuto alla tratta degli schiavi. La spartizione viene inaugurata dalla Francia che, dopo aver occupato l'Algeria, si appropria della Tunisia, e dalla Gran Bretagna, che invade l'Egitto, diventato decisivo dopo la costruzione del Canale di Suez: i due Paesi diventano protettorati delle due nazioni europee, che esigono l'esclusiva nelle esportazioni e nel controllo della politica estera. Intanto il re del Belgio sfrutta brutalmente il Congo per profitto personale e il suo comportamento nei confronti della colonia è talmente spietato da disgustare gli Europei e da indurre il Parlamento belga a togliergliela. Altrettanto criminoso è il comportamento della Germania in Namibia, dove viene eliminato l'intero popolo Herero per trasformare la zona in una colonia di popolamento. Nell'Africa meridionale, dopo la scoperta di oro e diamanti, gli Inglesi decidono che la loro colonia del Capo è diventata economicamente importante e scatenano la Guerra anglo-boera che si conclude con la vittoria britannica e la costituzione dell'Unione Sudafricana.

7 ▸ La Cina e le Guerre dell'oppio

In Cina gli Inglesi comprano tè e porcellana cercando un modo per non pagare in argento. Poiché nelle loro piantagioni indiane producono oppio, inducono i mercanti cinesi a barattare i loro prodotti con la droga, che si diffonde a tal punto da ridurre la popolazione in uno stato di totale dipendenza. Il governo di Pechino tenta di porre fine a questo devastante commercio e, tra il 1839 e il 1842, si batte contro l'Inghilterra in due Guerre dell'oppio, ma è sconfitto: il Paese viene così diviso in zone di influenza. Nel 1900 la sètta segreta dei Boxer si ribella a tutti gli stranieri, ma viene a sua volta annientata.

8 ▸ La dominazione inglese in India

Fra gli sterminati possedimenti coloniali della Gran Bretagna vi è anche l'India, dove gli Inglesi si comportano in modo ambivalente: da un lato distruggono l'economia tradizionale, ma dall'altro introducono elementi di innovazione, costruendo un'ottima rete ferroviaria, lottando contro il sistema delle caste e insegnando alle *élite* locali i princìpi fondamentali della democrazia.

9 ▸ Il dominio economico degli Stati Uniti

A differenza dell'Europa, gli Stati Uniti danno vita a forme di dominio puramente economico. Dopo aver acquistato dai Russi l'Alaska, sottopongono a protettorato l'isola di Cuba, proseguono verso le Antille, il Portorico e il Nicaragua e arrivano a controllare Panamá dove, nel 1914, aprono il Canale di Panamá. Parte dei territori centro-americani viene annessa, mentre nel Sud conquistano il monopolio commerciale offrendo una protezione che non esclude il ricorso alle armi e il sostegno alle dittature locali. Infine occupano le Isole Hawaii, Samoa e Midway e sottraggono alla Spagna le Filippine e l'isola di Guam.

438 Unità 4 Capitalismo e imperialismo

GUIDA ALLO STUDIO

Mappa concettuale

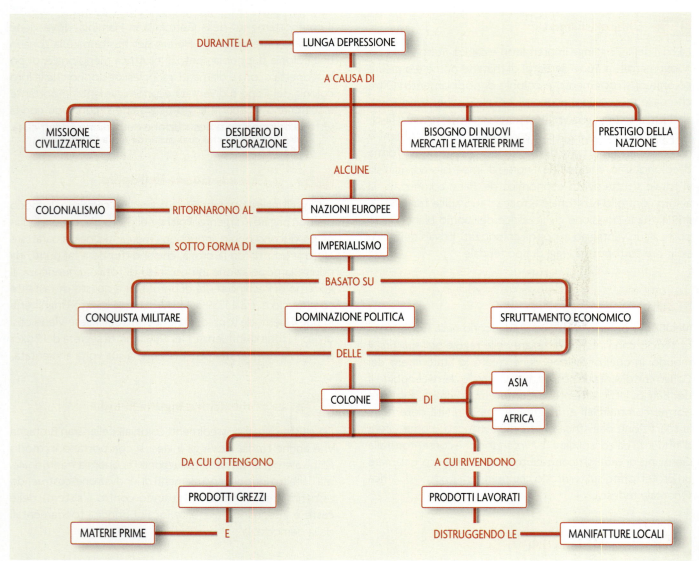

Verifica formativa

ARRICCHIRE IL LESSICO

1 Il verbo "dominare" e il sostantivo "dominio", che hai incontrato frequentemente in questo capitolo, derivano dalla parola latina *domus*, il cui significato è "casa". Essa ha dato origine a moltissimi termini, alcuni dei quali sono elencati qui sotto. Usali tutti per scrivere un breve racconto di tua invenzione.
Domenica, duomo, domestico, domicilio, donna, condominio.

COMPRENDERE IL TESTO

2 **Rispondi alle domande seguenti.**
1 Perché, nella prima metà del XIX secolo, tutto lasciava pensare che il colonialismo fosse ormai tramontato?
2 Quale evento provocò la seconda fase dell'espansione europea?
3 Quale altra motivazione spinse gli Europei a una nuova colonizzazione?

CAPITOLO 19

3 Completa la tabella seguente spiegando qual è la differenza fra colonie di sfruttamento e colonie di popolamento.

Colonie di sfruttamento	
Colonie di popolamento	

4 Spiega in quale periodo l'imperialismo toccò il suo apice e attraverso che cosa si concretizzò.

5 Indica se le seguenti affermazioni sono vere o false.
1. La Conferenza di Berlino fu indetta con lo scopo di fissare le regole per spartirsi il mondo. V F
2. Lo Stato libero del Congo fu creato sottraendolo al re del Belgio Leopoldo II. V F
3. La Francia si impadronì del Camerun. V F
4. La Germania proclamò un protettorato sull'Africa Orientale tedesca. V F

6 Completa la tabella seguente spiegando le cause della crisi dell'Africa.

Nella fascia centrale	
Nel Centro-Sud	
Nel Golfo di Guinea e nella parte orientale	

7 Completa la tabella seguente relativa alla spartizione del Continente Nero.

Tunisia	
Egitto	
Congo	
Namibia	
Sudafrica	

8 Completa il brano seguente.

In Cina gli .... comprano .... e .... cercando un modo per non pagare in .... Poiché nelle loro piantagioni indiane producono ...., inducono i .... cinesi a barattare i loro prodotti con la .... Il governo di .... tenta di porre fine a questo devastante commercio e, tra il .... e il ...., si batte contro l'............... in due Guerre ...., ma viene sconfitto: il Paese è così diviso in zone di .... Nel 1900 la sètta segreta dei .... si ribella a tutti gli stranieri, ma viene a sua volta annientata.

9 Completa la tabella seguente scrivendo vantaggi e svantaggi della dominazione inglese in India.

Vantaggi	
Svantaggi	

10 Scrivi un testo di circa 10 righe spiegando in che cosa consistette l'imperialismo degli Usa.

GUIDA ALL'ESPOSIZIONE ORALE

1 Dopo aver spiegato che cosa spinse gli Europei a una nuova colonizzazione, esponi come si concretizzò l'imperialismo e che cosa accadde nella Conferenza di Berlino.

Scaletta:
• crisi economica • necessità di nuovi mercati • "missione civilizzatrice" dell'uomo bianco • conquista militare • dominazione politica • sfruttamento economico • creazione dello Stato libero del Congo • acquisizione tedesca del Camerun • Africa Orientale tedesca

Parole e concetti chiave:
colonie di sfruttamento e di popolamento, esploratori, missionari, "fardello dell'uomo bianco", negazione dei diritti civili, leggi di tipo feudale, Leopoldo II del Belgio, spartizione dell'Africa.

Come cominciare:
"La grande crisi economica del 1873 convinse imprenditori e capi di Stato della necessità di trovare nuovi mercati e nuovi serbatoi di materie prime."

2 Spiega i motivi della debolezza dell'Africa e con quali modalità si compì la sua spartizione.

Scaletta:
• indebolimento dei Regni sudanesi • guerra delle tribù • calo demografico • Francia • Gran Bretagna • Belgio • Germania

Parole e concetti chiave:
Tunisia, Egitto, protettorati, Congo, Namibia, Herero, Guerra anglo-boera, Unione Sudafricana.

Come cominciare:
"In soli trent'anni i territori africani in mano agli Europei passarono dal 10 al 90%".

3 Illustra il comportamento degli Inglesi in Cina e in India.

Scaletta:
Cina • Guerre dell'oppio • rivolta dei Boxer
India • distruzione dell'economia tradizionale e introduzione di elementi di innovazione

Parole e concetti chiave:
tè, porcellana, argento, baratto, oppio, sconfitta cinese, "Impero delle Indie", viceré, rete ferroviaria, lotta contro il sistema delle caste, educazione delle *élite* locali, confisca dei terreni, tasse, chiusura delle manifatture.

Come cominciare:
"Gli Inglesi compravano in Cina enormi quantità di tè e porcellana."

CIVILTÀ PARALLELE

L'imperialismo giapponese

Mentre...

l'Europa e l'America, in rapido sviluppo grazie alla Seconda rivoluzione industriale, realizzavano i loro progetti imperialisti ai danni dell'Africa, dell'India e della Cina

... Contemporaneamente

il Giappone abbatteva un mondo che potremmo chiamare "feudale" e usciva dall'isolamento.

GIAPPONE 1641 — ISOLAMENTO E PERIODO FEUDALE — 1868 — OCCIDENTALIZZAZIONE DEL GIAPPONE

EUROPA
- 1641 Assolutismo e parlamentarismo
- 1789 Rivoluzione francese
- 1815 Congresso di Vienna
- 1848 Rivoluzioni europee e trionfo della borghesia

Un caso unico

Il Giappone fu l'unico Paese dell'Estremo Oriente a **evitare la colonizzazione** e fu anche il primo di cultura non europea a **intraprendere la via dello sviluppo capitalistico**. Esso rappresenta dunque un caso unico ed estremamente interessante, sia perché fu come un laboratorio in cui è più facile distinguere le tappe lungo cui tale sviluppo si realizza sia per i risvolti drammatici di una crescita economica impetuosa, basata su un modello importato totalmente dall'estero.

Il Giappone, infatti, fu il primo Paese al mondo a passare da una condizione strutturale, statale, economica e sociale simile a quella del nostro Medioevo feudale all'industrializzazione capitalistica e all'imperialismo: il processo, che in Europa aveva occupato tre o quattro secoli, nel Paese del Sol Levante avvenne **in poche decine di anni**.

Due secoli di isolamento

Dopo aver commerciato con l'Occidente per un centinaio di anni, permettendo a Portoghesi e Olandesi di stabilire nel Paese i loro empòri commerciali, nel **1641** il Giappone decise di chiudersi in un **orgoglioso isolamento**.
Cacciati i missionari cristiani e quasi tutte le compagnie commerciali straniere, proibì l'ingresso ai non giapponesi vietando ai suoi sudditi di lasciare il Paese. La pena per chi trasgrediva era la morte. I fiorenti commerci dell'epoca precedente scomparvero quasi completamente.
Nonostante ciò, fu permesso agli Olandesi di mantenere una loro base sul territorio giapponese dando la possibilità ad alcuni gruppi di commercianti giapponesi di seguire i progressi tecnici dell'Occidente.

Uno Stato feudale

In quel periodo l'organizzazione statale del Paese era simile, come abbiamo detto, a quella dell'Europa feudale.

Al vertice vi era l'**imperatore** (chiamato, come oggi, *mikado*) che era ritenuto di origine divina, ma il cui potere ormai era tuttavia quasi soltanto religioso. Il governo effettivo era, infatti, nelle mani di una **famiglia di feudatari** che si trasmettevano di padre in figlio la carica di ***shogun***, cioè di "capo di tutti i signori feudali" i quali venivano chiamati *daimyo*.
Lo *shogun* era un vero e proprio sovrano assoluto, al quale competevano tutti i poteri politici e militari; amministrava direttamente molte zone del Giappone e, proprio come un antico signore feudale europeo, teneva legati a sé, attraverso doni, ricatti, spedizioni punitive, i *daimyo*, che controllavano il resto del territorio.
Al di sotto dei *daimyo* vi erano i **samurai**, ossia i guerrieri appartenenti alla piccola nobiltà. I più fortunati costituivano le forze armate dei *daimyo* o dello *shogun*, ai quali dovevano una fedeltà assoluta, addirittura mistica. Quelli che non trovavano un signore, invece, vagavano per il Paese esercitando a volte il brigantaggio o entrando come impiegati nell'amministrazione.
Quest'epoca fu chiamata **periodo Edo** e fu per l'arte e la cultura un periodo splendido. L'economia era basata sulla coltivazione del riso, le manifatture erano pochissime, ma il mercato interno era comunque sufficientemente ampio da consentire al Paese una crescita demografica ragguardevole.

Una riunione di samurai
Veri protagonisti di una guerra civile, essi divennero, dopo la vittoria, la classe dirigente del Paese. Qui un gruppo di samurai è ritratto in una fotografia del 1860.

I trattati commerciali e la via dell'occidentalizzazione

A metà Ottocento le Guerre dell'oppio in Cina, di cui il Giappone fu muto ma interessato spettatore, mostrarono la **supremazia militare degli occidentali**. Così, quando, nel **1853**, gli Americani inviarono navi da guerra nelle acque giapponesi, lo *shogun*, sebbene a malincuore, si convinse a firmare un **trattato commerciale con gli Stati Uniti**, al quale si unirono subito Francia e Inghilterra.
Le clausole del trattato, però, divennero di volta in volta sempre più dure, tanto da suscitare il disgusto di parte della popolazione e da far scoppiare una **guerra civile** tra chi sosteneva lo *shogun* e chi voleva abbatterlo trasferendo tutti i poteri all'imperatore.
Vinse la **fazione imperiale** che, nel corso della guerra, sviluppò anche un'acuta xenofobia e un conseguente esasperato **nazionalismo**.
Eliminato lo *shogun*, emerse la classe dei *samurai*, che si impadronirono dei posti di maggiore responsabilità e, convertendosi in mercanti e capitani di industria, in pochi anni compirono una radicale **modernizzazione** del Giappone basata sull'**abolizione dei privilegi feudali** e sull'**industrializzazione**.
Seguendo fedelmente le orme degli odiati Paesi occidentali, anche il Giappone ritenne fondamentale accompagnare l'industrializzazione con una **politica di potenza** e con la ricerca di materie prime (tra l'altro quasi assenti nei suoi territori). In quest'ottica attaccò la Russia e, nel corso della **Guerra russo-giapponese** del 1904-1905, le tolse la Manciuria, la vasta regione del Nord della Cina, e metà dell'isola di Sakhalin. Poi si impadronì della Corea e cominciò a fare piani per strappare le isole del Pacifico agli Stati Uniti.

Giappone moderno
Ufficiali giapponesi a tavola sulla tolda di una nave, con divise all'occidentale, negli anni della corsa verso la modernizzazione.

20

L'Italia umbertina

1878 Incoronazione di Umberto I

1900 Assassinio di Umberto I

Umberto di Savoia
Il principe a venticinque anni, in divisa militare.

Capitolo 15, Paragrafo 3

1 Un periodo di cambiamenti

La folle corsa verso la conquista di colonie affascinò anche l'Italia che, nel **1882**, acquistò la **baia di Assab** sul Mar Rosso messa in vendita da un sultano locale. Per il Paese questa fu un'epoca di grandi trasformazioni e di grandi speranze. Nel **1878** morirono il papa Pio IX e il re Vittorio Emanuele II.

Il nuovo pontefice, **Leone XIII**, manifestò subito un atteggiamento sensibile ai problemi della civiltà moderna. Nel **1891**, con la memorabile enciclica *Rerum novarum*, spinse i cattolici a un intenso **impegno sociale** allo scopo di fondare una "democrazia cristiana".

Il trono invece passò a **Umberto I**, che regnò dal **1878** al **1900**, dando a questo periodo della storia d'Italia il nome di "età umbertina".

Quasi contemporaneamente si verificò un netto cambiamento di governo determinato dalle elezioni del **1876** in cui 400000 elettori bocciarono la Destra cavouriana e portarono al governo la **Sinistra storica**.

La matrice ideologica della Sinistra storica può essere definita **liberal-progressista**; pur non avendo un precedente storico, si rifaceva infatti alle idee mazziniane, garibaldine e dunque democratiche. I suoi esponenti erano i rappresentanti della **borghesia urbana**, principalmente avvocati. Il loro progetto era quello di **modernizzare e democratizzare** l'Italia riconciliando il "Paese legale" (la politica) con il "Paese reale" (gli operai e i contadini). Attraverso due principali presidenti del Consiglio, **Agostino Depretis** (1876-1887) e **Francesco Crispi** (1887-1896), la Sinistra governò ininterrottamente l'Italia dal **1876** al **1896**.

2 L'eredità della Destra storica

L'Italia che la Sinistra si assunse il compito di governare era una nazione che, grazie alla Destra, aveva vinto due difficili sfide – la realizzazione dell'**Unità** e l'estinzione dei **debiti** contratti dallo Stato con le banche ◂ – e aveva costruito le **infrastrutture** necessarie a preparare lo sviluppo economico dell'Italia.

Dal 1860 al 1880, infatti, la **rete ferroviaria** era passata da 2400 a 9290 km e ormai collegava Trapani con i passi alpini; le **strade** erano passate da 22 500 a 35 500 km, le **linee telegrafiche** da 990 a 26 100 km, le **tramvie** da 8 a 750 km, gli **uffici postali** da 355 a 1565.

Lo sforzo compiuto era stato enorme: basti pensare che in quei vent'anni per le opere pubbliche la Destra aveva speso il 25% degli investimenti fissi interni, mentre nel quindicennio successivo, quando lo sviluppo cominciò a decollare, la Sinistra ne destinò solo il 10%.

Alcune scelte della Destra liberale avevano causato però una serie di **conseguenze negative**:

- in Italia il **mercato dei consumatori** non si era ampliato come altrove, perché le troppe tasse avevano ridotto la piccola borghesia e i lavoratori ad avere appena di che pagarsi il cibo e l'affitto di casa;
- lo **sviluppo dell'industria**, già soffocato da un mercato troppo ristretto, era stato ulteriormente penalizzato dal **liberismo** che aveva incoraggiato l'acquisto dall'estero di macchinari, tessuti e altri prodotti, molto più competitivi di quelli italiani per qualità e prezzo;
- una **legge elettorale censitaria**, cioè che concedeva il diritto di voto solo a coloro che avevano un certo reddito (censo), limitava la partecipazione alle elezioni a una ristretta *élite* di borghesi ricchi o almeno benestanti: era ora di allargarla gradualmente a tutte le forze sociali affinché, sentendosi rappresentate in Parlamento, trasformassero la loro opposizione di piazza in dibattiti nell'aula;
- la **condizione contadina** e la **Questione meridionale** restavano ancora due problemi irrisolti.

Borghesi e popolo (a sinistra)
In molte città italiane, accanto a un ceto medio borghese esisteva una massa di popolani che non poteva permettersi neppure un buon pasto.

Semplici botteghe
Nella Milano del secondo Ottocento i negozi erano poco più che modeste botteghe, come quelle a destra, appartenenti a un orologiaio e a un corniciaio.

Politica della Destra storica	
Positiva	• Estingue i debiti • Realizza l'Unità
Negativa	• Troppe tasse impediscono la formazione di un mercato di consumatori • Il liberismo favorisce i prodotti stranieri

LESSICO	POLITICA

Trasformismo
Nel linguaggio parlamentare questo termine indica una pratica politica che sostituisce il confronto aperto tra la maggioranza di governo e l'opposizione con l'appoggio strumentale di alcuni oppositori in occasione del varo di una legge.

3 Le riforme di Depretis

Depretis cambiò rotta rispetto al governo della Destra e realizzò rapidamente alcune **riforme di impronta democratica**. Poiché l'appoggio dei suoi deputati non gli bastava per ottenere la maggioranza alla Camera, egli cercò anche gli appoggi di quella parte della Destra che aveva fatto cadere il governo precedente; dai suoi oppositori questo atteggiamento fu bollato con il termine spregiativo di "**trasformismo**". Il leader della Sinistra storica

- varò una riforma della scuola elementare, nota come **Legge Coppino**, approvata nel **1877**, che rendeva **obbligatoria e gratuita l'istruzione elementare** dai 6 ai 9 anni;
- attuò nel **1882** una **riforma del sistema elettorale** che abbassò sia l'età del voto (da 25 a 21 anni) sia i limiti di censo (da 40 a 20 lire annue), riconoscendo comunque il diritto di votare a tutti coloro che sapevano leggere e scrivere. Con tale riforma il corpo elettorale salì al **6,9% della popolazione** italiana, rispetto al 2,2% del 1880.

Le riforme ottennero **risultati parziali**:

- la maggior parte delle **tasse indirette** sui beni di consumo non fu abbassata, colpendo in modo particolare la popolazione più povera e rallentando la nascita di un mercato nazionale;
- la riforma della scuola elementare si scontrò con la **carenza** di edifici scolastici e di maestri nonché con la **resistenza** delle famiglie contadine, che avevano bisogno di far lavorare i bambini anche in tenerissima età; la maggioranza dei minori continuò quindi a non frequentare le aule e l'**analfabetismo** scese, ma non fu abbattuto;
- la riforma elettorale portò il numero dei votanti da 600 000 a 2 milioni: ammise al voto gli operai alfabetizzati del Nord ma **escluse ancora la classe contadina**.

La Legge Coppino
La riforma dell'istruzione porta a scuola gran parte dei bambini delle città, ma non riesce ad alfabetizzare adeguatamente quelli delle campagne.

La riforma più attesa fu la cosiddetta "**svolta protezionistica**" con cui la Sinistra abbandonò il liberismo e "protesse" i prodotti italiani, tassando quelli importati dall'estero per aumentarne il prezzo e renderli meno appetibili.

La svolta si rivelò di grande efficacia per lo sviluppo dei **settori tessile** e **zuccheriero** e per l'avvio delle **industrie siderurgica**, **elettrica** e **meccanica**, con il fondamentale effetto collaterale di aumentare i posti di lavoro e abbattere la disoccupazione. Nel settore agricolo, inoltre, essa permise ai latifondisti meridionali di esaurire le scorte di grano rimaste invendute a causa del prezzo più basso del grano prodotto all'estero.

Come contropartita, però, essa **penalizzò i consumatori**. Poiché i cereali italiani non bastavano, grandi quantità di grano continuarono infatti ad affluire dagli Stati Uniti e i dazi che servivano a pareggiarne il prezzo con quello dei cereali italiani ebbero l'effetto di aumentare il costo del pane e della pasta, gravando pesantemente sulle classi più deboli.

Inoltre il protezionismo danneggiò le **produzioni specializzate** del **Meridione**, ossia **frutta, vini e olio**, spesso curate da aziende di piccole e medie dimensioni ma molto attive e moderne. Esse erano appunto nate per contrastare la Lunga depressione differenziando le colture, prima concentrate esclusivamente sui cereali. Ne derivò una **guerra doganale** dalla quale l'Italia uscì perdente. Per ritorsione contro le tasse doganali imposte ai suoi prodotti industriali, infatti, la Francia pose il veto all'importazione degli agrumi siciliani e di altri prodotti alimentari. Infine, poiché le nuove industrie furono impiantate prevalentemente nel Nord, il protezionismo aggravò lo **squilibrio** economico **tra Nord e Sud**.

4 Le grandi inchieste sociali e la protesta dei lavoratori

Il permanere della Questione meridionale indusse alcuni uomini politici dell'epoca a indagare sulle drammatiche condizioni di una parte rilevante della popolazione italiana. Nel 1876 partì un'**inchiesta sulla mafia** condotta privatamente da due deputati: Leopoldo Franchetti e Sidney Sonnino. Nel 1877 il Parlamento affidò a Stefano Jacini un'**inchiesta sullo stato dell'agricoltura**.

I braccianti
Questo dipinto di Teofilo Patini, intitolato *Vanga e latte* (1883), mostra un salariato al lavoro nella campagna romana, accompagnato dalla giovane moglie. È un quadro che si inserisce nel nutrito filone di denuncia della povertà che ispirò moltissimi artisti, scrittori e intellettuali italiani negli ultimi decenni dell'Ottocento.

Testimoni e interpreti

Mafia e clientele in Sicilia

AUTORE	Leopoldo Franchetti e Sidney Sonnino
OPERA	*Inchiesta in Sicilia*
DATA	1876

Leggi altre **fonti dirette** nella Biblioteca digitale

Nel 1876 due giovani toscani appena laureati, Leopoldo Franchetti e Sidney Sonnino, si recarono in Sicilia per condurvi un'inchiesta sugli usi e i costumi dell'isola. Dopo quattro mesi di indagini e interviste, svoltesi spesso col fucile in spalla e a rischio della vita, essi diffusero i loro risultati con il titolo Inchiesta in Sicilia, *ancora oggi una lettura obbligata per politici e studiosi della realtà meridionale.*

1 Manca nella generalità dei siciliani il sentimento della legge superiore a tutti e uguale per tutti. Questa mancanza del concetto di una legge e di un'autorità che rappresenti e procuri il vantaggio comune si manifesta nelle relazioni di ogni genere fra i siciliani.
Essi non si considerano come un unico corpo sociale sottoposto uniformemente a legge comune, uguale per tutti e inflessibile, ma come tanti gruppi di persone formati e mantenuti da legami personali. Il legame personale è il solo che intendano.
2 Una siffatta forma di società non è nuova nella storia, e se ne manifestano in Sicilia tutti i sintomi belli e brutti. Da un lato, una fedeltà, una energia nelle amicizie fra uguali e nella devozione da inferiore a superiore, che non conosce limiti, scrupoli o rimorsi. Ma dall'altro, il sistema della clientela spinto alle sue ultime conseguenze.
I singoli individui si raggruppano gradatamente intorno a uno od alcuni più potenti, qualunque sia la ragione di questa potenza: la maggior ricchezza ed energia di carattere o l'astuzia o altro. Ogni persona che abbia bisogno di aiuto per qualunque oggetto, per far rispettare un suo diritto come per commettere una prepotenza, è un nuovo cliente. Cercano, in conseguenza, così l'alleanza dei malfattori come quella dei rappresentanti del potere giudiziario e politico. E per acquistare ciascuna di queste alleanze impiegano i mezzi più adatti. Aiutano il malfattore a sfuggire alle ricerche della giustizia, ne procurano l'evasione se è in carcere, l'assoluzione (e ognuno immagini con quali mezzi) se è sotto processo e non può evadere.
3 Il malfattore per tal modo salvato diventa cliente se già non lo era. Il suo braccio è al servizio di quel gruppo di persone, e in compenso è assicurato della loro protezione.
Per procurarsi l'alleanza delle autorità giudiziarie e politiche impiegano la corruzione, l'inganno, l'intimidazione.
Se questi mezzi non riescono, trovan modo di far credere alla loro clientela e al volgo che sono riusciti, oppure che hanno trovato nelle sfere superiori del governo gli strumenti per punire il funzionario recalcitrante.
4 Se una questione d'amor proprio o d'interesse divide due delle prime famiglie di un comune, a poco a poco le altre si aggruppano intorno a quelle, il paese è diviso in due fazioni. Ognuna impiega contro l'altra tutti i mezzi. Dalla violenza al processo penale o civile, e alla legge elettorale e comunale. Ognuno cerca di tirar dalla sua il pretore, il procuratore del re, il sotto prefetto.
5 Chiunque abbia energia, astuzia, denari, relazioni negli uffici pubblici, insomma qualcosa da dare in cambio della protezione di un più potente di lui, è certo di trovar posto nella clientela dell'uno o dell'altro. Rimangono fuori da tutte, isolati, esposti alle prepotenze di ognuno coloro che non possono rendersi utili in nessun modo.
Tali sono i più fra i contadini, che in generale non possiedono nulla; sono ignoranti e abbrutiti, e non sanno al bisogno prendere uno schioppo e andare ad aspettare al passo una diligenza o un viandante. Tali sono tutti coloro la cui sola difesa in un altro paese sarebbero le leggi.

LABORATORIO

Sviluppare le competenze

1 Numerose inchieste della magistratura vertono sulla propagazione del fenomeno della mafia e della 'ndrangheta nel Nord. Documentati tramite internet sul dilagare della criminalità organizzata in tutto il nostro Paese e rifletti sulle possibili soluzioni. Quali provvedimenti deve prendere lo Stato? Che cosa può fare concretamente la società civile? Perché è importante acquisire coscienza del problema?

Le due indagini, ancora oggi punti di riferimento per gli studiosi, fecero emergere in modo inequivocabile le cause economiche e sociali dei problemi del Mezzogiorno e la situazione di estrema povertà dei contadini che, con poche eccezioni, in Piemonte o in Friuli era la stessa che in Basilicata o in Abruzzo. Gli autori suggerirono anche alcuni rimedi che rimasero però inapplicati. Depretis giustificò la crisi delle campagne italiane con la più generale crisi europea e, anzi, soppresse addirittura il ministero dell'Agricoltura.

Intanto, mentre la politica di Depretis faceva inevitabilmente aumentare il costo della vita, i salari dei lavoratori rimanevano bloccati. La rabbia degli operai esplose nel **1887** in una serie di **scioperi** che bloccarono i maggiori centri industriali e si estesero per la prima volta anche ai braccianti delle campagne, gettando nel panico la borghesia cittadina e i proprietari terrieri.

In quello stesso anno Depretis morì. Lo sostituì **Francesco Crispi**, il democratico mazziniano che aveva ideato la spedizione dei Mille.

5 La Sinistra di Crispi: riforme e sistemi autoritari

Francesco Crispi
La caricatura lo mostra mentre guida la locomotiva delle riforme.

Crispi varò un'importante **riforma del Codice penale** che abolì la pena di morte sostituendola con l'ergastolo. Per la prima volta in Italia, ammise il **diritto di sciopero** purché pacifico. Infine affrontò il problema dell'assistenza ai bisognosi istituendo **enti assistenziali comunali** in competizione con quelli religiosi.

In netto contrasto con queste iniziative democratiche, tuttavia, Crispi assunse contemporaneamente la presidenza del Consiglio e due ministeri (Esteri e Interni), assicurandosi in tal modo i più ampi poteri concessi dallo Statuto albertino. Inoltre diede ampia libertà d'azione alla **polizia** e la autorizzò a reprimere con ogni mezzo tutte le manifestazioni dei lavoratori.

Tra il **1891** e il **1894** il governo Crispi fu contestato da due grandi rivolte per ottenere l'aumento dei salari che furono definite "**rivolte della fame**": quella degli operai delle cave di marmo delle Alpi Apuane, in Toscana, e quella dei contadini e dei minatori delle zolfatare in Sicilia. Questi ultimi si erano riuniti in un movimento noto come "**Fasci siciliani**" (nel linguaggio politico la parola "fascio" significava originariamente "unione").

Con l'intento di ristabilire a tutti i costi l'**ordine pubblico**, Crispi fece approvare dal Parlamento le cosiddette "leggi antianarchiche" con le quali restrinse la libertà di stampa e di associazione dichiarando illegali leghe, circoli, giornali. Inoltre esse misero fuori legge il **Partito socialista italiano**, fondato da **Filippo Turati** nel 1892.

Poi mandò l'esercito contro i rivoltosi e **represse nel sangue** entrambi i movimenti di protesta. Decine di lavoratori morirono negli scontri a fuoco con le truppe e i loro capi furono condannati a pene durissime.

6 Il fallimento coloniale di Crispi

Dopo l'acquisto della **baia di Assab** una guarnigione italiana si allargò a tutta l'**Eritrea**, una regione sotto la sovranità dell'Etiopia, il cui possesso, tuttavia, l'Etiopia riconobbe all'Italia, e poi proseguì in una parte della **Somalia** (l'altra era controllata dai Britannici), dove impose il proprio protettorato senza incontrare particolari difficoltà.

Il desiderio di **prestigio**, ma anche la speranza di indirizzare verso territori coloniali l'emigrazione, indussero Crispi a lanciare l'Italia alla **conquista dell'Etiopia**,

La fine dei Fasci siciliani
I protagonisti dello sciopero durante il loro processo. I tribunali militari li condannarono a pene severissime.

una delle poche zone del mondo rimasta libera dalla colonizzazione delle nazioni europee.

L'impresa era assurda perché l'Etiopia era un Paese poverissimo e di nessun interesse concreto. Inoltre era abitata da una popolazione cristiana e guerriera, guidata da un *negus* (re) tutt'altro che sciocco, di nome Menelik.

Un corpo di spedizione, accompagnato dagli entusiasmi dei militaristi e di re Umberto, sbarcò nella baia di Massaua, ma nella **battaglia di Adua** del **1896** fu sterminato dai guerrieri del *negus*. Morirono 5000 Italiani, tra soldati e ufficiali, e 1500 àscari, i soldati eritrei inquadrati nel regio esercito.

I socialisti, che a causa del loro internazionalismo erano contrari a qualsiasi forma di imperialismo, reagirono al disastro organizzando una serie di imponenti manifestazioni di piazza a Roma e a Milano, di fronte alle quali **Crispi** fu **costretto a dimettersi**.

Interpreti e testimoni

Lo scandalo della Banca Romana

AUTORE	Indro Montanelli
OPERA	Tanlongo, prototipo del palazzinaro (in *La stanza di Montanelli*, "Corriere della Sera")
DATA	18 aprile 2001

Leggi altre fonti storiografiche nella Biblioteca digitale

La fama di Crispi, ancora prima della battaglia di Adua, era già stata offuscata da una serie di scandali, il più grave dei quali fu quello della Banca Romana.

Negli anni Ottanta dell'Ottocento non c'era ancora una Banca d'Italia che avesse l'esclusiva e quindi il controllo della circolazione monetaria. Retaggio della vecchia Italia regionale e comunale, di Banche con diritto di batter moneta, sia pure entro determinati limiti, ce n'erano sei. E una di queste era la Banca Romana, da sempre feudo papalino, autorizzata a stampare e mettere in circolo 45 milioni di lire all'anno, equivalenti a parecchie migliaia di miliardi attuali. Il trasferimento della Capitale a Roma vi creò una vera e propria frenesia edilizia che spinse i palazzinari di allora a buttarsi sulle ruspe e i mattoni facendosi anticipare i capitali d'investimento dalla Banca Romana. Purtroppo per loro la frenesia edilizia non ci fu, o per lo meno non raggiunse gli attesi parossismi, e la Banca si trovò col portafogli gonfio di crediti inesigibili perché i debitori erano falliti.

L'onnipotente direttore della Banca era un certo Tanlongo, meglio conosciuto come il «sor Bernardo», popolarissimo in tutta Roma di cui incarnava alla perfezione lo spirito. Da giovane era stato un confidente della polizia papalina e un procuratore di svaghi ai più giovani Monsignori della Curia. Dopo l'arrivo dei «buzzurri» piemontesi, riuscì ad entrare nelle grazie di massoni patentati come Crispi, e a diventare fiduciario e consigliere – per gli affari privati – di Vittorio Emanuele II. Ma sempre continuando a coltivare le simpatie del popolino della suburra, dove si fermava a bere e a parlare con facchini e fiaccherai distribuendo sigari a tutti. Quando scoppiò il caso della Banca costretta a chiudere gli sportelli per insolvenza, Tanlongo non se ne allarmò. La politica del credito facile gli aveva procurato un sacco di amici e di debitori, tutti interessati a mettere a tacere lo scandalo. Sicché quando la polizia venne a prelevarlo, fu lui che la ospitò nella sua carrozza a doppio tiro, e procedette fra due ali di folla che lo applaudivano come benefattore e che lui salutava sventolando il cappello.

L'ordine di arresto era partito dal ministro dell'Industria e Commercio in seguito all'inchiesta svolta da due solerti funzionari, Alvisi e Biagini, che avevano appurato le colpe di Tanlongo: quella di aver messo in circolazione 25 milioni più dei 29 che gli erano assegnati, e di averne aggiunti altri 9 stampati clandestinamente.

Eppure l'ottimistica previsione di Tanlongo non si dimostrò infondata. Spaventato dalle conseguenze che il rapporto poteva sortire nel mondo della Finanza, Crispi ne ordinò l'insabbiamento, che per tre anni fu rispettato. Tanlongo era il prototipo del palazzinaro romano di tutti i tempi. Affabile, cordiale, mezzo mariuolo e mezzo benefattore, egli ne coniò lo stampo che da allora è rimasto tal quale. Pur con tutto il sudiciume che in seguito il suo caso smosse, esso segnò la fine di Crispi, Tanlongo non perse mai i favori del popolino che lo considerò una vittima dei «buzzurri», e sempre conservò quelli della Curia che lo considerava un grande devoto del Bambino dell'Aracoeli.

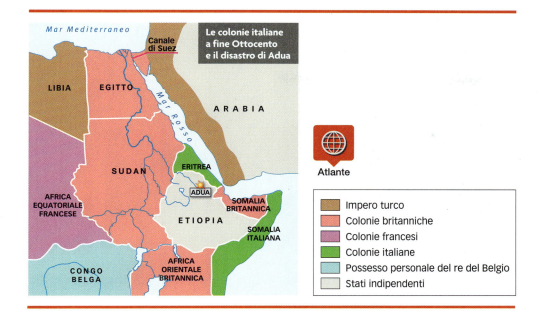

7 A Milano i cannoni contro gli operai

La "linea dura" e i bagni di sangue non finirono con la caduta di Crispi. Nella primavera del **1898** gli Stati Uniti, impegnati nella guerra contro la Spagna per il possesso delle Filippine e di Cuba, bloccarono le esportazioni di grano. In Italia, che ne importava grandi quantità, ciò fece impennare il **prezzo del pane** e scatenò in tutto il Paese **tumulti** spontanei di gente ridotta alla fame.
In poche settimane la "protesta dello stomaco", come la chiamerà poi il deputato socialista Napoleone Colajanni, cominciò a farsi sentire ovunque: in Sicilia, a Napoli, in Puglia, in Romagna, quindi a Livorno e nel Nord, scioperi e assalti ai forni divennero all'ordine del giorno.
A questi **moti per il pane** il governo replicò con ingiustificabile spietatezza: anziché prendere l'unico provvedimento adeguato, riducendo il dazio sul grano, pose le città in **stato d'assedio** conferendo ai militari pieni poteri. A Pavia, nei tumulti, morì un dimostrante.
Gli operai di **Milano** risposero scendendo in piazza armati di sassi; in Corso Venezia rovesciarono i tram per farne barricate, mentre Piazza del Duomo, dove era allestita la tenda del generale **Fiorenzo Bava Beccaris** che comandava le operazioni, brulicava di alpini, lancieri e cavalli. Invano Turati esortò la folla: "Compagni, tornate a casa. Non è oggi il giorno della battaglia"; la lotta si estese a tutta la città: sembrava di essere tornati alle barricate del 1848 contro Radetzky. Come allora, contro le sassaiole, le travi, i materassi, le sedie e i carretti Bava Beccaris ordinò le prime **cannonate** al Naviglio di Porta Genova; poco dopo il cannone devastò lo scalo merci di Corso Como. Quindi la cavalleria attaccò i dimostranti a sciabolate e i bersaglieri si lanciarono contro le barricate. Alla fine venne bombardato persino il convento dei cappuccini "al Monforte".
Si fecero i conti: i **morti** erano **120**, i feriti 450. Furono eseguiti 2000 arresti, sparati 12 000 pallottole e nove colpi di cannone. Militanti socialisti e cattolici, intanto, venivano arrestati e ammucchiati nei cameroni del Castello Sforzesco. Circoli, giornali e associazioni furono sciolti d'autorità. I professori universitari socialisti furono licenziati e il direttore del "Corriere della Sera", Eugenio Torelli Vollier, che aveva denunciato la carneficina, fu costretto alle dimissioni.
Il ministro **Sidney Sonnino**, convinto di trovarsi di fronte a una rivoluzione, propose addirittura di abbandonare il regime parlamentare stabilito da Cavour

> **LESSICO — DIRITTO**
> **Stato d'assedio**
> Provvedimento eccezionale col quale vengono sospese temporaneamente alcune leggi che garantiscono la libertà dei cittadini o addirittura la Costituzione, talvolta trasferendo i poteri civili all'autorità militare.

I moti di Milano repressi da Bava Beccaris
Tutti i corpi dell'esercito, compresa l'artiglieria, furono impiegati nella repressione di un moto che nasceva da un'esigenza elementare: avere soldi sufficienti per comprare il pane.

e di tornare allo Statuto albertino, per il quale il governo non rispondeva alla Camera ma direttamente al re.
Schiacciata la rivolta, la quasi totalità dei conservatori milanesi pretese **misure repressive straordinarie**. Il prefetto, giudicato troppo debole, fu sostituito; la Società Umanitaria, che dava da mangiare ai diseredati, fu chiusa e sequestrato il lascito del benefattore con cui si manteneva. Degli oltre 2000 arrestati, 823 furono sottoposti a processo da un **tribunale militare** senza diritto né di difesa né di appello e condannati a pene varianti da pochi giorni a sedici anni. A un giovane toccarono sette anni solo per aver gridato alla forza pubblica: "Vigliacconi, vigliacconi, domani la vedremo".
Il re Umberto I arrivò a decorare Bava Beccaris con una medaglia per "rimeritare il grande servizio che Ella rese alle istituzioni e alla civiltà", ma avrebbe poi pagato questo gesto con la vita. Venne infatti ucciso due anni dopo da un anarchico, Gaetano Bresci, che voleva in questo modo vendicare le vittime dei moti di Milano.

8 ▶ L'Ottocento si conclude con un grande flusso migratorio

Tra il 1876 e il 1914, 14 milioni di Italiani abbandonarono il Paese per cercare un lavoro all'estero. Il fenomeno, poi, riprese dopo la Prima guerra mondiale e si calcola che, fino al 1970, siano emigrati in tutto circa **26 milioni di persone** provenienti sia dal Nord sia dal Sud della Penisola.
L'emigrazione ◀ non fu un fenomeno esclusivo del nostro Paese. In quegli stessi anni **milioni di emigranti europei** percorsero in lungo e in largo il Continente o si imbarcarono per le Americhe dando luogo al più potente fenomeno di "nomadismo moderno".
Russi, Austriaci e **Italiani del Nord** si recarono prevalentemente in Svizzera, Francia, Belgio, Olanda come lavoratori estivi, tornando costantemente nelle loro case d'inverno oppure dopo qualche anno di attività all'estero, tanto che il 43% degli emigrati italiani alla fine tornò stabilmente in patria.
Irlandesi, Tedeschi e **Italiani del Sud** si diressero invece, soprattutto, verso gli Stati Uniti, l'America meridionale e l'Australia, dove poi rimasero fondando una nuova famiglia oppure ricongiungendosi con la propria. Particolarmente attraenti erano le condizioni offerte dall'**Argentina**:

> Si concedono al colono, oltre all'abitazione, animali da lavoro e da razza, utensili e sementi fino al primo raccolto e, per dieci anni, l'esonero da ogni imposta.

Un paradiso terrestre per il bracciante di un latifondo calabrese o siciliano!

DOSSIER CITTADINANZA
L'emigrazione italiana, pag. 454

GUIDA ALLO STUDIO
Sintesi

1-2 L'avvento della Sinistra storica e l'eredità della Destra

Nel 1878 muoiono Pio IX e Vittorio Emanuele II. Il nuovo pontefice, Leone XIII, pubblica nel 1891 l'enciclica *Rerum novarum* in cui invita i cattolici a un intenso impegno sociale. Il trono, invece, passa a Umberto I, che regna dal 1878 al 1900, la cosiddetta "età umbertina". Intanto, nel 1876, va al governo la Sinistra storica, che si pone l'obiettivo di modernizzare e democratizzare l'Italia riconciliando il "Paese legale" con il "Paese reale" e che governa ininterrottamente fino al 1896.
La Sinistra eredita una nazione che, grazie alla Destra, non solo ha realizzato l'Unità ed estinto i debiti, ma ha costruito le infrastrutture necessarie ad avviare lo sviluppo economico. Alcune scelte del precedente governo, tuttavia, hanno causato conseguenze negative: l'eccesso di tasse ha impedito l'ampliamento del mercato dei consumatori; il liberismo ha penalizzato lo sviluppo dell'industria; la legge censitaria ha limitato il voto a una ristretta *élite*. Infine, sono rimasti irrisolti la condizione contadina e la Questione meridionale.

3-4 Il governo Depretis

Il presidente del Consiglio Agostino Depretis realizza rapidamente alcune riforme di impronta democratica: vara una riforma della scuola elementare, nota come Legge Coppino, che rende obbligatoria e gratuita l'istruzione elementare dai 6 ai 9 anni, e una riforma del sistema elettorale che fa salire i votanti al 6,9% della popolazione; attua la cosiddetta "svolta protezionistica" che permette lo sviluppo dei settori tessile e zuccheriero e l'avvio delle industrie siderurgica, elettrica e meccanica, penalizzando però i consumatori, danneggiando le produzioni specializzate del Meridione e aggravando lo squilibrio economico tra Nord e Sud. Inoltre promuove un'inchiesta sulla mafia e una sullo stato dell'agricoltura, ed entrambe fanno emergere le cause dei problemi del Mezzogiorno, ma Depretis non prende provvedimenti concreti. Infine, mentre sale il costo della vita, i salari dei lavoratori restano bloccati e la rabbia degli operai esplode nel 1887 in una serie di scioperi che gettano nel panico la borghesia e i proprietari terrieri. In quello stesso anno Depretis muore e viene sostituito da Francesco Crispi.

5-7 Il governo Crispi

Crispi vara una riforma del Codice penale che abolisce la pena di morte, ammette il diritto di sciopero e istituisce enti assistenziali comunali, ma tra il 1891 e il 1894 viene contestato da due "rivolte della fame": di conseguenza fa approvare dal Parlamento le "leggi antianarchiche" con le quali restringe la libertà di stampa e di associazione, mette fuori legge il Partito socialista italiano e infine reprime nel sangue entrambi i movimenti di protesta. Si è aperta intanto l'avventura coloniale. Dopo l'acquisto della baia di Assab, avvenuto nel 1882, una guarnigione italiana si è allargata all'Eritrea e a una parte della Somalia, dove ha imposto un protettorato. Crispi decide quindi di lanciarsi nella conquista dell'Etiopia, ma le sue truppe vengono sterminate nella battaglia di Adua del 1896 e il presidente del Consiglio è costretto a dimettersi. La "linea dura", tuttavia, non finisce con la sua caduta. Nel 1898, infatti, gli Stati Uniti bloccano le esportazioni di grano provocando, in Italia, un'impennata del prezzo del pane che scatena tumulti in tutto il Paese. Il governo pone le città in stato d'assedio e a Milano gli operai rispondono scendendo in piazza armati di sassi, ma il generale Bava Beccaris li prende a cannonate provocando 120 morti.

8 L'emigrazione

Fra il 1876 e il 1914, 14 milioni di Italiani partono per cercare lavoro all'estero; saranno 26 milioni nel 1970. L'emigrazione non coinvolge solo il nostro Paese: Russi, Austriaci e Italiani del Nord si recano prevalentemente in Svizzera, Francia, Belgio e Olanda, mentre Irlandesi, Tedeschi e Italiani del Sud vanno negli Stati Uniti, nell'America meridionale (specie in Argentina) e in Australia.

Unità 4 Capitalismo e imperialismo

GUIDA ALLO STUDIO

Mappa concettuale

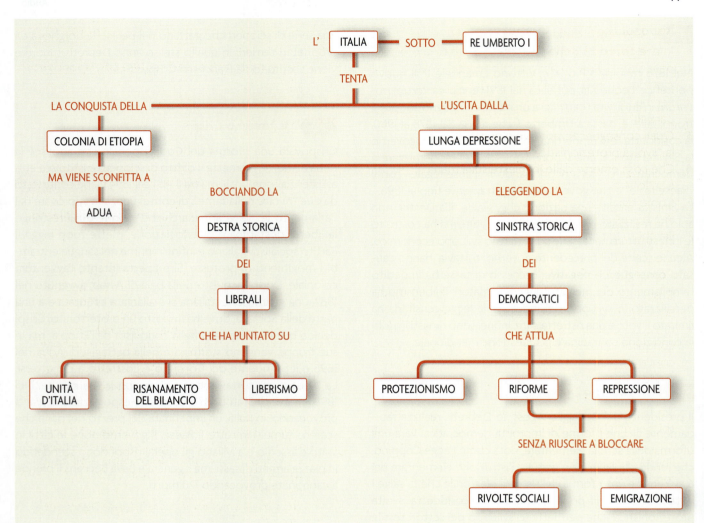

Verifica formativa

ARRICCHIRE IL LESSICO

1 I sostantivi elencati qui sotto sono stati tratti da questo capitolo e sicuramente, grazie al contesto, ne hai capito il significato. Sei certo, tuttavia, di saperli usare in modo corretto? Se hai dei dubbi, consulta il dizionario, poi utilizzali per scrivere altrettante frasi di senso compiuto.
Matrice, estinzione, dibattito, carenza, contropartita, nomadismo.

COMPRENDERE IL TESTO

2 Completa il brano seguente.

Nel 1878 morirono il papa .... e il re .... Il nuovo pontefice, ..., nel 1891, emanò l'enciclica .... in cui spingeva i cattolici a un intenso impegno ....; il trono, invece, passò a ...., che regnò dal 1878 al .... dando a questo periodo il nome di "...............". Intanto, nel 1876, era andata al governo la ...., il cui obiettivo era quello di .... e .... l'Italia riconciliando il "..............." con il "...............". Attraverso i due principali presidenti del Consiglio, ... e ...., essa governò ininterrottamente fino al ....

3 Completa la tabella seguente scrivendo gli effetti positivi e quelli negativi del governo della Destra storica.

Effetti positivi	
Effetti negativi	

4 Rispondi alle domande seguenti.

1. In che cosa consistevano rispettivamente la riforma della scuola elementare e la riforma del sistema elettorale varate da Agostino Depretis?
2. Perché i risultati di queste riforme furono solo parziali?
3. Quali conseguenze positive e negative ebbe la "svolta protezionistica"?
4. Che cosa emerse dalle inchieste sulla mafia e sullo stato dell'agricoltura?
5. Come reagì il governo Depretis?
6. Perché nel 1887 scoppiò una serie di scioperi?
7. Da chi fu sostituito Depretis?

5 Completa il brano seguente.

Crispi varò un'importante riforma del ...., che abolì la .... sostituendola con l'.............., ammise il diritto di .... e istituì enti assistenziali .... ma, in netto contrasto con queste iniziative democratiche, assunse contemporaneamente la .... e due .... assicurandosi in tal modo i più ampi .... concessi dallo .... Inoltre diede ampia libertà d'azione alla .... Tra il .... e il .... scoppiarono due ".............." e Crispi, per ristabilire l'ordine pubblico, fece approvare dal .... le cosiddette ".............." con le quali restrinse la libertà di .... e di .... e mise fuori legge il ...., reprimendo infine nel .... entrambi i movimenti di protesta.

6 Indica se le seguenti affermazioni sono vere o false.

1. Nel 1882 l'Italia acquistò la baia di Assab sul Mar Rosso e una guarnigione italiana si allargò a tutta l'Eritrea e a parte della Somalia. V F
2. Crispi decise di conquistare l'Etiopia. V F
3. L'Etiopia era un Paese ricchissimo. V F
4. I guerrieri etiopi furono massacrati dall'esercito italiano nella battaglia di Adua. V F
5. Crispi fu costretto a dimettersi. V F

7 Rispondi alle domande seguenti.

1. Perché, nel 1898, gli Stati Uniti bloccarono le esportazioni di grano?
2. Quali conseguenze ebbe tale blocco in Italia?
3. Quali provvedimenti prese il governo?
4. Che cosa accadde a Milano?
5. Come reagì il generale Bava Beccaris?

8 Scrivi un testo di circa 8 righe spiegando le caratteristiche della grande migrazione di fine Ottocento.

LE DATE DELLA STORIA

9 Scrivi, accanto agli eventi, le date corrispondenti.
- Età umbertina ....
- Governo della Sinistra storica ....
- Battaglia di Adua ....

GUIDA ALL'ESPOSIZIONE ORALE

1 Illustra la situazione dell'Italia ereditata dalla Sinistra storica ed esponi pregi e difetti del governo di Agostino Depretis.

Scaletta:
• Unità • estinzione dei debiti • infrastrutture • mancato sviluppo del mercato dei consumatori e dell'industria • legge elettorale censitaria • condizione contadina e Questione meridionale • riforma della scuola elementare • riforma del sistema elettorale • "svolta protezionistica" • sviluppo industriale • penalizzazione dei consumatori e delle produzioni specializzate del Meridione • squilibrio tra Nord e Sud • inchieste sulla mafia e sullo stato dell'agricoltura • blocco dei salari dei lavoratori • scioperi

Parole e concetti chiave:
ferrovie, strade, linee telegrafiche, tramvie, uffici postali, liberismo, "trasformismo", Legge Coppino, tasse indirette, carenza di scuole, resistenza dei contadini, analfabetismo, guerra doganale, Franchetti e Sonnino, Jacini.

Come cominciare:
"L'Italia che la Sinistra storica ereditò dalla Destra aveva vinto due difficili sfide."

2 Illustra gli eventi principali accaduti in Italia dal governo di Francesco Crispi al fallimento coloniale fino alla repressione della rivolta milanese.

Scaletta:
• riforma del Codice penale • diritto di sciopero • enti assistenziali comunali • libertà d'azione alla polizia • "rivolte della fame" • "leggi antianarchiche" • baia di Assab • Eritrea • Somalia • Etiopia • battaglia di Adua • dimissioni di Crispi • moti per il pane • rivolta di Milano • Bava Beccaris • repressione

Parole e concetti chiave:
ergastolo, Toscana, Sicilia, "Fasci siciliani", Partito socialista italiano, *negus*, blocco delle esportazioni di grano da parte degli Stati Uniti, impennata del prezzo del pane, "protesta dello stomaco", stato d'assedio, cannonate, carneficina, tribunale militare.

Come cominciare:
"Alla morte di Depretis, divenne presidente del Consiglio Francesco Crispi."

DOSSIER CITTADINANZA

L'emigrazione italiana

Una conseguenza dello stentato sviluppo italiano
Mentre sul versante politico l'Italia attraversava l'epoca della Sinistra storica, dal punto di vista **sociale** stava vivendo uno dei fenomeni fondanti della sua storia: l'**emigrazione**. Molte nazioni hanno conosciuto fenomeni migratori ma nessuna ha sperimentato un'emigrazione così estesa, distribuita in un arco di tempo così lungo, così varia per destinazioni, zone di provenienza e categorie sociali e con conseguenze così importanti per l'economia del Paese.

Oggi il fenomeno migratorio si è sostanzialmente concluso per lasciare posto, divenuta l'Italia una delle nazioni economicamente più sviluppate, al suo contrario, cioè a un'**immigrazione** sempre più consistente e complessa. Tuttavia, gran parte dei nostri scambi con il resto del mondo (mestieri, tecniche, tecnologie, rinnovamento della lingua e perfino ridefinizione del ruolo della donna) passa attraverso i contatti con i figli e i nipoti dei nostri emigrati, che conservano un senso di identità quanto mai variegato e contraddittorio, ma ben radicato e vitale.

Nella sua storia l'emigrazione italiana si svolse senza pause sostanziali per circa un secolo, dal **1876** al **1970**. In questo lungo periodo si distingue una prima fase, che andò dal **1876** al **1900**, collegata alla Lunga depressione che colpì l'Italia più duramente di altri Paesi ad economia prevalentemente agricola.

Fame e mancanza di lavoro costrinsero un numero elevatissimo di contadini a cercare all'estero i mezzi per sopravvivere. Emigrarono oltre **5 milioni** di persone, con un ritmo crescente dal primo all'ultimo anno. In quella fase fu prevalente l'emigrazione individuale e maschile (81%).

Le destinazioni furono **Paesi europei** (soprattutto Francia e Germania) ed **extraeuropei** (principalmente Argentina e Brasile, seguiti dagli Stati Uniti). Quanto alle zone d'origine, due emigrati su tre venivano dall'**Italia settentrionale** (e preferivano le mete europee, in particolare la Francia che richiedeva manodopera per il suo ambizioso programma di opere pubbliche), uno su tre dal **Meridione**, diretto nelle Americhe.

La partenza
Tra Otto e Novecento l'immagine di porti o stazioni affollati di persone in attesa di emigrare doveva essere usuale in Italia, che fu tra i Paesi con il più elevato numero di emigranti.

Le fasi dell'emigrazione italiana

L'emigrazione italiana conobbe ben quattro fasi. Alla prima, illustrata nel testo, ne seguirono altre tre.

- La **seconda fase** andò **dal 1900 al 1914** (si interruppe con lo scoppio della Prima guerra mondiale, che chiuse i confini perché gli eserciti avevano bisogno di tutti gli uomini in età di leva). In essa l'emigrazione divenne un vero e proprio esodo con una media di 600 000 emigrati all'anno e toccò il picco nel 1913 con 870 000 espatri.
Infatti, mentre le campagne, abbandonate a se stesse, diventavano sempre più povere, il decollo industriale, concentrato interamente nel Nord, era insufficiente ad assorbire tutta la manodopera che abbandonava l'agricoltura.
In questo periodo la destinazione dei migranti fu prevalentemente **extraeuropea** (i soli Stati Uniti ne assorbirono il 45%); la loro provenienza fu **meridionale** per oltre il 70% e costituita prevalentemente da uomini.
Le **destinazioni europee** furono Francia, Belgio, Svizzera e Germania, con la tendenza però a un'emigrazione di lungo periodo e non più solo degli uomini ma di intere famiglie. In Europa la richiesta di manodopera riguardava le miniere, la costruzione di strade e ferrovie e l'edilizia.
Politicamente, in questa fase gli emigrati furono più protetti e meno raggiungibili dagli speculatori grazie a una Legge generale sull'emigrazione del 1901: un Commissariato Generale per l'emigrazione regolava le condizioni per l'espatrio e forniva la necessaria assistenza burocratica agli emigranti.
- La **terza fase** si svolse nel periodo **tra le due guerre mondiali** e fu in netta decrescita, in parte per le restrizioni imposte da alcuni Paesi, primi fra tutti gli Stati Uniti, che dal 1921 stabilirono quote annue fisse e ridussero fortemente quelle italiane ritenendo il fascismo "regime non gradito", in parte per la **politica antimigratoria del fascismo** stesso, che riteneva poco onorevole l'espatrio di tanti Italiani e non voleva perdere i cittadini in età di leva in vista delle sue imprese militari.
In questa fase molti emigrati furono dei perseguitati politici e furono accolti dalla Francia.
- La **quarta fase** andò **dal 1946 al 1970** e portò all'estero quasi 7 000 000 di persone, di cui 3 200 000 tornarono poi a casa. Questi furono gli anni del boom economico del dopoguerra caratterizzati da una **fortissima emigrazione** interna che svuotò le campagne e mandò all'estero tutti coloro che, una volta giunti nei centri industriali del Nord, non riuscirono a trovare lavoro.
In questo periodo continuarono anche le **destinazioni extraeuropee**, che si indirizzarono verso gli Stati Uniti (che però, mantenendo leggi restrittive, accolsero prevalentemente famigliari di emigranti già naturalizzati), l'America Latina (penalizzata tuttavia da una profonda crisi economica e dall'instaurazione di sanguinose dittature) e l'Australia (sebbene poco appetibile a causa della lontananza).
Prevalse quindi nettamente l'emigrazione nei tradizionali **Paesi europei**; spesso si trattò di un'emigrazione stagionale, con mesi di lavoro all'estero e mesi di disoccupazione in patria.

Le cause dell'emigrazione

Le cause di questi flussi migratori senza precedenti furono diverse. Gli storici più recenti tendono a non legarle più alle miserevoli condizioni delle campagne, dal momento che, nella storia, più e più volte pesti, guerre e carestie avevano determinato la morte di centinaia di migliaia di persone senza che esse avessero tentato di spostarsi verso luoghi più fortunati.
La causa viene adesso individuata nell'**enorme e velocissimo sviluppo di alcune nazioni**, tra cui ormai primeggiavano gli Stati Uniti e la Germania, seguite da Gran Bretagna, Francia e Australia.
Per soddisfare il crescente bisogno di operai per l'industria e di braccianti per un'agricoltura ormai meccanizzata e altamente redditizia, queste nazioni "chiamarono" gli Europei poveri, fungendo da vere e proprie calamite. Quanto al Brasile e all'Argentina, il bisogno di contadini per le aziende agricole nasceva dall'abolizione della schiavitù, avvenuta solo nel 1885.

DOSSIER CITTADINANZA

L'arrivo
1901: una donna italiana è appena sbarcata con i figli a Ellis Island, l'isoletta davanti a Manhattan che accoglieva gli emigranti per verificare che avessero i requisiti per entrare nel Paese. Probabilmente raggiungeva il marito, partito anni prima, che nel frattempo era riuscito a raggranellare i soldi per la traversata della famiglia.

In Italia, a questo fenomeno si aggiunse il grande sviluppo della **flotta mercantile**, che aveva bisogno di un particolare tipo di clienti: i passeggeri delle traversate oceaniche. Migliaia di mediatori si misero dunque a percorrere le campagne del Piemonte, della Lombardia e del Veneto, così come quelle di Campania, Calabria, Basilicata e Sicilia, promettendo lavoro e proponendo biglietti per il viaggio. Intere famiglie impegnarono tutto ciò che avevano per comperarli a un marito, a un figlio e persino a un lontano parente.

Il razzismo nei confronti degli Italiani nei Paesi ospiti

Fra gli emigrati delle varie nazioni, gli Italiani furono quelli su cui di più si accanì il razzismo dei Paesi ospiti.

L'episodio d'intolleranza più grave avvenne nel **1893** ad **Aigues-Mortes**, un paese francese alla foce del Rodano nelle cui saline trovarono lavoro moltissimi operai italiani, assunti perché disposti ad accontentarsi di una paga molto più bassa di quella richiesta dai Francesi, anche se le condizioni di lavoro erano massacranti.

Dopo alcune zuffe fra lavoratori italiani e francesi, la mattina del 17 agosto si scatenò una vera e propria "**caccia all'italiano**" e il campo dove vivevano gli immigrati fu assalito da una folla inferocita: mentre la polizia francese cercava di scortare gli Italiani alla stazione, il gruppo fu circondato e cominciò la mattanza. Chi si salvò, si salvò solo perché si gettò nelle saline fingendosi morto. Le violenze durarono due giorni e non si fermarono finché anche l'ultimo italiano non fu eliminato.

Le cifre esatte della **strage** non le conosciamo nemmeno oggi perché a lungo nessuno indagò su quel misfatto: non sembra esagerare però chi conta un centinaio di morti e altrettanti feriti che le autorità e gli ospedali si rifiutarono di curare.

Al razzismo del Paesi europei si accompagnò quello degli **Stati Uniti**. Nel 1906 un uomo politico americano scrisse: "Ciò che è intollerabile sono gli arrivi dall'Italia, con il 63% di immigrati catalogabili al gradino più basso dell'intelligenza. Non abbiamo spazio per questa gente guidata da una mente non superiore a quella del bue, di cui sono fratelli".

Il razzismo dei Paesi ospiti era evidente nei **nomignoli** affibbiati agli Italiani: in Francia venivano chiamavano *Babis*, "rospi"; in Germania *Katzelmächer*, "fabbrica-gatti",

alludendo alla prolificità delle famiglie; in Alabama, nel Sud razzista degli Stati Uniti, *Guinea*, "negri".
Purtroppo, i **problemi di integrazione** esistevano: gli Italiani erano, tra gli stranieri, i meno alfabetizzati, non conoscevano la lingua dei luoghi di arrivo e non riuscivano a impararla rapidamente; inoltre, nessuno di loro era un lavoratore specializzato, per cui quasi tutti venivano impiegati in lavori umili, pesanti, socialmente disprezzati.
Solo con la grande tenacia dei migliori, gli Italiani si fecero pian piano strada in alcuni settori. Nel **settore alimentare**, per esempio, in cui riuscirono, prima, a diventare cuochi e camerieri qualificati, poi, a fondare aziende di import-export, ristoranti, mense aziendali.
A qualunque livello, comunque, le paghe estere erano talmente superiori a quelle italiane da far sembrare quelli dello scaricatore di porto o del raccoglitore di canna da zucchero mestieri da signori.

Le ricadute sociali dell'emigrazione in America
La partenza per la "Merica", così la chiamavano gli emigranti, trasformò profondamente la struttura della società contadina italiana.
Il **viaggio** diventò una sorta di "**impresa dei poveri**", un investimento di grande audacia delle famiglie degli artigiani rurali e dei venditori ambulanti, dei piccoli proprietari, dei braccianti, manovali e salariati tuttofare che avevano scelto uno o più dei loro membri per la traversata oltreoceano.
L'intera famiglia si mobilitava per raggranellare il denaro del biglietto: c'era chi risparmiava per anni, chi vendeva il pezzo di terra, chi chiedeva prestiti ipotecando il tugurio in cui abitava; i giovani spesso partivano utilizzando la dote del matrimonio.
Questa necessità di denaro impresse un'improvvisa mobilitazione di forze nelle campagne. Quando il fenomeno si spostò dalle campagne del Nord – da dove partirono i primi migranti – alle **campagne del Sud**, esso divenne una leva di formidabile **trasformazione sociale e culturale**.

I primi mestieri
Gli emigrati di prima generazione si adattano a tutto e fanno i mestieri più faticosi e pericolosi, come quello del minatore.
Intanto però si fa strada il talento degli Italiani per la cucina. Nella foto sopra un'intera "brigata" di napoletani di un ristorante di San Francisco.

DOSSIER CITTADINANZA

Italiani a Brooklyn
Il padre non sa scrivere, ma il figlio sta imparando.

Innanzitutto, per essere accolti negli Stati Uniti occorreva saper **leggere e scrivere** e questo vincolo divenne uno stimolo potentissimo ad abbassare il livello di analfabetismo. Inoltre, l'emigrazione meridionale si diresse soprattutto nelle grandi città degli Stati Uniti – New York, Philadelphia, Boston, Chicago – dove i contadini furono trasformati in operai edili e dovettero misurarsi con lo **spazio urbano** e le sue regole di vita.

Quando i "mericani" tornavano al paese, portavano ventate di novità che facevano epoca: parlavano "broccolino" (l'italo-americano maccheronico che storpiava il nome di Brooklyn, il loro quartiere di New York) e usavano sempre meno il dialetto, mangiavano carne, bevevano liquori e caffè, frequentavano bar e locande.

Anche le **donne** rimaste a casa mutarono status, intraprendendo un doloroso processo di emancipazione. Spesso erano loro a prendere in mano le redini della famiglia, gestendo, in assenza del marito o dei fratelli, la piccola proprietà o il campo preso in affitto. Badavano alla coltivazione e al raccolto, gestivano i rapporti di lavoro con i terzi, acquistavano attrezzi, per pagare i debiti trattavano con l'odiata categoria degli usurai, smerciavano i prodotti.

Avevano finalmente la libertà di comandare, ma a prezzo di gravi lacerazioni affettive, contrasti familiari e, a volte, della condanna sociale.

Le cifre dell'inferiorità italiana

L'analfabetismo tra gli immigrati di ieri e di oggi		Stranieri in carcere per omicidio nel 1904 negli Usa		Stranieri in carcere negli Usa nel 1908 per i delitti più gravi	
3%	percentuale di analfabeti tra gli immigrati tedeschi negli Usa nel 1900	26	Austriaci (compresi slavi)	341	Francesi
		22	Canadesi	395	Irlandesi
		6	Francesi	679	Inglesi
47%	percentuale di analfabeti tra gli immigrati italiani negli Usa nel 1900	9	Inglesi	207	Italiani
		16	Irlandesi		
		13	Polacchi		
1,9%	percentuale di analfabeti tra gli immigrati in Italia nel 2000	10	Russi		
		33	Tedeschi		
		96	Italiani		

DOSSIER CITTADINANZA DOSSIER CITTADINANZA

Gli Italiani si organizzano
Queste due foto straordinarie scattate nei primissimi anni del Novecento mostrano come gli Italiani di New York si stanno organizzando. La foto ❶ ritrae una strada di grande traffico del quartiere in cui si sono concentrate le loro abitazioni. Gli Americani lo chiamano *Little Italy*. Pullula di negozi e di bancarelle e tra la folla si intravedono alcuni personaggi ben vestiti che hanno tutta l'aria di essere dei boss del quartiere. La foto ❷ riprende un grande cortile in cui le donne hanno riprodotto l'ambiente da cui provengono, come dimostrano le centinaia di panni stesi tra una casa e l'altra.

DOSSIER CITTADINANZA

LESSICO	ECONOMIA

Rimesse
I trasferimenti di denaro effettuati dagli emigrati dal Paese di arrivo alle famiglie rimaste a casa.

I vantaggi e gli svantaggi dell'emigrazione

Quando i primi contingenti di emigrati arrivarono a destinazione, le famiglie cominciarono a ricevere lettere, fotografie e le rimesse, che venivano prima di tutto impiegate per **pagare i debiti**: pagare un debito era un punto d'onore e anche la prova materiale che l'espatrio era riuscito, che il sacrificio stava producendo i suoi frutti. Chi non pagava veniva emarginato e diventava il simbolo stesso della disgrazia.

Tutta questa febbrile attività, animata anche dai provvisori rimpatri, si colorava di tinte mitiche e popolava i racconti di paese.

Le rimesse rappresentarono una preziosa iniezione di energia non solo per le famiglie ma per l'intera **economia italiana** che, proprio tra la prima e la seconda fase dell'emigrazione, iniziava il suo cammino verso lo sviluppo.

Nel 1902 entrarono in Italia 132 milioni di lire al valore di allora; nel 1913 le rimesse raggiunsero i 716 milioni con una media annuale di 448 milioni: "una fantastica pioggia d'oro", come la definirono i giornalisti dell'epoca.

Le rimesse contribuirono a finanziare lo **sviluppo industriale** che nei primi anni del Novecento inserì finalmente l'Italia nel ristretto numero delle nazioni avanzate. I motivi furono due: da un lato, le rimesse furono in parte spese nei **consumi** alimentando il mercato interno; dall'altro, una buona metà fu depositata nelle Casse rurali, le quali, a loro volta, impiegarono il denaro acquistando **Buoni del Tesoro** e quindi finanziando lo Stato e i suoi investimenti a favore della modernizzazione.

Altra fonte di ricchezza fu la crescita degli introiti della **marina mercantile**, grazie ai viaggi degli emigranti e delle loro famiglie. A questi vantaggi macroeconomici fecero riscontro quelli microeconomici.

Italiani a Little Italy
Non hanno un aspetto rassicurante questi giovani in un vicolo del primo quartiere italiano di New York. A qualunque costo devono mandare soldi a casa e alcuni cadono nella rete della malavita.

DOSSIER CITTADINANZA   DOSSIER CITTADINANZA

Italiane a casa
Queste donne che costruiscono uno dei tanti muretti a secco del Meridione d'Italia sono rimaste sole e ripongono le loro possibilità di allevare i figli nelle "rimesse" del marito emigrato o in una lettera che dica loro di raggiungerlo.

Da tempo immemorabile nelle campagne del Sud il denaro era come se non esistesse. L'artigiano, il bracciante, la filatrice o la lavandaia, il barbiere, il medico per secoli erano stati **pagati in natura**. Ora, invece, circolavano i **dollari**. Pagati i debiti, essi vennero impiegati per migliorare tutte le abitudini di vita abbandonando via via quella "cultura della parsimonia" che aveva caratterizzato per secoli la cultura contadina. Nell'alimentazione, accanto alla polenta, al pane e ai legumi, comparvero la carne e il pesce. Furono abbandonati i tuguri in cui si dormiva con gli animali e costruite case piccole ma dignitose.

Tra le iniziative produttive degli emigrati furono interessanti quelle create dalle famiglie più solidali. Esse riuscirono spesso a mettere in comune i loro capitali e a costituire dei fondi con cui concedevano **prestiti ai parenti** a tassi molto bassi (intorno al 4%), spesso impiegati per far partire altri familiari, altre volte investiti in piccole attività.

Diverso fu il caso dell'**acquisto di terra**, l'investimento preferito dopo la **costruzione di una nuova casa**, che tra il 1900 e il 1914 determinò il passaggio di circa un milione di ettari nelle mani di 500 000 famiglie contadine. Con questo passaggio i contadini coronavano il loro sogno di sempre: possedere una terra propria.

Tuttavia questo fu l'investimento meno felice dei "mericani". I lotti, infatti, erano relativamente piccoli, le coltivazioni continuarono a essere condotte con i sistemi tradizionali (senza macchinari e senza concimi adeguati) e, inoltre, la consuetudine di dividere la proprietà fra gli eredi frazionò e disperse ulteriormente le potenzialità del terreno.

Infatti, per esempio, se la proprietà era costituita da un bosco, un seminativo e un terreno da vigna, a ciascun figlio andavano un pezzo di vigna, un pezzo di bosco e un pezzo di arativo, impedendo ogni gestione razionale delle coltivazioni. In un tipo di terreno così frammentato, nessuno riuscì a creare aziende agricole in grado di competere con il mercato.

I cattivi investimenti nei terreni, le spese di prestigio (come, per esempio, quelle di carattere religioso) e gli investimenti-rifugio in conti correnti postali o bancari fecero sì che nelle aree interessate dall'emigrazione l'enorme quantità di denaro proveniente da Oltreoceano desse **benessere**, ma non producesse lo sviluppo economico che sarebbe stato lecito attendersi.

DOSSIER CITTADINANZA

Testimoni e interpreti

Gli emigranti italiani

Leggi altre fonti dirette nella Biblioteca digitale

Recentemente l'interesse per l'emigrazione italiana tra Ottocento e Novecento si è riacceso perché, da Paese di emigranti, il nostro è diventato un Paese "ospite" di immigrati e perché indagare sulle condizioni degli emigrati di allora può far meglio comprendere i problemi dei lavoratori stranieri di oggi. Qui di seguito sono riportate le testimonianze di emigrati italiani di quel periodo: molte sono scritte in un italiano sgrammaticato, tipico di chi non conosce bene la propria lingua, ma si esprime ancora prevalentemente in dialetto.

FONTE 1 — L'attesa dell'imbarco

Ecco come si presentava il porto di Genova nel 1888 nelle parole del questore della città.

Continua ininterrotto ormai da tempo lo sconcio di famiglie di emigranti le quali, giunte a Genova prima del giorno stabilito per l'imbarco, si trovano prive di asilo e costrette a pernottare sotto i porticati e sulle pubbliche piazze con grave danno dell'igiene, della morale, del decoro della città.
Bisogna trovare un modo per porre fine a questo deplorevole stato di cose.

FONTE 2 — Il viaggio

Così, nei primi del Novecento, un emigrante parla del suo viaggio in una lettera ai familiari.

Il viaggio è stato molto pesante, tanto che per mio consiglio non incontrerebbe tali tribolazioni neppure il mio cane che ho lasciato in Italia. [...]
Piangendo li descriverò che dopo pochi giorni si ammalò tutti i miei figli e anche le donne. Noi che abbiamo condotto undici figli nell'America ora siamo rimasti con cinque, e gli altri li abbiamo perduti. Lascio a lei considerare quale e quanta fu la nostra disperazione che se avessi avuto il potere non mi sarei fermato in America neppure un'ora.

FONTE 3 — La nostalgia

In questa lettera, un emigrante che si chiama Modestino chiede alla moglie di raggiungerlo.

Carmela mia adorata voglio darti la consolande notizia che io sono stato al lavoro e lavoro in una grande fabbrica di giocattoli di ragazzi [perché] per ora per l'arte mia non ci è tanto da fare.
Mio dolce amore aspetto più la tua venuta che mio padre se ritornasse al mondo. Amor mio figurati che anche la notte mi sveglio tre e quattro volte e sempre pensando a te, spero alla Vergine che non mi farebbe uscir matto.

FONTE 4 — Però si guadagna

Un emigrante tornato al paese racconta dei suoi guadagni e di come ha saputo farli fruttare.

Là [negli Stati Uniti] ho fatto na provvidenza. Pigliavo 9 dollari la settimana – spendevo 2 dollari alla settimana, ci lavava e ci dormiva. Mettevo da parte cento lire al mese, o più. Per mettere mille lire da parte ci voleva un anno.
Io lavoravo na fabbrica [di tessuti], ci lavoravo di continuo. Per mettere da parte 12 000-13 000 lire ci messo sette-otto anni. Ci ho comprato questa casa [ad Altopiano] a 2700 lire e 300 lire al notaio: 3000 lire in tutto, sette vani.
Sono tornato nel 1908. Ho misso na calzoleria nel 1909: ho comprato un'altra casa con tre botteghelle a 1700 lire nel 1939: adesso ce l'hanno i miei figli.

Laboratorio
Verso l'Esame di Stato

A GUIDA ALL'ESPOSIZIONE ORALE

L'esercitazione

1 Esercitati a **mettere in luce nessi causali e logici** organizzando in uno schema le seguenti affermazioni relative alla storia degli Stati Uniti tra Otto e Novecento. Poi esponi in maniera ordinata l'argomento, mettendo bene in luce tutti i passaggi logici.
a Inizio della "febbre dell'oro".
b Inizio dell'esplorazione dei territori del West.
c Guerra di secessione americana.
d Gli Stati del Sud fondano la Confederazione degli Stati d'America.
e Gli Stati Uniti muovono guerra alla Repubblica messicana.
f Abramo Lincoln viene eletto presidente degli Stati Uniti.
g Conquista della California.
h Acquisizione della Louisiana dalla Francia.
i Abolizione della schiavitù.
l Creazione delle riserve indiane.
m Massacro di Wounded Knee.
n Approvazione del cosiddetto *Homestead Act*.

2 Esercitati a **operare confronti** fra eventi diversi, analizzando analogie e differenze tra la Prima e la Seconda rivoluzione industriale. Compila una tabella simile a quella fornita qui di seguito, aggiungendo eventualmente altri argomenti di confronto.

Fonti di energia	
Paesi protagonisti	
Settori maggiormente sviluppati	
Invenzioni	
Trasformazioni sociali	

3 Esercitati a **raccogliere e organizzare i contenuti**, creando uno schema riassuntivo (sul modello delle mappe concettuali nella *Guida allo studio*) sul tema *La chimica alla fine dell'Ottocento: nuove scoperte e nuove applicazioni nei vari settori*. Indica poi i termini tecnici da utilizzare nell'esposizione.

4 Esercitati a **organizzare un discorso** sul Movimento operaio alla fine dell'Ottocento, utilizzando la mappa concettuale del capitolo 18.

5 Esercitati a **utilizzare il lessico specifico** della disciplina, spiegando i seguenti termini ed espressioni e poi utilizzandoli per sviluppare un ragionamento sul Movimento operaio e l'influenza del pensiero di Marx.
Proletariato = ...
Forza-lavoro = ...
Capitalismo = ...
Coscienza di classe = ...
Società comunista = ...
Internazionalismo = ...

6 Esercitati a **trovare esempi** efficaci e pertinenti per ampliare il tuo discorso. Affronta il tema *L'Imperialismo di fine Ottocento: la brama di conquista delle potenze europee ed extraeuropee*, esemplificando i seguenti problemi: la spartizione dell'Africa, il caso del Congo, la guerra anglo-boera, la supremazia britannica in Asia, il colonialismo giapponese, l'imperialismo "informale" degli Stati Uniti.

7 Esercitati a **raccogliere e organizzare i contenuti**, creando uno schema riassuntivo (sul modello delle mappe concettuali nella *Guida allo studio*) sul tema *Le Guerre dell'oppio in Cina*. Indica poi i termini tecnici da utilizzare nell'esposizione.

8 Esercitati nell'**individuare le questioni poste** dal tema indicato qui di seguito e a trovare un inizio efficace per la tua esposizione. Indica poi i termini chiave che dovrai conoscere e spiegali.
Destra e Sinistra storica: due politiche a confronto.
questioni da affrontare: ....
termini chiave: ....
pagine da ripassare utili (compresi documenti e schede): ....

9 Esercitati a **sviluppare un ragionamento** sul tema *I problemi dell'Italia umbertina e la grande emigrazione italiana tra Otto e Novecento* a partire dalla mappa concettuale del capitolo 20: amplia ciascuno degli argomenti indicati con dati, esempi, spiegazioni e chiarimenti, utilizzando anche il Dossier cittadinanza *L'emigrazione italiana*. Nella tua esposizione dovrai usare i seguenti termini del lessico specifico: rimesse, emigrazione, immigrazione, Questione meridionale, riforma elettorale censitaria, stato d'assedio, diritto di sciopero.

Laboratorio — Verso l'Esame di Stato

B GUIDA ALLA PRODUZIONE SCRITTA

ESERCITAZIONE PER LA TERZA PROVA

Fra le discipline incluse nella terza prova, che ha carattere pluridisciplinare, può esservi anche la storia. In questa sezione trovi alcune domande per allenarti nelle principali tipologie di svolgimento (quesiti a risposta multipla, a risposta singola e trattazioni brevi) utilizzate nella terza prova.

A Quesiti a risposta multipla

(1 sola risposta corretta) [1 punto per ogni risposta corretta]

1 La Guerra di secessione americana
- A segnò la fine della schiavitù degli afro-americani negli Usa
- B rappresentò la fine della segregazione razziale negli Usa
- C sancì la divisione fra gli Stati del Nord e gli Stati del Sud negli Usa
- D determinò l'abbandono dell'economia di piantagione negli Stati del Sud

2 La Seconda rivoluzione industriale fu caratterizzata
- A dall'impiego diffuso del carbone e della macchina di Watt
- B dall'utilizzo dell'energia elettrica e del vapore
- C dall'invincibile primato dell'Inghilterra, patria di ogni innovazione
- D dall'uso di nuove fonti di energia (elettricità e petrolio) e dall'incremento esponenziale di innovazioni tecnologiche

3 La potenza europea che vantava il più vasto impero coloniale nell'Ottocento era
- A la Francia, che possedeva il Canada, l'Indocina e gran parte del continente africano
- B la Germania, la cui ascesa industriale spinse il Paese a cercare nuovi mercati in Asia e Africa
- C la Gran Bretagna, con possedimenti coloniali in ben quattro continenti
- D la Spagna, che aveva iniziato per prima la corsa alle colonie tre secoli prima

4 Alla fine dell'Ottocento, l'Italia ampliò i propri possedimenti coloniali in Africa conquistando
- A la Somalia e l'Etiopia
- B parte della Somalia e l'Eritrea
- C parte della Somalia e dell'Etiopia
- D Somalia, Etiopia ed Eritrea

B Quesiti a risposta singola

(max. 5 righe) [da 0 a 3 punti in base alle conoscenze dimostrate]

1. Quali furono le cause della Guerra di secessione americana e quali furono i protagonisti dei due schieramenti che si affrontarono nel conflitto?
2. Che cosa si intende per "Lunga depressione" e quali ne furono le cause?
3. Che cosa fu la Prima Internazionale e quali ne furono i protagonisti?
4. Quali furono le caratteristiche del colonialismo imperialistico?
5. Che cosa si intende per "trasformismo" nell'Italia di fine Ottocento?

C Trattazioni sintetiche

(max. 15 righe) [da 0 a 6 punti in base alle conoscenze dimostrate]

1. Illustra i rapporti fra i coloni e i nativi americani nella seconda metà del XIX secolo e le conseguenze delle cosiddette "Guerre indiane".
2. Descrivi le soluzioni adottate dal capitalismo per contrastare gli effetti della grande crisi della fine dell'Ottocento.
3. Delinea l'ascesa del Partito socialdemocratico tedesco e la politica di Bismarck per neutralizzarne il successo.
4. Illustra le caratteristiche dell'imperialismo "informale" degli Stati Uniti fra Otto e Novecento.
5. Spiega quali riforme avviò Depretis nell'Italia di fine Ottocento.

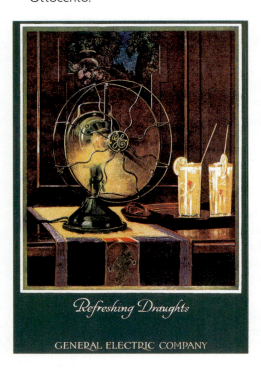

ORIZZONTI DI CITTADINANZA

Glossario — Consulta il dizionario di **Cittadinanza e Costituzione**

Laboratorio — **Leggi** la **Costituzione commentata**

Costituzione
Camere
cittadini
ARTICOLI diritto giustizia
diritti referendum
decreto
Repubblica
comma norme Parlamento
libertà legge
Comuni
enti Senato
Governo
Regioni
Province

ORIZZONTI DI CITTADINANZA

Il ritorno della schiavitù

Il ritorno della schiavitù
La schiavitù è quella condizione in cui un uomo è schiavo, cioè **proprietà di un altro uomo**, e quindi è **privo di qualsiasi libertà**. Dalla Preistoria all'Età contemporanea la schiavitù è sempre esistita, seppure sotto forme diverse.

Nel **1926** la **Convenzione di Ginevra** condannò la schiavitù a livello internazionale e gli Stati firmatari si impegnarono a prevenire e **reprimere la tratta degli schiavi**, cioè l'attività illecita consistente nel commercio o nel trasferimento dal territorio di uno Stato a quello di un altro Stato, di uomini, donne e minori privati della libertà, a scopo di lucro e sfruttamento, e a eliminare completamente la schiavitù.

La tratta di esseri umani e la schiavitù, però, esistono ancora oggi in molte parti del mondo. La **motivazione** di tali pratiche è soprattutto **economica**, poiché gli schiavi costituiscono una forza lavoro a buon mercato che permette agli sfruttatori di ottenere alti profitti.

La schiavitù negli Stati Uniti d'America, il precedente della segregazione razziale
Nelle colonie inglesi dell'America settentrionale il **sistema schiavistico** venne avviato nel XVI secolo e perdurò anche dopo la nascita degli Stati Uniti (vedi capitolo 8). La schiavitù consisteva nell'**uso di manodopera acquistata in Africa**: gli schiavi venivano utilizzati, senza alcuna retribuzione, come servitori nelle abitazioni o come raccoglitori nelle **piantagioni di tabacco, di cotone e di zucchero**.

Rimasta in vigore negli Stati del Sud, la schiavitù fu all'origine della guerra civile conclusasi nel **1865** con la vittoria del Nord e con l'approvazione del **tredicesimo emendamento della Costituzione**, che la abolì in tutti gli Stati Uniti (vedi capitolo 16).

L'acquisizione delle **libertà civili** da parte degli schiavi neri, però, non fu un processo semplice e immediato. Subito dopo la fine della guerra, infatti, gli **Stati del Sud** adottarono un insieme di norme locali che istituiva un sistema di **segregazione razziale** che prevedeva l'istituzione di servizi (scuole, mezzi pubblici, ospedali) separati per neri e bianchi e concedeva la possibilità agli esercizi pubblici di vietare l'accesso alle persone di colore.

Solo negli anni Sessanta del Novecento, dopo dure lotte per l'**emancipazione degli afro-americani** (i discendenti degli schiavi africani), furono adottate norme federali che vietavano la segregazione razziale.

La Costituzione italiana, il diritto internazionale e la schiavitù
Nella Costituzione italiana non ci sono articoli che condannano esplicitamente la schiavitù. Tuttavia il **principio di uguaglianza**, contenuto nell'articolo 3, il

Bambini al lavoro
Questi minorenni indiani, che quasi non hanno la forza di manovrare i pesanti attrezzi di scavo, certamente non avranno ore di gioco e non vedranno mai la scuola.

quale sancisce che tutti i cittadini hanno pari dignità sociale e sono eguali davanti alla legge, è un criterio generale che rappresenta un punto di riferimento per la condanna della schiavitù.

La schiavitù trova inoltre un'esplicita sanzione come **reato penale**. L'articolo 600 del Codice penale afferma infatti: "Chiunque riduce una persona in schiavitù, o in una condizione analoga alla schiavitù, è punito con la reclusione da cinque a quindici anni".

Ma soprattutto la condanna della schiavitù è entrata stabilmente nell'ordinamento giuridico italiano attraverso le norme adottate nel **diritto internazionale** che hanno anche permesso di precisare che cosa si intenda per schiavitù.

Sin dalla Convenzione di Ginevra (1926), gli Stati del mondo si sono espressi in favore della soppressione progressiva, più rapida possibile, della schiavitù e di qualsiasi altra forma analoga o attenuata della stessa. L'articolo 4 della ***Dichiarazione universale dei diritti dell'uomo***, adottata dall'Onu nel **1948**, inoltre afferma che

> *Nessun individuo potrà essere tenuto in stato di schiavitù o di servitù. La schiavitù e la tratta di schiavi saranno proibite sotto qualsiasi forma.*

Tutti questi documenti internazionali sono stati ratificati dall'Italia e dunque fanno parte del nostro ordinamento giuridico.

Inoltre, l'Italia ha ratificato la Convenzione supplementare sull'abolizione della schiavitù, del commercio di schiavi e sulle istituzioni e pratiche assimilabili alla schiavitù. Essa è stata firmata a Ginevra il 7 settembre 1956 ed è un punto di riferimento importante perché riporta una definizione delle pratiche odierne di schiavitù. Tra di esse si possono ricordare:

- la **schiavitù per debiti**, cioè lo stato di sottomissione cui è sottoposta illegittimamente una persona che non riesce a estinguere un debito;
- la **servitù della gleba**, cioè la condizione di chiunque si trova a vivere e lavorare su una terra che appartiene a un'altra persona e a fornire a quest'ultima, dietro un compenso irrisorio o gratuitamente, determinati servizi, senza poter cambiare la sua condizione di sottomissione;
- ogni istituto o pratica in forza della quale donne e ragazze vengono cedute contro la loro volontà per contrarre **matrimoni** precoci e **forzati**;
- la **cessione** o il **rapimento di minori** in vista dello sfruttamento del fanciullo o del suo lavoro.

Famiglie di schiavi
Questa donna che lavora in una fabbrica di mattoni del Darfur, in Africa, fa parte di una famiglia dove tutti sono schiavi, destinati probabilmente a lavorare in quel luogo tutta la vita: i loro debiti, che in Italia farebbero sorridere, non potranno mai essere estinti.

La schiavitù oggi: di nuovo milioni di schiavi

Oggi siamo abituati a pensare che la schiavitù sia definitivamente scomparsa. In realtà, un recente studio dell'Organizzazione non governativa australiana *Walk free foundation*, che ha preso in considerazione 167 Paesi, riporta che nel mondo sono quasi **36 milioni** le persone **vittime della schiavitù**. Sono uomini, donne e bambini fisicamente confinati in qualche luogo, privati di ogni libertà di movimento, controllati con la violenza, considerati una merce da chi li possiede.

Tutti costoro sono sottoposti a **lavoro forzato** che, secondo la definizione dell'Organizzazione internazionale del lavoro, è ogni lavoro o servizio imposto sotto minaccia di sanzioni e per il quale la persona non si è offerta spontaneamente.

Questo tipo di lavoratori non è difeso da alcun sindacato, non percepisce un salario, lavora per il doppio

ORIZZONTI DI CITTADINANZA

Un ragazzo-schiavo del Benin (Africa)
Lavora tutto il giorno senza paga, non può uscire e, se disobbedisce, viene picchiato.

delle ore giornaliere consentite dalle leggi. Lo troviamo nell'Italia meridionale a raccogliere i pomodori o nelle aziende agricole del Nord-America a coltivare il mais, lungo le strade europee a chiedere l'elemosina per un padrone o a battere il marciapiede, oppure nei palazzi principeschi dell'Arabia Saudita come schiavo domestico.

Si tratta di gravissime **violazioni dei diritti umani** che per gli sfruttatori rappresentano una fonte di profitti altissimi: il giro d'affari intorno alla schiavitù infatti si avvicina ai **150 miliardi di dollari ogni anno**, una cifra pari al PIL del Vietnam.

Come si diventa schiavi nel Duemila

Di seguito vengono riportati alcuni esempi di persone ridotte in schiavitù ai nostri giorni.

La vendita e il rapimento di bambini. Pamir ha dodici anni e vive a Kanchipuran in India. Lavora al telaio 12 ore al giorno. Le dita gli sanguinano e le tinture dei tessuti lo stanno lentamente avvelenando. È stato venduto dai genitori per l'equivalente di 10 euro.
In India, oltre al drammatico fenomeno della vendita di minori, sono frequenti i rapimenti di bambini, destinati a lavorare nei campi di cotone o nel settore tessile, spesso costretti a vivere in condizioni di schiavitù. Destino peggiore è quello dei bambini rivenduti al mercato della prostituzione infantile o a quello del traffico di organi e dei test medici, in cui sono usati come cavie.

Lo sfruttamento sessuale. Victoria ha ventuno anni. È nata nell'ex repubblica sovietica della Moldavia, una regione diventata poverissima dopo il distacco dalla Russia. A 17 anni, appena terminati gli studi, non riuscì a trovare lavoro. A casa sua non si mangiava mai più di tre volte alla settimana.
Un "amico" camionista le disse che diverse fabbriche cercavano operaie in Turchia e che poteva portarla a Istanbul attraverso la Romania. Arrivati lì, si accorse che deviava verso ovest e tentò di fuggire, ma lui la picchiò e da allora la tenne legata. Arrivati a Belgrado, in Serbia, la vendette per 1500 dollari a un grosso trafficante di prostitute.
Ora è in una specie di fortezza sorvegliata da gente armata insieme ad altre settecento donne. La sera vengono "distribuite" per le strade con dei camion. La porta d'ingresso è guardata da due tigri in gabbia, pronte a essere liberate se qualcuno tenta di fuggire.

La schiavitù per debiti. Noli è filippino e laureato in ingegneria meccanica. A ventitré anni un uomo d'affari dell'Arabia Saudita gli propose di assumerlo come dirigente nella sua raffineria.
Non aveva i soldi per pagarsi il viaggio, ma la somma poteva essere anticipata dal saudita: Noli gliela avrebbe restituita con i primi stipendi. Così fu fatto, ma, arrivato a Riad, la capitale, la polizia gli confiscò il passaporto e lo arrestò.
L'uomo d'affari lo fece liberare dicendo di aver pagato una grossa cauzione che Noli avrebbe dovuto restituire insieme al prezzo del biglietto. Ora Noli ha cinquant'anni, da allora fa il manovale nei cantieri dell'uomo che lo ha truffato e il suo debito, a causa degli interessi da usura, è diventato enorme. Il passaporto è ancora sotto sequestro.
Il dramma è che in alcuni Paesi arabi la schiavitù è legale e le autorità collaborano con i trafficanti per catturare nuovi lavoratori forzati.

LABORATORIO

Sviluppare le competenze

1. Approfondisci la tematica della schiavitù contemporanea leggendo le storie dei bambini indiani, i cosiddetti "schiavi del cotone", alla pagina http://www.unicef.it/doc/2753/india-lavoro-minorile-meglio-la-scuola-del-cotone.htm

2. Individua alcune leggi adottate in Italia per contrastare le forme moderne di schiavitù. Consulta il link http://www.pianetascuola.it/risorse/media/secondaria_secondo/strumenti/strumenti_online/schiavitu/boniz/primo.htm

ORIZZONTI DI CITTADINANZA

La tortura e la pena di morte

La tortura e la pena di morte

Il ricorso alla tortura e alla pena di morte ha origini molto antiche.

La **pena di morte**, chiamata anche **pena capitale**, è l'uccisione di un individuo ordinata da un'autorità per punire il colpevole di un reato. La prima testimonianza scritta dell'uso della pena di morte è rappresentata dal *Codice di Hammurabi*, una raccolta di leggi stilate durante il regno del monarca babilonese Hammurabi, che governò la Mesopotamia dal 1792 al 1750 a.C.

Anche l'uso della **tortura** risale ai popoli dell'Antico Oriente. Si parla di tortura quando una persona infligge **deliberatamente e sistematicamente** una sofferenza acuta, fisica o psicologica a un altro essere umano con il fine di punirlo oppure di ottenere delle informazioni o delle confessioni.

Una delle prime forme di tortura è la crocifissione, in uso presso molte popolazioni antiche, come gli Assiri e i Persiani e poi diffusasi in epoca romana come pena riservata a tutti i non romani e in particolare agli schiavi, ai prigionieri di guerra e ai rivoltosi.

IERI

La diffusione della tortura e della pena di morte

Fin dalle origini, le società umane organizzate punirono chi si comportava in modo ritenuto pericoloso o dannoso per la comunità. La pena di morte e la tortura venivano utilizzate ampiamente come strumenti ritenuti idonei a **tutelare l'ordine sociale**.

Si riteneva che la **pena di morte**, spesso eseguita sulle pubbliche piazze, di fronte a un pubblico numeroso, in modo che tutti vedessero la sorte che toccava ai delinquenti, oltre ad avere il carattere della sanzione, cioè della **punizione**, svolgesse anche una **funzione preventiva**, scoraggiando i potenziali criminali dal compiere delitti.

La **tortura** invece aveva una **funzione di accertamento dei fatti nei processi**. In generale, nell'Antico regime, l'**amministrazione della giustizia** non era **né certa né equa e imparziale**: l'imputato non aveva nessuna garanzia e non poteva conoscere l'andamento del processo, la tortura era parte integrante del procedimento e veniva usata per **estorcere** confessioni e testimonianze, le pene erano spesso di entità spropositata rispetto al fatto commesso, infine la legislazione era confusa, oscura e contraddittoria.

Nel corso del XVI e del XVII secolo la pena capitale e la tortura si diffusero ampiamente e vennero inflitte per punire una vastissima gamma di reati, anche di minore entità.

Esemplare è il caso dell'**Inghilterra**, dove dal 1400 al 1850 fu applicato un codice penale durissimo, in seguito denominato *The Bloody Code* ("Il Codice san-

La ghigliottina
La stampa riproduce la decapitazione di Robespierre, il massimo leader della Rivoluzione francese caduto in disgrazia. La ghigliottina era considerata il sistema di esecuzione più umano.

ORIZZONTI DI CITTADINANZA

guinario"), che puniva con la morte oltre duecento reati, compresi "crimini" quali il taglio illecito di legname, il furto di bestiame, l'invio di lettere minatorie. All'epoca, infatti, si riteneva che, dato lo scarso numero delle forze di polizia, l'unico mezzo efficace per impedire la ripetizione di un reato fosse l'eliminazione del colpevole. Ancora più emblematico fu il caso della **Francia** durante il periodo post-rivoluzionario del Terrore (fra il 1793 e il 1794): i tribunali rivoluzionari condannarono alla ghigliottina decine di migliaia di civili, colpevoli di aver turbato l'ordine pubblico o anche semplicemente di avere manifestato idee contrarie a quelle rivoluzionarie.

Cesare Beccaria: una nuova concezione delle pene

Nella seconda metà del Settecento, per influenza dell'**Illuminismo**, cominciò a emergere un nuovo modo, più umano, di concepire le pene e la loro esecuzione.
Un contributo al cambiamento del modo di fare giustizia venne dall'opera *Dei delitti e delle pene*, pubblicata nel 1764 dall'illuminista milanese **Cesare Beccaria**. Egli sosteneva che lo Stato sorge da un patto tra i suoi membri al fine di garantire a ciascuno il godimento dei **diritti fondamentali** (tra cui quello **alla vita**). Inoltre Beccaria riteneva che ciò che rende efficace la giustizia, anche quale strumento utile per promuovere la "felicità" sociale, è l'applicazione certa e tempestiva di leggi penali chiare e uguali per tutti.
Oltre alla necessità di eliminare ogni forma di arbitrio da parte del potere giudiziario, che doveva essere guidato unicamente dalla legge, Beccaria affermava dunque la necessità di una generale attenuazione delle pene sia per ragioni di umanità sia per ragioni di prevenzione. Secondo Beccaria, infatti, non era la prospettiva di una pena gravissima, accompagnata dalla speranza dell'impunità legata alla confusione delle leggi, a distogliere dal crimine, ma era la **certezza di incorrere in una pena**, in un **sistema legislativo chiaro e coerente** in grado di accertare il colpevole, a svolgere una reale **funzione dissuasiva**.
Per Beccaria la tortura era un **residuo di usanze barbare** e non serviva ad accertare la verità, ma poteva anzi distorcerla: un colpevole di fisico robusto, capace di resistere ai supplizi, infatti, aveva più probabilità di scampare alla pena di un innocente debole che, per sottrarsi al dolore, poteva confessare qualsiasi cosa. Si poteva giungere così al paradosso che la tortura poteva favorire il colpevole e penalizzare in ogni caso l'innocente.
Anche la pena di morte per Beccaria non era né utile né necessaria. Innanzitutto, infatti, se **uccidere** era **un reato**, lo Stato stesso non poteva rendersi colpevole di un reato uccidendo un suo cittadino. Inoltre, la pena di morte **non aveva** una efficace **funzione preventiva**. Nonostante la sua esistenza, infatti, i crimini continuavano a essere commessi; inoltre, essa non svolgeva una funzione continua e duratura perché l'emozione suscitata dalle esecuzioni svaniva ben presto.
Per i delitti più gravi, Beccaria proponeva dunque pene carcerarie più lunghe, accompagnate dai **lavori forzati** per risarcire la collettività del danno causato e rieducare il reo.
Nell'opera vengono esposti alcuni princìpi che sarebbero diventati la base del diritto penale delle società civili contemporanee, quali per esempio: l'innocenza dell'imputato prima della sentenza finale, la necessità di una proporzione tra la pena e il danno sociale causato dal reato, il rifiuto della tortura e della pena di morte.
Il primo importante esempio di applicazione delle nuove idee in materia di giustizia fu, come è noto, il codice penale emanato nel **Granducato di Toscana** da Pietro Leopoldo Asburgo Lorena, il quale, in data **30 novembre 1786**, abolì la tortura e la pena capitale.

OGGI

Pena di morte e Costituzione italiana

Nella Repubblica italiana la proibizione della pena di morte è contenuta in una norma della Costituzione. L'Italia fu tra i primi Stati ad abolire la pena capitale con il Codice penale del 1889 (noto come Codice Zanardelli dal nome del ministro dell'Interno che ne promosse l'adozione).
Il regime fascista reintrodusse poi la pena di morte nel 1926 per punire coloro che avessero attentato alla vita o alla libertà della famiglia reale o del capo del governo e per vari reati contro lo Stato. Il Codice Rocco, promosso dal ministro della Giustizia Alfredo Rocco ed entrato in vigore il 1° luglio 1931, aumentò il numero dei reati contro lo Stato ed estese la pena di morte ad alcuni gravi reati comuni.
La Costituzione italiana, entrata in vigore il 1° gennaio 1948, **abolì definitivamente la pena capitale** per tutti i reati comuni e militari commessi in tempo di pace. La pena di morte continuava a essere prevista però nel Codice penale militare di guerra. La pena di morte per i reati militari fu abolita soltanto nel 1994 e sostituita con la massima pena prevista dal codice penale, che è attualmente l'**ergastolo**, cioè il carcere a vita.
L'Italia ha poi ratificato il protocollo n. 13 alla Convenzione europea per la salvaguardia dei diritti dell'uomo

e delle libertà fondamentali, relativo all'abolizione della pena di morte in qualsiasi circostanza, sottoscritto a Vilnius il 3 maggio 2002.
Nel 2007 quindi una legge costituzionale ha tenuto conto di questi cambiamenti modificando l'**articolo 27**, comma 4, della Costituzione che ora recita semplicemente: "Non è ammessa la pena di morte".

Articolo 27
La responsabilità penale è personale.
L'imputato non è considerato colpevole sino alla condanna definitiva.
Le pene non possono consistere in trattamenti contrari al senso di umanità e devono tendere alla rieducazione del condannato.
Non è ammessa la pena di morte.

L'articolo 27 sancisce dunque il **ripudio della pena di morte**, in quanto atto contrario all'ordinamento democratico e ai princìpi fondamentali. L'articolo 27 presenta inoltre alcuni tra i princìpi fondamentali dell'ordinamento penale italiano.
Il **principio della personalità della responsabilità penale**, espresso nel primo comma, afferma che ciascun individuo è responsabile solamente per le proprie azioni e, quindi, non può essere punito per un reato commesso da altre persone.
Il **principio di non colpevolezza fino alla condanna definitiva** (o principio di presunzione di innocenza): ciascun cittadino italiano è non colpevole (cioè si presume innocente) fino a quando non sia stata emessa la sentenza definitiva che accerta la sua responsabilità penale.
L'articolo afferma inoltre che le pene che si applicano agli autori dei reati devono rispettare la dignità umana (**principio di umanità della pena**) e devono tendere alla rieducazione del condannato (**principio della finalità rieducativa della pena**).
La Costituzione afferma che le leggi dello Stato non devono prevedere modalità di pena lesive del rispetto della persona (quali, per esempio, pene corporali o forme di tortura). Le pene, inoltre, non devono tendere solamente a punire i colpevoli, ma devono mirare anche alla loro rieducazione favorendone il **reinserimento nella società**. Durante il periodo di detenzione possono dunque essere previsti corsi formativi e attività lavorative rivolte a qualificare professionalmente i detenuti.

Il divieto di tortura tra rispetto e violazione
La tortura è vietata in tutti i documenti fondamentali della civiltà giuridica internazionale. La *Dichiarazione universale dei diritti umani* promulgata dall'Organizzazione delle Nazioni Unite (Onu) nel 1948 stabilisce il divieto assoluto di tortura all'articolo 5: "**Nessun individuo potrà essere sottoposto a tortura o a trattamento o a punizione crudeli, inumani o degradanti**". Questo principio è stato rafforzato anche dalla Convenzione delle Nazioni Unite contro la tortura, un documento promulgato nel 1987, il quale ha precisato che nessuna circostanza "eccezionale" (come guerre, crisi politiche interne ecc.) può essere invocata a giustificazione della tortura.
L'articolo 2 della Convenzione impegna gli Stati ad adottare leggi che impediscano il ricorso ad atti di tortura al loro interno. Questa previsione crea qualche contraddizione per l'Italia che – malgrado abbia aderito alla Convenzione dal 1988 – non prevede nella sua legislazione lo specifico reato di tortura.
Il tema è ritornato di grande attualità in seguito alle notizie delle torture avvenute nel **carcere statunitense di Guantánamo**, nell'isola di Cuba, che, dopo l'attentato alle Torri gemelle dell'11 settembre 2001, è diventato il luogo di reclusione dei prigionieri ritenuti legati a gruppi terroristici. Le condizioni detentive e i trattamenti disumani a cui sono stati sottoposti molti prigionieri, spesso detenuti senza regolare processo, sono infatti in aperto contrasto con tutte le norme a tutela dei diritti umani.

Verso una moratoria della pena di morte?
Al contrario della tortura, la pena di morte non è, ancora, vietata dalle norme internazionali. La *Dichiarazione universale dei diritti umani* (1948) garantisce il diritto

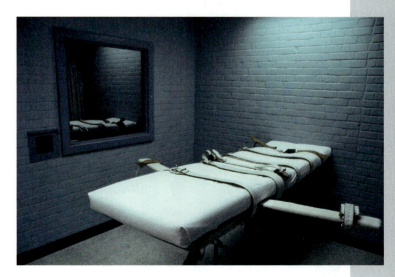

L'iniezione letale
Negli Stati americani in cui è ancora in vigore la pena capitale la si esegue legando il condannato a un lettino e somministrandogli un veleno che lo porta rapidamente alla morte.

ORIZZONTI DI CITTADINANZA

alla vita e vieta tortura e pene crudeli, ma non proibisce espressamente la pena di morte. A partire dagli anni Ottanta, l'Onu ha favorito l'adozione di norme rivolte a limitare il ricorso alla pena di morte, vista come un "fatto eccezionale", applicabile solo a un numero ristrettissimo di reati considerati più gravi, e sempre in previsione di una sua futura e completa abolizione. Negli ultimi anni, l'Assemblea generale dell'Onu ha favorito una maggiore presa di coscienza sul tema e nel 2014 ha adottato la Risoluzione 69/186 per la **moratoria universale della pena di morte**. Si tratta di una "raccomandazione" – la quinta adottata dal 2007 – che invita gli Stati a stabilire una sospensione delle esecuzioni in tutti i Paesi membri.

La nuova Risoluzione Onu è stata approvata con 117 voti a favore, 38 contrari e 34 astenuti. Per la prima volta hanno votato a favore anche Russia, Sierra Leone e Niger. Bahrein, Birmania, Tonga e Uganda sono passati dal voto contrario all'astensione, indebolendo dunque il fronte dei Paesi in cui vige ancora la pena di morte. Per i promotori della moratoria, tra cui vi è anche l'Italia, si tratta di un primo passo verso l'abolizione definitiva.

Nonostante ciò, sono ancora numerosi i Paesi del mondo (i cosiddetti **Stati mantenitori**) in cui continua a essere applicata la pena di morte: tra questi vi sono la Cina, l'Iran, l'Iraq, l'Arabia Saudita, alcuni Stati degli Usa. L'associazione internazionale **Amnesty International**, attiva nel campo della protezione dei diritti umani, nel 2014 ha registrato lo svolgimento di esecuzioni capitali in 22 Paesi del mondo (decapitazione, impiccagione, fucilazione e iniezione letale sono tra i metodi più diffusi), mentre quasi 2500 persone sono state condannate a morte in 55 Paesi.

In Europa il divieto della pena di morte è ormai entrato nella tradizione giuridica degli Stati europei, nella maggioranza dei quali le esecuzioni sono bandite (la Turchia ha abolito integralmente la pena di morte nel 2004). Nel 2000, inoltre, l'**Unione europea** ha incluso nella *Carta europea dei diritti fondamentali* il principio per cui "nessuno può essere condannato alla pena di morte né giustiziato" (articolo 2). Tuttavia, anche l'area europea non è ancora interamente abolizionista perché la pena di morte, tramite la fucilazione del condannato, è tutt'oggi prevista in Bielorussia.

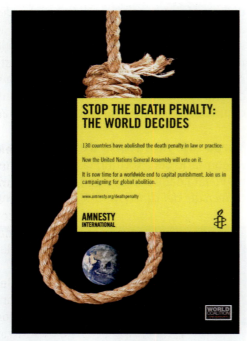

Contro la pena di morte e la tortura
Sono due delle battaglie di punta dell'associazione mondiale Amnesty International.

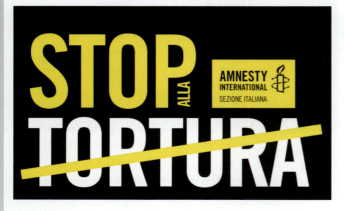

LABORATORIO

Sviluppare le competenze

1 Consulta l'infografica interattiva, curata da Amnesty International, sulla pena di morte nel mondo nel 2014 (**http://appelli.amnesty.it/pena-di-morte-2014/**) e rispondi alle seguenti domande: in quali Paesi è presente oggi la pena di morte? In quali Paesi viene emesso il maggior numero di condanne a morte? In quali Paesi vi è il maggior numero di esecuzioni? In quali Paesi sono avvenute esecuzioni di minorenni tra il 2004 e il 2014?

2 Guarda o cerca su internet la trama del film *Fino a prova contraria* (1999) di Clint Eastwood, dedicato al tema della pena di morte. Hai visto altri film su questo tema? Esiste secondo te il rischio di condannare a morte persone che sono in realtà innocenti? Discutine in classe.

ORIZZONTI DI CITTADINANZA

Il cammino dei diritti umani

Il cammino dei diritti umani

Il riconoscimento e la protezione dei diritti umani costituiscono la vera essenza della democrazia contemporanea.

La loro storia comincia nell'Età moderna con la diffusione delle **dottrine giusnaturalistiche** (dal latino *ius naturale*, "diritto di natura"), legate a una nuova concezione individualistica che considerava la società come il frutto dell'associazione volontaria di singoli individui dotati di alcuni **diritti** che, in quanto **naturali**, cioè giusti per natura, non potevano essere limitati da alcun potere esterno.

La prima grande tappa del cammino dei diritti umani coincide con le dichiarazioni contenute nei documenti prodotti dalle rivoluzioni settecentesche: la *Dichiarazione d'indipendenza degli Stati Uniti* (1776) e la *Dichiarazione dei diritti dell'uomo e del cittadino* in Francia (1789).

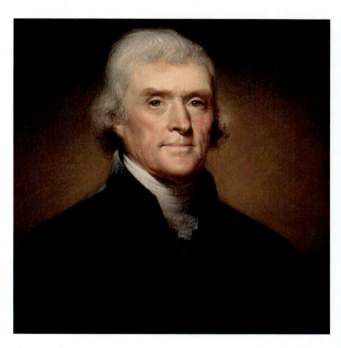

Thomas Jefferson
Fu l'autore principale della *Dichiarazione d'indipendenza degli Stati Uniti*.

IERI

Dalla *Dichiarazione d'indipendenza* alla Costituzione degli Stati Uniti

La *Dichiarazione d'indipendenza* delle tredici colonie americane (**1776**) conteneva i seguenti princìpi.

- **Tutti gli uomini** sono stati creati **uguali** e dotati di alcuni **diritti inalienabili** (cioè che non possono essere soppressi) come la vita, la libertà e la ricerca della felicità (con quest'ultima espressione si indicava il conseguimento del benessere legato al naturale sviluppo dell'individuo nella società).
- I governi sono nati allo scopo di garantire il godimento di tali diritti e i loro poteri devono essere sorretti dal **consenso dei governati**.
- Se un governo non rispetta i diritti umani, il popolo può modificarlo e sostituirlo con un nuovo governo più adeguato. Il popolo gode dunque del **diritto di resistenza** agli abusi attuati dai governi.

Nel **1788** entrò in vigore la **Costituzione degli Stati Uniti d'America** che consolidava i **diritti basilari dei cittadini**, sanciti nella *Dichiarazione d'indipendenza*. La Costituzione degli Stati Uniti è la **legge fondamentale** del sistema di governo statunitense e costituisce un documento giuridico fondamentale per il mondo occidentale. Infatti non era una carta di privilegi, come quelle concesse dai sovrani fino a quel momento, ma una legge stabilita in seno a un'**assemblea di rappresentanti del popolo** appositamente convocata.

Essa adotta il principio della **separazione dei poteri**:
- il **potere legislativo** (elaborazione e approvazione delle leggi) spettava al **Congresso** composto dalla Camera dei Rappresentanti e dal Senato;
- il **potere esecutivo** (applicazione delle leggi) era esercitato dal **Presidente**;
- il **potere giudiziario** (rispetto delle leggi) era attribuito a un insieme di organi giudiziari tra i quali vi era anche la **Corte suprema** con funzioni di controllo e garanzia del rispetto della Costituzione.

Dal punto di vista della salvaguardia dei diritti dei cittadini, nel 1791 la Costituzione venne integrata con i cosiddetti primi "dieci emendamenti", designati nel loro insieme come *Bills of rights* o *Dichiarazione dei diritti*.

Nel rispetto del principio liberale in base al quale lo Stato doveva intromettersi il meno possibile negli affari economici e privati dei cittadini, la Costituzione americana, infatti, era una tipica "Carta breve" (composta in origine da soli 7 articoli). Con il tempo però essa fu adeguata ai nuovi bisogni della società, con l'introduzione appunto di emendamenti.

ORIZZONTI DI CITTADINANZA

Il testo della *Dichiarazione dei diritti dell'uomo e del cittadino*

La *Dichiarazione dei diritti dell'uomo e del cittadino* fu adottata dall'Assemblea costituente nazionale come primo passo verso la stesura di una Costituzione per la Francia nata dalla Rivoluzione.

Essa riconosceva che gli uomini erano **per natura dotati di diritti** e che il fine di ogni associazione politica – a partire dallo Stato – era quello di garantire i diritti naturali quali la libertà, la proprietà, la sicurezza, la resistenza all'oppressione.

In essa erano presenti le garanzie relative all'amministrazione equa e imparziale della giustizia (articoli 7-9), le libertà di opinione, anche religiosa, e di stampa (articoli 10 e 11) e il diritto di proprietà (articolo 17).

Tale Carta, come quella americana, ispirò tutti i documenti giuridici successivi in tema di protezione dei diritti dell'uomo anche se occorre ricordare che entrambe avevano dei **limiti** legati al tempo in cui furono elaborate.

I due documenti riconoscevano i diritti di uguaglianza, dichiarati come naturali e innati, dell'uomo, ma adottavano una **concezione ristretta di "uomo"**. Le dichiarazioni dei diritti, infatti, **non contemplavano né le donne né i neri** (schiavi) né, nel caso degli Usa, **i nativi del continente americano** (le popolazioni indiane d'America). Tali categorie di persone erano dunque escluse dal godimento dei diritti fondamentali proclamati nelle *Dichiarazioni*.

Il **primo emendamento** garantiva la libertà di culto, parola e stampa e il diritto di riunirsi pacificamente. Esso stabiliva la **separazione tra lo Stato e la Chiesa**, cioè non ammetteva interferenze tra sfera religiosa ecclesiastica e sfera civile, dando espressione al concetto di **Stato laico**, come esempio di uno Stato in grado di garantire la libertà di religione e di pensiero.

Il **secondo emendamento** è divenuto celebre per le controversie che ha suscitato nel tempo (e suscita ancora oggi) perché stabiliva il **diritto** dei cittadini **di portare armi** anche in tempo di pace per garantire la sicurezza individuale.

La *Dichiarazione dei diritti* proibiva inoltre immotivate perquisizioni e confische di beni, punizioni crudeli e inconsuete e garantiva un rapido processo pubblico di fronte a una giuria imparziale, oltre a impedire un secondo processo per lo stesso reato.

La *Dichiarazione dei diritti dell'uomo e del cittadino*

La dichiarazione dei diritti per eccellenza è quella promulgata in Francia nel **1789**. Come quella americana, anch'essa era ispirata ai princìpi del giusnaturalismo settecentesco.

Lo Stato laico

Uno Stato laico non è uno Stato "ateo", che dichiara cioè la non esistenza di Dio e impone ai suoi cittadini di non credere. È semplicemente uno Stato che separa la sfera delle decisioni politiche da quella di una particolare religione (cattolica, protestante, islamica, taoista, induista ecc.) e che non impone una religione di Stato, lasciando ciascuno libero di praticare il suo culto o di non credere affatto.

Uno Stato veramente laico non impone l'insegnamento di una particolare religione nella scuola pubblica, non ne mostra i simboli nei pubblici edifici, non impone ai cittadini norme di tipo religioso (per esempio, di non bere alcolici o, alle donne, di portare il velo), emana leggi che possono anche essere in contrasto con l'uno o con l'altro credo lasciando che sia la libertà di coscienza dei cittadini a decidere se osservarle o no (per esempio, leggi che consentono il divorzio, l'aborto, il testamento biologico ecc.).

Testimoni e interpreti

La *Dichiarazione dei diritti dell'uomo e del cittadino*

La Dichiarazione è un testo giuridico che contiene una solenne elencazione dei diritti fondamentali dell'individuo e del cittadino e ha ispirato, fra le molte, la Costituzione italiana. La Dichiarazione dei diritti dell'uomo e del cittadino *si compone di un preambolo e di 17 articoli che contengono le norme fondamentali che regolano la vita degli individui che vivono in una società.*

Leggi altre **fonti dirette** nella Biblioteca digitale

IL PREAMBOLO
I rappresentanti del Popolo francese, costituiti in Assemblea nazionale, considerando che l'ignoranza, l'oblio o il disprezzo dei diritti dell'uomo sono le uniche cause delle sciagure pubbliche e della corruzione dei governi, hanno stabilito di esporre, in una solenne Dichiarazione, i diritti naturali, inalienabili e sacri dell'uomo...

LO SCOPO
- [...] affinché questa Dichiarazione, costantemente presente a tutti i membri del corpo sociale, rammenti loro incessantemente **i loro diritti e i loro doveri**;
- affinché gli atti del potere legislativo e quelli del potere esecutivo possano essere in ogni istanza paragonati con **il fine di ogni istituzione politica**;
- affinché i reclami dei cittadini, fondati da ora innanzi su dei princìpi semplici e incontestabili, abbiano sempre per risultato **il mantenimento della Costituzione e la felicità di tutti**.

> La libertà è fatta di un perfetto equilibrio tra diritti e doveri.

> La *Dichiarazione* corrisponde alla parte dei "Princìpi generali" che ispirarono poi anche la Costituzione italiana. Nessuna legge particolare può contraddire questi princìpi.

> Realizzati questi princìpi, nessun reclamo dovrà trasformarsi in rivoluzione per scardinarli.

LA DICHIARAZIONE
In conseguenza, l'Assemblea nazionale riconosce e dichiara, in presenza e sotto gli auspici dell'Essere Supremo, i seguenti diritti dell'uomo e del cittadino:

Art. 1 Gli uomini nascono e vivono liberi ed uguali nei diritti. **Le distinzioni sociali non possono essere fondate che sull'utilità comune**.

Art. 2 Il fine di ogni associazione politica è la conservazione dei diritti naturali e imprescrittibili dell'uomo. Questi diritti sono: la libertà, la proprietà, la sicurezza e la resistenza all'oppressione.

Art. 3 Il principio di ogni sovranità risiede essenzialmente nelle nazioni; nessun corpo, nessun individuo può esercitare un'autorità che da essa non emani espressamente.

Art. 4 La libertà consiste nel potere fare tutto ciò che non nuoce ad altri. Così l'esercizio dei diritti naturali di ciascun individuo non ha altri limiti se non quelli che assicurano agli altri membri della società il godimento di questi stessi diritti. Questi limiti non possono essere determinati che dalla legge.

> Le differenze di posizione e di reddito saranno dovute al reale contributo di ciascuno al benessere generale (per esempio fondando un'impresa) e non ai privilegi di sangue.

ORIZZONTI DI CITTADINANZA

Art. 5 **La legge ha diritto di proibire soltanto le azioni nocive alla società**. Tutto ciò che non è proibito dalla legge non può essere impedito, e nessuno può essere costretto a fare ciò che essa non ordina.

*Per esempio, non può proibire a un contadino di usare i prodotti del bosco o di farvi pascolare i maiali, come accadeva nell'*Ancien Régime*.*

Art. 6 La legge è l'espressione della volontà generale. Tutti i cittadini hanno diritto a concorrere personalmente o per mezzo dei loro rappresentanti alla sua formazione. Essa deve essere uguale per tutti, sia che protegga, sia che punisca. Essendo i cittadini uguali innanzi ad essa, sono ugualmente ammissibili a tutte le dignità, uffici ed impieghi pubblici, secondo le loro capacità e senza altre distinzioni che quelle delle loro virtù e dei loro talenti.

Art. 7 **Nessuno uomo può essere accusato, arrestato o detenuto, se non nei casi contemplati dalla legge e secondo le forme che essa ha prescritto**. Coloro che promuovono, trasmettono, eseguono o fanno eseguire ordini arbitrari, debbono essere puniti; ma ogni cittadino, chiamato o arrestato in forza della legge, deve obbedire all'istante. Egli si rende colpevole resistendo.

Questo principio deriva dallo Habeas Corpus*.*

Art. 8 La legge non deve stabilire che pene strettamente ed evidentemente necessarie, nessuno può essere punito se non in forza di una legge stabilita e promulgata anteriormente al delitto e legalmente applicata.

Art. 9 Poiché ciascuno è presunto innocente finché non è stato dichiarato colpevole, se è giudicato indispensabile l'arrestarlo, ogni rigore che non sia necessario per assicurarsi della sua persona, deve essere severamente represso dalla legge.

Art. 10 Nessuno deve essere disturbato per le sue opinioni anche religiose, purché la manifestazione di esse non turbi l'ordine pubblico stabilito dalla legge.

Art. 11 La libera comunicazione dei pensieri e delle opinioni è uno dei diritti più preziosi dell'uomo. **Ogni cittadino può dunque parlare, scrivere e pubblicare liberamente, salvo a rispondere dell'abuso di questa libertà nei casi determinati dalla legge**.

Questo è uno dei princìpi che differenziano radicalmente uno Stato democratico da uno Stato autoritario o totalitario. Si può riassumere nell'espressione "Libertà di opinione e di stampa, abolizione della censura".

Art. 12 La garanzia dei diritti dell'uomo e del cittadino rende necessaria una forza pubblica; questa forza è dunque istituita per il vantaggio di tutti, e non per l'utilità particolare di quelli cui è affidata.

Art. 13 Per il mantenimento della forza pubblica e per le spese di amministrazione un contributo comune è indispensabile. **Esso deve essere ugualmente ripartito tra tutti i cittadini in proporzione dei loro averi**.

Non esiste uno Stato se i cittadini evadono le tasse, ma le tasse devono essere giuste, cioè proporzionate al reddito di ciascuno.

Art. 14 **I cittadini hanno il diritto di constatare da se stessi o per mezzo dei loro rappresentanti la necessità del contributo pubblico, di consentirlo liberamente, di controllarne l'impiego e di determinare la quota, la distribuzione, l'esazione e la durata**.

Questo era stato il principio base della Magna Charta*.*

Art. 15 La società ha diritto di chiedere conto ad ogni pubblico ufficiale della sua amministrazione.

Art. 16 **Ogni società nella quale non sia assicurata la garanzia dei diritti, e determinata la separazione dei poteri, non ha Costituzione**.

Qui si applica la teoria della divisione dei poteri di Montesquieu.

Art. 17 Essendo la proprietà un diritto inviolabile e sacro, nessuno potrà esserne privato **se non quando la necessità pubblica, legalmente constatata, lo esiga evidentemente, e sempre con la condizione di un giusto e preliminare indennizzo**.

Contro le idee di Rousseau, la borghesia francese ribadisce il carattere ineliminabile della proprietà privata.

OGGI

La *Dichiarazione universale dei diritti umani*

Oggi il punto di riferimento fondamentale in materia di diritti umani è la *Dichiarazione universale dei diritti umani* adottata dall'Organizzazione delle Nazioni Unite (**Onu**) il **10 dicembre 1948**.

La *Dichiarazione* stabilisce uno spartiacque nella storia dei diritti umani perché, come si precisa nel suo Preambolo, essa tenta di rifondare i rapporti tra gli individui, i popoli e gli Stati dopo la catastrofe della Seconda guerra mondiale, tragicamente segnata dal genocidio degli ebrei, dallo sterminio delle popolazioni civili e dal lancio di due bombe atomiche.

Con questo documento, gli Stati fondatori dell'Onu affermavano che la comunità internazionale:
- si assumeva la **responsabilità e la tutela** degli specifici diritti posti alla base di ogni convivenza;
- stabiliva un **legame indissolubile** tra il rispetto di tali diritti e la sopravvivenza stessa dell'umanità.

La *Dichiarazione* si compone di 30 articoli.
- Gli **articoli 1 e 2** includono i **princìpi fondamentali di libertà ed eguaglianza** (già sanciti dalla Rivoluzione americana e da quella francese). Essi stabiliscono che tutti gli esseri umani "**nascono liberi ed eguali in dignità e diritti**" e che "ad ogni individuo spettano tutti i diritti e tutte le libertà enunciate nella presente *Dichiarazione*, senza distinzione alcuna, per ragioni di razza, di colore, di sesso, di lingua, di religione, di opinione politica o di altro genere, di origine nazionale o sociale, di ricchezza, di nascita o di altra condizione".

  L'espressione "**senza distinzione**" richiama implicitamente il principio di eguaglianza e introduce quello di **non discriminazione**. I diritti umani si basano sul principio del **rispetto nei confronti dell'individuo**: sono i diritti che appartengono a ogni persona semplicemente perché è viva, indipendentemente da chi sia (uomo, donna, bambino), da quali siano le sue convinzioni personali, le sue condizioni socio-economiche o da dove viva.

- Gli **articoli 3-17** fissano i **diritti civili**: le libertà individuali (diritto alla vita, alla libertà e alla sicurezza) e i diritti dell'individuo nei confronti della società in cui vive (diritto a una eguale tutela davanti alla legge, libertà di movimento, diritto di sposarsi, diritto alla cittadinanza).

- Gli **articoli 18-21** sanciscono la libertà di pensiero, di coscienza e di religione e di associazione. In particolare agli articoli 20 e 21 vengono elencati i **diritti politici** (diritto di associazione, diritto di voto e di partecipazione al governo del proprio Paese) che consentono ai cittadini di partecipare attivamente alla vita politica.

- Gli **articoli 22-27** enunciano i **diritti economici, sociali e culturali** (come per esempio il diritto all'istruzione, al lavoro, alla casa, alla salute ecc.).

- Gli **articoli 28-30** danno disposizioni in merito alla realizzazione dei princìpi affermati nella *Dichiarazione*. Il rispetto e l'attuazione della *Dichiarazione* sono affidati alla legislazione dei singoli Stati.

Eleanor Roosevelt
La moglie del Presidente degli Stati Uniti fu tra i promotori della *Dichiarazione universale dei diritti umani*. Qui è fotografata con in mano il testo della *Dichiarazione*.

I diritti di nuova generazione

I diritti umani possiedono una componente in **costante evoluzione**, sono dinamici e si ampliano anche in conseguenza dello sviluppo socio-economico e tecnologico. In tal senso si parla di "diritti di nuova generazione" – dopo quelli civili e politici (prima generazione) ed economici, sociali e culturali (seconda generazione).

I **diritti di terza generazione** sono diritti **collettivi**, che **riguardano i popoli** e non i singoli individui: sono il diritto alla pace, allo sviluppo, all'equilibrio ecologico, al controllo delle risorse nazionali, alla difesa ambientale. Tali diritti hanno anche un **carattere solidaristico**: ciò vuol dire che ogni popolo ha delle responsabilità nei confronti degli altri popoli, in particolare nei confronti di quelli che si trovano in situazioni di difficoltà.

Si pensi per esempio al problema dello sviluppo: molti Paesi si trovano in condizioni di povertà perché non

ORIZZONTI DI CITTADINANZA

Dichiarazione universale dei diritti umani
La sagoma contiene il testo integrale della *Dichiarazione*

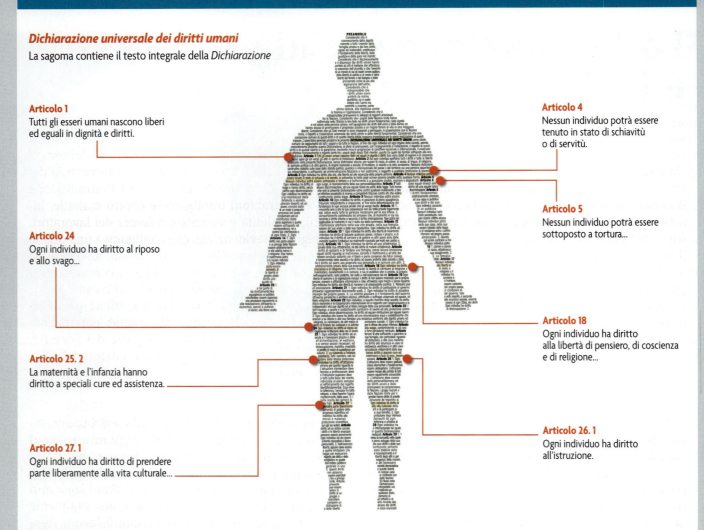

Articolo 1
Tutti gli esseri umani nascono liberi ed eguali in dignità e diritti.

Articolo 24
Ogni individuo ha diritto al riposo e allo svago...

Articolo 25. 2
La maternità e l'infanzia hanno diritto a speciali cure ed assistenza.

Articolo 27. 1
Ogni individuo ha diritto di prendere parte liberamente alla vita culturale...

Articolo 4
Nessun individuo potrà essere tenuto in stato di schiavitù o di servitù.

Articolo 5
Nessun individuo potrà essere sottoposto a tortura...

Articolo 18
Ogni individuo ha diritto alla libertà di pensiero, di coscienza e di religione...

Articolo 26. 1
Ogni individuo ha diritto all'istruzione.

sono in grado di fornire cibo a tutti gli abitanti o perché sono colpiti da malattie che non sono in grado di curare o perché sono in situazioni di guerra.
A questo scopo, molte organizzazioni internazionali come l'Onu e l'Unione europea (Ue), così come i governi degli Stati industrializzati, adottano **politiche di cooperazione allo sviluppo** rivolte a favorire il sostegno sanitario, l'assistenza alimentare, gli interventi educativi, lo sviluppo rurale, industriale e commerciale dei Paesi più poveri del mondo.
Vi sono infine i **diritti di quarta generazione** relativi al campo delle manipolazioni genetiche, della bioetica e delle nuove tecnologie di comunicazione. Basti pensare alla difficoltà della tutela del **diritto alla privacy** (cioè il diritto alla riservatezza sui dati personali) nell'epoca dei *social network* che consentono comunicazioni veloci e immediate ma favoriscono anche malintesi o vere e proprie truffe, tramite furti di identità o di dati sensibili (come i dati relativi alla residenza e ai conti bancari). Si tratta di una nuova categoria di diritti per i quali non esiste ancora una definizione precisa e che però necessitano di una regolamentazione, visto l'impatto che hanno le nuove tecnologie nella vita quotidiana dei cittadini.

LABORATORIO

Sviluppare le competenze

1. Eleanor Roosevelt, moglie del presidente degli Usa Franklin Delano Roosevelt, nel 1948 fu la più attiva promotrice della stesura e dell'approvazione della *Dichiarazione universale dei diritti umani*. Effettua una ricerca su internet e sintetizza in 30 righe la sua biografia e il suo contributo.
2. Consulta il sito **http://it.youthforhumanrights.org/about-us.html** e descrivi almeno tre dei diritti umani elencati.
3. Consulta le infografiche di Amnesty international relative al Rapporto 2014-2015. La situazione dei diritti umani nel mondo (**http://rapportoannuale.amnesty.it/2014-2015/fatti-e-cifre**): elenca e commenta in classe i dati relativi alle violazioni dei diritti umani.

ORIZZONTI DI CITTADINANZA

La legislazione sociale e il *Welfare State*

La locuzione *Welfare State* ("Stato del benessere" o "Stato sociale") indica l'insieme di politiche pubbliche che hanno lo scopo di **garantire l'assistenza e favorire il benessere dei cittadini**, assicurando l'accesso a risorse e servizi dei quali essi non potrebbero altrimenti fruire per ragioni economiche.

Il **sistema pensionistico**, l'**assistenza sanitaria** obbligatoria, l'**istruzione** aperta a tutti sono alcuni dei pilastri dello Stato sociale contemporaneo, le cui basi vennero poste alla fine dell'Ottocento con lo sviluppo della legislazione sociale.

IERI

La prima legislazione sociale e le origini dello Stato sociale

Lo "Stato sociale" nacque in relazione alle nuove questioni sociali sollevate nel corso dell'Ottocento dal processo di industrializzazione. Le richieste della classe operaia spinsero gli Stati a formulare un primo schema di **legislazione sociale**, ovvero un insieme di provvedimenti che prevedeva la regolamentazione delle condizioni e dell'orario di lavoro.

Una delle legislazioni sociali più avanzate del tempo fu elaborata **fra il 1881 e il 1889** nella **Germania** del Cancelliere Otto von **Bismarck**, con l'introduzione delle **assicurazioni obbligatorie** contro malattie, infortuni, invalidità e vecchiaia a favore dei lavoratori. Tale regime previdenziale, che configurava una **prima forma di Stato sociale**, era fondato sull'azione dello Stato che interveniva in modo diretto, cofinanziando le iniziative sociali insieme ai datori di lavoro.

Tale sistema aveva alcune caratteristiche peculiari poiché si trattava di riforme di carattere paternalistico, **concesse "dall'alto"**, cioè da parte del governo, promosse per raffreddare i conflitti tra datori di lavoro e lavoratori.

L'avvio della legislazione sociale in Italia

In Italia l'avvio di una vera e propria legislazione sociale si ebbe con la **legge del 1898 sugli infortuni sul lavoro** che introduceva l'assicurazione obbligatoria dei dipendenti a carico dell'imprenditore. Rimanevano però ancora esclusi da queste tutele minime i lavoratori impiegati nelle campagne, così come era totalmente privo delle più elementari protezioni il lavoro femminile e minorile. **Donne e minori** lavoravano senza

Il lavoro minorile
Porre dei limiti di età allo sfruttamento dei bambini nelle miniere e nelle fabbriche fu una grande conquista dell'Età contemporanea. Oggi l'età minima è di sedici anni.

ORIZZONTI DI CITTADINANZA

limiti di orario e di età. Gli orari arrivavano fino a 14 ore giornaliere. Nelle campagne, nelle fabbriche del Nord e nelle zolfatare siciliane lavoravano anche i bambini sotto i 10 anni. Inoltre le donne in gravidanza e coloro che subivano infortuni sul lavoro venivano **licenziati**, perdendo ogni forma di sostegno.

Nel **1902**, in età giolittiana, in seguito alle proteste dei lavoratori vennero approvate nuove misure in materia sociale.

La legge sul **lavoro femminile** fissò a 12 ore l'orario massimo di lavoro giornaliero. Altri provvedimenti degli anni successivi obbligarono le aziende a concedere un mese di congedo per maternità alle madri. Fu inoltre istituita una "**Cassa per la maternità**" per sostenere economicamente le madri durante il puerperio.

La **legge sul lavoro minorile** del 1902 stabilì il limite minimo di età a 12 anni e a 15 anni per i lavori notturni e pesanti. Tuttavia questa legge verrà rispettata solo dalle fabbriche molto grandi.

Nel **1907** venne istituito il **riposo settimanale di 24 ore** (la domenica).

Nell'insieme questi provvedimenti segnavano un avanzamento rispetto alle condizioni di vita e di lavoro dell'Ottocento; tuttavia, si trattava di misure ancora modeste, strettamente legate al lavoro industriale.

La nascita del *Welfare State* in Gran Bretagna

La prima espressione compiuta di Stato sociale si realizzò in **Gran Bretagna** negli anni della Seconda guerra mondiale. In quel periodo, si cominciò a parlare di *Welfare State* per indicare uno Stato che **promuove il benessere e la sicurezza sociale dei cittadini**. Questa espressione nacque per contrapporre allo Stato autoritario nazionalsocialista e alla sua economia di guerra (*Warfare*) la visione di una società libera e rispettosa dei **diritti sociali**. Quest'ultima è una categoria molto eterogenea che include una serie di diritti rivolti a **eliminare le disuguaglianze** esistenti all'interno della società e che prevede lo svolgimento di prestazioni a favore dei cittadini da parte dello Stato nell'ambito della sanità, dell'istruzione e del lavoro.

In Gran Bretagna nel **1942** venne varato il "**Piano Beveridge**" (dal nome dell'economista liberale che l'aveva elaborato) il quale prevedeva un **sistema pensionistico e di assistenza sanitaria gratuita universale**.

In altri termini, si prevedeva la realizzazione di un sistema di **intervento statale unitario** (e non più differenziato a seconda delle categorie di lavoratori) e destinato a **tutti i cittadini**. La spesa sociale veniva sostenuta dallo Stato grazie alle entrate percepite in seguito al pagamento dei tributi. Questo modello era infatti affiancato a un **sistema fiscale progressivo** nel quale i cittadini pagavano le tasse in proporzione crescente rispetto ai redditi e alla ricchezza posseduta.

In tal modo lo Stato sociale cercò non solo di contenere i problemi concernenti la salute e la sicurezza sul lavoro, ma anche di operare una redistribuzione del reddito in modo da promuovere l'uguaglianza tra i cittadini.

OGGI

Dallo Stato di diritto allo Stato sociale

I diritti sociali, originariamente sanciti nelle leggi, vengono ufficialmente riconosciuti negli ordinamenti democratici grazie alla loro **inclusione nelle Costituzioni**, soprattutto dopo la Seconda guerra mondiale.

Nelle Carte costituzionali come quella italiana, infatti, il riconoscimento dei diritti sociali è preceduto dall'affermazione del principio di eguaglianza inteso in senso sostanziale, ovvero l'uguaglianza tra i cittadini non viene affermata solo sulla carta, davanti alla legge (**uguaglianza formale**), ma viene realizzata nella vita concreta di tutti i giorni (**uguaglianza sostanziale**).

In questo modo si realizza il passaggio dallo **Stato di diritto**, tipico dell'Ottocento (uno Stato che riconosce sulla carta i diritti fondamentali dei cittadini) allo **Stato sociale** (uno Stato che non solo riconosce i diritti, ma **interviene concretamente** nella sfera socio-economica per eliminare le disparità e per assicurare il benessere dei cittadini).

La **Costituzione italiana**, entrata in vigore il 1° gennaio 1948, presenta un **contenuto sociale molto avanzato** ed è ricca di disposizioni che toccano i diritti sociali (lavoro, assistenza, salute, istruzione).

La realizzazione di tali diritti è legata a uno dei princìpi fondamentali della Costituzione (il principio di uguaglianza sostanziale) enunciato all'articolo 3, comma 2. Esso afferma che lo Stato italiano deve **creare le condizioni** necessarie per consentire a tutti l'accesso ai servizi sociali e deve **rimuovere gli ostacoli** di ordine economico e sociale che limitano la libertà e l'uguaglianza dei cittadini.

Tale principio mira a promuovere il pieno sviluppo della persona umana e la partecipazione di tutti alla vita politica, economica e sociale del Paese.

La Costituzione italiana e il diritto al lavoro

Tra i diritti sociali, il **lavoro** riveste un ruolo centrale, come si nota sin dall'**articolo 1** nel quale si afferma che la Repubblica italiana è "fondata sul lavoro".

L'**articolo 4** ribadisce che il lavoro è un diritto di tutti i cittadini e inoltre che la Repubblica "promuove le condizioni che rendano effettivo questo diritto". La seconda parte dell'articolo definisce il lavoro un "dovere": il lavoro infatti permette al cittadino di contribuire alla crescita economica o culturale del Paese.
Questi princìpi fondamentali sono illustrati più nel dettaglio nella Parte prima – Titolo III della Costituzione dedicato ai Rapporti economici (artt. 35-47).
L'**articolo 36** riguarda alcuni diritti dei lavoratori.

Articolo 36

Il lavoratore ha diritto ad una retribuzione proporzionata alla quantità e qualità del suo lavoro e in ogni caso sufficiente ad assicurare a sé e alla famiglia un'esistenza libera e dignitosa.
La durata massima della giornata lavorativa è stabilita dalla legge.
Il lavoratore ha diritto al riposo settimanale e a ferie annuali retribuite, e non può rinunziarvi.

Esso precisa che la durata massima della giornata di lavoro è fissata dalla legge, in modo da non lasciare tale limite alla discrezionalità dei privati. Il lavoratore, inoltre, ha diritto al **riposo settimanale** e alle **ferie annuali retribuite**. Lo scopo di questa norma è di tutelare le energie psicofisiche del lavoratore.
Un elemento importante è l'irrinunciabilità al diritto al riposo: ciò significa che qualsiasi contratto di lavoro che non rispetti questo principio è nullo. Inoltre, l'ordinamento italiano prevede il divieto di monetizzare le ferie: non è possibile cioè sostituire il periodo di ferie con una corrispondente somma di denaro.
L'**articolo 37** tutela il **lavoro femminile e minorile**.

Articolo 37

La donna lavoratrice ha gli stessi diritti e, a parità di lavoro, le stesse retribuzioni che spettano al lavoratore. Le condizioni di lavoro devono consentire l'adempimento della sua essenziale funzione familiare e assicurare alla madre e al bambino una speciale adeguata protezione.
La legge stabilisce il limite minimo di età per il lavoro salariato.
La Repubblica tutela il lavoro dei minori con speciali norme e garantisce ad essi, a parità di lavoro, il diritto alla parità di retribuzione.

L'articolo ha permesso l'approvazione di una legislazione volta ad affermare la piena uguaglianza formale (cioè davanti alla legge) tra lavoratori e lavoratrici. In particolare, la legge n. 903 del 1977 stabilisce che "è vietata qualsiasi discriminazione fondata sul sesso per quanto riguarda l'accesso al lavoro, indipendentemente dalle modalità di assunzione e qualunque sia il settore o il ramo di attività, a tutti i livelli della gerarchia professionale".
In realtà, fino agli anni Novanta del Novecento la **parità tra uomini e donne nel mondo del lavoro**, seppure prevista dalla legge, non è stata realizzata nei fatti. Solo alla fine del XX secolo l'Italia, anche dietro la spinta della **normativa dell'Unione europea**, ha adottato provvedimenti concreti per facilitare l'ingresso delle donne nel mondo del lavoro e ha introdotto misure quali il rafforzamento del sistema degli asili nido e l'ampliamento delle indennità di maternità a favore delle madri lavoratrici autonome o attive nel settore agricolo.
Quanto ai **minori**, la legislazione vieta il lavoro dei bambini (fino ai quindici anni di età) e consente quello degli adolescenti (fra i 15 e i 18 anni), purché il minore sia riconosciuto idoneo all'attività lavorativa in seguito a un esame medico e gli sia garantita la frequenza di attività formative fino al diciottesimo anno di età.

Il diritto all'assistenza

L'**articolo 38** prevede il diritto all'**assistenza per i cittadini inabili al lavoro**, in condizioni di disagio socio-economico.

Articolo 38

Ogni cittadino inabile al lavoro e sprovvisto dei mezzi necessari per vivere ha diritto al mantenimento e all'assistenza sociale.
I lavoratori hanno diritto che siano preveduti ed assicurati mezzi adeguati alle loro esigenze di vita in caso di infortunio, malattia, invalidità e vecchiaia, disoccupazione involontaria. […]

L'articolo 38 è uno dei cardini del modello di Stato sociale voluto dall'Assemblea costituente in quanto impegna la Repubblica a tutelare quei cittadini che si trovano a vivere condizioni di debolezza sociale ed economica.
Il sistema di sicurezza sociale prevede due canali di attuazione: l'assistenza e la previdenza.
L'**assistenza** è costituita da un sistema integrato di interventi e servizi sociali destinati a rimuovere e superare le situazioni di bisogno e di difficoltà che la persona umana incontra nel corso della sua vita (per esempio uno stato di infermità o disabilità). Tipici interventi di assistenza sociale sono l'assegno, la pensione o l'inden-

ORIZZONTI DI CITTADINANZA

nità di accompagnamento per gli invalidi civili, i ciechi ed i sordomuti oppure l'assegno sociale previsto per i cittadini di oltre 65 anni non coniugati privi di reddito o coniugati ma con un reddito molto basso (inferiore a circa 5800 euro annui).
Quanto alla **previdenza**, i lavoratori – insieme al diritto alla retribuzione – acquisiscono anche il diritto alle prestazioni previdenziali (cioè, alla **pensione**) sulla base di un meccanismo di accantonamento di una parte del reddito che i datori di lavoro versano agli istituti previdenziali. I rischi assicurati sono rappresentati dagli infortuni sul lavoro e malattie professionali, dall'invalidità o inabilità al lavoro e dalla vecchiaia.

Salute e istruzione

Il quadro dei diritti sociali si completa inoltre con i riferimenti al **diritto alla salute** e al **diritto all'istruzione**. Si ricordano in particolare l'articolo 32 e l'articolo 37 della Costituzione.

Articolo 32
*La Repubblica tutela la salute come fondamentale diritto dell'individuo e interesse della collettività, e garantisce cure gratuite agli indigenti.
Nessuno può essere obbligato a un determinato trattamento sanitario se non per disposizione di legge. La legge non può in nessun caso violare i limiti imposti dal rispetto della persona umana.*

L'**articolo 32** definisce espressamente la **salute** come un **diritto fondamentale dell'individuo** che deve essere garantito a tutti (cittadini italiani e stranieri).
In Italia, il **Servizio sanitario nazionale** – cioè il complesso delle attività sanitarie la cui fruibilità è garantita a tutti i cittadini, gratuitamente o dietro il pagamento di una compartecipazione alla spesa (il cosiddetto ticket) – è stato realizzato nel 1978.

Articolo 34
*La scuola è aperta a tutti.
L'istruzione inferiore, impartita per almeno otto anni, è obbligatoria e gratuita.
I capaci e meritevoli, anche se privi di mezzi, hanno diritto di raggiungere i gradi più alti degli studi.
La Repubblica rende effettivo questo diritto con borse di studio, assegni alle famiglie ed altre provvidenze, che devono essere attribuite per concorso.*

L'**articolo 34** afferma il diritto di accedere al sistema scolastico. L'assolvimento dell'obbligo scolastico viene garantito dal fatto che l'istruzione è **gratuita**, mentre l'istruzione superiore viene assicurata dalla concessione di borse di studio a chi è privo di mezzi (purché si dimostri, però, capace e meritevole). Nel 2005 è stata estesa la durata dell'obbligo scolastico da 8 a 10 anni, per cui oggi è obbligatoria l'istruzione impartita per almeno **10 anni** nella fascia di età compresa tra i 6 e i 16 anni d'età.

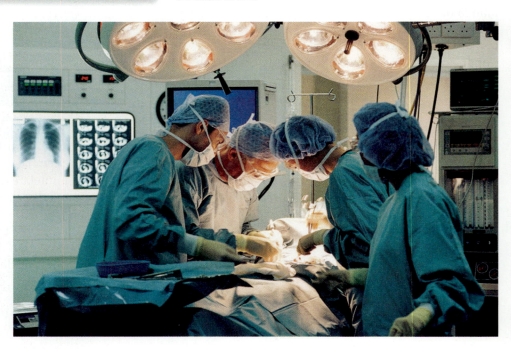

Il diritto alla salute
In Italia tutti i cittadini hanno diritto all'assistenza medica, in gran parte coperta dalle strutture pubbliche dello Stato.

Il diritto all'istruzione
Oggi la scuola obbligatoria in Italia giunge fino al sedicesimo anno di età.

La crisi del *Welfare State*

Il sistema dello Stato sociale italiano si configura oggi come **misto**. Da un lato, come è suggerito nella Costituzione, esso resta fortemente ancorato al lavoro e lega le protezioni a chi lavora, contribuendo in tal modo – insieme ai datori di lavoro – al finanziamento dello Stato sociale. Dall'altro lato, sono previste anche alcune prestazioni universalistiche, ossia dei diritti riconosciuti indistintamente a tutti i cittadini, come il diritto all'istruzione, garantito tramite il sistema della scuola pubblica obbligatoria, e il diritto alla salute, tutelato attraverso il Sistema sanitario nazionale.

Occorre ricordare però che la **crisi economica degli anni Settanta** ha segnato uno spartiacque nella storia dello Stato sociale. In quel periodo si moltiplicò la domanda di servizi, anche in conseguenza dell'aumento della disoccupazione, ma parallelamente diminuirono le risorse pubbliche disponibili.

Cominciarono così, e proseguono ancora oggi, le discussioni sulla necessità di **riformare il *Welfare State*** e sulla stessa opportunità dell'intervento dello Stato per garantire l'assistenza e il benessere dei cittadini. Il *Welfare State* in molti casi si era infatti trasformato in mero **assistenzialismo**, cioè in un sistema in cui lo Stato interveniva con l'erogazione di fondi a cittadini o enti, soprattutto in ambito sanitario e assistenziale, senza un piano efficace per il loro utilizzo e al solo scopo di acquisire consensi.

Un'altra sfida importante è data dall'**invecchiamento della popolazione**, legato all'aumento della vita media e ai bassi tassi di fecondità. In Italia i dati statistici rivelano che ci sono oltre 150 ultrasessantacinquenni ogni 100 giovani con meno di 15 anni. Tale fenomeno, in costante aumento, si traduce in una forte **pressione sui sistemi di previdenza, sulla spesa sanitaria e sull'assistenza** ai quali i sistemi di *Welfare State* attuali non sono in grado di fare fronte.

In Italia, la normativa ha individuato nuovi scenari per le politiche sociali, cercando di superare l'assistenzialismo e favorendo la collaborazione tra i vari livelli di governo (Comuni e Regioni). Per favorire nuove forme di *Welfare State*, meno costose per il bilancio dello Stato, inoltre, la nuova legislazione assegna un ruolo di rilievo – in termini propositivi e di gestione – al mondo del **volontariato** e al cosiddetto **Terzo settore**, cioè quel variegato insieme di soggetti privati che producono beni e servizi di pubblica utilità come cooperative sociali, associazioni di promozione sociale e organizzazioni non governative.

LABORATORIO

Sviluppare le competenze

1 Guarda il video dal titolo "Piani Beveridge: la nascita del welfare moderno" su **http://www.raistoria.rai.it/articoli/piani-beveridge-la-nascita-del-welfare-moderno/24522/default.aspx**. Rispondi poi alle seguenti domande: quali sono le novità del Piano Beveridge? Perché si dice che esso proteggeva il cittadino "dalla culla alla tomba"? Quali sono le differenze e le analogie con il *Welfare State* contemporaneo?

2 Un'indagine del 2014 condotta dall'associazione *Save the Children* stima che il 7% della popolazione italiana di età compresa tra i 7 e 15 anni abbia intrapreso una qualche forma di attività lavorativa. Cerca su internet alcuni articoli su questo tema e rifletti sulle possibili ragioni e sui potenziali rischi legati al lavoro minorile. Discutine poi in classe.